国家科学技术学术著作出版基金资助出版

中国人文地理丛书（典藏版）

中国民族地理

潘玉君　伊继东　孙　俊等著

国家“九五”重点图书项目
云南省高校潘玉君名师工作室
民族教育信息化教育部重点实验室
国家自然科学基金项目
成果

科学出版社
北京

内 容 简 介

本书是国家“九五”重点图书项目。书中遵循马克思主义民族理论，运用地理学特别是人文地理学理论和方法，系统阐述了中国民族地理问题。全书共8篇67章和附录。其中，整体的民族地理研究分布在第一、二两篇，论述了民族的人种及其地域结构、民族起源与演进的时空格局、民族演进的地理基础以及民族空间格局与地理环境的关系等。56个民族地理的研究分布在第三至六篇，详细阐明了民族渊源的历史地理、体质人类学特征、社会文化地理（语言、文字、服饰、习俗、饮食、民居、信仰等）、人口地理等。跨地域的民族地理研究，主要包括华侨华人地理和跨界民族地理，分布在第七篇的两章中。回顾了华侨华人的形成及其现代分布，介绍了华侨华人聚落及其文化景观唐人街；跨界民族的形成历史，跨界民族结构及其跨界史等。民族地理分区和民族地区发展，分布在第八篇的两章中。给出了中国民族地理分区综合方案，详细分析了每个民族大区的民族结构、社会文化结构等；论述了民族地区的地理特征与经济发展，应用多种指标测度了民族地区与全国和东部地区的发展差距。

本书是国内外第一部从地理学角度系统阐述中国民族地理的学术著作。可供有关专家学者和政府工作人员参考，可作为地理学、民族学等专业本科、硕士和博士生教材。

审图号：GS(2014)2565号

图书在版编目（CIP）数据

中国民族地理 / 潘玉君等著. —北京 ：科学出版社, 2014.11（2022年9月重印）

（中国人文地理丛书）

ISBN 978-7-03-042361-0

Ⅰ.①中… Ⅱ. ①潘… Ⅲ. ①中华民族–民族地理 Ⅳ.①K28

中国版本图书馆 CIP 数据核字(2014)第 254867 号

责任编辑：朱海燕　吴三保　李秋艳 / 责任校对：宋玲玲

责任印制：吴兆东 / 封面设计：黄华斌 陈静

科学出版社 出版

北京东黄城根北街16号

邮政编码: 100717

http://www.sciencep.com

北京厚诚则铭印刷科技有限公司 印刷

科学出版社发行　各地新华书店经销

*

2014年11月第 一 版　开本：787×1092　1/16

2022年 9 月第六次印刷　印张：36 1/2

字数：860 000

定价：460.00 元

(如有印装质量问题，我社负责调换)

《中国人文地理丛书》第二届编辑委员会

《中国民族地理》编辑委员会

《中国人文地理丛书》序一

人文地理学是一门以地域为单元，研究人类活动和地理环境相互关系的学科。经过长期的探索，人们认识到它的核心是研究人地关系地域系统的形成过程、结构特征和发展趋向规律，在此基础上，进一步探索把客观存在的人地关系地域系统作为整体加以优化和调控的可能途径和对策，其目的是为了谋求社会经济的持续发展。

我国古代在很多哲学、历史和文学的作品中包含了人类活动和自然界相互关系的论述，认为人地关系有和谐的一面，也有矛盾的一面，这可以看作是人文地理思想的渊源。比较系统的论述则见诸历代的正史中的地理志、各类地方志和游记中，涉及面广，但零星而分散，又和其他学问交错在一起，因而古代人文地理学的个性是不明确的，只是知识和资料的积累过程。直到鸦片战争后，西方的近代人文地理学才随着其他科学技术开始传入中国，特别是20世纪二三十年代，通过外国学者、传教士和我国派往欧美的留学生而陆续引进。此后在大学中设置地理系，成立地理学会，并建立了专业的地理研究所，广泛开展近代人文地理学的讲授和调查研究，但限于经费，工作规模小，出版成果少。

新中国成立后，地理工作者得到了良好的工作条件，配合各项经济建设，做出了贡献。但在初期的十多年中，国内各项工作都向原苏联学习，我国地理学基本上也按原苏联的模式来发展，引进了不少苏联地理学的新理论和新方法，如农业区划、经济区划、地域生产综合体等，加快了我国人文地理学的现代化过程。但同时也带来了严重的消极影响，即三四十年代苏联地理界在当时左的政治干预下，把人文地理学当作唯心主义“伪科学”加以全盘否定，以经济地理学取代人文地理学的观点也引入了我国，致使我国人文地理学中一度出现经济地理学“一花独放”，而其他一些分支学科被视为禁区的极不平衡的状态。同时苏联地理学强调发展二元论，把它肢解为自然地理学和经济地理学两门属性不同、互不联系的学科，深刻地影响了我国地理学的健康发展。

经过“十年浩劫”，党的十一届三中全会拨乱反正，国家政治经济形势发生了战略性的大转变，带来了科学的春天，使人们敢于从教条的、空洞的概念中解放出来，实事求是地研究中国地理学的理论和实际问题，重新评估和认识人文地理学在社会主义建设中的作用和地位。我国地域辽阔，民族众多，自然环境和人文现象的地域差异性大，加以历史悠久而变化大，近年又处于改革阶段，在建设发展过程中必然会出现多种多样的问题，这就为人文地理工作提供了广阔的研究领域。正因为如此，在我国发展人文地理具有天赋的优越条件。1980年初，中国地理学会因势利导，在第四届全国代表大会上发出了复兴人文地理学的号召，并相应地成立了专业委员会来组织、推动、交流人文地理研究。原国家教育委员会也决定在各大学地理系中开设人文地理课程，个别大学还成立了专业的人文地理研究所，出版《人文地理》学术期刊，很多富有才华的中青年地理工作者踊跃投入到人文地理的教学和研究工作中。原先被冷落的一些人文地理分支学科，现在已成为热门；原先被视为禁区的一些分支，现在有人敢于钻研；至今尚无人问津的一些新学科，也有人开始探索。经过十多年的努力，中国人文地理学确实已走上复兴创新的道路。

今后的发展，总的目标是要建立具有中国特色的人文地理学。这就要求联系我国的社会、政治、经济实际，根据中国的国情特点，适应社会经济的发展趋势和改革、开放搞活的需要，研究社会主义初级阶段中出现的一些具有明显地域性和综合性相结合的问题，主题是协调人类活动和地理环境的关系。并要求通过多方面的大量实践，逐步总结我国在特定的地理环境下，配合社会主义建设进行的各项人文地理研究工作取得的有效经验，系统建立我国人文地理学的理论体系。

已故中国科学院副院长竺可桢先生，生前曾主张要从五个方面来衡量一门学科是否成熟，即：一要有一大批高素质的专业科学家；二要有学科本身的理论体系；三要应用具有本门科学特点的方法；四要在为国民经济服务中发挥非其他学科所能代替的作用；五要有大量本门学科的成果资料的积累。这五方面的尺度是相互联系的，其中成果出版发行的数量和质量显然是最具体的衡量。

为了系统展示我国现代人文地理学的成就，中国地理学会人文地理专业委员会和科学出版社合作，计划组织人文地理学界合力编写一整套《中国人文地理丛书》，包括人文地理学及其主要分支学科，争取于近几年内陆续出版。这在学术上无疑是对中国人文地理学研究的一个阶段总结，还可以和80年代已由科学出版社出版的《中国自然地理》（丛书）相匹配，完善对中国地理的研究。甚望通过《中国人文地理丛书》的出版，把中国人文地理学的研究推进到一个新的发展阶段。

中国地理学会理事长
中国科学院院士
吴传钧
1998年中秋

《中国人文地理丛书》序二

新世纪迤降，纪元晋双千，地理学发展迈入多元多维结构的全信息化时代。向为地理学的研究核心——人地关系地域系统，演化为众多学科关注的热点，既表征地理学研究意义的重大，又展示地理学在现代科学体系中的基础地位和强大生命力。

若把哥伦布（Cristoforo Colombo）15 与 16 世纪之交航海引起的地理大发现，视为地理研究空间的大拓展，为后来的工业革命激发了推动力，从而导致近代地理学的萌发，那么 500 年后的今天，人类进入可持续发展的新历史时期，航天地理学应运而生，“人地关系”进一步演变“人宇关系”，可以预见 21 世纪中期，将会给人类带来意想不到的巨大效应。人类的“天地生人巨系统”观会赋予地理科学研究全新的内涵，无论是从研究的广度还是深度，都将推动地理科学产生巨大的变革，不过人地关系仍将是研究的基础。

人文地理学是以研究人地关系相互作用、相互影响及其变化规律和地域分异系统为基本宗旨。作为世界上最高智能动物群体的人类，从其诞生之时，就和其所处的地理环境密切相关。人类的繁衍与发展既受人类社会形态与结构的支配，也受所处的地理环境的影响和制约。有的学者把地理演化划史分为天文时期、地文时期和人文时期，而人文地理学则是研究人文时期的人地系统，亦即研究各种人文现象的形成、演化、地域分异规律及其与地理环境之间关系的一门学科。

人地关系论（man-nature relationship）作为人文地理学的理论基础，在古典地理著作中便有所述。《山海经》、《尚书·禹贡》是先秦时期我国古典地理学发轫期的杰出代表作。战国时代，在百家争鸣中，对人地关系先后产生了早期的环境决定论、人定胜天论、天人相关论以及因地制宜等不同流派。尽管后来司马迁的《史记·货殖列传》、班固的《汉书·地理志》，乃至唐代刘禹锡主张人地相关论等，对人文地理学发展都有重要的贡献。但是在我国，因为长期受封建社会的束缚，从而阻碍了人文地理学成为一门真正的近代科学。

近代人文地理学萌生源于西方国家。德国地理学大师李特尔（Karl Ritter）堪称近代人文地理学的奠基者，他最早阐述人地关系和地理学的综合性和统一性，主张地理学是一门经验科学，应从观察出发，而不能从观念和假设出发，认为地理学的研究对象是布满人的地表空间，认识整个地理研究的核心和顶点。他在《地理学——地理对人类素质和历史的关系》这一著作中，探讨了自然现象和人文现象的相互关系，把自然作为人文的基本原因，强调了自然界对人类历史的影响。

嗣后，德国地理学家拉采尔（Friedrich Ratzel）受达尔文进化论的影响，认定人是地理环境的产物，同时，又主张由于人类因素，地理环境控制是有限的，并把位置、空间和界限作为支配人类分布和迁移的三组地理因素。其代表作《人类地理学》（1882，1891）、《政治地理学》（1897）、《生存空间：生物地理学》（1901）、《民族学》（1885，

1886，1888）、《地球与生命：比较地理学》（1901，1902）等，对地理学的发展有很大影响，他被有的学者认为“是所有对人文地理有贡献者中最伟大的一位”。

19世纪后半期德、英、法、美、俄等国学者在阐述人地关系时，先后出现了“地理环境决定论”（environmental determinism）——以F. 拉采尔、E. 森普尔（Ellen Churchill Semple）、E. 亨丁顿（Ellsworth Huntington）为代表；“二元论”（dualism）——以O. 佩舍尔（Oscar Peschel）、F. 李希霍芬（Ferdinand von Richthofen）和A. 彭克（Albrecht Penck）为代表；“或然论”（possibilism）——以P. 维达尔·白兰士（Paul Vidal dela Blache）、白吕纳（Jean Brunhes）、G. 弗勒（Herbert G. Fleur）为代表；“适应论”（adaptablism）——以P. 罗士培（Percy Maude Roxby）为代表；“文化景观论”（cultural landscape theory）——以O. 施吕特尔（Otto Schluter）、S. 帕萨尔格（Siegfried Passarge）和C. 索尔（Carl Owtwin Saure）为代表；“协调论”（adjustablism）又称“和谐论”（harmony）——以B. A. 阿奴钦（Всеволод Александрович Анучин）、M. 怀斯（Michael John Wise）为代表。这些学术流派先后传播到中国，对近代人文地理学发展产生了不同的影响。

不可忽视的是，自16世纪以来，西方列强殖民地不断扩大，伴随这种扩展，一批批传教士来华，也带来不少的地理知识。较著名的代表人物有意大利人利玛窦（Matteo Riui，1552～1601）、艾儒略（Julius Aleni，1582～1649）、龙华民（Nicolaus Longobardi，1559～1654），比利时人南怀仁（Ferdinandus Verbiest，1623～1688），法国人白晋（Joach Bouvet，1656～1720）、杜德美（Petrus Jartoux，1668～1720）、蒋友仁（Michacl Benoist，1715～1774）等。19世纪以来还有不少西方学者来华考察，对中国地学（包括人文地理）有较大影响的代表人物有：李希霍芬（Ferdinand von Richthofen，1833～1905）、斯文·赫定（Sven Anders Hedin，1866～1952）、葛利普（Amadeus William Graban，1870～1946）与德日进（Teilard de Chardin Pierre，1882～1955）等。

20世纪以来，中国地理学家也在非常困难的条件下开展了人文地理的理论与实践研究，其中自然会受到西方人文地理学的影响。竺可桢先生作为中国地理学的一代宗师，既是近代中国地理学的奠基者，同时又是开拓人文地理研究的先驱。他的《地理与文化之关系》（1916）、《气候与人生及其他生物之关系》（1922）、《天时与战争之影响》（1923）、《论江浙两省人口之密度》（1926），是竺老早年对人地关系之论述。丁文江先生的《关于中国人文地理》（1923），张其昀先生的《中国人之传统》（1926）、《人地学论丛》（1932）、《中华民族之地理分布》（1935）、《论中国之人地关系》（1947），翁文灏先生的《中国地理区域及其人生之意》（1929）和《中国人口之分布与土地利用》（1932），胡焕庸先生的《江宁县之耕地与人口》（1934）、《中国人口之分布》（1935）、《安徽之人口密度与农业的区域》（1934），黄国璋先生的《政治地理学研究》（1941），李旭旦先生的《白龙江中游人生地理观察》（1942），王成祖先生的《人生地理学的派别问题》（1941），周立三先生的《农业地理》（1942），吴传钧先生的《中国粮食地理》（1942），陈尔寿先生的《重庆都市地理》（1943），任美锷先生的《建设地理新论》（1946）等等，对人地关系研究和人文地理学建设均做出了重要的贡献。

再以刊物为例，中国科学院地理研究所的前身——中国地理研究所主办的《地理》季刊，1942～1949年共出6卷，发表论文136篇，其中人文地理学论文即有56篇，若把地理学通论、地理学思想史、区域地理、外国地理、地理教育等论文计入，则人文地理论文居于绝对优势，这种格局和国外地理学发展状况一致。

中国学者介绍西方人文地理学名著方面也做了不懈的努力。30 年代初王海初先生翻译美国地理学家亨丁顿等所著《人文地理学原理》（*Principles of Human Geography*），30 年代中任美锷、李旭旦先生翻译法国地理学家白吕纳的《人地学原理》（*La Geographie Humaina*），陈健民先生翻译美国地理学家森普尔所著《地理环境之影响》（*Influences of Geographic Environment*），葛绥成先生翻译澳大利亚地理学家泰勒（Griffith Taylor）的《环境与人》（*Environment and Race*）（也译为《人种地理学》）等，在近代中国人文地理学发展史上起过不同的作用，特别是白吕纳的《人地学原理》所提出的人类在地球表面所做的事业按三纲六目人地学基本事实来阐述，并指明人类受地理环境的影响，反过来人类也可以影响地理环境，影响程度随科技水平而异。人类与地理环境的关系与作用是相互的，而人类居于主导地位的观点在中国影响十分深刻。

然而，20 世纪 50 年代中国的特殊政治环境造就"一边倒"和"学习苏联"的大气候，在地理学界，尽管对推动现代中国地理学，特别是自然地理学、经济地理学和地图学发展功不可没，可是对于人文地理学来说却造成了严重的负面影响，而且是一场劫难。某些人把苏联 30～40 年代非常时期的学派之争，生搬硬拉强加于中国地理学界，且无限上纲，恣意扩大，以致把人文地理学赶出学术殿堂，这不能不说是一场历史悲剧。

记得 1955 年正当批判人文地理学高潮迭起之际，我在大学的一门必修课，称作"人文地理学批判"，它不是批判人文地理学的某种学术观点、思想和流派，而是批判这门学科，并给予全盘否定，满篇都是政治大帽子，诸如"唯心主义"、"资产阶级腐朽没落思想"、"为帝国主义服务"、"伪科学"等等，给当时青年学子们纯洁的心目中，造成了"人文地理学"与"恶魔化形象"等同的极坏影响。这样，人文地理学在中国大地上便无立锥之地，被逐出地理学界。那时老师授课无讲义，更无教科书（也许奉命而教，违心讲授），我的笔录较详，还被一位报考留苏同窗借去参阅。嗣后我赴莫斯科大学学习，并没有感受到像国内那样剑拔弩张的学术氛围。实际上，当时苏联地理界已在起变化，随即出版的《地理学的理论问题》导致苏联统一地理学的复兴，出现了地理学的生态化，经济地理学的社会化，并以社会经济地理学的名义在苏联恢复了人文地理学。

极"左"思潮在地理学界某些人群中泛滥，造就一些专门给人戴帽子、打棍子的"学术新贵"，直到中苏关系破裂若干年后还在肆虐，党的"百花齐放、百家争鸣"的方针，被践踏和蹂躏。"文化大革命"中连经济地理学也不复存在，研究队伍被迫改行。

1979 年底至 1980 年初在广州举行的中国地理学会第四届代表大会，堪称现代中国地理学发展的里程碑！300 多位地理学家出席了这次规模空前的盛会，收到 900 多篇论文。许多著名科学家在大会上做了精彩的学术报告。对于人文地理学来说，李旭旦先生的《人地关系回顾与瞻望——兼论人文地理学的创新》和吴传钧先生的《地理学的昨天、今天与明天》（又名《地理学的特殊研究领域和今后任务》），揭开了我国复兴人文地理的序幕，迎来了人文地理学的春天！

李旭旦先生在报告中指出："30 年来我国自然地理学的各个部门都得到长足进展，但在人文地理学方面，则仅仅是一花独放，这个局面似应有所改变"。李先生进一步阐明："人文地理包括经济地理、人口地理、聚落地理、民族地理、历史地理、文化地理、社会地理、疾病地理等，近年西方国家还出现感应地理、行为地理学科，内容极为丰富。人类除经济生活外还有政治生活、文化生活、文娱生活等方面。经济活动空间结构也不限于生产配置，还存在着物质生活水平和消费水平的地区差异问题。因此，仅仅以研究生产配置为主旨的经济地理学虽然是一个极为重要的方面，但是不足以概括人文地理学的全貌”。因此，李先生疾呼：“应该复兴全面的人文地理学。这决不意味着要恢复20世纪初期西方各国的各种人文地理学派，也不在于全盘照搬现今流行于西方的以福利为出发点的人生地理学，而是主张参考现代人生地理学的革新方向，运用新技术、新方法，结合我国社会主义建设的实际需要，创立一门中国式的人文地理学，其内容应在正确的人地相关论基础上，分析研究如何按照自然规律与社会主义经济规律，利用自然、改造自然、因地制宜地使自然为人类谋福利，而不受自然惩罚，把自然环境引向有利于提高全民族的物质文化水平的方向，研究在不同民族和文化区内的有关人文地理论题等。”

如果说在复兴人文地理学中，李旭旦先生是一位杰出的宣传家，那么，吴传钧先生则是一位卓有成效的组织家和实践家。20世纪50年代后期和60年代前期，吴先生主持中国科学院地理研究所经济地理研究室工作（20世纪80年代扩展为经济地理研究部），则在经济地理的大旗下，掩护发展了人文地理学的主要领域，除了工业地理、农业地理、交通运输地理外，还有人口地理、城市地理、历史地理、世界地理等，一个研究室竟有近60名研究人员，不能不说是一个奇迹。

吴传钧先生在广州会议上提出了“地理学的研究核心——人地关系地域系统”，指出人地关系地域系统研究是一个跨学科的大课题，地理学研究目标是协调人地关系，重点在于将人地关系地域系统的优化落实到地区综合发展基础上，探求系统内各要素的相互作用及系统的整体行为与调控机理。其主要内容有：①人地关系的形成过程、结构和发展趋向的理论；②各子系统相互作用强度的分析、潜力估算、后效评价与风险分析；③两大关系间相互作用和物质传递与转换的机理、功能、结构和整体调整的途径与对策；④地域的人口承载力分析；⑤根据一定地域人地系统的动态仿真模型以及系统内各要素间相互作用结构潜力，预测特定的地域系统演变趋势；⑥地域分异规律和地域类型分析；⑦不同层次、不同尺度的各种类型地区人地关系协调发展的优化调控模型。从而对人地关系地域系统研究给出了明确的目标与研究方法，使人文地理研究得以升华。

我清晰地记得，李旭旦先生做完学术报告后，1980年元旦中国地理学会副理事长郭敬辉先生召开敬老座谈会，出席会议的12位70岁以上的老地理学家（如今大多作古）中，有不少多年没有参加过全国性的学术会议，出席广州盛会激动不已，座谈时说到伤心处声泪俱下、泣不成声。中国地理学会创始人之一的董绍良先生说：“我20年代就接触人地相关论，这次会议上听大家谈人文地理学，我真像遇到久别的老友一样，我们要继承优良传统，为了繁荣人文地理学而勇于创新”。

然而就在会后不久，有着失落感在“文革”中又自命为“红线代表”的某位以批判他人出名的人物，在座谈会上做了肤浅应景式检讨和言不由衷的道歉后，竟又炮制新的“批判”大作，罗织罪名，妄图把复兴人文地理之举，当做“回流”、“复辟”、“新动向”，再度置人于死地，李旭旦先生首当其冲。《西北师范学院院刊》把李先生的复兴人文地理学的论文和“批判”文章同时刊登，更增添了对他的压力。在这种形式下，《中国大百科全书·地理学卷》委托李旭旦和吴传钧先生担任人文地理学分册主编，1981

年冬在上海举行大百科条目研讨会，李先生忧心忡忡，此时，吴先生劝慰："难道您还怕戴第二次帽子？时代不同了，不必理那一套！"

1982年2月胡乔木同志在中共中央高级党校作了要求领导干部学习人文地理的重要讲话，国家第六个五年计划特别把人文地理学列为要加强的薄弱学科之一，从最高层次支持人文地理学的复兴，使一度对人文地理持否定态度的"批判家"不得不偃旗息鼓，这不能不说是人文地理学发展的历史性转折点！

为了适应人文地理学新发展，在吴传钧先生主持下，1981年5月中国地理学会经济地理学专业委员会杭州会议决定成立人文地理研究筹备组，推举8位学者为成员，李旭旦先生任组长；1983年5月在南宁举行首次人文地理学术研讨会，吴传钧先生代表中国地理学会宣布，正式成立中国地理学会人文地理研究组，李旭旦先生为组长。1984年3月中国地理学会人文地理专业委员会正式成立并在南京举行第一次专业委员会会议。在吴传钧先生主持下，1984年7月教育部高教司和中国地理学会联合在北京举行人文地理讲习班，加速培养高校人文地理师资。之后中国地理学会、中央人民广播电台、北京教育学院又举办了几期人文地理师资培训班，使人文地理师资培训和科学普及成为全国性的活动。李旭旦先生作为首任专业委员会主任抱病参加第一次人文地理专业委员会会议，作了"如何进一步开展人文地理学研究"的讲话。李先生强调复兴人文地理学不是复旧，要以马列主义、辩证唯物主义和历史唯物主义哲学为准则，走正路，技术手段必须创新，论题内容要创新，要采取实地考察与社会调查方法来进行研究工作，向人文地理学领域的薄弱环节进军……李先生因病没能出席人文地理讲习班，但他仍以教育家的智慧和极大的注意力关注这项活动。在张文奎、邬翊光、郭来喜协助下，他主编了《人文地理论丛》、《人文地理概说》两本论文集。

李旭旦先生的仙逝，是中国人文地理学界不可弥补的损失。他为之奋斗的未竟事业，在吴传钧先生的直接领导下，有鲍觉民、张文奎先生主持的人文地理专业委员会做了不懈的努力，使人文地理学研究与教育得以蓬勃发展，学科理论建设和为国民经济主战场服务更上一层楼。鲍、张两先生的辞世，又一次使人文地理学界蒙受损失！

综观近14年来，我国人文地理专业委员会组织了一系列的学术活动，其中规模较大的有：1985年6月与西安外国语学院合作，在西安举办的中美人文地理学术研讨会；同年11月在无锡召开的中英日城市地理学研讨会；1987年12月在深圳举行的人文地理学研讨会；1990年8月参加在北京举行的国际地理联合会亚太会议；1990年11月与经济地理学专业委员会在上海共同举办的学术研讨会；1993年5月与沿海开放研究分会在昆明共同举办的沿海沿边开放学术研讨会；1996年11月与自然地理学专业委员会、经济地理学专业委员会在郑州联合举办的区域可持续发展学术研讨会；1997年6月与西安外国语学院共同举办的人文地理学与持续发展国际研讨会；1998年4月在北京与经济地理学专业委员会、城市地理学专业委员会联合举办的中国地理学与21世纪可持续发展研讨会等。20世纪90年代以来，不仅从人文地理专业委员会中分立出城市地理学专业委员会、旅游地理专业委员会，并举行了一系列的学术活动，还成立了全国高校人文地理教育与研究会，也举办了一系列学术活动，使人文地理教学与研究空前活跃，人文地理已作为一门基础课程列入全国高校的必修课，有的大学把人文地理学建成了重点专业，国务院学位委员会把人文地理与自然地理并列，设置了博士点、硕士点。

近10年来先后出版了《中美人文地理学术研讨会文集》(中英文版，1998)、《人文地理研究》(1989)、《区域可持续发展研究》(1997) 等会议文集，吴传钧先生主编出版一套《人文地理学丛书》，创办了《人文地理》杂志（原名为《国外人文地理》）。一些学者还出版了不同版本的人文地理专著，如《中国人文地理》、《现代人文地理》、《理论人文地理》、《人文地理概念》、《人文地理学》，以及多版本的《人文地理词典》等，还有更多的分支学科专著先后出版。一大批青年人文地理学家迅速成长起来并成为研究与教学的中坚，使中国人文地理出现了前所未有的崭新局面，特别是以人地系统为核心的可持续发展问题，成为世界共同关心而亟待解决的紧迫任务，人文地理学的基础学科和核心地位更凸显出来。

钱学森先生从人类认识世界的思想史出发，提出现代科学技术体系时，明确指出以研究地球表层为对象的地理科学的内容与方法。他高瞻远瞩的指明："地理科学是一门学科体系，是现代科学技术体系十大部门之一，与自然科学、社会科学并列"。"地理系统是开放复杂的巨系统"，要运用"从定性到定量的综合集成法"来研究。地理工作者要树立"地理哲学"思想，从事"地理建设"，从基础理论、应用理论和应用技术三个层次来建设"地理科学"。黄秉维先生认为，钱学森先生所倡导的"地理科学不等于地理学，而是在若干科学基础上的改造、重组和发展"。

在 21 世纪来临之际，地理学，特别是人文地理学，要在继承优良传统基础上，充分运用空间技术、计算机技术、生物工程技术、环境工程技术成果，从区域解释性描述和地理数据图表简式表述，向全球与区域的监测、规划、设计、调控、优化方向过渡，实现不同尺度地域系统的人地关系协调与可持续发展，逐步达到钱学森先生所期盼的"地理建设"和"地理科学"的前瞻性设想。

鉴于 20 世纪七八十年代由科学出版社出版了《中国自然地理》(丛书)，集中展现了新中国成立 30 多年在认识自然、改造自然、发展自然地理学及各主要分支学科方面的成就，如今编辑出版《中国人文地理丛书》，既是体现完整的中国地理学、全面评估中国地理建设成就的需要，也是为着总结过去，展望未来，实现中国 21 世纪可持续发展所必需。

自 1992 年酝酿、策划出版《中国人文地理丛书》以来，先后在北京、昆明做了多次协商，又于 1996，1997，1998 年分别在开封、西安和北京召开三次丛书编辑委员会，集中讨论了丛书编辑的宗旨、书目、纲要、体例、结构、分工和进度，确立了精而准、系列化、中国化的撰稿原则。来自全国各地的 40 多位专家及其代表，一致表示争取在 1999 年完成本丛书的编辑出版工作，作为向中华人民共和国成立 50 周年、迎接 21 世纪来临的献礼。

借此良机，我谨代表中国地理学会人文地理专业委员会和丛书编辑委员会，向为发展中国人地理学做出贡献，参加丛书编辑出版，以及支持和赞助的各方人士，表示衷心的谢忱！

中国地理学会人文地理专业委员会主任

1998 年 4 月 22 日于北京中关村

前　言

物以类聚和物以类分这一普遍法则同样支配着人及其群体。当种族、语言、地域、生活、价值观、世界观等方面的统一性成为聚分的决定性因素时，无数具有一定共性的“个体”的人便形成了不同的“类群”，不同类群之间便有了一定程度的质的区别。当种族共同性、地域共同性、语言共同性和经济生活共同性的综合作用深远地影响到“类群”的人的时候，“类群”的人便形成了民族及其支系。民族及其支系也因此成为反映人的类群之间差别的最重要的称谓性标志或标准。随着科学技术及教育事业的发展，共同地域和传统意义上的共同语言的同一性的作用将不断减弱。当这种作用减弱到一定程度时，民族及其分支也将逐渐消亡。取而代之的将是阶层，阶层将成为比民族及其分支更为重要的人的类群划分标准。因此，民族是“自然-历史”过程的产物。

对于民族这一“自然-历史”过程的产物的研究，形成了关于民族的认识论和方法论，形成了关于民族的知识——民族的常识知识、民族的宗教知识、民族的神话知识、民族的伦理知识、民族的科学知识和民族的哲学知识。其中，关于民族的科学知识和民族的哲学知识是关于民族的理论知识。民族的理论知识世界是关于民族的世界Ⅲ——波谱尔将世界划分为世界Ⅰ、Ⅱ、Ⅲ——并遵循着客观知识生产的简单模式和基本模式不断生产出新的民族理论知识。这些民族知识既是整体性的又是学科性的。关于民族理论知识的学科主要有民族学、人类学、历史学和地理学，而民族地理的理论知识则是民族学和地理学之间的知识世界。

作为地理学与民族学之间交叉学科的民族地理学，既属于地理学，是人文地理学的主要分支学科之一，又属于民族学，是民族学的主要分支学科之一。同时，它作为部门人文地理学，与哲学、历史学、社会学、政治学、语言学、宗教学、心理学和生态学以及经济学特别是区域经济学等诸多人文学科和社会科学有密切联系。民族地理学作为人文地理学主要分支学科，其发展态势可以从学科“外史”或“内史”来看待：第一，从“外史”论看，其发展大致经历了与其母体——地理学发展一致的发展过程，即古代民族地理朦胧探索阶段、近代民族地理学实证探索阶段和现代民族地理实证研究阶段，今后将进入后现代民族地理学科范式构建阶段；第二，从“内史”论看，其发展大致经历了民族地理“地方性常识知识”探索阶段、民族地理“地方性科学知识”积累阶段和民族地理“一般性科学知识”探索阶段，现在正处于亟待开展包括研究范式在内的学科范式的构建与完善阶段。我国是世界上民族及其聚居区种类最为丰富的地区之一，蕴涵着丰富的民族地理资源，是民族地理学学科范式构建和完善这一创新领域的重要地区之一。这种构建与完善，应当遵循“历史与逻辑同一性”原则进行。

古老而年轻的民族地理学，至今始终面临着“民族地理学的研究对象是什么”等问题，尚没有形成学术界的共同答案的局面。为什么要追寻民族地理学的研究对象是什么呢？原因是，一门学科的研究对象问题是这门学科的最根本问题，是因为它的内容、它与其他学科的关系、它的社会功能等等都是由它的研究对象所决定的。它的研究对象是否明确，直接决定着它的发展水平和成熟程度，决定着它的科学性的含量。众所周知，对于学科研究对象的最一般认识、哲学认识和科学实践认识，是回答民族地理学的研究对象乃至任何一门学科的研究对象的重要理论基础。《现代汉语词典》最一般地对研究对象进行了解释：研究对象“是指行动或思考时，作为目标的人或事物”。《毛泽东选集·第一卷》从马克思主义哲学的角度，阐述了研究对象问题：“科学研究的区分，就是根据科学对象所具有的特殊矛盾性。因此，对于某一现象的领域所特有的某一矛盾的研究，就构成了某一门学科的对象”。杰出的科学家钱学森院士从科学哲学层面和科学实践层面，在《论地理科学》中更加精辟地阐述了学科的研究对象问题。他论述道：“各个学科所面对的研究对象都是客观实际，不同学科之间的差别，不在于研究对象，而在于它们研究的角度不同，研究的侧面有所不同。”作为人文地理学主要分支学科的民族地理学，遵循演绎即由一般到具体和特殊的逻辑思路，其研究对象和研究核心是地理学研究对象——地球陆地表层空间系统与研究核心——人地关系地域系统的具体化。所以，研究对象的矛盾特殊性、研究角度的独特性和研究侧面的选择性等，是回答民族地理学研究对象这个问题的方法论。由此归纳，民族地理学的研究对象是地球陆地表层的民族空间系统，研究核心是民族的人地关系地域系统。

民族地理学应该是一个完整的知识系统。从科学哲学和知识论看，民族地理学的知识系统中，应该包括典型的民族地理事物、典型的民族地理问题、民族地理科学概念、民族地理规律、民族地理假设、民族地理学说和假说、民族地理知识体系等基本的知识形态。目前，这些应该有的民族地理知识形态，多数还处于潜知识阶段，需要民族地理工作者遵循科学哲学、科学方法论和知识论以及地理学的理论和方法进行构建。构建的路径应该是自上而下的演绎和自下而上的归纳的统一。民族地理学的知识体系形态的基本知识，是通过学科体系来反映的。关于民族地理学的学科体系，迄今尚缺少基于地理学学科的研究和成果。民族学和人类学关于民族地理学的学科位置和学科体系的观点，是有一定道理的。着眼于地理学，在民族地理学中，应该包括的分支学科有：理论民族地理学、应用民族地理学和区域民族地理。其中，第一，理论民族地理学要回答民族地理学的研究对象、研究核心、民族地理概念系统、研究方法论等诸多民族地理本体问题、认识问题和方法问题以及知识问题。第二，应用民族地理学要回答如何将理论民族地理学理论知识应用到区域民族地理（实践）的路径问题、如何将区域民族地理实证研究特别是个案研究成果理论化为理论民族地理学知识的路径问题、民族地理信息系统和地图以及地理考察、统计处理等研究方法。第三，区域民族地理应该包括区域历史民族地理和区域现代民族地理，它们均包括世界民族地理、大洲民族地理、国家民族地理、省域民族地理和市域民族地理等不同区域尺度的民族地理。中国民族地理属于区域民族地理中的国家民族地理，既包括历史成分又包括现代成分。作为民族地理学及其分支的中国民族地理，是地理学及各个分支学科中迄今研究得最为薄弱的分支学科之一。然而她对于区域科学发展将会具有越来越大的重要作用。为此，民族地理学的思想、理论、方法和学科以及服务社会经济问题等，亟待研究与发展。

如何发展民族地理学，已成为地理学学科发展内在要求和社会经济发展提出的客观要求。中国是世界上少数民族、世居少数民族、跨境少数民族、未识别族群、少数民族聚居地、少数民族起源地和少数民族分支最多、最复杂的地区之一，蕴涵着丰富的区域民族地理资源，是在中国乃至世界上开展民族地理区域研究和理论研究的天然试验室。我们认为，从理论最高目标上看，《中国民族地理》应该回答中华民族发展历史、人种基础、自然地理基础、人文地理基础、民族起源和发展时空结构、地理观念、要素结构（包括聚居地和散居地在内的地域结构）、海外华人华侨、民族地区人地关系和民族地理分区等问题。我们在对民族地理的探索和思考中，逐渐形成了应该遵循“地理研究综合范式理论”（详见《地理科学导论》，潘玉君、武友德，科学出版社，2005），去研究和撰写《中国民族地理》的观念、理论和原则。

这部《中国民族地理》从缘起到构思，再到设计、撰写和出版，是与老一辈科学家的关怀、期望、指导和帮助分不开的。我理性地关注民族地理学是新千年开始的时候。新千年伊始，我被引进到云南工作。在赴滇途中，我专程到家中拜访曾给予我许多关怀、教导的吴传钧先生和瞿宁淑先生。吴先生和瞿先生反复强调和鼓励我，到了云南后可以充分利用云南多民族的区域条件系统研究云南民族地理和中国民族地理，民族地理学需要发展。来到云南后，我开始探索民族地理，幻想将来能写一本民族地理方面的书，并开始构思中国民族地理。后来在郭来喜、王恩涌、吴三保和张国友等先生的关怀和帮助下，我有幸加入了国家“九五”重点图书项目——《中国人文地理丛书》的撰写队伍，并承担和主编了“中国人文地理丛书”之一的《中国民族地理》。这些年来，我的主要学术工作之一就是研究和撰写《中国民族地理》。

本书正是遵循马克思主义民族理论，运用地理学特别是人文地理学的理论与方法，系统论述了中国民族地理问题。全书分为 8 篇，67 章，附录 4 个。第一篇，中华民族的人种结构和民族发展，含 1～3 章：论述了中华民族的人种特征、中华民族起源与发展的时空格局、中华民族的自觉发展。第二篇，民族地理基础与民族空间格局，含 4～7 章：论及中华民族的历史地理基础、民族的理论地理基础、民族构成与分布格局、民族分布聚居格局。第三篇，人口较多且分布较广民族地理，含 8～21 章：分别阐述了汉族、回族、藏族、彝族、苗族、满族、壮族、蒙古族、畲族、维吾尔族、瑶族、土家族、朝鲜族、布依族 14 个民族的民族地理。第四篇，人口较多而分布较狭民族地理，含 22～34 章：分别阐述了哈萨克族、侗族、傣族、白族、傈僳族、黎族、哈尼族、仡佬族、佤族、拉祜族、东乡族、水族、纳西族 13 个民族的民族地理。第五篇，人口较少而分布较广民族地理，含 35～48 章：分别阐述了高山族、锡伯族、塔塔尔族、俄罗斯族、达斡尔族、赫哲族、鄂伦春族、乌孜别克族、土族、鄂温克族、布朗族、柯尔克孜族、羌族、景颇族 14 个民族的民族地理。第六篇，人口较少且分布较狭民族地理，含 49～63 章：阐述了阿昌族、普米族、德昂族、仫佬族、毛南族、珞巴族、撒拉族、怒族、京族、塔吉克族、独龙族、裕固族、门巴族、保安族、基诺族 15 个民族的民族地理。第七篇，华侨华人和跨界民族地理，含 64～65 章：阐述了华侨华人地理和跨界民族地理。第八篇，民族地理分区与民族地区发展，含 66～67 章：探讨了民族地理分区和民族地区科学发展。附录包括中国的语言系属表、中国民族主要术语译名、濒危语言和中国的跨界民族。

中国民族地理研究和《中国民族地理》撰写是一项任务很重的工作。这项工作在吴传钧、郭来喜、王恩涌、吴三保、张国友等多位先生的系统指导下，我们不断修改和完善研究框架和撰写提纲，数易其稿，从原来200余万字逐渐压缩到现在的篇幅。全书结构框架、撰写规范和写作要求由潘玉君等诸位主编、副主编商量后设计，并由潘玉君对各篇章提出编撰要求和具体修改意见，以及对有关部分书稿作了修改重写，最后孙俊协助统稿。

各章主要作者是：第一章潘玉君、孙俊、肖翔，第二章潘玉君、孙俊、韩兴粉，第三章孙俊、潘玉君、李会仙，第四章孙俊、潘玉君、华红莲，第五章姚辉、潘玉君、杨小燕，第六章姚辉、潘玉君、张谦舵、王未，第七章高庆彦、潘玉君、赵健霞，第八章孙俊、潘玉君、郭泱泽，第九章孙俊、潘玉君、徐娟，第十章常楠静、潘玉君、杜莹，第十一章常楠静、潘玉君、聂玉梅，第十二章孙俊、潘玉君、余祖亮，第十三章姚辉、潘玉君、郭泱泽，第十四章张谦舵、潘玉君、潘永平，第十五章常楠静、潘玉君、白帅，第十六章赵健霞、潘玉君、霍冬梅，第十七章杨静思、潘玉君、杜莹，第十八章赵健霞、潘玉君、徐娟，第十九章杜青、潘玉君、常楠静，第二十章潘玉君、杨静思，第二十一章杜莹、潘玉君、丁生，第二十二章郭泱泽、潘玉君、李振南，第二十三章杨静思、潘玉君、陈锡才，第二十四章聂玉梅、潘玉君、王胜德、潘建楠，第二十五章赵健霞、潘玉君、周兵，第二十六章赵健霞、潘玉君、赵兴国，第二十七章杜莹、潘玉君，第二十八章白帅、潘玉君、马前涛，第二十九章刘海琴、潘玉君，第三十章赵健霞、潘玉君、杜莹，第三十一章潘玉君、王小玲，第三十二章赵健霞、潘玉君、郭泱泽，第三十三章姚辉、潘玉君、方杏村，第三十四章崔文芳、潘玉君、丁生，第三十五章刘海琴、潘玉君、尚海龙，第三十六章杜斌、潘玉君、常楠静，第三十七章李会仙、潘玉君、张明军，第三十八章刘树芬、潘玉君，第三十九章华红莲、潘玉君、赵健霞，第四十章杜莹、潘玉君，第四十一章柳德江、潘玉君、刘树芬，第四十二章杜青、潘玉君、周兵，第四十三章华红莲、潘玉君、马前涛、杨磊，第四十四章杨小燕、潘玉君、杜青，第四十五章高庆彦、潘玉君、方杏村，第四十六章苏东辉、潘玉君，第四十七章孙俊、潘玉君、王小玲，第四十八章肖翔、潘玉君、施玉，第四十九章杨小燕、潘玉君、华红莲，第五十章张谦舵、潘玉君、赵健霞，第五十一章王文静、潘玉君、崔文芳，第五十二章王小玲、潘玉君、王文静，第五十三章陈锡才、潘玉君、周兵、牛爱敀，第五十四章马前涛、潘玉君、陈锡才，第五十五章孙俊、潘玉君、王斌，第五十六章周兵、潘玉君、赵兴国，第五十七章丁生、潘玉君、施玉，第五十八章潘玉君、杨小燕、高庆彦，第五十九章方杏村、潘玉君、聂玉梅，第六十章段如婷、潘玉君、马前涛，第六十一章刘树芬、潘玉君，第六十二章丁生、潘玉君、杜青，第六十三章孙俊、潘玉君、白帅，第六十四章尚海龙、潘玉君、孙俊、李春娟，第六十五章赵兴国、潘玉君，第六十六章姚辉、潘玉君，第六十七章施玉、潘玉君、赵兴国，附录孙俊、潘玉君、郭泱泽。此外，孙俊在各民族基本特征和历史渊源以及协助统稿方面，姚辉在协助地图编辑方面，杜莹、杜青和刘海琴在民族分支和未识别族群以及整理章末参考文献方面，白帅、尚海龙和杨静思在民族世居地、聚居区方面，郭映泽和杜斌在民族语言文字和部分地图编制方面，高庆彦和聂玉梅在民族起源和民族走廊方面，赵健霞和刘树芬在各民族第二节修改和更新数据等方面都做出了贡献。和瑞芳、赵祖平、陈旭、娄昭等参加了部分环节的工作。

拙著是国内外第一部从地理学角度系统阐述中国民族地理的学术著作，对于科学认识和系统研究民族团结进步、民族地区科学发展和促进民族地理学乃至人文地理学发展，具有重要意义。可供有关专家学者、政府工作人员参考，也可作为地理学、民族学等专业的本科生、硕士和博士研究生教材。由于编撰《中国民族地理》是一项艰巨的学术工程，虽然我们从新千年就开始系统工作，历时 15 年，但我和撰写队伍因水平和能力所限，一定会有不足和缺点，诚请批评指正。

在此，向给予本书编撰工作关怀、鼓励和帮助的诸位先生和同仁，向国家科学技术学术出版基金委员会及有关评审专家，致以崇高的敬意和谢忱。

潘玉君

2014 年 8 月于昆明地台寺

目　　录

第三篇　人口较多且分布较广民族地理

第四篇　人口较多而分布较狭民族地理

第六篇　人口较少且分布较狭民族地理

第七篇 华侨华人和跨界民族地理

第八篇　民族地理分区与民族地区发展

第一篇 中华民族的人种结构和民族发展

本书的中华民族指的是现代中国境内所生活的56个已识别的民族及未识别的民族群体。现代中华民族的结构特征（人种结构、文化结构、社会结构及其对应的地域结构等），是历史上中国境内来往迁徙的众多民族群体相互交流、分化融合等历史过程的结果。尽管现代人在中国是本土起源还是迁徙起源[①]尚存在争论，但新石器时代以来中华文明的发展是连续的，这一点已是国内外的共识。与此同时，讨论现代中华民族大概从新石器时代前后开始是没有问题的。陈连开（1996）曾指出："从170万年以前（也可能是三四百万年以前[②]）到距今10 000年以前的中国旧石器时代，当然不可能有民族的区别"。除此之外，在国家形成之前，具有国族意义的"中华民族"也是无从谈起的。因此，讨论中华民族的人种结构和民族发展问题，需要人类学、民族学、历史学、社会学、地理学等学科的共同努力。

在中华民族的人种结构问题上，尽管中华现代人的起源尚存争议，但对讨论中华民族的人种结构问题则是不成问题的，两个概念间的区别前已明晰。

本篇第一章中华民族的人种特征，基于体质人类学的研究，系统地总结了现代中华民族各族的人种归属问题，结论显示：中华民族人种结构表现为以蒙古人种为主体（分南方类型和北方类型），并有少部高加索人种血缘成分，但后者已因民族交往和融合而大大淡化；高加索人种血缘成分在中华民族中总体上自西向东、自北向南递减。显然，现代中华民族的人种结构是长时期以来民族迁徙所导致的基因交流的结果。

本篇第二章中华民族起源与自在发展，回顾了中华民族起源的问题，包括本土起源（他们在中国境内的迁徙当然也导致了民族的基因交流）和迁徙起源两大类（下同）。结论显示：公元前3000～前2000年（或公元前4000～前2000年）起至公元13世纪前后，中华民族起源与形成的主体是本土的民族，与高加索人种有初步的血缘交流，即塔吉克族和柯尔克孜族先民的迁入；公元13世纪前后，由于有较多的西亚、中亚高加索人种民族迁入，中华民族与高加索人种的血缘成分交流得到加强；13世纪以来，表现为高加索人种血缘成分的淡化和蒙古人种血缘成分的加重；京族、俄罗斯族、塔塔尔族、朝鲜族等族虽是迁徙起源民族，但原本即是蒙古人种。就空间结构而言，新石器时代的民族格局呈现满天星斗式的分布，但显然集中于平原地带，尤其是河网交错的中纬度平原地区；随着汉族前身华夏族的形成和发展，中原地带民族迅速整合，由此也带来了古代民族群体的迁徙；中原以外的类似过程同样导致了古代民族群体的迁徙，迁徙过程中的民族分化、整合等民族互动过程还可能形成了新的民族，特殊地带形成了民族走廊。

---

① 对人种而言，迁徙起源也可能形成新的亚人种。本书中的迁徙起源更多地指的是民族起源而言，迁徙起源民族指的是从国外迁徙进入中国而形成的民族。

② 此引文只取其义，至于中华现代人起源的时间问题则是第一章的旨趣。

本篇第三章中华民族的自觉发展，论述了伴随民族发展过程中的一个重要环节是对“正统”地位的寻求，现在所说的主体民族（汉族）和少数民族在历史上的“正统”寻求过程，实际上均导致了民族互动；当西方民族以国族形态与中华民族碰撞时，中华民族由自在发展阶段转入自觉发展阶段。

第一章　中华民族的人种特征

人种或种族是指在体质特征以及血型、遗传性疾病等方面具有某些共同遗传性状的人群（孙关龙，1990）。在生物学上，世界现生的人类都属于哺乳动物纲灵长目人科（Hominidae）人属（Homo）的智人种（Homo sapiens）（李法军，2007；张爱芳，2007）。不同的人种实际上就是智人种的各地方性亚种，这与地理环境的差异有着一定的关系（王恩涌等，2008）。根据体质特征的差异，全世界人种分为三大人种：即蒙古人种（黄色人种）、高加索人种（白色人种）、尼格罗人种（黑色人种）；或再分出澳大利亚人种（棕色人种）的四大人种。在这些主要人种之间还有若干过渡型（《中国大百科全书》编委会，2009）。

无论中华民族的祖先是本土的还是外来的，以及既有本土又有外来的成分，但最终都以蒙古人种为主体，并有少部高加索人种血缘成分，构成了中华民族的人种基础。他们在与中国区域内的具有鲜明多样性和变化性的地理环境——自然地理环境和人文地理环境——适应、原始共生和选择以及改造共生的漫长的自然-历史过程中，逐渐孕育出各个民族。

第一节　双源的人种结构

讨论中华民族的人种问题，在应用体质人类学方法上，早期的两本民族史著作早已开创性地讨论过，一本为李济（2005）《中国民族的形成》，一本为吕振羽（2009）《中国民族简史》。李著是他留学哈佛的博士论文。该著对中华民族[①]起源的考察打破了传统中国史学家中央王朝的界限，研究方法也打破传统的史料论，结合了全新的体质人类学方法。吕著的特点是提出了中华民族来源的人种问题，尽管其结论与今多有出入。

本节所论中华民族的人种结构问题，当然采用的是现代意义的人种分类体系，其含义也是现代意义的。而考虑这个问题，实际上是中华现代人的来源问题。

现代人[②]是从哪里来的这个问题，在考古学、人类学、历史学、民族学等学术界主要有两种不同的观点："外来说"（Out-of-Africa Theory，或称"非洲起源说"、"单一起源说"、"入侵说"、"迁徙说"、"替代说"）和"土著说"（Theory of Multiregional Evolution，或称"多地区起源说"、"夏娃理论"）。近20年来两种学说争论不断（Wilson and Cann，1992；Thorne and Wolpoff，1992；吴汝康，1994；Hawks and Wolpoff，2003；盛桂莲等，2004；高星等，2010）。

① 除特别注明外，本书"中华民族"是指今56个民族，即中国境内的民族全体。李著的"中华民族"虽未指"56个民族"，但实指中国境内的民族全体。

② 现代人（Modern Homo sapiens），在分类学上被称为"晚期智人"（Late Homo sapiens），或称"新人"，是指解剖结构上的现代人类。

就中华民族的人种结构而论，无论“外来说”还是“本土说”，均无法避免现代人起源和演进过程中的环境因素和遗传因素等的影响（席焕久等，2011）。中国现代人在适应具有鲜明分异性和变迁性特点的东亚自然地理环境的漫长“自然-历史”过程中，通过进化、突变和选择等多重路径形成具有诸多共同特征的蒙古人种主体，在逐渐创造辉煌灿烂新石器文明的同时，文化意义不断追加，形成中华民族复杂的自然-文化民族结构。中华民族的先民们，主要在诸多新石器文明的核心区域，与他们所在区域的自然地理环境和以自然环境为基础的初级形态的人文地理环境——之间的原始人地共生中，在与相邻区域的区际多元交流过程中，逐渐孕育出代表民族最重要特点的文化——语言。以语言为主要成分的文化基因和以自然基因为基础的双重遗传，包括系统遗传和个体遗传，以及变异和融合，是中华民族种类多样性的重要基础。同时，中华民族，除了这一发展脉络外，由现代中国版图的域外迁入的人群，是中华民族的另一重要来源。因此，中华民族的人种基础，既具有内源性——继承了中华现代人，又具有外源性——域外人种融入的特点。

至于中国现代人是“外来”还是“本土”，虽然学科差异可能使得两种学说双方讨论时交集不多（高星等，2010），但对于中华民族的人种结构均不会有分歧。

“外来说”假设非洲直立人在非洲进化成为现代人后，在 1.0Ma BP 前走出非洲，进入东亚后完全取代了当地的直立人并繁衍下来（Cann et al，1987；翁自力等，1989；Ballinger et al，1992；Vigilant et al，1997；Piazza，1998；Li and Bing，2000；Ding and Stephen，2000），尤其随着分子遗传学技术的不断成熟，产生了更多可以用来追溯人群起源迁徙过程及时间的遗传标记，其中最突出的就是 Y 染色体非重组区段（NRY）给予“外来说”重要支持（柯越海等，2000，2001；Underhill et al，2000；蔡晓云，2009）。

“外来说”的研究均说明非洲现代人进入东亚的时间在 18～60 ka BP，且中国现代人祖先最早从南部进入东亚，之后又发生南北向的迁徙（Chu et al，1998；Su et al，1999；Ke et al，2001；Palanichamy et al，2004；The HUGO Pan-Asian SNP Consortium，2009；Kong et al，2011）。而蒙古人种的形成，或因人种分化观点的差异有源自猿人或早期智人的差异，但直到新石器时代，才最后形成（欧潮泉，1999）。故依据现代中华民族的人种结构（详见本章第二节），“外来说”是能给出解释的。

“本土说”，对现代中华民族的人种结构给出解释自然是不成问题的。目前来看，民族学家倾向于就本土考古研究寻找依据，大多民族学家认为中华民族的起源是本土的（时间上限约 2.0 Ma BP），其中的关键是揭示 100～40 ka BP 中国境内人类化石并未出现断层①。就本土考古学证据来看，从直立人到现代人均有大量发现，所以民族学著作常常以此说明中国境内人类演化的连续性，文化人类学家的文献基本持此观点，如下文献可资参考：白寿彝，1989；陈连开，1996；陈连开等，1999；伍雄武，2000；田晓岫，2001；王钟翰，2006；翁独健，2007；尤中，2007。

就遗传学所论中国发现的人类化石在时间上并不具备所谓的连续性，且前后化石之

① 实际上，1987 年 Cann 等提出“单一起源说”的前 10 年间，中国学术界没有明显的反应。1998 年开始，一些遗传学家在学术刊物上发表一系列有关中国现代人起源问题的论文支持“单一起源说”，并质疑古人类学家基于人类化石和旧石器考古材料提出的中国人类本土连续演化在 100.0～50.0 ka BP 的连续性，争论才真正开始。

间形态存在显著差异的问题，吴新智（1990）从中国人类化石的年代顺序、共同形态特征、渐进变化、形态的异样性、镶嵌性、与其他地区的基因交流和古文化证据等方面，论证了中国人类进化以连续性为主，还与世界其他地区之间有渐增的基因交流。1998年他提出了“连续进化附带杂交说”，认为中国境内直立人与智人之间有形态学上的镶嵌，且赞同吴汝康等（Wu and Cheboksarov，1959）所研究的20世纪50年代在资阳、丁村、长阳、柳江、马坝相继发现不同时代人类化石，在一定程度上填补了中国猿人和现代人之间缺失环节的论点。同文又举近6万年以内旧石器时代遗址以说明连续性。吴新智此说还特别说明：“连续进化附带杂交”前者为主要趋势，后者与时俱增（吴新智，2006）。同时，针对遗传学者所说，100～50 ka BP第四纪冰川导致的人类化石断层，吴新智认为此期我国丰富的动植物化石证据却表明当时华南有大量猩猩、犀牛、大象等特别喜暖的动物，华北也有许多牛、马、老虎等温带动物，没有理由认为中国的原住民必定绝迹（吴新智，1990，1998）[①]。此说后来得到高星等（2010）的赞同，并又提出现代人类演化的“区域性多样化模式”。最新的中国考古学研究也认为，中国境内的新石器时代居民的种族与这个地区的旧石器时代人类之间存在种族系统学上的联系，尤其在旧石器时代中、晚期的材料上，已经出现某些可以感知的程度不同的人类种族分化趋势（中国社会科学院考古研究所，2010）。

而对于晚期智人及其以后的发展，南北有别已是共识，对于中华民族人种结构的解释当然不会有较大分歧。也由此，蒙古人种构成了中华民族的主体。而由于诸多历史因素的影响，在世界三大人种中，高加索人种较早就与中华民族有着交往与融合的过程。不过，除西北地区部分民族高加索人种血缘成分明显外，很多民族的高加索人种血缘成分已随着民族融合而大大减弱，更多地已表现为蒙古人种特征。故而，中华民族具有高加索人种和蒙古人种的双源人种结构，而蒙古人种是中华民族人种结构的主体和核心。

第二节　民族的人种类型

中华民族的体质特征及其差别，是人种基础和他们长期赖以生存的地理环境等因素的综合及民族分化、融合等作用的结果。大量的遗传学研究结果表明，中华民族人种结构表现为以蒙古人种为主体，并有少部高加索人种血缘成分，但后者已因民族交往和融合而大大淡化。同时，高加索人种血缘成分在中华民族中总体上自西向东、自北向南递减。

从体质人类学角度给出的总体特征来看，中华民族并非各自独立发展，而是在密切的交往和不断的分化、融合中形成。在此方面，诸多体质人类学家已有过系统总结（肖春杰，1995；杜若甫，2004；杜若甫，肖春杰，1997；金力，储嘉佑，2006；李树春，2010），揭示出现代中华民族的体质形态特征及其种族人类学成分，除西北地区个别少数民族中混杂有高加索人种成分之外，绝大多数属于同系性质的蒙古人种。而在蒙古人

---

① 最近对“红鹿人”（又称“马鹿洞人”）的研究也表明，他们一直生存至大约11 000年前的冰河时代末期。而且，“红鹿人”身上保存着100.0 ka BP前早期智人的特征，他属于晚期智人时代的古人类，但皆具现代人类的特征。至于其原因，中国云南省文化遗产和考古学会Ji Xueping：“由于青藏高原导致地理多样性，中国西南地区是生物多样性热区，具有很大的文化差异性。”（科学网：http://news.sciencenet.cn/htmlpaper/20123201246461862309l.Shtm. Lost accessed，2012-08-04.）

种的南北差异的同时，南北体质特征相异明显，且是一个由北向南的过渡变化，存在很大的交叉与重叠范围，过去所说藏彝走廊类型即是典型说明。而汉族则除南北差异明显外，与少数民族间也存在着相当大一部分共同血缘。

在前述研究共识基础上，对于个别尚无定论的民族，依据最新文献给予说明，即怒族和独龙族属于蒙古人种南方类型（郑连斌等，2008；张兴华等，2008），珞巴族和门巴族属于蒙古人种北方类型（郑连斌等，2009）。结合已有研究结论，现将中华民族的人种类型总结如下：

（1）蒙古族、鄂温克族、达斡尔族、锡伯族、鄂伦春族、赫哲族、朝鲜族、满族是典型的蒙古人种北方类型。这些民族，起源、发展和形成于北方，与蒙古人种南方类型交往融合较少，与高加索人种的关系同样如此。

（2）裕固族、门巴族、藏族、珞巴族、土族、羌族，属于蒙古人种北方类型，其体质特征主要表现为蒙古人种北方类型。这些民族虽多起源、发展和形成于北方，但或因发展过程中向南迁徙，或因与蒙古人种南方类型的交往与融合，具有蒙古人种南方类型的某些体质特征。其中，藏族还可能由北方迁徙至西藏，且与南方各族接触较少，至今与一些典型的北方蒙古人群遗传距离十分接近（杜若甫等，1998）。

（3）维吾尔族、哈萨克族、柯尔克孜族、塔吉克族、俄罗斯族、东乡族、撒拉族诸族，体质特征主要表现为蒙古人种北方类型，但明显具有高加索人种血缘成分。其中，柯尔克孜族和塔吉克族虽具有高加索人种的血缘成分，但他们的蒙古人种血缘成分约占70％左右（杜若甫，肖春杰，1997）；俄罗斯族原是高加索人种，但迁居中国后已与诸多蒙古人种北方类型民族融合。

（4）乌孜别克族和塔塔尔族是蒙古人种和高加索人种混合的类型，其主要血缘成分是属蒙古人种还是高加索人种有待进一步研究（杜若甫，2004；金力，储嘉佑，2006；李树春，2010），但体质特征明显接近于我国蒙古人种北方类型（崔静等，2004；郑连斌等，2004）。

（5）拉祜族、景颇族、布朗族、阿昌族、德昂族、怒族、普米族、独龙族、基诺族、纳西族、哈尼族、彝族、傈僳族、白族、苗族、土家族、布依族、毛南族、仫佬族、畲族、保安族，属于蒙古人种南方类型。其中，拉祜族、景颇族、布朗族、阿昌族、德昂族、怒族、普米族、独龙族、基诺族、纳西族、哈尼族、彝族、傈僳族、白族虽多与中国古代北方氐羌民族系统有渊源关系，但起源、发展和形成过程中多与南方土著人有融合，又多与蒙古人种南方族群有融合，体质特征主要表现为蒙古人种南方类型；苗族曾一度活动于长江以北，后大量南迁且居住分散，大大与南方各族融合；土家族、布依族、毛南族、仫佬族、畲族世居南方，但因民族融合，具有某些蒙古人种北方类型特征；保安族虽与北方民族有渊源关系，但因民族融合，更多地表现为蒙古人种南方类型特征。

（6）傣族、佤族、仡佬族、侗族、水族、壮族、京族、瑶族、黎族、高山族诸族是典型的蒙古人种南方类型。这些民族往往起源、发展和形成于南方，且与北方各族有交往和融合。

（7）回族没有统一的起源，融入有一定的高加索人种血缘，且其成分多少不一。总体上，北方回族虽多源于中亚，但已长期和北方各族融合，属于蒙古人种北方类型；福建、云南的回族与北方民族有渊源关系，但已长期和南方各族融合，可能属于蒙古人种南方类型；海南回族源于印度半岛，属于蒙古人种南方类型。

(8) 汉族长期以来分布地域广大，与南北各族均有复杂的交往和融合过程，大体以长江为界，汉族分蒙古人种北方和南方两大类群。北方汉族各地人群之间遗传距离较小，南方汉族各地人群之间遗传距离较大，这与北方多战事，人群迁徙融合频繁，而南方地理阻隔效应明显等因素有关。

结合以上民族的人种归属结论，考察这些民族的地域结构，可以看出中华民族人种结构的地域性（肖春杰，杜若甫，2000），即：①中华民族的人种结构主要是蒙古人种，西北地区民族高加索人种血缘成分明显；②今天的中华民族的人种结构主要是蒙古人种的南、北两大群体，大体以长江南北两分，也有过渡特征的区域；③蒙古人种北方类型西北地区的部分民族明显有高加索人种血缘成分，高加索人种血缘成分总体上由西北向东南方向递减（见图 2-1）。陈仁彪等的 HLA 聚类分析表明，中华民族包含南北两大群体（指蒙古人种）；高加索人种起源的 HLA 抗原基因频率（A3、B8 等）由西向东、由北向南递减；南亚蒙古人种起源的 HLA 抗原基因频率（B46 等）由南向北递减（陈仁彪等，1993）。

杜若甫等（1998）的研究，对于认识中华民族的人种结构及其相互间的交流关系具有重要意义。通过用 38 个基因座（即遗传标记）的基因频率计算了中国不同省、区、市汉族及少数民族相互间的遗传距离，并进行了聚类分析（表 1-1），揭示出：①北方汉族人群间的平均遗传距离（55.6）最近，其次是南方汉族人群之间的平均遗传距离；②北方少数民族间的平均遗传距离（289.9）要比南方少数民族间的（50.0）略大一些，这是因为北方少数民族中包含了新疆的民族；③北方汉族人群与南方汉族人群之间的平均遗传距离（517.4），要比南方汉族人群间的（116.0）或北方汉族人群间的（55.6）都大得多；④北方汉族与北方少数民族的平均遗传距离（244.7）和北方少数民族间（289.9）相近，南方汉族和南方少数民族间的平均遗传距离（304.1），也和南方少数民族间（250.0）比较接近，但南、北方汉族间的平均遗传距离（517.0）和南、北方少数民族间的平均遗传距离（598.9）却大得多；⑤南方汉族与北方少数民族以及北方汉族与南方少数民族间的遗传距离（653.1）相差较大。

表 1-1　汉族人群及少数民族相互间的平均遗传距离

人　　群	平均遗传距离（$X\pm SE$）
北方汉族人群之间	55.6±8.9
南方汉族人群之间	116.0±33.8
北方少数民族之间	289.9±42.3
南方少数民族之间	250.0±18.0
北方汉族人群与北方少数民族之间	244.7±40.6
南方汉族人群与南方少数民族之间	304.1±38.2
北方汉族人群与南方汉族人群之间	517.4±49.8
北方少数民族与南方少数民族之间	598.9±31.9
北方少数民族与南方汉族人群以及南方少数民族与北方汉族人群之间	653.1±38.8

资料来源：杜若甫等，1998.

参 考 文 献

白寿彝. 1989. 中国通史：导论卷. 上海：上海人民出版社.

蔡晓云. 2009. Y染色体揭示的早期人类进入东亚和东亚人群特征形成过程. 复旦大学博士学位论文.

陈连开. 1996. 中华民族之含义及形成史的分期. 社会科学战线，18 (4)：145-151.

陈连开，等. 1999. 中国民族史纲要. 北京：中国财政经济出版社.

陈仁彪，叶根跃，庚镇城，等. 1993. 我国大陆主要少数民族 HLA 多态性聚类分析和频率分布对中华民族起源的启示. 遗传学报，20 (5)：389-398.

崔静，郑连彬，沈新生. 2004. 新疆塔塔尔族体质特征调查. 人类学学报，23 (1)：47-54.

杜若甫. 2004. 中国人群体遗传学. 北京：科学出版社.

杜若甫，肖春杰. 1997. 从遗传学探讨中华民族的源与流. 中国社会科学，18 (4)：138-146.

杜若甫，肖春杰，Cavalli-Sforza L L. 1998. 用 38 个基因座的基因频率计算中国人群间遗传距离. 中国科学：生物科学，28 (1)：83-88.

高星，张晓凌，杨东亚，等. 2010. 现代中国人起源与人类演化的区域性多样化模式. 中国科学：地球科学，40 (9)：1287-1300.

金力，储嘉佑. 2006. 中华民族遗传多样性研究. 上海：上海科学技术出版社.

柯越海，宿兵，肖君华，等. 2000. Y染色体单倍型在中国汉族人群中的多态性分布与中国人群的起源及迁移. 中国科学：生物科学，30 (6)：614-620.

柯越海，宿兵，李宏宇，等. 2001. Y染色体遗传学证据支持现代中国人起源于非洲. 科学通报，46 (5)：411-413.

李济. 2005. 中国民族的形成. 胡鸿保，张海洋 译. 南京：江苏教育出版社.

李法军. 2007. 生物人类学. 广州：中山大学出版社：291.

李树春. 2010. 中国少数民族遗传学概论. 北京：中央民族大学出版社.

吕振羽. 2009. 中国民族简史. 北京：人民出版社.

欧潮泉. 1999. 基础民族学：理论・人种・文化. 贵阳：贵州人民出版社：120-126.

盛桂莲，赖旭龙，王頠. 2004. 分子人类学与现代人的起源. 遗传，26 (5)：721-728.

孙关龙. 1990，人种地理学//中国大百科全书编委会地理学编委会. 中国大百科全书・地理学. 中国大百科全书出版社：364.

田晓岫. 2001. 中华民族发展史. 北京：华夏出版社.

翁独健. 2007. 中国民族关系史纲要. 北京：中国社会科学出版社.

翁自力，袁义达，杜若甫. 1989. 中国人群遗传结构分析. 人类学学报，8 (3)：261-268.

王恩涌，胡兆量，周尚意，等. 2008. 中国文化地理. 北京：科学出版社：19.

王钟翰. 2006. 中国民族史. 北京：中国社会科学出版社.

吴汝康. 1994. 现代人的起源问题. 化石，21 (4)：4-5.

吴新智. 1990. 中国远古人类的进化. 人类学学报，9 (4)：312-321.

吴新智. 1998. 从中国晚期智人颅牙特征看中国现代人起源. 人类学学报，17 (4)：276-282.

吴新智. 2006. 现代人起源的多地区进化说在中国的实证. 第四纪研究，26 (5)：702-709.

伍雄武. 2000. 中华民族的形成与凝聚新论. 昆明：云南人民出版社.

席焕久，李文慧，张美芝，等. 2011. 人的差异及其影响因素. 解剖科学进展，17 (5)：478-476.

肖春杰. 1995. 中国人群的聚类分析与基因地理学. 中国科学院遗传学研究所博士学位论文.

尤中. 2007. 中华民族发展史（第一卷）. 昆明：晨光出版社.

张爱芳. 2007. 浅谈现代人类的起源. 生物学通报，42 (7)：19-22.

张兴华，郑连斌，陆舜华，等. 2008. 独龙族成人的 Heath-Carter 法体型研究. 天津师范大学学报：自然科学版，38 (3)：15-18.

郑连斌，崔静，陆舜华，等. 2004. 乌孜别克族体质特征研究. 人类学学报，23 (1)：35-45.

郑连斌，陆舜华，罗东梅，等. 2008. 怒族的体质调查. 人类学学报，27（2）：156-164.
郑连斌，陆舜华，张兴华，等. 2009. 珞巴族与门巴族的体质特征. 人类学学报，28（4）：401-407.
肖春杰，杜若甫. 2000. 中国人群基因频率的主成分分析. 中国科学：生物科学，30（4）：434-442.
《中国大百科全书》编委会. 2009. 中国大百科全书·卷 18. 第 2 版. 北京：中国大百科全书出版社：425.
中国社会科学院考古研究所. 2010. 中国考古学·新石器时代卷. 北京：中国社会科学出版社：741.
Alison S, Brooks B W. 1990. Palaeoanthropology: the Chinese side of the story. Nature, 344 (6264): 288-289.
Ballinger S W, Schurr T G, Torroni A, et al. 1992. Southeast Asian mitochondrial DNA analysis reveals genetic continuity of ancient Mongoloid migrations. Genetics, 130 (1): 139.
Chu J, Huang W, Kuang S, et al. 1998. Genetic relationship of populations in China. Proceedings of the National Academy of Sciences, 95 (20): 11763-11768.
Cann R L, Stoneking M, Wilson A C. 1987. Mitochondrial DNA and human evolution. Nature, 325 (6099): 31-36.
Ding Y C and Stephen W. 2000. Population structure and history in East Asia. Proceedings of the National Academy of Sciences USA, 97 (25): 14003.
Hawks J, Wolpoff M. 2003. Sixty years of modern human origins in the American Anthropological Association. American Anthropologist, 105 (1): 89-100.
Ke Y, Su B, Song X, et al. 2001. African origin of modern humans in East Asia: A tale of 12, 000 Y chromosomes. Science, 292 (5519): 1151-1153.
Kong Q P, Sun C, Wang H W, et al. 2011. Large-scale mt-DNA screening reveals a surprising matrilineal complexity in East Asia and its implications to the peopling of the region. Molecular Biology and Evolution, 28 (1): 1287-1300.
Li Jin, Bing Su. 2000. Natives or immigrants: modern human origin in East Asia. Nature Genetics Reviews, 2 (1): 126.
Palanichamy M, Sun C, Agrawal S, et al. 2004. Phylogeny of mitochondrial DNA macrohaplogroup N in India, based on complete sequencing: Implications for the peopling of South Asia. American Journal of Human Genetics, 75 (6): 966-978.
Piazza A. 1998. Human evolution: Towards a genetic history of China. Nature, 395 (6703): 636-639.
Su B, Xiao J, Underhill P, et al. 1999. Y-chromosome evidence for a northward migration of modern humans into Eastern Asia during the last Ice Age. American Journal of Human Genetics, 65 (6): 1718-1724.
The HUGO Pan-Asian SNP Consortium. 2009. Mapping human genetic diversity in Asia. Science, 326 (5959): 1541-1545.
Thorne AG, Wolpoff M H. 1992. The multiregional evolution of humans. Scientific American, 266 (2S): 46-53.
Underhill P A, Shen P, Lin AA, et al. 2000. Y chromosome sequence variation and the history of human populations. Nat Genet, 26 (3): 358-361.
Vigilant L, Stoneking M, Harpending H, et al. 1997. African populations and the evolution of human mitochondrial DNA. Science, 253 (5027): 1503-1507.
Wilson A C, Cann R L. 1992. The recent African genesis of humans. Scientific American, 266 (4): 54-61.
Wu Rukang, Cheboksarov N N. 1959. On the continuity of the development of physical type, economic activity and culture of humans of ancient time in the territory of China. Soviet Ethnography, 4: 3-25.

第二章 中华民族的起源与自在发展

中华民族的发展经历了自在发展和自觉发展两大阶段（费孝通，1989），二者区分的根本原因是近现代以来（以 1840 年鸦片战争为界）民族关系发生根本变化——各民族在西方国族影响下逐渐自觉地向独立的中华民族演进。本章所述主要是自在阶段的民族起源与发展。

中华民族各族的形成在自在发展阶段早已完成，其空间格局也在此期奠定，大致分为三大阶段：第一阶段是各族的孕育阶段，即先秦时期，早期人类发展出现族群分化，形成一定的地域共同体，即从“满天星斗”式的遗址（早期人类地域共同体的表现）分布发展到有明显地域族群特征的“万邦时代”；第二阶段是各族的形成发展阶段，中华民族的核心——汉族形成，区域性族群冲突与融合加剧，形成“多元一体”格局，更是全国性大规模的民族迁徙、融合时期，同时也是高加索血缘民族进入中国领土并形成中华民族之部分的时期，有的境外民族也在此期进入；第三阶段是中华民族空间格局的定型阶段，不仅各族已形成，而且大规模的民族迁徙因生存空间已无太多“空白”区域而定型，也进入中华民族“一体化”在自在发展阶段的最后时期，民族融合规模远远超过了民族迁徙规模。

第一节 中华民族起源的时空格局

在中华现代人来源尚处争论的情况下，仅就中华民族发展的时空格局而言，从新石器时代及稍前的中石器时代起讨论大抵没有什么争议，因为在民族形成以前只能说是人口的迁移，与民族迁移不同。同时，中石器时代至新石器时代中晚期，中华民族仍然处于孕育阶段，就是可能形成最早的汉族前身华夏族的形成也晚于这个时期（详见第八章第一节）。尽管如此，在中华民族各族的形成过程中，也表现为一定的生态族群特征，“多元一体”格局的形成过程就是典例，而这种生态结构在短时期内很难改变。所以，讨论中华民族的空间格局，还是要适当地讨论中华民族孕育阶段的基本格局状况，即早期文明（主要是新石器时代）的地域结构。

同时，中华民族各族进入现代中华舞台的时间并不一致，一直生活于现代中国境内的民族是本土起源的，而那些较早进入中国境内的民族（如哈萨克族）和晚近才进入中国境内的民族（如俄罗斯族、京族、朝鲜族等）则是迁徙起源的。本土起源与迁徙起源是中华民族起源的两种基本类型。

一、中华民族起源的时间序列

对于现代中华民族而言，若采用回溯性的办法来确定其起源的时间状况，那么，依据于文献资料，大体可以确定其本土起源迁徙起源的时间序列如下（图 2-1）：

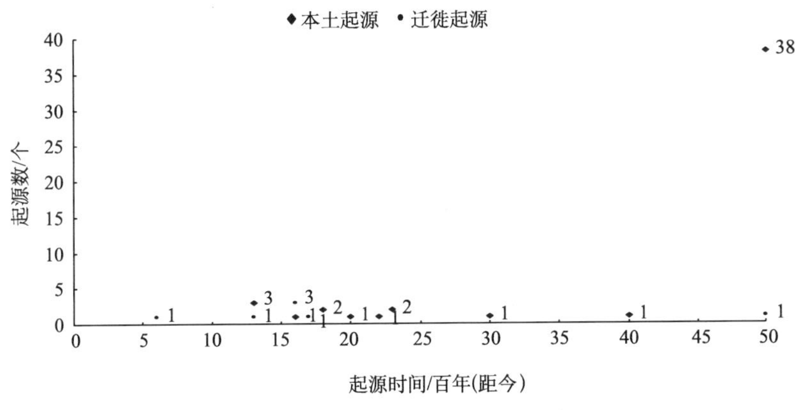

图 2-1　中华民族各族起源的时间序列

资料来源：《中国大百科全书·民族卷》及五种民族丛书之“民族简史”

（1）本土起源的民族，其起源时间多集中于公元前 3000～前 2000（或公元前 4000～前 2000）年的时期，也即前述的“万邦时代”前后。当然，这种回溯性的考察是以现代民族为基本单位的，这个切入点无可避免地避开了古代民族融合（及分化组合）的过程，直接切入到现代民族与其有渊源关系的古代民族。

（2）境外民族迁入并在中国境内形成新的民族实体的时间序列大体可以划分为三个阶段。第一个阶段是公元前 2000 年左右至公元 7 世纪前后，塔吉克族先民雅利安人的一部分在公元前 2000 年前后即从中亚迁入塔里木盆地及其周围地区，鄂温克族、柯尔克孜族至迟于公元元年前后从北亚迁居中国，回族于公元 7 世纪中叶迁居中国西北及东南沿海，这些民族先民的迁居是自发的过程；第二个阶段是公元 13 世纪前后，随着元帝国的西征，带回大批“色目人”，其中就有保安族、东乡族、撒拉族的先民，乌孜别克族的先民则主要是因经商而迁居中国；第三个阶段是明清两代，京族、俄罗斯族、塔塔尔族、朝鲜族，或因居地的战争（京族、朝鲜族），或因中国与周边国家的战争（俄罗斯族），这些民族迁居中国。

（3）若考虑到中华民族起源的人种特征，则又可大致划分为三个阶段。第一个阶段是公元前 3000～前 2000（或公元前 4000～前 2000）年起至公元 13 世纪前后，这一阶段中华民族起源与形成的主体是本土的民族，与高加索人种有初步的血缘交流，即塔吉克族和柯尔克孜族先民的迁入。第二个阶段是公元 13 世纪前后，由于有较多的西亚、中亚高加索人种民族迁入，中华民族与高加索人种的血缘成分交流得到加强。第三个阶段是 13 世纪以来，表现为高加索人种血缘成分的淡化和蒙古人种血缘成分强化（详见第一章第二节），原因在于高加索人种民族迁居中国后与其他原本是蒙古人种的民族大量融合（13 世纪前其先民已迁入中国的柯尔克孜族和塔吉克族蒙古人种血缘成分目前约占 70%左右，柯尔克孜族和塔吉克族虽具有高加索人种的血缘成分，但他们的蒙古人种血缘成分约占 70%左右），而京族、俄罗斯族、塔塔尔族、朝鲜族虽是迁入民族，但原本即是蒙古人种。

二、中华民族起源的空间格局

同样的，若采用回溯性的办法来考察中华民族各族起源地的省域状况，依据文献资料也可以看出，此期中华民族各族起源地的空间格局（图 2-2）：

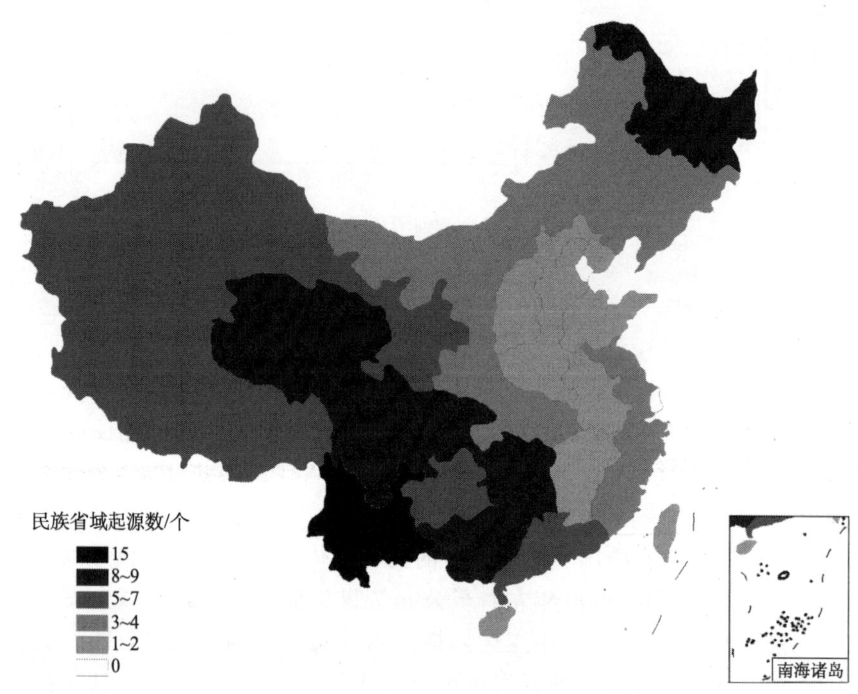

图 2-2　中华民族各族起源地的空间格局

资料来源及说明：资料来源于《中国大百科全书·民族卷》。对各民族起源地的确定是沿着族群发展演化的脉络进行的，追溯现代民族的最古老祖先生活的场所为其起源地。确定好起源地之后，以《中国古今地名大词典》为标准把古代地名转换成现代行政区。由于古代区域范围可能涉及现代的多个省份，因此导致民族起源地的个数多于现代民族总数

(1) 中华民族各族起源的省域状况，表现出中原地区较少边疆省份较多的数量结构空间格局。这种回溯性的考察以现代民族为基本单位直接切入到与其有渊源关系的古代民族的省域分布，这里的古代民族已经是“万邦时代”后分化组合后的具有现代意义的民族。中原地区以汉族为核心的民族，由于以较大地域范围内相同或相似的地理环境为基础，早期族群分化组合迅速，民族数量本身相对较少。而边疆地区则不同，尤其是山区地区，地理阻隔效应明显，民族分化组合相对困难，形成了数量较多的现代民族，其起源地的省域数量相对较多。

(2) 本土起源民族与境外迁入民族源地（迁入地）呈现东西向和南北向的分异格局。一方面，源地与西亚、中亚有关系的民族其源地集中分布于西北省区，而源地与北亚及朝鲜半岛的民族其源地集中分布于东北省区，即东西向的分异格局（回族源地也分布在南方沿海省区，京族源地在广西）。另一方面，境外迁入民族源地集中分布在北方的新疆、青海、甘肃、宁夏、内蒙古、北京、辽宁、吉林、黑龙江等省份，而本土起源

民族的源地多分布于南方省份，在以上北方省份也有大量分布，即形成南北向的分异格局。

(3) 上海市、天津市无现代民族起源地的分布，可能与全新世以来海侵有关（详见第四章第三节）。

三、早期文明的地域结构

中石器时代是农业发生阶段，即人类由食物采集发展到食物生产的关键阶段（周立三等，2000），因而是人类学研究的热点及关键领域（陈淳，1995，2000）。但中国是否存在中石器时代争论颇多（陈星灿，1990），因为大量^{14}C年代说明，从旧石器时代至新石器时代开始，其间隔是很短的；有的地区，两者几乎是衔接的（张之恒，2003）。不过，假如将其作为环境演变（包括气候与生态等）而引起文化变化，那么从目前有限的考古资料来看，在工艺技术、采集渔猎对象等方面的南北差异上，至少说明中国从旧石器时代向新石器时代演进过程中存在两种不同模式（张之恒，2003；中国社会科学院考古研究所，2010）。

考古发现表明，约公元前 1.8 万年之后，南方地区人类已开始采收野生稻（包括江西万年仙人洞、广东英德牛栏洞、湖南道县玉蟾岩等遗址），至新石器时代早期（公元前 1～前 0.6 万年①）已有栽培稻。而同期的北方，已开始出现栽培粟。大约公元前 7500～前 5000 年的新石器时代中期，在黄河流域、长江中下游、辽河流域及华南地区都普遍发现文化遗址表明：此期人们已完全摆脱洞穴居址的局限，大都选择平原地区的沿河台地营造了规模大小不一的聚落。此时，农业生产成为主要经济部门，且形成南稻北粟两种农耕系统，家畜饲养业也有一定发展，制陶开始发展。对应的社会制度，则是以家族组织为经济生活单位，氏族平等。由此可以认为，至迟公元前 1 万年，中国进入新石器时代，其标志是农业和家畜饲养业的出现②，由自然型经济向生产型经济转换，人们已开始实行相对定居，这是民族起源的重要条件之一。在新石器时代，氏族向部落和部落联盟的发展表征着早期族群关系由血缘关系向地缘关系转化了。虽然，这种地缘关系与建立在地缘结合基础上的民族认同和区别还是有质的不同（陈连开，1996），但这种关系却随着社会生产力的发展和私有制的发展进而产生邦国得到加强，为民族的形成奠定了重要的地域基础，实际上已初步具备了共同的经济、地域、文化等民族形成条件。而整个新石器时代，作为中华民族孕育阶段的空间格局表现为人类活动遗址的“满天星斗”式的分布（图 2-3）。

约公元前 5000 年的新石器时代中晚期之际，广大新石器时代文化经过数千年的发展，相继形成了八大区域文化：以豫西、晋南、关中为重心的黄河中游文化区、以山东为重心的黄河下游东方文化区、以甘青地区为重心的黄河上游西部文化区、以辽河流域燕山南北地带为重心的北方文化区、以两湖平原为重心的长江中游中南文化区、以太湖

① 除特别注明外，本书新石器时代分期时限均参照《中国考古学·新石器时代卷》（中国社会科学院考古研究所，2010）附录 1。

② 部分学者认为其特征主要体现为有固定的农业生活，自给自足经济的村落并豢养家畜，使用与制作陶器、磨光石器（张光直，1999）。

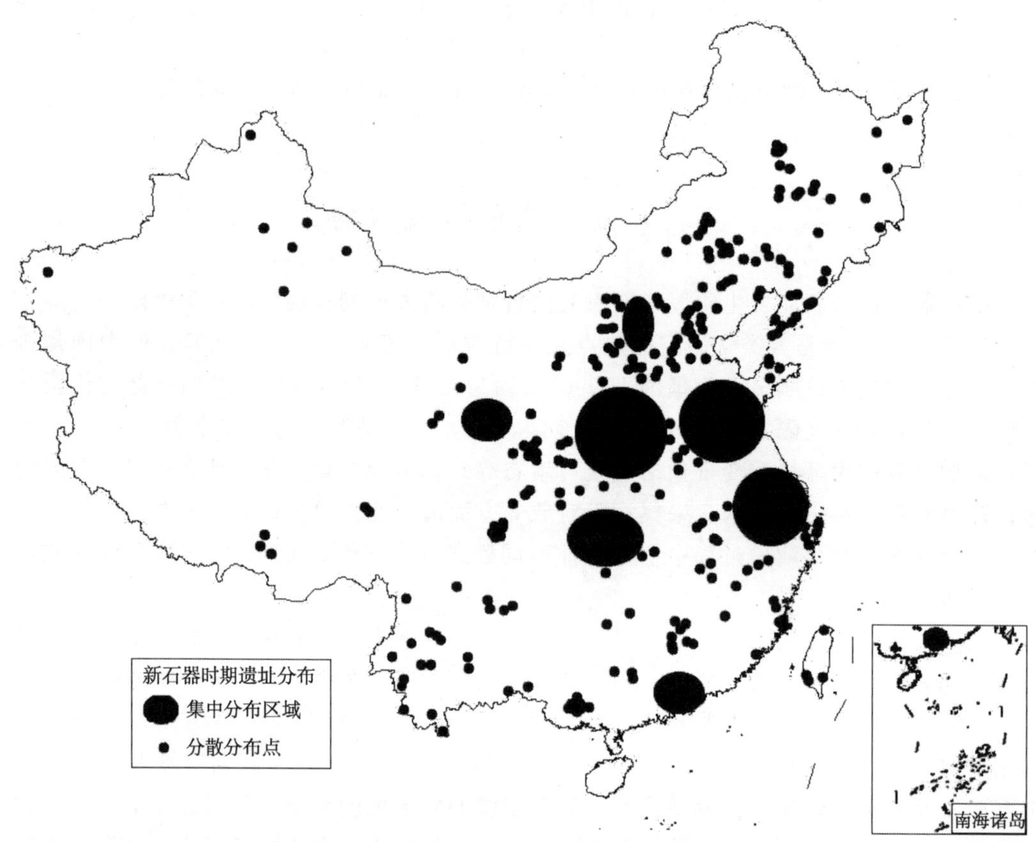

图 2-3　中国新石器时代遗址分布图（中国社会科学院考古研究所，2010）

地区为重心的长江下游东南文化区、以成都平原为重心的长江上游西南文化区、以两广地区为重心的南方文化区（曾文芳，2007；中国社会科学院考古研究所，799）。

四、“万邦时代”的民族格局

约公元前 4000～前 2000 年的约两千年间，原始氏族公社社会相继过渡到父系氏族社会，并伴有私有制的产生，至龙山时期社会分层突出，阶级已经产生并日益尖锐对立，邦国型国家产生。“万邦时代”即系指以血缘为单位的早期人们共同体至以地域为单位的民族群体时期，“万邦”是对先秦民族渊源与分布格局的真实反映（安介生，2003）。

对“邦”的解析，古史专家金景芳（1982）认为，古时“邦”即一族、一国，一国之君，殆一族之长尔。此说出自夏曾佑（1933）《中国古代史》，而《左传》及其后的“万国”、“三千”、“千八百”，可能已表明氏族组织或诸侯国的减少。夏曾佑之说得到周苏平（1993）等学者的支持，故李克建（2007）说“万邦”不仅成为民族分布和演变最重要的空间特征，而且更加凸显了我国古代各民族“聚族而居”的分布特点。但姚政转引自安介生（2003）则认为，“邦”为地域集团，其依据在《国语》、《说文》、《周礼》等古籍。田昌武（1982）转引自安介生（2003）又以为，中国古代奴隶制特征之一是

“田野制”，即古代国家是部落国家，按地区分族而居。

与此相关的问题是，“万邦时代”的时间问题。考古学家从都邑遗址考察的角度总体认为是距公元前3000～前2000年（李学勤，1997）。张光直（1999）则说“万邦”是龙山文化的政治景观，尤其晚期已形成“万邦”格局。但无论如何，“万邦时代”应以私有制发展阶段中的“国家”形态来定，从最早的氏族平等“禅让制”到私有关系制度化的“世袭制”，是“万邦”演变阶段性的标志（钱耀鹏，2002；马兴，2007）。中国古代的“禅让制”的历史文化背景是血缘亲属关系（蔡维琰，1997）。尧舜时代的制度性质争论多多（彭邦本，2006；马兴，2007），但其始自黄帝时代而终至春秋战国可能是一个大概的时间范围（徐祖祥，2001），因为秦汉以来已经是地域民族共同体为主导的时期了（安介生，2003）。而争论焦点中的尧、舜、禹三代，可能是过渡的，他们首先是本邦本国的邦君，又都曾担任过邦国联盟的“盟主”亦即“霸主”，是“邦国”形态的最后阶段（王震中，2011）。

故而，“万邦”的地域结构，大体上能反映出这个时代的民族格局。“万邦”并非“一万个邦国”，而是具有形容极多的意蕴，且带有感情色彩。《左传》闵公元年郭偃云：“华万（魏国先祖）之后必大。万，盈数也”。《史记·魏世家》云：“万，满数也。”唐孔颖达注蔬云：“数十至少盈，至万则大盈”。按司马迁《史记》来看，则“万邦”是约八百（或一千八百）诸侯。安介生以为，司马迁“八百诸侯”之意有二：一为武王伐纣时，《史记·周本记》所载武王伐纣“是时，诸侯不期而会盟者八百诸侯”；二为西周大分封后的诸侯国。那么，西周初年，邦国数当为二者之总和，即《汉书·地理志》所称的周初“千八百国”（安介生，2003，2007）。

然而，“万邦”的地域，安介生考之认为是秦汉中央王朝之范围而已，无东北、内蒙古、新疆、青藏甚至云南（大理）诸部（安介生，2003，2007）。其时，我国古文献中有很多关于“三皇五帝”的传说故事及华夏与蛮夷戎狄民族集团情况的记载。传说时代，在黄河中下游和长江流域以种粟（或种稻）为主，过着定居农业生活的农业文明区便率先形成了三大原始民族集团：炎黄族团、东夷族团和苗蛮族团。而羌戎、百越、东胡等其他原始民族的活动情况缺乏史料考证，推其彼时农业经济欠发达，不曾在同一时期形成势力强盛的部落大联盟，对中原政治影响力不大，故不为中原所注意（曾文芳，2007）。《史记·五帝本纪》载帝尧统治时说：“三苗在江淮、荆州数为乱。于是舜归而言于帝，请流共工于幽陵，以变北狄；放驩兜于崇山，以变南蛮；迁三苗于三危，以变西戎；殛鲧于羽山，以变东夷；四罪而天下咸服。”及至虞舜统治期间，重划天下为九州，又把各地区按距离都城远近划分为五服，即甸服、侯服、绥服、要服、荒服。《史记·五帝本纪》载：“方五千里，至于荒服。南抚交阯、北发，西戎、析枝、渠廋、氐、羌，北山戎、发、息慎，东长、乌夷。四海之内咸戴帝舜之功。”到了夏、商、周三代的“华夷之辩”，关于华夏和蛮夷戎狄的记载就更多了。据《禹贡》记载，夏朝时华夏民族集团周边各族的情况是：冀州东北部有“岛（鸟）夷”；青州滨海之地有“嵎（堣）夷”、“莱夷”；徐州淮水边有“淮夷”；扬州海岛上有“岛夷”；梁州有“和夷”；雍州西南部有“三苗”以及西部有“昆仑、析枝、渠搜”等。《周礼·职方氏》中有“四夷、八蛮、七闽、九貉、五戎、六狄”之说，《尔雅·释地》中亦称周有“九夷、八狄、七戎、六蛮”。而关于西周时期的民族分布情形，《国语·郑语》有一诊断：

> 当成周（在今河南洛阳市）者，南有荆蛮、申、吕、应、邓、陈、蔡、随、唐；北有卫、燕、狄、鲜虞、潞、洛、泉、徐、蒲；西有虞、虢、晋、隗、霍、杨、魏、芮；东有齐、鲁、曹、宋、滕、薛、邾、莒；是非王之支子母弟甥舅也，则皆蛮夷戎狄之人也。

洪迈参照古文献对先秦时期民族情况的记载，对西周的疆域和民族分布情况作了进一步的深入阐发，他在《容斋随笔·周世中国地》卷5中精辟地论述道：

> 成周之世，中国之地最狭，以今地里考之，吴、越、楚、蜀、闽皆为蛮；淮南为群舒；秦为戎。河北真定、中山之境，乃鲜虞、肥、鼓国。河东之境，有赤狄、甲氏、留吁、铎辰、潞国。洛阳为王城，而有杨拒、泉皋、蛮氏、陆浑、伊雒之戎。京东有莱、牟、介、莒，皆夷也。杞都雍丘，今汴之属邑，亦用夷礼。邾近于鲁，亦曰夷。其中国者，独晋、卫、齐、鲁、宋、郑、陈、许而已，通不过数十州，盖于天下特五分之一耳。

可以说，对于民族格局，尤其在人类文明早期，基本上是天然使然，后随区域性民族的崛起，族群间的融合加强，族群分化与重组而成新的民族，是古今中外民族发展史的通例。

在当时中央王朝范围之外，同样存在着类似中原的民族演进过程，时间上或先或后，但仍可反映出当时的民族地域结构。不过，由于文献资料缺乏，现已很难详尽推断当时的族群结构了，只可能是一个大概的说明。

在北方，以匈奴和拓跋鲜卑为例，据《史记·匈奴列传》载，春秋战国之际，北方所谓的“戎”、“狄”总计不下一百有余，而其组织的形式则是一种血缘关系，后因氏族公社的解体，阶级的形成及频繁的战争，氏族的不稳定性和复杂性大大加强，血缘关系被大大冲淡了，逐渐过渡到地缘关系的组织形式上。而拓跋鲜卑则于两晋间形成部落联盟，此联盟民族种类复杂，拓跋鲜卑只是其领导部落，领导核心中又有“宗室八姓”，另有七十五个异姓或非拓跋鲜卑部落，包括有匈奴、丁零（高车）、柔然、乌桓等。而据《魏书·刑罚志》看，此时的拓跋鲜卑仍由氏族酋长商议大事，并未走出原始的氏族社会，至东晋时才受晋文化影响而迈入阶级社会（林幹，2010）。

西域地区自张骞出使方为中原所知，《史记·大宛列传》云：“大宛之迹，见自张骞”。最早的记载，限于时人认识，是很模糊的，概以戎称，又含氐、羌（王文光等，2010），均是很大的民族群体。司马迁撰《史记》时给予较详细的记载，如《史记·匈奴列传》载：“（春秋时期）自陇以西有緜诸、绲戎、翟、貆之戎，岐、梁山、泾、漆之北有义渠、大荔、乌氏、朐衍之戎。而晋北有林胡、楼烦之戎，燕北有东胡、山戎。各分散居谿谷，有君长，往往而聚者百有余戎，然莫能相一。”可见，春秋战国时，血缘关系在西域民族关系上占有重要地位，而至汉，随着中央王朝行政区域的设置，加上北方匈奴西进，民族关系已非常复杂，向着地缘关系转化。

青藏地区虽然至隋唐时才形成统一的吐蕃王朝，并不归属当时的中央王朝，但对其已有一定认识，及至《新唐书》已专立《吐蕃传》，载：“吐蕃本西羌属，盖百有五十余种，散处河、湟、江、岷间，有发羌、唐旄等……”。而在藏族的形成过程中，大体仍经历了血缘关系的“万邦”至地缘关系上的统一政权的过程，而且这一过程较中原和北方民族为晚。按藏文及民间传说，藏族源于神话“猕猴人”之说，但排除其中的神话成分，实际上至“变人”时，已分化成斯、穆、桐、东、查、楚六大氏族，此为原始群婚社会阶段。而14世纪中叶藏族学者贡噶多吉在《红史》中又说：“藏族出自猴裔。据说有玛桑本荀九部、二十五小邦、十二小邦、四十附庸小邦等统治其地。”五世达赖喇嘛阿旺罗桑嘉措在《西藏王臣记》中说“（猕猴之后）虽建立了许多分散的小邦，但由于没有圣者加持，没有治理众生的王。”这里已经附加了宗教的解释，而实际上在原始社会阶段青藏地区族群林立，及至西羌融入有所谓“百有五十余种”之说，后随着社会的发展，出现了四大种姓“争夺谷物而不和”，并且导致“分配土地”的局面。迟至公元6世纪，藏族地区进入奴隶社会，南部的悉勃（野）部崛起，兼并邻部，但较大的邻邦仍有十二，至吐蕃王朝建立，又统一苏毗、羊同、白兰、党项、附国、嘉良夷、吐谷浑、鲜卑等青藏诸部，藏族血缘关系上的民族认同向地缘关系转化才奠定基础。

南方地区即使如学界所说长江文明是“断而再续”（江林昌，2003），后期南方文明的发展仍然是连续的。及至春秋战国，楚越崛起，后又为秦统一，岭北地区已随着华夏族的形成而华夏化了，而岭南地区，虽已属秦的版图，然民族关系复杂，自秦的“并轨制”和羁縻政策，实际上一直延续至隋唐甚至更晚。这样一来，实际上岭南地区的族群血缘与地缘往往同一，而随着中央政权的不断变更和中原民族的南下，岭南民族长时期地处于分化重组过程，及至“五胡十六国”和隋唐大一统，大大地刺激了岭南民族由血缘关系向地缘关系转化（王文光，2005）。

第二节　族群互动与中华民族空间格局的演进

与现代中华民族空间格局有直接关系的，是古代民族从多元走向一体的族群互动过程，这个过程包括区域和全国两个层面（邹逸麟等，2001）。而这一过程，当以华夏族的形成为开端，其发展过程中与其他民族的互动过程，是真正意义上的民族迁徙和融合。这一过程的结果特别重要——中华民族“一体化”关系得到加强，没有任何一个民族是单一的，这是中华民族的内在联系①；中华民族的空间格局，也向着“多元一体”演进，并且是具有现代意义的民族迁徙和融合，表征着中华民族内在联系的发展。

一、华夏鼎立与“五方格局”

“万邦时代”的结束，实际上是古代民族向现代民族的转化过程，即“万邦”演而为“一”（现代民族）。也因此，诸多“一”的迁徙与融合，是现代意义的。这一过程的肇始，概与“五方格局论”之源有关。

“五方格局论”，从历史文献或史实来讲，或始于夏时的“华夷之辩”或“夷夏之

① 梁启超《饮冰室全集·合集之十一》言及华夏族的形成时说“华夏民族，非一族所成。太古以来，诸族错居，接触交通，各去小异而大同，渐化合以成一族之形，后世所谓诸夏是也。”（转引自《中华民族凝聚力的形成和发展》编写组，2000：143）。而且，客观地讲，当时的族群之复杂，是现在很难想象的。在此方面，王桐龄的认识是比较客观的，也是较早的，他认为：“实则中国民族本为混合体，无纯粹之汉族，亦无纯粹之满人”（王桐龄，1934：1），不仅汉族，其他少数民族也如此，这一观点得到林惠祥、费孝通、马戎等的支持。

辩”（曾文芳，2007），其直接动因是中原族群急剧的地缘关系转换[①]。在思想渊流上，“华夷之辩”实际上是“尊王攘夷”的目的，这是内因，也是最根本的。如前所述，夏、商、周三代所结束的是血缘关系上的“万邦”，只是政治版图的结束，而思想上的结束，绝非一日之功，文化上的认同成为汉族形成的重要因素。民族认同以文化为基础[②]，是一种必然的选择，即使对于当时的统治者，也不可能看不到这一点。文化上的优越感，后来恰恰成为了汉族自身认为与其他民族最根本的区别。

及至周王朝，其分封制很大程度上是要从地缘上削减族群的血缘关系，而姬姓封国的大分散实际上就是承担着这一历史重任。这样，从思想上同化“万邦”，当然应以夏为开端，这是“华夷之辩”的最终目标。及至西周末年，北方戎族南下，并攻灭不少周王朝封国，至春秋，北方戎族和南方楚蛮的活动，已严重威胁诸夏，《后汉书·西羌传》云：“周遂陵迟，戎逼诸夏”，《公羊传》僖公四年云：“南夷与北狄交，中国不绝若线”。据《左传》所载，从隐公元年至宣公，戎狄侵扰诸夏数十次，有时甚至攻击大的封国，而楚则侵灭诸夏小国数十（何浩，1982）。这样，以“尊王”为内因，“攘夷”为外因，“华夷之辩”在中国历史上强劲登场。

之所以说“尊王”是内因，“攘夷”为外因，还在于当时诸夏的自保根源。《诗经·鲁颂·閟宫》中提出：“戎狄是膺，荆舒是惩，则莫我敢承。”费孝通等认为这实际上是在说明诸夏联亲则戎狄不敢侵（费孝通等，1999），而孔子的“远人不服，则修文德以来之，既来之，则安之”，则是从“礼”上“以夏变夷”（陈连开等，1999）。而当时诸夏对秦的态度，最富戏剧性，也最能说明“华夷之辩”与“尊王”和“攘夷”的关系。春秋初的秦国，偏居诸夏西北，仅是诸夏中的普通一员，与中原诸夏不可同日而语，虽与诸戎杂处，但诸夏却不将其称为“夷”。倒是战国时期，不仅秦孝公将都城迁至靠近中原的咸阳，而且通过变法诸措施，可与中原诸夏匹敌，却被诸夏戏剧性地称为“夷”，这种称呼后期越烈。其间关系，自然与秦的崛起对诸夏的威胁有关。当时的楚国也是一个经典例证。春秋时，楚国即已崛起，但因常怀称霸之意，不与中原诸夏往来，地处诸蛮间，被以蛮夷称之，而此时期的秦却因与诸夏修好而为夏。又如吴，原为周王室宗亲贵戚，但偏处长江下游，春秋时远落后于中原诸夏，竟被诸夏视为夷蛮，及至战国与中原交好，迅速发展，文化与诸夏趋同，虽与诸夏偏远，但又被视为夏。

还需要注意一个问题，即“华夷之辩”在“尊王”和“攘夷”之间，无疑巨大地促进了华夏族的认同，最终奠定了汉族形成的基础。前已提及，“万邦”之结束在夏、商、周三代实为疆域之统一，但“万邦”演为“一邦”，尚待时日，诸夷入侵，无疑提供了一种极为难得的融合机制，其中关系，可用著名史学家吕思勉论述民族条件之八的“外力”来充分说明（吕思勉，2009）。吕思勉还认为，这种情况，我国近世即是一例。而言其实质，由诸夷入侵而诱发的“华夷之辩”，亦如此。

---

① 由血缘关系向地缘关系转化，其始或自夏起。有关“夏”的涵义，《史记·夏本纪》释引《正义》曰：“夏者，帝禹封国号也”，又引《帝王纪》释云：“禹受封为夏伯，在豫州外方之南，今河南阳翟是也”。可见“夏”原为地名而非族名。在夏国不断扩大影响并大量兼并其他族体以后，为统治需要，凡服从夏朝统治，属于夏文化区的夏民均称之为“夏族”。不过，此期民族识别主要还是血缘，而到了商代，由于有更多的政权形式出现，且各据一方，“不同地理方位的不同方国”成为民族识别的主要依据。

② “夷夏”观念的出现与形成标志着民族在文化上的自觉。也从此，文化对民族认同的影响益重，后世“正统”地位的诉求多以此为根本理由，持续至近现代，还可能是未来。

而在客观上，“华夷之辩”所强调的是文化上的民族认同，其初衷是“尊王攘夷”，主张以武力抵御夷狄入侵，而至春秋晚期华夏力量加强时，则演变为“以夏变夷”了（李龙海，2010）。所以著名历史学家钱穆说划分诸夏与四夷之间的标准并“不是血统而是文化”[①]，其师吕思勉的见解则指出割据政权或民族冲突频繁的中国，为何最终又同化了呢？其原因是汉民族文化的优越（吕思勉，2009）。此说与钱穆、葛兆光、胡克森等思想有相近之处（钱穆，1983；葛兆光，1997；胡克森，2010）。

不过，“五方格局论”对中国民族格局的认识，如同“万邦”的讨论一样，在地域界线上是不完善的，西南、西北、东北、东南四个方位实际上被模糊甚至空缺了（安介生，2007）。然而，即使这成了后代学者批判“五方格局论”的核心依据之一，但又何必强求古人呢？而且，就历史进程而言，“五方格局论”实际上在很大程度上完成了其历史使命：其一，虽然当时西南、西北、东北、东南等方位仍存在不少部落族群，很多并不在中央王朝版图内；其二，“华夷之辩”的根本在于实现中央王朝内的统一，“华夏中心”是其核心目标，边远地区的民族问题，处于次要地位；其三，既然要确立“华夏中心”，其余皆称为“夷”、“蛮”、“戎”、“狄”，那么将其模糊化亦未尝不可，对其认识不清自在情理之中。而对西南、西北、东北、青藏等区的认识，自是后来学者的任务。

二、族群互动与中华民族空间格局的演进

实际上，“五方格局论”作为一种对当时民族格局的理论总结，未必完全反映当时的实际情况，但“华夏/汉”的核心地位是明显的。秦汉以后，中华民族格局的演进进入了新的阶段——区域性的多元一体到全国性多元一体。在此过程中，族群互动包括有区域性和全国性两个层面，政权割据和王朝更替是这一过程的集中体现。也在此过程中，中华民族各族群不断整合、分化、重组。这样，中华民族族群间的血缘关系，全面让位于地缘关系和文化关系。

随着中央王朝版图的扩展，汉至隋唐，“五方格局论”已不再适合于中华民族的格局了。汉史家司马迁在撰写《史记》时，其章节设计已大大突破了“五方格局论”的束缚，“四夷传”单独为匈奴、南越、东越、朝鲜、西南、大宛等立传，且在民族称谓上不采用族名或国名。当然，这种认识，与当时中央王朝的版图扩展是有关的，有汉一代，西北地区已入中央版图，北方地区匈奴一统，突厥再起，西南地区亦入中央版图等。而至隋唐，东北全境入中央王朝版图，青藏高原吐蕃一统，北方突厥一统。且汉至隋唐，陆上的“丝绸之路”和海上的“香料之路”均通，中华文明已远播海外，而今天的部分高加索血缘少数民族已迁入中国境内，甚或已形成新的民族。这样一来，无论在地缘认识还是在理论总结上，“五方格局论”对于中国的民族格局来说无异于痴人说梦了，并不切实际[②]。

---

① 当然，除去政治的色彩，孔子思想已是这样。“礼失求诸野”，辩“华”“夷”的标准，就是文化。

② 对此，唐代李大师对南北朝史家狭隘的民族与国家意识深感不满，《北史·序传》云：“大师少有著述之志，常以宋、齐、梁、陈、魏、周、隋、南北分隔，南书谓北为‘索虏’，北书指南为‘岛夷’。又各以其国为悉，书别国并不能备，亦往往失实。”不过，就史料而言，其突破对当时来说影响甚微，其子李延寿在《南史》和《北史》中均有“索虏”、“魏虏”、“西南夷”、“东夷”、“西戎”、“诸蛮”等侮辱性称号仍不绝于书。

而隋唐之后，南北大融合进入新阶段，尤其北方民族纷纷建立政权，从与南方民族政权分庭抗礼到一统中原，“多元一体”进入全国性演进阶段。有元一代，北方民族全面南下，也是“多元一体”全国性演进的重要标志之一，这一态势在明清两代得到加强。

故而自秦汉至清，中国版图上民族多元一体演进进入一个新阶段：区域性的统一连带或促进全国性的统一。其标志性事件，一为区域性统一（尤其北方民族的大一统和青藏高原的民族大一统）；二是少数民族与汉族的全面交融（尤其北方民族的全国一统）。以下以时间为主线来叙述这一历程。

公元前221年，秦王朝结束了500多年的诸侯割据、群雄争霸的局面，统一了战乱频繁的中国，第一次建立起多民族的中央集权的封建国家。秦汉大一统，不仅诸夏发展形成为汉族，并奠定了作为中国主体民族的坚实基础。与此同时，北方的强胡，南方的劲越，东北的乌桓、鲜卑、夫余、肃慎，东南的瓯越、闽越，西北的羌及西域各族，都先后与汉族展开了激烈的竞争，从而先后在秦汉成为统一多民族中国的边疆各族，登上了共同缔造统一多民族中国历史的舞台。

中国历史，尤其是中国民族的历史，进入汉代，民族融合重心便开始向南北两极转移了，尤其以北方[①]民族冲突和融合问题突出，由此也带来了见诸文献的“农牧冲突（与融合）”史，此被著名史学家吕思勉称为中国民族[②]的第一次向外开拓（吕思勉，2009），但也不妨称为第一次北方民族的大举南进及随之而来的南北[③]民族大融合，这是全国层面的。此期，也是中华民族地区性的多元统一时期（费孝通，1989），为中华民族的多元一体奠定了坚实基础。

三国、两晋、南北朝是中国各民族大混战、大迁徙、大融合的时期，一些民族发展了、壮大了，另一些民族从历史上消失了。当时，北方出现了史书所说的“五胡十六国”。五胡是指入居中原的匈奴、鲜卑、羯、氐、羌。十六国有二赵、三秦等，这里不再一一赘述。这些国家大多是由匈奴、鲜卑、羯、氐、羌等少数民族建立的政权。十六国后期，割据政权更迭频繁，经过100多年的混战，才由鲜卑族的北魏王朝重新统一了北方，结束了混乱的状态。

隋唐五代之后，中国历史又进入一个长期割据分裂的局面，即辽宋金夏时期，历史的主角是辽、宋、金、西夏几个重要行政权，而中国民族格局此期的演变，以西北、北方和东北最为重要。这个时期，是各族人民迅速发展、壮大，汉族则在政治、经济上处于相对衰弱的状态。这个时期各民族的社会获得了较快的发展与进步，日益走向强盛。契丹族到五代时，社会发展进步很快，生产力发展甚快，达到当时较高的水平。党项族在辽朝时基本上采取了唐、宋王朝的政治、经济制度，农业、畜牧业都得到较快的发展，西夏王朝曾屹立不动约200年。女真族在这一时期生产力也得到较快的发展，并创立了女真文。总之，这个时期的契丹、党项、女真都得到较大的发展和进步。而此期进入中原的党项、契丹、女真等，在长期民族交往中，民族间的壁垒逐渐被打破，鸿沟逐渐被填平，基本上与汉族融合为一体。

---

① 这里的北方泛指现西北、华北、东北地区，与通常所称的“北方≈华北”不同。

② 这里的中国民族指的是汉族。

③ 这里的南北分界线指的即“农牧交错带”。

并且，辽朝发源于东北，对东北地区的发展自然给予特别关注，远远超过了历代中央王朝对东北地区的开发，如隋唐设置的一些羁縻政区也因当地民族的反叛而时置时废，契丹族崛起后，将大批各族俘虏强制迁至东北地区，鼓励农耕，并仿汉朝中央王朝建立州县行政体系。亦自辽代起，东北地区民族成分复杂起来，其中重要影响的是汉族的迁入，仅上京道，据《契丹国志》载，当时安置各族非契丹族的头下军州共二十三州，其中据《辽史·地理志》载，用于安置掳掠而来的汉族头下军州有十六州。继契丹而起的东北民族女真，对东北地区的开发自然很重视，但金末，“贞祐南渡”引发了女真人为主的民族迁徙浪潮，先由东北向华北迁徙，后又向河南地区迁徙。及至元、清两代，将东北地区全境纳入全国统一的行政体系之中，以军事为主要特征的蒙、满民族大量南迁，汉族亦大量迁往东北地区，当时与蒙、满崛起有关的民族亦大量迁往东北地区。而明时期，东北地区的中央王朝统治区大大缩水，主要仍是蒙古族的控制区，明仍推行的是羁縻卫所制度，自然仍遵行着民族分区而治的政策，但羁縻政区内的民族成分已非常复杂了，汉族人口占了很大比重。不过，元、清两代结束后，华北地区的蒙、满民族又或北迁，或与当地民族融合，才构成了今天的蒙、满民族格局。

这一时期，值得一提的是发生在北宋末年的“靖康之乱”，这是一次北方人口的大规模南迁，这次迁徙对我国南方地区开发和经济发展产生了重大的影响。“靖康之乱”，北方战乱频繁，民不聊生，许多北方人不断的向南迁徙，主要是迁到江南地区，之后又再次向偏远地区迁移。因此，“靖康之乱”后北方人迁到南方后主要分布在江南地区、江西、福建以及四川、两湖、淮南和岭南等地，《宋会要辑要》载“两淮之民，自虏骑入境，迁移渡江，散处浙西、江东诸郡”，“自开禧兵变，淮民稍徙入于浙、于闽”（叶绍翁《四朝闻见录》，卷 5《淮民浆枣》）。建元二年，“自两河失守，兵官之败散者，多在兴、凤间招集溃兵入蜀”，迫使朝廷限制流民和溃兵入川，在大散关“审验告敕无伪者听过”。此外，朝廷要求“沿边将兵避难入蜀者，并放罪限半月赴行在”（《建元以来系年要录》卷 12，建炎二年正月己酉，页 276）。

此期对西北民族有重要影响的是西夏国的建立和元代的西征。西夏国民族构成复杂，其主体是党项族，但汉、吐蕃、回纥等在人口数量上占很大比重。此间有一插曲，即西夏《文海》中将汉人称为“蛮”，将吐蕃称为“戎羌”，将契丹和回纥称“夷”，这种以党项族为核心的民族观，与春秋至秦汉的华夏中心论如出一辙。而对今天西北民族格局而言，有元一代，影响深远，这源于元代大举西征，带回大批西亚、中亚各族军士，多滞留于西北地区，后演变为中华民族。当然，自西亚、中亚而来的人种并不是今天西北中华民族的主体，但有元一代，西域民族成分之复杂，是一个不容忽视的问题。

有元一代，将国人民族分为四等：蒙古人、色目人、汉人和南人。而其中的“色目人”即主要居住于西北（当时称为西域）。对于“色目人”，并不存在严格的定义，而是一种约定俗成的称谓。《元典章》笼统地规定，除蒙古人、汉人、高丽和南人外，其他人种都为色目人；周良霄在《元史论丛》中的《色目篇》说“色目”一词原本涵义极广，即各种、各类之义；陈垣则认为西域人与色目人名异实同：“西域人者，色目人也，不曰色目，而曰西域者，以元时分所治为蒙古、色目、汉人、南人四色，公牍上称色目，普通著述上多称西域也。”（陈垣，2000）而色目人之分类，亦是一个争论未果的问题，元史家陶宗仪在《辍耕录》中即将其分为 31 种，后居寄和日本学者箭内亘均对其中个别民族作过考证，而安介生则论述以上观点后认为以上所考为将部族或民族政权识认为民族，并在这些工作基础上将“色目人”的民族构成归结为：乃蛮、合儿兀鲁氏、畏兀儿、唐兀者、甘木鲁、赤乞歹、吐蕃、合剌乞歹、回回、也里可温、曲儿只、阿剌温氏、吐火里剌氏、乞失迷儿、尼波罗者、康里、阿速17种，且是西域人和本土民族均有（安介生，2007）。而定居于西北地区后，随着元帝国的统治需要和社会经济发展，这些“色目人”或从军、或被虏、或贸易，或传教等，最终遍布全国（吴松弟，1997），且东南地区人数多于西北地区的局面，东南又以经商者居多。及至明代，在西域地区广设卫所，但民族成分仍然非常复杂，至清在西北地区设置甘肃、新疆两省区，则民族格局发生重大改变，甘肃行省内有蒙古、满、土、藏、回等族，实际上当时还是族属，包含众多民族融合变异，新疆则有维吾尔、回、蒙古、柯尔克孜、哈萨克、满等族属。

青藏高原各族形成并融入中华民族的重要时期是元至清，也是奠定其在中华民族多元一体格局下的重要时期。前文已述隋唐吐蕃之统一，而及元、明、清三代，青藏高原作为中华民族板块格局之一最终形成，三代各有贡献。首先是有元一代，西藏地区开启归入中央王朝版图的历史，而元代当时依据其特殊情况并未笼统划入全国行省体系，而是独设宣政院，行政、宗教、军事一体，此为明王朝承袭，经济交往更密切，并以此作为治理之策。《明史》卷三百三十一《西域传三》云：

> 初，太祖以西番地广，人犷悍，欲分其势而杀其力，使不为边患，故来者辄授官。又以其地皆食肉，倚中国茶为命，故设茶课司于全六番，令以马市，而入贡者又优以茶市。诸番恋贡市之利，且欲保世官，不敢为变。迨成祖，益封法王及大国师，西天佛子等，俾转相化异，以共尊中国，以故西陲宴然，终明世无番冠之患。

可见至明，西藏与中央王朝不仅是政治上的统一，而且在经济和文化上扮演了重要角色。除此之外，明还将大封宗教领袖与卫所设置结合起来，在西藏地区设有羁縻卫所，包括指都挥使司、指挥使司、宣慰使司、招讨司、万户府、千户所等。实际上，明时的西藏中央行政影响已大大加强，及至清，清军平定西藏内乱，又设驻藏大臣，中央对西藏的影响又进一步。

对于南方地区，秦汉以降，中央王朝对南方地区民族的影响逐渐加强。秦汉在西南置郡县，使西南较早地纳入中央版图，但其政策却是利于民族多样化发展的。及至隋唐，唐代南方诸道中羁縻府州的设置数量非常之多，剑南道、江南道、岭南道中羁縻府州的数量分别为92、51、92，可见此时期的民族杂居格局，已基本形成。两宋因王朝地域大为缩水，南方地区自然成为民族问题的中心，两宋承袭隋唐羁縻制度，但利用蛮族首领力量终非根本，“蛮夷”叛服无常，仍需中央王朝加强控制。及至元，强大的军事力量对南方政区变革提供了可能，尤其平服大理国后，南方割据政权不复存在，土司制度应运而生，明代将其大为发展，清初承袭土司制度，但随即进行“改土归流”，南方地区在行政体系上与全国统一。不过，由羁縻至土司又至“改土归流”，南方民族处于一种重组状态，其间民族成分复杂多变又趋于统一。安介生（2007）据范大成、周去非及《宋史·蛮夷传》指出，宋代仅两广地区蛮族的分布就非常复杂，地域性也很强，一直延续至清。另据王文光（2005）的研究，南方民族自有史料以来就一直处于分化重组状态，但至元、明、清三代，虽制度有变，却是南方民族形成的重要时期，其与现今的格局已基本一致。以武陵民族走廊为例，元、明、清三朝是武陵民族走廊民族格局的最后形成时期，由于中原统治者实行“汉不入峒，蛮不出境”的政策，居住在武陵民族走廊的土、苗、瑶、侗等各民族相对固定下来。但也因为军事、政治上的原因，蒙古、白、维吾尔等族也相继迁入这一地区，民族分布格局更为复杂。及至“改土归流”后，民族分布格局又一次发生变化：一是区域内苗、土、侗等民族迁徙流动，有的世居民族被强制性外迁；二是汉人大量迁入，民族格局再次发生变化（黄柏权，2009）。

三、中华民族空间格局的定型

具有现代意义的中华民族空间格局演进，必须考虑民族实体形成这一因素。我国古代东西向的民族迁徙多兴族迁徙，如月氏、乌孙、匈奴、鲜卑、柔然、突厥族、回鹘、蒙古等族，以及“三苗”的一部分西迁青藏高原；南北向的民族迁徙，匈奴、乌桓、鲜卑、突厥、蒙古等民族都有很大一部分或向南或向北迁徙，后均融入汉族或其他民族（杨建新，2006）。这些民族的迁徙，大体上是属于古代民族的迁徙，在很大程度上影响着中华民族空间格局的定型。但是，作为古代民族，迁徙的同时实际上是民族冲突与融合（及分化重组），可划入有学者总结的民族迁徙的前三个阶段（张玉林，2009）。

实际上，作为现代意义的中华民族空间格局的演进，可以大体上分为元代前后两个阶段。

元代以前，民族迁徙主要是古代民族的迁徙及融合成现代民族。此期的民族迁徙对中华民族空间格局的影响体现在如下方面：

（1）古代民族向现代民族的转化过程中民族数量急剧减少，很多古代民族完全融入到其他民族中，羌族是个特例（详见第四十七章第一节），而有些民族则在数量上除自然增长外融入的人口不在少数，如汉族（详见第八章第一节）。

（2）部分古代民族在迁徙过程中人口数量及地域分布发生重大变化，如苗族先民“九黎”部落联盟从姬水历经五次大迁徙才最终有固定的居住地，迁徙过程中很多又融入到汉族及其他民族中。

（3）部分古代民族在迁徙过程中其分布地域不断扩展，有的还与迁入地的土著居民融合而成新的现代民族，如古代西北的氐羌系统南下后，景颇族、拉祜族、傈僳族、纳西族、普米族、羌族、阿昌族、哈尼族、白族、彝族和独龙族等有渊源关系[①]。

（4）部分古代民族在迁徙和发展过程中，不仅人口数量增长与民族融合有关，而且分布地域不断扩展，如汉族就是典型，蒙古族、满族、藏族等族在形成和发展过程中这种现象也是司空见惯的。

元代以降，中华民族的空间格局进入定型时期，主要表现是：

（1）本土起源及早期从中国境外迁入中国的民族已形成现代民族实体，其分布地域大体固定下来（张玉林，2009）。这对中华民族，尤其是现代意义的中华民族空间格局的定型具有奠基性的作用。

① 详见本书第三篇相关民族章节，以下不再作注。

（2）此期是境外民族迁居中国数量最多的时期，保安族、东乡族、撒拉族、乌孜别克族、京族、俄罗斯族、塔塔尔族、朝鲜族等族是此期进入中国的。并且，这些民族在迁居中国前就有相当程度的发展，已是现代意义的民族实体。这些民族实体的进入，对现代中华民族的数量结构及对应的民族格局产生重要影响。另外，这些民族进入中国后，其居住地没有发生大规模的变化，当然具有定型的意义。

（3）元代以降，北方民族大量南下，对南方民族空间格局产生重要影响。虽朝代更替民族格局又有变动，但此后不再有大规模的变化。

（4）元代以降，羁縻政策的完善和土司制度的建立，以及清代“改土归流”，对民族数量众多的南方地区产生较大影响，也使得南方地区的民族空间格局进一步定型。

元代以降的民族空间格局定型过程，对中华民族空间格局产生重要影响。此后，中华民族空间格局的变动以人口数量的变化为主，属于人口迁徙，已不再是民族迁徙了。

参 考 文 献

安介生. 2003. 中国古史的“万邦时代”——兼论先秦时期国家与民族发展的渊源与地理格局. 复旦学报，39（3）：93-101.

安介生. 2007. 历史民族地理（上下卷）. 济南：山东教育出版社.

蔡维琰. 1992.“禅让”的历史文化实质. 云南民族学院学报，10（4）：71-75.

陈淳. 1995. 谈中石器时代. 人类学学报，14（1）：82-90.

陈淳. 2000. 中石器时代的研究与思考. 农业考古，20（1）：11-20.

陈垣. 2000. 元西域人华化考. 上海：上海古籍出版社.

陈连开. 1996. 中华民族之含义及形成史的分期. 社会科学战线，18（4）：145-151.

陈连开，等. 1999. 中国民族史纲要. 北京：中国财政经济出版社.

陈星灿. 1990. 关于中石器时代的几个问题. 考古，35（2）：135-142.

费孝通. 1989. 中华民族的多元一体格局. 北京大学学报：哲学社会科学版，29（4）：3-25.

费孝通，等. 1999. 中华民族多元一体格局. 北京：中央民族大学出版社.

葛兆光. 1997. 中国思想史（第一卷）. 上海：复旦大学出版社.

何浩. 1982. 春秋时楚灭国新探. 江汉论坛，12（4）：55-63.

胡克森. 2010. 融合——春秋至秦汉时期从分裂走向统一的文化思考. 北京：人民出版社.

黄柏权. 2009. 元明清时期武陵民族走廊的民族格局. 三峡大学学报：人文社会科学版，31（1）：21-26.

江林昌. 2003. 中国早期文明的起源模式与演进轨迹. 学术研究，22（7）：86-93.

金景芳. 1982.《周礼・大司徒》、《礼记・王制》封国之制平议. 人文杂志，6（S）：100-101.

李龙海. 2010. 汉民族形成之研究. 北京：科学出版社.

李克建. 2007. 中国民族分布格局的形成及历史演变. 西南民族大学学报：人文社科版，29（9）：26-31.

李学勤. 1997. 中国古代文明与国家形成研究. 昆明：云南人民出版社.

吕思勉. 2009. 中华民族渊流史. 北京：九州出版社.

林幹. 2010. 中国古代北方民族通论. 北京：人民出版社：38-56.

马兴. 2007. 尧舜时代研究. 东北师范大学博士学位论文.

彭邦本. 2006. 先秦禅让传说新探——传世文献与出土资料的综合考察. 四川大学博士学位论文.

钱穆. 1983. 文化学大义. 台北：正中书店.

钱耀鹏. 2002. 尧舜禅让故事的考古学研究. 中原文物，24（4）：14-19.

夏曾佑. 1933. 中国古代史. 上海：商务印书馆.

王文光. 2005. 中国民族发展史（上下）. 北京：民族出版社.

王文光，龙晓燕，张媚玲. 2010. 中国民族发展史纲要. 昆明：云南大学出版社.

王桐龄. 1934. 中国民族史. 文化学社.

王震中. 2011. 中国文明与国家起源研究中的理论探索. 中国社会科学院研究生院学报，30（3）：120-128.

吴松弟. 1997. 中国移民史（卷四）. 福州：福建人民出版社.

徐祖祥. 2001. 从禅让制到世袭制——中国早期国家起源过程中政治权力的演变. 华中科技大学学报：社会科学版，15（2）：27-31.

杨建新. 2006. 民族迁徙是解读我国民族关系格局的重要因素. 烟台大学学报：哲学社会科学版，19（1）：66-78.

张光直. 1999. 中国古代王的兴起与城邦的形成//张光直. 中国考古学论文集. 北京：三联书店：384-400.

张玉林. 2009. 论历史上民族迁徙主要原因及社会作用. 贵州民族研究，29（4）：172-177.

张之恒. 2003. 中国旧石器时代考古. 南京：南京大学出版社：20

中国社会科学院考古研究所. 2010. 中国考古学·新石器时代卷. 北京：中国社会科学出版社：110.

《中华民族凝聚力的形成和发展》编写组. 2000. 中华民族凝聚力的形成和发展. 北京：民族出版社.

曾文芳. 2007. 先秦民族思想与民族政策. 陕西师范大学博士学位论文.

周立三，吴楚材，李润田，等. 2000. 中国农业地理. 北京：科学出版社.

周苏平. 1993. 夏代族邦考. 中国史研究，13（4）：131-138.

邹逸麟，吴松弟，唐晓峰，等. 2001. 中国历史人文地理. 北京：科学出版社：9-52.

第三章　中华民族的自觉发展

中华民族的自觉发展是近一个半世纪以来的事，其与中华民族的自在发展阶段一衣带水，尤其与“正统”观念的演变直接相关。近一个半世纪以来，中华民族作为一个独立的民族实体与国外民族实体全面碰撞，使中华民族从自在阶段向自觉阶段急剧转化。近半个世纪以来在中国共产党的领导下，民族平等和民族区域自治政策的全面实施，强化了中华民族自觉的内在联系，中华民族的发展进入新阶段。

第一节　正统观演变与民族认同

一、“正统”观念的涵义

自“华夏中心观念”形成之始，正统观即是历代统治者必须面对的问题，并越演越烈，此即见诸于文献的“正闰（朔）之辩”问题。一方面，少数民族政权建立时，尤其与汉政权[①]争霸时，非常必要证明自己是“正统的”；另一方面，当汉政权处于守势时，也有必要从文化上来说明自己才是“正统的”，这甚至成了唯一可以与当时的割据政权相较量的了（杨念群，2010）。而且，正如李禹阶所指出的，华夏民族与国家的演进和互动走着一条与西方不同的发展道路：古代中国民族认同与国家认同的同一性传统及民族意识中的民族与国家认同相一致的深层价值结构，同时也导致古代中国独特的政治地缘与民族地缘的特征，导致国家与民族认同上呈现族别上的兼容性、民族统一与国家安全的一致性、文化的开放性等特点，并延续至近代以降（李禹阶，2011）。

华夏中心观念的形成，本身就说明了诸夏面对“蛮夷”时的心理认同，战国之际的争辩只是第一个阶段。但“正闰之辩”虽与“华夷之辩”有一致的一面，却以秦汉为分界点：秦汉及其以后，汉族实体已形成，并借“华夷之辩”建立了汉族政权的“正统”地位——“中国”；秦汉之后，尤其在民族政权割据格局之下，一直到元之前，少数民族政权已力争正统，是第二个阶段；元至清，是正统观演变的最后时期，也是极端化时期，“文字狱”是一个极端事件，但少数民族政权在争正统的同时，也考虑到了各族的平等问题。

正统观的演变，是有利于中华民族认同的。对此，张碧波和庄鸿雁已有过总结：华夏与夷狄两大方面的力量消长、发展演变、碰撞融合，直接影响着中华历史进程，直接影响着中华历史格局，决定性地影响着中华多元一体格局的形成与确立，影响并推动中华文明史的前进（张碧波，庄鸿雁，2009）。

---

① 除特别注明外，本书汉政权均指汉族建立的政权，并非作为历史朝代的汉代政权。

二、"正统"演变与民族认同

"华夏中心观念"的形成由于"华夷之辩"部分已详细论述，不再赘述。而秦汉以降，民族格局表现为南北冲突，并有北方民族南进并一统中原的态势，对"正统"地位的诉求，也就有不同时期的表现。

秦汉时期，中华民族演进的重心转入北方，直接的导源是中原华夏进而为汉，北方匈奴一统草原，"农牧冲突"只是华夏/汉与夷狄族群对抗的直接表现之一。

魏晋南北朝时期，北方民族已打破汉"天命为王"的神话，在割据政权的外表下实际上表明中华民族的融合进入相互整合的新阶段。不过，此期文化上仍然表明汉文化的优越性，鲜卑政权"用夏变夷"是重要代表，而"从代王到魏国"则已是改代为魏与东晋争正统了（张碧波，庄鸿雁，2009）。故而，当崔浩以"怀古之情"而非"创制立事，各有其时"撰写国史时，当然无法满足统治者的"正统"心愿，"国史案"便发生了：崔浩之遭祸，当正由其以华夏一汉文化优越感对待拓跋之世文化、对待胡汉之间的民族关系（张碧波，庄鸿雁，2009）①。

隋唐是中央王朝提出"华夷如夏"观念的时期，此期统治集团是胡化了的汉族政治集团②，面南为皇帝，朝北为"天可汗"——天下之共主。故而，隋唐时种族性对于正统观的作用是非常弱的。这样一来，民族观念、民族关系均发生了新变化：从中国之主到中华之主；从华夷之辩、华夷之防到华夷交融等（张碧波，庄鸿雁，2009）。

宋辽金时期又是一个大分裂与"华夷变奏"加剧的时期，东北族群及其政权成为民族格局演变的主导力量，而汉政权明显处于守势。以司马光为代表的史家对"华夷正闰"给出新的理解，认为无论是统一王朝还是分裂时期的割据政权，均为中华列国，均有其合法性，这可以视为汉政权对"夷"政权的认可。而此期，辽提出"契汉一家"的观念，金提出"中州一体"和"皆是国人，有宜有分别"的观念，可以视为是少数民族政权提出了民族平等，可统江山的要求。

有元一代，无论是愿望和实际上，"正统"地位或多或少均已得到确认。国号"大元""盖取《易经》乾元之义"，主张的是"大一统"民族关系。并且，忽必烈接受汉制，虽有元一代力图使蒙古族融入中华民族体系之中未达到水乳交融的地步，但无疑使中华民族多元一体的辩证统一进入了一个新的阶段。而且，元代的"大一统"工作，并不简单地是蒙古族融入中华民族，而是以蒙古族为核心的民族群体融入中华民族，这与其当时民族政策中的民族分类有关，"色目人"种类之多前已述及。

在清一代，民族融合仰赖历代积淀，满族自然汉化程度亦不低，入主中原后，为加强统治，极力强调"满汉一体"，尤其雍正帝就认为产生"华夷之辩"的原因在于古代领域不广，古人认识有限，其实华夷都是一家，《大义觉迷录》有其言："唯有德者可为天下君。我朝肇基东土，德教宏敷，仰承天命，为中外生民之主，为臣民者不得以华夏而有异心"。王会昌（2010）认为，雍正帝的这段文字虽出自泯灭汉族意识、强化清朝

---

① 崔浩之前，邓渊为此获罪，但崔浩或不知情而将邓氏之作《国记》（即《代记》、《太祖记》）原封不动保留。又或者，未得及体会统治者"务从实录"并"以成一代之典"背后的真实心愿，太"务从实录"了。

② 陈寅恪先生曾经提到过，李氏王朝可能都具夷狄的血统，所以种族血缘基本构不成身份合法性问题。

统治的目的，但却客观上反映了中国各地政治、经济、文化的更加紧密和民族融合的日益加深。就这段话来说，问题并不如此简单，而是“正闰之辩”的重要插曲，需要详细说明。

雍正帝的《大义觉迷录》源于专门与受吕留良影响的曾静辩论，缘由是曾静上书岳钟琪，力言夷夏之防，并举雍正帝的九大罪状，被拿到京城雍正亲自审问，反复辩驳，其中最重要的问题即“辩夷夏”。对此问题，梁启超有过严厉批评，并说雍正是欧洲中世纪的教皇（梁启超，2010）。但就历史之势而言，这场论辩是必然会发生的，根本地，乃出于确立满族的“正统”地位目的。梁启超以此事说“雍正帝是个极猜忌刻薄的人，而又十分雄鸷”，又说“万当注意者，雍正帝学问虽远不及乃翁（指康熙帝——引者注），他却是最爱出风头和别人争辩”，似有所偏颇，不仅是学术的问题。

由上所论，对“正统”地位的诉求，形成了中华民族演进中的特定语境：首先，“正统”以文化论，并以此论“中心”与“边缘”（马戎，2010），此导源于“夷夏之辩”所确立的中原及其文化的“正统”地位，一直延续至近代民族危机时重新审视“中华民族”的内涵（赵汀阳，2005）；其次，以“正统”诉求为导向，表征着民族力量的消长和民族关系的蜕变，元“大一统”和清“满汉一体”同时也表明了“正统”的主导思想和少数民族政权的态度。值得指出，清后期，外部力量促使中华民族自觉意识产生，“正统”不再是民族间的问题，“平等”并整合成独立自觉的“中华民族”才是问题。

也正是在这个语境下，“帝国天下”的疆域得以奠定并成为一体。在此方面，虽然受传统夷夏观的束缚，以汉族为主体建立的王朝往往难以突破人为设置的“夷夏”界限，对边疆地区采取羁縻统治或“不治”，但唐以后，“华夏”不以地望论，传统“华夏”以政治文化主导的诉求随着少数民族的南下一统而以新的方式成立，中国疆域的最终形成就是伴随着这种观念的不断突破而实现的（李大龙，2004）。

故而，对“正统”地位的诉求，在说明少数民族政权力争自身统治地位合法性的同时，不可避免地促进了中华民族作为一个整体的自身认同，虽然未达到水乳交融的地步。以此为基础，当与国外民族全面碰撞时，中华民族走向自觉的独立实体同样是必然的。

第二节　中华民族的自觉发展

一、自觉民族意识的发生

对于中华民族近百年的发展及其前期基础，费孝通（1999）曾有过一个经典的总结，得到学界的认可和赞扬：“中华民族作为一个自觉的民族实体，是在近百年来中国和列强的对抗中出现的，但作为一个自在的民族实体，则是几千年的历史过程所形成的”。费孝通所说的这个近百年，自鸦片战争起，此时限得到后来学者的普遍认同①。

鸦片战争后，中国的情况发生了根本性的变化：一个新的“非我族类”——西方民

---

① 对中华民族史的分期，其中间阶段存在多种方案，其中的关键问题即汉族何时形成（此问题很大程度上又涉及到如何理解汉族与中华民族的关系）。但就中华民族发展的这个最后时期的划分，几乎无一例外地以 1840 年为重要标志。

族，不仅打破了中华文明自古以来在天下体系内相对独立发展的道路，而且也使中国的核心民族——汉族在天下体系中占有优势的文化中心地位遭到打击。在此情况下，中华民族作为一个统一体的民族意识，才开始发生（陈艳飞，2005）。故而，即使包括当时统治阶级的部分人士，均一改过去的民族态度，毛泽东就说过："中华民族的各族人民都反对外来民族的压迫，都要用反抗的手段解除这种压迫。他们赞成平等的联合，而不赞成互相压迫"。也在此过程中，中华民族及民族观完成了"天下帝国"到"民族国家"的转换（马戎，2010）。

自觉民族意识的觉醒，在中国统治阶层和"士"这一阶层的心理变化最易察觉，原因是"前者端拱而处巍巍朝堂，各种冲力震波最终都要汇归此处，而危楼百尺尤易察觉到此基础部位加倍厉害的震幅。后者则凭其见微知著而精审妙谛的能力，尝一脔肉而知全鼎之味，见一叶而知天下之秋"（唐文权，1993）。以《海国图志》为代表的著作问世以后，使更多的统治者和士大夫们感到"四海万国具在目中，足破数千年茫昧"（姚莹，1974）。直到1863年，马丁（W. A. P. Martin）完成了惠顿（H. Wheaton）的 *Elements of International Law*（《国际法要义》）一书的中译本后，中国的总理各国事务衙门正式承认"当今世界除中国之外还有许多民族国家"（张海洋，1996，2006）。而"洋人"① 对中国的不断侵略使士大夫和统治者越来越认识到"我民"与"洋人"的对立，并且认为"洋人"与传统的"夷"完全不同。而当时的民众意识，虽未对"洋人"有完全的认识，但已有自觉的联合体的萌芽，义和团运动与反对"洋人"情结多少有直接联系。

甲午战争，天朝衰败的耻辱感、亡国灭种的危机感沉重地笼罩在中国人心头，引发了国人对民族过去、现状和未来的深刻反思，作为一个独立民族实体的自觉由是肇始（高翠莲，2005）。而在思想层面，"保种"由保"黄种"演变为保中华"种族"。这里的"黄种"，并非严格体质人类学的概念，多少有些民族情结，还带有些"华夏中心"（文化）的残余。在认同"黄种"的基础上，近代知识分子根据利益竞争与对抗关系进一步确定种界，日本将中国视为劣等民族的行径使得国人确定所保之种只有"华夏"②。

本来，"华洋对立"及列强对中国的侵略、威胁的客观现实，使中国人尤其是统治阶层和士大夫在主观心理上划出了与"洋人"之间的天然界线，这本应是一条民族或民族国家的界线，但在士大夫和统治者的心中更是一条文化界线。究其原因，在于中国传统民族观的主导思想是"文化主义"，这种文化主义"把文化——帝国独特的文化和儒家正统——看作一种界定群体的标准"（杜赞奇，2003），而所谓的"民族主义"只是在外族入侵时才会浮现。也由此，甲午战败的原因，与传统的"族类"意识与文化结为一体而不与"国"结为一体导致"种类"缺乏群体凝聚力有关（高翠莲，2005，2007a，2007b）。

---

① 自魏始，"夷"已被纳入"中华"，近代西方之"夷"，常被指称为"外夷"，仍有"未教化"之意。魏源撰《海国图志》有言"诚知远客中有明礼行义，上能天象、下察地理、旁彻物情、贯穿古今者，是壕海奇士，域外之良友，岂可称之曰夷狄乎"。是以，魏源在1848年定稿的《道光洋艘征抚记》中就把手抄本的"夷"改为"洋"，徐继畲1849年著《瀛环志略》未见"夷"称。1858年，清政府在《中英天津条约》中被迫废除了中英外交事务中的"夷"字称谓，代之以"洋"字。1880年以后的上谕中已完全不见"夷"了。杨思信曾对此有详细论述。

② 1903年，日本试图进行"生番种"展览，将中国与朝鲜、琉球群岛、印度、夏威夷、爪哇并列为"劣等种族"，引起中国留学生的抗议和反对。

二、自觉民族意识的发展

甲午战败后，梁启超等将西方民族国家理论引入，是极为关键的，这里的国家不再是 state，country，而是 nation。虽然在世纪之交的几年中，梁启超先后使用过“中国民族”、“中华民族”、“国族”等概念，但尚未清晰一个独立的中华民族自觉意识，而当他接受并深信德国政治学“国家有机体”学说后，才提出了他的“大民族主义”：“国内本部属部之诸族以对于国外之诸族是也。”后来，他逐渐用“中华民族”一词指代“大民族”并代替“中国民族”。1905 年他写《中国历史上民族之观察》时同时使用“中华民族”和“中国民族”，并与立宪派最终用中华民族指称不断发展的未来民族共同体的名称，使得中华民族的现代概念和意识逐渐定型（高翠莲，2005，2007a，2007b）。

同期，革命派也主张“合同种，异异种，以建一民族国家，是曰民族主义”的“小民族主义”民族国家理论（余一，1903）。但这一理论早期加剧了革命派对满族甚至对中国其他少数民族的排斥，比较典型的是邹容和章太炎对满族的排斥[①]。这种排斥思想，是不利于国家统一的，而且将满族视为是双重民族压迫的第一敌人，外国帝国主义反倒是第二位的。双方态度的转折点是杨度在 1907 年写的《金铁主义说》。他从历史上中国各民族的整体性立论，对中华民族的范围和一体融合的趋势给予清楚的表达：合汉、满、蒙、回、藏五族而为“中华”之民，排满则会导致民族与国家的危机，而民族认同是以文化为基础而非血缘，满族由于接受中国文化而成为“中华”的一员（刘晴波，1986）[②]。同期的无政府主义者刘师培、何震等也开始批评排满革命，还有人援引中国传统的“四海之内皆兄弟”的古训，甚至提出“博爱主义”，以构建中国民族间的团结与联合。而一些以满、汉、回、蒙族为主的知识分子加入到推进中华民族融合的行列中，也极为关键，他们提倡“五族大同”而创《大同报》，在满汉融合的前提下，推进满汉平等，主张“统合满、汉、蒙、回、藏为一大国民”，得到杨度的大力赞扬[③]。由是，革命派对中华民族的体认不断发生变化，章太炎也改变了以往激烈的排满倾向，区别了满洲政府和满洲人民。不过，客观地说，革命派的这种转变，满族自身的努力也应承认。清统治者，至少是受“满汉一体”、“天下一家”的理念影响的，进步人士更是在后期参与这一建设（刘晓东，2011；田毅鹏，2011）。

晚清的革命派与立宪派在争论中最后达成了以全体中华民族为主体，又因立宪派主张建立的“中华民族-君主立宪政治共同体”在晚清政治发展中再度遭遇挫败，建立资

---

① 邹容说：“吾同胞今日之所在朝廷，所谓政府，所谓皇帝者，即吾畴昔之所谓曰夷、曰蛮、曰戎、曰狄、曰匈奴、曰鞑靼，其部落居于山海关之外，本与我黄帝神明之子孙不同种族者也。其土则秽壤，其人则膻肿，其心则兽心，其欲则毳俗，其文字与我不同，其语言与我不同，其衣服与我不同。”（邹容，1999）章太炎对满洲统治者的态度则是“非我族类，不能变法当革，能变法亦当革；不能救民当革，能救民亦当革”，并多次表达这种态度。（汤志钧，1977）。

② 不过，杨度却又认为蒙、回、藏族虽有部分与汉人关系密切、接近，但整体却因文化落后、语言有异尚未完全融入中华民族，而满族则早已同化于中华民族之中了。因此他主张民族同化，将来“不仅国中久已无满、汉对待之名，亦已无蒙、回、藏之名词，但见数千年混合万种之中华民族，至彼时而益加伟大，益加发达而已矣”（刘晴波，1986）。

③ 1907 年《大同报》创刊后，杨度写《大同报》题辞说“欲八旗中无满、汉、蒙古问题，不若全国中并无八旗问题。今《大同报》社之同人，固满、蒙、汉旗之人皆有之，今日之中国危迫至此，更不容有满、汉、蒙、回等之种族发生，则以明者而导不明者，又诸君责任中之责任也。”（刘晴波，1986）

产阶级民主共和国成为共识，标志着中华民族精英阶层大体结束了民族共同体意识的分化局面，正逐渐形成中华民族共同体意识（高翠莲，2005，2007a，2007b）。辛亥革命后期，革命党人提出的“不分满汉”、“一律看待”，中国满、蒙、回、藏、壮、苗、土家、维、哈等族人民都参加了辛亥革命和各省独立运动，从而使辛亥革命从单纯的汉族团体的“反满革命”变成团结各族人民共同建立共和国的革命。中华民族肇立时《中华民国临时大总统宣言书》已提出：“国家之本，在于人民。合汉、满、蒙、回、藏诸地为一国，即合汉、满、蒙、回、藏诸族为一人——是曰民族之统一”。后又写入《中华民国临时约法》成为根本大法，是民国初年中华民族自觉意识的第一次明晰和理性化，也是中华民族一体关系在政治上的表达。这一认识，来源于以孙中山为首的革命派掌握了政权，形势的变化促使孙中山进一步思考国家的统一和多民族一体化问题。从民族革命到多民族国家的建立，将国家认同和以汉族为主体的各民族多元一体化认同相结合（李禹阶，2011）。

理论上说，中华民国是“中华民族”与“共和国家”合二为一的现代民族国家，国家的观念与民族的观念应该是统一的，孙中山甚至还主张过消除国内各族间的名称与界限（李禹阶，2011）。孙中山、黎元洪、蔡锷都看到了人民、政府、民族、国家利益的一致性，但在政治实践的方向上是不同的：孙中山在民国建立后认为在他的三民主义理论中，民族主义的目标已经实现，接下来的任务是倡导民权主义与民生主义，将中华民国建成一个民主的国家；而黎元洪、蔡锷等人则把民族主义引向建立一个“国权高于人权”的国家，由政府的权利来体现人民的权利；袁世凯上台后，却选择在民族国家的构成要素中加强“政府”这一要素的权力，而加强政府权力又落实到加强国家政府首脑的权力上，即加强袁世凯个人权力（高翠莲，2005，2007a）。袁世凯的中国政治发展方向显然与民族国家理念、与“五族共和”的追求大相径庭，不仅“共和”本身已经成为空洞的东西，更不要说“五族共和”了，以“五族共和”为号召的少数民族自觉意识的培养亦因此而呈现出离散状态。接下来就是反对中央集权，强调自治与地方分权的联省自治，却被各方军阀借以将政治分裂的割据局面“合法化”。

由是，民初思想家们开始重新思考国家、政府、民族、人民的关系。不论是胡适的“民族主义不能单独成立”的见解，还是陈独秀的“不能盲目爱国”的主张，李大钊的“求一可爱之国家而爱之”的呼唤等，表明民国初年的社会精英实质上已对民国政府产生绝望，产生重建民族国家的一种新自觉。

“五四”以后，中华民族的自觉进入了一个新阶段：在“五四”运动所激起的中华民族民族主义的新高潮中，革命成为中国历史发展的逻辑，反对封建主义、反对帝国主义成为中华民族觉醒的特定方向；“五四”运动以后，各种思潮群流并进，冲刷、改变了中国原来的社会思想文化结构，中华民族的精英人物开始了中华民族自觉理论的探索，各种理论之间相互磨损甚至抗逆，最终趋于整合。

“五四”之后，国家主义、国族主义、反帝反封民族主义等流派并起。国家主义派把政治共同体认同与民族共同体认同混为一谈，把民族-国家作为整体和至上来追求，是超越阶级、民族、宗教和政党的“神话”，也因此其政治价值与社会主义及其政党的政治价值相左，因而展开了与社会主义或共产主义的论战。尽管国家主义一直通过强调民族国家观念来唤醒中华民族，但是它对以反帝反封为目标的国民革命式的民族主义，采取反对的立场，从而使其与反帝反封的国民革命大潮相背，具有反人民性，在中国共产党凌厉的攻势与大革命浪潮的冲击下渐成颓势。国族主义的肇始者孙中山认为，中华民族最大的阻碍势力来自于帝国主义，另一个是中华内部，出路是对外的独立解放和对内的统一与凝聚，主张中华民族凝聚成一个“国族”。孙中山的“国族主义”思想成为国民党在民族主义上的一个指导思想，《中国国民党宣言》中这样定义中华民族：“我党的民族主义就是消除民族间的消极的不平等，积极团结国内各民族，完成一大中华民族。”这个“大中华民族”就是“国族”。这一思想在国民党后期得到承袭，1927年国民党的《对全体党员训词》，规定民族主义的目标是“不但须使中华民族对外求到自由平等，且须使国内少数民族一律平等”（荣孟源，1985）。1929年国民党全国代表大会通过的《对于政治报告之决议案》则仍然强调各民族的整体性（荣孟源，1985）。不过，国族主义远远超出了中华民族族体结构和民族认同所能承载的范围。换句话说，国族一元结构是一种空想，国民政府后期的通过文化、教育、边疆开发等政策，都不可能使各民族在血统、生活与宗教、习俗等几个民族要素自然合一。

同期，中国反帝反封建的民族主义浪潮催生了新的革命政党中国共产党的诞生。从本质上说，中国共产党的诞生是中国民族救亡意识下发展的产物，也是中国民族主义的产物。马克思主义对民族国家的超越和民族国家整体的独立解放这两个具有矛盾性和同一性的双重性范畴，影响着中国共产党人对中华民族整体的认识，也影响着中国共产党对中华民族解放道路的探索。所以，中国共产党的民族解放斗争具有世界性、阶级性、民族性，在方法上具有革命性。而且，中国共产党成立之初就认识到中国民族问题分两个方面：一是中华民族整体的独立解放，追求与世界其他民族国家间的平等；一是国内民族的平等和解放。根据民族平等和人与人之间平等的原则，中国共产党对中华民族和国内的各民族都予以承认。其理解的“中华民族”既包括民族构成、疆域认同，又包括民族国家的政体组织形式。中共六大的决议案更将“统一中国”与“承认民族自决权”写在一起，使得“民族自决权”成为中国共产党启发各少数民族政治觉醒，并与中华苏维埃平等联合的一个政治口号。《八一宣言》后，中国共产党开始用“中华民族”指称中国各民族统一体，并强调中华民族“五千年古国”这一漫长历史的体认与认同。如1937年中共中央在关于“民族统一纲领草案”问题致共产国际电文中称，欲寻求全国力量共图中华民族之解放（中共中央统战部，1991）。又如1939年毛泽东指出，“在中国除汉人外还有蒙人、回人、藏人、维吾尔人、苗人、僮人、仲家人、朝鲜人等，共有数十种少数民族”，“中华民族的各族人民都反对外来民族的压迫，都要用反抗的手段解除这种压迫”（中共中央统战部，1991）。在这种整体的中华民族观支配下，中国共产党认识到中华民族最根本利益是国内各民族联合起来进行反抗日本帝国主义的斗争，少数民族的“自决权”开始剥离掉了建立独立国家的含义。

第三节　新中国对民族发展的认识

新中国成立以来，以毛泽东、邓小平、江泽民、胡锦涛为核心的几代中国共产党中央领导集体的民族理论体系的形成和发展，是中国特色社会主义理论体系的有机组成部分，形成了新形势下的民族观及民族发展观（龚学增，2008；金炳镐等，2010）。中国特色社会主义民族理论体系的第一要义是民族发展，核心是民族平等团结，基本要求是民族全面发展，根本方法是民族区域自治（金炳镐，2010；金炳镐等，2010）。

著名民族学家马戎（2004，2011）近年认为，“多种族、多族群国家都面临着如何处理本国族群关系以及政府应当如何引导族际关系发展方向的重要问题。中国几千年来在处理族群关系中具有把族群问题‘文化化’的传统”，中国理想的国家族群框架是“政治一体”和“文化多元”，其中包括“政治统一与族群平等”、“族群文化多元”与“民族文化认同”。后来他又认为，政治认同的对象应当是“中华民族”，对于56个“民族”这一层面的群体的认同，应该逐步“去政治化”，保留各自传统的文化认同。这是对我国近代新形势下民族观演变及未来态势的高屋建瓴。

实际上，新中国成立以来，如何理解“中华民族”成为新中国发展过程中民族问题的核心问题之一。考察中国本土民族概念的传统以后，龚永辉说近百年本土民族概念的应用特点是：“族”中有“族”与“种”“国”兼容（前一个“族”是“中华民族”，后一个“族”是前一个“族”中的族群，其数量为“种”），此说论证的基础来源于新民主主义时期毛泽东《中国革命和中国共产党》，追溯此观点论者包括梁启超和孙中山等（龚永辉，2011）。

应当说，这种特点源于社会主义民族关系的探索和定型。尤其是中华人民共和国成立以后民族识别理论预设使用的是斯大林民族定义，但实践中却对这个定义作了全面突破。这种突破体现在，一方面有毛泽东亲自定下的政治原则作刚性支持；另一方面，斯大林民族定义的四大要素被独特解释后得到柔性实现。毛泽东1953年针对斯大林民族定义与中国民族实际的差异明确指示：“政治上不要分哪个是民族，哪个是氏族、部落”（施联朱，1989）。所以后来的民族识别工作既尊重了斯大林民族定义的四大要素的科学依据，又尊重了民族意愿（黄光学，施联朱，2004）。

20世纪50年代末，党中央已确立“各民族人民在共产党领导之下，在社会主义基础之上，平等互助，大团结，大协作，共同劳动，共同发展”的民族关系政策，1982年《中华人民共和国宪法》则说明“中华人民共和国是全国各族人民共同缔造的统一的多民族国家。平等、团结、互助的社会主义民族关系已经确立，并将继续加强”。而中国特色民族理论体系，集中体现在2005年中央民族工作会议概括的“十二条”中，其基本精神又反映在党的十七大的相关文件之中。

参 考 文 献

陈艳飞．2005．关于“中华民族”的语境含义研究．东疆学刊，22（2）：32-38．

杜赞奇．2003．从民族国家拯救历史：民族主义话语与中国现代史研究．王宪明译．北京：社会科学文献出版社．46．

费孝通．1999．中华民族多元一体格局．北京：中央民族大学出版社：3．

高翠莲．2005．清末民国时期中华民族自觉进程研究．中央民族大学博士学位论文．

高翠莲．2007a．清末民国时期中华民族自觉进程研究．北京：中央民族大学出版社．

高翠莲．2007b．中华民族自觉的最初形态与步骤探析．中央民族大学学报：哲学社会科学版，(1)．

龚学增．2008．试论中国特色社会主义民族理论体系．民族研究，32（2）：1-11．

龚永辉．2011．中国本土民族概念的传统考略．民族研究，35（6）：1-12．

黄光学，施联朱．2004．中国的民族识别．北京：民族出版社：80-103．

金炳镐. 2010. 新中国 60 年民族概念理论的发展——新中国 60 年民族理论发展系列论文之一. 黑龙江民族丛刊, 23 (1): 1-7.

金炳镐, 栾爱峰, 李泰周. 2010. 新中国 60 年民族概念理论的发展——新中国 60 年民族理论发展系列论文之二. 黑龙江民族丛刊, 23 (2): 1-7.

李大龙. 2004. 传统夷夏观与中国疆域的形成——中国疆域形成理论探讨之一. 中国边疆史地研究, 17 (1): 3-16.

李禹阶. 2011. 华夏民族与国家认同意识的演变. 历史研究, 50 (3): 4-25.

梁启超. 2010. 中国近三百年学术史. 长沙: 岳麓书社: 21-22.

刘晴波. 1986. 杨度集. 长沙: 湖南人民出版社: 280-369.

刘晓东. 2011. "华夷一家 " 与新 "大一统 ". 学习与探索, 33 (2): 250-252.

马戎. 2004. 理解民族关系的新思路——少数族群问题的 "去政治化". 北京大学学报: 哲学社会科学版, 40 (6): 122-133.

马戎. 2010. 民国时期的少数民族精英: 理解中国从 "天下帝国" 到 "民族国家" 进程的钥匙. 社会科学战线, 33 (8): 162-166.

马戎. 2011. 中国民族问题的历史与现状. 云南民族大学学报: 哲学社会科学版, 28 (5): 15-20.

荣孟源. 1985. 中国国民党历次代表大会及中央全会资料 (上). 北京: 光明日报出版社: 315, 614.

施联朱. 1989. 中国民族识别工作的特色. 中央民族大学学报: 哲学社会科学版, 16 (5): 17-23.

唐文权. 1993. 觉醒与迷误: 中国近代民族主义思潮研究. 上海: 上海人民出版社.

汤志钧. 1977. 章太炎年谱长编 (上). 北京: 中华书局.

田毅鹏. 2011. "内藩外夷" 与 "五族共和". 学习与探索, 33 (2): 253-255.

王会昌. 2010. 中国文化地理. 第 2 版. 武汉: 华中师范大学出版社.

姚莹. 1974. 中复堂全集・康猷纪行三. 台北: 文海出版社: 3779.

杨念群. 2010. 作为话语的 "夷" 字与 "大一统" 历史观. 读书, 38 (1): 33-37.

余一. 1903. 民族主义论. 浙江潮, (1).

张碧波, 庄鸿雁. 2009. 华夷变奏: 关于中华多元一体运动规律的探索. 哈尔滨: 黑龙江人民出版社: 6, 7, 140.

张海洋. 1996. 中国的多元文化与中国人的认同. 中央民族大学博士学位论文.

张海洋. 2006. 中国的多元文化与中国人的认同. 北京: 民族出版社.

赵汀阳. 2005 . 天下体系. 南京: 江苏教育出版社: 40.

中共中央统战部. 1991. 民族问题文献汇编. 北京: 中共中央党校出版社: 648, 625-627.

邹容. 1999. 革命军. //冯客. 近代中国之种族观念. 杨立华 译. 南京: 江苏人民出版社: 108.

第二篇　民族地理基础与民族空间格局

法国年鉴学派的长时段（longue durée）研究理论的代表作为布罗代尔的《论历史》（北京大学出版社2008年出版了刘北成等译出的中译本），其要义之一在于尝试从空间角度理解地理环境与社会结构之间的内在关联。很显然，中华民族空间格局是长期以来地理环境与民族关系相互影响的结果。与此同时，民族空间格局在短时期内的变化同样对长时期的民族格局有着重要影响，有时甚至是强烈的，正是诸多短时期内的空间格局变化构成了长期的空间格式。虽然地理环境及其变迁并不是唯一的影响民族格局及其变化的因素，但这显然是一个主要因素，且是研究民族格局演化所无法忽视的，本篇参考文献对此有特别的说明。从这个角度来看，国内外所倡导的“地理历史学”（geographical history）理论是有一定启示意义的，费孝通著名的“中华民族多元一体格局”理论讨论的第一个基础问题即“中华民族生存空间的奠定”，讲的即地理环境与中华民族格局演进的关系（文献见第四章）。

第四章民族的历史地理基础，重点阐述了如下重要问题：中国地理环境的基本格局及其对民族关系、民族格局演进的影响，地理环境变迁，特别是气候变迁对民族关系、民族格局演进的影响；中华民族生存空间的奠定，这得益于地质学家、气候学家们的努力，将中华民族生存空间的发生过程给予了系统论述，显然突破了以往的生存空间讨论的时间尺度；最后回顾了地理环境变迁与中华民族各个朝代民族关系、民族格局变化的具体“地理—历史”过程，分为新石器时代、黄河文明、五方格局论、秦汉至隋唐、五代至明清五个具有相对时间界限的时期。

第五章民族的现代地理基础，突出自然地理环境和人文地理环境与民族格局的关系，并用“思想试验”的方法论说明了地理环境与民族格局的关系问题。

第六章民族构成与分布格局，除讨论中华民族的数量结构（种类及其人口数量）外，还阐明了其分布的地理格局（水平结构和垂直结构），地理格局显然也反映了其与地理环境的关系。

第七章民族分布聚居格局，论述了中华民族分布的具体形态——民族走廊和聚居地分布格局。民族走廊研究甚多，该章系统梳理了已有研究成果，制作了民族走廊分布格局图，显示了数千年来中华民族各族迁徙的核心地带，这些地带至今仍然是人类学、民族学、地理学、历史学、社会学等学科耕耘的硕果田野。民族聚居地分布格局系统介绍了中华人民共和国自治地方政策实施以来，自治地方发展的空间格局。当然，民族聚居地分布格局实际上还在一定程度上反映了民族分布的空间关系。民族走廊和民族聚居地分布格局作为现代民族分布的一个指针，对于民族分布与地理环境之间的关系同样具有重要意义。

第四章　民族的历史地理基础

中华民族及其空间格局，是在一个半封闭且具有强烈内部区域差异的地理环境条件下，历经数千年缔造而成的。地理环境的半封闭性及其内部差异，深刻影响着中华民族作为一个独立民族实体形成的必然趋势及演变过程中的“万邦”、“五方”、“多元一体”等阶段性的多种格局特征（王恩涌等，2004）。中华民族的形成及其空间格局，不仅在较大尺度范围内受静态地理环境的影响，而且动态的历史地理环境变迁及其区域响应，也深刻影响着中华民族的演化，尤其是民族关系的发展，影响着中华民族空间格局的变迁。作为民族影响因素的地理环境及其变迁，更多地影响着中华民族的起源世居地和历史时期的迁徙，总是与中华民族早期的政治、经济、文化等交织在一起，共同缔造了现代中华民族及其空间格局。

第一节　地理环境及其变迁与民族的发展、分布和民族关系

地理环境及其变迁的区域响应对中华民族空间格局的影响，是通过直接的及间接的方式作用于多种社会的、经济的、文化的和民族的因素来实现的，深刻地影响着民族发展、民族分布及民族关系。

一、地理环境与民族发展和分布

在静态特征上，地理环境对民族发展和分布的影响，在较大尺度，尤其在人类文明的早期，效应明显（王恩涌等，2008）。马克思和恩格斯（1972）说：“自然界起初是作为一种完全异己的、有无限威力的和不可制服的力量与人们对立的，人们同它的关系完全像动物同它的关系一样，人们就像特征畜一样服从它的权力”。列宁（1959）又说：“地理环境的特性决定着生产力的发展，而生产力的发展又决定着经济关系的以及随在经济关系后面的所有其他社会关系的发展”。普列汉诺夫（1961）也指出，“（人类生产、生活方式无不）依赖于该社会的历史环境的影响，但人类发展的地理背景毕竟无疑地表现出强烈的影响”。

在马克思主义看来，地理因素（环境）是通过在一定地方、在一定生产力的基础上所产生的生产关系来影响人的（夏鼐，1985）。对于早期文明而言，由于生产力低下，构筑庞杂的生产关系实在困难，地理因素对人类活动的影响自然很大，某种程度上甚至近似地决定着人类活动，构成地理环境与人类活动的强相关性，甚至因果关系。马克思曾将自然条件划分为两大类：一类是生活资料的自然富源，例如土壤的肥力，鱼产丰富的水等；另一类是劳动资料的自然富源，如奔腾的瀑布、可以航行的河流、森林、金属、煤炭等。前者在历史文明的初期有决定性意义，而后者在较高的历史发展阶段才能

起重大作用。我国著名文化地理学家王会昌（2010）对此非常赞同。

在实际研究中，言地理对历史、民族演进的影响，近代以来极为重视。作为中国近代新史学的领军人物，梁启超特别强调地理学之于历史研究的重要性，倡导以地理学的视角从事历史研究，因当时局势所制，实际上论述的内容明显与民族有关。自1901年起，梁启超有《中国史叙论》、《论中国学术思想变迁之大势》、《地理与文明之关系》、《亚洲地理大势论》、《欧洲地理大势论》、《中国地理大势论》等论著，说“治史者于地理之背景，终不能蔑视也”，并认为“历史者，因空际时际之关系而发生意义者”，于民族关系又说“地理与历史，最有紧切之关系，是读史者所最当留意也。高原适于牧业，平原适于农业，海滨、河渠适于商业，寒带之民，擅长战争，温带之民，能生文明，凡此皆地理历史之公例也”（梁启超，1999）。此虽有“地理环境决定论”之嫌，但却大体说明了地理环境对民族及其关系格局的影响，后来的学者多有此方面论述。如吕思勉（2009）也曾经给出过两个关于中华民族演进的总结，一个是共时性的，一个是历时性的，以说明中国地理环境的一致性及差异性对文化认同的影响。钱穆（1983）则更注重中国地理环境的内倾性对民族发展的影响。费孝通（1989a，1989b）“中华民族的多元一体分布格局”理论的首要基础，即是对中华民族“生存空间”的解析。

20世纪80年代初，白寿彝（1989）主持制定的多卷本《中国通史》导论卷的撰写提纲，其中的第二章是“地理环境”，这对学界后来研究中国历史（其中当然包括民族史）影响很大。后来，该章编撰者瞿林东（1999）在白寿彝九十华诞时撰文将地理条件与中国历史进程之关系的几个问题修订、补充发表，以表祝贺，突出地理条件之局部的独立性和整体的统一性与历史上政治统治的关系问题时，梳理了历朝统一与分裂局面后，指出：“造成这种历史现象的原因固然有种种，而中国地理条件之局部的独立性和整体的统一性的特点，是一个不可忽视的原因”，“割据政权的建立，必须具备一定的地理条件，即必须有地方上的经济条件作基础”。但这种地理环境的差异性，对于中华民族的一体趋势而言也是有利的，尽管有时实现的方式是非正常的，但民族冲突，几乎是无法避免的。四川大学童恩正（1994）说：“中原地区以北，地接蒙古大草原，自古即是游牧民族活动场所。游牧民族与农业民族，由于经济活动、生活方式、信仰习俗的不同，其矛盾是不可避免的。从经济上讲，农业民族可以离开游牧民族而存在，而游牧民族却经常需要农业民族的产品”。

故而，地理环境对中华民族及其格局的影响，具有某种必然性。后来的总结证明了这一点，中华民族生存空间的整体统一性的区域差异性，对中华民族发展过程中的多元及其不平衡性，对中华民族发展的一体化过程，对中华民族空间格局的演进等，产生了重要影响（李克建，2007）。

二、地理环境变迁与民族关系发展

地理环境的变迁，深刻地影响着中华民族关系的发展，当然也影响到了中华民族分布格局演变，其中又集中体现在民族迁徙问题上。杨建新（2006）说：“历史上中国少数民族的迁徙，不仅是认识和解读我国各民族自身发展的重要因素，也是认识和解读我国多民族格局形成、发展以及我国民族关系发展的重要因素。……社会经济发展、自然生态环境的变迁、战争和民族政策的变化促进了民族的迁徙”。

须知，地理环境的变迁往往是一种整体性的效应，尤以气候变迁为主要诱发因素，牵一发而动全身。虽然引起民族迁徙的原因很多，但地理环境的变迁，至少起着诱发的作用。管彦波（2010）总结说：“中国古代，以中高纬度地区地理环境的变迁为潜在动力，以气候的变化以及旱灾、雪灾等自然灾害为触发因素，不断引发游牧社会的动荡与危机，进而导致他们周期性的南迁，这在一定程度上影响了中国古代历史的进程”。葛全胜等（2002）也认为，气候是自然环境中的重要因素。而在自然灾害方面，以旱涝为主要影响因素，也与我国民族空间格局变迁有关，张丕远等（1997）研究我国近 2000 年来旱涝发生情况也表明，其与我国民族迁徙史在时间序列上具有很强的一致性。所以，地理环境变迁与民族关系发展的研究，多以气候变迁为主线或考察依据。

同时，考察中国地理环境变迁与民族关系发展，在时间上多取三代或秦汉以来。一方面，此前的民族关系，资料有限，难有确凿；另一方面，中华民族作为民族群体，即使是汉民族的形成，大体也在三代或秦汉。

中国气候变迁的研究始于竺可桢（1925a，1925b）发表《南宋时代中国气候之揣测》和《中国历史上气候之变迁》两篇论文，利用历史文献记载推测了我国南宋和各个历史时期的气候状况及其与现代气候的差异，并分析了太阳黑子对气候变迁的可能影响，为我国的气候变迁研究奠定了基础。同期或稍后的研究还有胡焕庸、谢义炳、张汉松、丁文江、吕炯、周廷儒、蒙文通、徐中舒、杨钟健等的文献（周书灿，2007）。经过几代人的不断努力，我国在历史时期温度变化研究方面已取得了长足的进展，从而深化了对我国历史时期气候变化的认识，葛全胜等（2011）最近编著的《中国历朝气候变迁》，是此方面的力作，给出秦汉以来冷暖变化情况是：①自秦朝以来，中国冷暖变化大致可以划分为公元前 210 年～公元 180 年、公元 181～540 年、541～810 年、811～930 年、931～1320 年、1321～1920 年、1921～2000 年 7 个阶段；②公元前 210～公元 180 年、541～810 年、931～1320 年、1921～2000 年四个阶段相对温暖，东中部地区的冬半年气温分别较今（指 1951～1980 年）高 0.27℃、0.48℃、0.18℃和 0.2℃；③公元 181～540 年、811～930 年、1321～1920 年三个阶段相对寒冷，东中部地区的冬半年气温分别较今低 0.25℃、0.28℃和 0.39℃。

而在此期内，王会昌（1996）研究了历代游牧民族政权疆域南界的纬度变化情况（表 4-1），分四个阶段：中国北方游牧民族偏居塞外；中国北方游牧民族割占黄河流域；中国北方游牧民族政权与农业王朝长期分庭抗礼；中国北方游牧民族入主中原农业王朝。这可能是中华民族发展、分布、关系的最好写照了。而王会昌考察的重点正是“两千年来中国北方游牧民族南迁与气候变化”。张允锋等（2008）的研究说明了两千年来中国历史时期重大事件与气候变化的关系：气候温暖时期，降雨丰沛，中国北方游牧民族北撤，与中原王朝和平共处，多为太平盛世时期；气候寒冷时期，气候干燥，北方游牧民族南迁，农民暴动频繁，多为朝代更替。陈家其（1996）的研究还说明了中国近两千年重大气象灾害群发时期，都发生在数百年气候变暖的背景下的暖期和冷的背景下的冷期，以及气候转折时期。

表 4-1 中国历代游牧民族政权疆域南界的纬度变化情况

阶段	时代	政权界线（北/南）	纬度（N）	今地名
Ⅰ	秦	匈奴/上谷郡	41°42′	内蒙古锡林郭勒盟太仆寺旗炮台营子
	西汉	乌桓/幽州刺史部上谷郡	41°18′	河北省张家口市二台东
	东汉	鲜卑/幽州刺史部上谷郡	40°56′	河北省张家口市东北
Ⅱ	三国	鲜卑/魏 幽州上谷郡	40°56′	同上
	西晋	鲜卑/幽州上谷郡	40°56′	同上
	东晋	前秦/东晋 豫州戈阳郡	32°18′	河南省息县临河镇
	南北朝	北朝 北齐/南朝 陈	30°24′	湖北省浠水县下巴河镇
间歇期	隋	突厥/涿郡	44°00′	内蒙古锡林郭勒盟阿巴嘎旗南
	唐	回纥/河北道 妫州	43°30′	内蒙古锡林郭勒盟查干诺尔
Ⅲ	五代十国	契丹/北周	39°24′	河北省涞源县塔崖驿
	北宁	辽/北宋	39°6′	河北省易县南管头
	南宋	金/南宋	32°18′	河南省息县临河镇
Ⅳ	元	中国大陆南缘	22°30′	广东省惠东县港口
	明	鞑靼/京师开平卫	42°40′	内蒙古锡林郭勒盟正镶白旗北
	清	中国大陆南缘	22°30′	广东省惠东县港口

注：①以 115°E 经线上的纬度变化为准；②元、清二代只取中国大陆纬度。

资料来源：王会昌，1996。

另外，吴静和王铮（2008）的研究表明，气候变化在两千年来历史人口分布的全局演化过程中起了主导驱动作用，在单影响要素的情景中，气候变化对全局人口分布形成的贡献率最大；并且，中国人口分布南重北轻的人口分布格局发生在 910 年左右，以“安史之乱”导致的战祸和动荡的社会条件为主要演化动力；胡焕庸线中国人口东西部分布格局形成于 1235～1255 年左右，以 1230～1260 年的气候突变为该人口分布特征线形成的主要动力。郑景云等（2001）的研究表明，2～11 世纪，我国东部干湿分异为东西分异，西（西北）干东（东南）湿；12～15 世纪，东西分异与南北分异并存，但仍以东西分异为主；而 16～19 世纪则为南北分异，北干南湿。这与我国古代经济重心的“东移南迁”在空间格局和时间序列上均具一致性，也必与我国民族的生存型迁徙，空间格局的演变有关。王铮等（2005）的研究也说明，我国历史时期整个农业生产潜力对降水条件的变化敏感，特别是干旱、半干旱区。这就很容易解释地理环境变迁（尤其是气候变迁）所引起的大规模北方民族南迁历史。当然，考虑到中华民族演进过程中的复杂性，气候变迁与民族演进机制之一的关键，即是气候变迁的区域响应。一般而言，暖期季风雨带北移，季风系统维持时间较长，北方民族王朝会得到不断稳固和强大，进而对南方王朝构成威胁；反之，则北方民族王朝会被迫南进。这样一种趋势的后果是，中华民族演进过程中的不断融合，几乎是必然的。而且，由王朝国家到民族国家的建立，也几乎是必然的（周平，2009）。

这些总体状况说明，正是以地理环境的变迁为诱发因素（尤其是气候变化），导致中华民族各群体经济结构的严重调整，从而产生大规模的生存型迁徙，构成了中华民族早期迁徙的主要类型；而与之相伴的，则是中华民族各族间政治、经济、文化等的严重调整，当然也作用到了民族分布和民族关系。

第二节 中华民族生存空间的奠定

虽然，现代大多中国民族问题研究很少涉及地质时期，但实际上，这是一个避不开的问题，主要原因在于：其一，影响人类文明的诸多地理因素其形成时间尺度是地质尺度；其二，地质事件对于影响人类文明的诸多地理因素具有重要影响，甚至是决定性的；其三，中华民族空间格局的演进及现代特征，在较大尺度上仍然反映了地质时期诸多地理因素的基本格局。对于中华民族空间格局演进影响的地质事件，则必须推前至第四纪新地质构造运动，总体上奠定了中华民族的生存空间。

在较大尺度上，地质活动影响下的地貌结构，与气候、水文、土壤、生物（包括植物和动物）等是相互影响的，进一步地又影响到人类活动，人类活动又反过来影响自然地理环境。中华民族空间格局的演进，自然应该从这种整体性关联中获得解释，或寻求解释。

而第四纪新地质构造运动，应该是撰写中华民族空间格局演进的开端，进而构建中华民族空间格局演进由“自然史”到“自然与人文”的演进文本。

340Ma BP 的第四纪新地质构造运动，导致了青藏高原的整体隆升和东亚大陆断陷盆地的发育（陈富斌，1992）。对此，徐建新（2008）以“横断事件”[①]来作为“横断走廊”由来的基础[②]。而从实际来看，青藏高原隆升所造就的，不仅是“横断走廊”，实质上是“六大板块”和“三大走廊”（或其他学者的观点，见第七章第一节），因为青藏高原隆升对中国历史地理的影响可以说是根本性的，在较大尺度上青藏高原隆升与印度-欧亚板块碰撞机制、地壳质量平衡过程、地区和全球气候变化、海洋化学、大气化学和生物演化等多种地质物理及生物地球化学过程联系在一起（张冉等，2008），尤其在地理上的地势、地貌、气候、水文、土壤、植被等均有着重要影响，而这些影响又延伸到不同区域的生产发展，即不同区域的民族发展历程，因此对中华民族的空间格局具有深远影响。

一、地貌格局的奠定与中华民族分布的关系

研究表明，中国今天的地貌形态，在青藏高原隆升时期即大体奠定，其总特征是：青藏高原巨大隆升，第二阶梯区由 400～500m 上升至 1000m，东部地区不断下沉（吴传钧，1998）。这一总体特征，与中华民族的“板块与走廊”具有一定关联性。姜枚等（2006）的研究表明，印度板块向北推进和青藏高原隆升，使得来自塔里木的高速体向北俯冲到天山达 200km 以下的深度，而来自准噶尔盆地的高速体则没有明显地向南推

---

① 指 340Ma BP 时（即吉尔伯特世与高斯世界面附近）的重大构造事件，因主要证据在横断山系，故称“横断事件”。此事件造成的廊道成为民族迁徙与民族文化沉淀的主要通道，即“横断走廊”。

② 实际上，“横断事件”后的青藏高原隆升才是“横断走廊”形成的关键，而其引用文献的作者陈富斌先生也建议：“以横断事件为起点的地壳构造运动称为青藏高原运动”，即地质学家所说的“青藏高原隆升（起）”。由此看来，“横断事件”改称“青藏高原隆升事件”更为恰当，也是地质学家一惯的做法。

进，故而由南向北的推进是造成天山山脉隆升的主要动力，而在青藏高原和天山之间的广大盆地，构成了西北民族走廊的主要区域；朱筱敏等（2003）的研究表明，柴达木盆地沉积地层强烈的构造变形以及湖盆环境突变与青藏高原隆升有关：沉积环境、介形虫和植物孢粉化石及磁性地层研究表明，2.5Ma BP 以来，青藏高原共经历了 2.52～2.28Ma BP，1.94～1.66Ma BP，1.38～1.1Ma BP，0.71～0.5Ma BP 和 0.24～0.09Ma BP 5 次强烈的隆升阶段，分别对应于青藏运动 B 幕和 C 幕、昆黄运动（昆仑-黄河运动）A 幕和 B 幕以及共和运动；程捷等（2001）的研究表明，在青藏高原的昆黄运动的影响下，云南全区发生了一次显著的构造运动——元谋运动，造成下更新统的褶皱、断裂变形和金沙江的全线贯通，形成云南西部河流的南北走向，其中的分界线即为金沙江，这与现在的该区民族分布的南北沿江分布是有关联的，日本民族学家金丸良子对此深有研究。

可见，青藏高原隆升在地势地貌上对中华民族演进具有重要影响：其一，青藏高原隆升使得中国地貌形态表现为三级分异，但又自西北向东南倾斜，此为中华民族的向心力奠定了坚实的地理基础；其二，在自西北向东南倾斜的地貌格局下，三级分异和众多地貌形态组合相间分布，为中华民族的“多元”提供了先天性的地理基础，而三级阶梯内的地貌形态可能影响着区域性的“多元”走向“一体”，即“板块与走廊”民族格局；其三，地貌形态的复杂化和破碎化，构成了不同民族群体的生态类型，对中华民族分布的“大杂居，小聚居，普遍散居”特征发展是有利的。

二、气候格局的奠定与中华民族分布的关系

青藏高原隆升促成了中国气候分异总体特征是：夏季受海洋影响的东南部湿润季风区、西北方向向干燥方向发展的干燥区和向高寒方向发展的青藏高原区（周延儒，1982）。在青藏高原隆升影响下，约 24Ma BP 至 22Ma BP，控制中国大陆环境的环流系统就由行星风系转变为由季风风系为主导的风系系统，这对中国境内的能量、热量循环和交换过程，以及降水、温度等气候要素的震荡幅度和时空分布格局产生了巨大影响，在较大程度上决定了中国现代自然地理环境的基本特征和时空格局。而且，在古近纪时期行星风系控制下，中国的气候分异纬向特征明显，但季风风系形成后，促成纬向格局发生重大调整，导致中国现代气候分异具有纬向特征的同时，具有东西干湿分异的特点（葛全胜等，2011）。而据孙湘君和汪品先（2005）的研究，季风风系形成后，我国气候具有了显著的季节性。这样，我国气候的时空特征即已初步形成。

而至第四纪初的 2.6Ma BP 前后，据李吉均等的研究，是青藏高原急剧隆升的关键时期，青藏隆升至 2 000m 以上（李吉均，方小敏，1998）。葛全胜等（2011）认为，2000m 是一个重要的临界高度，这使中国大气环流东西和南北方向的运动都受到明显干扰，引起中国乃至全球大气环流格局的明显变化，形成了具有现代意义的亚洲季风。

吴锡浩和安芷生（1996）推测，青藏高原巨大高原及其周边高耸山岭的升高与相应下垫面性状的改变，对对流层大气的动力和热力作用，是导致全球气温降低、北半球冰川或冰盖发育及亚洲季风气候形成和递变的主导因素。据刘晓东（1999）的研究，青藏高原隆升促使了亚洲季风系统的形成和发展、高原季风形成并影响北半球中纬度干旱气

候的发展、黄土高原的形成与沙漠化扩展等。范广洲和程国栋（2003）的研究表明，高原隆升对西北地区降水有明显影响：隆升前，西北地区年降水比现在偏多约150mm；随着高原隆升西北地区年降水逐步减少，到高原隆升至临界高度时，西北地区降水比高原隆升前约减少了77mm，但仍比现在多约73mm。王跃等（1996）的研究表明，青藏高原隆升与中国沙漠形成演化具有因果关系的阶段性：受高原隆升的地质、气候等综合效应影响，中国沙漠于第四纪初先在贺兰山以东、长城以北地区形成；1.6Ma BP以后高原北侧出现有利于风沙活动的干旱多风环境，沙漠扩展至西北地区；1.1Ma BP以后高原隆升对周围环境的影响基本定型，在日趋干旱的背景上，这期间中国北方沙漠演化主要受东亚季风盛衰和地形因素的控制。方小敏等（2003）的研究则表明，青藏高原的隆升和盆地外围山脉的隆升等构造运动引起了内陆盆地干润效应加强。

这样一来，随着青藏高原的隆升，中国现代气候的三大分区即已形成，并具时空结构：东部地区形成主要受太平洋影响的湿润季风区，且升温和降水集中于夏季；西北地区则因距四大洋较远，又受周围高大山体阻隔，全年干旱，但受蒙古西伯利亚冷高压影响，集中于冬季节；青藏地区则全年寒冷。加上因青藏高原隆升而导致的中国全境地貌形成复杂化，形成气候的垂直带性分异，则中国气候变异更为复杂，较小时空尺度上更是如此。

气候的这一时空格局，对于历代民族活动产生了重要影响，既促成了中华民族空间格局的“多元一体”格局，又影响了“大杂居、小聚居、普遍散居”特征的形成。之所以这样说，是因为气候变化往往影响着诸多人类发展的地理因素，形成复杂的生态地理环境，为早期不同类型文明提供了地理基础，当然对中华民族的演进具有重要影响。

所以，青藏高原的隆升是我国现代气候“三向梯带”和季节分明形成的根本原因，青藏高原的隆升、中国地貌形态复杂化、中国气候发展干湿区分明，三者具有一定程度上的因果关系，而对于中华民族的空间格局，三者缺一不可。

故而可以认为，在青藏高原隆升的影响下，中国全境地貌结构在呈三级分异的同时，多种地貌形态相关分布，尤其在三大阶梯过渡带上，地貌形态极为复杂。并且，由于前述的地理环境整体性，在三大阶梯的过渡带及海陆交错上，往往形成复杂的地理环境，如西北荒漠绿洲交错带、西南川滇农林交错带、东部海陆交错带、北方森林草原交错带、北方农牧交错带（高吉喜等，2009）。而这些交错带或过渡带，由于历史时期多种人类活动的可能性及民族迁徙，构成了复杂的民族格局及对应的文化。

因中华民族起源、形成、发展的历史，其族体结构与文化发展，是以“多元起源、多区域不平衡发展，反复汇聚与辐射”的方式作“多元”与“一体”辩证运动的，区域性的多元统一而建构中华民族的多元一体，形成“大杂居，小聚居，普遍散居”的分布特征，其地理基础，或者说是中华民族的生存空间，正是青藏高原隆升奠定的。

第三节　地理环境变迁与中华民族空间格局的演变

现代中华民族空间格局的形成，经历了长达数千年的演变，由远古的“满天星斗”至“万邦”演为“五方”，最终又向着“多元一体”格局演进，前后可分五大阶段：①旧石器时代至新石器时代，是中华文明（广义）的萌芽阶段，表现为“满天星斗”的文化格局；②远古传说时代，中华民族各族群萌芽，黄河文明兴起，进入“万邦时代”；③夏至秦，是中华民族血缘关系向地缘关系的最重要时期，也是中华民族的大交流时期，以“华夷之辩”为中心的“五方格局”，是早期族群格局关系向现代民族格局关系转换的最重要时期；④汉至隋唐，是现代中华民族空间格局的初步成型时期，此期中华民族区域性的和全国性的“多元一体”均得到发展，也是很多现代民族的形成时期和民族大交流时期，一体化趋势大大发展，民族杂居、聚居、散居特征显现；⑤五代至明清，是现代中华民族空间格局整固、定型时期，现代民族格局特征在此期形成。1840年以后，中华民族的发展进入了新的发展阶段——自觉发展阶段。

一、中国早期文明发展的地理基础

研究表明，8.0～3.0ka BP间，中国大陆处于一个十分温暖湿润的时期，即“仰韶温暖期”（下文将提到其时间范围的确定）。施雅风等（1993）研究表明，7.2～6.0ka BP，中纬度地带年均气温较现在高3～4℃。浦庆余（1980）研究，此期我国亚热带北界在汾河—永定河—北京一线，比现在的秦岭—淮河一线北移了3～8个纬度，大河村遗址一带的森林中仍存在多种亚热带常绿阔叶树种，如青冈栎、栲和冬青，以及亚热带落叶阔叶树种，如枫杨、化香、枫香、漆、山毛榉、水蕨等。而在降水上，7.5～5.0ka BP间，中国年均降水量比现在多500～600mm。这些条件对中国早期文明是极为有利的，旧石器和新石器文化遗址如满天星斗式分布在中国大陆上，即使在青藏高原现在为无人区的地区，当时也有人类活动。

徐旺生（1996）认为，全新世以后，北部地区冰原消失，先前生活在这里的狩猎者和黄河流域进入该地的驯化和狩猎者在此营狩猎生活，驯养业遂因狩猎而逐渐产生，其依据是大量的考古发现，表明中国北方广大地区在石器时代广泛分布着以细石器为特征的细石器文化，而其来源则是黄河流域的山西存在着两个石器系统，即“大石片砍砸器-三棱大尖状器系统”和“船头刮削器-雕刻器系统”，末次冰期结束以前的以采集经济为代表的大石器系统文化遗址，在长城以北始终没有发现过，末次冰期过后，全球气温回升，大石器系统文化向北进入内蒙古高原地区（黄其煦，1987）。蓝勇（2002）注意到，新石器文化是一种原始农业文化，是从旧石器打制石器的采集狩猎过渡到农业、采集、狩猎并行的阶段，气候转暖自然有利于各个地区旱地农作物的生长，对于人类原始耕作是有利的。可以说，全新世气候转暖，对于早期文明乃至整个人类文明的影响，是历代史书不可忽略的一笔。

对于气候变迁与文明发展，此间还有一个重要插曲：“仰韶温暖期”这一概念日益受到重视，由地理学家涉及，历史学家充分发展。竺可桢（1972）发表的《中国近五千年来气候变迁的初步研究》一文与国际学术界认同的全新世中期出现过世界性的气候回暖期——“全新世气候最佳适宜期”的看法正相吻合。由于这一时期和仰韶文化存在一定的关系，龚高法等（1987）专门探讨了仰韶温暖期的气候状况，主张仰韶温暖期的起讫年代约为8.0～3.0ka BP之间，并具体分析了我国东北、华北、西北、黄河中下游、长江流域、华南、西南等地区在这一时期的气候状况。满志敏（1992）专门研究了黄淮海平原仰韶温暖期的气候特征。邹逸麟（1993）在《黄淮海平原历史地理》一书中专门讨论了仰韶温暖期黄淮海平原的气候。王星光（2005）认为，仰韶温暖期尽管与仰韶文化相关，但并不仅仅限于仰韶文化的时期，也就是说，并不仅指 6.0～5.0ka BP 的仰韶文化时期，而是要远远大于这一时期，仰韶温暖期的起讫时间在 8.0～3.0ka BP 之间。而在此期间，方修琦等（2007）的研究表明，我国农牧业活动的地域特征是北方旱作南方稻作，在北方旱作区之外为渔猎文化，在南方稻作区之南的华南地区可能为渔猎文化或以薯类栽培为主的地区，并且旱作区和稻作区的北界都较现代偏北，水稻种植北界达到 35°N，较现今北移了 2～3 个纬度，北方旱作相应向北扩展到现今以畜牧为主或半农半牧的内蒙古长城地带及西北的甘青地区，其中粟是最主要的旱作栽培作物。

研究表明，7.2～6.0ka BP 华南温度比今高 1℃，比长江流域高 2℃，比华北、东北以及西北可能高 3℃，比青藏高原南部高 4～5℃，冬季升温幅度更大于年平均温度，百年级的增暖相伴夏季风的扩张和冬季寒潮的衰退，植被带北迁西移，内蒙古、新疆、青海和西藏普遍出现高湖面，指示着降水量有较大幅度的增长。中国东部在 6.5～5.0ka BP 间出现全新世中的最高海面，约高于现今 1～3m，导致沿海地区约70 000km^{2}被海水所淹，达到全新世最大海侵范围（施雅风等，1993）。与之对应，不难联想到早期中华文明的发展轨迹，或者中华文明发展的早期可以获得这些地理因素上的解释。

二、黄河文明的地理基础

虽然旧石器和新石器时代我国文化遗址满天星斗式地遍布全国大江南北，但在距今4000 年左右，全球气候普遍转寒，世界几大文明都明显衰退①，中国早期文明也如此。不过，中国的黄河文明却显得有些例外，不仅率先进入文明社会，而且造就了声威远播的黄河文明，这既与黄河的形成演化有关，也与当时特殊的气候条件有关。

早更新世晚期，古黄河尚未形成，当时，每个湖盆都为当地河流水系的发育中心，其中有的河流渐渐扩展，成为黄河的前身。刘志杰和孙永军（2007）的研究表明，黄河的形成与青藏高原隆升有关：古近纪与新近纪青藏高原经两期隆升和两度夷平，新近纪末开始快速隆升，经青藏运动、昆黄运动和共和运动三阶段，在青藏高原隆升过程中黄河断续下切形成一系列阶地，黄河中游（积石峡至三门峡）诞生并随之与下游贯通，从此现代黄河出现。

在气候方面，约在 5.0ka BP 年时，在全球普遍转寒的情况下，竺可桢（1972）的研究却表明，在 5.0～3.0ka BP 中，即从仰韶文化至安阳殷墟，黄河流域大部分的时间年均气温较现在高 2℃左右，1 月份温度则比现在高约 3～5℃。施雅风（1992）的研究发现，中国的大暖期升高值是全球最大的地区，又是全球冬季升温最高的地区之一，与青藏高原的隆起有关，这使得东亚大陆季风加强的同时，发自蒙古高原的冬季风，越过青藏高原时已大大削弱了（吉林师范大学等，1980）。如王星光（2005）研究表明，在7.0～6.0ka BP 仰韶温暖期的鼎盛时期，现为干旱草原的青海湖滨当时为针叶阔叶混交林，从发现的紫果云杉残木可推知当时的年降水量达 600mm 左右。温度高于现代 3℃左右。在海河流域、渤海湾、胶州湾和鲁北平原，出现了现生长在亚热带的水蕨、水青

---

① 包括埃及文明、古希腊文明、美索不达米亚文明、古印度文明等。

冈、枫香、山核桃、铁杉、杨梅等。这与当时夏季风增强，冬季风减弱有关。即使是在北方，在 8.5～7.0ka BP 的时期，根据青海湖、黄土高原、内蒙古白素海、河北东部、辽南地区、螺髻山等地的孢粉资料，当时温度比现在高 2～4℃（李先登，1993）。而在仰韶文化时期，亚热带界线在汾河—永定河—北京一线，黄河文明的区域基本上完全处于亚热带气候控制之下。

而对于黄河文明的发展，除上述整体的气候条件外，与现今气候相比，伏旱是影响我国农业生产的主要气候因素之一。但在全新世大暖期，与现代伏旱北界的秦淮一线相比，北移了 2～3 个纬度，同期的森林-草原分界线也较今偏西偏北（葛全胜等，2011）。同时，黄河流域分布的黄土，土质疏松，其成岩作用不强，这些风成的黄土在结构上呈现出均匀、细小、松散、易碎的特点，这就使得粗笨的木耒、石铲等原始工具容易入土和耕作（蓝勇，2000）。而且当时黄土高原森林广布，关中盆地河网密布，这些都有利于当时农耕、渔捞、狩猎和采集等原始生产活动。

这里还有一个不容忽视的问题，即黄河改道（李鸿杰等，2006）。在历史时期，江河改道对于早期文明的发展利弊兼有。如黄河在孕育发展中汇集支流，贯通湖泊，形成庞大的水系和众多的冲积扇，为人类早期的渔猎和农耕文明提供了有利条件，也为华夏文明的形成提供了适宜的地理环境（杨玉珍，2008）；但每次黄河改道，伴随的是泛滥成灾，导致中华先民适应自然环境能力的提高，所以方修琦等认为中华民族正是在抗御与适应自然环境变化及其灾害性影响的过程中，创造了独具特色的中华文明（方修琦等，2004）。但在最近 5000 年，黄河在北区（今黄河河道以北）行径的时间长达 3326 年，这无疑给予了早期文明发展一个长时期的稳定态势。在现今黄河下游的豫东、鲁西地区，在仰韶-龙山文化时期，是十分低洼的平原地带，河网纵横，湖泊密布（刘振和，1963）。黄河水量一直趋于减小，4.2ka BP 保持在约 750 亿 m^3 以上，4.2～2.7ka BP 约在 600～800 亿 m^3 之间波动，而今则约为 400 亿 m^3。葛全胜等（2011）认为，气候温暖时，黄河河道弯曲，多分汊，向北摆动；而气候寒冷时，河道较顺直、单一，向南偏移，其原因是不同气候时期河流侧蚀强度的差异：气候寒冷，海平面处于较低位置，河流流量较小，其深切侵蚀较于侧蚀更显突出；而气候温暖时，海平面处于较高位置，河流的侧向侵蚀则更显突出。葛全胜等所述依据来源于吴忱等（2001）对黄河中下游距今 3000 年以来河道的变迁研究。而在此之前，黄河水量较之要高约 200 亿 m^3 以上，这极有可能造成当时的关中平原如现在的黄河下游一样河网密布，有利于早期人类的发展。

同时，区位因素也是极为重要的。严文明（2001）曾强调“河洛文明”（黄河文明的策源地）的区位优越性，他认为中国文明的起源不是在一个狭小的地方，也不是在边远地区，而是首先发生在地理位置适中、环境条件最优越的黄河流域和长江流域的广大地区。但由于地理环境不同，文明化的过程也有所不同，在相互作用过程中逐渐从多元一体走向以中原（河洛）为核心、以黄河流域和长江流域为主体的多元一统格局，再把周围地区也带动起来（陈隆文，2010）。费孝通（1989b）对此也有认识，尤其集中于新石器文化时代黄河中下游的文化交流。这种区位优势，当然存在于整个黄河文明区域，王会昌（2010）对此有相似论述。最近徐昭峰（2010）总结：“中原地区独特的地理位置，使得东西、南北文化在此交汇、碰撞，不同族群在此交流、融合。优越的地理位置和适中的气候，使得多元性农业经济在中原地区并存发展。中原地处黄河中游，这既使其免遭史前洪水的极大破坏，又将其推向治理史前洪水组织的中枢位置。正是中原地区独特的地理位置形成的诸多有利因素，决定了中原地区的先民最早走向文明，建立国家”。而历史文献《史记·周本纪》载西周国家营建洛邑的原因，即提到“此天下之中，四方入贡道里均”。

三、夏至秦：华夏鼎立与“五方格局论”的地理基础

夏、商、周三代更替，实际上即“华夏中心”的确立。而当时的其他区域，仍处于族群林立的“万邦”状态，其原因，当然很大程度上归结于复杂地理条件不适宜农业生产，结果，或因山河险阻，或因高寒，或因其他因素，中国边疆地带的民族发展并不一致。而中原地带则不同，农业需要国家建制，族群之间的土地争夺早已随着人口增长而成为政治常项，三皇五帝时代就征战不息，民族大迁徙也早已展开，国家的形成，既是历史的必然，又是地理的必然。甚至有学者说，尧、舜、禹部落为主体的“自愿联合”的庞大的部落联盟，其主要职能就是对肆虐的自然灾害和无序的争战的一种应力机制：即以各氏族部落的相互凝聚的共同力量，来抗拒单个氏族、部落所无法抵御的洪水、干旱；通过联盟内社会整合，达到同一地域部落集团的有序化，泯灭内部争战或抵御其他部落入侵。

及至商中期，我国气候已急转直下了，但因当时气温比现在高得多，影响并不是非常明显，而至西周晚期，我国气温达到了宋以前的最低。竺可桢（1925b，1972）的研究表明，“周朝的气候，虽然最初温暖，但不久就恶化了”。吴祥定和林振耀（1981）的研究也表明，公元前1000年左右，我国青藏高原有一次大的冰封，正值西周中期。而在历史文献上，古本《竹书纪年》载：“周孝王七年，冬大雨雹，江汉冰，牛马冻死”，“周幽王四年，六月陨霜。”西周疆域如此寒冷，那么，处于北部的区域自然可想而知。而与寒冷相伴的，是长期的大旱，古本《竹书纪年》载：“周历王二十一年、二十二年、二十三年、二十四年、二十五年、二十六年皆连年大旱，王徒于彘。”此间，关于西汉干旱的古籍，代有著述或考释。以现在气候学的解释来看，高寒实际上是由蒙古西伯利亚冷高压强盛引起的，高寒南下的冷气流除造成冰冻外，降水也非常少，对此，蒙文通（1993）说：“西周末造，一夷夏迁徙之会也。而迁徙之故，殆原于旱灾，实以于时气候之突变。”在这样的背景下，汉室迁都频繁，王室衰微与地理因素是分不开的，因为此期农业发展抗灾性较低，一旦发生天灾，农业减产，民乱，王室亦乱。

史学界一般认为，在此期间，西周王朝政治走向腐败给予了戎狄可乘之机，尤其王室衰微后，诸夏群龙无首，北方民族也就大举南进或内迁。然而，即使王室不衰微，北方民族仍会大举南下，这是地理因素影响下的历史之必然。

之所以如此说，原因在于北方民族大多处于游牧阶段，周代气候急转直下，中原地区尚天灾连年，北方地区的牧业更是难以承受，南下实是不得已之选择，也是必然发生的历史事件，只不过王权衰落，内讧不消的西汉王朝使得北方民族南下更为容易罢了。这样一来，春秋的“华夷之辩”自然就与气候变化关联起来，及至秦统一六国，既完成了族群上的“万邦”结束，又完成了地域上“万邦”的结束，此仅指中原地区而言，而中原以外的“万邦”则依然如故，但发展也是必然存在的。

这样一来，由地理因素到历史因素，夏至秦而形成的“五方格局论”线索基本上是清晰的：①黄河文明进入方国阶段以来，历经夏、商、周三代更替，中原地区的族群关系基础已由血缘关系转向地缘关系，周王朝的“同姓不婚”和分封制扮演了重要角色；②西周中期以来的严峻气候，不仅影响了周朝社会经济发展，对北方民族而言更是雪上加霜，被迫南下寻求生路；③随着“华夷之辩”和北方民族的南下，最终形成了对民族格局的初步认识——“五方格局论”，而且其中的核心即以华夏为中心的文化认同；④由于西周大举分封，气候急转直下，北方民族大举南下等因素，新的“万邦”纷争不止，经春秋战国至秦，新的“万邦”结束，也结束了中原地区的“万邦时代”。

四、秦汉至隋唐：中华民族空间格局的初步成型及其地理基础

中国历史，尤其是中国民族的历史，进入汉代，民族融合重心便开始向南北两极转移了，尤其以北方民族冲突和融合问题突出，由此展开了见诸文献的“农牧冲突（与融合）”史，此被著名史学家吕思勉（2009）称为中国民族[①]的第一次向外开拓，但也不妨称为第一次北方民族的大举南进及随之而来的南北民族大融合。

在此期间，民族冲突与融合机制中，地理因素同样是不可忽视的。据葛全胜等（2011）的研究，秦汉前期，我国东中部地区气温较好[②]，西北地区较寒冷，全境表现为“北湿南干”。这在一定程度上既利于东中部地区的发展，又利于北方游牧业的发展，是以此期匈奴崛起，自秦即已侵扰中原。较好的气候约持续了近200年，进入东汉时气温就开始转寒冷，进入我国近3000年来第二个寒冷期，一直持续到魏晋南北朝结束，贾思勰所著的《齐民要术》载石榴树的栽培“十月中以蒲藁裹而缠之，不裹则冻死也。二月初乃解放”。

隋唐是我国近3000年来的第三个温暖期。对应于此期北方民族大举南进的事实，始于两汉交替之时，此时刚好处于气候急转直下的时期。一般而言，早期的农业对于自然环境具有强烈的依赖性，气候寒冷自然导致以农业为基础的中央王朝元气大伤，如加横征暴敛，则必生民变。而若此时周边民族已取得长足发展，且又受天灾，那么北方民族南进就是一种必然而且可行的生存策略，况且对于中国全境来说，一旦北方不适宜游牧，唯一的土地获得就只能是农耕世界（王会昌，2010），而据葛全胜等（2011）的研究，汉末北方地区的气候较秦的冷湿转为冷干，这种气候对于北方游牧民族生产生活是极为不利的。即使是在黄河流域，气候渐趋寒冷，水体大为减少，气候干燥加之黄土高原经过长期开发，天然植被严重破坏，水土流失加剧，土壤肥力下降，水利灌溉日益困难，由此引起了水旱灾害（葛剑雄，胡云生，2007）。

汉末，在中央王朝内发生大规模的农民起义，其原因当然无法排除因气候变冷而带来的农业歉收，《汉书》卷74《魏相传》就载“夫风雨不时，则伤农桑；农桑伤，则民饥寒；饥寒在身，则亡廉耻，寇贼奸宄所系生也”。据葛全胜等（2011）的研究，汉以后，中国东中部气候干湿格局发生重大变化：由“南干北湿”（以黄河为界）转变为

---

① 这里的中国民族指的是汉族。

② 这里的东部地区指中国东中部季风区，即今大兴安岭—阴山—贺兰山—乌鞘岭—巴颜喀拉山—唐古拉山—冈底斯山一线以东（原注）。

“东干西湿”（以太行山为界），这对于中原农业生产影响是很大的。加之汉末政治腐败，赈灾不力，由经济动荡演变为政治动荡，是不可避免的。而此时的北方，匈奴政权已得到统一，却又遇寒冷气候，其风险自然比中原地区要严重得多，汉末的社会动乱，无疑给北方民族南进增加了成功的机会，而在冷兵器时代，游牧民族的武器并没有较农耕世界落后多少，战略战术上的机动性则是农耕世界所无法比拟的。而至公元46～108年，北方气候更加恶劣，匈奴也再次分裂为南北两部，或受其他民族攻击，或受汉攻击，南匈奴内附汉朝后，北匈奴也被迫降汉或西迁。

然而，气候持续变冷虽有利于解除北方匈奴的侵扰，但却无法挽回内部动乱的败局，以致魏、蜀、吴三分天下，但此时胡羌、鲜卑已占据河套地区，及至东晋，实际上仅控制着南方半壁江山，北方则为强大的前秦政权，同时北方民族崛起，最终上演成“五胡十六国”局面（张敏，2002）。这样一来，中华民族显现出一种整体的南迁规律，大部北方民族迁至中原一带，而中原一带以汉为主体的大量人口则大量南渡，在中原地区，民族杂居态势非常明显，江统在《徙戎论》中有“关中之人百余万口，率其多少，戎鍬居半”之载，而迁走的“另一半”汉人，大多入南了。

从某种程度上说，魏晋南北朝时期的社会大动乱，最终上演了民族大冲突和融合的剧幕，从结果来看，融合大于冲突，甚至有的民族政权采取的是强制汉化的政策。如北魏孝文帝，规定同姓禁婚，提倡同汉人通婚。这里有一个问题值得注意，即凡冷干时期，往往是北方民族入主中原，汉族中央王朝偏安江南，几乎是中国历史上的通例。之所以如此，乃在于此类气候时期，以农业立国的中央王朝本身无法强盛，而北方民族亦无法北返原生存地，只能尽力南下，而在气候长期冷干的情况下，实行本民族的汉化在某种程度上说是“顺天人之举”，魏晋南北朝时期就是一个典例。据葛全胜等（2011）的研究，魏晋南北朝时，干旱乃是整个中国（尤其是东部地区）长期的、大范围存在的现象，结合上述论述自然可以解释南宋偏安江南，北方民族政权长期占据中原及以北广大区域的原因。

及至隋唐暖期，汉族重掌天下，但唐王朝的民族政策较前代大大改变了，和亲次数空前增加，自然有利于中央王朝与周边政权的民族交往与融合。可以说，唐王朝是有史以来第一个空前的民族融合期，王会昌（2010）从文化的角度给予了高度评价。不过，在“开元盛世”后期，气候转冷的迹象就已隐约浮现，全国干湿格局发生重大变化，而当时拥兵自重的安禄山，其所辖三镇：平卢、范阳、河东处于农牧过渡带上，自然最为敏感，加上此时唐政府赈灾不力，最终酿成“安史之乱”。“安史之乱”，很大程度上改变了中国的经济、政治、文化中心，对民族格局的演进也有重要影响。

五、五代至明清：中华民族空间格局在整固中定型

南北朝时期，中国经济中心的东移南迁已见端倪，经隋唐的开发，至宋，南方经济发展已超过北方，进而导致中国社会发展的新格局。张家驹（1957）认为，宋王朝的南渡，标志着南方经济文化的空前发展，随着政治中心的南移，中国社会就完全进入南盛北衰的新阶段，因此，这一历史事件，就成为中国南部发展历史中的划时代关键。而随着民族大一统政权的更替，尤元、清两代的蒙、满民族发展和入主中原，最终又一统天

下，不仅北方民族已呈稳定态势，西北地区、青藏高原、西南地区和南方地区亦如此。至此，中华民族以血缘关系为基础的民族关系全面让位于地缘关系和文化关系。

对于中华民族的空间格局来说，经五代、宋、元、明、清的努力，已基本定型：其一，有宋、元、明、清四代，国家大一统格局下，北方、东北、西北、青藏、西南、南方，甚至中原地区，民族分化与重组渐以地缘和文化缘为基础，羁縻政策至改土归流，地缘关系得到加强的同时文化缘也在加强；其二，大量的民族迁徙，尤其是汉民族的边移，大大加强了民族融合，这对于文化缘的加强有着不可磨灭的贡献，至清后期西方势力介入，文化缘关系大大加强。

而从地理因素角度上看，此期的约1000年间，我国气候寒冷期持续之长，是最为明显的，约800年，而且明清之际的气温为夏以来最低。这样一来，自秦汉以来的北方民族南进，最终演变为入主中原。且元、清两代，中国领土范围达到空前之大，民族成分也有所增加，尤其在西北地区和东北地区，是外来民族本土化的重要时期。

据葛全胜等（2011）的研究，两宋气候表现为由暖干向小冰期转变，其中“五代”前期较冷，后期转暖，但气温在南宋时亦在0℃以下，尔后则进入长期的寒冷状态。这种气候状况，一方面造成中原地区长期生产受限，中央王朝实力大减，无暇顾及北方边地，另一方面造成北方民族长期意欲南进。事实正是如此，自辽以来，两宋疆域，仅是华南的半壁江山，宋灭，则北方民族开始入主中原，尔后有清。从某种程度上说，有元、清两代大帝国，是自秦汉以来北方民族南进的一种延续。元、清两代，均处气候恶劣之期，有明一代，气候相对较为适宜。这里有两个问题值得注意：其一，北方民族入主中原，往往意味着中央王朝版图的空前扩大，元、清两代均如此；其二，北方民族入主中原，往往伴随的是民族大迁徙，尤其以军事战略为目的的迁徙，元、清两代都是空前的。实质上，由于北方民族往往控制着北方广大地域，入主中原时，自然扩大了中央王朝的版图，若再加上行政上的管理措施，尤其承袭汉民族的郡县制，则自然会加强民族融合。而军事上的镇边等因素，是统治策略上的必然延伸，结果，导致以蒙、满及其亲附民族的全国性分布。

参考文献

白寿彝. 1989. 中国通史（导论卷）. 上海：上海人民出版社.

陈富斌. 1992. 横断事件：亚洲东部晚新生代的一次重大构造事件. 山地研究，10（4）：195-202.

陈家其. 1996. 近二千年中国重大气象灾害气候变化背景初步分析. 自然灾害学报，5（2）：18-27.

陈隆文. 2010. 河洛文明的地理基础. 中国社会科学报，11-11（8）.

程捷，刘学清，高振纪. 2001. 青藏高原隆升对云南高原环境的影响. 现代地质，15（3）：290-296.

范广洲，程国栋. 2003. 青藏高原隆升对西北地区降水量变化的影响. 高原气象，22（S）：67-74.

方修琦，葛全胜，郑景云. 2004. 环境演变对中华文明影响研究的进展与展望. 古地理学报，6（1）：85-94.

方小敏，吕连清，杨胜利. 2003. 昆仑山黄土与中国西部沙漠发育和高原隆升. 中国科学：地球科学，31（3）177-184.

费孝通. 1989a. 中华民族的多元一体格局. 北京大学学报：哲学社会科学版，29（4）：3-25.

费孝通. 1989b. 中华民族多元一体格局. 北京：中央民族大学出版社：7-8.

高吉喜，等. 2009. 中国生态交错带. 北京：中国环境科学出版社：429.

葛剑雄，胡云生. 2007. 黄河与河流文明的历史观察. 郑州：黄河水利出版社.
葛全胜，方修琦，郑景云. 2002. 中国历史时期温度变化特征的新认识——纪念竺可桢《中国近五千年气候变迁的初步研究》发表 30 周年. 地理科学进展，21（4）：311-317.
葛全胜，等. 2011. 中国历朝气候变迁. 北京：科学出版社：63，7，8，20-21，169，136-165，239-241，243，245.
龚高法，张丕远，张瑾瑢. 1987. 历史时期我国气候带的变迁及生物分布界限的推移. 历史地理，5：1-10.
郭家骥. 2008. 地理环境与民族关系. 贵州民族研究，28（2）：74-83.
管彦波. 2010. 民族大迁徙的地理环境因素研究——以中国古代民族迁徙为考察的重点. 西北民族大学学报：哲学社会科学版，29（3）：122-125.
黄其煦. 1987. 东南欧的农耕文化及其农业向欧洲扩展中的作用. 农业考古，7（1）：129-135.
吉林师范大学等. 1980. 世界自然地理（上册）. 北京：人民教育出版社：67.
姜枚，李海鸥，王亚军，等. 2006. 青藏高原隆升对新疆天山山脉地壳-上地幔构造的影响. 地学前缘（中国地质大学），13（5）：401-407.
蓝勇. 2000. “刀耕火种”重评——兼论经济史研究内容和方法. 学术研究，28（1）：98-103.
蓝勇. 2002. 中国历史地理. 北京：高等教育出版社：41-42.
李鸿杰，任德存，侯全亮，等. 2006. 黄河. 北京：科学普及出版社.
李吉均，方小敏. 1998. 青藏高原隆升与环境变化研究. 科学通报，43（15）：1569-1574.
李克建. 2007. 中国民族分布格局的形成及历史演变. 西南民族大学学报：人文社科版，29（9）：26-31.
李先登. 1993. 试论中国古代文明起源与地理环境之关系//洛阳市第二文物工作队. 河洛文明论文集. 郑州：中州古籍出版社：105-114.
李孝泽，董光荣. 2006. 中国西北干旱环境的形成时代与成因探讨. 第四纪研究，26（6）：895-904.
列宁. 1959. 列宁全集（第 38 卷）. 北京：人民出版社：456.
梁启超. 1999. 梁启超全集. 北京：北京出版社.
吕思勉. 2009. 中华民族渊流史. 北京：九州出版社：77，35.
刘振和. 1963. 中国第二寒冷期古气候对黄河水量的影响. 人民黄河，30（6）：50-52.
刘晓东. 1999. 青藏高原隆升对亚洲季风形成和全球气候与环境变化的影响. 高原气象，18（3）：129-136.
刘志杰，孙永军. 2007. 青藏高原隆升与黄河形成演化. 地理与地理信息科学，23（1）：79-91.
马克思，恩格斯. 1972. 马克思恩格斯选集（第一卷）. 北京：人民出版社：35.
满志敏. 1992. 黄淮海平原仰韶温暖期的气候特征探讨. 历史地理，10：261-272.
蒙文通. 1993. 古族甄微. 成都：巴蜀书社：49.
普列汉诺夫. 1961. 普列汉诺夫哲学著作选集：卷 4. 北京：三联书店：44.
浦庆全. 1980. 三万年来我国气候变迁的研究. 自然杂志，3（5）：193-197.
钱穆. 1983. 文化学大义. 台北：正中书店.
施雅风. 1992. 中国全新世大暖期气候与环境. 北京：海洋出版社.
施雅风，孔昭宸，王苏民，等. 1993. 中国全新世大暖期鼎盛阶段的气候与环境. 中国科学：地球科学，23（8）：865-872.
孙湘君，汪品先. 2005. 从中国古植被记录看东亚季风的年龄. 同济大学学报：自然科学版，33（9）：1137-1159.
童恩正. 1994. 中国北方与南方古代文明发展轨迹之异同. 中国社会科学，24（5）：164-181.
王恩涌，刘继生，沈伟烈，等. 2004. 中国政治地理. 北京：科学出版社：15-18.
王恩涌，胡兆量，周尚意，等. 2008. 中国文化地理. 北京：科学出版社：149-180.
王会昌. 1996. 2000 年来中国北方游牧民族南迁与气候变化. 地理科学，16（3）：83-88.

王会昌. 2010. 中国文化地理. 第 2 版. 武汉：华中师范大学出版社：19，29，59，71.
王星光，张新斌. 2000. 黄河与科技文明. 郑州：黄河水利出版社.
王星光. 2005. 中国全新世大暖期与黄河中下游地区的农业文明. 史学月刊，36（4）：5-13.
王铮，黎华群，孔祥德，等. 2005. 气候变暖对中国农业影响的历史借鉴. 自然科学进展，15（6）：706-713.
王跃，李森，王建华. 1996. 试论青藏高原隆升对中国沙漠形成演化的影响. 干旱区研究，13（2）：20-24.
吴传钧，陆大道，郭来喜，等. 1998. 中国经济地理. 北京：科学出版社：5-14.
吴祥定，林振耀. 1981. 历史时期青藏高原气候变化特征的初步分析. 气象学报，24（1）：90-97.
吴静，王铮. 2008. 2000 年来中国人口地理演变的 Agent 模拟分析. 地理学报，63（2）：185-194.
吴忱，许清海，马永红 等. 2001. 黄河下游河道变迁的古河道证据及河道整治研究. 历史地理，17：1-28.
吴锡浩，安芷生. 1996. 黄土高原黄土-古土壤序列与青藏高原隆升. 中国科学：地球科学，26（2）：103-109.
夏鼐. 1985. 中国文明的起源. 北京：文物出版社：92.
徐建新. 2008. 横断走廊：高原山地的生态与族群. 昆明：云南教育出版社.
徐旺生. 1996. 农业起源和传播对中西早期文明发展影响比较研究. 9（3）：1-13.
徐昭峰. 2010. 夏国家兴起于中原地区的地理因素探析. 古代文明，4（3）：68-73.
严文明. 2001. 东方文明的摇篮//宿白. 苏秉琦与当代考古学. 北京：科学出版社：633-653.
杨建新. 民族迁徙是解读我国民族关系格局的重要因素. 烟台大学学报：哲学社会科学版，2006，19（1）：66-78.
杨玉珍. 2008. 黄河的历史变迁及其对中华民族发展的影响刍议. 古地理学报，10（4）：435-439.
张家驹. 1957. 两宋经济重心的南移. 武汉：湖北人民出版社.
张敏. 2002. 自然环境变迁与北魏的兴衰——兼论十六国割据局面的出现. 首都师范大学博士学位论文.
张丕远，葛全胜，张时煌，等. 1997. 2000 年来我国旱涝气候演化的阶段性和突变. 第四纪研究，10（1）：12-20.
张冉，刘晓东，安芷生. 2008. 青藏高原古高度重建方法研究进展. 海洋地质与第四纪地质，28（5）：129-136.
张允锋，赵学娟，赵迁远，等. 2008. 近 2000 年中国重大历史事件与气候变化的关系. 气象研究与应用，29（1）：20-24.
郑景云，张丕远，葛全胜. 2001. 过去 2000 年中国东部干湿分异的百年际变化. 自然科学进展，11（1）：65-70.
周平. 2009. 对民族国家的再认识. 政治学研究，20（4）：89-99.
周书灿. 2007. 20 世纪中国历史气候研究述论. 史学理论研究，（4）：127-136.
周廷儒. 1982. 古地理学. 北京：北京师范大学出版社.
瞿林东. 1999. 关于地理条件与中国历史进程的几个问题. 史学史研究，21（1）：3-14.
竺可桢. 1925a. 南宋时代我国气候之揣测. 科学，10（2）：151-164.
竺可桢. 1925b. 中国历史上气候之变迁，东方杂志，22（3）：84-99.
竺可桢. 1972. 中国近五千年来气候变迁的初步研究. 考古学报，16（1）：168-189.
朱筱敏，康安，韩德馨，等. 2003. 柴达木盆地第四纪环境演变、构造变形与青藏高原隆升的关系. 地质科学，38（3）：413-424.
邹逸麟. 1993. 黄淮海平原历史地理. 合肥：安徽教育出版社.

第五章　民族的现代地理基础

民族的现代地理基础是指现代地理环境对民族起源、发展、迁徙和分布的影响，包括现代自然地理环境和现代人文地理环境两方面，其影响表现在民族分布格局（世居地、聚居地、分布规模等）、社会经济、社会文化等方面。现代自然地理环境和现代人文地理环境对民族的影响同等重要，所影响的主要方面各有侧重。其中，现代自然地理环境更多地影响着民族起源、世居地和历史时期的迁徙，现代人文地理环境更多地影响着民族的发展、现代时期的迁移和分布。

第一节　民族的现代自然地理基础

民族的现代自然地理基础即现代自然地理环境对包括少数民族在内的民族的起源、世居地和历史时期的迁徙的影响。气候、地貌、水文、土壤和生物等自然地理要素以及它们所构成的自然综合体及其地域分异，决定了人类生存条件和生活型资源、生产型资源的地域性和地域差别。这种生存条件和生活资源的地域性和地域差别有不同的空间尺度。温度带、干湿地区和自然区等较大空间尺度地域及其分异（郑度等，2008），总体上决定了民族的起源、世居地和历史时期的迁徙。即使在今后，自然地理环境及其分异，在宏观上仍然决定着中华民族的活动——生命活动、生活活动、经济活动、军事活动和科学活动等，以及空间中的生活活动空间和经济活动空间。同时，现代自然地理环境（以下简称自然地理环境）还是现代人文地理环境《以下简称人文地理环境》的基础。

一、自然地理环境的整体特征

我国位于3°58′～53°31′N和73°40′～135°5′E之间，属于全球陆地最集中的部分（牛文元，2007），大约有98%的疆土位于20°～50°N之间，亚热带和温带所占面积特别广大，各占26%以上和45%以上（中国科学院《中国自然地理》编辑委员会，1985）；又位于全球最大的大陆——欧亚大陆的东岸和全球最大的大洋——太平洋的西岸，东临太平洋，西北深入亚洲内陆，有湿润、半湿润、半干旱和干旱等多样的水分条件。在多次大地构造运动作用下，我国陆地上形成了西高东低的三大地势阶梯，且地貌复杂。面积达230万km^2的青藏高原耸峙于西南，平均海拔达4000m以上，是最高一级阶梯，从热力和动力两个方面深刻地影响着环流结构和我国气候。这些因素综合作用，决定了我国自然地理环境具有陆地面积广阔、亚热带和温带面积比例甚高、陆地环境和海洋环境兼备、季风影响强大深远、地势西高东低和自然地理环境复杂多样等整体特征。

二、自然地理环境的地域分异

中国现代自然地理环境的地域分异是地带性自然地域分异因素、非地带性自然地域分异因素以及历史继承综合作用的结果。地带性自然地域分异因素和非地带性自然地域分异因素这两种基本的自然地域分异因素同等重要，但在不同地区所起的主要作用程度不同。多重自然地域分异规律的综合作用，支配着中国的自然地域分异格局。对于自然地理环境多样性和复杂性的认识，主要是通过自然地理和生态区划及其方案来认识和反映的。20 世纪 50 年代以来，我国自然区划成果众多，其中，主要有黄秉维（1959，1989）、侯学煜等（1963，1988）、赵松乔（1983）、席承藩等（1984）、任美锷等（1979）；任美锷、包浩生（1992）、郑度等（2008）的方案。郑度方案将全国划分为 11 个温度带、21 个干湿地区和 49 个自然区（表 5-1）。这一区划系统反映了中国自然地理环境的复杂性和多样性。中国自然地理环境的复杂性和多样性，为中华民族的发展、多样性、分布类型等奠定了自然地理基础。中华民族，无论是古代民族还是近代民族和现代民族，在逐渐科学地认识这些丰富多彩的自然地理环境及其规律的基础上，或顺应或改造这些自然地理环境，逐渐在与自然地理环境、人文地理环境的协调共生和控制共生中发展起来。

表 5-1　中国生态地理区域系统

温度带	干湿地区	自然区
Ⅰ寒温带	A 湿润地区	ⅠA1 大兴安岭北段山地落叶针叶林区
Ⅱ中温带	A 湿润地区	ⅡA1 三江平原湿地区 ⅡA2 小兴安岭长白山地针叶林区 ⅡA3 松辽平原东部山前台地针阔叶混交林区
	B 半湿润地区	ⅡB1 松辽平原中部森林草原区 ⅡB2 大兴安岭中段山地草原森林区 ⅡB3 大兴安岭北段西侧森林草原区
	C 半干旱地区	ⅡC1 西辽河平原草原区 ⅡC2 大兴安岭南段草原区 ⅡC3 内蒙古东部草原区 ⅡC4 呼伦贝尔平原草原区
	D 干旱地区	ⅡD1 鄂尔多斯及内蒙古高原西部荒漠草原区 ⅡD2 阿拉善与河西走廊荒漠区 ⅡD3 准噶尔盆地荒漠区 ⅡD4 阿尔泰山地草原、针叶林区 ⅡD5 天山山地荒漠、草原、针叶林区

续表

温度带	干湿地区	自然区
Ⅲ暖温带	A 湿润地区	ⅢA1 辽东胶东低山丘陵落叶阔叶林、人工植被区
	B 半湿润地区	ⅢB1 鲁中低山丘陵落叶阔叶林、人工植被区 ⅢB2 华北平原人工植被区 ⅢB3 华北山地落叶阔叶林区 ⅢB4 汾渭盆地落叶阔叶林、人工植被区
	C 半干旱地区	ⅢC1 黄土高原中北部草原区
	D 干旱地区	ⅢD1 塔里木盆地荒漠区
Ⅳ北亚热带	A 湿润地区	ⅣA1 长江中下游平原与大别山地常绿落叶阔叶混交林、人工植被区 ⅣA2 秦巴山地常绿落叶阔叶混交林区
Ⅴ中亚热带	A 湿润地区	ⅤA1 江南丘陵盆地常绿阔叶林、人工植被区 ⅤA2 浙闽与南岭山地常绿阔叶林区 ⅤA3 湘黔高原山地常绿阔叶林区 ⅤA4 四川盆地常绿阔叶林、人工植被区 ⅤA5 云南高原常绿阔叶林、松林区 ⅤA6 东喜马拉雅南翼山地季雨林、常绿阔叶林区
Ⅵ南亚热带	A 湿润地区	ⅥA1 台湾中北部山地平原常绿阔叶林、人工植被区 ⅥA2 闽粤桂低山平原常绿阔叶林、人工植被区 ⅥA3 滇中南亚高山谷地常绿阔叶林、松林区
Ⅶ边缘热带	A 湿润地区	ⅦA1 台湾南部山地平原季雨林、雨林区 ⅦA2 琼雷山地丘陵半常绿季雨林区 ⅦA3 西双版纳山地季雨林、雨林区
Ⅷ中热带	A 湿润地区	ⅧA1 琼南与东、中、西沙诸岛季雨林、雨林区
Ⅸ赤道热带	A 湿润地区	ⅨA1 南沙群岛区
HI 高原亚寒带	B 半湿润地区	HIB1 果洛那曲高原山地高寒灌丛草甸区
	C 半干旱地区	HIC1 青南高原宽谷高寒草甸草原区 HIC2 羌塘高原湖盆高寒草原区
	D 干旱地区	HID1 昆仑高山高原高寒荒漠区
HII 高原温带	A/B 湿润/半湿润地区	HⅡA/B1 川西藏东高山深谷针叶林区
	C 半干旱地区	HⅡC1 祁连青东高山盆地针叶林、草原区 HⅡC2 藏南高山谷地灌丛草原区
	D 干旱地区	HⅡD1 柴达木盆地荒漠区 HⅡD2 昆仑北翼山地荒漠区 HⅡD3 阿里山地荒漠区

资料来源：郑度等，2008。

三、现代自然地理环境对民族的影响

复杂多样的自然地理环境为远古人类提供了多元的生存和生活的可能空间，为民族起源和民族迁徙进而形成民族走廊奠定了重要的自然地理基础。在这里我们主要分析三个问题。

第一，从地方尺度自然地理环境分析，为什么西南特别是云南省起源和诞生的少数民族数量如此之多。西南地区尤其是云南因地貌的复杂性，导致地方尺度自然地理环境的复杂性和多样性。具有多样性和复杂性的地方尺度的自然地理环境，在“万邦时代”及其前后历史时期（此时古羌人已大部南下并部分迁徙至云南省境内，详见本书第四十七章第一节注释），成为具有原始经济活动和原始文化活动多样性的各个人类类群生存、生活和发展的最为直接的地理基础。让我们做一思想实验[①]，来分析云南省为什么有那么多的民族起源在那里。如果没有地貌阻隔（在滇西北地区还有典型的河流阻隔）等限制不同地方尺度上的类群之间的生殖交流、生活交流、生产交流和文化交流，那么，不同类群之间的差别将逐渐缩小，类群的数量将会减少，类群的规模将会扩大。这意味着以类群为基础的，具有共同地域、共同语言和共同经济生活等一致性的民族的种类将会很多。然而，云南地方尺度的自然地理环境多样复杂且不便于不同类群之间的交流，因此民族起源的数量是非常多的。

第二，从全国尺度自然地理环境分析，为什么有阿尔泰民族走廊以及为什么这里起源诞生的民族数量如此少，并且多是迁徙起源的民族。全国尺度的自然地域分异包括纬度地带性和经度地带性等。纬度地带性在我国北部表现为半干旱和干旱特点，东西横亘着以干旱和半干旱气候、草原植被和草原森林植被为主要自然地理特征的多个自然区。在这一自然地理环境相对一致和广袤的特点下，决定了这一地区有可能成为若干民族特别是适应了半干旱草原环境的民族的东西纵横发展，是民族迁徙和迁移的通道。让我们再进行一个思想实验：①假定在这一地区，“万邦时代”及其前后，有数以十计的活动范围有限的以多种形态存在的人的类群（事实上正是如此）；②由于他们所依赖的生存、生活和原始生产活动环境大致相同，他们逐渐掌握了具有较大统一性的生活和生产方式和技术；③随着能源输入和生产模式的变化，能源输入由单一的依赖人的肌肉进化到不仅依赖人的肌肉而且依赖特征畜和简单天然动力，在这种情况下，人的类群及其个体的活动范围将有不断扩大的趋势和愿望；④在范围扩大的过程中，这一广袤的地域并无太大的天然阻隔；⑤人的类群及其个体的活动范围不断扩大的趋势和愿望逐渐成为现实；⑥于是，这一广袤地域的不同类群的类型和规模不断变化，最终形成了比“万邦时代”的类群数量少得多、类群的单体规模大得多、不同类群之间的差别小得多的一个时代；

---

① 思想实验是科学研究的一种方法，他超越实验室实验而又与之有共同的实践基础。思想实验对于人类思想，尤其是科学思想的发展，有着不可替代的作用，这可以从一系列改变世界科学的思想实验例子中来探讨。比如伽利略的自由落体运动，麦克斯韦妖、牛顿的水桶，爱因斯坦的电梯、火车，薛定谔的猫等等。思想实验理论的开创者是马赫，马赫将实验的全过程分为几个阶段：人们通常先进行思想实验，尔后进行物质实验，最后再用思想实验加以反思。两者之间并非并列的关系，也非同时进行，他指出，思想实验远远先于物质实验，并且为物质实验作了准备（见恩斯特·马赫，2005：169）。从发生认识论的角度看，人类大部分的实验都可以视为广义的实验室实验和思想实验的结合，民族地理学理论的建设也有这种发生过程。

⑦最终，在这里起源诞生的民族数量就比较少。

对比西南（尤其是云南省）和西北两区域，前者因地理环境多样、地理阻隔效应明显，后者则反之。随着族群的发展，除静态的交流因素外，动态的交流因素对民族演进更有着强烈的影响。在相对均质的区域中，因族群发展所需要的资源争夺往往导致战争，民族战争的过程同时也是民族分化、组合的过程。而且，西北民族传统生计方式往往是牧业，与西南民族的农业方式相比更依赖于稳定、良好的地理环境（尤其是气候环境），这就不难理解西北地区在历史上战争次数远远超过西南地区的情况和原因了。故此，西南地区的远古居民（包括古羌人南下的部分）演变成现代民族的可能性更大（现代民族结构事实上也是如此），而西北地区这种则可能性要小一些。事实上，现代西北地区的民族，主体是迁徙起源的民族[①]和古代民族分化后重组的民族。同时，中国西南古代民族大多与现代民族有更直接的渊源关系，而西北的古代民族则大部已消失。因此，假如将西南民族结构的特征用“地理阻隔效应”来解释的话，那么西北民族结构的特征则可以用“地理通道效应”来解释，除上述“思想实验”及论证材料外，还可以从人种结构特征、宗教信仰格局、语言系统关系（不止中国民族的语言）等方面来论证[②]。

第三，从作为自然地理要素的地貌及其复杂多样性看，它是怎样影响少数民族分布的。本书第六章使用地形起伏度指数（RDLS）来反映地貌的复杂程度，并将其与少数民族人口数量、人口比重和构成成分等进行对比分析，发现地貌深刻地影响着少数民族分布。在地形起伏度指数较大的地区，少数民族人口数量、少数民族比重和少数民族成分都比较高。

我们必须认识到，自然地理环境对民族的影响主要表现在民族起源、世居地等方面，而对民族的发展迁移和分布以及社会、经济、文化等方面的影响将逐渐让位给人文地理环境。

第二节　民族的现代人文地理基础

民族的人文地理基础即中国现代人文地理环境对包括少数民族在内的中华民族的发展、迁移和分布的影响。以自然地理环境及其区域差别为基础而形成的人文地理环境及其区域差别，深刻地影响着我国人口发展、迁移和分布，也深刻地影响着我国少数民族人口的发展、迁移和分布。在人文地理环境及其区域差别中，经济地理环境及其区域差别和社会地理环境及其区域差别的综合作用，导致社会福祉的区域差距（全国科学技术名词审定委员会，2006）。面对社会福祉区域差距的不断扩大的人文地理环境，包括少数民族在内的中华民族因无法改变，而选择了适应——迁移适应。因此，经济地理环境及其区域差别和社会地理环境及其区域差别就成为影响包括少数民族在内民族的空间偏好的最重要因素（全国科学技术名词审定委员会，2006）。经济地理环境和社会地理环境的区域差别乃至区域差距对民族人口发展、迁移和分布的影响，势必成为少数民族人口规划要考虑的重要因子之一。

---

① 详见本书第三至六篇各民族第一节。

② 人种结构特征见本书第一章；宗教信仰格局、语言系统关系可从本书第三至六篇各民族第一节相关内容中窥其一斑。

一、民族的经济地理基础

民族的经济地理基础即经济地理环境对中华民族包括少数民族的发展、迁移和分布的影响。经济地理格局嬗变和经济发展省份差距是影响少数民族发展、迁移和分布的最直接的经济地理基础。

1. 经济地理格局的嬗变

新中国成立以来，我国的经济发展战略和格局发生了一系列变化。①新中国成立之初及“一五”时期的“沿海、内地”两大经济地带。考虑到国防安全和改变不合理工业布局等因素，国家将经济建设的重点从沿海向内地转移，形成“沿海、内地”经济格局。②20 世纪 60 年代初期的“一线、二线、三线”经济地带。当时由于中国面临着严峻的周边局势，中央把全国划分为前线、中间地带和三类地区，分别简称一线、二线和三线。三线建设的重点在四川、贵州、云南、重庆、陕西、甘肃全境和河南、湖北、湖南的西部地区。③20世纪 80 年代初期的“沿海、内地、边疆”经济地带。改革开放初，中国开始以经济特区为突破口逐步开放沿海地区，在沿海地区实行一系列的优惠政策，促进沿海地区经济。同时，由于自身经济发展水平低、国家支持力度不够等原因，内地及边疆地区的步伐远落后于东部沿海地区。④20 世纪 80 年代后期至 90 年代的“东、中、西”三大经济地带。六届人大四次会议指出“‘七五’期间以至 90 年代，要加速东部沿海地带的发展，同时把能源、原材料的建设重点放在中部，并积极做好进一步开发西部地带的准备”。并明确指东部包括辽宁、河北、天津、北京、山东、江苏、上海、浙江、福建、广东、海南、广西沿海 12 个省、区、市，中部地区包括黑龙江、吉林、内蒙古、山西、河南、安徽、江西、湖北、湖南 9 个省区，西部包括四川、重庆、云南、贵州、西藏、陕西、甘肃、宁夏、青海、新疆 10 个省、区、市。从此，东中西三大地带成为中国区域经济格局的基本划分单位。⑤21 世纪初期新的“东、中、西”三大经济地带。国家实行西部大开发战略、振兴东北等老工业基地战略和中部崛起战略，推动全国区域经济宏观格局发生变化，形成新的“东、中、西”三大经济地带。其中，东部包括辽宁、吉林、黑龙江、河北、天津、北京、山东、江苏、上海、浙江、福建、广东、海南 13 个省市，中部经济地带包括山西、安徽、河南、湖北、湖南、江西 6 个省，西部经济地带包括内蒙古、西藏、青海、新疆、广西、重庆、四川、贵州、云南、陕西、甘肃、宁夏 12 个省、区、市。不断嬗变的经济地理格局深刻地影响着近年来经济发展的省份差距。这种不断变化的区域经济布局，也将深远地影响着今后我国经济发展的省份差别。

2. 经济发展的省份差距

经济发展的省份差距表现在经济发展水平、产业结构、经济增长效率等多个方面上。

其中，经济发展的省份差距对少数民族迁移和分布的影响最为直接。近十多年来，全国的 GDP 和人均 GDP 分别从 1998 年的 88 402.28 亿元、6765 元（以 1998 年为基期的可比价），增长到 2009 年的 233 398.01 亿元、17 486 元，年均增长率分别达到 9.69%、9.02%。各省份之间的人均 GDP 的差距（图 5-1）及其变化成为经济发展的重要特征。

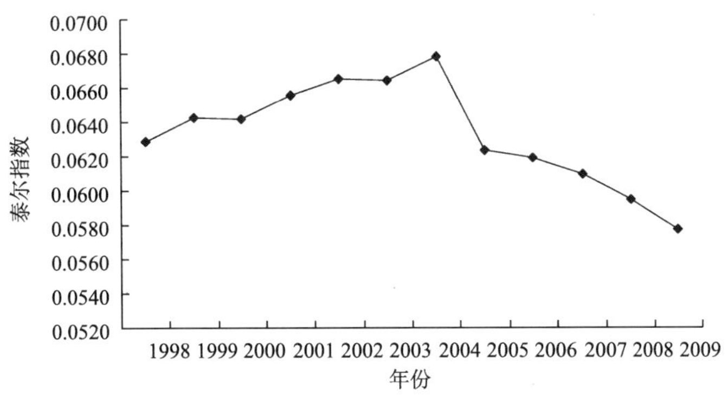

图 5-1　全国省际人均 GDP 泰尔指数状况

近十年来，各省份人均 GDP 及其变化情况如图 5-2。人均 GDP 占全国比值上升较多的省份包括江苏、福建、辽宁、山东、内蒙古、河南、湖北和吉林。其中，人均 GDP 上升最快的是内蒙古，1998—2009 年从 5085 元增加到 24 893 元，年均增长率达到 15.53%。人均 GDP 占全国比值下降较多的地区是新疆和云南，分别从 0.94、0.64，

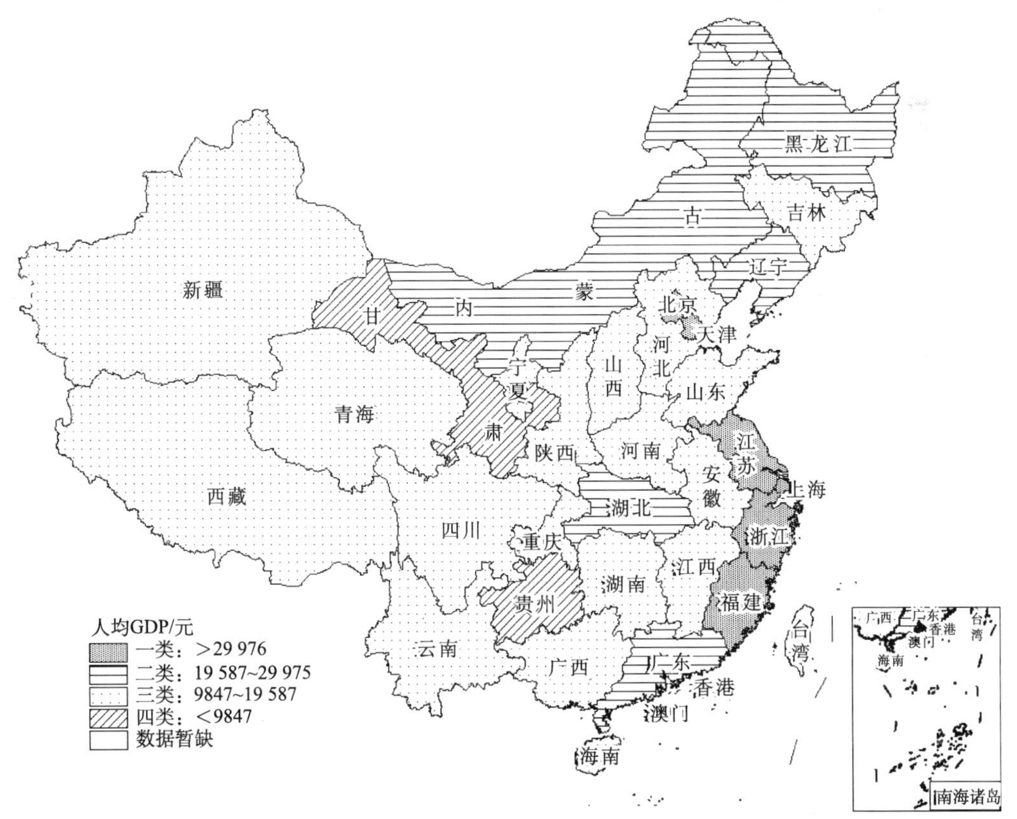

图 5-2　全国各省份人均 GDP 分布状况

下降到 0.83 和 0.62。将 2009 年中国内地各地区按人均 GDP 可分为五个收入水平：①高收入组（28 161～62 426 元）包括上海、天津、北京、江苏、浙江、福建、辽宁、广东和山东。②较高收入组（19 587～24 893 元）包括内蒙古、黑龙江、湖北、吉林。③中等收入组包括河北和重庆，人均 GDP 分别为 19 078 元和 16 649 元。④较低收入组（12 666～15 415 元），包括湖南、海南、河南、安徽、新疆、四川、陕西、山西、青海、广西、江西。⑤低收入组（6598～11 680 元），包括贵州、甘肃、西藏、云南、宁夏。从分组结果看，除内蒙古外大多数少数民族聚居区的经济发展水平较低，其中宁夏、云南、西藏、甘肃、贵州，这些都是少数民族人口比例很高的地区，且处于边疆地区，其人均收入都很低，分在低收入组中。其中贵州的人均 GDP 最低，只有 6598 元，不到上海的 1/9。而东部地区除了河北和海南的人均 GDP 在中低水平外，其他东部地区的都属于高收入组。

二、民族的社会地理基础

民族的社会地理基础即社会地理环境对少数民族的发展、迁移和分布的影响。城镇化的省份差距和中国发展指数的省份差距，是影响少数民族发展、迁移和分布的最直接的社会地理基础。

1. 城镇化的省份差距

城镇化是伴随着社会经济发展和人们生活方式转变过程出现的一种现象，主要表现为农村人口不断向城镇转移，第二、三产业不断向城镇聚集，从而使城镇数量增加，城镇人口增加的过程。通常情况下，运用人口城镇化率（城镇化水平）来衡量地区的城镇化水平，用市人口和镇人口占全部人口的百分比来表示。2009 年，全国平均城镇化率达到 46.59%，比 2003 年提高了 6.09 个百分点，其基尼系数和泰尔指数分别高达 0.1599 和 0.0172。虽然全国整体城镇化水平上升较快，但是各地区城镇化水平差异还比较大（图 5-3）。城镇化率高于全国的有 14 个地区，排在前 12 位的都在 50%以上，包括上海、北京、天津、广东、辽宁、浙江、江苏、黑龙江、内蒙古、吉林、重庆、福建。不难发现，这些地区除内蒙古和重庆外，其他地区分布在东部。城镇化率在40%～50%间的包括海南、山东、宁夏、湖北、山西、陕西、湖南、江西、河北、安徽、青海，这些省份，既有东部地区，也有中西部地区，其中中部地区较多。城镇化率在 20%～40%的地区包括新疆、广西、四川、河南、云南、甘肃、贵州、西藏，这些地区都分布在西部地区，其中西藏的城镇化率仅为 23.8%。综上可以看出，人口城镇化率高低分三个层次，分布状况与经济发展水平差异性有着很高的相关性，经济发展水平高的地区其人口城镇化率也高，经济发展水平低的地区其人口城镇化率也低。

2. 中国发展指数的省份差距

中国发展指数（RCDI）① 借鉴了人类发展指数（HDI）②，由健康指数、教育指数、

① 中国发展指数是中国人民大学三大指数发布之一，自 2007 年初起每年定期发布。

② 联合国制定的度量人类发展的指数。

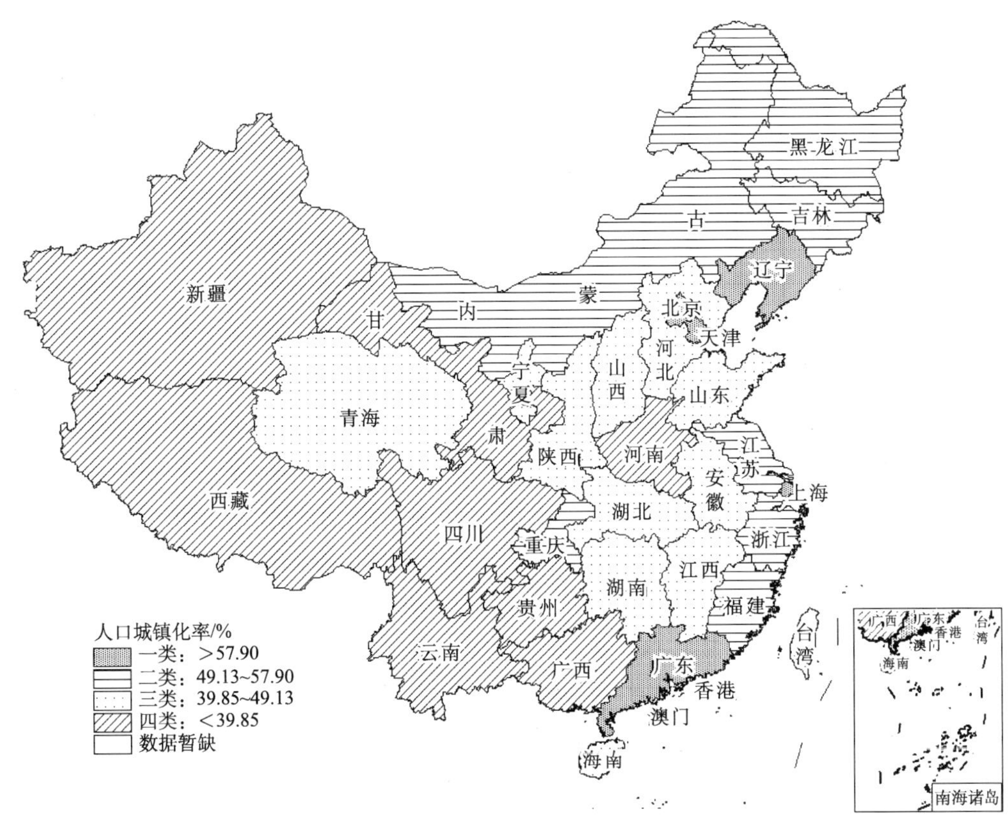

图 5-3　全国各省份人口城镇化率状况

生活水平指数、社会环境指数 4 个分指数构成。2010 年中国发展指数及其分指数健康指数、教育指数、生活水平指数和社会环境指数有较大差距（图 5-4）。各地区的中国发展指数及分指数差别较大：①中国发展指数的基尼系数和泰尔指数分别为 0.0444 和 0.0014；②中国健康指数的基尼系数和泰尔指数分别为 0.0532、0.0019；③中国教育指数的基尼系数和泰尔指数分别为 0.0495、0.0022；④中国生活水平发展指数的基尼系数和泰尔指数分别为 0.0701、0.0034，是各分指数中差异性最大的，说明全国范围内人们的生活水平的差异性很大，且差距主要存在于经济发达的东部地区与经济相对落后的西部地区；⑤中国社会环境发展指数的基尼系数和泰尔指数分别为 0.0292、0.0005，地区间社会环境的差异性是各分指数中最低的。

三、少数民族人口及其与人文地理基础关系

1. 少数民族人口数量的省份差别

我国少数民族人口数量分布的省份差别较大（图 5-5）。其中，少数民族数量和比重高的省份主要有新疆、内蒙古、辽宁、贵州、云南、广西，主要分布在我国北部、西北和西南边疆，属于大陆型边疆省份；少数民族数量和比重低的省份主要有山东、江苏、安徽、上海、浙江、江西、福建、和陕西等，主要分布在我国东部边疆，属于海洋

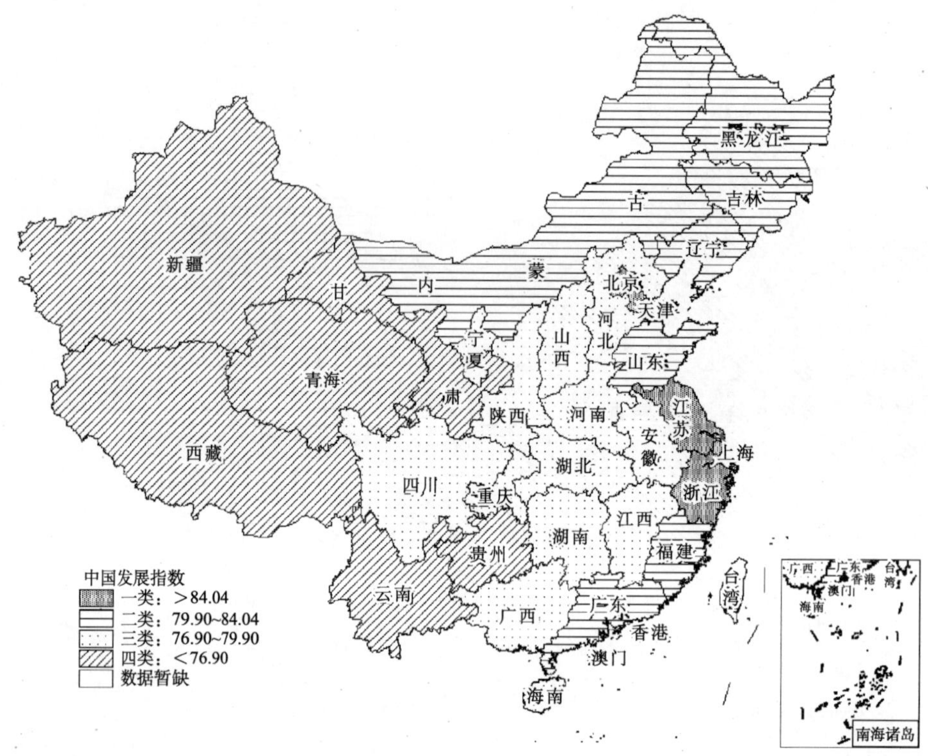

图 5-4　全国各省份中国发展指数

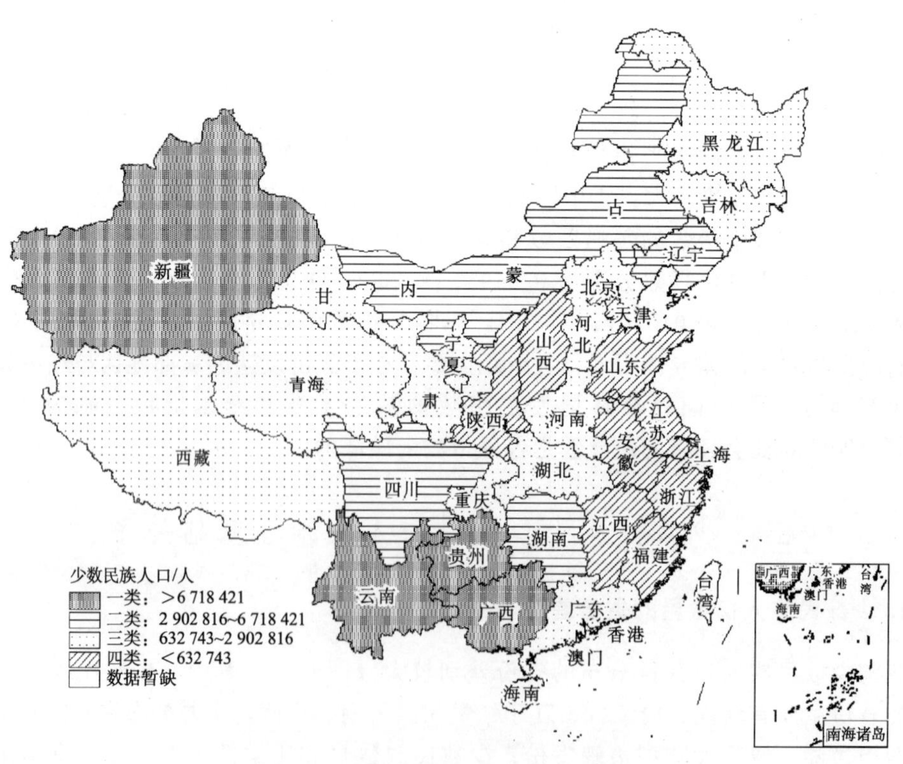

图 5-5　全国各省份少数民族人口数量

型边疆省份。这样的分布格局，特别是少数民族数量和比重高的省份分布格局将深远地影响少数民族迁移，成为民族认同型福祉型迁移的最为主要动力，是主要民族迁入地。

2. 少数民族人口迁移的省份差别

近年来，少数民族人口迁移数量较大。从迁入省份的分布看，迁入少数民族人口较多的地区主要分布在我国边疆省份（图 5-6）。其中，迁入数量较多的省份有辽宁、北京、河北、山东、江苏、上海、浙江、福建、广东、广西、海南、云南、新疆和内蒙古等省份。这些省份分为两类：一类是经济社会发展水平高、原来少数民族比重较小的省份；另一类是经济社会发展水平较低、少数民族比重高的省份。从经济和社会分析看，少数民族人口。迁移的动力主要有二类：一类是经济社会福祉型的，迁入经济社会发展水平高省份的主要属于这类；另一类是少数民族认同福祉型的，迁入少数民族比重高省份的主要属于这类。

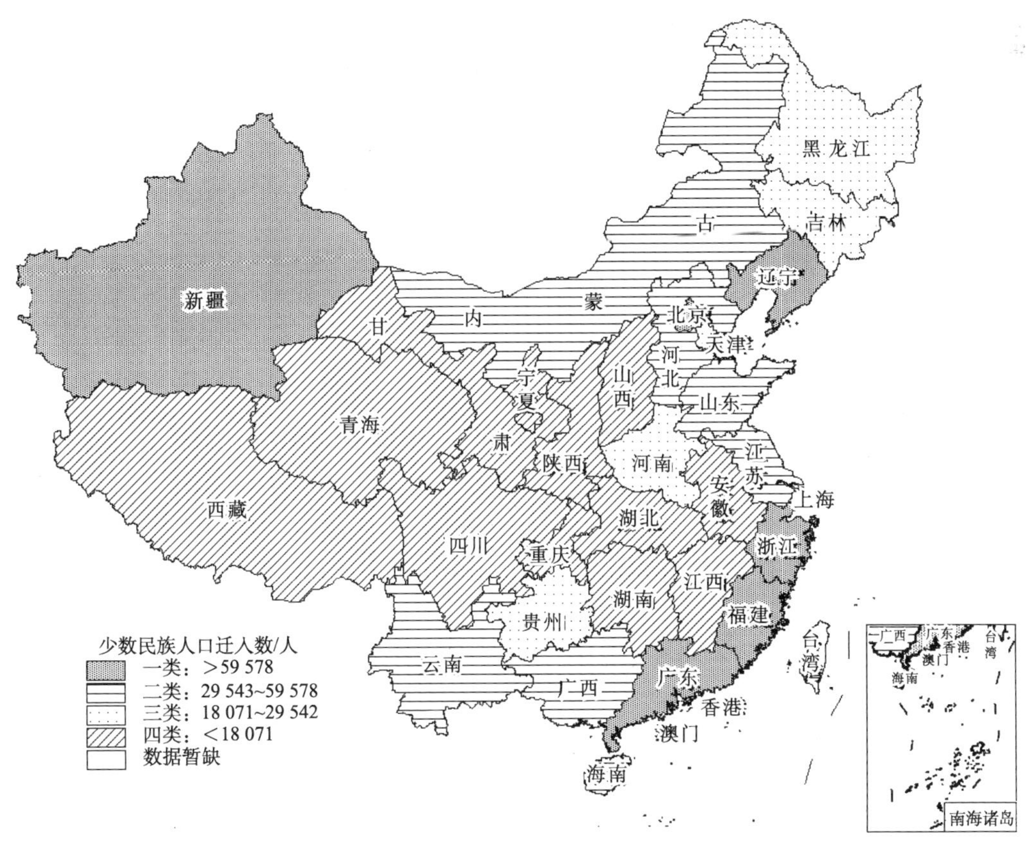

图 5-6　全国各省份少数民族人口迁入数量状况

参 考 文 献

侯学煜，姜恕，陈昌笃，等. 1963. 对于中国各自然区的农、林、牧、副、渔业发展方向的意见. 科学通报，13 (9)：8-26 .

侯学煜. 1988. 中国自然生态区划与大农业发展战略. 北京：科学出版社.
黄秉维. 1959. 中国综合自然区划草案. 科学通报，18：594-602.
黄秉维. 1989. 中国综合自然区划纲要. 地理集刊，21：10-20.
全国科学技术名词审定委员会. 2006. 地理学名词. 第2版. 北京：科学出版社：168，169.
任美锷，杨纫章，包浩生. 1979. 中国自然区划纲要. 北京：商务印书馆.
任美锷，包浩生. 1992. 中国自然区域及开发整治. 北京：科学出版社.
席承藩，张俊民，丘宝剑，等. 1984. 中国自然区划概要. 北京：科学出版社.
赵松乔. 1983. 中国综合自然区划的一个新方案. 地理学报，38（1）：1-10.
郑度. 2008. 中国生态地理区域系统研究. 北京：商务印书馆：124-125.
中国科学院《中国自然地理》编辑委员会. 1985. 中国自然地理·总论. 北京：科学出版社：5-6.

第六章　民族构成与分布格局

中华民族是中国56个民族及若干未识别民族群体的总称。各民族之间人口数量差距较大，社会发展水平差距较大，分布具有“大杂居，小聚居，普遍散居”的特点，未识别群体主要分布于西南地区（尤其是贵州省）。

第一节　民族构成及其变化

新中国成立以来特别是改革开放以来，党和国家的民族政策及其贯彻，极大地促进了少数民族及少数民族地区的发展。少数民族人口、城镇化水平、少数民族就业结构和少数民族教育等发生巨大变化。

一、民族人口数量及其变化

至2010年，我国少数民族人口有了较快发展，这一发展表现在人口数量等多方面（表6-1）。具体来看，汉族是我国人口构成的主体，少数民族占总人口的比重不到10%。少数民族人口构成中，人口数量较多的少数民族为壮族、回族、满族、维吾尔族、苗族等民族。民族人口数量的全国排序较前几次全国人口普查发生了变化，其中回族由第三位上升为第二位，苗族由第五位上升为第四位；人口数量在万人以下的民族有塔塔尔族、珞巴族、高山族、赫哲族、独龙族和鄂伦春族。较全国第五次人口普查的民族人口数来看，各民族中人口数增长较快的为怒族、布朗族、普米族、京族、撒拉族和塔吉克族，而人口数量增长较慢的民族有塔塔尔族、乌孜别克族、高山族、独龙族、毛南族和仫佬族等民族，其人口数量均为负增长。除表6-1中所列外，我国的民族及数量构成上，还有未识别的少数民族群体和加入我国国籍的外国人。其中，未识别民族群体人数较多的省份是贵州、浙江、云南、福建、西藏和江苏。

表6-1　我国各民族人口数量状况（万人）

民族	人口数	民族	人口数	民族	人口数	民族	人口数
蒙古族	598.18	哈尼族	166.09	土族	28.96	俄罗斯族	1.54
回族	1058.61	哈萨克族	146.26	达斡尔族	13.20	鄂温克族	3.09
藏族	628.22	傣族	126.13	仫佬族	21.63	德昂族	2.06
维吾尔族	1006.93	黎族	146.31	羌族	30.96	保安族	2.01
苗族	942.60	傈僳族	70.28	布朗族	11.96	裕固族	1.44
彝族	871.44	佤族	42.97	撒拉族	13.06	京族	2.82
壮族	1692.64	畲族	70.87	毛南族	10.12	塔塔尔族	0.36

续表

民族	人口数	民族	人口数	民族	人口数	民族	人口数
布依族	287.00	高山族	0.40	仡佬族	55.07	独龙族	0.69
朝鲜族	183.09	拉祜族	48.60	锡伯族	19.05	鄂伦春族	0.87
满族	1038.80	水族	41.18	阿昌族	3.96	赫哲族	0.54
侗族	288.00	东乡族	62.15	普米族	4.29	门巴族	1.06
瑶族	279.60	纳西族	32.63	塔吉克族	5.11	珞巴族	0.37
白族	193.35	景颇族	14.78	怒族	3.75	基诺族	2.31
土家族	835.39	柯尔克孜族	18.67	乌孜别克族	1.06	汉族	122 084.45

数据来源：国务院人口普查办公室，国家统计局人口和就业统计司，2012；台湾数据暂缺。

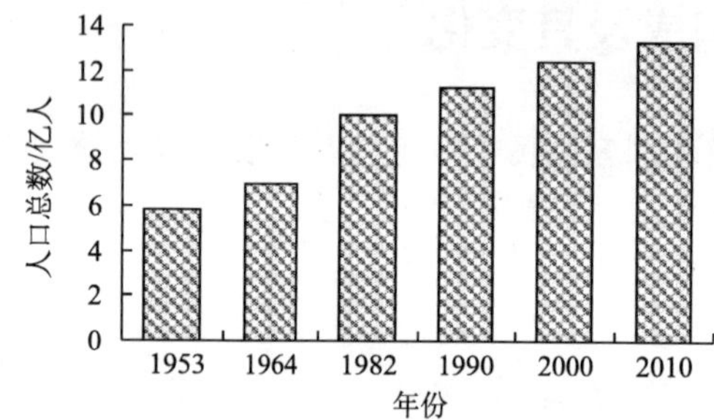

图 6-1　少数民族历次普查人口变化状况

自 1953 年的全国第一次人口普查起，我国迄今共进行了六次人口普查。普查结果显示（图 6-1），我国少数民族人口在这 50 多年中有了较大发展。少数民族人口总数由 1953 年的 35000 人增长至 2010 年的 1.11 亿人。人口的年平均增长率在 1953～1990 年持续增长，在 1990 年以后开始降低。

二、民族年龄结构

对少数民族年龄结构的研究，是少数民族人口发展预测、人口与资源环境等协调发展研究的基础。我国少数民族在年龄结构构成上如图 6-2 所示，属成年型，呈静止态势。其中，人口最多的年龄段为 20～24 岁，人口数为 1070 万人；人口较多的年龄段为 50 岁以下各年龄段的人口，其各年龄段内的人口数量相对差异较小；人口最少的年龄段为 100 岁及其以上，这个年龄段的人口数占少数民族总人口的千分之一以下。少数民族人口的年龄结构与全国及汉族人口的差异如图 6-3 所示，少数民族人口年龄结构中

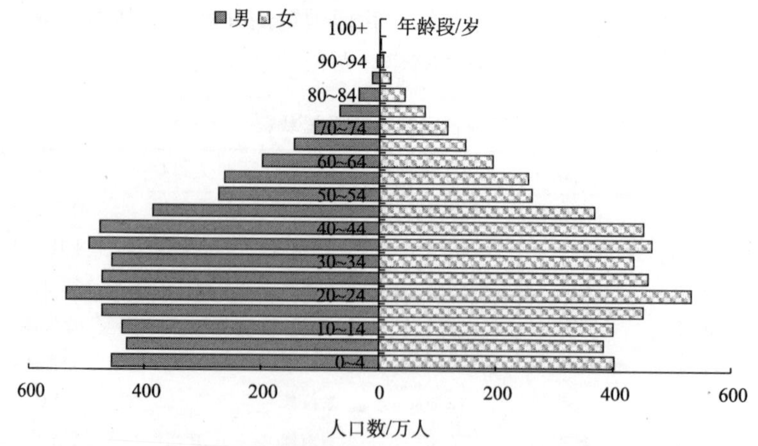

图 6-2　少数民族人口年龄结构（2010 年）

0～19 岁、25～34 岁以及 100 岁以上人口的比重高于全国及汉族人口比重，青、少年人口比重较高，而 35～100 岁人口比重少数民族则小于全国及汉族人口。

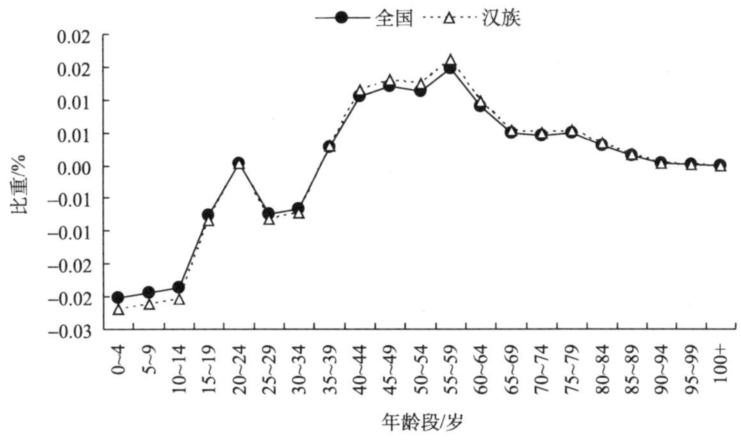

图 6-3　少数民族较全国及汉族人口年龄段的比重对比

三、民族教育结构

教育状况是少数民族发展水平的重要度量指标，同时也深刻影响着少数民族的发展。据 2010 年全国人口普查资料分析，少数民族人口的教育结构如图 6-4 所示。未上过小学的人口比例少数民族高于全国比例水平；初中及以上教育阶段中，少数民族人口占其总人口的比例低于全国比例水平；阶段受教育人口主导分布上，少数民族大致处于“小学—初中”中下段，低于全国的“小学—初中”中上段水平。

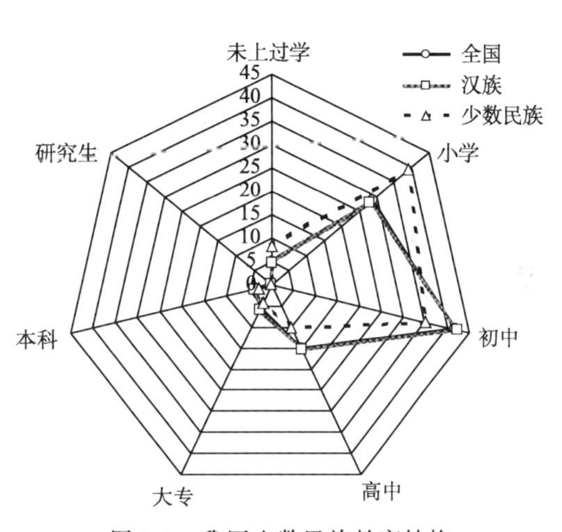

图 6-4　我国少数民族教育结构

四、民族就业结构

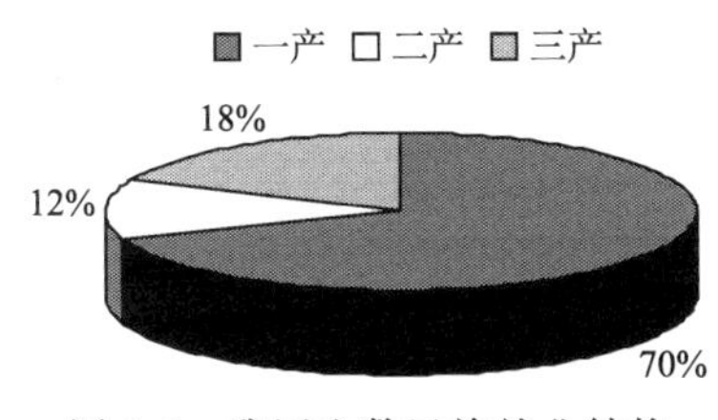

图 6-5　我国少数民族就业结构

2010 年我国少数民族三次产业从业人口比例如图 6-5 所示。少数民族人口的就业多集中在第一产业（占 70%），二、三产业所占比例较小，（分别占 12% 和 18%）同时也小于全国及汉族人口在二、三产业中所占比例。其中，第二产业中制造业的少数民族从业人口比例最大，占第二产业从业人口的 67.16%；第三产业中少数民族比例较大的为批发和零售贸易、餐饮行业以及交通运输、仓储和邮政业，约占第三产业从业人口的一半以上；其余行业所占比例较小。

五、民族城镇化水平

受区位条件、历史过程和发展现状等多重因素的综合影响，我国各个民族之间的人口城镇化率存在较大差距。其中，我国少数民族的人口城镇化率水平整体偏低，与汉族的人口城镇化率差距很大。如表6-2所示，2010年我国少数民族城镇化率为32.84%，城镇化率水平低于汉族的51.87%。其中，城镇化率水平较高的民族为俄罗斯族、朝鲜族、乌孜别克族、赫哲族、高山族、塔塔尔族和鄂伦春族，其人口城镇化率均高于50%；而人口城镇化率较低的民族有傈僳族、珞巴族、德昂族、布朗族、拉祜族、怒族、独龙族和东乡族，人口城镇化率低于17%。

表6-2　我国各民族人口城镇化率状况（%）

民族	人口城镇化率	民族	人口城镇化率	民族	人口城镇化率	民族	人口城镇化率
蒙古族	46.19	哈萨克族	23.09	仫佬族	44.25	保安族	19.35
回族	53.50	傣族	32.32	羌族	30.87	裕固族	47.84
藏族	19.72	黎族	26.17	布朗族	15.48	京族	54.85
维吾尔族	22.38	傈僳族	10.76	撒拉族	30.08	塔塔尔族	59.56
苗族	25.63	佤族	18.44	毛南族	33.98	独龙族	16.65
彝族	18.88	畲族	32.78	仡佬族	35.53	鄂伦春族	58.81
壮族	34.37	高山族	60.34	锡伯族	52.96	赫哲族	67.71
布依族	26.23	拉祜族	16.26	阿昌族	22.88	门巴族	22.82
朝鲜族	69.39	水族	19.54	普米族	20.23	珞巴族	14.12
满族	43.74	东乡族	16.69	塔吉克族	18.89	基诺族	22.67
侗族	30.47	纳西族	36.10	怒族	16.48	少数民族	32.84
瑶族	23.33	景颇族	19.72	乌孜别克族	68.34	汉族	51.87
白族	34.26	柯尔克孜族	19.03	俄罗斯族	84.59	全国	50.27
土家族	34.92	土族	32.42	鄂温克族	54.16		
哈尼族	17.36	达斡尔族	57.58	德昂族	15.11		

数据来源：根据国务院人口普查办公室，国家统计局《中国2010年人口普查资料》（上、中、下）统计数据计算得出；台湾数据暂缺。

第二节　民族分布的基本格局

一、民族的水平分布格局

（一）民族人口数量的水平分布格局

我国少数民族人口数量的水平分布，可以从不同的区域尺度进行研究：省域尺度、市域尺度和县域尺度和乡域尺度等。本书在前人主要从省域尺度考察的基础上，再重点从市域尺度进行考察，即包括省域和市域两个尺度的考察。

1. 民族人口数量水平分布的省域格局

少数民族主要聚居在西部和边疆地区。从分布的地理位置来看，西部 12 省区市居住着全国近 70%的少数民族人口，西南和西北是少数民族分布最集中的两个区域；边疆 9 省区居住着全国近 60%的少数民族人口，边境县 2000 多万人口约一半是少数民族，有近 30 个民族与国外历史上同一民族毗邻而居（国家民族事务委员会研究室，2009）。

2. 民族人口数量水平分布的市域格局

据 2000 年全国人口普查资料，我国少数民族人口数量的地市分布大的格局为：西部多于东部，特别是西南地区，少数民族人口数量较多，市域分布也较为集中。具体分布中，市域少数民族人口数量较多的地区为：河北北部和内蒙古东部的部分地区，甘肃中部西南面地区，新疆西部地区，云南、四川、广西、贵州、重庆五省份的部分地区和湖南西部地区。市域少数民族人口数量分布较少的地区集中在北京、天津、山西、陕西、河南、山东、安徽、上海、江西、浙江、广东和福建 12 个省市的大部分地区。

少数民族人口数量分布的区域差异，还可以用基尼系数（G）定量计算。基尼系数（G）作为衡量少数民族人口地市分布差异的主要方法：

$$G=\frac{1}{2n(n-1)u}\sum_{j=1}^{n}\sum_{i=1}^{n}|E_j-E_i|$$

式中，G 为区域基尼系数；$|E_j-E_i|$ 为任何两个次级地域（省区）指标之差的绝对值（i，$j=1$，2，3…，31）；n 为次级地域（省区）总个数；u 为全部次级地域（省区）指标平均值。各少数民族的地市分布差异计算中：基尼系数越大，说明该民族在各地市的分布越不均衡，则该民族的分布相对集中；反之，基尼系数越小，说明该民族在各地市的分布愈趋于均衡，则该民族的分布相对分散。通过对全国 345 个地市州盟（2000 年）少数民族人口数量的 G 系数计算发现，少数民族人口数量在我国的地市分布上差异明显，其 G 系数达到 0.7406，说明我国少数民族人口数量在地市尺度分布上较为集中。

（二）民族人口构成的水平分布格局

1. 少数民族人口比重的水平分布

"少数民族人口比重"即少数民族人口占总人口的比重，是指该地区内的少数民族人口数量与该地区总人口数量的比值，它是少数民族人口组成的重要度量指标。在地市分布上，我国少数民族人口比重大致呈现自西向东递减的趋势。其中，少数民族人口比例较高的地市集中在辽宁、内蒙古、新疆、青海、西藏、青海、云南和广西等省份的部分地区。少数民族人口比例较低的省区则集中在东、中部的大部分地区。在少数民族人口比重的区域差异上，计算得出 2000 年我国各地市少数民族人口比重的 G 系数为

0.7499。这与汉族人口分布的0.4212和全国人口分布的0.3721相比较，少数民族人口比重在各地市的分布差异较大。

2. 少数民族构成成分的水平分布

对于一个地区少数民族的构成情况，除可以从各别少数民族人口总数、少数民族人口种类分别进行测量外，还可以从综合考虑少数民族人口总数和少数民族人口种类的角度进行测量。这种综合测量的指数就是“少数民族成分构成指数（T）”。其计算公式为

$$T_i = \sum_{i=31} \frac{P_j}{p_{ij}} \qquad (j=1，2，3\cdots m)$$

式中，T_i 为第 i 个地区的民族成分指数；P_j 为第 j 个民族的人口数；p_{ij} 为 i 地区 j 类民族的人口数；本式中 $m=55$。T 越大说明这个地区的民族构成成分越复杂。

计算结果显示（表6-3、图6-6），我国各省份所含的少数民族构成成分差异明显，少数民族成分指数最高的云南省与少数民族成分指数最低的山西省民族成分指数相差15.28；分布上大致呈自西向东、自西南向东北递减；少数民族成分较多的省份大部分为我国的边疆地区。

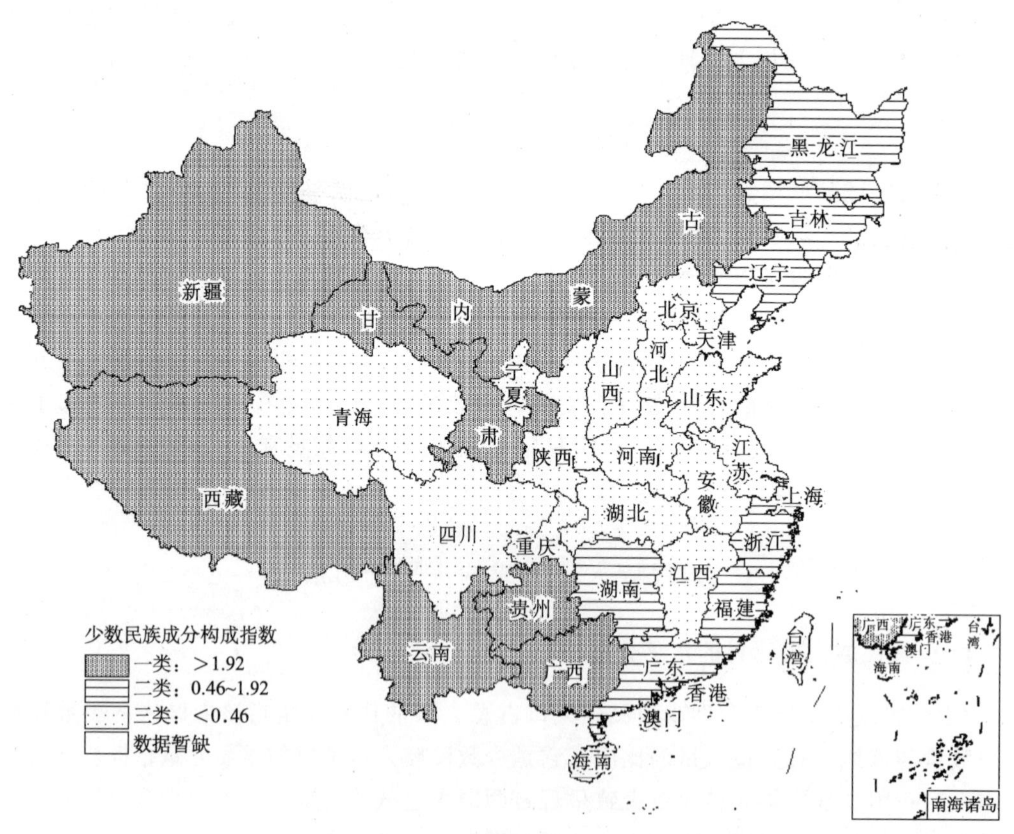

图6-6 中国2010年少数民族构成成分的省域分布

表 6-3 我国少数民族成分构成指数的省域分布

地区	T	地区	T	地区	T	地区	T
北京	0.31	上海	0.16	湖北	0.40	云南	15.31
天津	0.10	江苏	0.24	湖南	1.28	西藏	2.34
河北	0.46	浙江	0.68	广东	0.79	陕西	0.05
山西	0.03	安徽	0.12	广西	4.00	甘肃	3.15
内蒙古	3.01	福建	0.78	海南	0.97	青海	1.92
辽宁	1.64	江西	0.21	重庆	0.28	宁夏	0.23
吉林	0.81	山东	0.24	四川	1.75	新疆	6.85
黑龙江	1.89	河南	0.37	贵州	4.65		

数据来源：根据国家统计局《中国2010年人口普查资料》（上、中、下）统计数据计算得出；表中少数民族包括未识别民族人数和外国人入籍人数；港澳台数据暂缺。

二、民族的垂直分布格局

地形起伏度对区域人口分布有较强的影响，全国85%以上的人口居住在地形起伏度小于1个基准山体（相对高差≤500m）的地区，人口密度与地形起伏度的对数曲线拟合度为0.91（封志明等，2007）。在民族的垂直分布研究中，民族分布与山地海拔之间有相关关系，微观的民族垂直分布是由地势决定的，而各民族在微观垂直分布模式中所处的具体层位，却又有人文和社会的深刻根源（尹绍亭，1989）。地形起伏度指标（relief degree of land surface，RDLS）能比较全面地反映垂直分异情况。其表达式为

$$\mathrm{RDLS}=\{[\max(h)-\min(h)]/[\max(H)-\min(H)]\}\times\{1-P(A)/A\}$$

式中，max(h)代表地区的最高海拔（m）；min(h)代表地区的最低海拔（m）；max(H)代表全国的最高海拔（m）；min(H)代表全国的最低海拔（m）；$P(A)$代表地区平地所占面积（km^2）；A代表地区的陆地总面积（km^2）。该指标以全国的极值海拔差作为标准，测评了30个省份的地形起伏状况（其中重庆市并入四川省进行计算）。从指标的计算过程可以看出，该指标一方面反映了省域地形的起伏情况，同时也是各省份参照全国的海拔基准值，反映的一组各省份平均海拔高差的状态值（表6-4）。

表 6-4 我国各省域地形起伏度

地区	RDLS	地区	RDLS	地区	RDLS	地区	RDLS
北京	0.0455	上海	0.0010	湖北	0.2087	云南	0.5201
天津	0.0061	江苏	0.0198	湖南	0.2105	西藏	0.6670
河北	0.1115	浙江	0.1185	广东	0.1341	陕西	0.2510
山西	0.2034	安徽	0.0552	广西	0.2452	甘肃	0.3401
内蒙古	0.1307	福建	0.1933	海南	0.1062	青海	0.4507
辽宁	0.0625	江西	0.1923	重庆	0.5418	宁夏	0.2341
吉林	0.0793	山东	0.0508	四川	0.5418	新疆	0.3680
黑龙江	0.0693	河南	0.0833	贵州	0.4752		

资料来源：牛文元，2007。未包括港澳台数据。

（一）少数民族人口数量的垂直分布

研究得出，我国各省份的少数民族人口数量及其与 RDLS 之间的相关性不显著，相关系数为 0.45。这说明在我国目前少数民族人口总量的垂直分布上，区域海拔和地形复杂程度的影响因素较弱，但较全国人口与 RDLS 之间关系的研究结果相比，少数民族人口数量分布更趋向地形起伏度较大的地区。

（二）少数民族人口比重的垂直分布

受种种因素影响，少数民族集中分布在海拔较高、地势复杂的地区，是我国民族格局的现状。研究结果显示，我国省域少数民族人口比重 2010 年的分布与各省域 RDLS 之间存在较为明显的相关性（图 6-7）。依据全国“二普”至“六普”的五次全国人口普查数据，运用 SPSS16.0，计算出我国五次普查中少数民族人口比重与 *RDLS* 间的 R^2 值，依次为 0.674、0.703、0.708、0.724 和 0.729，我国省域少数民族人口比重的分布与格式 RDLS 间的相关性，呈递增趋势（图 6-8）。以上分析结果显示，我国少数民族省域分布在时间上，与各省域 RDLS 间相关性逐渐变大，少数民族人口比重的分布存在逐步趋向于地形起伏度较大地区的趋势，人口重心持续西移。这一结果的产生，一方面是 1964 年来汉民族的人口增长速度高于少数民族，另一方面也和少数民族人口流动缓慢这一特点密不可分。

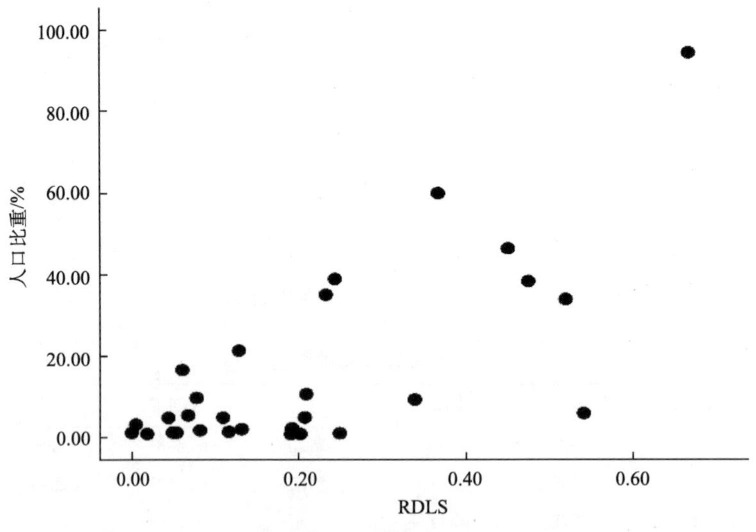

图 6-7　我国少数民族人口比重与 RDLS 的相关性分析

（三）少数民族构成成分的垂直分布

少数民族人口数量在我国的具体表现为，西部高原盆地地区少数民族的数量分布较

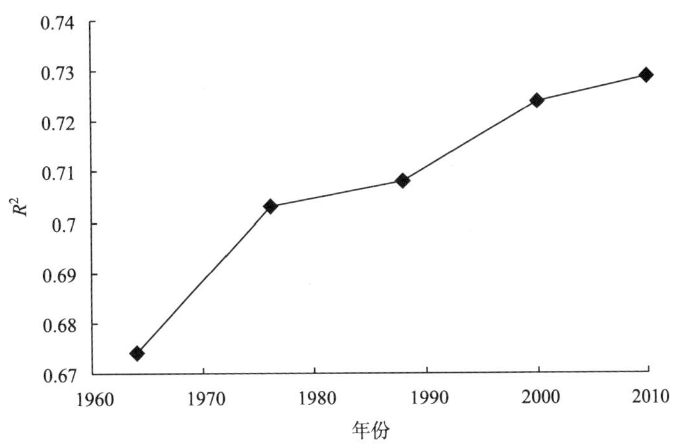

图 6-8 我国少数民族人口比重与 RDLS 相关性的时段分析

多；东部平原地区少数民族人口分布较少。说明在人口的垂直分布上，少数民族的集中聚集更趋于海拔较高、地势起伏较大的地区，这和少数民族的民族起源和发展过程是紧密相关的。在我国的三大经济行政区域分布上（图 6-9），西部的 9 个省份所分布的少数民族成分指数（T）为 43.54，约占我国少数民族成分指数的 79.13%；中部 9 省区所分布的少数民族成分指数（T）为 5.11，约占我国少数民族成分指数的 9.29%；东部 13 省区所分布的少数民族成分指数（T）为 6.37，仅占我国少数民族成分指数的 11.58%。

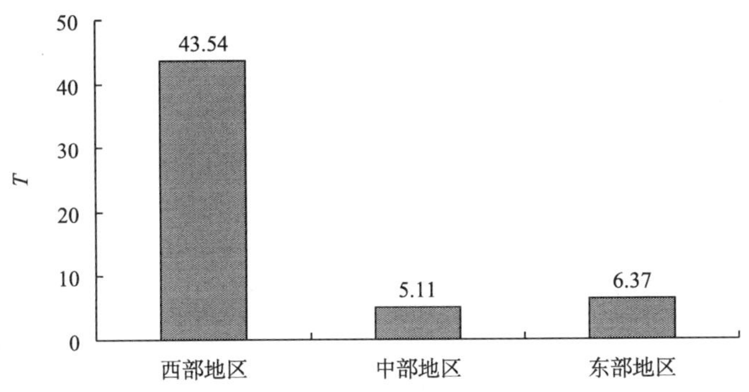

图 6-9 我国东、中、西三大地带少数民族成分构成

三、民族的水平-垂直分布格局

中国的地势起伏和地貌类型多样，决定了中国的民族及人口分布的复杂性。人口分布重心及其分布可能是综合反映民族的水平-垂直分布格局的较好方法。张善余等在研究中指出（表 6-5）：少数民族主要分布在西部地区，我国近年来人口分布重心继续向西移动；汉族人口分布重心向西向南移动，少数民族人口分布重心向东向北移动；考虑到人口自然增长率因素的差异，预计少数民族人口分布重心将缓慢西移（张善余，

2003）。根据第六次全国人口普查数据少数民族的分布情况，可以看出这一西移的趋势还在继续，具体移动状况还有待进一步研究。

表 6-5 中国少数民族人口分布重心

年份	汉族		少数民族	
	东经	北纬	东经	北纬
1964	114°30′	32°45′	106°02′	30°56′
1982	114°19′	32°39′	106°07′	30°47′
1990	114°17′	32°36′	106°02′	30°33′
2000	114°17′	32°28′	106°57′	30°34′

资料来源：张善余，2003。

四、少数民族人口的集散分布

从民族的聚居程度来看，蒙古族人口的 73%居住于内蒙古，藏族人口居住于西藏和四川的占该民族的 70%左右，维吾尔族 99%以上聚居于新疆，壮族人口聚居于广西的约有 92%，其他如布依族、白族、傣族、哈萨克族、东乡族和土族等十几个民族在西部某一省区的集中程度也都在 98%以上。在各民族县域分布研究中，我们选取离散度这一指标方法，具体计算中，设离散度为 L：

$$L_i = 1 - \sum \frac{x_i^2}{X_i^2}$$

式中，L_i 为第 i 个民族的县域离散度；x_i 为第 i 个民族在各县区的人口分布数；X_i 为第 i 个民族的总人口数，式中 $i=55$。

研究结果如表 6-6 所示：①各少数民族人口的县域离散度分布较汉族和全国人口离散度普遍偏低，但其均值仍在 0.81 以上。这一结果：一方面是新中国成立以来国家积极的民族政策引导和对少数民族支持的必然结果，形成了民族间融合加深、56 个民族共同进步的稳定发展形势；另一方面，民族间融合的加深，必然伴随着意识形态的碰撞，表现出文化的同化及异化，这无疑也加剧了少数民族文化传承与保护工作的难度。②各少数民族间离散度的县域分布差异不大，其基尼系数仅为 0.1251，处于稳定的均衡状态，这也与“团结奋斗、共同繁荣”的民族发展的时代主题相符。③尽管相关程度不高，但是少数民族的离散度与少数民族的人口数量、人口城镇化率、受教育程度等都呈现正态的相关关系。

表 6-6 我国少数民族的县域分布离散度

民族	L	民族	L	民族	L	民族	L
蒙古族	0.9824	哈尼族	0.9095	土族	0.8669	俄罗斯族	0.9412
回族	0.9940	哈萨克族	0.9626	达斡尔族	0.9188	鄂温克族	0.8462
藏族	0.9918	傣族	0.9459	仫佬族	0.7115	德昂族	0.7140
维吾尔族	0.9724	黎族	0.9105	羌族	0.7875	保安族	0.2681

续表

民族	L	民族	L	民族	L	民族	L
苗族	0.9886	傈僳族	0.9292	布朗族	0.8415	裕固族	0.5075
彝族	0.9889	佤族	0.8205	撒拉族	0.6059	京族	0.5914
壮族	0.9828	畲族	0.9759	毛南族	0.6880	塔塔尔族	0.9502
布依族	0.9642	高山族	0.9606	仡佬族	0.8258	独龙族	0.5102
朝鲜族	0.9656	拉祜族	0.7846	锡伯族	0.9517	鄂伦春族	0.9085
满族	0.9859	水族	0.7566	阿昌族	0.7306	赫哲族	0.9091
侗族	0.9525	东乡族	0.7766	普米族	0.7147	门巴族	0.3907
瑶族	0.9703	纳西族	0.5601	塔吉克族	0.5782	珞巴族	0.6671
白族	0.9300	景颇族	0.7476	怒族	0.6006	基诺族	0.1497
土家族	0.9690	柯尔克孜族	0.8406	乌孜别克族	0.8979	G	0.1251

数据来源：根据国务院人口普查办公室和国家人口统计司《中国 2000 年人口普查资料》计算得出；表中少数民族不包括未识别民族人数和外国人入籍人数；台湾数据暂缺。

五、未识别族体的分布

我国有大约 10 万人群的民族归属尚未明确确定。这些未明确确定民族归属的人群主要分布在贵州、云南、西藏等省份。

“亻革”家人，主要分布在贵州黄平、凯里、麻江、关岭、瓮安、福泉、镇宁、兴仁、黔西等地。其中以黄平、凯里两地最多。虽“亻革”家人已经被识别为苗族，但结论与当事群体的意愿不一致，他们不认同这一结论，且周边的苗族也不承认他们是苗族（王希恩，2010）。其语言为“亻革”家话，根据语言情况，该族体可能归属为苗族、瑶族或畲族。

蔡家人，主要分布在贵州省西部和云南省东北部交界地区，其语言为蔡家话。根据语言情况，该族体可能归属为壮族、布依族、傣族、侗族、仫佬族、水族、毛南族、仡佬族、瑶族、黎族、仡佬族、彝族。

穿青人，分布在贵州省西北部，主要集中分布于毕节地区、安顺市，六盘水市等地。虽穿青人已经识别为是汉族的一部分，但结论与当事群体的意愿不一致，他们不承认这一结论，自认为是一少数民族（王希恩，2010）。其语言属于汉语。根据语言情况，该族体可能归属为汉族。

夏尔巴人，分布在我国西藏与尼泊尔、印度东北部等国交界处，主要聚居于后藏聂拉木县樟木口岸的立新，学布岗村。“夏尔巴人”虽经过识别，但因识别意见不一致而被搁置，难以确定其族属。有人认为是藏族的一个支系，也有人认为与藏族同源，但在长期发展中已形成了单一民族（王希恩，2010）。目前，根据当地政府的意见，按藏族的一支来对待。夏尔巴人的语言为藏语、尼语混杂而成的语言。根据语言情况，该族体可能归属于藏族。

僜人，僜人约有 2 万人，分布在西藏察隅河流域。察隅河及其上游的西支流额曲（又称贡日嘎布曲）流域，是僜人聚居的主要地区。自称“达让”的僜人分布在额曲流域；自称“格曼”的僜人则分布在察隅河上游的北段。在实际控制线与中印传统习惯边界线之间的我国领土上，包括察隅河南北走向的一段，察隅河由东南转为西北走向一段的北侧的杜莱曲和格多曲流域，也有僜人居住。其中“格曼”分布在察隅河南北走向的一段，“达让”分布在杜莱曲流域，中间的格多曲流域则为“格曼”和“达让”交错居住的地区。僜人虽经识别，但因识别意见不一致而被搁置，难以确定其族属。经过调查，僜人已确定不是汉人，也不是藏人，但他们属于珞巴族的一支，还是单一民族，未取得一致意见（王希恩，2010）。其语言为格曼语与达让语。根据语言情况，该族体可能归属于景颇族、独龙族、怒族、珞巴族。

临高人，集中居住在海南岛的临高、儋县、澄迈、琼山、海口市郊区等四县一市郊的47个乡镇范围，共约51.6万余人。对于海南省临高人的族属有壮族说，汉族、黎族、傣族、壮族融合说，汉族说。总之，关于临高人的族属问题，众说纷纭，莫衷一是，有各自不同的依据而得出不同族属的分析意见，因此，尊重临高人干部和群众的意愿，仍以汉族对待（王希恩，2010）。其语言为汉藏语系侗台语族台语支的一种语言，台语支包括国内的壮语，布依语，傣语。根据语言情况，该族体可能归属于壮族、布依族或傣族。

佧米人，主要分布在云南勐腊县磨憨镇南欠村和勐伴镇佧米村两个寨子里。其语言为布兴话，属于南亚语系孟高棉语族，南亚语系孟高棉语族包括佤语、德昂语、布朗语和克木语。因此，可能的民族归属为佤族、德昂族或布朗族。

拉基人，主要分布在云南文山州马关县南部的几个乡和与之毗邻的越南北部地区。其语言为拉基语，属于汉藏语系侗台语族仡央语支，汉藏语系侗台语族仡央语支包括仡佬语、拉基语、普标语、布央语和越南北部的拉哈语等。根据语言情况，该族体可能归属为仡佬族、彝族、壮族、瑶族。

族体海南省“苗族”，主要分布在海南岛。海南岛苗族虽经识别，但族属未定，对于海南岛苗族的族属有瑶族说，苗族说，但是这些苗族的大多数干部和群众，包括苗族主要负责干部，一直认为他们是苗族，40年来对被认定为苗族是满意的。据此，遵照“名从主人”的原则，按照本民族大多数人民的意愿，仍定为苗族（黄光学，施联朱，2005）。

疍民，近代以来，川、鄂、湘、云、贵等地的疍民多已汉化，逐渐在文献记载中消失，而文献记载较多的是广东、广西、福建三省（区）水上居住的疍民。其中居住在广东的最多，广东的疍民主要集中在珠江流域、沿海地区和韩江流域，尤以珠江流域的番禺、南海、顺德、三水、香山、新会、东莞等地为最集中。广西以梧州、柳州、南宁为最多。福建沿海一带与闽江流域均有疍民，而以福州为最多，少数分布于长乐、永泰、南平等地。1955年中央派出畲民，疍民识别调查小组赴广东等地区进行调查时，深感各地疍民内部联系疏远，彼此很少往来，民族认同感和民族自我意识比较淡薄，没有明显要求承认自己的民族成分，族属认定反映不强烈。我们认为疍民原为少数民族，但长期以来已自然同化于汉族，民族特征逐渐消失，民族自我意识淡薄，与汉族关系十分密切，因此没有必要再从汉族里头把疍民分出成为一个单独的民族（黄光学，施联朱，2005）。

参 考 文 献

封志明，唐焰，杨艳昭，等. 2007. 中国地形起伏度及其与人口分布的相关性. 地理学报，62（10）：1073-1082.

国家民族事务委员会研究室. 2009. 统一多民族的中国和中华民族的多元一体. 北京：民族出版社.

国务院人口普查办公室，国家统计局人口和就业统计司. 2012. 中国2010年人口普查资料（上）. 北京：中国统计出版社.

黄光学，施联朱. 2005. 中国的民族识别：56个民族的来历. 北京：民族出版社.

牛文元. 2007. 中国可持续发展总论. 北京：科学出版社.

王希恩. 2000. 中国民族的识别. 民族研究，5（1）：1-5.

尹绍亭. 1989. 试论云南民族地理. 地理研究，8：（1）：40-49.

张善余. 2003. 中国人口地理. 北京：科学出版社.

第七章　民族分布聚居格局

民族分布聚集格局，主要表现为民族走廊和民族聚居区两种形式。前者主要和历史时期民族迁徙有关，后者主要和现代时期行政区划有关。

第一节　民族走廊及其分布格局

一、民族走廊与中华民族“多元一体格局”理论

民族走廊是解读我国民族分布格局的重要理论，它是费孝通“中华民族多元一体”格局理论的重要组成部分。“民族走廊”在我国早已有之，但把它从民族学研究的视角提出来则是费孝通。费孝通在1978年、1981年和1982年有关民族问题的三次发言中，逐步提出和完善藏彝走廊、西北走廊、岭南走廊等“民族走廊”概念①。

费孝通对“民族走廊”概念给予高度关注，他在第一次讲话中说：“我们以康定为中心向东和向南大体上划出了一条走廊，把这走廊中一向存在着的语言和历史上的疑难问题，一旦串联起来，有点像下围棋，一子相连，全盘皆活。这条走廊正处在彝藏之间，沉积着许多现在还活着的历史遗留，应当是历史与语言科学的一个宝贵的园地。”在第二次讲话中又说：“假如我们能把这条走廊都描写出来，可以解决很多问题，诸如民族的形成、接触、融合、变化等。”已故著名民族学家、人类学家李绍明（2010）曾评价说：“民族走廊的研究不仅对这一走廊（指‘藏彝走廊’）中的各民族有着重大意义，而且对于整个中华民族乃至世界各民族的‘文化自觉’皆有重要作用”。

20世纪90年代初，李绍明（1995）首次对“民族走廊”下了定义。他在《西南丝绸之路与民族走廊》一文中写到：“民族走廊是费孝通根据民族学界多年来的研究提出的一个新的民族学概念。民族走廊指一定的民族或族群长期沿着一定的自然环境如河流或山脉向外迁徙或流动的路线。在这条走廊中必然保留着该民族或族群众多的历史与文化的沉淀”。由于李绍明对“民族走廊”的讨论所针对的是具体的“藏彝走廊”，而且主要是与古代交通和文化交流相联系，未涉及全国民族格局的问题，故李星星（2005）后来对“民族走廊”概念作了一个综合：“‘民族走廊’是在中国特定的自然历史条件下形成的、处于古代冲积平原农业文明区域边缘、属一定历史民族或族群选择的、多半能够避开文明中心政治经略与开发、既便于迁徙流动又便于躲避以求自我保存的、其地形复杂而又依山川自然走向平面呈条带状的特殊地带，这些特殊地带也是中国少数民族的摇篮。”

① 1978年9月在政协全国委员会民族组会议上的发言；1981年12月在中央民族学院民族研究所座谈会上的发言；1982年5月在武汉社会学研究班及中南民族学院部分少数民族同志座谈会上的发言。这三次发言内容均经整理后发表（费孝通，1980，1982a，1982b）。

综上所述，“民族走廊”是由费孝通提出的、是表达民族文化景观廊道式组合的重要概念。这些“民族走廊”通过文化涵化等文化变异途径形成具有廊道式组合特征的文化景观，正日益成为多学科交叉研究的焦点之一。因此，对于我国地域空间较大范围的“民族（文化景观）廊道式组合”这一民族学、人类学和地理学等现象，自20世纪70年代开始，已有学者给予充分注意并开展有关研究。

民族走廊研究的重要意义在于，民族走廊是费孝通“中华民族多元一体格局”理论的重要组成部分。

费孝通在1981年12月中央民族学院民族研究所座谈会上《民族社会学的尝试》为题的讲话中说：

> 上述几个复杂地区[①]：一条西北走廊，一条藏、彝走廊，一条南岭走廊，还有一个地区包括东北几省。倘若这样来看，中华民族差不多就有一个全面的概念了。所以，我在一篇文章中提出来[②]，我们需要一个宏观的、全面的、整体的观念，看中国民族大家庭里的各个成分在历史上是怎样运动的（费孝通，1982b）。

在此，费孝通的“走廊”概念是有全局意义的，其中的三条“走廊”，构成了后来“多元一体”格局中的“走廊”部分。

此次讲话及1982年4月在昆明由中国西南民族研究学会召开的座谈会上的《支持六江流域民族的综合调查》为题的讲话，奠定了费孝通关于中华民族多元一体理论的基础，即其中的核心空间结构“六大板块和三大走廊”。这两次讲话中中费孝通均指出：

> 从宏观的研究说来，中华民族所在的地域至少可以大体分成北部草原地区，东北角的高山森林区，西南角的青藏高原，曾被拉铁摩尔所称的“内部边疆”，即我所说藏彝走廊，然后云贵高原，南岭走廊，沿海地区和中原地区。这是全国这个棋盘的格局。我们必须从这个棋盘上的演变来看各个民族的过去和现在的情况，进行微型的调查（费孝通，1982a，1982b）。

在这里，费孝通已从“民族走廊”问题到“多元一体”结构格局的构建，“多元一体”按“板块”与“走廊”相间分布的思想已非常清晰了。

二、主要的民族走廊

远古时期民族分布的地域性和民族迁徙、扩散的连续性，决定了民族走廊的地域系统性。各个既已认识到的、地域空间尺度较大的民族走廊，将和不断认识到的在这些民族走廊内部、地域空间尺度比较小的民族走廊，构成具有地域联系属性和地域人地属性的民族走廊地域系统。其中，地域空间尺度较大的民族走廊有：阿尔泰民族走廊（李星星[③]）、西北民族走廊、藏彝民族走廊[④]、古氐羌民族走廊（李星星）、土家-苗瑶民族走

① 指的是：青藏地区、西北地区、云贵地区。

② 即指《民族社会学调查的尝试》一文（费孝通，1982a）。

③ 此处表示提出者，未标注者均为费孝通先生提出，下同。

④ 藏彝走廊的研究是最为多产的领域，四川大学有“藏彝走廊研究丛书”。

廊（李星星，范围大致与武陵民族走廊同）和南岭民族走廊（李星星称为“壮侗民族走廊”）。

1. 阿尔泰民族走廊（李星星，2005）

阿尔泰民族走廊位于75°～120°E，42°～50°N。东起东北大兴安岭及辽河上游一线；西迄西北阿尔泰山及天山西端一线；其南界在燕山、阴山、河西走廊北侧至塔里木河一线；其北界在额尔古纳河、贝加尔湖南侧至阿尔泰山一线。包括新疆、甘肃、内蒙古、黑龙江等行政区域。主要有藏、蒙古、回、土、东乡、撒拉、裕固、保安、哈萨克、满等少数民族。

阿尔泰民族走廊由两个次级走廊组成，每一次级走廊对应着一定语支文化的迁徙、扩散路径。①北路走廊：其东端，越大兴安岭可进入东北松嫩平原，或沿小兴安岭进入三江（黑龙江、松花江、乌苏里江）平原，并转入俄罗斯西部滨海地区；其西端，沿天山北侧以及沿阿尔泰山南侧，可分两路西出，经哈萨克丘陵，通往西伯利亚及东欧平原。②南路走廊：其东端，从大兴安岭南侧即辽河上游地区向东，可入东北辽河平原，并直至长白山区和朝鲜半岛；其西端，沿天山南侧，可西出帕米尔山口，再沿兴都库什山两侧，往东南入印度河流域，往西南入伊朗高原，直至西亚。或者，在兴都库什山北侧顺锡尔河、阿姆河，经里海、咸海都拉平原，可西进东欧平原及黑海沿岸。

如果“阿尔泰走廊”西段的南界再宽一些，就大致可以包括费孝通所说的“西北民族走廊”。这样看来，“西北民族走廊”是“阿尔泰走廊”的组成部分。西北民族走廊虽是一个独特且相对完整的地理单元，但是由于其内部地貌和气候等自然要素复杂多样，使得其内部呈现地域分异而出现地域结构的空间差异，据此可以得到“西北民族走廊”主要由三部分组成（秦永章，2011）：①“河西走廊”——亦称“甘肃走廊”，位于甘肃省西北部，东起乌鞘岭，西至甘肃、新疆交界的星星峡，南靠祁连山，北依走廊北山（马鬃山、合黎山和龙首山）。包括武威、张掖、酒泉、金昌、嘉峪关等行政区域；②“河湟走廊”——北接祁连山南麓，西至青海日月山为界，南至甘南州北端的达力加山、太子山一带，东至兰州的广大地区。包括大通县、湟源县、湟中县、民和县、乐都县、互助县、平安县、化隆县、循化县、同仁县、尖扎县、贵德县、临夏市、临夏县、康乐县、永靖县、广河县、和政县、东乡族自治县、积石山保安族东乡族撒拉族自治县等行政区域；③“洮岷地区”——大致包括合作市、夏河、碌曲、玛曲、临潭、迭部、舟曲、临洮、渭源、漳县、岷县、文县、宕昌等行政区域。

2. 西北民族走廊（费孝通，1997；秦永章，2011）

西北民族走廊由两条走廊构成，不仅包括从甘肃到新疆的这条历史上著名的东西向的民族走廊即河西民族走廊，同时也包括与该走廊呈丁字形，从祁连山脉向南直至横断山区（即藏彝走廊地区）的呈南北向的陇西走廊。河西民族走廊位于甘肃省西北部，东起乌鞘岭，西至甘肃、新疆交界的星星峡，南靠祁连山，北依走廊北山（马鬃山、合黎山和龙首山），形成南北宽数十至百余千米，东西长约1000km的狭长地带，因位于黄河以西，又称河西走廊，其地理范围是现在的武威、张掖、酒泉三个地区和金昌、嘉峪关两个省辖市所包括的区域，合计21个县市，27万多平方千米。陇西走廊由北端的河湟走廊和南端的洮岷走廊两段构成。河湟走廊大致包括青海省的西宁市（下辖大通县、湟源县、湟中县）及海东地区（民和县、乐都县、互助县、平安县、化隆县、循化县）、黄南藏族自治州的同仁县和尖扎县、海南藏族自治州的贵德县，甘肃省的兰州市以及临夏回族自治州1市7县（即临夏市、临夏县、康乐县、永靖县、广河县、和政县、东乡族自治县、积石山保安族东乡族撒拉族自治县）。洮岷走廊包括甘肃省南部洮河流域的甘南藏族自治州全境（即合作市、夏河、碌曲、玛曲、临潭、迭部、舟曲7个市县），以及毗邻的定西市属的临洮、渭源、漳县、岷县4县和陇南地区的文县、宕昌2县，这是洮岷走廊的核心地区，如果稍微扩展开来，也可把洮岷地区向东北延伸至今天的兰（州）—天（水）铁路一线，或直抵陇山。

3. 藏彝民族走廊（费孝通，1980；李绍明，1994，2006，2008；李星星，2005；石硕，2009）

藏彝民族走廊位于97°～104°E，25°～34°N。北起甘青交界的西倾山南侧阿尼玛卿山至岷山一线；南抵滇西高黎贡山、怒山及云岭南端，以及金沙江南侧至乌蒙山西侧一线；西界沿巴颜喀拉山西侧，南抵横断山系西北伯舒拉岭、他念他翁山、宁静山之北端；东界由北而南自岷山东侧沿龙门山、邛崃山、大凉山外侧，直抵乌蒙山以西。包括青海果洛、海南，甘肃甘南地区，青海鄂陵湖、玉树，西藏昌都、察隅，云南腾冲、保山、永平、洱源、宾川、元谋、昭通、会泽，四川平武、北川、九顶山、宝兴、天全、峨边、马边等行政区域。主要有藏、羌、彝、傈僳、白、纳西、普米、独龙、怒、哈尼、景颇、拉祜等少数民族，约500多万人。走廊中主要的民族聚集区有四川甘孜藏族自治州、阿坝藏族羌族自治州、凉山彝族自治州，云南迪庆藏族自治州和怒江傈僳族自治州等。

藏彝走廊由五个次级走廊组成，每一次级走廊对应着一定语支文化的迁徙、扩散路径。①自青藏高原沿阿尼马卿山（积石山）两侧，从黄河大拐弯处东进，以及从甘南洮河上游地区南进，而入川西北草原地区。一些在岷山西侧沿岷江上游南下，一些则从黄河南侧进入大渡河上游，并沿大渡河南下，这大体是羌语支族群迁徙扩散的历史通道。②在青海玉树地区金沙江东侧及巴颜喀拉山南麓，东入雅砻江上游，再向雅砻江下游、金沙江流域，以及大渡河、安宁河流域运动，这大体是羌语支及部分彝语支族群迁徙扩散的历史通道。③在青海巴颜喀拉山西侧，沿金沙江、澜沧江及两江之间的宁静山、云岭山路，南出云南剑川、洱源地区（由此延伸，尔后可沿哀牢山、元江一线运动），这大体是彝语支族群迁徙扩散的历史通道。④从青海与西藏交界的唐古拉山脉东段两侧，沿怒江、澜沧江上游及两江之间的他念他翁山、怒山山路，南出云南保山、腾冲一带（再由腾冲往西，经缅甸之密支那进入伊洛瓦底江上游；或从保山一带东进洱海地区，再入澜沧江下游和元江流域），这大体是缅语支族群和部分彝语支族群迁徙扩散的历史通道。⑤在藏东沿雅鲁藏布江北侧、念青唐古拉山南侧，东入藏东南察隅地区，再顺察余勒河可转入东北印度，并通过印缅边界一些山口入缅甸，进至缅甸亲敦江和伊洛瓦底江上游地区，这大体是缅语支族群迁徙扩散的历史道路。

4. 古氐羌民族走廊（李星星，2005）

古氐羌走廊位于104°～111°E，31°～34°N。西起岷山北麓洮河、渭河上游及白龙江流域、汉水上游地区，亦即甘肃临夏、甘南和陇西地区，略在甘肃岷县、陇西一线；东迄秦岭、大巴山东端，略在陕西商南至湖北武当、房县一线；其北界沿渭河一线；其南界在大巴山脉南侧一线。包括青海、甘肃、四川、重庆、陕西、河南、湖北等行政区域。

古氐羌走廊由三个次级走廊组成，每一次级走廊对应着一定语支文化的迁徙、扩散路径。①在渭河上游地带西接河西走廊，东沿渭河进入关中平原，这大体为古羌族群迁徙扩散的历史通道。②在洮、岷地区，西接（黄）河、湟（水）及祁连山南路；东取岷山—米仓山—大巴山—巫山山路，或取汉水上游河谷通道，可东入长江、汉江（水）下游地区即江汉平原；其东南端接“土家-苗瑶走廊”，这大体为古氐、羌族群迁徙扩散的历史通道，土家族先民部分即取此道进入“土家-苗瑶走廊”。③沿岷山北麓东入或从渭河流域经陇南南下，至白龙江、西汉水流域及嘉陵江上游地区；再向东即接大巴山、汉水通道；向南则与“藏彝民族走廊”东界部分重合，即沿龙门山东侧，接四川盆地西北部边缘地带，这大体为氐人族群迁徙扩散的历史通道。

5. 土家-苗瑶民族走廊（李星星，2005；费孝通，2008；潘乃谷，2008；黄柏权，2010）

土家-苗瑶民族走廊位于108°～111°E，26°～31°N。北起巫山、长江一线；南抵乌江、沅江上游湘、黔、桂交界地区，南端接珠江上游北盘江、南盘江地区；东界在武陵山、雪峰山西北端一侧，大体在鄂西长阳、湘西慈利、隆回至桂北越城岭一线；西界沿长江与乌江，大体在渝东南石柱、彭水至黔东北务川、思南，以至黄平、都匀一线。包括重庆、云南、贵州、广西、湖北、湖南等行政区域。这一区域自古就活动着三苗、百濮、百越、巴人等许多族群，今天仍然生活着土家、苗、侗、瑶、白、维吾尔等30多个民族。走廊中主要的民族聚集区有湘西土家族苗族、黔东南苗族侗族、黔南布依族苗族和黔西南布依族苗族等自治州。

土家-苗瑶民族走廊由六个次级走廊组成，每一次级走廊对应着一定语支文化的迁徙、扩散路径。①在长江巫山峡区借峡道南入“走廊”，北接大巴山及汉水中游地区，南经鄂西清江流域，入沅江和乌江流域，这大体是古土家语族群迁徙扩散的历史通道。②从长江入清江，进入鄂西清江流域，并与沅江上游酉水流域相汇；亦可转至乌江流域，向南入黔东北及黔东南，这大体是古土家语及部分苗语支族群迁徙扩散的历史通道。土家语族群多走水路，苗语支族群则多择山路。③从长江溯乌江及其支流与沅江流域相接，由此南下入黔，这大体也是土家语及苗语支族群迁徙扩散的历史通道。④从洞庭湖区溯沅江及武陵山道进入“走廊”，并溯沅江上游支流及两侧山道南下，抵黔东南苗岭及黔桂交界地区，这大体是古苗语支族群迁徙扩散的历史通道。⑤从洞庭湖区于沅江东侧，沿雪峰山—越城岭—都庞岭—萌渚岭山路，南下湘、桂、黔交界地带，并入桂东山区，这大体是古瑶语支族群迁徙扩散的历史通道。从湘、桂、黔交界地带沿大庾岭，借南岭山道往东，则可能是畲语支族群迁徙扩散的历史通道。⑥从淮河流域至洞庭、鄱阳两湖之间，沿南北走向的大别山—幕阜山—九岭山—武功山—万洋山山路，南接大庾岭，这大体也是古苗瑶语族群尤其瑶语支、畲语支族群或许也取这条路作为其迁徙扩散的历史通道。

6. 南岭民族走廊（壮侗走廊）（费孝通，1982a，1982b；李星星，2005；王元林，2006）

“壮侗走廊”（费孝通称其为“南岭走廊”）位于104°～116°E，23°～26°N。东起闽北武夷山区；西迄珠江支流北盘江、南盘江上游地区，即黔、桂、滇交界地区，直抵乌蒙山；其北界在南岭北侧一线；其南界大约以北回归线为界。包括云南、贵州、广西、广东、湖南、江西、福建等行政区域。主要有壮、布依、侗、仡佬、仫佬、毛南、瑶、苗、畲等少数民族。南岭走廊现有少数民族人口约1750万，占当地总人口的四分之一左右。在黔、桂、湘、粤交界处的一些州市和地区，少数民族人口比例高达40%～50%；在桂北的河池、桂西的百色、黔南、黔东南等地少数民族人口比例都超过了60%，有些地方的少数民族人口比例高达80%左右。

壮侗走廊由两个次级走廊组成，每一次级走廊对应着一定语支文化的迁徙、扩散路径。①溯珠江而上，沿珠江支流红水河北侧向西，经苗岭南侧，入黔南、黔西及滇东地区，这大体是古侗水语支族群迁徙扩散的历史通道。②沿红水河南侧及郁江往西，经左、右江流域，入越南及我国滇东，这大体是古壮傣语支族群迁徙扩散的历史通道。

第二节　民族聚居区及其分布格局

一、民族聚居区的概念

民族聚居区是指非主导地位的民族在主导民族环境中的集中居住区（全国科学技术名词审定委员会，2006）。在我国，今后除了主要包括民族地方和民族村落外，还包括城市民族区。《中华人民共和国民族区域自治法》是《中华人民共和国宪法》规定的民族区域自治制度的具体化，明确提出，具有地方自治属性，民族地方有民族自治区、民族自治州、民族自治县（民族自治旗、区）和民族乡（镇）四级。这是我国民族区域自治制度的具体体现。实行民族区域自治是中国共产党遵循马克思主义民族理论，根据中国国情，总结人民民主革命过程中民族工作经验，而制定的基本国策之一。民族自治地方的建立，充分考虑了民族聚居区及其规模和类型，已建立的民族自治地方，大致有三个类型：①以一个少数民族聚居区为基础建立的民族自治地方；②以一个人数较多的少数民族聚居区为基础，包括其他人数较少的少数民族聚居区而建立的民族自治地方；③以两个或多个少数民族聚居区为基础联合建立的民族自治地方。

二、省级民族聚居区

民族自治区是省级民族聚居区，也是最高一级的民族聚居区。其中，第一，在地缘上，属于陆域边疆型的民族自治区有内蒙古自治区、新疆维吾尔自治区和西藏自治区，属于海域边疆型的民族自治区有广西壮族自治区，属于陆域腹地型的民族自治区有宁夏回族自治区；第二，在类型上，西藏自治区属于以一个少数民族聚居区为基础建立的民族自治区，新疆维吾尔自治区属于以一个人数较多的少数民族聚居区为基础但又包括其他人数较少的少数民族聚居区而建立的民族自治区。

1. 内蒙古自治区

内蒙古自治区成立于1947年5月1日，是新中国第一个民族自治区，是最大的蒙古族聚居区，有蒙古、汉、满、回、达斡尔、鄂温克、鄂伦春、朝鲜等49个民族。截至2011年年底，全区总人口为2481.71万人。其中，城镇人口比重约57%，农村人口比重为43%左右，自然增长率为万分之三十五。2011年出生率为万分之八十九，死亡率为万分之五十四。

内蒙古自治区所辖民族聚居区有：①县区级民族聚居区：鄂伦春自治旗、鄂温克族自治旗、莫力达瓦达斡尔族自治旗和呼和浩特市回民区，这4个民族聚居区都是非蒙古族的民族聚居区；②乡镇级民族聚居区：莫力达瓦达斡尔族自治旗巴彦鄂温克民族乡、莫力达瓦达斡尔族自治旗杜拉尔鄂温克民族乡、鄂温克族自治旗巴彦塔拉达斡尔民族乡、扎兰屯市萨马街鄂温克民族乡、扎兰屯市达斡尔民族乡、扎兰屯市鄂伦春民族乡、阿荣旗查巴奇鄂温克民族乡、阿荣旗新发朝鲜民族乡、阿荣旗音河达斡尔鄂温克民族乡、阿荣旗得力其鄂温克民族乡、额尔古纳市三河回族乡、额尔古纳市室韦俄罗斯族民族乡、科尔沁右翼前旗满族屯满族乡、赤峰市松山区当铺地满族乡、喀喇沁旗十家满族乡、凉城县曹碾满族乡共16个乡镇级非蒙古族民族聚居区。

2. 新疆维吾尔自治区

新疆维吾尔自治区成立于1955年10月1日，是我国最大的维吾尔族聚居区。在古代历史上，曾有许多部落、民族在新疆聚居。汉代主要有塞、月氏、乌孙、羌、匈奴和汉人。魏晋南北朝时期，是中国民族大融合时期，各民族迁徙往来频繁，又有柔然、高车、吐谷浑等许多古代民族进入新疆。隋、唐时期，突厥、吐蕃等古代民族对新疆历史进程产生了重要影响。9世纪中叶，大批回鹘人进入新疆。辽代皇族耶律大石率众西迁，征服新疆地区，建立西辽政权，一批契丹人由此进入新疆。13世纪初，成吉思汗率军进入新疆后，把他征服的地方分封给其子孙。回鹘人进一步同化、融合了部分契丹人、蒙古人。清朝政府为进一步加强新疆边防，从东北陆续抽调满、锡伯、索伦（达斡尔）等族官兵驻防新疆，他们成为新疆少数民族中的新成员。新疆维吾尔自治区有维吾尔、汉、哈萨克、回、柯尔克孜、蒙古、塔吉克、锡伯、满、乌孜别克、俄罗斯、塔塔尔、达斡尔13个主要民族。少数民族人口约为全区人口的60%，维吾尔族人口约占全国的99%。

新疆维吾尔自治区辖有的民族聚居区有：①地市级民族聚居区：巴音郭楞蒙古自治州、博尔塔拉蒙古族自治州、克孜勒苏柯尔克孜自治州、昌吉回族自治州、伊犁哈萨克自治州5个；②县区级民族聚居区：焉耆回族自治县、察布查尔锡伯自治县、木垒哈萨克自治县、和布克赛尔蒙古自治县、塔什库尔干塔吉克自治县、巴里坤哈萨克自治县6个；③乡镇级民族聚居区：吐鲁番地区鄯善县东巴扎回族乡、和田地区皮山县垴阿巴提塔吉克民族乡、皮山县康克尔柯尔克孜民族乡、和硕县乌什塔拉回族乡、奇台县大泉塔塔尔族乡、奇台县五马场哈萨克族乡、奇台县乔仁哈萨克族乡、木垒哈萨克自治县大南沟乌孜别克族乡、昌吉回族自治州玛纳斯县旱卡子滩哈萨克民族乡、玛纳斯县塔西河哈萨克民族乡、玛纳斯县清水河哈萨克民族乡、阜康市三工河哈萨克民族乡、阜康市上户沟哈萨克民族乡、昌吉市阿什里哈萨克民族乡、呼图壁县石梯子哈萨克族乡、呼图壁县独山子哈萨克族乡、阿克陶县塔尔塔吉克族乡、塔什库尔干塔吉克自治县科克亚柯尔克孜族乡、喀什地区泽普县布依鲁克塔吉克族乡、莎车县孜热甫夏提塔吉克族乡、察布查尔锡伯自治县米粮泉回族乡、特克斯县阔克铁热克柯尔克孜族乡、特克斯县呼吉尔特蒙古族乡、伊宁县愉群翁回族乡、尼勒克县科克浩特浩尔蒙古族乡、霍城县伊车嘎善锡伯族乡、霍城县三宫回族乡、昭苏县胡松图喀尔逊蒙古族乡、昭苏县察汗乌苏蒙古族乡、昭苏县夏特柯尔克孜族乡、塔城市阿西尔达斡尔族乡、乌苏市塔布勒合特蒙古族乡、乌苏市吉尔格勒特郭楞蒙古族乡、额敏县额玛勒郭楞蒙古族乡、额敏县霍吉尔特蒙古族乡、乌什县亚曼苏柯尔克孜族乡、温宿县博孜墩柯尔克孜族乡、伊吾县前山哈萨克民族乡、哈密市德外里都如克哈萨克民族乡、哈密市乌拉台哈萨克民族乡、布尔津县乔木哈纳斯蒙古族乡、阿勒泰市汗德尕特蒙古族乡 42 个。

3. 广西壮族自治区

广西壮族自治区成立于 1958 年 3 月 15 日，是我国最大的壮族和瑶族聚居区。广西地域早在 80 万年前就有原始人类繁衍生息。100～20ka BP，在今桂西、桂南、桂北山区活动着的古人类进入以血缘为纽带的母系社会初期；约在 5 万年前，广西古人类进入旧石器时代晚期；约 2 万～1 万年前，境内人类学会制造和使用钻孔砾石和磨尖石器；距今 1 万～6000 年，境内人类开始走出岩洞与河谷，向平原和滨海地区发展，出现原始农业、畜牧业和制陶业。现有壮、瑶、苗、侗、仫佬、毛南、京、回、彝、水、仡佬等民族。其中，壮族是我国少数民族中人口最多的民族，约为 1700 万人（2013 年）约占全区总人口的 1/3，占全国壮族人口的 9/10 以上，主要分布在南宁、柳州、百色、河池、来宾、崇左、防城港、贵港、钦州等市。瑶族是我国南方少数民族之一，约占广西全区总人口的 3%，占全国瑶族人口的 60%。

广西壮族自治区辖有的民族聚居区有：①县区级民族聚居区：龙胜各族自治县、金秀瑶族自治县、融水苗族自治县、三江侗族自治县、隆林各族自治县、都安瑶族自治县、巴马瑶族自治县、富川瑶族自治县、罗城仫佬族自治县、环江毛南族自治县、大化瑶族自治县、恭城瑶族自治县 12 个民族自治县；②乡镇级民族聚居区：梧州市蒙山县长坪瑶族乡、蒙山县夏宜瑶族乡、贺州市八步区黄洞瑶族乡、贺州市八步区大平瑶族乡、昭平县仙回瑶族乡、钟山县两安瑶族乡、钟山县花山瑶族乡、贵港市平南县马练瑶族乡、平南县国安瑶族乡、防城港市上思县南屏瑶族乡、南宁市马山县古寨瑶族乡、马山县里当瑶族乡、上林县镇圩瑶族乡、三江侗族自治县同乐苗族乡、三江侗族自治县富禄苗族乡、三江侗族自治县高基瑶族乡、融水苗族自治县滚贝侗族乡、融水苗族自治县同练瑶族乡、柳州市柳城县古砦仡佬族乡、临桂县宛田瑶族乡、临桂县黄沙瑶族乡、灵川县大境瑶族乡、灵川县兰田瑶族乡、全州县蕉江瑶族乡、全州县东山瑶族乡、兴安县华江瑶族乡、灌阳县洞井瑶族乡、灌阳县西山瑶族乡、资源县车田苗族乡、资源县两水苗族乡、资源县河口瑶族乡、平乐县大发瑶族乡、荔浦县蒲芦瑶族乡、桂林市雁山区草坪回族乡、百色市右江区汪甸瑶族乡、田东县作登瑶族乡、田林县潞城瑶族乡、田林县利周瑶族乡、田林县八桂瑶族乡、田林县八渡瑶族乡、凌云县伶站瑶族乡、凌云县朝里瑶族乡、凌云县沙里瑶族乡、凌云县玉洪瑶族乡、西林县足别瑶族苗族乡、西林县普合苗族乡、西林县那佐苗族乡、河池市南丹县八圩瑶族乡、南丹县里湖瑶族乡、南丹县中堡苗族乡、天峨县八腊瑶族乡、凤山县平乐瑶族乡、凤山县江洲瑶族乡、凤山县金牙瑶族乡、东兰县三弄瑶族乡、环江毛南族自治县驯乐苗族乡、宜州市北牙瑶族乡、宜州市福龙瑶族乡 58 个。

4. 宁夏回族自治区

宁夏回族自治区成立于 1958 年 10 月 25 日，是我国最大的回族聚居区。旧石器时代晚期已有原始人类活动；新石器时代，宁夏南部森林草原河谷地带已出现农耕文化，北部草原地带为游牧狩猎文化。以后游牧民族势力扩大至全区。秦代为抗御匈奴，屯田戍边。汉武帝年间曾大批移民，沿黄河两岸修渠引水，大规模开发引黄灌区，使地近荒漠的黄河沿岸平原逐步成为谷稼殷实的绿洲。南北朝末期，这里已成有“塞上江南”美誉。宁夏回族自治区是我国回族最大的民族聚居区，占全区总人口的 1/3 以上，占全国回族总人口的 1/5 左右，主要分布在同心、海原、西吉、固原、泾源和吴忠等县市，其回族比例达 50%以上。其中，泾源县回族人口比例高达 95%。回族在自治区内主要从事农牧业。此外，宁夏回族自治区还有满、蒙古、东乡等 20 余个少数民族。

5. 西藏自治区

西藏自治区成立于 1965 年 9 月 9 日，是我国最大的藏族聚居区。藏族人口约占区内总人口的 95%以上，占全国藏族总人口的近一半，分布于区内各地。此外，西藏自治区还有门巴、珞巴、回、纳西等民族。门巴族主要分布在藏东南地区，以旺达地区最为集中，从事农林业生产；珞巴族主要分布在察隅至门隅地区，大部分集中在洛隅。另外，作为未识别族群的僜人约有 2 万人，分布在察隅河流域。西藏察隅河及其上游的西支流额曲（又称贡日嘎布曲）流域，是僜人聚居的主要地区。自称“达让”的僜人分布在额曲流域；自称“格曼”的僜人则分布在察隅河上游的北段。在实际控制线与中印传统习惯边界线之间的我国领土上，包括察隅河南北走向的一段，察隅河由东南转为西北走向一段的北侧的杜莱曲和格多曲流域，也有僜人居住。作为未识别族群的夏尔巴人，分布在我国西藏与尼泊尔、印度东北部等国交界处，主要聚居于后藏聂拉木县樟木口岸地区。

西藏自治区辖有的民族聚居区有：错那县麻麻门巴族乡、错那县贡日门巴族乡、错那县吉巴门巴族乡、错那县勒门巴族乡、林芝县更章门巴族乡、米林县南伊珞巴族乡、墨脱县达木珞巴族乡、芒康县纳西民族乡、隆子县斗玉络巴民族乡 9 个乡镇级民族聚居区。这些民族乡都是非藏族民族乡，是镶嵌在以藏族为主体民族的文化基底上的文化斑块。

三、地市级民族聚居区

地市级民族聚居区是民族自治州。18 个民族拥有地市级民族聚居区，分布在我国的 9 个省份。

1. 民族自治州的民族分布（中华人民共和国民政部，2011）

18个民族拥有地市级民族聚居区，但不同民族所具有的民族自治州的数量有很大差别。其中，①有10个及其以上民族自治州的民族有藏族，她有甘孜藏族自治州、阿坝藏族羌族自治州、迪庆藏族自治州、甘南藏族自治州、玉树藏族自治州、海南藏族自治州、黄南藏族自治州、海北藏族自治州、果洛藏族自治州、海西蒙古族藏族自治州10个地市级民族聚居区；②有5个及以上、10个以下民族自治州的民族有苗族，她有恩施土家族苗族自治州、湘西土家族苗族自治州、黔东南苗族侗族自治州、黔南布依族苗族自治州、黔西南布依族苗族自治州、文山壮族苗族自治州6个地市级民族聚居区；③有2个及以上、5个以下民族自治州的民族有蒙古族（海西蒙古族藏族自治州、巴音郭楞蒙古自治州）、彝族（凉山彝族自治州、红河哈尼族彝族自治州、楚雄彝族自治州）、回族（昌吉回族自治州、临夏回族自治州）、土家族（湘西土家族苗族自治州、恩施土家族苗族自治州）、傣族（西双版纳傣族自治州、德宏傣族景颇族自治州）；④有1个民族自治州的民族有朝鲜族（延边朝鲜族自治州）、哈萨克族（伊犁哈萨克自治州）、白族（大理白族自治州）、壮族（文山壮族苗族自治州）、侗族（黔东南苗族侗族自治州）、哈尼族（红河哈尼族彝族自治州）、傈僳族（怒江傈僳族自治州）、景颇族（德宏傣族景颇族自治州）、羌族（阿坝藏族羌族自治州）、柯尔克孜族（克孜勒苏柯尔克孜自治州）。

2. 民族自治州的省份分布（中华人民共和国民政部，2011）

吉林、湖北、湖南、四川、贵州、云南、甘肃、青海、新疆9个省份中有地市级民族聚居区。不同省份所具有的民族自治州的数量有很大差别。其中，云南有西双版纳傣族自治州、德宏傣族景颇族自治州、怒江傈僳族自治州、大理白族自治州、迪庆藏族自治州、红河哈尼族彝族自治州、文山壮族苗族自治州、楚雄彝族自治州8个，青海有玉树藏族自治州、海南藏族自治州、黄南藏族自治州、海北藏族自治州、果洛藏族自治州、海西蒙古族藏族自治州6个，新疆有巴音郭楞蒙古自治州、博尔塔拉蒙古自治州、克孜勒苏柯尔克孜自治州、昌吉回族自治州、伊犁哈萨克自治州5个，贵州有黔东南苗族侗族自治州、黔南布依族苗族自治州、黔西南布依族苗族自治州3个，四川有甘孜藏族自治州、凉山彝族自治州、阿坝藏族羌族自治州3个。

四、县区级民族聚居区

1. 民族自治县的民族分布（中华人民共和国民政部，2011）

我国多数少数民族都有民族自治县一级的民族聚居区，但不同民族所具有的民族自治县区的数量有很大差别。其中，①苗族自治县，有城步苗族自治县、靖州苗族侗族自治县、麻阳苗族自治县、融水苗族自治县、琼中黎族苗族自治县、保亭黎族苗族自治县、秀山土家族苗族自治县、酉阳土家族苗族自治县、彭水苗族土家族自治县、威宁彝族回族苗族自治县、松桃苗族自治县、镇宁布依族苗族自治县、紫云苗族布依族自治县、关岭布依族苗族自治县、印江土家族苗族自治县、务川仡佬族苗族自治县、道真仡佬族苗族自治县、屏边苗族自治县、禄劝彝族苗族自治县、金平苗族瑶族傣族自治县20个（5个单一苗族自治县）。②彝族自治县，有峨边彝族自治县、马边彝族自治县、威宁彝族回族苗族自治县、峨山彝族自治县、江城哈尼族彝族自治县、宁蒗彝族自治县、巍山彝族回族自治县、石林彝族自治县、南涧彝族自治县、寻甸回族彝族自治县、元江哈尼族彝族傣族自治县、新平彝族傣族自治县、漾濞彝族自治县、禄劝彝族苗族自治县、宁洱哈尼族彝族自治县、景东彝族自治县、景谷傣族彝族自治县、镇沅彝族哈尼族拉祜族自治县18个（8个单一）。③回族自治县，有孟村回族自治县、大厂回族自治县、威宁彝族回族苗族自治县、巍山彝族回族自治县、寻甸回族彝族自治县、张家川回族自治县、门源回族自治县、化隆回族自治县、民和回族土族自治县、大通回族土族自治县、焉耆回族自治县、呼和浩特市回民区、郑州市管城回族区、洛阳市瀍河回族区、开封市顺河回族区15个（10个单一）。④瑶族自治县，有江华瑶族自治县、连南瑶族自治县、连山壮族瑶族自治县、乳源瑶族自治县、金秀瑶族自治县、都安瑶族自治县、巴马瑶族自治县、富川瑶族自治县、大化瑶族自治县、恭城瑶族自治县、河口瑶族自治县、金平苗族瑶族傣族自治县12个（11个单一）。⑤满族自治县，有青龙满族自治县、丰宁满族自治县、围场满族蒙古族自治县、宽城满族自治县、新宾满族自治县、岫岩满族自治县、清原满族自治县、本溪满族自治县、桓仁满族自治县、宽甸满族自治县、伊通满族自治县11个（10个单一）。

2. 民族自治县的省份分布（中华人民共和国民政部，2011）

河北省、内蒙古自治区、辽宁省、吉林省、黑龙江省、浙江省、河南省、湖北省、湖南省、广东省、广西壮族自治区、重庆市、四川省、贵州省、云南省、甘肃省、青海省、新疆维吾尔自治区和海南省19个省份中有地市级民族聚居区。不同省份所具有的民族自治州的数量有很大差别。其中，云南省有峨山彝族自治县、澜沧拉祜族自治县、江城哈尼族彝族自治县、孟连傣族拉祜族佤族自治县、耿马傣族佤族自治县、宁蒗彝族自治县、贡山独龙族怒族自治县、巍山彝族回族自治县、石林彝族自治县、玉龙纳西族自治县、屏边苗族自治县、河口瑶族自治县、沧源佤族自治县、西盟佤族自治县、南涧彝族自治县、墨江哈尼族自治县、寻甸回族彝族自治县、元江哈尼族彝族傣族自治县、新平彝族傣族自治县、维西傈僳族自治县、漾濞彝族自治县、禄劝彝族苗族自治县、金平苗族瑶族傣族自治县、宁洱哈尼族彝族自治县、景东彝族自治县、景谷傣族彝族自治县、双江拉祜族佤族布朗族傣族自治县、兰坪白族普米族自治县、镇沅彝族哈尼族拉祜族自治县29个民族自治县；广西壮族自治区有龙胜各族自治县、金秀瑶族自治县、融水苗族自治县、三江侗族自治县、隆林各族自治县、都安瑶族自治县、巴马瑶族自治县、富川瑶族自治县、罗城仫佬族自治县、环江毛南族自治县、大化瑶族自治县、恭城瑶族自治县12个民族自治县；贵州省有威宁彝族回族苗族自治县、松桃苗族自治县、三都水族自治县、镇宁布依族苗族自治县、紫云苗族布依族自治县、关岭布依族苗族自治县、玉屏侗族自治县、印江土家族苗族自治县、沿河土家族自治县、务川仡佬族苗族自治县、道真仡佬族苗族自治县11个民族自治县。

参 考 文 献

费孝通. 1980. 关于我国的民族识别问题. 中国社会科学，1（1）：147-162.

费孝通. 1982a. 民族社会学调查的尝试. 中央民族大学学报：哲学社会科学版，9（2）：3-10.
费孝通. 1982b. 谈深入开展民族调查问题. 中南民族学院学报：哲学社会科学版，3（3）：2-6.
费孝通. 1997. 简述我的民族研究经历和思考. 北京大学学报：哲学社会科学版，33（2）：5-13.
费孝通. 2008. 在湘鄂川黔毗邻地区民委协作会第四届年会的讲话. 北京大学学报：哲学社会科学版，44（5）：33-38.
黄柏权. 2010. 费孝通先生与“武陵民族走廊”研究. 中南民族大学学报：人文社会科学版，31（4）：12-17.
李星星. 2005. 论“民族走廊”及“二纵三横”的格局. 中华文化论坛，12（3）：124-130.
李绍明. 1994. 西南丝绸之路与民族走廊//李绍明. 1994. 中国西南的古代交通与文化. 成都：四川大学出版社.
李绍明. 1995. 李绍明民族学文选. 成都：成都出版社：10.
李绍明. 2006. 费孝通论藏彝走廊. 西藏民族学院学报，2006，27（1）：1-7.
李绍明. 2008. 藏彝走廊民族历史文化. 北京：民族出版社.
李绍明. 2010. 藏彝走廊研究的回顾与前瞻 //袁晓文. 藏彝走廊：文化多样性、族际互动与发展（上）. 北京：民族出版社：3.
潘乃谷. 2008. 费先生讲“武陵行”的研究思路. 北京大学学报：哲学社会科学版，44（5）：39-46.
全国科学技术名词审定委员会. 2006. 地理学名词. 第2版. 北京：科学出版社.
秦永章. 2011. 试议“西北民族走廊”的范围和地理特点. 中央民族大学学报：哲学社会科学版，38（3）：67-72.
石硕. 2009. 藏彝走廊：文明起源和民族源流. 成都：四川人民出版社.
王元林. 2006. 费孝通与南岭民族走廊研究. 广西民族研究，22（4）：109-116.
中华人民共和国民政部. 2011. 中华人民共和国乡镇行政区划简册（2011）. 北京：中国统计出版社.

第三篇 人口较多且分布较广民族地理

首先说明第三至六篇的结构安排。第三至六篇按民族人口和分布格局来安排，即计算各民族省域分布的地理集中度指数。地理集中度考虑了某一民族人口总量及本民族人口在不同省份的分布比重。通过对地理集中度指数的升序排序，分人口较多且分布较广、人口较多而分布较狭、人口较少而分布较广和人口较少且分布较狭四种民族分布格局类型，共四篇；每篇中的排序显然可以看到民族人口数量的递减和空间分布的由广至狭的结构变化。这样的篇章安排能够说明具体民族的分布空间形态——聚居、杂居、散居及多种形态并存等。本书的空间分布广狭是以省域为基本解析单位的，但考虑了具体民族的空间尺度。

每一个民族地理均作为单独的一章，大多民族地理分历史渊源（含其分布格局演变）基本特征（体质人类学特征和社会文化特征，后者包括生存环境、语言和文字、民居及聚落、服饰、饮食、信仰等内容，论述时尽可能反映出其与地理环境的关系）、空间格局及其变化（空间格局指民族分布的空间格局，同时论述了性别比、人口城镇化率、产业人口构成等内容；变化指的是自第一次人口普查以来的人口变化情况）几个基本内容。部分民族详细论述了他们的语言和文字、支系、医学等以及部分地域性的民族实践活动。

本篇共14章，分别是汉族、回族、藏族、彝族、苗族、满族、壮族、蒙古族、畲族、维吾尔族、瑶族、土家族、朝鲜族、布依族14个民族的民族地理。这些民族在起源上多是本土起源的，但维吾尔族和朝鲜族显然与境外民族有渊源关系，他们人口较多且分布广泛，说明直到近现代（朝鲜族是19世纪中叶以来才移居中国的）中华民族仍和境外民族有着基因的和文化的交流，境外民族对于中华民族种类结构、人口结构、地域结构等均有着一定的影响。同时，这些民族显然部分与古代较大的民族群体有渊源关系（如壮族），部分则曾融合了较多的古代民族群体（曾建立过全国性或地区性政权的民族均是如此，如汉族、藏族、满族、蒙古族等），部分则发生了较大规模且长时期的迁徙（如苗族），回族则是多源的，从迁入中国始即具有相对较广的分布特征。本篇对汉族给予了特别的着墨，因为其本身无论是体质人类学特征（分析了其与少数民族群体基因在空间上的交流关系），还是社会文化特征（分析了其文化人类学的地域结构、语言的地域结构），都具有复杂的地域结构，并与中国其他少数民族有复杂的关系。藏族、彝族、苗族等民族同样具有类似特征，本篇也作了详细论述。

第八章　汉族民族地理

汉族是世界人口最多的民族。我国汉族人口为 1 220 844 520 人（国务院人口普查办公室，国家统计局人口和就业统计司，2012），广泛分布于中国各省区市，海外华人华侨中汉族也占较大比重（见本书第六十四章）。汉族源于“三代”之民，其前身是“华夏族”。秦汉之后，汉族与中华民族各族在血缘、地缘及政治、文化等方面均有大量交流，与中华民族各族共同缔造了中华民族。大体以长江为界，汉族分蒙古人种北方和南方两大类群，且北方汉族各地人群之间遗传距离较小，南方汉族各地人群之间遗传距离较大，南、北汉族均与当地少数民族的血缘相近。汉族社会文化特征具有多样性和地域性，其中的语言文字、哲学思想、科技传统和伦理道德以及地理观念等对中华文明影响深远。

第一节　历史渊源

汉族是约 5.0～4.0ka BP 时起源于我国黄河中下游地区，经夏人、商人、周人相继建立国家，复经春秋战国的民族大迁徙与大融合，迟至秦汉形成独立民族实体的中华民族主体民族。4.0ka BP 前后，在一系列历史因素、地理环境因素等的影响下，以黄河中下游为中心的早期民族群体由血缘关系急剧向地缘关系转化，建立国家，即史书所称“万邦”格局时代。在中原地区，黄、炎部族的东渐，东夷族的西向扩张，苗蛮部落的北上，使中原成为各氏族、部落血缘融合的漩涡地区。之后，华夏族的三大族体——夏人、商人、周人——相继建国，并不断融合周边族体，构成了汉族的前身。三大族兴起及发展的同时，与汉族的主源之二——东夷均有着政治的、地域的及血缘的关系，这一点构成了说东夷是汉族主源之二的主要理由。东夷部落众多，有的部落与三大族体本身就有血缘关系，与夏族同时进入文明社会后，商、周二代均与其有过政治冲突，后被卷进春秋民族大融合的历史潮流中。当然，除以上二主源外，实际上“三代”及以后的春秋战国时期，华夏族与周围族群均发生着融合进程，因数量之大，是为汉族支源，主要有南方的苗蛮，西南的百越，西北的戎狄。这些支源，均是很大的族群集团，有的与“三代”人有血缘关系，但主要还是在春秋战国时期以政治方式融入华夏族的，如与苗蛮集团有直接渊源关系的楚，与百越集团有直接渊源关系的吴、越，戎狄集团则在秦汉以后大量融入汉族（陈连开，1986；中国大百科全书编委会，2009；徐杰舜，1992；李龙海，2010；胡克森，2010）。

西周时，夏、商、周三族已有了共同的族称（夏、“中国”），共同的地域观念（禹绩、夏区），共同的祖先观念（黄帝为共同始祖，且尊周、继周为“正统”），共同的经济特征和文化特征，也就具备了属于同一民族共同体的基本条件（当然，东夷已参与进来，苗蛮、百越、戎狄也有部分参与进来）。迟至秦汉，汉族作为独立的民族实体已经形成。秦汉之后，中华民族的发展态势转化为南北统一的“多元一体”演进时期，无论是汉族中央政权还是少数民族政权统一全国，均使汉族与中华各民族发生大量的血缘、政治、经济、文化等方面的交融，最终奠定了中华民族的“多元一体”格局。

第二节 人种类型与体质特征

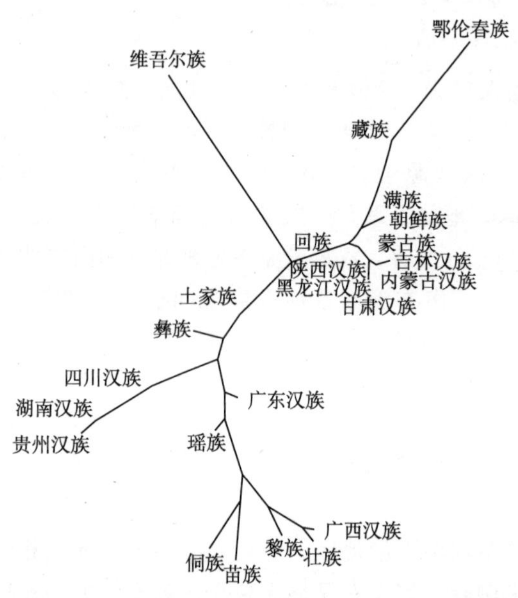

图 8-1 部分汉族南北群体与部分少数民族南北群体的遗传距离（杜若甫等，1997）

本书第一章第二节已述，大体以长江为界，汉族分蒙古人种北方和南方两大类群，且北方汉族各地人群之间遗传距离较小，南方汉族各地人群之间遗传距离较大（肖春杰，杜若甫，2000）。利用 MNSs 基因座的研究还发现，高加索人种和蒙古人种间基因交流自西向东、向南的梯变在汉族中也有体现，但南、北方蒙古人种间的基因流动所造成的汉族基因差异居主要地位（肖春杰，杜若甫，2000）。与此同时，汉族遗传特征的南北差异还与中华民族的南北差异有关。由于长期的民族基因交流，汉族北方群体与中华民族北方群体遗传距离较近，而汉族南方群体则与中华民族南方群体遗传距离较远。图 8-1 所示为部分汉族南北群体与部分中华民族南北群体的遗传距离关系（杜若甫等，1998）。

第三节 语言文字①、服饰、民居、饮食、信仰、习俗

汉族文化源远流长，在近代发生嬗变以前在很长时期内是典型的农业文明。汉族分布随着其历史逐渐扩展，今汉族在全国各省区市均有大量分布，具有多样的自然、人文、经济地理环境，形成了丰富、广博、深厚的社会文化特征。

汉语是汉族的本民族语言，她属于汉藏语系。汉族有本民族文字——属表意兼表音类型的汉文。

汉服是世界上最古老的民族服饰之一。现代汉服基本特征是交领、右衽、系带、宽袖，又以盘领、直领等为其有益补充。从形制上看，主要有“上衣下裳”制（裳在古代指下裙）、“深衣”制（把上衣下裳缝连起来）、“襦裙”制（襦，即短衣）等类型。从古至今，汉族的服饰变化很大，但是右衽（大襟）的特点始终保留着。到了近现代，汉族服饰开始改变，清末民初，男子一般内穿对襟衫和长裤，外穿一件马褂，称之为“长袍马褂”，后来流行中山装。妇女穿喇叭状齐膝中长杉和长裤，民国后上穿“斧口衫”，有对襟、大襟、琵琶襟不同类型，下穿凤尾裙或百褶裙。20 世纪 30 年代流行旗袍，农村

① 本书第三篇至第六篇各章第三节语言文字通常只作简要介绍，对于方言、部分支系复杂的民族所使用的多种语言及其方言或今天看来意义特别重大的语言（比如汉文字），另辟一节说明。

妇女一般穿大襟短衫和长裤。20 世纪五六十年代，人们大都穿由中山装演变的蓝色或灰色干部服，男女服装的区别只在于领口不同和衣袋的多少。20 世纪 80 年代以来流行西服、夹克、风衣、呢大衣、运动衫、休闲衫、羽绒服等。汉族服饰特征由图 8-2 所示可见一斑（陈海汶，陈鸣华，2009）。

汉族传统民居不论南方还是北方，都坐北朝南，以堂屋为中心，以雕梁画栋和装饰屋顶、檐口而见长。汉族民居复杂多样（图 8-2 至图 8-11），分类如下（陆元鼎，2003）：①汉族民居分为北方和南方两大区域；②北方民居以北京四合院为代表；③南方民居以居住模式来划分，可分为越海、闽海、广府、湘赣、客家五个居住模式，各类型民居都有它代表性的平面类型。其典型民居及分布如下：①北方民居分北京地区四合院（特点是多进院落式）、东北大院（院落较大，民宅非常注重防寒保暖，厚墙、厚顶、向阳、火炕、火墙等）、西北地区合院式民宅或窄院（院落为南北长东西窄，形成一种工字形院落）、适应黄土高原的一种特殊性民间住宅窑洞（分靠崖窑、下沉式窑、覆土窑三类）；②南方居住模式分为越海居住模式（江苏南部和浙江地区为主，并包括安徽南部的徽州地区）、闽海居住模式（其中以福州闽东民居、莆仙民居和闽南民居较有特色）、粤海居住模式（即广府居住模式，它的平面基本类型是三间两廊式，其组合类型为一种梳式布局村落形式）、湘赣居住模式、客家居住模式（集中在粤闽赣山区，代表性民居有广东的围垅屋、福建的圆楼、方楼、五凤楼和江西土围子等）。

图 8-2　汉族服饰（陈海汶，陈鸣华，2009）
摄影：陈海汶；拍摄时间：2009 年 7 月 22 日；
拍摄地点：山东省济宁市曲阜市孔府

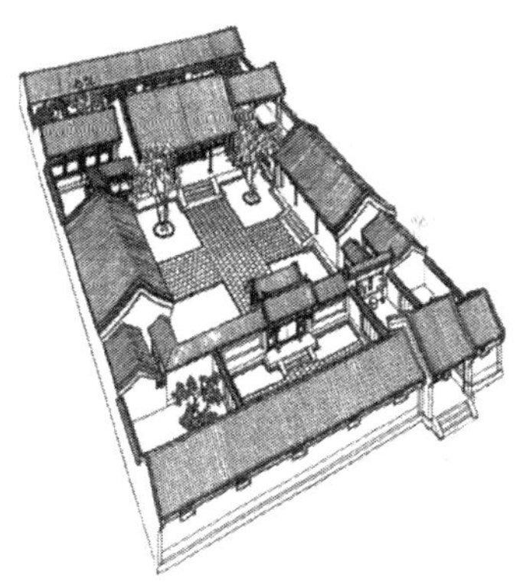

图 8-3　北京典型四合院
鸟瞰图（陆元鼎，2003）

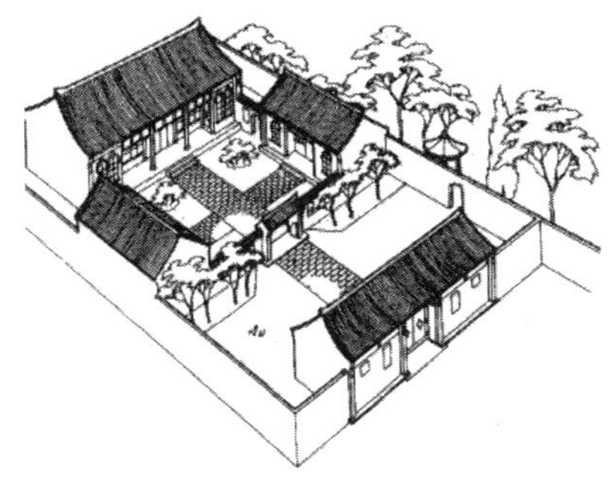

图 8-4　辽宁省兴城部宅鸟瞰图
（东北大院）（汪之力，张祖刚，1994）

图 8-5　甘肃省兰州市马宅鸟瞰图
（窄院）（汪之力，张祖刚，1994）

图 8-6　陕西省延安市枣园村某窑洞
（汪之力，张祖刚，1994：卷首彩图）

图 8-7　山西省祁县乔家大院鸟瞰图
（汪之力，张祖刚，1994）

图 8-8　客家居住模式初溪土楼
（陈军 摄）（杨广，2011）

图 8-9　有“土楼王子”之称的承启楼内景
资料来源：福建省客家土楼旅游发展有限公司（http://www.Hakkatulou.com/chs/?cid=34&id=3. 2012-06-25）

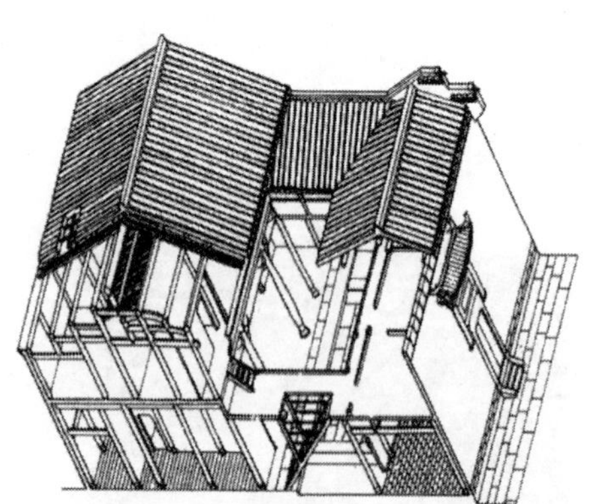

图 8-10　湘赣居住模式井干式剖视图
（郭谦，2005）

图 8-11　客家居住模式土楼长城——南溪土楼群
资料来源：福建省客家土楼旅游发展有限公司（http://www.Hakkatulou.com/chs/?cid=34&id=18. 2012-06-25）

汉族是农耕民族，饮食习惯上以小麦、玉米、小米、稻米等为主食，辅以各类蔬菜、豆制品以及猪、鸡、鸭、鱼和牛羊肉等。北方以面食为主食，南方以大米为主食。汉族的粤、闽、皖、鲁、川、湘、浙、苏八大菜系各具特色，风味各不相同。汉族人饮茶和饮酒历史悠久。

汉族的宗教信仰复杂，兼容并蓄。崇拜祖先，也有自然崇拜和鬼神崇拜。道教是汉族土生土长的传统宗教，它提倡积德修善、修炼成仙、长生不老。汉族人有的信仰道教和佛教，也有些信奉天主教、基督教。汉族实行一夫一妻的外婚制。汉族丧葬多样，以土葬及火葬为主。

第四节　空间结构[①]及其发展变化

一、构成结构

全国第六次人口普查数据（国务院人口普查办公室，国家统计局人口和就业统计司，2012）表明，汉族的人口构成有如下特点：①在性别构成方面，人口性别比[②]为 104.90，等于全国的 104.90，居第 16 位。②在人口存活率[③]方面，15～64 岁妇女产婴存活率为 98.86%，高于全国的 98.78%，居第 7 位。③在城镇化率方面，人口城镇化率[④]为 51.87%，高于全国的 50.27%，居第 13 位。④在就业状况方面，就业率[⑤]为 97.40%，低于全国的 97.46%，居第 44 位；在三次产业从业人口比例中（图 8-12），第一产业最高，第三产业次之，第二产业最低，分别为 47%、28%和 25%。其中，第三产业从业人口比例中，比例最高的是批发和零售业，占第三产业从业人口的 34.23%；较高的是交通运输、仓储和邮政业，占 12.97%。⑤在人口年龄结构方面，人口最多的年龄段为 20～24 岁，较多的年龄段为 40～44 岁和 35～39 岁，这三个年龄段的人口数量占汉族总人口数量的 27.90%。⑥在婚姻状况方面，15 岁及以上人口的婚姻率[⑥]为 78.58%，高于全国的 78.40%，居第 6 位。⑦在受教育程度方面，6 岁及以上人口的受教育率[⑦]为 95.29%，高于全国的 95%，居第 19 位。

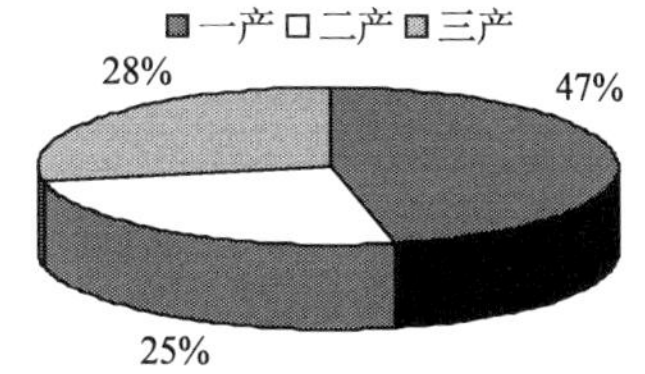

图 8-12　汉族三次产业从业人口比例

二、分布格局

全国第六次人口普查数据（国务院人口普查办公室，国家统计局人口和就业统计

① 空间结构包括：要素结构，也称构成结构；地域结构，此处也称分布格局。见《地理科学导论》（潘玉君、武友德，科学出版社）。下同。

② 性别比＝男性人口/女性人口×100。

③ 存活率＝存活婴儿/妇女产婴数×100%。

④ 人口城镇化率＝（城市人口数＋镇人口数）/人口总数×100%。

⑤ 就业率＝（民族人口数－未工作人口数）/民族人口总数×100%。

⑥ 婚姻率＝（15 岁及以上人口数－15 岁及以上未婚人口数）/民族人口总数×100%。

⑦ 受教育率＝（6 岁及人口总数－6 岁及以上未上过学的人口数）/6 岁及以上人口总数×100%。

司，2012）表明，汉族人口密度①和人口构成比重②最高的省域在我国各省、自治区和直辖市的分布上呈现出“东中部多、西部少”的特点。同时，性别比和人口城镇化率的省域分布也比较明显。

在人口密度分布上（图 8-13），汉族人口高密度区在上海市、天津市和北京市，这三个省份的汉族人口密度均在 1119 人/km^2 以上，其中最高的省份是上海，高达 3921.21 人/ km^2。汉族人口密度相对较高的省份有江苏、山东、河南、广东、浙江、安徽、河北、重庆、湖北和福建，汉族人口密度为 782.76～300.81 人/km^2。相对较低的省份是湖南、江西、辽宁、山西、海南、陕西、四川、吉林、贵州和广西，这些省份的汉族人口密度为 2881.66～125.72 人/km^2。低密度区的省份有云南、黑龙江、宁夏、甘肃、内蒙古、新疆、青海，汉族人口密度均在 80.60 人/km^2 以下；最低的省份是西藏，仅有 0.20 人/km^2。

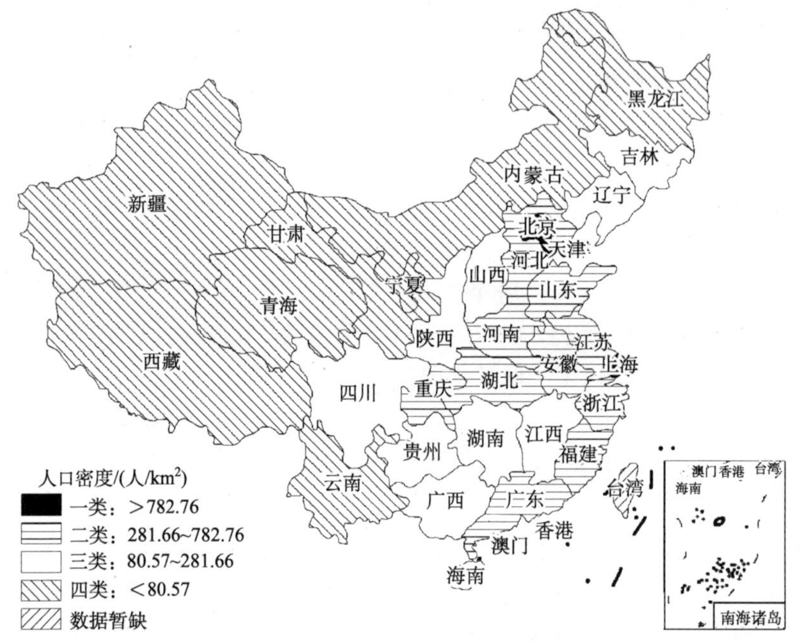

图 8-13　汉族人口密度分布的省域格局

在人口构成比重分布上，各省、自治区和直辖市的汉族人口构成比重均在 98.80％以上的省份有山西、江西、江苏、陕西、安徽、山东、河南、上海和广东，其中最高的省份是山西和江西，分别为 99.74％和 99.66％。汉族人口构成比重在 90.02％～98.02％之间的省份有福建、浙江、天津、黑龙江、北京、河北、湖北、四川、重庆、吉林、甘肃和湖南。除上述省份外其余省份的汉族人口构成比重均在 84.82％以下，其中，最低的省份是西藏，只有 8.17％。

在性别比分布上，汉族性别比较高的省份是西藏，为 160.63。除西藏外其余各省

① 人口密度＝某省份汉族人口数（人）/该省份面积（km^2）。

② 本书人口构成比重公式：人口构成比重＝某省份某民族人口数量/该省份总人口数量×100％。

份汉族性别比差异较小，在 101.57～114.86 之间，相对较高的省份是天津、海南和新疆，他们的汉族性别比分别为 114.86、113.57 和 112.48；相对较低的省份是河北、吉林、黑龙江、重庆、山东、河南、辽宁，汉族性别比均在 102.74 以下；最低的江苏，为 101.57。

在人口城镇化率分布上，汉族人口城镇化率最高的省份是上海，为 89.30%；较高的省份是北京和天津，分别为 85.83%和 79.19%；广东、辽宁、浙江、江苏、内蒙古、福建、黑龙江、重庆、吉林和湖北，汉族人口城镇化率在 50.50%～65.89%之间；除上述省份外其余省份的汉族人口城镇化率均在 50.50%以下，其中，最低的省份是甘肃，只有 36.64%。

三、发展变化

自新中国成立以来，汉族人口总体呈增长的趋势（国务院人口普查办公室，1983；国务院人口普查办公室，国家统计局人口和就业统计司，1993，2002，2012）。如图 8-14 所示，从“一普”到“六普”，全国的人口增长幅度①为 130.65%，少数民族的人口增长幅度为 227.29%，汉族的人口增长幅度为 124.91%，同比低于全国和少数民族。汉族各次全国人口普查之间的年均增长率从“一普”到“三普”均呈上升趋势，三普达到最大值，为 2.04%，从“三普”到“六普”呈下降趋势，“六普”为 0.71%。

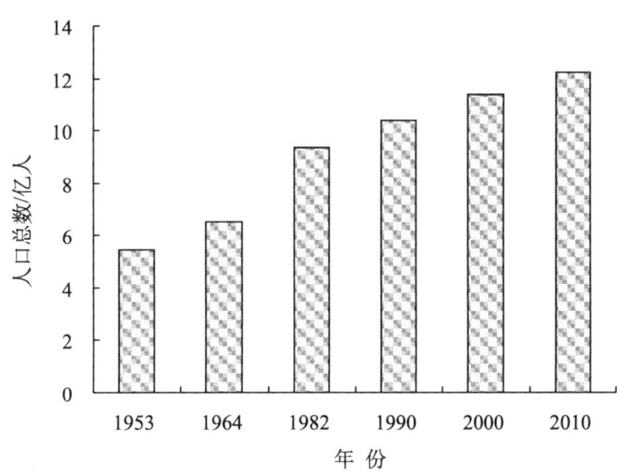

图 8-14　汉族历次普查的人口变化情况

2010 年与 2000 年相比，汉族人口构成比重变化存在较大的省份差异。人口构成比重下降的省份是陕西、江西、山东、新疆、江苏、重庆、福建、广东、上海、宁夏、甘肃、青海、四川和浙江，其余省份则上升。人口构成比重上升最多是贵州和西藏，分别上升了 21.38‰和 21.09‰，上升较多的是黑龙江、广西、吉林、海南和辽宁，分别上升了 13.03‰、12.05‰、11.92‰、9.41‰和 8.78‰；下降最多的省份是浙江、四川和青海，分别下降了 13.71‰、11.01‰和 10.10‰，下降较多的是甘肃、宁夏、上海、广

① 增长幅度=（末年人口数－首年人口数）/首年人口数×100%。

东和福建，分别下降了6.72‰、5.96‰、5.67‰、4.93‰和4.48‰。

以受教育状况和人口预期寿命而论，全国汉族6岁及6岁以上未受教育人口占其总人口比例从2000年的6.78%下降到2010年的4.40%，其受教育率提升了2.38%，提高的幅度位居全国第36位。小学受教育人口占其总人口比例从2000年的35.05%下降到2010年的25.98%；中学受教育人口占其总人口比例从2000年的46.23%上升到2010年的53.96%；大学受教育人口占其总人口比例从2000年的3.57%上升到2010年的8.78%。到2010年止，有0.32%的汉族人口接受了研究生教育。总体来看，汉族人口的受教育程度呈上升趋势。

第五节　汉族的地域类型

汉族是世界上人口最多的民族，同时也是世界上生物基因交流最复杂的民族之一，还是世界上社会文化基因交流最复杂的民族之一。这种复杂性来源于民族起源、交流、发展等过程中所受自然地理环境、人文地理环境等的影响，并往往与地区间民族交流、群体民族交流叠加。根据社会文化基因，汉族可以分为若干具有层次结构的地域类型。

汉族的社会文化基因地域类型，有的因人文特征而形成，如客家人、平话人、“高山汉”、屯堡人等；有的因地域范围而形成，如华北的山东人、河南人、山西人、河北人，华中的湖北人、湖南人、江西人，西北的陕南人、关中人、陕北人、陇右人、河西人等；有的以城市为中心而形成，如上海人、南京人、杭州人等。

依据以上汉族的地域类型影响因素及特征，可将汉族地域类型划分如下（徐杰舜等，1999）：

(1) 地理区地域类型，以地理区划分汉族的人文地理特征，将汉族的人文地理划分为华南、华东、华中、华北、东北、西北、西南7个人文地理区（图8-15）。华南人文地理区包括广东、广西、海南、福建、台湾5省、自治区以及香港特别行政区、澳门特别行政区。华东人文地理区包括上海、江苏、浙江、安徽4省、市。华中人文地理区包括湖南、湖北、江西3省。华北人文地理区包括北京、天津、河北、河南、山西、山东、内蒙古7个省、区、市。东北人文地理区包括黑龙江、吉林、辽宁3省。西北人文地理区包括陕西、甘肃、青海、宁夏、新疆5省、自治区。西南人文地理区包括四川、重庆、云南、贵州、西藏5个省、区、市。

(2) 族群地域类型，在地理区地域类型族群结构之下，华南汉族可分为广府人、客家人、闽南福佬人、福州人、平话人、桂柳人等族群。华东汉族可分为上海人、南京人、杭州人、徽州人、苏州人、宁波人、温州人等族群。华中汉族可分为湖北人、湖南人、江西人等族群。华北汉族可分为北京人、河北人、河南人、山东人、山西人等族群。东北汉族可分为沈阳人、大连人、哈尔滨人、长春人等族群。西北汉族可分为河湟人、河西人、关中人、西安人、陕北人、秦州天水人等族群。西南汉族可分为四川人、云南人、贵州人等族群。

(3) 族群岛地域类型，主要指汉族单独地处在比它大的他族群之中的情况。族群岛的形成与民族迁徙造成的民族族体分化、聚合及一定的地域有紧密联系（黄家信，

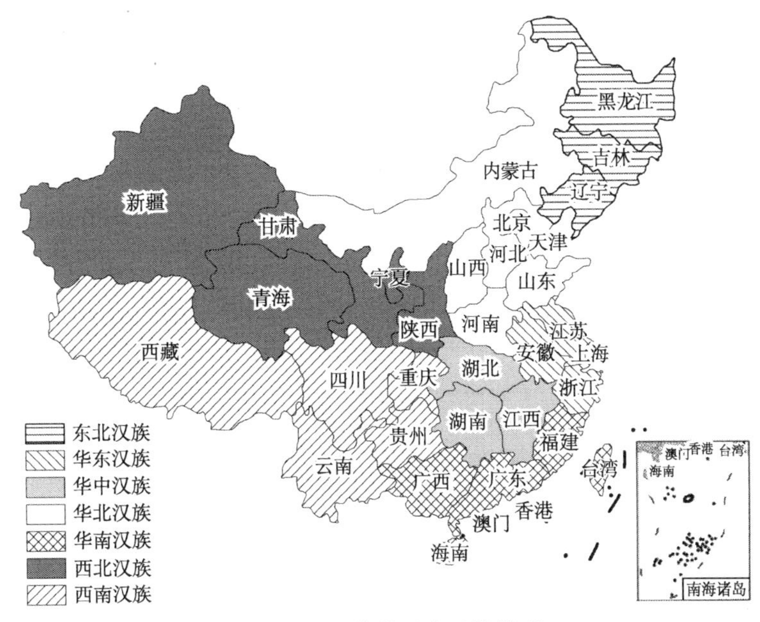

图 8-15　汉族的基本地域类型

2000)。汉族族群岛主要有华南地理区福建的惠安人、疍民；广西的“高山汉”、伢人、富川本地人；西南地理区贵州的屯堡人；西北地理区的敦煌人和陕南各族群等。

第六节　汉语方言及汉字

一、汉语方言

方言有的又称地方话。方言虽然只是在一定的地域中通行，但本身却也有一种完整的系统。方言都具有语音结构系统、词汇结构系统和语法结构系统，能够满足本地区社会交际的需要。同一个民族的各种方言与这个民族的共同语言，一般总是表现出“同中有异、异中有同”的语言特点。方言的形成有社会、历史、地理等方面的因素，如人口的迁移，山川地理的阻隔等；也有属于语言本身的要素差异，如语言发展的不平衡性，不同语言的相互接触、相互影响等。

方言根据性质可分为地域方言和社会方言两种。地域方言是语言因地域方面的差别而形成的变体，是全民语言的不同地域上的分支，是语言发展不平衡性在地域上的反映。社会方言是同一地域的社会成员因为在职业、阶层、年龄、性别、文化教养等方面的社会差异，而形成不同的变体。

汉语包括北方方言（官话方言）、吴方言、湘方言、赣方言、客家方言、闽方言、粤方言七种方言（邢公畹，2007）。北方方言包括北方官话、江淮官话、西南官话三个方言区，北方官话主要使用地区在华北、东北及西北地区；江淮官话主要使用地区在江西沿江地区、安徽中北部、江苏中北部；西南官话主要使用地区为湖北大部、四川、重庆、云南、贵州、湖南北部和西南。吴方言分布在江苏南部、浙江绝大部分、上海全市、安徽南部部分地区，在香港、台湾的部分地区也有分布。湘方言分布在湖南和广西壮族自治区北部地区，四川境内也有少量分布。赣方言分布在江西大部分地区、安徽西部及南部、湖北东南部、湖南东部靠近江西一侧的狭长地带以及湖南西部的部分地区。客家方言分布在广东东部和北部、香港新界北部、台湾地区、福建西部、江西南部及西北部、广西东南部、四川等客家地区，客家方言不仅限于汉族使用，在福建和浙江的畲族中也广泛使。闽方言分布在福建、台湾、广东的潮州和汕头、海南、广西东南部、浙江东南部等地。粤方言分布在广东、广西壮族自治区东南部、香港、澳门等地。与之可以对照参考的是中国社会科学院和澳大利亚人文科学院编制并于 1987 年出版的中国汉语方言地图（图略），主要的区分在于北方方言分类更细一些，并区分出晋语、徽语、平话等区来（中国社会科学院，澳大利亚人文科学院，1987）①。

二、汉　　字

汉字对于中华民族具有特殊的意义。有学者如周有光（1998，2007）等认为，汉字是维系中国长期处于统一状态的关键元素之一。1989 年 3 月 22 日安子介在清华大学作学术演讲时还将其列为中国第五大发明。在人类的童年时期，普遍存在着物件、结绳、刻画等记事行为，集体记忆是以实物的、礼仪的和传统的方式存在的。但唯有文字的产生才使得记录和储存成为可能，也极大地扩展了文化内涵的外传空间（阿斯曼，2004）。汉字正是汉文化扩展的承载者：汉字发源于黄河流域的中原地区，首先传播到长江流域和珠江流域的汉语方言地区，其次传播到边远的少数民族地区，再次传播到东亚的邻近国家；汉字向汉族以外传播有四条主要路线，一条向南传播到广西的壮族和越南的京族，一条向西南传播到四川、贵州和云南的许多少数民族，一条向北传播到契丹、女真和西夏，一条向东传播到朝鲜和日本（周有光，1998）。

汉字萌生期大概是中国考古学的仰韶—大汶口时代的陶文，绝大多数是单一的文字符号，字形上似有象形字和会意字（张敏，1998）。图 8-16 所示为在仰韶文化遗址发现的一系列陶器符号（王蕴智，1994）。中国文字（典型代表即汉字）由单一的表义文字向系统文字的发展进化阶段约相当于中国考古学的良渚—龙山时代，开始出现多文字刻画，如图 8-17 所示（王蕴智，1994）。

以殷商甲骨文为代表的系统文字是汉字的起源时期，也是文字最初成熟的时期（张敏，1998；周有光，2007）。甲骨文处于最早形成系统化的古文字阶段，既具有早期文字的特点，又仍见图画的色彩，独体字数量较多（郑振峰，2006），但已有大量合体字，图 8-18 所示为部分混合结构的殷商甲骨文（陈婷珠，2007）。

---

① 当然，还有其他分区方案。如早在 1932 年上海《申报》馆发行的《中华民国新地图》中的《语言区域图》就把汉语分为北方官话、西南官话、下江官话、吴方言、湘语、赣语、客家话、粤语、闽南语、闽北语、徽州方言 11 类（丁文江，翁文灏，曾世英. 中国分省新图. 第五版. 上海《申报》馆，1948）。目前多认同的是七分方案。晋语（在山西大部以及陕西北部、河北西部及南部、河南北部、内蒙古中西部使用）、平话（在广西的部分地区使用，以前及现在的部分学者将其南部方言桂南平话归于粤语，而将北部方言桂北平话当成孤立的土语存在）、徽语（在安徽南部及江西、浙江部分毗邻地区使用，以前及现在的部分学者主张将其归于吴语或赣语）等是否构成方言大区则尚存在争议。一些方言片区的归属也尚存争议，如瓦乡话（湖南西北部部分地区）、湘南土话（主要通行于湖南南部永州和郴州两市较远离城区的广大地域）、粤北土话、儋州话（在海南西北部部分地区）、军话、大鹏话等。

图 8-16　仰韶文化遗址发现的一系列陶器符号（周有光，1998）

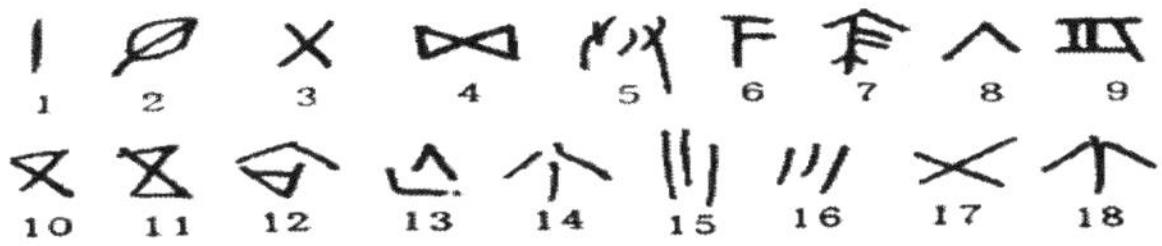

图 8-17　龙山文化遗址发现的一系列陶器符号（王蕴智，1994）

图 8-18　部分混合结构的殷商甲骨文（陈婷珠，2007）

甲骨文之后的汉字发展阶段是金文。从商代甲骨文到西周金文的一种变化趋势是：早、中、晚三期中指事、象形、会意等表意结构类型的比例下降，形声结构类型比例上升，且新增字中形声字已是主体（表 8-1），代表着汉字发展的主体方向。

表 8-1　西周早、中、晚三个阶段新增字结构类型比例对照表

分期	指事		象形		会意		形声		不详	
	数量/个	比例/%	数量/个	比例/%	数量/个	比例/%	数量/个	比例/%	数量/个	比例/%
早期	4	1.1	8	2.1	49	13.1	296	79.4	16	4.3
中期	3	1	8	2.6	32	10.3	257	82.9	10	3.2
晚期	3	1.3	6	2.6	16	6.9	199	85.4	9	3.8

资料来源：江学旺，2003。

秦是汉字发展的重要阶段。一方面，春秋战国时期，各地纷纷出现文字，各地有各地的特点，甚至是每个执笔者在文字书写上也有自己的特点。公元前 223 年，秦始皇统一中国后，廷尉李斯奉诏整理六国文字，“罢其不与秦文合者”，规定了统一的书写系统“小篆”，是汉字走向同一性的重要阶段。小篆处于古今文字分野的地位，既具有古文字的特点，又已见今文字的端倪。另一方面，秦代除小篆外，还有隶书。隶书是小篆的简化字体，因秦朝统一六国后，政府文书数量急剧增加，而小篆曲线多，写起来好比作画，要想熟练使用需要长时间的练习，于是秦朝的下级官吏开始简化小篆，久而久之，形成了“隶书”。这个过程在汉字发展史上被称作隶变。隶变的实质之一是使汉字形体统一化，许慎《说文解字·叙》云：“秦始皇帝初兼天下，丞相李斯乃奏同之，罢其不与秦文合者。斯作《苍颉篇》，中车府令赵高作《爰历篇》，太史令胡毋敬作《博学篇》，皆取史籀大篆或颇省改，所谓小篆者也”。小篆的通行统一了古汉字的形体，众多的异体一般只剩下最简的一体。

至两汉隶书通行，此后汉字发展多已定型，多是字体的流变，也多保留、使用至今，图 8-19 为汉字演化示例（陈彬龢，2009），图 8-20 为汉字典型偏旁演化示例（刘靖年，2011）。

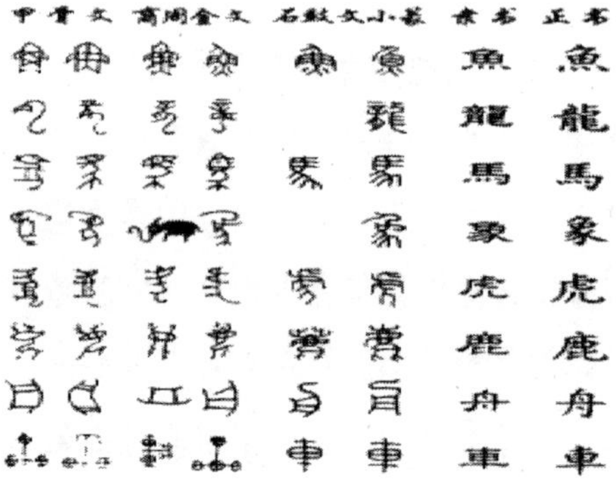

图 8-19　汉字演化示例（陈彬龢，2009）

说明：图中“正书”即楷书，又称真书

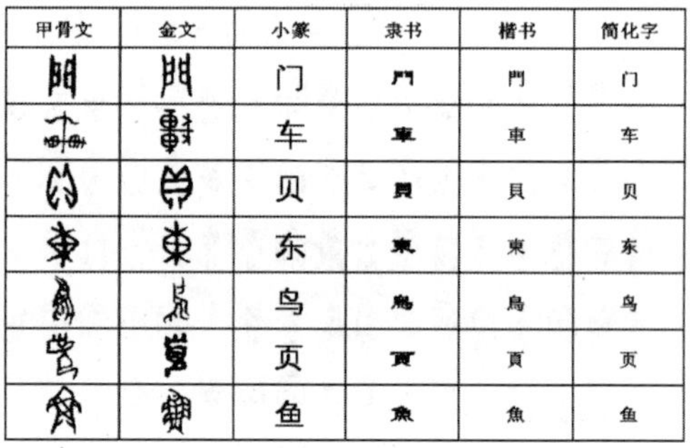

甲骨文	金文	小篆	隶书	楷书	简化字
[illegible]	[illegible]	门	門	門	门
[illegible]	[illegible]	车	車	車	车
[illegible]	[illegible]	贝	貝	貝	贝
[illegible]	[illegible]	东	東	東	东
[illegible]	[illegible]	鸟	鳥	鳥	鸟
[illegible]	[illegible]	页	頁	頁	页
[illegible]	[illegible]	鱼	魚	魚	鱼

图 8-20　典型偏旁形体演化（刘靖年，2011）

草书是汉代为提高书写速度在隶书的基础上形成的一种字体，主要运用于日常书写，正式场合（如公文、布告等），仍然要用隶书。由于草书实在难以辨认，逐渐失去了文字的使用价值，现在只能作为汉字特有的一种书法艺术存在。楷书又叫正书、真书，是出现于东汉、成熟并通行于魏晋，一直沿用至今的标准字体。行书的产生稍后于楷书，是介于草书和楷书之间的一种字体。行书的书写比楷书灵活流畅，辨认比任意挥洒的草书容易，因此，运用十分广泛。

不过，任何时代社会用字的书写大体上都含有三种情况：一是庄重、严肃场合的用字，一丝不苟地按当时的文字规范精心书写，因而字体非常规整、典雅；二是一般场合的文书、交际用字，书写者可以稍事随意、从容而为之，因而字体比较活泼自由，但又不失大体的规范；三是事情急迫场合的用字，书写者需要急书以应急，因而字体草率（秦永龙，1997）。但是，书体之间的发展并不是单向的，而是相互影响，图 8-21 为几种草体与正体之间的关系示意（刘家军，2008）。其中，章草作为一种惯用字体，在社会上广泛使用了至少 300 多年的时间，到了魏晋逐渐被后来的行书和今草取代，但本质上是一种血脉承接的关系。因此，章草作为一种能体现风格别异的草体，一直为历代书家所怀旧、吸收、传承（刘家军，2008）。图 8-22 为现藏北京故宫博物院，开六朝文风，被誉为“天下第一法帖”的西晋陆机的《平复帖》，也是中国公认目前发现最早的卷轴墨书。

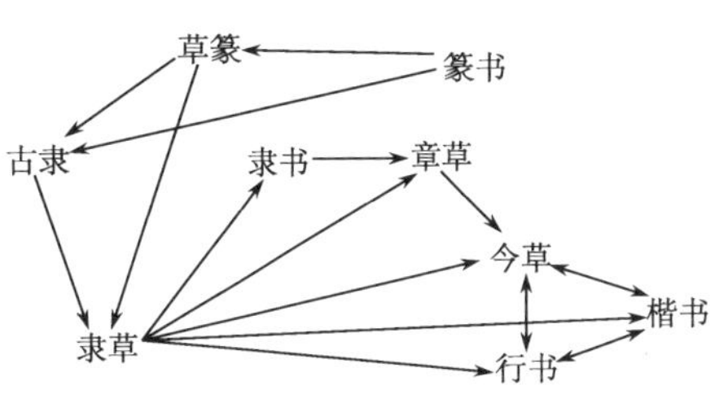

图 8-21　草体与正体之间的关系
（刘家军，2008）

目前汉字发展的最后一个阶段是简体字的发展。1909 年，陆费逵在《教育杂志》创刊号上发表论文《普通教育应当采用俗体字》，这是历史上第一次公开提倡使用简体字。1920 年，语言学家钱玄同在《新青年》上发表文章，主张推广简体字。1934 年 1 月，中华民国国语统一筹备委员会第 29 次常委会通过了钱玄同的《搜采固有而较适用的简体字案》，呈请教育部施行，经教育部批准同意后，委托钱玄同主持编选《简体字谱》。1935 年 8 月 21 日时任中华民国教育部部长王世杰颁布国民政府教育部第 11400 号部令，向全社会公布《第一批简体字表》，共计 324 个；并公布《推行简体字办法》9 条。然考试院院长戴季陶听闻后，向蒋中正说：“简化汉字十分荒谬，破坏了中国文化”，并三个月拒绝参加国民党会议，使得简化字方案暂时搁置。新中国成立后，于 1952 年 2 月 5 日成立中国文字改革研究委员会，并于 1955 年 2 月 2 日发表《汉字简化方案（草案）》。同年 7 月 13 日，国务院成立汉字简化方案审订委员会。同年 10 月，举行全国文字改革会议，讨论通过《汉字简化方案（修正草案）》，收字 515 个，简化偏旁减少为 54 个。1956 年 1 月 28 日，《汉字简化方案》经汉字简化方案审订委员会审订，由国务院全体会议第 23 次会议通过，31 日在《人民日报》正式公布，在全国推行。1964 年 5 月，文字改革委员会出版了《简化字总表》，共分三表：第一表是 352 个不作偏旁用的简化字，第二表是 132 个可作偏旁用的简化字和 14 个简化偏旁，第三表是经过偏旁类推而成的 1754 个简化字；共 2238 字（因“签”、“须”两字重见，实际为 2236 字），是为今中国大陆的用字标准。

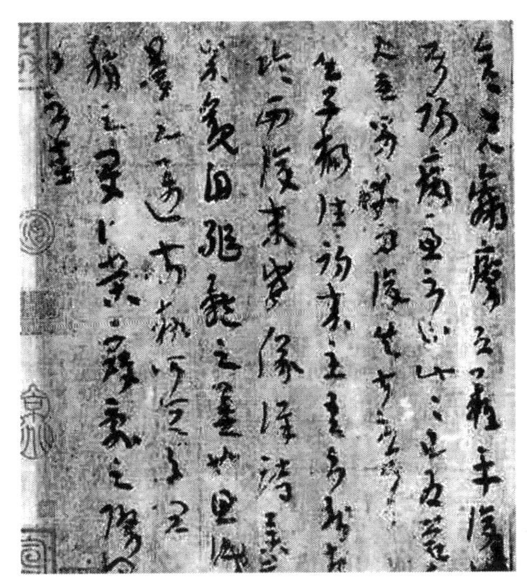
图 8-22　西晋陆机章草《平复帖》
现藏北京故宫博物院，绢本、淡设色，
高 24.8cm，长 528.7cm

第七节　地理观念与哲学思想

一、地理观念

中国古代汉族地理思想是中国古代地理思想的主体，是世界古代地理思想的重要发源地之一。秦汉及其以前，以现民族共同体而论，唯有汉及其前身华夏族形成于此期。尔后，华夏文明一直持续发展至今，宏富磅礴。由于地理观念、地理思想、地理知识等均是需要载体的，而文字是其中的关键（杨吾扬，1989），这是中国古代地理思想宏富的原因之一。又由于汉族是中国历史的主体民族，文献记载必然以汉为主体。故而可以说，中国古代汉族地理思想具有世界意义。其中，具有丰富的整体性、分异性、人地性地理观念，尤注重“天人合一”，对人文世界的关怀颇具特色。值得注意的是，秦至汉，汉族地理观念逐渐系统，《汉书·地理志》奠定了后来沿革地理的主旋律，并强烈渗透“天人感应”思想，这一点也是中国古代地理思想的特质所在（秦汉至19世纪初）。

故而，在19世纪初以前数千年的中国历史长河中，中国地理观念主要是自主发展，魏晋佛教观念进入中土所造成的影响实际上是中土文化融合之。《汉书·地理志》之前所载的汉族地理观念发展具有两个传统，一是考察、研究自然，二是注重地理环境的人伦解释，后者是秦汉以后中国地理观念的主体（唐晓峰，2010），因此实际上不仅是汉族的地理观念，还寓含其他旨意。

迟至春秋战国，系统记载、理解地理，甚至地理规律的文献已大量出现。如鲁国的编年体史书《春秋》记录了自隐公元年（公元前772年）至哀公十六年（公元前479年）长达200多年的水旱记录；《尚书·禹贡》、《管子·地员》、《春秋·任地》和《周礼·地官》等具有很多关于土壤及其分布的知识；《夏小正》是我国现存最早的一部记载物侯的专著，也是我国现在研究古代气候变迁的重要文献；《尚书·洛诰》、《管子·地图》等对地图及其制作有详细记述；《山经》及后人增补而成的《山海经》和《禹贡》是综合性的区域地理著作。另有一些综合性著作，虽只零星提及“地理”，但其思想仍有可取之处。如《周易》所言“地道变盈而流谦”，后来唐孔颖达解释为：“丘陵川谷之属，高者渐下，下者益主，是改变盈者，流布谦者也。”说的是流水的侵蚀和沉积作用，已是规律性的高度认识；《诗经》的“小雅·十月之交”一篇，用“高岸为谷，深谷为陵”来说明地形剧变；《考工记》有一部分详细记载了动植物的天然分布和各地生产刀剑的优劣都与所在地区的自然条件有关。上述这些著述，均有明显的规律性探讨，其合理性的基础之一即商周之际已萌芽的辩证法和唯物主义思想，导源于《尚书·洪范》，如《管子·地员篇》的土壤分类就深受“五行”学说影响。

在地理环境整体性观念方面，对于各自然地理环境要素间关系的认识，三代及秦汉，资料宏富。而且，此期对各自然地理要素的认识，颇具综合色彩，也具注重各自然地理要素及其自然地理环境（包括水、地形、气温、土壤、植物、动物等[①]）的关系，也是中国古代地理环境整体性认识的重要时期，尔后有专的特点。如在认识植物方面，注重植物与水、光照、温度、地形及植物自身等因素关系，记载繁多，诸如《诗三百篇》中就有“山有榛，隰有苓”，“山有扶苏，隰有荷华；山有乔松，隰有游龙”等记载，所指山地水分对植物生长的影响，这一点在《管子·地员篇》中也得到很好体现；而在《诗经·大雅·公刘》中所载“既景乃岗，相其阴阳”，说的是规划田地时要选择向阳之地，《荀子·劝学篇》所载“蓬生麻中，不扶自直”，已是对植物争夺阳光的认识了；《夏小正》和《氾胜之书》等则以物候来表征了温度与植物生长的关系；植物与植

① 此要素名按古时来讲，未用现代名词，诸如气候、植被、生物等。

物之间的关系，也有丰富认识，《诗经》中有“乔林”、“灌木”之载，已具有“群落”之意。又如在认识土壤方面，注重土壤与地形、生物、水、温度等的关系，如《左传》所载土壤中有 4 种与地形有关，中国古代记载土壤最详细的《管子·地员篇》，土壤分类中更是在前半部分以地势高下分平原、丘陵、山地来叙述各种土壤，且土壤肥力与地势有关；土壤与生物的关系则可能因生产需要自农业起源时就有认识，尤其种植绿肥的思想，而《诗·大雅·緜》中有载人们以某些植物指示土壤肥沃，这些思想后来被学界称为“土宜学说”，说的是一定种类的土壤生长着一定的植物种类，即宜种，此在《管子·地员篇》中亦有述论，也是其土壤分类的原则之一；土壤与水的关系最先从理论上加以解释的是《尚书·洪范》，其“水曰润下……润下作咸”，西汉孔安国、唐孔颖达等均有注解，说明了水溶解土壤中盐分的过程。水与其他地理要素关系方面，老子《道德经》有“天下柔弱莫过于水，而攻坚强者，莫之能胜”之说，是对流水对地形影响的解析，此类思想后来有《孙子兵法》所说之“激水之疾，至于漂石，势也”，《汉书·沟洫志》所说河水挟带泥沙的“河水重浊，恒言一石水六斗泥”等，洪流造成山崩的记述更多，《尚书·盘庚》所记述之河流侵蚀作用而成地形及《尔雅·释水》所述河流堆积地形，是一大理论贡献，也为后世承袭。而我国历法之始，除前述已论极具生产生活意义的物候外，四季之分在殷代已出现，当时是按月盈亏为标准的；《尚书·尧典》中又有“期三百有六旬有六日，以闰月定四时之岁”之载，明确一年有 366 天，且置闰月来符合四季，此与《管子·幼官》和《淮南子·天文训》中的划分有些出入，《管子·幼官》是以气候条件为主要标准而论的。

地域分异性方面，《管子·地员篇》在进行地形分类时，丘陵分 15 种，山地分 5 种，其命名除地势外又有加土壤类别的现象，说明对土壤的分异（垂直）已有认识；《山经》所载范围极广，是区域性著作，对分异性亦有认识，特别是所载“天地这东西二万八千里，南北二万六千里。出水之山者八千里，受水者八千里。出铜之山四百六十七，出铁之山三千六百九十，此天地之所分壤树谷也，戈矛所发也……”。而在气候，尤其是其中的温度差异方面，论述颇多，《周礼·地官》已论及土圭判定南热北冷的广泛，曰“日南则景短多署，日北则景长多寒”，说明冷热的南北差异已颇多认识了。在生物分异方面，也认识颇多，尤集中于《管子·地员篇》，如图 8-23 所示，为垂直分异的认识，且这种分异由地形差异引起水分差异，进而导致植被分异化（夏纬瑛，1981）。而且，在植被分异方面，对植被分异的界线已有认识，《考工记》所载“橘生淮南则为橘，生于淮北则为枳……此地气然也”，首次提出以淮河为南北分异界线。水平分异同出自《管子·地员篇》，如图 8-24 所示。而除此之外，《山经》所记植物，也显示热带、亚热带、温带、干旱区的特点。

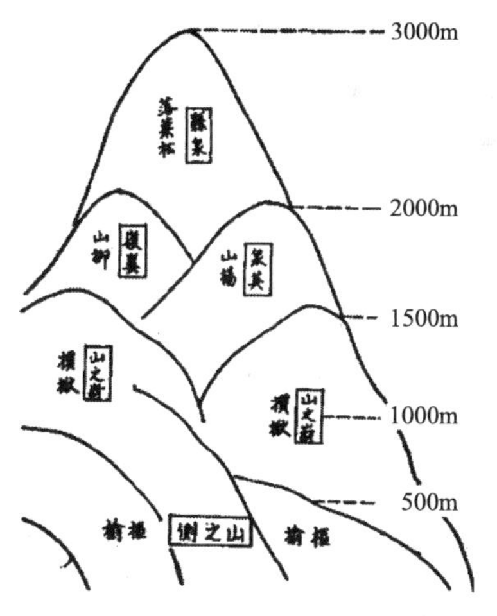

图 8-23 《管子·地员篇》中所载植物垂直分布示意图（夏纬瑛，1981）

在人地性方面，《诗·大雅·公刘》中可以看出周人已在不同的地形部位有不同的

图 8-24 《管子·地员篇》中所载植物水平分布示意图（夏纬瑛，1981）

耕作方式，如在山南向阳坡开垦，平整高地和低地，并引泉水进行耕作，这是典型的合理利用自然条件，且具主体性。而对生物资源的开发利用，同样如此，《周礼·地官》说“山虞仲冬斩阳木，仲夏斩阴木”，不仅是对植物生长季节性的认识，也是尊重自然、合理利用的认识；《管子·法禁》又载“山林虽广，草木虽美，禁伐必有时”等；《孟子》则曰“斧斤以时入山林，材木不可胜用也”；此外，还有荀况和《吕氏春秋》所载等思想。土壤的开发利用也是重要的人地观念体现，《吕氏春秋·任地篇》中说“地可使肥，又可使棘”的土壤肥力观点，反映了当时培肥土壤的实践；《诗·大雅·緜》则载有改良碱土的工作，《吕氏春秋·辩土》篇也有载利用排水系统冲洗土中过量盐分的见解，《汉书·沟洫志》则明确记载了贾让治理盐碱地的办法——“若有渠灌，则盐卤下湿，填淤加肥，故种禾麦”。此外，还有大量通过施肥恢复或提高地力的记载，这在甲骨文中已有启示，《周礼·地官·司徒》有载详情。

总之，中国古代地理观念是极为发达的，是地理实践的产物。如《尚书·禹贡》一书，从九州边界的确定、九州的区域研究模式、治山和治水的辩证关系，到圈层地带结构模式的朦胧设计，被认为是最早的区域人文地理学著作（刘盛佳，1990），以及发现其蕴含着比较丰富的综合自然地理学思想或理论的萌芽等（潘玉君，王永杰，1992），均可见一斑。

二、哲学思想

中国古代哲学传统与西方传统存在差别已为学界公认。概要地说，中西方古代哲学思考都关心天人关系这个终极关怀，但不一定存在结论上的“天人合一”和“天人相分”的严格区别，或者说二者是过程的表现而不是终极关怀。“Philosophy”一词是希腊人的创造，说的是“爱智慧”。按照通常的解释，这种爱出自惊奇，且直接通向对“本原”的追问，也由此，尽管西方哲学有过唯名论与唯理论之争、经验论与唯理论之争等，但源于古希腊的对“本原”的追问，对“真理”的寻求，一直是西方哲学的主流。

与西方哲学所不同，中国哲学首要追问的不是“本原”，而是“善”。当然，民族地理学所写汉族哲学思想并不能涉及所有的中国古代哲学思想，故本节只限定在汉族形成过程中的哲学思想。值得注意的是，汉族地理观念的主体是在先秦奠定基础的，暂且不论哲学思想对地理观念的影响，实际上汉族哲学思想也可能是在先秦奠定基础的。

中国哲学思想一大传统，即“内圣外王”。“内圣”之道言伦理的“修身”，“外王”

之道言经世致用的“齐家，治国，平天下”。这一思想渊源是极早的，而且也是先秦诸子百家的一个共同特点，《庄子·天下篇》在概括先秦诸子百家特点时给予了说明。

中国哲学思想的另一大传统，即是在天人关系上的进路与西方不同。中国哲学的进路不是由最初的概念而成为真善美相互蕴含的理论，而是思维，即强调人的主体性，人是天地万物的根据，并参与万物孕育，即张载所说的“为天地立心”。这种思想发源也极早，《荀子·正名》有言：“心者形之君也，而神明之主也，出令而无所受令。自禁也，自使也，自夺也，自取也，自行也，自止的。”这里的“心”，是具有自由意志的。故“为天地立心”实际上是中国哲学思想发展主源之一。即使后来佛学传人，原本的“心”所加以“格义”后形成的哲学思想，也与印度佛学思想根本有所区分。

再一个重要区分是，西方哲学的“形而上”是超验的，有绝对的至上性，构成了主观分离或对立的存在与思想关系，并导致了影响西方科学传统主流的数理追求。中国哲学的“形而上”则没有超验性，《周易·系辞传》所言“形而上者谓之道，形而下者谓之器”，其中“形上”与“形下”，“道”与“器”之区分是相对的，且源于实践的体悟。这一点儒家讲“亲征心体”，比如《大学》中“正心”、“诚意”之谓，孟子“浩然之气”之说等。道家则讲“为学日益，为道日损”，是要以主体式的体验达到与道合一。

我国近现代著名学者冯友兰提出中国哲学的传统：是“为了提高人的心灵，超越现实世界，体验高于道德的价值”，也就是在哲学里实现超越现实的存在，表达、欣赏和体验超越伦理道德的价值，甚至不太关切宗教（冯友兰，2005）。这个传统，实际上多源于先秦思想家，后来成论的《论语》、《孟子》、《大学》、《中庸》等著作，直接论述或总结了这些思想。实际上，把中国哲学思想的这个传统放在时间尺度上，即“轴心时代”，中国古代哲学思想完成了一次质的变化，虽然有“述而不作”的传统，但却初步奠基，即由神话文化形态转化为世俗文化形态，其肇始于《易经》而形成于后来的《易传》。

对这一传统根源的解释可以是多元和多样的，地理环境可能是其中重要根源之一。对中国哲学传统与地理环境的考察，可能还是冯友兰的论述要全面深入一些。他花了很大的篇幅来说明这个问题。首要的地理环境根源大概是“四海之内”所构成的“普天之下”观念，以及对应的农业为主的经济背景。这两类观念，均源自先秦思想家，如孔子和孟子。《吕氏春秋》中的一章《上农》则提出了“尚农”思想。冯氏以这两点来解释“反者道之动”，对自然的理想化、家族制度、入世与出世、中国哲学方法论等（冯友兰，2005），是一个连贯的体系，是有一定解释力度的。

参 考 文 献

阿斯曼·扬. 2004. 有文字的和无文字的社会——对记忆的记录及其发展. 王霄兵 译. 中国海洋大学学报：社会科学版，11（6）：88-90.

陈彬龢. 2009. 中国文字与书法. 上海市：上海古籍出版社：13.

陈海汶，陈鸣华. 2009. 和谐中华：中国的 56 个民族剪影. 上海：上海文化出版社：449.

陈连开. 1986. 汉族//中国大百科全书编委会. 中国大百科全书·民族卷. 北京：中国大百科全书出版社：168-173.

陈婷珠. 2007. 殷商甲骨文字形系统再研究. 华东帅范大学博士学位论文：159.

杜若甫，肖春杰. 1997. 从遗传学探讨中华民族的源与流. 中国社会科学，18（4）：138-146.

杜若甫，肖春杰，Cavalli-Sforza L L. 1998. 用38个基因座的基因频率计算中国人群间遗传距离. 中国科学：生物科学，28（1）：83-88.

冯友兰. 2005. 中国哲学简史. 天津：天津社会科学院出版社：5，15-26.

郭谦. 2005. 湘赣民系民居建筑与文化研究. 北京：中国建筑工业出版社：180.

国务院人口普查办公室. 1983. 第三次全国人口普查手工汇总资料汇编（第4册）. 北京：国务院人口普查办公室.

国务院人口普查办公室，国家统计局人口和就业统计司. 1993. 中国1990年人口普查资料. 北京：中国统计出版社.

国务院人口普查办公室，国家统计局人口和就业统计司. 2002. 中国2000年人口普查资料. 北京：中国统计出版社.

国务院人口普查办公室，国家统计局人口和就业统计司. 2012. 中国2010年人口普查资料（上）. 北京：中国统计出版社.

胡克森. 2010. 融合——春秋至秦汉时期从分裂走向统一的文化思考. 北京：人民出版社.

黄家信. 2000. "族群岛"的形成及特征. 广西民族研究，16（2）：33-35.

江学旺. 2003. 从西周金文看汉字构形方式的演化. 古籍整理研究学刊，19（2）：30-33.

李龙海. 2010. 民族形成之研究. 北京：科学出版社.

刘家军. 2008. 晋以前汉字草书体势嬗变研究. 厦门大学博士学位论文：20.

刘靖年. 2011. 汉字结构研究. 吉林大学博士学位论文：72.

刘盛佳. 1990. 地理学思想史. 武汉：华中师范大学出版社.

陆元鼎. 2003. 中国民居建筑（上卷）. 广州：华南理工大学出版社：124-132.

潘玉君，王永杰. 1992.《尚书·禹贡》中的综合自然地理学思想萌芽. 齐齐哈尔师范大学学报：自然科学版，12（2）：54-57.

秦永龙. 1997. 汉字书法通解. 北京：文物出版社：31.

唐晓峰. 2010. 从混沌到秩序：中国上古地理思想史述论. 北京：中华书局.

汪之力，张祖刚. 1994. 中国传统民居建筑. 济南：山东科学技术出版社：19，79，116.

王蕴智. 1994. 史前陶器符号的发现与汉字起源的探索. 华夏考古，8（3）：95-105.

夏纬瑛. 1981. 管子地员篇校释. 北京：中国农业出版社：29.

肖春杰，杜若甫. 2000. 中国人群基因频率的主成分分析. 中国科学：生物科学，5（4）：434-442.

邢公畹. 2007. 汉语//孙宏开，胡增益，黄行，等. 中国的语言. 北京：商务印书馆：108-144.

徐杰舜，周耀明，徐华龙，等. 1999. 雪球——汉民族的人类学分析. 上海：上海人民出版社.

徐杰舜. 1992. 汉民族发展史. 成都：四川人民出版社.

杨广. 2011. 探秘世界文化遗产——永定客家土楼. 羊城晚报，01-03（B12）.

杨吾扬. 1989. 地理学思想简史. 北京：高等教育出版社：1-2.

张敏. 1998. 从史前陶文谈中国文字的起源与发展. 东南文化，14（1）：46-52.

郑振峰. 2006. 甲骨文字构形系统研究. 上海：上海教育出版社：37-41.

中国大百科全书编委会. 2009. 中国大百科全书·卷9. 第2版. 北京：中国大百科全书出版社：244-245.

中国社会科学院，澳大利亚人文科学院. 1987. 中国语言地图集. 香港：朗文出版（远东）有限公司：（图版）A2.

周有光. 1998. 汉字型文字的综合观察. 中国社会科学，19（2）：175-190.

周有光. 2007. 人类文字的历史分期和发展规律. 民族语文，29（1）：3-8.

第九章 回族民族地理

回族是隋唐以来以穆斯林为主体，同中国境内各民族交往而形成的民族。我国回族人口为 10 586 087 人（国务院人口普查办公室，国家统计局人口和就业统计司，2012），是我国人口较多且分布最广泛的少数民族。回族体质特征表现为南北两群，北方回族属于蒙古人种北方类型，南方回族（海南，或还可包括福建、云南）属于蒙古人种南方类型。回族穆斯林文化特征表现明显。受各地自然、人文地理环境的影响，回族在社会文化特征表现出明显的区域性。

第一节 历史渊源

回族是回回民族的简称，是隋唐以来源于西亚、中亚信仰伊斯兰教的穆斯林，同中国境内各民族交往，于元时形成一个独立实体的中华民族。公元 651 年，阿拉伯特使来到唐都长安，两国正式交往，之后的区域贸易逐渐促成了西北陆上“丝绸之路”和海上“香料之路”两条文明大通道，以商业贸易为主要经济活动的大食、波斯、中亚和西亚的各族穆斯林，在西北和东南沿海的广州、泉州、扬州等地形成了以“蕃客”、“胡贾”、“蕃商”等为称谓的穆斯林共同体——这是回族的最重要的早期先民。“安史之乱”，大食军队应唐王朝之请，解救“安史之乱”后留下的大食军士，也是回族的早期先民之一。元代成吉思汗西征，从西亚、中亚带回大量信奉伊斯兰教的阿拉伯人、波斯人以及操突厥语的各族人，他们和原来就定居在我国内地的回回以及当地原住民族通婚，人口迅速发展。公元 1235 年，回回人正式被当时的政府编入户籍，从“蕃‘客’”转变为“回回‘户’”，成为中华民族大家庭中的成员（马寿千，1986；中国大百科全书编委会，2009；《回族简史》编写组，《回族简史》修订本编写组，2009）

第二节 人种类型与体质特征

由于历史渊源的多元性，回族人种构成属于典型的多元性：北方回族属于蒙古人种北方类型；海南回族属于蒙古人种南方类型；福建、云南的回族因长期和南方各族融合，可能属于蒙古人种南方类型。

回族体质特征（李树春，2010）：身材中等偏高，黑发直形，男性胡须较少；头型多高头型、圆头型和狭头型；面型以中等型、阔面型和狭面型为多；眼裂开度中等，半数以下有蒙古褶，上眼睑褶皱发育好；鼻根中等高，鼻梁直形，鼻基水平方向，鼻尖以尖小和中间型为主，鼻孔多三角形和圆形，属狭鼻型；耳垂多圆形和三角形，多数无达尔文结节；红唇中等偏厚。不过，由于族源差异，不同地区的回族体质形态有一定差异，如海南回族与宁夏回族相比，海南回族体部测量数据值均小于宁夏回族，而头面部值却多大于宁夏回族，这与海南回族的祖先大约在700年前由中印半岛漂泊、定居于海南，而宁夏回族祖先多源于中亚、西亚有关。

第三节　语言、经济类型、服饰、民居、饮食、信仰

回族是中国分布最广的少数民族，宁夏、甘肃、河南、新疆、青海、云南、河北、山东、安徽、辽宁等省区分布较多（黄庭辉，2002）。由于分布广泛，回族地理环境表现出典型的多样特征。受多样化的生存环境影响，以及在与相邻地区之间、在与有关民族之间的协调共生中，回族逐渐形成了具有区域性、多样性的社会文化。

回族多通用汉语，部分地区也使用其他语言。海南三亚市的回族，居住在羊栏区回辉和回新两个乡内，以回辉语（Utsat，Tsat，Huihui）为主要交际工具。回辉语属于南岛语系（郑贻青，2007），是一种处于危险的濒危语言[①]。居住在青海省海南藏族自治州尖扎县康杨镇部分回族使用康家语（Kangjia），属阿尔泰语系蒙古语族（斯钦朝克图，2007），已是一种处于濒危等级的濒危语言。

回族的社会文化受自然地理环境和以经济、宗教信仰为主的人文地理因素的典型影响。

回族经济活动呈现多层次、多结构的特点：甘、青、宁地区以农业为主，兼营畜牧业；新、内蒙古地区农牧结合，或以牧业为主；河南、河北、山东除务农外，多兼营季节性小商业和小手工业；云南及西南各省多商农兼营，或以商业、运输业为主；东北以林业为主；海南及沿海地区有航海和渔业；散居全国城镇的回族多从事商业和各种服务业（杨圣敏，丁宏，2003）。回族服饰如图9-1所示（陈海汶，陈鸣华，2009），根据性别形成男子服饰和女子服饰，且男女服饰区别很大；根据年龄形成幼儿服饰、成年服饰和老年服饰；回族女性服饰分未婚服饰、已婚中年服饰和已婚老年服饰；以及根据地区和季节、宗教职业形成不同的服饰等。回族服饰的主要标志在头部，男子都喜爱戴用白色制作的圆帽（圆帽分两种，一种是平顶的，一种是六棱形的）。回族妇女常戴盖头，盖头也有讲究，老年妇女戴白色的，显得洁白大方，中年妇女戴黑色的，显得庄重高雅；未婚女子戴绿色的，显得清新秀丽。回族服饰的另一特征是“入乡随俗”，和邻近民族，主要是汉族服饰大体相近，故过去有“汉装回”之称。

回族的伊斯兰文化特征以其聚居区聚落和象征性建筑为典型体现。现国内伊斯兰文化聚落的典型建筑清真寺基本上建在回族聚居区，且回族人有“围寺而居”的特点。回族清真寺一般可分为宫院型（即四周围墙、走廊）和圆顶型（屋顶为圆拱型）两大类，都以其庄严、神圣、肃穆、幽静为总的审美特征，均由礼拜大殿、讲经堂、宣礼楼、学房和沐浴室几大部分组成，礼拜大殿为其主体建筑。中国早期的回族清真寺多为圆顶式，即阿拉伯式。明代以后，回族清真寺多是以木结构为主的中国古代宫殿式的建筑，布局多为四合院形式。同时，汉式传统的建筑布局一般有南北方向的中轴线，清真寺则一般取东西方向，礼拜殿坐西面东，保持礼拜时面向麦加的宗教要求。由于回族进入中国较早，受汉文化影响较为深刻，因此今宁夏回族的建筑与一般意义的伊斯兰文化建筑

① 濒危语言资料来源见本书附录“濒危语言”，下同。

多有不同，形成了以木构架为主体的，重檐起脊勾连搭结构，殿堂形制清真寺的中国内地伊斯兰教建筑体系（李卫东，2009）。图 9-2 为具有融合中国文化和伊斯兰文化特征的宁夏回族建筑（刘伟，2006）。回族的伊斯兰文化建筑是中华民族建筑文化中的重要组成部分，对中华民族建筑文化多有增色[①]。

图 9-1　回族服饰

资料来源：陈海汶，陈鸣华，2009：17

摄影：陈海汶；拍摄时间：2009 年 2 月 10 日；拍摄地点：中国宁夏回族自治区吴忠市同心县麻圪塔回族村

图 9-2　宁夏灵武市南关清真寺

资料来源：刘伟. 宁夏回族建筑艺术. 银川：宁夏人民出版社，2006：29

饮食上，回族多以米、面为主食，具有北面南（海南）米的特点，喜食牛、羊、骆驼等动物之肉。与其宗教信仰相关，有忌食猪、马、骡、驴、狗等和凶猛禽兽之肉及一

① 除中国建筑文化和伊斯兰建筑文化外，世界几大建筑文化及其特点是：欧洲古典式建筑端庄方正；哥特式建筑峻峭雄健；印度建筑富有宗教气息。

切动物的血和自死动物的习俗。

回族人大多信仰伊斯兰教，并且是中国伊斯兰教的主要发展者之一。中国伊斯兰教随着回族的发展也在发展变化，其变化主要在明末清初，主要标志是伊斯兰教义同中国传统文化的结合，原来各地的礼拜寺多以清净、清修、净觉、真教等命名，这时渐渐统称为清真寺。回族实行一夫一妻制。回族丧葬比较完整地保留了早期伊斯兰教的特征，简朴、快捷，反对将死者运回故里，故有“天下的土地，埋天下的回回”之说。回族传统葬式是土葬，火葬是其所忌讳的。

第四节　空间结构及其发展变化

一、构成结构

全国第六次人口普查数据（国务院人口普查办公室，国家统计局人口和就业统计司，2012）表明，回族人口构成有如下特点：①在性别构成方面，人口性别比为103.10，低于全国的104.90，居第27位。②在人口存活率方面，15～64岁妇女产婴存活率为98.49%，低于全国的98.78%，居第15位。③在城镇化率方面，人口城镇化率为53.50%，高于全国的50.27%，居第11位。④在就业状况方面，就业率为97.30%，低于全国的97.46%，居第45位。在三次产业从业人口比例中（图9-3），第一产业最高，第三产业次之，第二产业低，分别为53%、33%和14%。其中，第三产业从业人口中，比例最高的是批发和零售业，占第三产业从业人口的30.26%；较高的是住宿和餐饮业，占17.92%。⑤在人口年龄结构方面，人口最多的年龄段为20～24岁，较多的年龄段为15～19岁和40～44岁，这三个年龄段的人口数量占其总人口数量的26.91%。⑥在婚姻状况方面，15岁及以上人口的婚姻率为78.29%，低于全国的78.40%，居第10位。⑦在受教育程度方面，6岁及以上人口的受教育率为91.43%，低于全国的95.00%，居第32位。

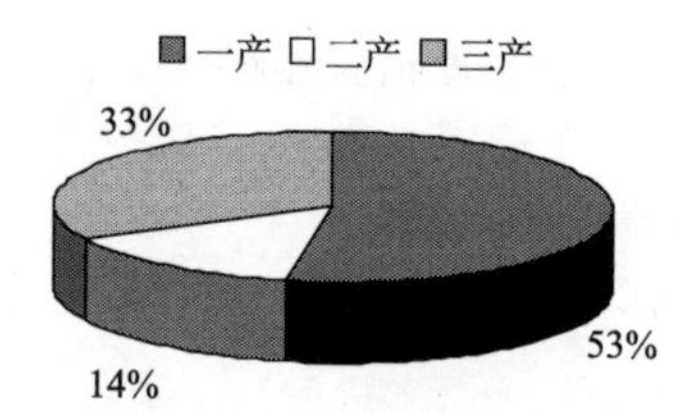

图9-3　回族三次产业从业人口比例

二、分布格局

1. 省域分布格局

全国第六次人口普查数据（国务院人口普查办公室，国家统计局人口和就业统计司，2012）表明，回族人口分布比重①和人口构成比重最高的省域在我国各省、自治区和直辖市的分布上呈现出在全国各地广泛分布的特点。同时，性别比和人口城镇化率省份差异较大。

在人口分布比重分布上，回族的分布表现为三种区域类型，即集中分布区、分散分

① 本书的人口分布比重公式：人口分布比重=某省份某民族人口数量/该民族总人口数量×100%。

布区和零星分布区①（图 9-4）。集中分布区是宁夏和甘肃，其回族人口总数为3 432 461人，占全国回族总人口数量的比例约为 32.43%，其中宁夏的回族人口总数最多，达到2 173 820 人，占全国回族总人口数量的比例约为 20.53%。分散分布区是新疆、河南、青海、云南、河北、山东、安徽、北京、辽宁、内蒙古、贵州、天津、陕西、江苏、吉林和福建，这些省份的回族人口总数为 6 490 729 人，占全国回族总人口数量的比例约为 61.31%。除上述省份外，其余省份均属于零星分布区，这些省份的回族总人口数为662 897 人，占全国回族总人口数量的 6.26%，其中，江西的回族人口总量最少，共8902 人。

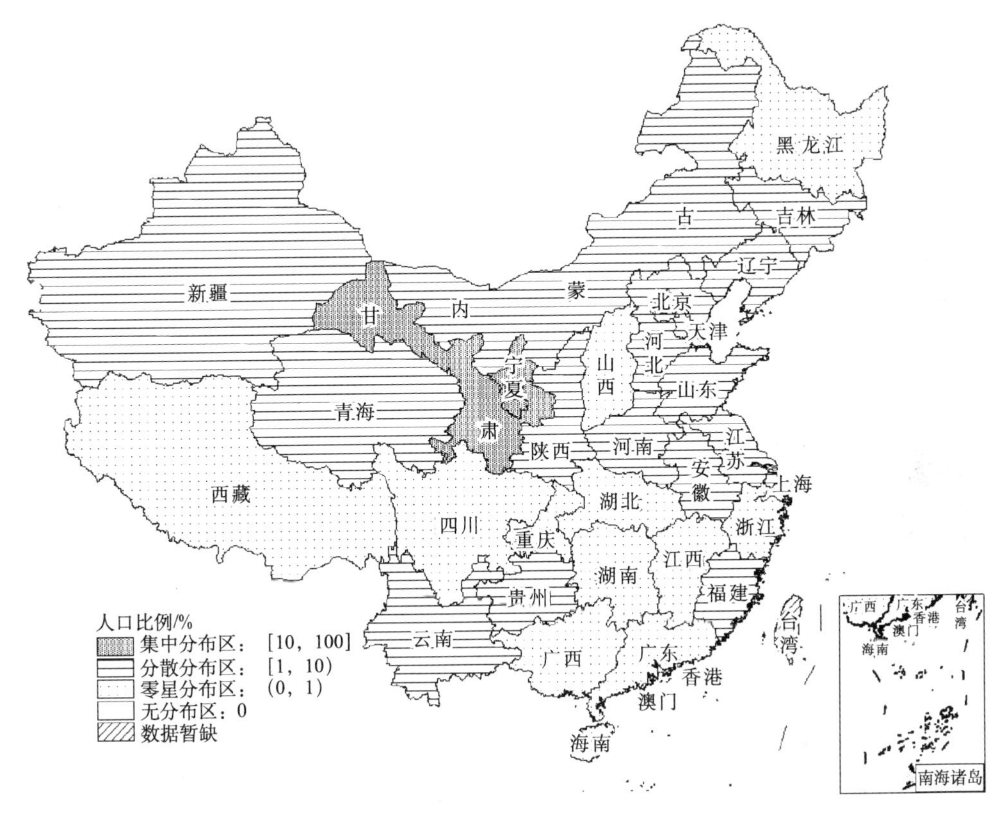

图 9-4　回族分布的省域格局

* 本书人口比例，使用的是数学中的科学表达方式，即［10，100］为区间大于等于 10%小于等于 100%；［1，10）为这间大于等于 1%小于 10%；（0，1）为区间大于 0%小于 1%。下同

在人口构成比重分布上，最高的省份是宁夏，其回族人口构成比重为 34.1%；较高的省份是青海、甘肃和新疆，其回族人口构成比重均在 4.51%以上；较低的省份是广西、浙江、广东、重庆，其回族人口构成比重均在 0.07%以下；最低的省份是江西，只有 0.02%。

在性别比分布上，就回族人口分布比重的集中分布区和分散分布区而言，较高的省份是新疆、贵州和江苏，其回族性别比均在 105.15 以上，最高的省份是福建，为

① 本书提出和使用民族分布区域类型概念，包括集中分布区、分散分布区、零星分布区和无分布区 4 种。

130.50；较低的省份是吉林、天津和北京，最低的省份是北京，只有 97.44。

在人口城镇化率分布上，就回族人口分布比重的集中分布区和分散分布区而言，较高的省份是北京和辽宁，分别为 92.42%和 90.68%最高的是天津，达到 97.45%；较低的省份是青海、新疆、甘肃、贵州和宁夏，其回族人口城镇化率均在 43.14%以下，最低的省份是宁夏，只有 31.61%。

2. 聚居分布格局

回族是一个跨境民族，在中国和其他国家均有聚居区。回族广泛分布在我国各省份，在全国回族有 1 个省级聚居区、2 个地市级聚居区、15 个县区级聚居区和 125 个乡镇级聚居区（中华人民共和国民政部，2011）：第一，1 个省级聚居区——宁夏回族自治区，她是中国最大的回族聚居区；第二，2 个地市级聚居区——甘肃临夏回族自治州和新疆昌吉回族自治州；第三，15 个县区级聚居区——孟村回族自治县、大厂回族自治县、威宁彝族回族苗族自治县、巍山彝族回族自治县、寻甸回族彝族自治县、张家川回族自治县、门源回族自治县、化隆回族自治县、民和回族土族自治县、大通回族土族自治县、焉耆回族自治县、呼和浩特市回民区、郑州市管城回族区、洛阳市瀍河回族区、开封市顺河回族区；第四，125 个乡镇级聚居区——通州区于家务回族乡、滁州市定远县二龙回族乡、凤台县李冲回族乡、淮南市潘集区古沟回族乡、洛阳市瀍河回族区瀍河回族乡、荆州市洪湖市老湾回族乡、瓜州县七墩回族东乡族乡和伊宁县愉群翁回族乡等。

三、发展变化

自新中国成立以来，回族人口总体呈增长的趋势（国务院人口普查办公室，1983；国务院人口普查办公室，国家统计局人口和就业统计司，1993，2002，2012）。如图 9-5 所示，从“一普”到“六普”，全国的人口增长幅度为 130.65%，少数民族的人口增长幅度为 227.29%，回族的人口增长幅度为 199.85%，同比高于全国而低于少数民族。回族的各次普查之间的年平均增长率从“一普”到“三普”均呈上升趋势，“三普”时人口年均增长率达到最高，为 2.70%，从“三普”到“六普”均呈下降趋势。

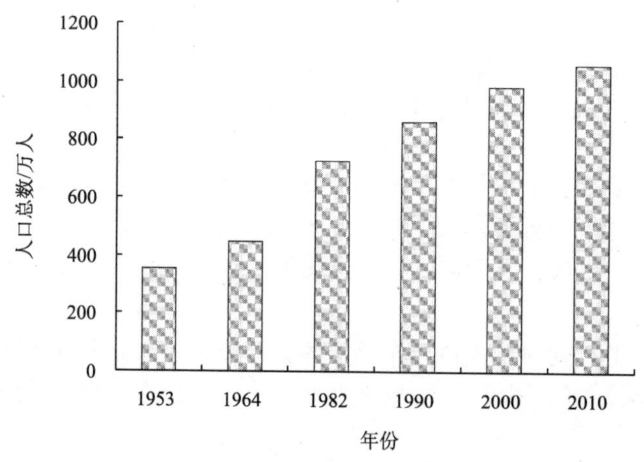

图 9-5　回族历次普查的人口变化情况

2010 年与 2000 年相比，回族人口构成比重变化存在较大的省份差异。人口构成比重上升的省份有宁夏、甘肃、西藏、贵州、浙江、广东、海南、山东和云南，其中，上升最大的省份是宁夏，达到 5.51‰，上升较大的省份是甘肃，上升比例为 2.05‰。除上述省份外，其余省份的回族人口构成比重均下降，下降比例最大的省份为青海，下降了 7.93‰。

以受教育状况和人口预期寿命而论，全国回族 6 岁及以上未受教育人口占其总人口比例从 2000 年的 14.23%下降到 2010 年的 7.84%，其受教育率提升了 6.39%，提高的幅度位居全国第 15 位。小学受教育人口占其总人口比例从 2000 年的 33.47%下降到 2010 年的 32.60%；中学的受教育人口占其总人口比例从 2000 年的 37.11%上升到 2010 年的 42.48%；大学的受教育人口占其总人口比例从 2000 年的 3.65%上升到 2010 年的 8.28%；研究生受教育人口占其总人口比例从 2000 年的 0.06%上升到 2010 年的 0.29%。总体来看，回族人口的受教育程度呈上升趋势。到 1990 年，回族人口的平均预期寿命为 69.59 岁，男性人口平均预期寿命为 68.23 岁，女性人口平均预期寿命为 71.04 岁。

参 考 文 献

陈海汶，陈鸣华. 2009. 和谐中华：中国的 56 个民族剪影. 上海：上海文化出版社：17.

国务院人口普查办公室，国家统计局人口和就业统计司. 1993. 中国 1990 年人口普查资料. 北京：中国统计出版社.

国务院人口普查办公室，国家统计局人口和就业统计司. 2002. 中国 2000 年人口普查资料. 北京：中国统计出版社.

国务院人口普查办公室，国家统计局人口和就业统计司. 2012. 中国 2010 年人口普查资料（上）. 北京：中国统计出版社.

国务院人口普查办公室. 1983. 第三次全国人口普查手工汇总资料汇编（第 4 册）. 北京：国务院人口普查办公室.

黄庭辉. 2002. 回族//赫时远，任一飞，陈英初，等. 中国少数民族分布图集. 北京：中国地图出版社：29-34.

《回族简史》编写组，《回族简史》修订本编写组. 2009. 回族简史. 北京：民族出版社：6-226.

李树春. 2010. 中国少数民族遗传学概论. 北京：中央民族大学出版社：36.

李卫东. 2009. 宁夏回族建筑研究. 天津大学博士学位论文：17.

刘伟. 2006. 宁夏回族建筑艺术. 银川：宁夏人民出版社：29.

马寿千. 1986. 回族//中国大百科全书编委会. 中国大百科全书·民族卷. 北京：中国大百科全书出版社：182-186.

斯钦朝克图. 2007. 康家语//孙宏开，胡增益，黄行，等. 2007. 中国的语言. 北京：商务印书馆：1938-1960.

杨圣敏，丁宏. 中国民族志. 2003. 北京：中央民族大学出版社：57.

郑贻青. 2007. 回辉话//孙宏开，胡增益，黄行，等. 中国的语言. 北京：商务印书馆：2359-2376.

中国大百科全书编委会. 2009. 中国大百科全书·卷 3. 北京：中国大百科全书出版社：350.

中华人民共和国民政部. 2011. 中华人民共和国乡镇行政区划简册（2011）. 北京：中国统计年鉴出版社.

中华人民共和国民政部. 2011. 中华人民共和国乡镇行政区划简册（2011）. 北京：中国统计年鉴出版社.

第十章　藏族民族地理

藏族属蒙古人种北方类型。我国藏族人口 6 282 187 人（国务院人口普查办公室，国家统计局人口和就业统计司，2012），主要分布于青藏高原及其周围地区。藏族是青藏高原上的古老民族，在其形成过程中吸收、融合了不少周边民族。藏族是中印之间、中尼之间和中不之间的非主体型跨界民族，是中国人口较多且分布较广的民族之一。藏族社会文化特征表现为典型的高原山地民族社会文化，且有明显的文化分布垂直特征。藏族支系较多，使用多种语言，并且具有高原民族特色的医学。由于支系繁多，藏族所使用的语言也较多，且多数已是濒危的语言。

第一节　历史渊源

藏族先民自古以来就活动于青藏高原之上，长期与中国各族融合，发展形成今日之藏族（中国大百科全书编委会，1988）。除藏族神话传说（“神猴”传说①等）说明藏族自有远古传统外，考古发现也支持该区旧石器时代至新石器时代均有人类活动。史籍所载最早是泛称青藏高原各部的“西羌”，其包括众多来源不同的分散部落，《后汉书·西羌传》所载的“越巂”、“牦牛”部等与藏文所载“六牦牛部”或有关系。大约 6 世纪时，部落联盟已出现。7 世纪初，松赞干布统率下的雅隆悉补野部先后吞并了以羌人为主的许多其他氏族部落，建立吐蕃王朝，之后鲜卑族的一支吐谷浑部，以及苏毗、羊同、白兰、党项、附国等羌人部落就归附到吐蕃中来，这些部落后来逐渐融入到藏族中。9 世纪，吐蕃王室因争位陷入混乱，至元归入中央王朝，从此进入中华民族大家庭。自此，藏族进一步地参与缔造中华民族的“多元一体”格局。

第二节　人种类型与体质特征

藏族属蒙古人种北方类型。其体质特征（李树春，2010）表现为：身材中等，黑发直形，发质较硬，体毛稀少；头型多阔头型；面型阔面型为多；褐色眼，眼裂开度中等偏狭，眼裂斜度外高内低，有蒙古褶；鼻根中等高，鼻梁直形，鼻孔卵圆形，属狭鼻型或中鼻型；耳垂多圆形和方形，多数无达尔文结节；唇中等厚，唇型稍突，颧骨突出。

第三节　语言、经济类型、服饰、民居、饮食、信仰

藏族一直生活在青藏高原地区。这一地区在《中国生态地理区域系统》中位于川

① 该说是藏族主要的人类起源神话，西藏布达拉宫现存神猴受菩萨点化而向人演进的过程，其中不乏宗教文化的附会（《中华古文明大图集》编辑委员会，1992：27）。

西藏东高山峡谷针叶林区（HⅡA/B1），果洛那曲高原山地高寒灌丛草甸区（HⅠB1），青南高原宽谷高寒草甸草原区（HⅠC1），羌塘高原湖盆高寒草原区过渡区（HⅠC2），藏南高山谷地灌丛草原区（HⅡC2）（扎洛，2002；郑度等，2008）[①]，民族地理环境是典型的高寒高原山地类型。这些地区处于高原温带湿润、半湿润区及半干旱区和高原亚寒带半湿润、半干旱区过渡带的河流上游山地地带。同时，藏族实际的聚居区多位于高原盆地、山地、峡谷区，垂直分布现象明显。在与这样的地理环境之间、在与相邻地区之间、在与有关民族之间的协调共生中，藏族逐渐形成了具有一定特色的社会文化。

藏语是藏族的本民族语言，属于汉藏语系藏缅语族藏语支（瞿霭堂，2007）。藏族有本民族文字——属拼音文字类型的藏文（中国大百科全书编委会，1988）。

藏族传统的主要经济活动是高原畜牧业，牧区又有游牧、半游牧、定居牧业之分，季节性游牧明显。同时有藏区高原农业，南部河谷地带还可种植水稻、玉米等作物。藏族经济活动的一大特征是垂直性明显。藏族服饰深受自然条件、经济生产活动和文化交流的影响，其最具民族特色的是藏装，基本结构是肥腰、长袖、大襟。藏族服饰如图10-1所示（陈海汶，陈鸣华，2009），另因地区不同而有所差异，主要有牧区、农区和城镇服饰的不同。藏北牧区的藏族穿着以皮袍为主，适合温差日夜变化的环境特征；农区和城镇藏族着男式袍子和女式长坎肩的大襟服装。藏族饮食具有浓厚的高原特色，四

图10-1　藏族服饰（陈海汶，陈鸣华，2009）

摄影：陈海汶；拍摄时间：2009年5月26日；拍摄地点：中国西藏自治区拉萨市城关区布达拉宫雪域

① 本书区划位置首先依据《中国少数民族分布图集》确定某民族的地理位置（赫时远等，2002）。因该图集对各民族的分布情况依各民族分布特征而定，其解析尺度与本书篇目结构一致，制图上已以乡级聚居区为基本单位。确定地理位置后以《中国生态区划研究》方案来确定所属区划（郑度等，2008）。本书术语与区划位置的关系主要有如下类型：地理位置与综合自然地理区位置基本重合的用“位于”来表达；地理位置仅为综合自然地理区某部或带（呈带状的自然区）的用“（东、中、西等）部或（东、中、西等）带”来表达；地理位置仅为综合自然地理区极小局部且在四周时用“角”来表达；地理位置仅为综合自然地理区边界上的用“缘”来表达。

图 10-2 藏族民居碉楼（叶禾，2008）

川、云南、青海、甘肃的藏族同西藏的藏族一样，都以酥油茶和糌粑为日常主食。传统的藏族饮食主要以青稞炒面、糌粑、酥油、牛羊乳、牛羊肉、茶叶等为主。藏区散布着多种形式的民居建筑：有藏北的账房，藏南谷地的“碉楼”（图 10-2）（叶禾，2008），雅鲁藏布江流域林区的木构建筑，阿里高原的窑洞以及甘肃、云南等地土木结构的平房、木椤房、农区多垒石建屋，牧区则用帐篷。一般以石块或夯土筑墙，房屋平顶多窗，造型及色泽质朴，具有浓厚的民族特色，多建筑于向阳高处，坐北向南。牧区帐篷用牦牛毛织成，色黑，冬暖夏凉，迁移方便（杨圣敏，丁宏，2003）。

藏族早期信仰“本教”（俗称“黑教”）。现在大部分人信仰大乘佛教（俗称“黄教”），且有“政教合一”的社会政治体制特征。藏族婚姻为一夫一妻制，过去多为等级内婚制，注重门第。藏族的丧葬方式以天葬（又称鸟葬）、水葬、土葬、塔葬、火葬为主。

第四节　空间结构及其发展变化

一、构成结构

全国第六次人口普查数据表明（国务院人口普查办公室，国家统计局人口和就业统计司，2012），藏族的人口构成有如下特点：①在性别构成方面，人口性别比为 100.93，低于全国的 104.90，居第 39 位。②在人口存活率方面，15～64 岁妇女产婴存活率为 97.40%，低于全国的 98.78%，居第 34 位。③在城镇化率方面，人口城镇化率为 19.72%，低于全国的 50.27%，居第41 位。④在就业状况方面，就业率为 98.06%，高于全国的 97.46%，居第 25 位。在三次产业从业人口比例中（图 10-3），第一产业最高，第三产业次之，第二产业最低，分别为 82%、15%和 3%。其中，第三产业从业人口中，比例最高的是公共管理和社会组织，占第三产业从业人口的 38.98%；较高的是批发和零售业，占 15.93%。⑤在人口年龄结构方面，人口最多的年龄段为 20～24 岁，较多的年龄段为 15～19 岁和 25～29 岁，这三个年龄段的人口数量占其总人口数量的 29.05%。⑥在婚姻状况方面，15 岁及以上人口的婚姻率为 67.13%，低于全国的 78.40%，居第 54 位。⑦在受教育程度方面，6 岁及以上人口的受教育率为 69.44%，低于全国的 95.00%，居第 55 位。

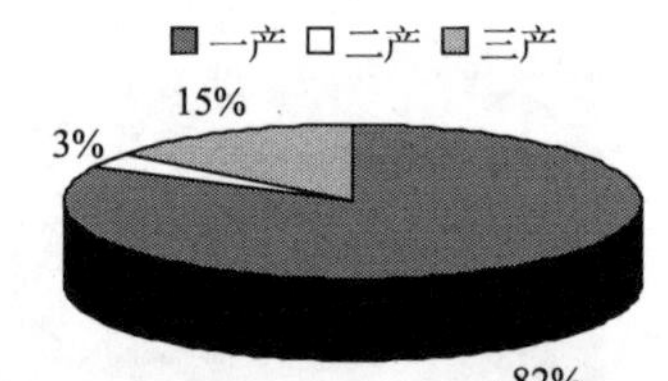

图 10-3 藏族三次产业从业人口比例

二、分布格局

1. 省域分布格局

全国第六次人口普查数据（国务院人口普查办公室，国家统计局人口和就业统计司，2012）表明，藏族人口分布比重和人口构成比重最高的省域在我国各省、自治区和直辖市的分布上呈现出“西部多、东中部少”的特点。同时，性别比和人口城镇化率省份差异较大。

在人口分布比重分布上，藏族的分布表现为三种区域类型，即集中分布区、分散分布区和零星分布区（图 10-4）。集中分布区是西藏、四川、青海，这三个省份的藏族人口总数为 5 587 971 人，占全国藏族总人口数量的比例约为 88.95%，其中，西藏自治区的藏族人口总数最多，达到 2 716 388 人，占全国藏族总人口数量的比例约为 43.24%。分散分布区是甘肃和云南，这两个省份的藏族人口总数为 630 616 人，占全国藏族总人口数量的比例约为 10.04%。除上述省份外，其余省份均属于零星分布区，这些省份的藏族人口总数为 63 600 人，占全国藏族总人口数量的 1.01%，其中，海南的藏族人口最少，仅有 248 人。

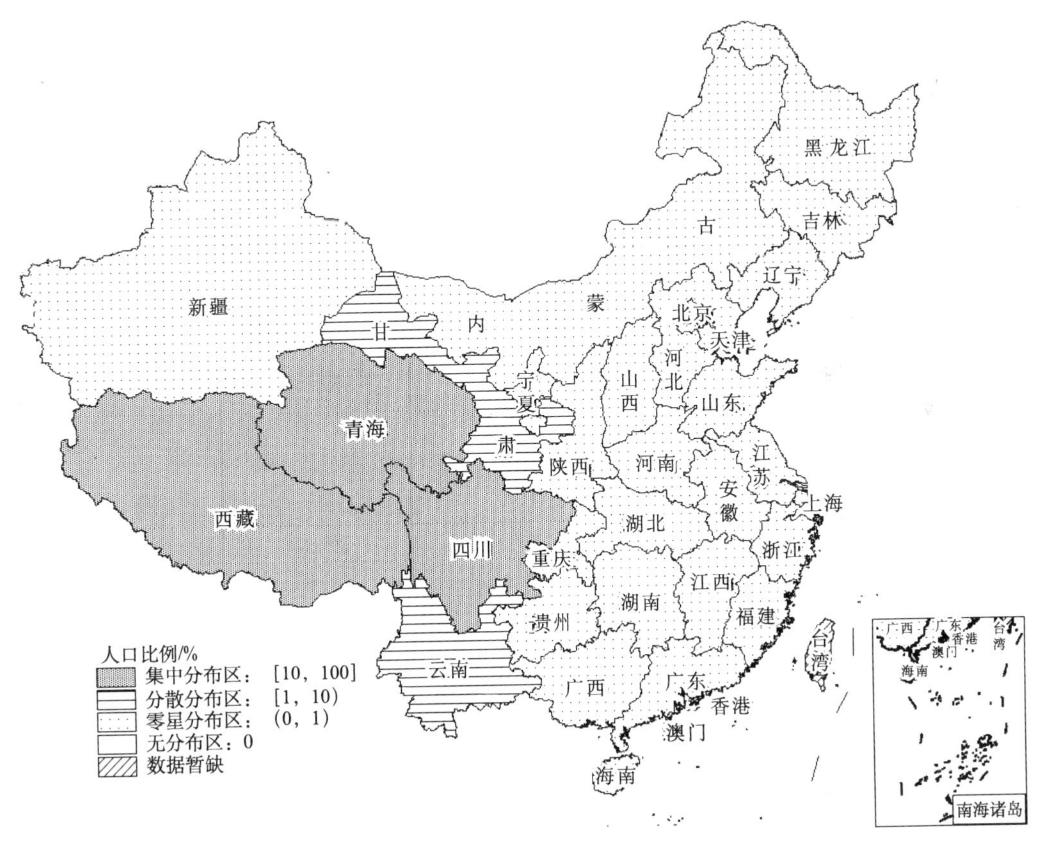

图 10-4　藏族分布的省域格局

在人口构成比重分布上，最高的省份是西藏，其藏族人口构成比重达到90.48%；较高的省份是青海，为24.44%；较低的省份是河南、广西，藏族人口构成比重均在0.0019%以下；黑龙江的藏族人口比例最低，只有0.0015%。

在性别比分布上，就藏族人口分布比重的集中分布区和分散分布区而言，藏族人口性别比较高的省份是青海和西藏，分别为101.90和101.51；较低的省份是甘肃、云南和四川，这些省份的藏族人口性别比分别为100.89、100.31和99.70。

在人口城镇化率分布上，就藏族人口分布比重的集中分布区和分散分布区而言，藏族人口城镇化率较高的省份是云南、青海和甘肃，分别为30.63%、24.18%和20.63%；较低的省份是西藏和四川，分别为17.06%和16.68%。

2. 聚居分布格局

藏族聚居区较多，主要分布在西藏、四川、甘肃、青海和云南等省份，在全国藏族有1个省级聚居区、10个地市级聚居区、2个县区级聚居区和42个乡镇级聚居区（中华人民共和国民政部，2011）：第一，1个省级聚居区——西藏自治区，她是中国最大的藏族聚居区；第二，10个地市级聚居区——甘孜藏族自治州、阿坝藏族羌族自治州、迪庆藏族自治州、甘南藏族自治州、玉树藏族自治州、海南藏族自治州、黄南藏族自治州、海北藏族自治州、果洛藏族自治州、海西蒙古族藏族自治州，其中8个是单一民族自治州；第三，2个县区级聚居区——四川木里藏族自治县、甘肃天祝藏族自治县；第四，42个乡镇级聚居区——汉源县小堡藏族彝族乡、雅安市石棉县先锋藏族乡、肃南裕固族自治县马蹄藏族乡、瓜州县广至藏族乡、西宁市大通回族土族自治县朔北藏族乡、化隆回族自治县雄先藏族乡、化隆回族自治县查甫藏族乡、循化撒拉族自治县岗察藏族乡、循化撒拉族自治县文都藏族乡等。

三、发展变化

自新中国成立以来，藏族人口总体呈增长的趋势（国务院人口普查办公室，1983；国务院人口普查办公室，国家统计局人口和就业统计司，1993，2002，2012）。如图10-5所示，从“一普”到“六普”，全国的人口增长幅度为130.65%，年均增长率为1.28%；少数民族的人口增长幅度为227.29%，年均增长率为1.90%；藏族的人口增长幅度为128.19%，年均增长率为0.33%，增长幅度和年均增长率同比均低于全国和少数民族。藏族的各次普查之间的年均增长率从“一普”到“二普”为下降，年均增长率为−0.87%，从“二普”到“三普”呈上升趋势，“三普”达最高，为2.42%，从“三普”到“六普”年均增长率呈逐年下降趋势。

2010年与2000年相比，藏族人口构成比重变化存在较大的省份差异。人口构成比重上升的省份是青海、四川、甘肃、陕西、北京、云南、新疆、内蒙古、重庆、浙江、宁夏、湖北、福建、天津、江苏和上海，其中，上升最大的省份是青海，为1.91%，上升较大的是四川和甘肃，分别为0.32%和0.15%。除以上省份外其余省份的人口构成比重均下降，其中，下降最大的省份是西藏，下降了2.29%。

以受教育状况而论，全国藏族6岁及以上未受教育人口占其总人口比例从2000年

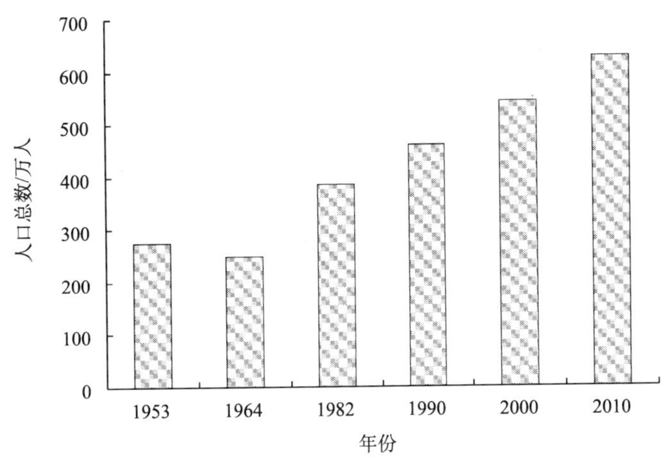

图 10-5　藏族历次普查的人口变化情况

的 40.24%下降到 2010 年的 27.50%，其受教育率提升了 12.74%，提高的幅度位居全国第 6 位。小学受教育人口占其总人口比例从 2000 年的 31.12%上升到 2010 年的 41.29%；中学的受教育人口占其总人口比例从 2000 年的 10.54%上升到 2010 年的 16.26%；大学的受教育人口占其总人口比例从 2000 年的 1.18%上升到 2010 年的 4.84%；研究生受教育人口占其总人口比例从 2000 年的 0.02%上升到 2010 年的 0.08%。总体来看，藏族人口的受教育程度呈上升趋势。

第五节　支系、语言、服饰和医学

一、支　　系

藏族支系主要有有康巴、安多、嘉绒（旧称嘉戎）、白马、扎巴、贵琼、木雅、尔苏、多须、里汝、史兴、纳木依等（石硕，2010）。嘉绒分布在四川省阿坝藏族羌族自治州汉川、理县、马尔康、黑水、金川、小金等县，以及甘孜藏族自治州丹巴县和雅安市宝兴县一带；扎巴主要分布在四川省道孚、新龙、雅江、理塘等县；贵琼主要居于康定县鱼通区、金汤区以及泸定县的大渡河的沿岸；木雅主要居住在康定木雅乡，以及九龙、石棉一些地方；尔苏主要分布于石棉、汉源、甘洛以及越西、冕宁、木里、九龙等地；纳木依藏族主要分布在四川省凉山彝族自治州冕宁、木里、盐源、西昌几县以及甘孜藏族自治州的九龙县等（李绍明，1986）。

二、语　　言

藏族主要使用的藏语有卫藏、康、安多 3 种方言（瞿霭堂，2007）。其中，卫藏方言分布在西藏自治区的大部分地方；康方言分布在西藏自治区的昌都地区、四川省甘孜藏族自治州、云南省迪庆藏族自治州、青海省玉树藏族自治州和甘肃省甘南藏族自治州部分地方；安多方言分布在甘肃省、青海省各藏族自治州、化隆回族自治县、循化撒拉族自治县、乐都县的部分地方以及四川省阿坝藏族羌族自治州的部分地方。

由于支系庞杂，藏族除主要使用藏语外，还有如下语言：在四川省嘉陵江上游地区的西支流白龙江、白水江以及涪江流域的藏族，使用属于汉藏语系藏缅语族藏语支的白马语（Baima），是一种不安全等级的濒危语言；分布在四川省阿坝藏族羌自治州的理县、马尔康县、金川县、小金县、汶川县、黑水县以及甘孜藏族自治州的丹巴县、道孚县和雅安专区的宝兴县的部分地区的藏族，使用属于汉藏语系藏缅语族羌语支的嘉戎语（Gyarong）；在四川省甘孜藏族自治州、阿坝藏族自治州金川县的藏族使用属于汉藏语系藏缅语族羌语支的尔龚语（Ergong），是一种危险等级的濒危语言；居住在四川西南部贡嘎山周围的藏族，使用属于汉藏语系藏缅语族羌语支的木雅语（Muya，or Minyag，Menyak），是一种不安全等级的濒危语言；居住在四川省凉山彝族自治州、甘孜藏族自治州和雅安地区交界处的藏族，使用属于汉藏语系藏缅语族羌语支的尔苏语（Ersu，or Luzi，Tosu），是一种危险等级的濒危语言；四川省西南部的部分地区有部分藏族人，使用属于汉藏语系藏缅语族羌语支的纳木依语（Namuyi），是一种不安全等级的濒危语言；四川省凉山彝族自治州木里藏族自治县一区水洛河及其下游冲天河两岸的藏族，使用属于汉藏语系藏缅语族羌语支的史兴语（Shixing，or Xumi），是一种危险等级的濒危语言；四川省甘孜藏族自治州部分藏族居民，使用属于汉藏语系藏缅语族羌语支的扎坝语（Zhaba，or Zaba），是一种不安全等级的濒危语言；分布在四川省甘孜藏族自治州康定县鱼通地区的藏族，使用属于汉藏语系藏缅语族羌语支的贵琼语（Guichong，or Guiqiong），是一种不安全等级的濒危语言；四川省阿坝藏族羌族自治州大金川河流域的藏族居民，使用属于汉藏语系藏缅语族羌语支的拉坞戎语（Lawurong）；四川省甘孜藏族自治州雅江、道孚、新龙、理塘等县部分藏族居民，使用属于汉藏语系藏缅语族羌语支的却域语（Choyo，or Queyu，Choyi），是一种不安全等级的濒危语言；在西藏自治区察隅县的下察隅乡，有多个村庄的藏族使用属于混合语的扎话（Zha），是一种不安全等级的濒危语言；在青藏高原东部、四川西部甘孜藏族自治州雅江县境内有藏汉两个民族的血缘成分的人，使用属于混合语的倒话（Dao），是一种不安全等级的濒危语言；散居在中国、尼泊尔、印度和不丹等国边境喜马拉雅山脉两侧的夏尔巴人，操夏尔巴语（Sherpa），是一种不安全等级的濒危语言①。

藏族除使用藏语及其他语言外，在一定的地域交集处还使用其他民族的语言。如黑水县的藏族使用羌语（瞿霭堂，2007：845）；四川省木里、盐源以及九龙等县的藏族使用普米语（瞿霭堂，2007：869）。

三、服　　饰

藏族服饰纷繁复杂，品种多样，在藏族服饰的既有研究中，对藏族服饰有不同的分类依据。据李玉琴（2007）对既有研究的系统梳理和研究：安旭（1988）的《藏族服饰

① 本段除语言濒危情况外，均参考《中国的语言》一书，为节略从简，各语言情况参考文献页码以正文顺序一一列出：孙宏开，胡增益，黄行，等.2007：216，887，924，950，969，983，1000，1061，983，2621，845，869。

艺术》一书中依据藏语方言将全国藏区服饰划分为卫藏服饰、康（巴）服饰及安多哇服饰三类，每大类下面又包含若干型，型下再分式；《中国藏族服饰》画册以行政区划分为西藏、四川、青海、甘肃、云南藏族服饰（《中国藏族服饰》编委会，2002）；张鹰（2001）以服饰的某一构件或部分元素作为标准（如以头饰分为西藏普通型、甘南康巴型、白马藏人型、云南中甸型等 7 类）等。李玉琴在认同自然地理环境（如气候环境对服饰的基本形制、材料、色彩都有重要影响，甚至起着决定作用）和人文地理环境对服饰文化影响的基础上，将郑度（1979）的区划方案和王恩涌（2000）的人文区划结合起来进行藏族服饰区划。该方案采用叠加法对藏族服饰进行自上而下的区划，得出以气候环境、生产生活方式、文化要素为基础的藏族服饰综合区划方案，将藏族服饰区划为 13 个类型区（图 10-6）：

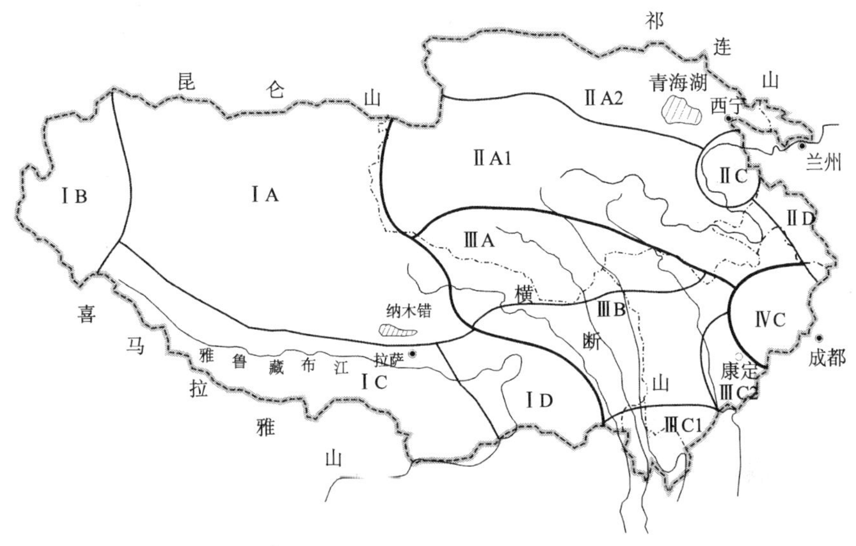

图 10-6　藏族服饰区划图（李玉琴，2007）

Ⅰ卫藏文化区：西藏工布农林服饰区（ⅠD）、藏南宽谷农业服饰区（ⅠC）、西藏阿里半农半牧服饰区（ⅠB）、羌塘高原牧业服饰区（ⅠA）；Ⅱ安多文化区：青南阿坝高原牧业服饰区（ⅡA1）、青东祁连山地牧业服饰区（ⅡA2）、西宁农业服饰区（ⅡC）、甘南农林服饰区（ⅡD）；Ⅲ康巴文化区：康北牧业服饰区（ⅢA）、康中半农半牧服饰区（ⅢB）、康巴木雅农业服饰区（ⅢC2）、康南农业多元服饰区（ⅢC1）；Ⅳ嘉绒文化区：嘉绒农业服饰区（ⅣC）

据李玉琴（2007）的区划方案，藏族服饰地域性突出，共性中有个性，个性中又带变异性，纷繁复杂。卫藏文化区服饰典雅而古朴，各地区间服饰差异小。典雅而言，藏南宽谷农业服饰区最为突显，该区为谷地，气候适宜，服饰以典雅、简洁为主，追求简约搭配，如夏秋女子穿无袖袍；西藏工布农林服饰区和西藏阿里半农半牧服饰区以古朴为主调，工布服饰元素古老，常服为“古休”：套头长坎肩、无缝接，颜色常以黑色和紫红色为主色。西藏阿里半农半牧服饰区服饰古韵流光，如女子服饰常身披锦缎披风，头饰牛角形珠冠，额前垂挂一排银链。羌塘高原牧业服饰区略有差异，其服饰厚重、肥大而结实。安多文化区的服饰繁缛而华贵，服饰既有顶饰又有尾饰，还饰上大小不等的“银盾”，因该区以牧为主，服饰大体一致。其中青南阿坝高原牧业区服饰体现了肥腰、束带、长袖、大襟的繁缛服饰结构。甘南农林区服饰较为有差异的是，该类服饰款式多样、风格独特，多使用轻便、透气的布、褐子、麻为面料，体现一种平面装饰效果。康巴服饰粗犷而豪放，由于本区处横断山区，自古有着多民族文化的交融，颇受多族文化影响，因而服饰较为繁杂多样。如康北处于羌塘高原和青南高原逐渐向川西高山峡谷过渡的高原夷平面上，区内自然条件与青南高原相似，其服装款式与其他牧区服饰大体相同。而康中为康巴文化的核心地区，衣袍肥大舒适，喜用动物皮毛饰边，全身佩戴贵重饰品，色调鲜艳，尤显康巴汉子的粗犷豪放气概。另外，康巴木雅农业服饰受外族影响较为深远而明显，除康巴藏族传统的服饰风格，还有其他民族或族群的服饰印迹，因此据内部特征又可分为：扎巴型、雅江型、塔公型、九龙型等。康南农业多元服饰区，是我国民族史中著名的“藏彝民族走廊的文化交汇地带”，藏族、彝族、普米族、傈僳族、纳西族等十多个少数民族聚居于此，服饰属连衣裙类型，女子上身穿右襟短衫，下穿宽而长的百褶裙，腰系腰带，有披毪披的习惯，佩戴各种项链和佛盒。嘉绒服饰端庄而秀美，主要分布在大小金川流域一带，服饰基本式样为“三片”：头顶一片绣花头帕，腰前后各拴一片围腰。综合各区服饰特色来看，农业区服饰多元性最强，半农半牧区次之，并有服饰中心地区向周围地区多元性层层突出的规律（李玉琴，2009）。藏族服饰独特瑰丽，显示了藏民族的历史文化底蕴和艺术造诣，蕴藏丰富的研究价值和美学价值。

四、医　　学

藏族有自成体系的传统医学——藏医（常凤玄，1986）。藏医深受汉族医学（即“中医”）影响。据藏文文献记载，藏医始创于吐蕃王室御医宇妥·云丹贡布，为8世纪后期宇妥·云丹贡布受吐蕃王室派遣入唐在五台山、打箭炉等地学成医药学。宇妥·云丹贡布返吐蕃后著有《四部医典》（或译称《医方四续》），分为“根本续”、“详解续”、“口诀续”、“外续”，对于人体病理、病症分类、治疗方法、炮制药物等，作出全面辩证论述，开创了藏族医药学，因而后人尊之为（藏族）医圣。

藏医的主要理论认为：人体由经脉肌骨和五脏六腑构成，存在着三种基本因素（风、火、水土）七种物质（饮食、血、肉、骨、脂、髓、精）和三种排泄物（尿、粪便、汗），人体因内外因素产生疾病，使各方面出现失调。诊断学的主要特点为望、闻、问、切，如望舌苔、辨尿色味、询究病情和以三个手指切诊寸、关、尺脉等。

藏医治疗方法有内、外疗法。内疗服用药物，也有因迷信而服用符箓等；外疗如施手术、针砭、艾灸、拔火罐、按摩、敷药、熏蒸、擦浴等。药物有动物、植物、矿物及人体之物等，炮制成丸、散、膏、丹、汤、浆、油、酒等。此外，在过去还有念诵经咒祈祷等宗教形式的治疗方法。

藏医对于医治地方性疾病及特征畜疾病均有较好疗效。医药之学，属佛学“五明”中的医方明；藏医研究，有传世专著、图谱数十种。在藏族各大寺院中，设有进修藏医的专门机构。1916年，拉萨成立“门孜康”，意为藏医藏历院，中华人民共和国成立后，经过扩充，现称西藏自治区藏医院，是专门施诊和研究藏族医药学的学术机构。近年来，北京中医研究院设置藏医研究组；西藏日喀则、山南等地区和青海塔尔寺、甘肃拉卜楞寺等处，均组织藏医成立门诊部；各地民族出版社整理出版了藏医名著，编写了一批药典及有关畜牧兽医、防治地方病的专著、通俗读物等。

参 考 文 献

安旭. 1988. 藏族服饰艺术. 天津：南开大学出版社.

常凤玄. 1986. 藏族医学//中国大百科全书编委会. 中国大百科全书·民族卷. 北京：中国大百科全书出版社：533-534.

陈海汶，陈鸣华. 2009. 和谐中华：中国的56个民族剪影. 上海：上海文化出版社.

国务院人口普查办公室. 1983. 第三次全国人口普查手工汇总资料汇编（第4册）. 北京：国务院人口普查办公室.

国务院人口普查办公室，国家统计局人口和就业统计司. 1993. 中国1990年人口普查资料. 北京：中国统计出版社.

国务院人口普查办公室，国家统计局人口和就业统计司. 2002. 中国2000年人口普查资料. 北京：中国统计出版社.

国务院人口普查办公室，国家统计局人口和就业统计司. 2012. 中国2010年人口普查资料（上）. 北京：中国统计出版社.

李树春. 2010. 中国少数民族遗传学概论. 北京：中央民族大学出版社.

李绍明. 1986. 六江流域民族考察述评. 西南民族大学学报：社会科学版，8（1）：38-43.

李玉琴. 2007. 藏族服饰区划新探. 民族研究，28（1）：21-24.

李玉琴. 2009. 藏族服饰的区域特征探析. 云南社会科学，27（6）：24-26.

瞿霭堂. 2007. 藏语//孙宏开，胡增益，黄行，等. 中国的语言. 北京：商务印书馆：167-198

孙宏开，胡增益，黄行，等. 2007. 中国的语言. 北京：商务印书馆.

石硕. 2010. 关于藏彝走廊的民族与文化格局——试论藏彝走廊的文化分区. 西南民族大学学报：人文社科版，32（12）：1-6.

王恩涌. 2000. 人文地理学. 北京：高等教育出版社.

叶禾. 2008. 少数民族民居. 北京：中国社会文献出版社.

杨圣敏，丁宏. 2003. 中国民族志. 北京：中央民族大学出版社.

扎洛. 2002. 藏族//赫时远，任一飞，陈英初，等. 中国少数民族分布图集. 北京：中国地图出版社：35-40.

张鹰. 2001. 服装佩饰. 重庆：重庆出版社.

郑度，张荣祖，杨勤业. 1979. 试论青藏高原的自然地带. 地理学报，34（1）：1-10.

郑度，等. 2008. 中国生态地理区域系统研究. 北京：科学出版社.

中国大百科全书编委会. 1986. 中国大百科全书·民族卷. . 北京：中国大百科全书出版社.

中国大百科全书编委会. 1988. 中国大百科全书·语言文字. . 北京：中国大百科全书出版社.

《中华古文明大图集》编辑委员会. 1992. 中华古文明大图集：第1部. 北京：人民日报出版社.

《中国藏族服饰》编委会. 2002. 中国藏族服饰. 北京、拉萨：北京出版社，西藏人民出版社.

中华人民共和国民政部. 2011. 中华人民共和国乡镇行政区划简册（2011）. 北京：中国统计年鉴出版社.

第十一章　彝族民族地理

彝族属于蒙古人种南方类型。我国彝族人口8 714 393人（国务院人口普查办公室，国家统计局人口和就业统计司，2012），是中国人口较多且分布广泛的少数民族之一。彝族是古羌人南下与当地土著居民融合而形成的民族，也是中越之间和中老之间非主体型跨界民族（国外称倮倮族）。我国彝族分布区主要是云、贵、川三省交界的广大山区，社会文化特征表现为典型的山地民族社会文化。彝族支系较多，使用多种语言，且多数已是濒危的语言。

第一节　历史渊源

彝族与古羌人有渊源关系，古羌人约在7.0～6.0ka BP时就沿横断山脉岷江、雅砻江、安宁河等河流自北向南迁徙。约在5.0～4.0ka BP时，羌人南下与当地土著融合为僰（濮），后又与昆明人融合。魏晋以后，昆明人与僰的融合发展为对僚人的融合。汉至六朝，汉文史籍将滇东、黔西、川南的族群称为叟，与彝族有渊源关系。隋唐以后，史籍所载“西爨白蛮”和“东爨乌蛮”均与彝族有一定渊源关系，其中东爨与今日彝族关系最为密切。宋以降，彝族族称多变，但趋于以“罗罗”而称，尤元以后渐普遍化，也就意味着从过去的众多名称逐渐向统一族名过渡。故而，彝族与古羌人有渊源关系，但作为独立的民族实体是南下后在金沙江南、北两岸发展和形成起来的，在发展和形成过程中他们不断向四周扩展，进入凉山、迁到贵州西部和四川叙永地区，并逐步占据富饶的红河流域和盘江流域，其分布的核心区大概是今云、贵、川交界区域（胡庆钧，1986；中国大百科全书编委会，2009；《彝族简史》编写组，《彝族简史》修订本编写组，2009）。

第二节　人种类型与体质特征

彝族属于蒙古人种南方类型。其体质特征（李树春，2010）表现为：身材中等偏矮；头型属于中头型；皮肤颜色较浅；多为中-阔面型；发直而黑，男性眉毛较浓；眼裂开度中等，眼裂斜度外高内低，多有蒙古褶；鼻根高度中等，鼻梁平直，男性鼻基部水平，女性鼻尖上翘，鼻孔多圆形；耳垂呈方形；多为凸唇型，下颏直型。

第三节　语言文字、经济类型、服饰、民居、饮食、信仰及习俗

彝族广泛分布在西南的云南、四川、贵州三省，其中云南全境均有大量彝族分布，

四川省主要分布在南部，贵州省主要分布在西部，形成一个跨省区的连续分布地域结构（普忠良，2002）。该区位于《中国生态地理区域系统》中的川西藏东高山深谷针叶林区（HⅡA/B1）南部，云贵高原常绿阔叶林、松林区（ⅤA5），湘黔高原山地常绿阔叶林区（ⅤA3）西部，滇中南亚高山谷地常绿阔叶林、松林区（ⅥA3）和西双版纳山地季雨林、雨林区（ⅦA3）（郑度等，2008），主要处于高山峡谷型自然地理环境。该区地处云贵高原西部，地势北高南低，起伏较大，河流众多且瀑布广布，喀斯特地貌十分发育，高原、山地、坝子、河流、森林等构成了彝族主要的生活地理环境类型。在与这样的地理环境之间、在与相邻地区之间、在与有关民族之间的协调共生中，彝族逐渐形成了具有一定特色的社会文化。

彝语是彝族的本民族语言，她属于汉藏语系藏缅语族彝语支（陈士林等，2007）。彝族有本民族文字——属音节文字类型的彝文（戴庆厦，2009）。新中国成立以后，党和政府根据彝族人民创制、改革文字的要求和社会主义建设的需要，先后帮助彝族初步实验了凉山拼音文字方案，于 1975 年制定《四川彝文规范方案》。

彝族历史上是一个半农半牧民族，经不断迁徙，形成了三种生计方式：川滇大小凉山地区为杂粮栽培农耕文化类型区；云南中部坝区及南部为河谷、平坝及亚热带丘陵地区种植水稻，属农耕经济文化类型区；贵州部分地区及凉山部分高寒山区除一定农作物栽培外还从事牧业，属耕牧经济文化类型区（杨圣敏，丁宏，2003）。彝族的服饰不下 200 种（陈海汶，陈鸣华，2009），图案花纹上千种，可分为凉山型、红河型、乌蒙山型、滇东南型、滇西型、楚雄型 6 大类型，图 11-1 所示为四川省凉山彝族自治州的凉山型服饰。虽然各地彝族服饰各有差异，但在很大程度上还是受到汉族影响（《楚雄彝族自治州概况》编写组，《楚雄彝族自治州概况》修订本编写组，2007）。云南、贵州地区的彝族村寨，大都建在地势平缓的小坡上，住宅依地势自然分布，比如土掌房建筑群落（图 11-2）。彝族盛行小家庭制，村寨普遍不大，既有二三十户，也有三五户的，居住较为零散。民居有青棚建筑、土掌房建筑、垛木房建筑、闪片房建筑、茅草房建筑等。20 世纪 80 年代中后期，一些民居出现了砖木结构。彝族有自己的饮食传统习俗惯

图 11-1　彝族服饰（陈海汶，陈鸣华，2009）

摄影：陈海汶；拍摄时间：2008 年 12 月 17 日；拍摄地点：中国四川省凉山彝族自治州美姑县巴普镇

制，云南、贵州等地的彝族主食因所在地农作物种类不同而有所差异。但总体而言，整个彝族地区主食主要有玉米、大米、洋芋、荞子和燕麦等。

图 11-2　彝族民居建筑群落“土掌房”（王东，孙俊，2012）

摄影：王东；拍摄时间：2012 年 3 月 17 日；拍摄地点：云南省泸西县永宁乡城子村

彝族信仰原始宗教，崇拜“万物有灵”，少数彝族人信仰佛教、道教、基督教和天主教。图腾崇拜有虎、蜂、竹等，以黑虎为主。彝族实行一夫一妻制。传统的通婚范围大致遵循着以下五种原则：本民族内婚、支系内婚、家族外婚、姨表不婚、姑舅表优先婚配。彝族葬礼形式多样，主要有：树葬、陶器葬、岩葬、火葬、棺木土葬等。历史上以火葬为主，14 世纪以后逐渐改用木棺土葬。

第四节　空间结构及其发展变化

一、构成结构

全国第六次人口普查数据（国务院人口普查办公室，国家统计局人口和就业统计司，2012）表明，彝族的人口构成有如下特点：①在性别构成方面，人口性别比为104.66，低于全国的 104.90，居第 18 位。②在人口存活率方面，15～64 岁妇女产婴存活率为97.41%，低于全国的 98.78%，居第 33 位。③在城镇化率方面，人口城镇化率为 18.88%，低于全国的 50.27%，居第 46 位。④在就业状况方面，就业率为 98.70%，高于全国的 97.46%，居第 7 位。在三次产业从业人口比例中（图 11-3），第一产业最高，第三产业次之，第二产业最低，分别为 83%、10%和 7%。其中，第三产业从业人口中，比例最高的是批发和零售业，占第三产业从业人口的 23.22%；较高

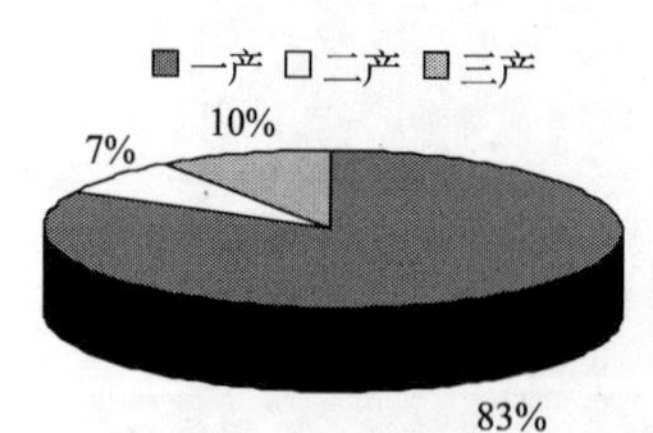

图 11-3　彝族三次产业从业人口比例

的是公共管理和社会组织，占 15.83%。⑤在人口年龄结构方面，人口最多的年龄段为 10～14 岁，较多的年龄段为 20～24 岁和 5～9 岁，这三个年龄段的人口数量占其总人口数量的 27.48%。⑥在婚姻状况方面，15 岁及以上人口的婚姻率为 76.12%，低于全国的 78.40%，居第 23 位。⑦在受教育程度方面，6 岁及以上人口的受教育率为 85.70%，低于全国的 95.00%，居第 44 位。

二、分布格局

1. 省域分布格局

全国第六次人口普查数据（国务院人口普查办公室，国家统计局人口和就业统计司，2012）表明，彝族人口分布比重和人口构成比重最高的省域在我国各省、自治区和直辖市的分布上呈现出主要集中在西南地区的特点。同时，性别比和人口城镇化率省份差异较大。

在人口分布比重分布上，彝族的分布表现为三种区域类型，即集中分布区、分散分布区和零星分布区（图 11-4）。集中分布区为云南和四川，这两个省份的彝族人口总数为 7 685 163 人，占全国彝族总人口数量的比例约为 88.18%，其中，云南的彝族人口最多，达到 5 041 210 人，占全国彝族总人口数量的比例约为 57.85%。分散分布区为贵州，该省的彝族人口总数为 834 461 人，占全国彝族总人口数量的比例约为 9.58%。

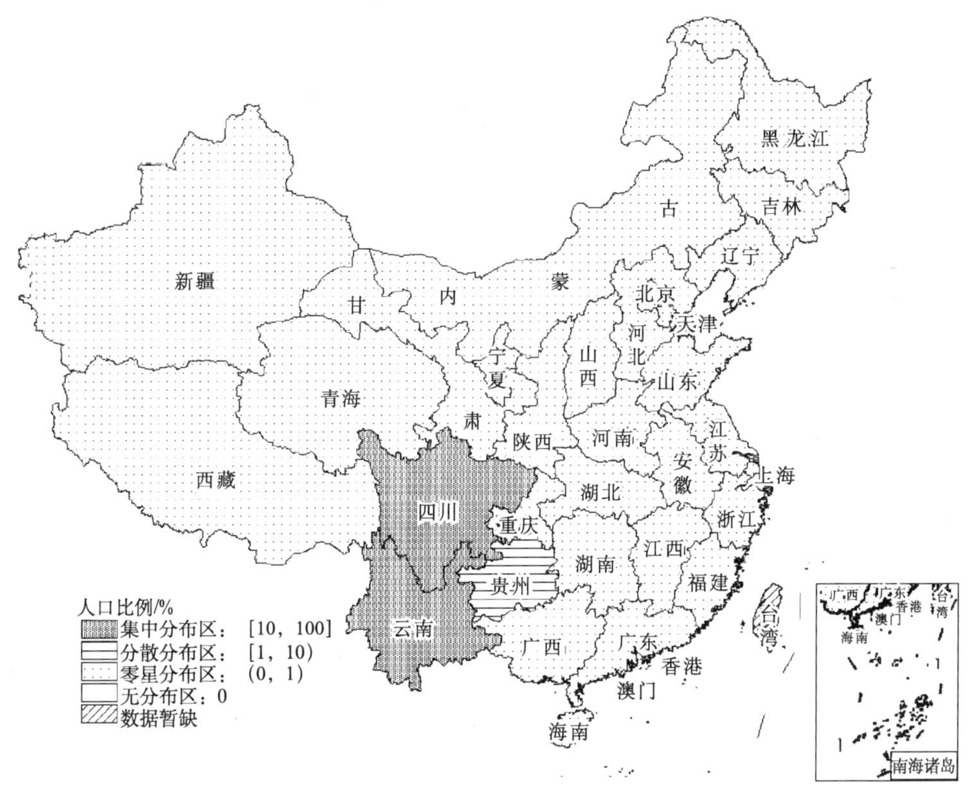

图 11-4　彝族分布的省域格局

除上述省份外，其余省份均为零星分布区，这些省份的彝族人口总数为194 769人，占全国彝族总人口数量的比例约为2.24%，其中，西藏的彝族人口最少，共396人。

在人口构成比重分布上，最高的省份是云南，彝族人口构成比重高达10.97%；较高的省份是四川，为3.29%；最低的是贵州，为2.40%。

在性别比分布上，就彝族人口分布比重的集中分布区和分散分布区而言，彝族人口性别比最高的省份是贵州，其性别比为106.09；较低的省份是云南和四川，分别为104.54和104.15。

在人口城镇化率分布上，就彝族人口分布比重的集中分布区和分散分布区而言，彝族人口城镇化率较高的省份是云南和贵州，分别为20.84%和19.47%，最低的省份是四川，只有11.75%。

2. 聚居分布格局

彝族聚居区较多，主要分布在四川、云南和贵州等省份。在全国彝族有3个地市级聚居区、18个县区级聚居区和237个乡镇级聚居区（中华人民共和国民政部，2011）：第一，3个地市级聚居区，其中2个为单一民族自治州和1个复合民族自治州：四川凉山彝族自治州、云南楚雄彝族自治州和云南红河哈尼族彝族自治州；第二，18个县区级聚居区——峨边彝族自治县、马边彝族自治县、威宁彝族回族苗族自治县、峨山彝族自治县、江城哈尼族彝族自治县、宁蒗彝族自治县、巍山彝族回族自治县、石林彝族自治县、南涧彝族自治县、寻甸回族彝族自治县、元江哈尼族彝族傣族自治县、新平彝族傣族自治县、漾濞彝族自治县、禄劝彝族苗族自治县、宁洱哈尼族彝族自治县、景东彝族自治县、景谷傣族彝族自治县、镇沅彝族哈尼族拉祜族自治县，其中有8个单一民族自治县；第三，237个乡镇级聚居区——雅安市荥经县民建彝族乡、攀枝花市盐边县鳡鱼彝族乡、石棉县擦罗彝族乡、六枝特区折溪彝族乡、六枝特区牛场苗族彝族乡、水城县比德苗族彝族乡、毕节市田坎彝族乡、毕节市大屯彝族乡、毕节市阿市苗族彝族乡、毕节市团结彝族苗族乡、弥渡县牛街彝族乡、永平县北斗彝族乡、昌宁县苟街彝族苗族乡、凤庆县新华彝族苗族乡等，彝族乡镇级聚居区最多的省份是贵州，有115个，其次是云南有82个，最后是四川有40个。

三、发展变化

自新中国成立以来，彝族人口总体呈增长的趋势（国务院人口普查办公室，1983；国务院人口普查办公室，国家统计局人口和就业统计司，1993，2002，2012）。如图11-5所示，从“一普”到“六普”，全国的人口增长幅度为130.65%，少数民族的人口增长幅度为227.29%，彝族的人口增长幅度为169.98%，同比高于全国而低于少数民族。彝族的各次普查之间的年平均增长率从“一普”到“三普”呈上升趋势，“三普”时人口年均增长率达到最高，为2.69%，从“三普”到“六普”呈下降趋势。

2010年与2000年相比，彝族人口构成比重变化存在较大的省份差异。人口构成比重下降的省份是广西、江西、湖南、辽宁、甘肃、黑龙江、河南、吉林和云南，其中，下降最大的省份是云南，下降了0.14%。除上述省份外其余省份的人口构成比重均上

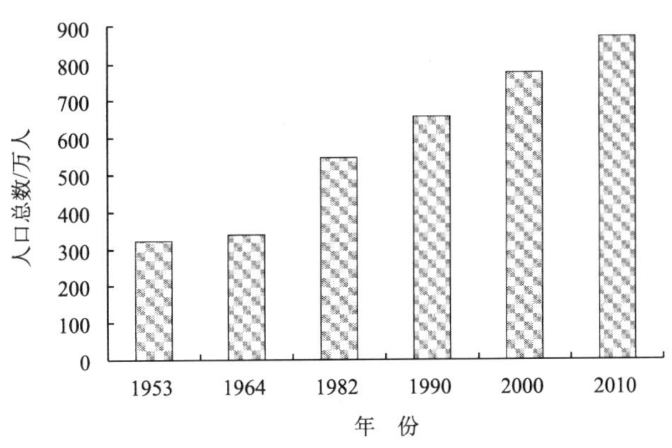

图 11-5　彝族历次普查的人口变化情况

升，其中，上升最大的省份是四川，上升了 0.70%；上升较大的有浙江、福建、广东、上海、北京和江苏，其人口构成比重上升均在 0.01%以上。

以受教育状况和人口预期寿命而论，全国彝族 6 岁及以上未受教育人口占其总人口比例从 2000 年的 18.74%下降到 2010 年的 12.79%，其受教育率提升了 5.95%，提高的幅度居全国第 18 位。小学受教育人口占其总人口比例从 2000 年的 45.57%上升到 2010 年的 48.09%；中学受教育人口占其总人口比例从 2000 年的 18.73%上升到 2010 年的 25.16%；大学受教育人口占其总人口比例从 2000 年的 0.93%上升到 2010 年的 3.33%；研究生受教育人口占其总人口比例从 2000 年的 0.01%上升到 2010 年的 0.05%。总体来看，彝族人口的受教育程度呈上升趋势。到 1990 年，彝族人口的平均预期寿命为 61.80 岁，男性人口平均预期寿命为 60.37 岁，女性人口平均预期寿命为 63.28 岁。

第五节　彝族的支系及其语言使用

一、支　　系

彝族是拥有悠久历史和丰富文化的少数民族之一。由于彝族特殊的居住地缘和封闭的社会文化背景，彝族的支系纷繁复杂。根据学者的考察和确认，可以将彝族的支系划分为：诺苏泼、纳苏泼、聂苏泼、罗婺、罗武、倮倮泼、伯彝、所都、阿灵泼、罗泼、罗卧泼、阿武、阿乌儒、六米、俫俐、阿哲濮、勒苏濮、撒苏、车苏泼、密期、摩察、洗期麻、改苏泼、迷撒泼、纳罗泼、土家、濮拉泼、濮瓦泼、栗泼、腊鲁泼、撒尼泼、尼泼、撒弥、撒摩都、阿系泼、葛泼、杀期泼、他鲁苏、纳若、莨峨、他留、他谷、支里、咪西苏、阿多濮、披沙夷、新丁、广西蛮、海彝等（云南民族事务委员会，1999）。其中，诺苏泼主要分布在四川省及云南省的宁蒗、华平、永胜等地区；纳苏泼主要分布在云南省武定、禄劝、弥勒、昭通及贵州毕节地区；阿哲濮主要分布在云南省弥勒、易门、双柏等彝族地区；阿武主要分布在云南省弥勒、元阳、西畴、金平等彝族地区；纳若主要分布在云南省永胜县等地（杨翠英，普驰达岭，2009）。普标人，曾是我国的末识别民族，1958年文山壮族苗族自治州建州时将普标人定为彝族（陈其光，2007），分布在中国云南的中越边境上。在云南省东南部有一支人口不太多的少数民族，自称布干，根据民族识别，布干人的民族成分为彝族，聚居在广南县南部和西畴县北部的7个寨子（李锦芳，2007）。

彝族支系众多，服饰亦多种多样，不同分布地区的彝族其服饰也不同，主要分为凉山型、红河型、乌蒙山型、滇东南型、滇西型、楚雄型6大类型（苏日娜，2008；《彝族简史》编写组，《彝族简史》修订本编写组，2009）。川滇大小凉山的彝族，四周山川环抱，峡谷深邃，巨流滔滔，由此早已形成彝族古朴、独特的服饰风格。彝族男子穿大襟右衽、窄袖上衣，下着长裤。裤脚有大、中、小三种。女子上着大襟右衽衣，下着百褶裙，外披“瓦拉”。由于地处高寒地带，男子均喜外披“披毡”和“擦尔瓦”，有昼为衣、雨为蓑、夜为被的多重功用。彝族男子多数头上缠黑色或青色包头帕，且常裹成一尖椎状，斜插额前。大小凉山彝族妇女多用丈余青色或蓝色窄布卷成扁卷或叠成瓦状覆于头顶。年轻女子则加蓝布尺许覆盖于发上，表示尚未出嫁。老年妇女则戴青布缝成的平顶六角帽。彝族以黑色为贵、为美，从服饰纹样还可看到他们对动植物和大自然的崇拜。云南彝族的女装别具风韵。在云南的红河、昆明等地区的彝族妇女，以其帽式如鸡冠而与其他地区的彝族妇女相区别。其服装多以镶“银泡”而著称。盛装主要包括鸡冠帽、上衣、腰带和绣花鞋。彝族鸡冠帽是女装不可缺少的配套服饰，因其形似鸡冠而得名。上衣为大襟上衣，有的在衣服的各个部位镶很多的“银泡”。腰带为红色布带，宽约10cm。滇西部分彝族妇女戴一种状如瓦样的帽子，滇中、滇南等地彝族妇女常常喜爱在自己的服装上镶上许多小银泡，也有的把各种银币当作饰物来佩带。

二、语　　言

彝语分北部、东部、南部、西部、东南部和中部六个方言（陈士林，李秀清，2007）。其中，北部方言内部又分两个次方言，东部方言内部又分三个次方言。北部方言主要分布在四川凉山彝族自治州（含西昌地区）雅安地区、乐山地区和云南的小凉山。东部方言主要分布在贵州的毕节、安顺两个地区和云南的昭通地区、曲靖地区、楚雄彝族自治州。南部方言主要分布在云南红河哈尼族彝族自治州、西双版纳傣族自治州和玉溪地区。西部方言主要分布在云南大理白族自治州、德宏傣族景颇族自治州、西双版纳傣族自治州和临沧地区。东南部方言主要分布在云南曲靖地区、文山壮族苗族自治州和红河哈尼族彝族自治州。中部方言主要分布在云南楚雄彝族自治州和大理白族自治州。

彝族除使用彝语外，还使用其他语言。诸如，云南省文山壮族苗族自治州富宁县的龙洋、龙迈、木腊、里拱和广西壮族自治区与云南省富宁县接壤的者长、达那、念必等地的彝族，通常使用属于汉藏语系藏缅语族彝语支的末昂语（Mo’ ang）（武自立，2007），是一种处于危险等级的濒危语言；居住在云南省麻栗坡县的普标人（1958年文山壮族苗族自治州建立时定为彝族），通常使用属于汉藏语系壮侗语族普标语（Pubiao, or Bubiao, Pu Peo, Ka Beo, Laqua）（梁敏，2007），是一种处于垂危等级的濒危语言；云南省东南部布干人，民族成分是彝族，通常使用属于汉藏语系壮侗语族布干语

(Bugan，or Pakan，Pukan)（李锦芳，2007）；云南省丽江市永胜县六德傈僳族彝族乡的他留人使用他留语（Talu，Taliu），是一种处于不安全等级的濒危语言；居住在云南省昆明市官渡区阿拉乡的撒梅人使用撒梅语（Samei），是一种濒危等级的濒危语言。

参考文献

陈海汶，陈鸣华. 2009. 和谐中华：中国的56个民族剪影. 上海：上海文化出版社：49.

陈其光. 2007. 普标语//孙宏开，胡增益，黄行，等. 中国的语言. 北京：商务印书馆：1412-1427.

陈士林，李秀清，边仕民. 2007. 彝语//孙宏开，胡增益，黄行，等. 中国的语言. 北京：商务印书馆：252-271.

《楚雄彝族自治州概况》编写组，《楚雄彝族自治州概况》修订本编写组. 2007. 楚雄彝族自治州概况. 北京：民族出版社：12-30.

戴庆厦. 2009. 布依文//戴庆厦. 中国少数民族语言文字. 北京：语文出版社：42-55.

国务院人口普查办公室. 1983. 第三次全国人口普查手工汇总资料汇编（第4册）. 北京：国务院人口普查办公室.

国务院人口普查办公室，国家统计局人口和就业统计司. 1993. 中国1990年人口普查资料. 北京：中国统计出版社.

国务院人口普查办公室，国家统计局人口和就业统计司. 2002. 中国2000年人口普查资料. 北京：中国统计出版社.

国务院人口普查办公室，国家统计局人口和就业统计司. 2012. 中国2010年人口普查资料（上）. 北京：中国统计出版社.

胡庆钧. 1986. 彝族//中国大百科全书编委会. 中国大百科全书·民族卷. 北京：中国大百科全书出版社：500-502.

李锦芳. 2007. 布干语//孙宏开，胡增益，黄行，等. 中国的语言. 北京：商务印书馆：1438-1450.

李树春. 2010. 中国少数民族遗传学概论. 北京：中央民族大学出版社：43.

普忠良. 2002. 彝族//赫时远，任一飞，陈英初，等. 中国少数民族分布图集. 北京：中国地图出版社：53-58.

苏日娜. 2008. 少数民族服饰. 北京：中国社会出版社：91.

孙宏开，胡增益，黄行，等. 2007. 中国的语言. 北京：商务印书馆.

武自立. 2007. 末昂语//孙宏开，胡增益，黄行，等. 中国的语言. 北京：商务印书馆：379-391.

王东，孙俊. 滇东南彝族城子古村土掌房的环境审美探析. 南方建筑，18（5）：91-95.

杨翠英，普驰达岭. 2009. 彝族自称及其支系问题刍议. 毕节学院学报，15（2）：20-22.

云南民族事务委员会. 1999. 云南民族文化大观丛书——彝族文化大观. 昆明：云南民族出版社：28-32.

杨圣敏，丁宏. 2003. 中国民族志. 北京：中央民族大学出版社：226.

《彝族简史》编写组，《彝族简史》修订本编写组. 2009. 彝族简史. 修订版. 北京：民族出版社：9-146，306-308.

郑度，等. 2008. 中国生态地理区域系统研究. 北京：科学出版社：130-132.

中国大百科全书编委会. 2009. 中国大百科全书·卷26. 第2版. 北京：中国大百科全书出版社：331.

中华人民共和国民政部. 2011. 中华人民共和国乡镇行政区划简册（2011）. 北京：中国统计年鉴出版社.

第十二章　苗族民族地理

苗族属于蒙古人种南方类型。我国苗族人口 9 426 007 人（国务院人口普查办公室，国家统计局人口和就业统计司，2012）。苗族可上溯至黄帝时代之“九黎”部落联盟，是中国上古之较大部族群体之一。因与华夏先民及后来的华夏、汉族相争而数次南迁，形成广布全国南方各省的分布格局，在中华民族历史上对南方民族格局有重大影响。由此因受地理的及历史的因素影响，苗族文化极为发达，多样而深厚。同时支系繁多。苗族也是中越之间、中缅之间和中老之间非主体型跨界民族，在越称为赫蒙族。

第一节　历史渊源

苗族族源或可追溯至黄帝时代的“九黎”部落联盟，与黄帝部落同兴起于姬水。后来，黄帝部落集团击败“九黎”部落集团，“九黎”部落集团向西南迁入长江中游地带，并形成以“三苗”见诸于史册的新的部落集团“三苗国”。“三苗国”后又受尧、舜、禹三代的不断“征伐”，“三苗”集团被瓦解，余下主要部分被迫南迁入江西、湖南崇山峻岭之中，被称为“南蛮”、“荆蛮”或“荆楚”。秦灭楚国后，苗族大量向西、向南迁徙，至西汉之初，今日川黔湘鄂一带的山溪江谷间，已经布满了南蛮之族，有“武陵蛮”、“五溪蛮”之谓，其与苗族的渊源关系没有争议。秦汉至宋，封建王朝又对“武陵蛮”、“五溪蛮”采取了一系列大规模的军事行动，迫使苗族再度向西边迁徙，大部进入贵州、四川、云南。元明清时期，由于战乱，苗族继续向西南迁居（李廷贵，王慧琴，1986；中国大百科全书编委会，2009；《苗族简史》编写组，《苗族简史》修订本编写组，2009）。

第二节　人种类型与体质特征

苗族属于蒙古人种南方类型，其体质特征（李树春，2010）表现为：身材矮小，肤色深；男性多为中面型和狭面型，女性多为狭面型；体毛稀少，发黑，直型发；眼裂开度中等，眼裂斜度内外平行，多无蒙古褶；直型鼻梁，鼻翼微突，多属狭鼻型和中鼻型，鼻孔多呈卵圆；红唇，正唇形；耳垂形状多为方形、圆形和三角形，多数无达尔文结节；腿型多为短腿或中腿型。

第三节　语言文字、经济类型、服饰、民居、信仰及习俗

苗族广泛分布于西南、南方各省区（石茂明，2002），分布区位于《中国生态地理

区域系统》中的湘黔高原山地常绿阔叶林区（ⅤA3），云南高原常绿阔叶林、松林区（ⅤA5）和滇中南亚高山谷地常绿阔叶林、松林区（VIA3）东北部等（郑度等，2008），主要是山地地理环境。该区处于中亚热带湿润区的高原、丘陵、山地地貌的过渡地区，山地、森林、河流是苗族主要的地理环境活动类型。在与这样的地理环境之间、在与相邻地区之间、在与有关民族之间的协调共生中，苗族逐渐形成了具有一定特色的社会文化。

苗语是苗族的本民族语言，她属于汉藏语系苗瑶语族苗语支（中国大百科全书编委会，1988）。苗族有本民族文字——属拼音文字类型的苗文（中国大百科全书编委会，2009）。20 世纪初曾用过一些外国传教士创制的拼音字母，仅在部分地区使用。1956 年，中央人民政府组织汉、苗语言工作者改革或创制了湘西苗文、黔东苗文、川黔滇苗文、滇东北苗文 4 种拉丁拼音文字（中国大百科全书编委会，2009）。

苗族经济活动的一大特点是农、林、牧相结合，渔猎和采集处于辅助地位。其传统的生计大致可以分为两大类型：黔东方言区和湘西方言区多从事山地耕猎，是苗族主要的生计方式；云南境内多为山林刀耕火种型。另外，川滇交界处的苗族生计类型是山地耕牧或丘陵稻作型，湘西、黔东两大方言区内一部分苗族则属于丘陵稻作型。苗族服饰多为上衣下裙型，也有上衣下裤型，以青、蓝、白色为主。同时，苗族服饰记录着苗族的历史，常与民族意识和自然环境联系起来，称为“无字史书”。苗族服饰形态与三大方言区相对应，黔东南苗族服饰不下 200 种，是我国和世界上苗族服饰种类最多、保存最好的区域，被称为“苗族服饰博物馆”，图 12-1 所示为黔东南苗族侗族自治州雷山县部分苗族服饰（陈海汶，陈鸣华，2009）。同时，苗族服饰颇注重刺绣图案和各种花纹以传递审美情趣，“苗绣”堪与中国“四大名绣”（湖南省“湘绣”、四川的“蜀绣”、广东的“粤绣”和江苏省“苏绣”）相称。纷繁复杂的苗族服饰分为湘西型、黔东型、川黔滇型、黔中南型以及海南型五大类别和若干款式。苗族建筑与其民族地理分布有关，在民族分布的生态地理环境特征上属于典型的山地居民，并且

图 12-1　苗族服饰（陈海汶，陈鸣华，2009）

摄影：陈海汶；拍摄时间：2008 年 8 月；拍摄地点：中国贵州省黔东南苗族侗族自治州雷山县西江千户苗寨

由于长期分散居住，形成了不同地区各自的特点。房屋多系木结构，以瓦、杉皮或茅草等盖顶，黔中或黔西地区有用薄石板盖顶的。山区多为吊脚楼（图 12-2）（叶禾，2008）；海南岛和云南昭通等地则住长形茅草房或以树干交叉搭成的“杈杈房”；湘西一带则为石屋。苗族的主食有稻谷、包谷、麦、小米、高粱、荞、小豆、薯类等，味以酸为主。各地根据自然条件种植，多数地区以食大米为主，部分地区多食旱粮，少数地区食马铃薯和其他旱粮。

图 12-2　苗族民居吊脚楼（叶禾，2008）

苗族的主要信仰有自然崇拜、图腾崇拜、祖先崇拜等原始宗教形式。独具特色的是，苗族的信仰与其历史有关，被称为“苗族历史”的苗族服饰常常也记录着苗族的信仰。苗族实行一夫一妻制，偶见多妻现象。苗族的葬式，史载有悬棺葬、岩棺葬和土葬三种，现多为土葬，信风水者卜地而葬，不信风水者埋在集体坟山。

第四节　空间结构及其发展变化

一、构成结构

全国第六次人口普查数据（国务院人口普查办公室，国家统计局人口和就业统计司，2012）表明，苗族的人口构成有如下特点：①在性别构成方面，人口性别比为106.91，高于全国的104.90，居第13位。②在人口存活率方面，15～64岁妇女产婴存活率为97.77％，低于全国的98.78％，居第30位。③在城镇化率方面，人口城镇化率为25.63％，低于全国的50.27％，居第32位。④在就业状况方面，就业率为98.34％，高于全国的97.46％，居第14位。在三次产业从业人口比例中（图 12-3），第一产业最高，第二产业次之，第三产业最低，分别为71％、17％和12％。其中，第三产业从业人口中，比例最高的是批发和零售业，占第三产业从业人口的29.00％；较高的是公共管理和社会组织，占13.46％。⑤在人口年龄结构方面，人口最多的年龄段为10～14岁，较多的年龄段为20～24岁和35～39岁，这三个年龄段的人口数量占其总人口数量的26.88％。⑥在婚姻状况方面，15岁及以上人口的婚姻率为77.55％，低于全国的78.40％，居第12位。⑦在受教育程度方面，6岁及以上人口的受教育率为89.75％，低于全国的95.00％，居第36位。

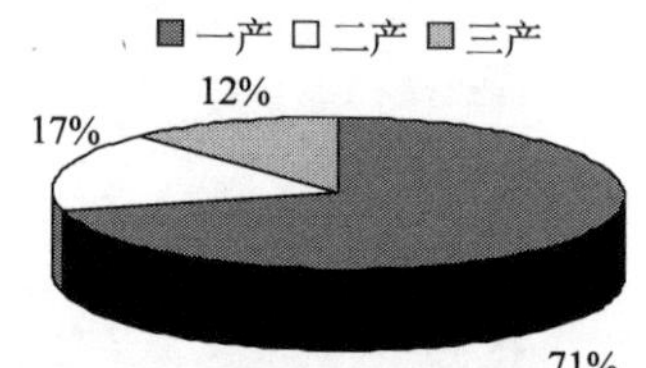

图 12-3　苗族三次产业从业人口比例

二、分布格局

1. 省域分布格局

全国第六次人口普查数据（国务院人口普查办公室，国家统计局人口和就业统计司，2012）表明，苗族人口分布比重和人口构成比重最高的省域在我国各省、自治区和直辖市的分布上呈现出“大聚居、小分散”的特点。同时，性别比和人口城镇化率省份差异较大。

在人口分布比重分布上，苗族的分布表现为三种区域类型，即集中分布区、分散分布区和零星分布区（图 12-4）。集中分布区是贵州、湖南和云南，这些省份的苗族人口总数为 7 231 531 人，占全国苗族总人口数量的比例约为 76.72%，其中，贵州的苗族人口数量最多，达到 3 968 400 人，占全国苗族总人口数量的比例约为 42.10%。分散分布区是重庆、广西、浙江、广东、湖北和四川，这些省份的苗族人口总数为 1 861 372人，占全国苗族总人口数量的比例约为 19.75%。除上述省份外，其余省份均为零星分布区，这些省区的苗族人口总数为 333 104 人，占全国苗族总人口数量的比例约为 3.53%，其中，西藏的苗族人口总数最少，共 416 人。

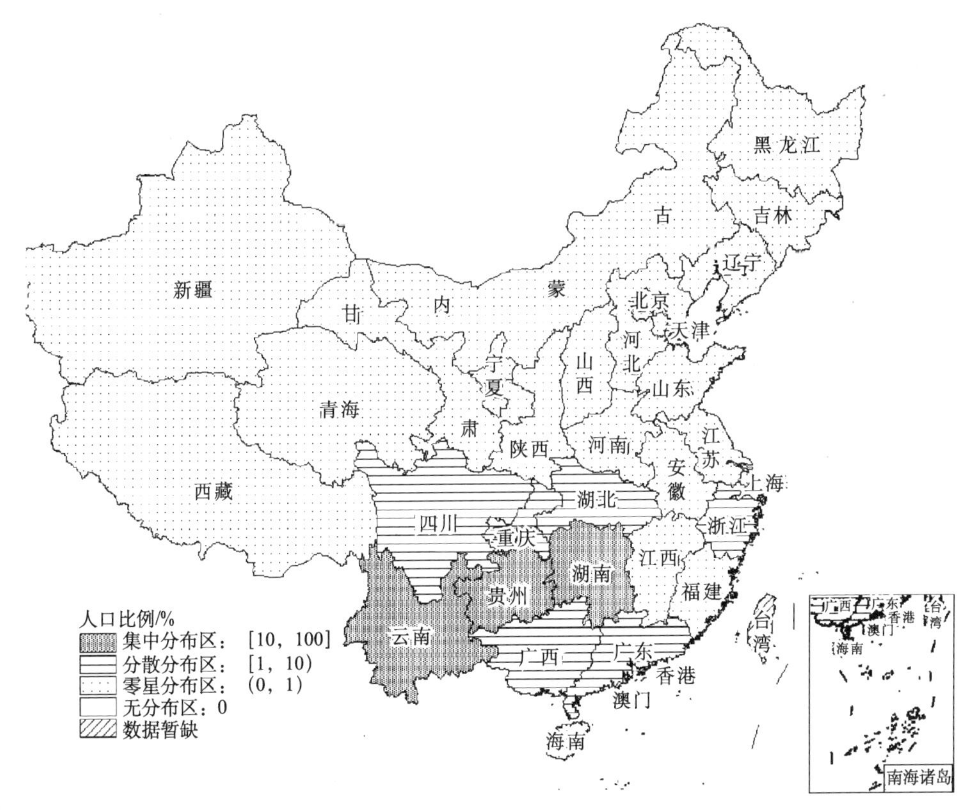

图 12-4　苗族分布的省域格局

在人口构成比重分布上，最高的省份是贵州，其苗族人口构成比重高达 11.42%；较高的省份是湖南、云南、重庆和广西，其苗族人口构成比重均在 1.03%以上；较低的省份是辽宁、山东、陕西、黑龙江、山西、吉林、甘肃，这些省份的苗族人口构成比重均在0.009%以下；最低的省份是河南，只有0.004%。

在性别比分布上，就苗族人口分布比重的集中分布区和分散分布区而言，苗族性别比最高的省份是广东，达到128.42；较高的省份是广东、浙江和湖北，均在113.04以上；较低的省份是云南、四川、湖南、重庆、贵州，这些省份的苗族性别比均在107.02以下；最低的省份是广西，只有103.04。

在人口城镇化率分布上，就苗族人口分布比重的集中分布区和分散分布区而言，最高的省份是广东，达到82.88%；较高的省份是浙江，其苗族人口城镇化率为61.63%；较低的省份是重庆、湖北、湖南、贵州、广西、四川，这些省份的苗族人口城镇化率均在29.56%以下；最低的省份云南，只有11.04%。

2. 聚居分布格局

苗族聚居区较多，主要分布在贵州、湖南、云南、重庆、广西、湖北、四川和广东等省份。在全国苗族共有6个地市级聚居区、20个县区级聚居区和236个乡镇级聚居区（中华人民共和国民政部，2011）：第一，6个地市级聚居区——恩施土家族苗族自治州、湘西土家族苗族自治州、黔东南苗族侗族自治州、黔南布依族苗族自治州、黔西南布依族苗族自治州、文山壮族苗族自治州；第二，20个县区级聚居区——城步苗族自治县、靖州苗族侗族自治县、麻阳苗族自治县、融水苗族自治县、秀山土家族苗族自治县、酉阳土家族苗族自治县、彭水苗族土家族自治县、威宁彝族回族苗族自治县、松桃苗族自治县、镇宁布依族苗族自治县、紫云苗族布依族自治县、关岭布依族苗族自治县、印江土家族苗族自治县、务川仡佬族苗族自治县、道真仡佬族苗族自治县、屏边苗族自治县、禄劝彝族苗族自治县、金平苗族瑶族傣族自治县、琼中黎族苗族自治县、保亭黎族苗族自治县，其中有5个单一民族自治县；第三，236个乡镇级聚居区——贵阳市花溪区高坡苗族乡、清镇市流长苗族乡、息烽县青山苗族乡、水城县红岩布依族彝族苗族乡、遵义县洪关苗族乡、蒙自市期路白苗族乡等。

三、发展变化

自新中国成立以来，苗族人口总体呈增长的趋势（国务院人口普查办公室，1983；国务院人口普查办公室，国家统计局人口和就业统计司，1993，2002，2012）。如图12-5所示，从“一普”到“六普”，全国的人口增长幅度为130.65%，少数民族的人口增长幅度为227.29%，苗族的人口增长幅度为278.42%，同比高于全国和少数民族。苗族的各次普查之间的年平均增长率从“一普”到“四普”均呈上升趋势，“四普”时人口年均增长率达到最高，为4.94%，从“四普”到“六普”均呈下降趋势。

2010年与2000年相比，苗族人口构成比重变化存在较大的省份差异。人口构成比重下降的省份有吉林、西藏、甘肃、河南、黑龙江、山西、新疆、广西、湖北和贵州，其中，下降最大的省份是贵州，下降了0.78%。除以上省份外，其余省份的人口构成比重均为上升，上升较大的省份是浙江、福建和云南，其中，上升最大的省份是浙江，达到0.45%。

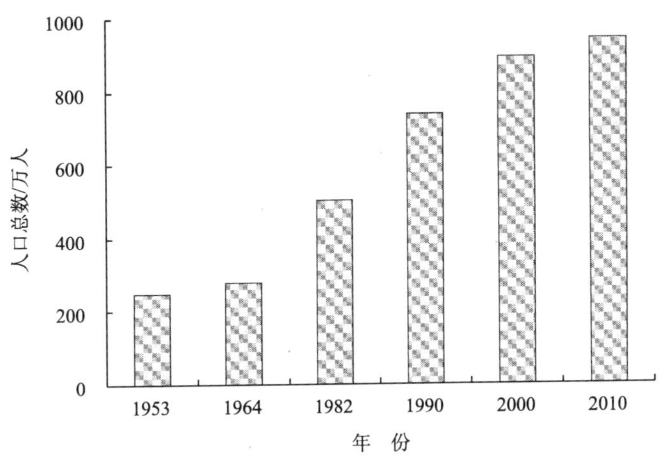

图 12-5　苗族历次普查的人口变化情况

以受教育状况和人口预期寿命而论，全国苗族 6 岁及以上未受教育人口占其总人口比例从 2000 年的 15.28%下降到 2010 年的 9.26%，其受教育率提升了 6.02%，提高的幅度位居全国第 17 位。小学受教育人口占其总人口比例从 2000 年的 45.36%下降到 2010 年的 41.59%；中学的受教育人口占其总人口比例从 2000 年的 24.19%上升到 2010 年的 35.46%；大学的受教育人口占其总人口比例从 2000 年的 1.27%上升到 2010 年的 3.90%；研究生受教育人口占其总人口比例从 2000 年的 0.01%上升到 2010 年的 0.08%。总体来看，苗族人口的受教育程度呈上升趋势。到 1990 年，苗族人口的平均预期寿命为 64.37 岁，男性人口平均预期寿命为 63.57 岁，女性人口平均预期寿命为 65.24%。

第五节　支系、苗语方言及苗族医学

一、支　　系

苗族是拥有灿烂文化的少数民族。依据苗族内部服饰、语言和风俗习惯的差异，可以将苗族支系划分为：湘西、黔东南、川黔滇、滇东北、贵阳、惠水、麻山、罗泊河、重安江和海南岛 10 个支系（王慧琴，1988）。

二、苗 语 方 言

苗语包括湘西、黔东、川黔滇三个方言（王辅世，应琳，2007）。湘西方言又包括两个土语：东部土语和西部土语。黔东方言包括 3 个土语：东部土语、北部土语和南部土语。川黔滇方言包括川黔滇、滇东北、贵阳、惠水、麻山、罗泊河、重安江 7 个次方言。川黔滇方言的次方言又分为多个土语。苗族除使用苗语外，还使用其他的语言。诸如，属于汉藏语系苗瑶语族的巴那语（Bana，or Pana）是苗族一支使用的语言（陈其光，2007），是一种处于濒危等级的濒危语言①，分布在湖南城步县、绥宁县的黄双坪。另外，在一些地域交接地带的苗族还使用其他民族的语言，如在广西壮族自治区三江侗族自治县、湖南省通道侗族自治县和贵州省黎平县的一部分苗族说侗语；海南岛的苗族说瑶族勉语的金门土语（王辅世，应琳，2007）。

三、医　　学

苗族医学源远流长而自成体系，尤以其内病外治的疗法而闻名，成为民族医药的一枝奇葩。苗族先民的早期医药活动是与以苗巫文化相结合的“巫医合一”为特征，18世纪初以来受中原文化影响而逐渐成熟。

苗医认为，人体患病与不良的自然环境、气候有很密切的关系，如日、月、寒、暑、风、霜、雨、露、雾等都可形成有害物质影响人体健康。另外，饮食不调、劳累过度、情绪不定等，也是导致各种疾病发生的重要原因。

苗医对疾病有详细的分类，如“病有一百单八症”的说法，一般有经、症、翻、胎、抽、丹、癀、花、疔、疮、龟等类。经类以发热、抽搐、昏迷或疼痛为主症；症类以疼痛、吐泻、发热、咳嗽、出血、痘、疹等为主症；翻类指烈日下久晒或感受瘴岚秽浊之气所致的各种急症；胎病系儿童因营养不良或微量元素缺乏所致的消瘦神疲、毛发干枯、厌食好哭、夜眠惊惕等症；抽病是初生小儿对各种有害环境不适应性或过敏性疾病；丹类是发病后出现皮疹（色红如涂丹）的疾病；癀类是发病后形成大片红肿热痛的硬块，伴全身寒热症状的疾病；花类为因癀类失治误治而致的皮肤红肿溃烂、腐肉外翻突起（形如花状）的疾病；疔类是人体暴露部位的一种急性皮肤病，极易传染，因其病灶形小根深，顽硬如钉而得名；疮类是病灶表浅的一类皮肤病；龟类是长在腹内形似龟背的各种包块。

苗医有望、听、嗅、问、摸、弹等诊断方法。望诊主要望形态、神志、面色、眼球、四毛（头发、眉毛、睫毛、毫毛）、口舌、耳壳、鼻、指纹、指甲、手掌、二便、病灶等诊断的方法；听诊主要听病人说话、呻吟、咳嗽、呼吸、打呃、肠鸣、排屁等声音变化诊断疾病；嗅诊是医生嗅病人的体气、口气及排泄物、分泌物的气味变化以诊断疾病；问诊主要为发病时辰、冷热、疼痛、汗出、饮食、睡眠、二便、经带等诊断；摸诊主要指摸脉及病人体表的有关部位诊断；弹诊是医者用五指提弹患者腋前、肩背、脊旁、肘窝、胭窝等处大筋或皮肤来诊断的方法。

苗医在理论上有“两病两纲”之说，即将一切疾病归纳为冷病、热病两大类，“两纲”即“冷病热治、热病冷治”两大法则，疗法有20余种，包括放血疗法、刮治法、爆灯火疗法等。

参　考　文　献

陈海汶，陈鸣华．2009．和谐中华：中国的56个民族剪影．上海：上海文化出版社：41．

陈其光．2007．巴那语//孙宏开，胡增益，黄行，等．中国的语言．北京：商务印书馆：1602-1612．

① 本段语言濒危来源见本书附录“濒危语言”。

国务院人口普查办公室. 1983. 第三次全国人口普查手工汇总资料汇编（第4册）. 北京：国务院人口普查办公室.

国务院人口普查办公室，国家统计局人口和就业统计司. 1993. 中国1990年人口普查资料. 北京：中国统计出版社.

国务院人口普查办公室，国家统计局人口和就业统计司. 2002. 中国2000年人口普查资料. 北京：中国统计出版社.

国务院人口普查办公室，国家统计局人口和就业统计司. 2012. 中国2010年人口普查资料（上）. 北京：中国统计出版社.

李树春. 2010. 中国少数民族遗传学概论. 北京：中央民族大学出版社.

李廷贵，王慧琴. 1986. 苗族//中国大百科全书编委会. 1986. 中国大百科全书·民族卷. 北京：中国大百科全书出版社：298-301.

《苗族简史》编写组，《苗族简史》修订本编写组. 2009. 苗族简史. 修订版. 北京：民族出版社：10-24.

石茂明. 2002. 苗族//赫时远，任一飞，陈英初，等. 2002. 中国少数民族分布图集. 北京：中国地图出版社：47-52.

王辅世，应琳. 2007. 苗语//孙宏开，胡增益，黄行，等. 2007. 中国的语言. 北京：商务印书馆：1486-1506.

王慧琴. 1988. 关于苗族支系的研究. 贵州民族研究，9（2）：119-125.

叶禾. 少数民族民居. 2008. 北京：中国社会科学出版社：81.

郑度，等. 2008. 中国生态地理区域系统研究. 北京：科学出版社：136-132.

中国大百科全书编委会. 1988. 中国大百科全书·语言文字. 北京：中国大百科全书出版社.

中国大百科全书编委会. 2009. 中国大百科全书·16卷. 第2版. 北京：中国大百科全书出版社.

中华人民共和国民政部. 2011. 中华人民共和国乡镇行政区划简册（2011）. 北京：中国统计年鉴出版社.

第十三章　满族民族地理

满族属于蒙古人种北方类型。我国满族人口 10 387 958 人（国务院人口普查办公室，国家统计局人口和就业统计司，2012）。满族源于我国古代东北的肃慎集团，今主要分布在东北地区。满族至清统一全国，对中华民族的空间格局产生过重要影响。有清一代，是中华民族各族寻求“正统”的最后“自发”阶段。清后期因西方国族视野的进入，中华民族各少数民族在“正统”地位奠定的基础上向中华民族的“自觉”阶段演进，使得中华民族的“多元一体”以文化自觉而奠定。

第一节　历史渊源

满族先民可追溯到北宋至明朝的女真、隋唐的靺鞨、北朝的勿吉、汉朝的挹娄，以及夏、商、周前的肃慎①，一直生活在长白山以北、黑龙江中下游、乌苏里江流域称作“白山黑水”的广阔地区。五代时，黑龙江流域的粟末靺鞨人建立渤海国，至辽天显元年，太祖耶律阿保机灭渤海国，把大量渤海人南迁入辽籍，一部黑水靺鞨人随渤海人南迁，契丹称为熟女真，而留在原地的黑水靺鞨人被称为生女真。后来生女真人中的完颜部壮大，灭辽建立金朝。12 世纪中国北方蒙古族兴起，女真人从此置于元朝统治之下。元亡明兴，女真人分为建州女真、海西女真、野人女真三大部，是满族形成独立民族的主体。明朝初年，生活在东北边远地区的女真语部落逐渐南迁。17 世纪初，建州女真首领、猛哥帖木尔的六世孙努尔哈赤统一女真各部，后皇太极在天聪九年（1635 年）将女真改称满洲，满族正式形成（胡增益，1986；中国大百科全书编委会，2009；《满族简史》编写组，《满族简史》修订本编写组，2009）

第二节　人种类型与体质特征

满族属于蒙古人种北方类型。其体质特征（李树春，2010）表现为：身材中等；头型多圆头型、高头型和阔头型；面型多为狭面型和中面型；发旋，男性胡须少；眼裂开度中等，眼裂斜度外高内低，无蒙古褶，上眼睑褶皱少；鼻根中等偏低，鼻梁直，鼻尖及鼻基部水平，鼻翼微突，鼻宽大于两眼内角宽；耳垂多三角形，耳壳大多无达尔文结节；口宽中等，正唇型，红唇中等偏薄。

---

① 肃慎，中国东北古代民族，亦作“息慎”、“稷慎”等。传说舜、禹时代已与中原有联系。其分布，大体在今长白山以北，西至松嫩平原，北至黑龙江中下游广大地区。远在 3000 年以前，肃慎人的社会发展已经出现不平衡的状态：分布在松嫩平原的肃慎人，可能农耕有了初步的发展；在长白山以东及以北的更多肃慎部落，则以渔猎和狩猎生活为主，还处在发展水平较平原地区各部落稍低的状态。史书记载，战国以后，只见挹娄而不见肃慎，直至三国、两晋时，肃慎之名又重新出现。史学家有不同看法：一说当时肃慎为挹娄所阻隔，不得来朝，其名遂隐；一说挹娄即肃慎之改称，故两名互见。而南北朝时的勿吉，隋唐时的靺鞨，辽金元明时的女真，史家多认为是属于肃慎系统的中国古代民族，与肃慎有密切的渊源关系（王钟翰，1986）.

第三节　语言文字、服饰、民居、信仰及习俗

满族长期生活于东北地区，今主要分布在辽宁省、河北省、黑龙江和吉林省（赫时远等，2002）。其生活地区位于《中国生态地理区域系统》中的三江平原湿地区（ⅡA1），小兴安岭长白山地针叶林区（ⅡA2），松辽平原东部山前台地针阔叶混交林区（ⅡA3），松辽平原中部森林草原区（ⅡB1），华北山地落叶阔叶林区（ⅢB3），辽东胶东低山丘陵落叶阔叶林-人工植被区（ⅢA1），大兴安岭南段草原区（ⅡC2），内蒙古东部草原区（ⅡC3），华北平原人工植被区（ⅢB2）（郑度等，2008）。该区民族生存的主要地理环境类型是森林、平原、山地、河流等，在与这样的地理环境之间、在与相邻地区之间、在与有关民族之间的协调共生中，满族逐渐形成了具有一定特色的社会文化。

满语是满族的本民族语言，她属于阿尔泰语系满-通古斯语族满语支（中国大百科全书编委会，1988），已是一种处于垂危等级的濒危语言。满族有本民族文字——属拼音文字类型的满文。由于满族与汉族在经济、文化、生活上交往密切，通用汉文（中国大百科全书编委会，1986）。满族的生活环境决定了满族传统的森林狩猎和采集业，现多事农业。满族的主要服饰特别是盛典服饰如图 13-1 所示（陈海汶，陈鸣华，2009）。满族服饰体系复杂，性别、年龄、活动场所、季节、传统上的身份地位等，都有不同的服饰类型，但一般主要有旗袍（即长袍）、马褂、坎肩、套裤四种服饰类型。满族的服饰色彩多以淡雅的白色、蓝紫色为主，红、粉、淡黄、黑等色也是其服饰的常用色。白色在满族服饰中是一个重要的颜色，因为满族传统上白色为洁、为贵，象征着吉祥如意。旗袍是满族妇女最具有民族标志性的服饰。满族建筑的结构较为复杂，农村房屋正房一般为三间或五间，其结构如图 13-2 所示，因坐北朝南便于采光，均在东端南边开门，形如口袋，俗称“口袋房”（又称“斗房”、“筒子房”）。东西各有厢房，配以门

图 13-1　满族服饰（陈海汶，陈鸣华，2009）

摄影：陈海汶；拍摄时间：2008 年 11 月 25 日；

拍摄地点：中国吉林省长春市九台市其塔木镇刘家村八社腰哈什玛满族自然屯

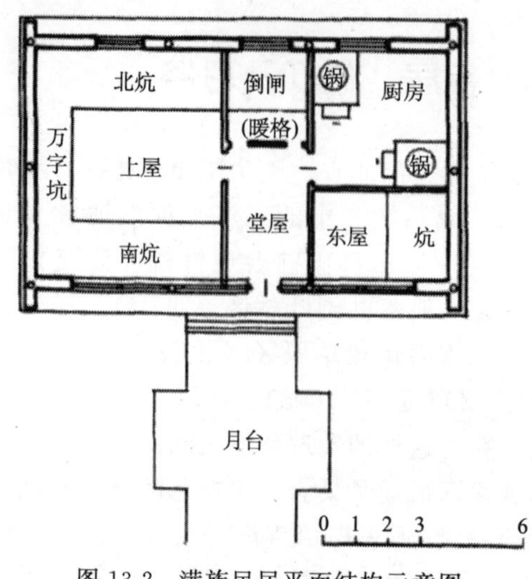

图 13-2 满族民居平面结构示意图
(金正镐，2009)

房，这便构成通常所说的四合院。房屋多为起脊砖瓦房，俗称“海青房”。房柱皆插地，门向南开，高大宽敞。房内正对门一间谓堂屋，又称外屋，设厨灶锅台、水缸，灶通西内室火炕，火炕，满语称“土瓦”。从堂屋西墙开门为里屋，为南、北、西三面构成“万字坑”或“蔓枝炕”。饮食习惯上满族喜吃黏食，这与满族的生活条件及习性有关。东北地区天气极寒，黏食耐饿，便于远程外出从事狩猎活动和军事征战。满族菜肴以肉食为主，猪羊肉为大宗，多以烧、烤烹法为主，这与满族长期从事渔猎生产有关，故有“满菜多烧烤，汉菜多羹汤”之说。北方冬天天气寒冷，没有新鲜蔬菜，满族民间常以秋冬之际腌渍的大白菜（即酸菜）为主要蔬菜。

满族信仰的宗教有萨满教、佛教、喇嘛教。满族实行一夫一妻的婚姻制度。满族先人丧葬形式有天葬、火葬、水葬、土葬和树葬等，现主要是火葬，土葬有二次葬的习俗。

第四节 空间结构及其发展变化

一、构成结构

全国第六次人口普查数据（国务院人口普查办公室，国家统计局人口和就业统计司，2012）表明，满族的人口构成有如下特点：①在性别构成方面，人口性别比为108.34，高于全国的104.90，居第9位。②在人口存活率方面，15～64岁妇女产婴存活率为99.10%，高于全国的98.78%，居第4位。③在城镇化率方面，人口城镇化率为43.74%，低于全国的50.27%，居第17位。④在就业状况方面，就业率为97.45%，低于全国的97.46%，居第40位。在三次产业从业人口比例中（图13-3），第一产业最高，第三产业次之，最低为第二产业，分别为58%、27%和15%。其中，第三产业从业人口中，比例最高的是批发和零售业，占第三产业从业人口的27.72%；较高的是交通运输、仓储和邮政业，占14.91%。⑤在人口年龄结构方面，人口最多的年龄段为20～24岁，较多的年龄段为40～44岁和45～49岁，这三个年龄段的人口数占其总人口的28.34%。⑥在婚姻状况方面，15岁及以上人口的婚姻率为77.35%，低于全国的78.40%，居第14位。⑦在受教育程度方面，6岁及以上人口的受教育率为97.86%，高于全国的95.00%，居第11位。

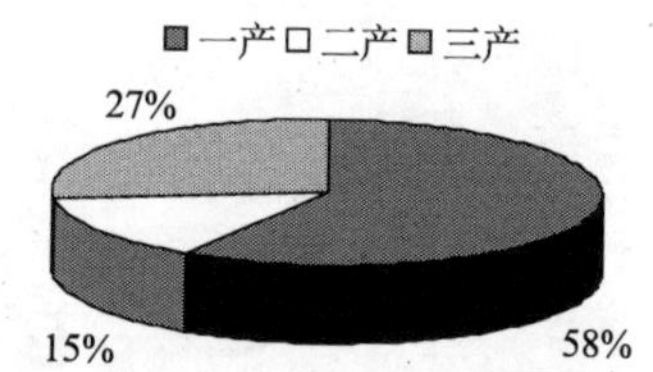

图 13-3 满族三次产业从业人口比例

二、分布格局

1. 省域分布格局

全国第六次人口普查数据（国务院人口普查办公室，国家统计局人口和就业统计司，2012）表明，满族人口分布比重和人口构成比重最高的省域在我国各省、自治区和直辖市的分布上，呈现出主要集中分布在东北的特点。同时，性别比和人口城镇化率省份差异较大。

在人口分布比重分布上，满族的分布表现为三种区域类型，即集中分布区、分散分布区和零星分布区（图 13-4）。集中分布区是辽宁和河北，这两个省份满族的人口总数为 7 506 206 人，占全国满族总人口数量的比例约为 72.26%。其中，满族人口总数排在第一位的省份是辽宁，达到 5 336 895 人，占全国满族总人口数量的比例约为 51.38%。分散分布区是吉林、黑龙江、内蒙古和北京，这些省份满族的人口总数为 2 403 182人，占全国满族总人口数量的比例约为 23.13%。除上述省份外其他均属于零星分布区，这些省份的满族人口总数为 478 570，占全国满族总人口数量的比例约为 4.61%，在零星分布区中满族人数最少的省份是西藏，有 718 人。

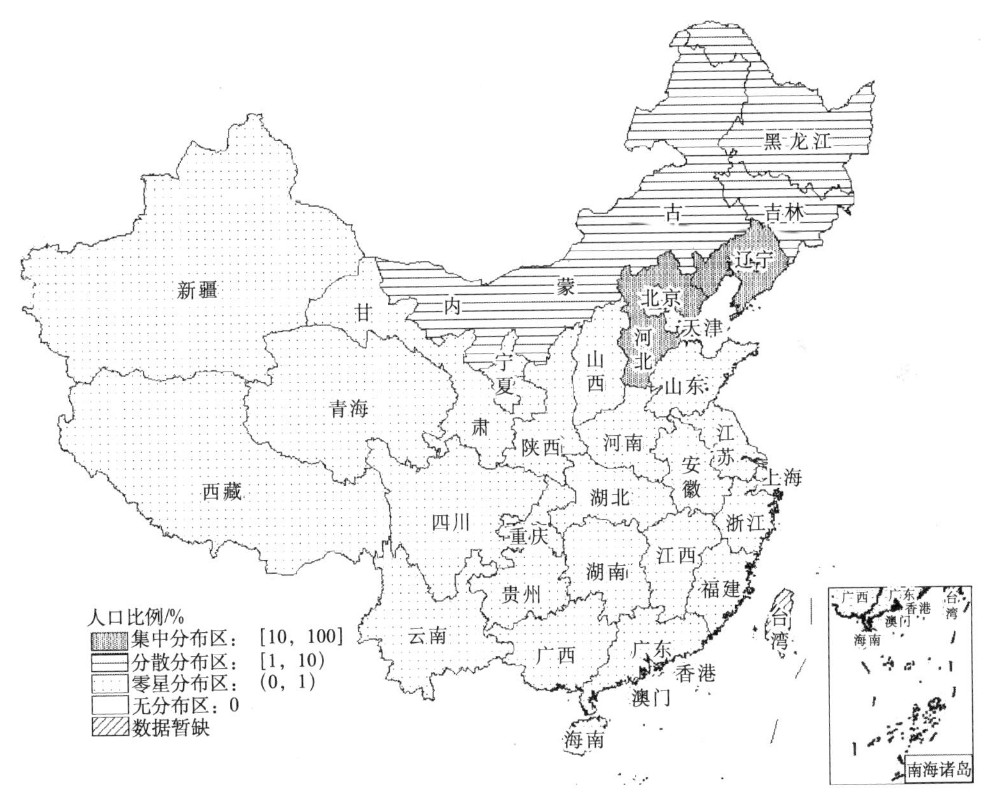

图 13-4　满族分布的省域格局

在人口构成比重分布上，最高的省份是辽宁，达到 12.29%；较高的省份是吉林、河北、黑龙江、内蒙古和北京，其满族人口构成比均在 1.70%以上，较低的省份是四川、重庆、安徽、湖南，其满族人口构成比均在 0.02%以下；最低的省份是江西，只有 0.011%。

在性别比分布上，就满族人口分布比重的集中分布区和分散分布区而言，满族性别比最高的省份是黑龙江，达到 124.26；较高的省份是吉林和河北，均在 106.00 以上；较低的省份是内蒙古和辽宁，满族性别比均在 106.00 以下；最低的省份是北京，只有 99.94。

在人口城镇化率分布上，就满族人口分布比重的集中分布区和分散分布区而言，满族人口城镇化率最高的是北京，达到 84.31%；较高的省份是内蒙古和辽宁，均在 40.25%以上，较低的省份是辽宁、河北，其满族人口城镇化率均在 40.30%以下，最低的是黑龙江，只有 35.32%。

2. 聚居分布格局

满族聚居区较多，主要分布在河北、内蒙古、辽宁、吉林、黑龙江等省份，在全国满族共有 11 个县区级聚居区和 144 个乡镇级聚居区（中华人民共和国民政部，2011）：第一，11 个县区级聚居区——青龙满族自治县、丰宁满族自治县、围场满族蒙古族自治县、宽城满族自治县、新宾满族自治县、岫岩满族自治县、清原满族自治县、本溪满族自治县、桓仁满族自治县、宽甸满族自治县、伊通满族自治县，其中有 10 个是单一民族自治县；第二，144 个乡镇级聚居区——密云县檀营满族蒙古族乡（地区）、怀柔区喇叭沟门满族乡、怀柔区长哨营满族乡、遵化市东陵满族乡、涞水县娄村满族乡、双滦区西地满族乡、科尔沁右翼前旗满族屯满族乡、赤峰市松山区当铺地满族乡、喀喇沁旗十家满族乡、凉城县曹碾满族乡、康平县柳树屯蒙古族满族乡、宁安市江南朝鲜族满族乡、黑河市爱辉区四嘉子满族乡、黑河市爱辉区坤河达斡尔族满族乡、孙吴县沿江满族达斡尔族乡等。

三、发展变化

自新中国成立以来，满族人口总体呈增长的趋势（国务院人口普查办公室，1983；国务院人口普查办公室，国家统计局人口和就业统计司，1993，2002，2012）。如图 13-5 所示，从“一普”到“六普”，全国的人口增长幅度为 130.65%，少数民族的人口增长幅度为 227.29%，满族的人口增长幅度为 332.97%，同比高于全国和少数民族。满族各次普查之间的年均增长率从“一普”到“四普”均呈上升趋势，“四普”达到最大，为 10.90%；“四普”到“六普”呈下降趋势。

2010 年与 2000 年相比，满族人口构成比重变化存在较大的省份差异。人口构成比重上升的省份为天津、上海、海南、西藏、山东、浙江、广东、江苏、重庆、贵州、四川、广西、福建和云南，其中上升最大的是天津，上升了 0.07%。除上述省份外，其余省份人口构成比重均下降，其中下降最大的省份是黑龙江，为 0.91%。

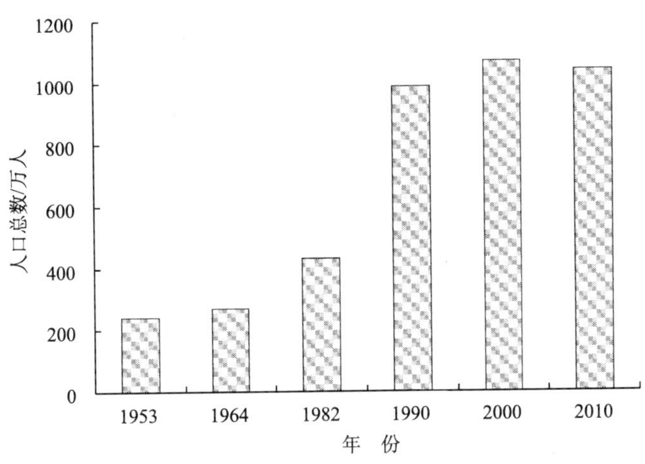

图 13-5　满族历次普查的人口变化情况

以受教育状况和人口预期寿命而论，全国满族 6 岁及以上未受教育人口占其总人口比例从 2000 年的 4.29%下降到 2010 年的 1.99%，其受教育率提升了 2.30%，其提高的幅度位居全国第 37 位。小学受教育人口占其总人口比例从 2000 年的 34.89%下降到 2010 年的 25.37%；中学受教育人口占其总人口比例从 2000 年的 48.91%上升到 2010 年的 54.94%；大学受教育人口占其总人口比例从 2000 年的 4.39%上升到 2010 年的 10.14%；到 2010 年止，有 0.42%的满族人口接受了研究生教育。到 1990 年，满族人口的平均预期寿命为 71.98 岁，男性人口平均预期寿命为 70.69 岁，女性人口平均预期寿命为 73.64 岁。

参　考　文　献

陈海汶，陈鸣华. 2009. 和谐中华：中国的 56 个民族剪影. 上海：上海文化出版社：81.

国务院人口普查办公室. 1983. 第三次全国人口普查手工汇总资料汇编（第 4 册）. 北京：国务院人口普查办公室.

国务院人口普查办公室，国家统计局人口和就业统计司. 1993. 中国 1990 年人口普查资料. 北京：中国统计出版社.

国务院人口普查办公室，国家统计局人口和就业统计司. 2002. 中国 2000 年人口普查资料. 北京：中国统计出版社.

国务院人口普查办公室，国家统计局人口和就业统计司. 2012. 中国 2010 年人口普查资料（上）. 北京：中国统计出版社.

赫时远，任一飞，陈英初，等. 2002. 中国少数民族分布图集. 北京：中国地图出版社：275-280.

胡增益. 1986. 满族//中国大百科全书编委会. 1986. 中国大百科全书・民族卷. 北京：中国大百科全书出版社：269-272.

金正镐. 2009. 东北地区传统民居与居住文化研究. 中央民族大学博士学位论文：73.

李树春. 2010. 中国少数民族遗传学概论. 北京：中央民族大学出版社.

《满族简史》编写组，《满族简史》修订本编写组. 2009. 满族简史. 修订版. 北京：民族出版社.

王钟翰. 1986. 肃慎//中国大百科全书编委会. 中国大百科全书·民族卷. 北京：中国大百科全书出版社：269-272.
郑度，等. 2008. 中国生态地理区域系统研究. 北京：科学出版社：130-132.
中国大百科全书编委会. 1986. 中国大百科全书·民族卷. 北京：中国大百科全书出版社.
中国大百科全书编委会. 1988. 中国大百科全书·语言文字. 北京：中国大百科全书出版社：278.
中国大百科全书编委会. 2009. 中国大百科全书·卷15. 第2版. 北京：中国大百科全书出版社.
中华人民共和国民政部. 2011. 中华人民共和国乡镇行政区划简册（2011）. 北京：中国统计年鉴出版社.

第十四章　壮族民族地理

壮族属于蒙古人种南方类型。我国壮族人口 16 926 381 人（国务院人口普查办公室，国家统计局人口和就业统计司，2012）。壮族与古代越人有渊源关系，是古代西南地区较为庞大的族群。今壮族主要分布于广西、云南、广东等省区。壮族是典型的山地民族，这在其社会文化特征中体现明显。壮族也是中越之间非主体型跨界民族，在越南称岱、侬族。

第一节　历史渊源

壮族与古代越（即“越”或“百越”[①]）有渊源关系，而 50.0～20.0ka BP 前的柳江人、麒麟山人、桂林甄皮岩人等皆与古代越人有关联（范宏贵，1986；中国大百科全书编委会，2009；《壮族简史》编写组，《壮族简史》修订本编写组，2009）。古代越人，壮语叫“布越”与今广西大部分壮族自称相关。秦汉以前，居住在岭南的民族统称为“蛮”、“蛮夷”、“百粤”，后来“西瓯”、“骆越”才渐见载，均指岭南民族群体。东汉以后，有关西瓯、骆越的记载逐渐消失，继而出现了乌浒、僚、俚、僮、俍、壮、土等名称。隋唐时代，史书关于僚俚的记述很多，而且往往与僚俚并称。“僮”这一族称始载于宋人范成大《桂海虞衡志》言：“庆远、南丹之民呼为撞”。到了清代，史籍中关于“壮”族的记载日渐普遍，称谓更多，有布爽、布侬、布衣、布土、布板、布陇等。新中国成立后，经过民族识别，统一称为“僮”族，1965 年改称为“壮”。

第二节　人种类型与体质特征

壮族是典型的蒙古人种南方类型。其体质特征表现为：亚中等身材；面型较宽，属

① “百越”是中国南方古代越人各族的总称。战国时称百越，文献上亦作百粤、粤。对于其来源，近来学者颇重视从新石器时代文化中去探讨，有的学者推断分布于中国东南和南方包含印纹陶的诸文化，其创造者应是越或百越的先人。文献记载商朝的蛮或荆蛮，大概也包括了古代越族。甲骨文中已有粤字，它与越族有何关系尚需研究，但商时越族或其先民在中国南方的散布，已有文献可证。越人分布的范围，有的说在江南，有的说自会稽至交趾，有的认为包括中国南方和越南北部地区，有的还认为应包括现在的中南半岛诸国。按较通行的研究意见，主要应在今中国江苏、浙江、江西、福建、台湾、广东、广西、安徽、湖南诸省区和越南北部。“百越”作为一种泛称还指历史上多有流变的民族族体。秦汉时，泛称中国南方民族为越族，史称“北方胡，南方越”。由于历史的发展和变化，汉初越已逐渐形成几个较强的部分，即东瓯（东海）闽越、南越、西瓯。其族称、住地和活动史迹区别更加明显。东瓯在今浙江省南部的温州一带；闽越在今福建省福州一带；南越在今广东省境，继发展到广西及以南地区；西瓯大概分布在今广东西部、广西南部及以南地区；骆（雒）越主要分布在越南北部。三国时期，在吴国统治区有山越，分布于今安徽、江苏、浙江、江西、福建、湖南、广东、广西等地，与汉族进行密切的政治、经济、文化交流，逐渐同化于汉族。隋唐时，山越还偶见于文献记载，宋以后，即不复出现。此外，三国时在今福建北部有“安家之民”，在今台湾地区有“山夷”；隋时在台湾地区有“流求土人”，这些都是一部分越族的后裔。后来，越、百越这些族称在文献上消失，并不是这些古老民族的消失，而是发生了变化或被其他族称所代替。现在中国南方壮侗语族、苗瑶语族各民族以及东南亚一些民族，都与古代越族有一定的渊源关系（陈国强，1986）。

阔面型；头型较宽，男性多为中头型，女性多为圆头型；直发黑色，褐色眼，眼裂开度中等，眼裂斜度内外平行，男性多无蒙古褶，女性多有蒙古褶；鼻根低，男性鼻梁多为直型和波型，女性多为凸型和波型，鼻尖上翘，鼻翼宽大；唇型多为凸型唇和正型唇，红唇中等偏厚；耳壳多无达尔文结节，耳垂多为圆形、方形和三角形（李树春，2010）。

第三节　语言文字、经济类型、服饰、民居、信仰及习俗

古越人活动地域广泛，今天的壮族集中分布于广西壮族自治区中、西部及与之毗邻的云南省的文山壮族苗族自治州。该区位于《中国生态地理区域系统》中的湘黔高原山地常绿阔叶林区（ⅤA3）东部和云南高原常绿阔叶林、松林区（ⅤA5）（方泰梅，2002；郑度等，2008），是典型的高原山地、丘陵自然地理环境。区内山脉横亘，河流纵横，丘陵广布，有“八山一水一分田”之称，山地、平坝、河流等构成了壮族生存与发展的主要地理环境类型。在与这样的地理环境之间、在与相邻地区之间、在与有关民族之间的协调共生中，壮族逐渐形成了具有一定特色的社会文化。

壮语是壮族的本民族语言，她属于汉藏语系壮侗语族壮傣语支（王均，2007）。壮族有本民族文字——属拼音文字类型的壮文。壮族原有一种方块壮字，是借用汉字表音或表义，或者依照汉字创造出来的新字，用它来记录、创作和传抄壮族歌谣或故事传说（王均，2007）。1955 年，党和人民政府帮助壮族创制了一种以拉丁字母为基础的壮文（中国大百科全书编委会，1986）。

壮族主要从事山地农业，坝区多种植水稻、甘蔗等，山区或山腰多种植玉米、薯类，低纬度地区有香蕉、龙眼、荔枝等水果，兼营手工业和商业。壮族服饰如图 14-1 所示，多为短衣、短裤、短裙、绑腿和长衫、长裤等几种形制。壮族服饰以蓝黑色衣

图 14-1　壮族服饰（陈海汶，陈鸣华，2009）

摄影：陈海汶；拍摄时间：2009 年 3 月 25 日；拍摄地点：中国广西壮族自治区崇左市大新县桃城镇

裙、衣裤式短装为主。男子多穿对襟或右襟上衣，下穿宽腿长裤，系腰带，女子各支系颇多差异。由于壮族先民生活的地区奇寒、潮湿，同时盛产木林，干栏式建筑是壮族传统文化最具民族特色的一个组成部分，栖居山间，形成底层架空结构，有利通风、干爽、降温、饲养特征畜，并与自然融为一体。图 14-2 为对干栏式建筑“千脚落”的结构性解析。壮族饮食文化具有如下特点：带有一定的原始饮食风格，喜好杂食与生食；“重酒重茶水”的饮食习惯；以稻米为主，其他农作物为辅；“北壮”在饮食口味上稍为偏好于酸辣，而“南壮”则比较喜欢甜食；桂北、桂西北等地的壮族，受湖南菜的影响较多，比较喜欢吃带辣味的食物；桂西南、桂南及北部湾一带的南部壮族，饮食方面受广东菜的影响更大一些，爱吃清淡和味甜的食物。

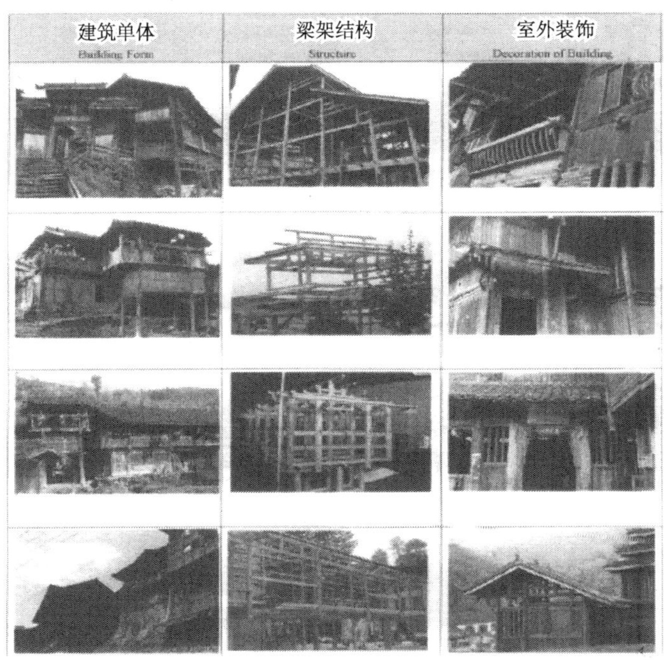

图 14-2 干栏式建筑“千脚落”的结构性解析（实景图）（杨宇振，2002）

壮族没有形成统一的宗教信仰，在民间是巫、麽、师三种并存的局面，尤其笃信万物有灵、灵魂不灭和信奉多神，主要是由原始自然崇拜发展而来的。自然崇拜主要是：土地崇拜、雷神崇拜、太阳崇拜、月亮崇拜、山石崇拜、火神崇拜等。不过，道教、佛教、天主教和基督教在部分壮族地区现在仍有一定影响。壮族以族内婚为主。壮族曾经有过岩洞葬、悬棺葬、屈肢蹲式葬、水葬、火葬、拾骨葬等葬式，民间普遍流行的是拾骨葬。壮族有“二次葬”的传统。

第四节 空间结构及其发展变化

一、构成结构

全国第六次人口普查数据（国务院人口普查办公室，国家统计局人口和就业统计

司，2012）表明，壮族的人口构成有如下特点：①在性别构成方面，人口性别比为105.49，高于全国的104.90，居第15位。②在人口存活率方面，15～64岁妇女产婴存活率为98.76%，低于全国的98.78%，居第8位。③在城镇化率方面，人口城镇化率为34.37%，低于全国的50.27%，居第21位。④在就业状况方面，就业率为98.32%，高于全国的97.46%，居第16位。在三次产业从业人口比例中（图14-3），第一产业最高，第三产业次之，最低为第二产业，分别为69%、17%和14%。其中，第三产业从业人口中比例最高的是批发和零售业，占第三产业从业人口的33.64%；较高的是教育，占12.10%。⑤在人口年龄结构方面，人口最多的年龄段为25～29岁，较多的年龄段为35～39岁和30～34岁，这三个年龄段的人口数占其总人口的26.19%。⑥在婚姻状况方面，15岁及以上人口的婚姻率为77.10%，低于全国的78.40%，居第16位。⑦在受教育程度方面，6岁及以上人口的受教育率为95.25%，高于全国的95.00%，居第20位。

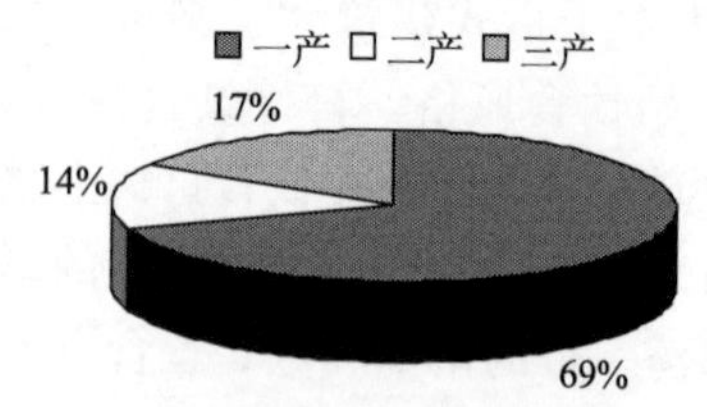

图14-3　壮族三次产业从业人口比例

二、分布格局

1. 省域分布格局

全国第六次人口普查数据（国务院人口普查办公室，国家统计局人口和就业统计司，2012）表明，壮族人口分布比重和人口构成比重最高的省域在我国各省、自治区和直辖市的分布上，呈现出主要集中分布在我国南部的特点。同时，性别比和人口城镇化率省份差异较大。

在人口分布比重分布上，壮族的分布表现为三种区域类型，即集中分布区、分散分布区和零星分布区（图14-4）。集中分布区是广西，该区壮族的人口总数为14 448 422人，占全国壮族总人口数量的比例约为85.36%。分散分布区是云南和广东，这两个省份壮族的人口总量为2 092 769人，占全国壮族总人口数量的比例约为12.36%。除上述省份外其余均属于零星分布区，这些省份的壮族人口总数为385 190人，占全国壮族总人口数量的比例约为2.28%，其中西藏的壮族人口分布最少，为173人。

在人口构成比重分布上，最高的省份是广西，为31.39%；较高的省份是云南、广东、海南、贵州和浙江，这些省份的壮族人口构成比重均在0.1%以上；较低的省份有西藏、河南、吉林、山西和黑龙江，壮族人口构成比重均在0.006%以下；最低的省份是黑龙江，为0.005%。

在性别比分布上，就壮族人口分布比重的集中分布区和分散分布区而言，壮族性别比最高的省份是广东，达到117.42；较高的省份是云南，在107.00以上，最低的省份是广西，为105.17。

在人口城镇化率分布上，就壮族人口分布比重的集中分布区和分散分布区而言，壮族人口城镇化率最高的省份是广东，达到81.66%；较低的省份是广西，为32.04%，最低的云南省为20.62%。

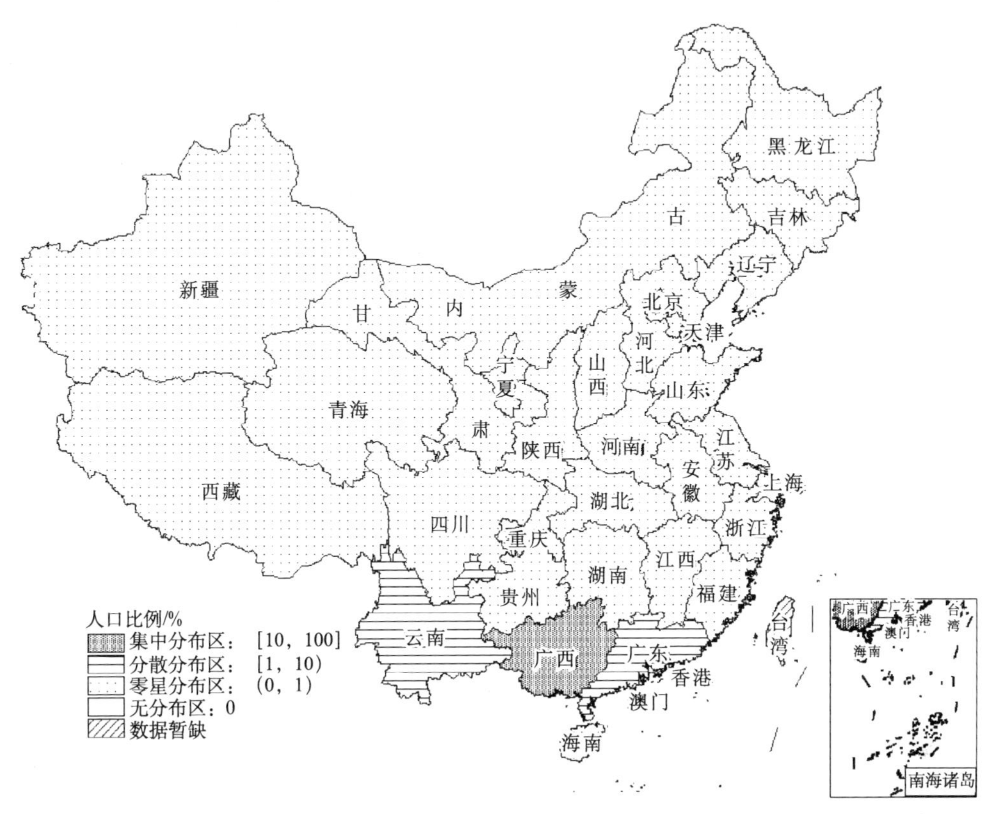

图 14-4　壮族分布的省域格局

2. 聚居分布格局

壮族聚居区较多，主要分布在广西、广东、云南、贵州、湖南等省份，在全国壮族有 1 个省级聚居区、1 个地市级聚居区、1 个县区级聚居区和 9 个乡镇级聚居区（中华人民共和国民政部，2011）：第一，1 个省级聚居去——广西壮族自治区，她是中国最大的壮族聚居区；第二，1 个地市级聚居区——云南文山壮族苗族自治州；第三，1 个县区级聚居地——广东连山壮族瑶族自治县；第四，9 个乡镇级聚居区——永州市江华瑶族自治县清塘壮族乡、肇庆市怀集县下帅壮族瑶族乡、从江县秀塘壮族乡、从江县刚边壮族乡、从江县翠里瑶族壮族乡、师宗县龙庆彝族壮族乡、师宗县五龙壮族乡、师宗县高良壮族苗族瑶族乡、河口瑶族自治县桥头苗族壮族乡。

三、发展变化

自新中国成立以来，壮族人口呈增长的趋势（国务院人口普查办公室，1983；国务院人口普查办公室，国家统计局人口和就业统计司，1993，2002，2012）。如图 14-5 所示，从“一普”到“六普”，全国的人口增长幅度为 130.65％，少数民族的人口增长幅度为 227.29％，壮族的人口增长幅度为 146.58％，同比高于全国而低于少数民族。壮族各次普查之间的年平均增长率从“一普”到“三普”呈上升趋势，“三普”达到最大，为2.63%；“三普”到“五普”呈下降趋势；“五普”到“六普”呈上升趋势。

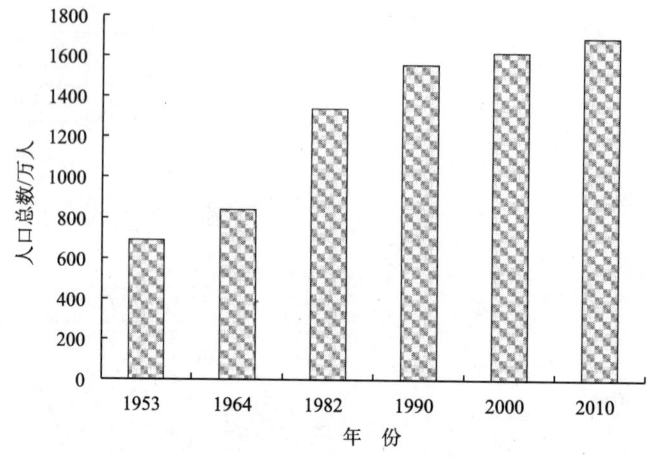

图14-5　壮族历次普查的人口变化情况

2010年与2000年相比，壮族人口构成比重变化存在较大的省份差异。人口构成比重下降的省份为吉林、山西、西藏、黑龙江、新疆、河北、云南、海南和广西，其中，下降最大的省份是广西，约为1.0%。除上述省份外其余省份人口构成比重均上升，上升较大的省份为广东、浙江、上海、福建和北京，其中，上升最大的省份是广东，上升了0.17%。

以受教育状况和人口预期寿命而论，全国壮族6岁及以上未受教育人口占其总人口比例从2000年的5.55%下降到2010年的4.34%，其受教育率提升了1.21%，其提高的幅度位居全国第50位。小学受教育人口占其总人口比例从2000年的42.99%下降到2010年的33.01%；中学受教育人口占其总人口比例从2000年的40.52%上升到2010年的48.77%；大学受教育人口占其总人口比例从2000年的1.88%上升到2010年的5.06%；到2010年止，有0.09%的壮族人口接受了研究生教育。总体来看，壮族人口的受教育程度呈上升趋势。到1990年，壮族人口的平均预期寿命为68.59岁，男性人口平均预期寿命为66.99岁，女性人口平均预期寿命为70.03岁。

第五节　支系、语言使用及壮学

一、支　　系

壮族是我国拥有悠久历史的少数民族，是我国少数民族大家庭中人数较多的民族之一。民族学者通过科学鉴别和考察，依据壮族内部语言的特色将壮族分为三个支系。

据李甫春的研究，壮族分为三大支系：左江流域的“布侬”、右江流域的“布僚”和红水河流域的“布依”。虽然有一些插花交叉地带，但这三大支系是十分明显的，尤其语言上表现为：“布侬”以靖西、龙州话为代表，“布僚”以百色、田阳话为标准音，

“布依”则以南丹、宜州、都安话为样板。虽然“布僚”与“布依”讲的都属于壮话北部方言，但声调有明显的区别。“布侬”则几乎是清一色的讲壮话南部方言。壮族三大支系的形成，与红水河流域的莫氏土司、右江流域的岑氏土司和左江流域的侬氏土司（后改从姓赵、姓李）的上千年统治有很大关系（李甫春，2002）。另外，布央人是中国西南地区的一个少数民族群体，目前云南的布央人归入壮族（李锦芳，2007a）。据历史文献记载，在中国西南民族的历史上有沙人一支。依据新中国成立后进行的民族识别，云南文山等地的沙人成为中国壮族的一个分支（颜洁，2009）。

二、语言使用

壮语包括南部、北部两种方言（王均，2007）。其中，北部方言包括桂北、柳江、红水河、邕北、右江、桂边、邱北、连山8个土语，南部方言包括邕南、左江、德靖、砚广、文马五个土语。壮族除使用壮语外，还使用其他语言。诸如，广西临桂县茶洞乡的壮族使用属于汉藏语系壮侗语族的茶洞语（李锦芳b，2007），是一种处于危险等级的濒危语言。居住在云南省富宁县谷拉乡和广南县的布央人（现归入壮族）使用汉藏语系壮侗语族的布央语（李锦芳a，2007），是一种处于濒危等级的濒危语言，布央语包括东部方言（富宁县、那坡县）和西部方言（广南县）。居住在广西融水苗族自治县内永乐乡19个村寨和三防乡一个村寨的人（民族成分为壮族），使用属于混合语的诶话，是一种处于危险等级的濒危语言。

三、壮　学

现在对壮族的了解，最系统的恐怕就是“壮学”了。“壮学”已经是全球了解壮族的重要窗口。莫眷盛（2011）《壮学论》中说：“壮学”是以壮族为研究对象的一门综合性学科。壮族百科辞典编纂委员会（1993）也说壮学的研究范围非常广泛，涉及社会历史、哲学宗教、语言文字、文学艺术、医药历算、风土民俗、科学技术、农耕生产、经济生活等。还有学者认为，壮学是人文社会科学中一门独立学科，具有综合性和交叉性学科的特点。在这一点上，壮学与现代汉学具有相似性。壮学的兴起与黄现璠（1957a，1957b，1957c，1957d，1957e，2007）的努力有关。黄现璠曾撰述、发表和出版的一系列论著，将壮族当作了明确单一的研究对象，第一次全面、系统的介绍和研究了壮族历史，对后来的壮族研究颇具影响，学者对黄现璠的赞美也颇多。现在，壮学研究已著作颇丰，且学术长青，名贤多多。同时，壮学研究机构、团体及其科目的建立，使得壮学已成为一个充满生命力的学科（莫眷盛，2011）。

参　考　文　献

陈国强．1986．越//中国大百科全书编委会．中国大百科全书·民族卷．北京：中国大百科全书出版社：585-590．

陈海汶，陈鸣华．2009．和谐中华：中国的56个民族剪影．上海：上海文化出版社：57．

范宏贵．1986．壮族//中国大百科全书编委会．中国大百科全书·民族卷．北京：中国大百科全书出版社：585-590.

方泰梅．2002．壮族//赫时远，任一飞，陈英初，等．中国少数民族分布图集．北京：中国地图出版社：59-64.

国务院人口普查办公室，国家统计局人口和就业统计司．1993．中国1990年人口普查资料．北京：中国统计出版社.

国务院人口普查办公室，国家统计局人口和就业统计司．2002．中国2000年人口普查资料．北京：中国统计出版社.

国务院人口普查办公室，国家统计局人口和就业统计司．2012．中国2010年人口普查资料（上）．北京：中国统计出版社.

国务院人口普查办公室．1983．第三次全国人口普查手工汇总资料汇编（第4册）．北京：国务院人口普查办公室.

赫时远，任一飞，陈英初，等．2002．中国少数民族分布图集．北京：中国地图出版社.

黄现璠．1957a．广西僮族反抗压迫史．南宁：广西少数民族社会历史调查组印.

黄现璠．1957b．广西省大新县僮族调查资料．南宁：广西少数民族社会历史调查组印.

黄现璠．1957c．谈壮歌．广西日报．2-10.

黄现璠．1957d．壮族在广西的历史分布情况．广西日报．4-19.

黄现璠．1957e．广西僮族简史．南宁：广西人民出版社.

黄现璠．2007．民族调查与研究40年的回顾与思考（下）．甘文杰（整理）．广西民族研究，21（4）：22-33.

李甫春．2002．小议壮族支系．广西社会科学，18（6）：216.

李锦芳．2007a．布央语//孙宏开，胡增益，黄行，等．中国的语言．北京：商务印书馆：1393-1411.

李锦芳．2007b．茶洞语//孙宏开，胡增益，黄行，等．中国的语言．北京：商务印书馆：1324-1337.

李树春．2010．中国少数民族遗传学概论．北京：中央民族大学出版社：32-33.

莫眷盛．2011．壮学论［2011-07-23．］．http：//www.kamtai.org.cn/Docment/ArticleShow.asp? ArticleID＝1361&Page＝2.（last acceseed at Mar. 4，2013）

王均．2007．壮语//孙宏开，胡增益，黄行，等．中国的语言．北京：商务印书馆：1099-1115.

颜洁．2009．历史文献中的沙人——少数民族支系研究之一．广西民族研究，23（1）：77-87.

杨宇振．2002．中国西南地域建筑文化研究．重庆大学博士学位论文.

郑度，等．2008．中国生态地理区域系统研究．北京：科学出版社.

中国大百科全书编委会．1986．中国大百科全书·民族卷．北京：中国大百科全书出版社.

中国大百科全书编委会．2009：中国大百科全书·卷30．第2版．北京：中国大百科全书出版社.

中华人民共和国民政部．2011．中华人民共和国乡镇行政区划简册（2011）．北京：中国统计年鉴出版社.

中华人民共和国民政部．2011．2011中华人民共和国行政区划手册．北京：中国地图出版社.

《壮族简史》编写组，《壮族简史》修订本编写组．2009．壮族简史．修订版．北京：民族出版社.

第十五章　蒙古族民族地理

蒙古族属于蒙古人种北方类型。我国蒙古族人口 5 981 840 人（国务院人口普查办公室，国家统计局人口和就业统计司，2012）。蒙古族是中蒙之间单边主体型、划界型跨界民族，中俄之间非主体跨界民族。蒙古族于 13 世纪初形成，是典型的草原民族，并建立了全国性政权。蒙古族今主要分布于北方草原地区（云南有一部分），是北方草原民族中数量较多且分布较广的民族之一。有元一代的建立，对中华民族的民族成分和民族格局产生了重要影响，元西征所带回的“色目人”族群复杂，后多因滞留中土从军、从商或其他行业，形成新的民族。

第一节　历史渊源

蒙古族是 13 世纪初年成吉思汗在建立大蒙古国过程中，以蒙古部为主体，吸收和融合聚居于漠北地区诸森林狩猎和草原游牧部落而发展起来的民族（王钟翰，1994）。与古代民族相比，她是一个新的民族。9 世纪中叶，回鹘汗国崩溃后，聚居于望建河（即今额尔古纳河）流域的一个部落，向西迁移，走入以草原植被为主的自然环境，逐渐与久居于蒙古高原的居民融合，由游猎向游牧过渡。13 世纪初，部落集团形成。蒙古部首领铁木真统一蒙古诸部，建立蒙古国。自此，凡由蒙古国统辖的各个部落的居民，统称为蒙古人，蒙古族诞生（刘荣焌，1986；中国大百科全书编委会，2009；《蒙古族简史》编写组，《蒙古族简史》修订本编写组，2009）。

第二节　人种类型与体质特征

蒙古族属蒙古人种北方类型。其体质特征（李树春，2010）表现为：身材高大，指距大于身高；眼裂开度中等，眼裂斜度多为内外平行，多数有上眼睑皱褶和蒙古褶；鼻根中等，鼻被平直，鼻翼微突，多属中鼻型；耳垂男性多为圆形，女性多为圆形和三角形；头型属圆头型和高头型；面型属狭面型；男性属长躯干型，女性属中躯干型，男女均属中胸型、中肩型和中骨盆型；四肢分型属于中腿型和中臂型。

第三节　语言文字、服饰、民居、信仰及习俗

蒙古族长期生活于北方草原地区，其活动区域（除今分布于云南的部分外）主要位于《中国生态地理区域系统》中的内蒙古东部草原区（IIC3），呼伦贝尔平原草原区（IIC4），鄂尔多斯及内蒙古高原西部荒漠草原区（IID1）和阿拉善与河西走廊荒

漠区（IID2），主要是草原地理环境类型。在与这样的地理环境之间、在与相邻地区之间、在与有关民族之间的协调共生中，蒙古族逐渐形成了独特的草原社会文化。

蒙古族本民族的语言蒙古族属于阿尔泰语系蒙古语族蒙古语语种，具有元音丰富而辅音较少，从汉语、突厥语、满-通古斯语、藏语、梵语、希腊语和俄语等借词等特点。蒙古族使用文字可考最早的是回鹘式蒙古文，使用这种文字最早的文献是《也松格碑》（1225 年）。回鹘式蒙古文到 17 世纪时发展成为两支。一支是通行于蒙古族大部分地区的现行蒙古文；一支是只在卫拉特方言区使用的托忒文（道布，1986）。

为了适应温带半干旱气候、辽阔高原地势地貌、草原和森林草原植被等自然地理环境和随季节变化的游牧生活方式，蒙古族形成了具有灵活性或多功能性的、以长袍和靴子为主的服饰系统——首饰、长袍、腰带、靴子（图 15-1）（陈海汶，陈鸣华，2009）。其中，蒙古靴是蒙古族人民在长期的劳动生产和日常生活中创造出来的，非常适应自然环境。现在信教的蒙古族群众基本上信仰喇嘛教。蒙古族饮食大致分为粮食、奶食和肉食三类。便于搬迁和组合的蒙古包是蒙古族最为典型的居所（图 15-2），其演变则是：狩猎者的窝棚—覆盖皮毛的帐幕—有“颈”的毡幕—清代的蒙古包（图 15-3）。蒙古族崇尚一夫一妻制，本家不通婚，历史上实行抢婚和聘婚。蒙古族盛行天葬（又称野葬或弃葬）、火葬、土葬、水葬、木葬丧葬形式。在每年 6～8 月草原上水草最丰美、牛羊最肥壮的季节里，蒙古族多要举行敖包祭祀活动，俗称敖包会。

图 15-1　蒙古族服饰（陈海汶，陈鸣华，2009）
摄影：陈海汶；拍摄时间：2009 年 2 月 14 日；拍摄地点：中国内蒙古自治区锡林郭勒盟东乌珠穆沁旗沙麦苏木白音呼布

图 15-2　北方草原上的蒙古包（现代）（徐英，2006）

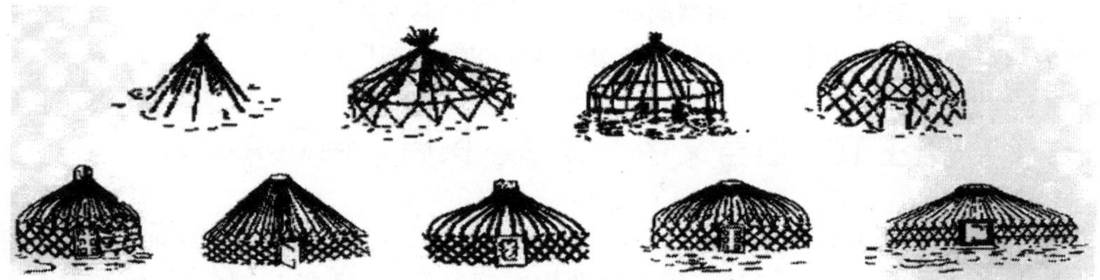

图 15-3　蒙古包的演变（全国图书馆文献缩微复制中心，2002）

第四节　空间结构及其发展变化

一、构 成 结 构

全国第六次人口普查数据（国务院人口普查办公室，国家统计局人口和就业统计司，2012）表明，蒙古族的人口构成有如下特点：①在性别构成方面，人口性别比为100.58，低于全国的104.90，居第40位。②在人口存活率方面，15～64岁妇女产婴存活率为99.00％，高于全国的98.78％，居第6位。③在城镇化率方面，人口城镇化率为46.19％，低于全国的50.27％，居第15位。④在就业状况方面，就业率为97.70％，高于全国的97.46％，居第36位。在三次产业从业人口比例中（图15-4），第一产业最高，第三产业次之，第二产业最低，分别为63％和28％和9％。其中，第三产业从业人口中，比例最高的是批发和零售业，占第三产业从业人口的20.85％；较高的是公共管理和社会组织，占18.25％。⑤在人口年龄结构方面，人口最多的年龄段为20～24岁，较多的年龄段为25～29岁和35～39岁，这三个年龄段的人口数量占其总人口数量的29.16％。⑥在婚姻状况方面，15岁及以上人口的婚姻率为75.37％，低于全国的78.40％，居第27位。⑦在受教育程度方面，6岁及以上人口的受教育率为96.69％，高于全国的95.00％，居第14位。

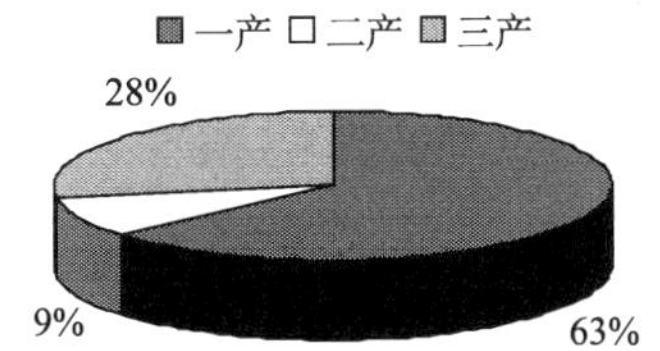

图15-4　蒙古族三次产业从业人口比例

二、分 布 格 局

1. 省域分布格局

全国第六次人口普查数据（国务院人口普查办公室，国家统计局人口和就业统计司，2012）表明，蒙古族人口分布比重和人口构成比重最高的省域在我国各省、自治区和直辖市的分布上，呈现出主要集中在北方地区的特点。同时，性别比和人口城镇化率省份差异较大。

在人口分布比重分布上，蒙古族的分布表现为三种区域类型，即集中分布区、分散分布区和零星分布区（图15-5）。集中分布区是内蒙古和辽宁，这两个省份蒙古族的人口总数为4 883 959人，占全国蒙古族总人口数量的比例约为81.65％。其中，蒙古族人口总数排在第一位的省份是内蒙古，达到4 226 090人，占全国蒙古族总人口数量的比例为70.65％。分散分布区是河北、新疆、吉林、黑龙江、青海、北京和河南，这些省份蒙古族的人口总数为847 675人，占全国蒙古族总人口的比例约为14.17％。除上述省份外其余均属于零星分布区，这些省份的蒙古族人口总数为250 206人，占全国蒙古族总人口数量的比例约为4.18％，其中，西藏的蒙古族人口最少，共307人。

在人口构成比重分布上，最高的省份是内蒙古，其蒙古族人口构成比重为17.10％；较高的省份是青海、辽宁、新疆和吉林，其蒙古族人口构成比重均在0.53％

以上；较低的省份是江西、广西，其蒙古族人口构成比重均在0.008%以下；最低的省份是安徽，只有0.005%。

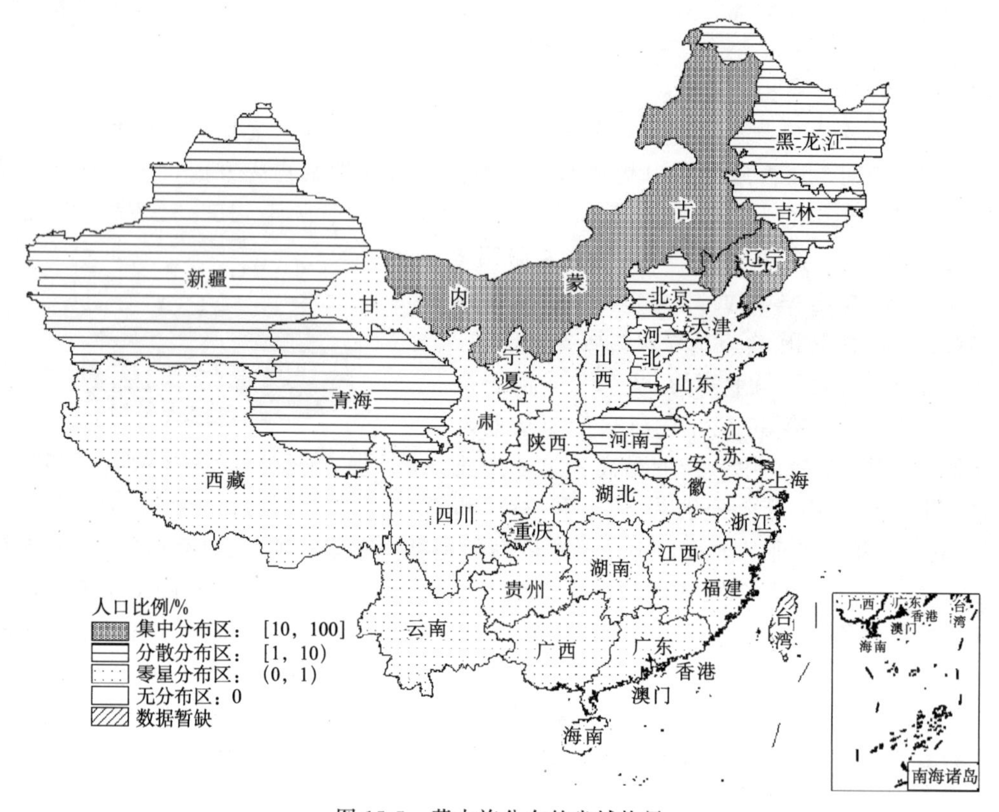

图 15-5 蒙古族分布的省域格局

在性别比分布上，就蒙古族人口分布比重的集中分布区和分散分布区而言，最高的省份是河南，其蒙古族人口性别比为160.61，较高的省份是河北、青海、新疆和黑龙江，其蒙古族人口性别比均在102.09以上；最低的省份是北京，只有91.95。

在人口城镇化率分布上，就蒙古族人口分布比重的集中分布区和分散分布区而言，最高的省份是北京，其蒙古族人口城镇化率为91.31%，较高的是河南、黑龙江、吉林、内蒙古，其蒙古族人口城镇化率均在45.00%以上；较低的省份是新疆、河北、辽宁和青海，其蒙古族人口城镇化率均在42.49%以下，最低的省份是青海，只有38.65%。

2. 聚居分布格局

蒙古族聚居区较多，主要分布在内蒙古、辽宁、吉林、河北、新疆、黑龙江、河南、青海、河南、贵州、四川、北京和云南等省份。在全国蒙古族有1个省级聚居区、3个地市级聚居区、8个县区级聚居区和53个乡镇级聚居区（中华人民共和国民政部，2011）：第一，1个省级聚居地——内蒙古自治区，她是中国最大的蒙古族聚居区；第二，3个地市级聚居区——新疆巴音郭楞蒙古自治州、新疆博尔塔拉蒙古自治州和青海海西蒙古族藏族自治州；第三，8 个县区级聚居区——围场满族蒙古族自治县、喀喇沁左翼蒙古族自治县、阜新蒙古族自治县、前郭尔罗斯蒙古族自治县、杜尔伯特蒙古族自治县、肃北蒙古族自治县、河南蒙古族自治县、和布克赛尔蒙古自治县，且 8 个都是单一民族自治县；第四，53 个乡镇级聚居区——丰宁满族自治县南关蒙古族乡、隆化县庙子沟蒙古族满族乡、木里藏族自治县项脚蒙古族乡、通海县兴蒙蒙古族乡、肃南裕固族自治县白银蒙古族乡、特克斯县呼吉尔特蒙古族乡、尼勒克县科克浩特浩尔蒙古族乡、昭苏县胡松图喀尔逊蒙古族乡等。

三、发展变化

自新中国成立以来，蒙古族人口总体呈增长的趋势（国务院人口普查办公室，1983；国务院人口普查办公室，国家统计局人口和就业统计司，1993，2002，2012）。如图 15-6 所示，从“一普”到“六普”，全国的人口增长幅度为 130.65％，少数民族的人口增长幅度为 227.29％，蒙古族的人口增长幅度为 312.25％，同比高于全国和少数民族。蒙古族各次普查之间的年平均增长率从“一普”到“四普”均呈上升趋势，“四普”时人口年均增长率达到最高，为 4.37％，从“四普”到“六普”均呈下降趋势。

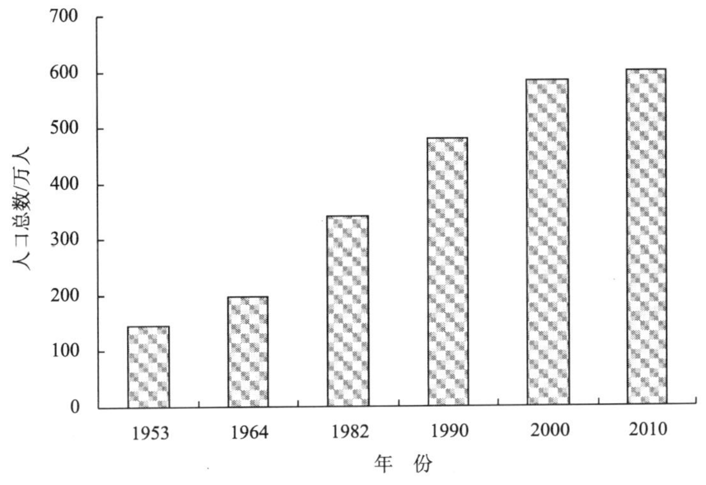

图 15-6 蒙古族历次普查的人口变化情况

2010 年与 2000 年相比，蒙古族人口构成比重变化存在较大的省份差异。人口构成比重上升的省份是北京、天津、宁夏、海南、上海、浙江和陕西，其中，上升最大的是北京，达到 0.12％。除上述省份外其余省份的人口构成比重均下降，其中，下降较大的省份有黑龙江、新疆、辽宁和吉林，下降最大的省份是吉林，为 0.11％。

以受教育状况和人口预期寿命而论，全国蒙古族 6 岁及以上未受过教育人口占其总人口比例从 2000 年的 6.62％下降到 2010 年的 3.04％，其受教育率提升了 3.58％，提高的幅度居全国第 29 位。小学受教育人口占其总人口比例从 2000 年的 34.14％下降到 2010 年的 26.35％；中学的受教育人口占其总人口比例从 2000 年的 45.34％上升到 2010 年的 49.37％；大学的受教育人口占其总人口比例从 2000 年的 4.71％上升到 2010

年的12.64%；研究生受教育人口占其总人口比例从2000年的0.08%上升到2010年的0.44%。总体来看，蒙古族人口的受教育程度呈上升趋势。到1990年，蒙古族男性人口平均预期寿命为63.35岁，女性人口平均预期寿命为66.44岁。

第五节　支系、语言使用及医学

一、支　　系

蒙古族是中国北方古老的游牧民族之一，随着民族迁移的发生和民族融合的加剧，蒙古族完整的支系资料已无资料考证，目前国内蒙古族支系较有研究者是图瓦人。图瓦人主要分布在疆维吾尔自治区阿勒泰地区的喀纳斯村、白哈巴村和禾木村（侯豫新，2010）。居住在四川左所过去称“蒙族”的纳西族支系纳日人以及居住在四川省木里藏族自治县项脚、博瓦、白碉等地的纳西族支系拉热人现均已改称蒙古族（郭大烈，和志武，1994）。

二、语言使用

我国境内的蒙古语可以划分为内蒙古、卫拉特、巴尔虎布里亚特三个方言。内蒙古方言主要分布在内蒙古自治区和邻近的辽宁、吉林、黑龙江等省。卫拉特方言分布在新疆维吾尔自治区的几个蒙古族自治州、县和青海省北部。巴尔虎布里亚特方言分布在内蒙古自治区呼伦贝尔盟的岭北四旗（道布，2007）。

蒙古族除使用蒙古语外，还使用其他语言。诸如，云南的蒙古族使用属于汉藏语系汉藏语族彝语支的卡卓语（Kazhuo，or Gazhuo）（和即仁，2007），已是一种处于危险等级的濒危语言，分布在云南通海县兴蒙乡，文山壮族自治州的麻栗坡、西畴、马关和普洱地区的宁洱、景东、镇沅县等县。疆维吾尔自治区蒙古族支系的图瓦人使用属于阿尔泰语系突厥语族的图瓦语（Tuvan），也是一种处于危险等级的濒危语言，主要分布在阿勒泰地区的在喀纳斯村、白哈巴村和禾木村。联合国教科文组织将卫拉特方言作为独立语种卫拉特语（Oyrat，或译“瓦剌语”），是一种处于危险等级的濒危语言。

三、医　　学

蒙古族具有颇富草原民族的医学体系——蒙古族医学，简称“蒙医”。蒙医产生和发展的基础是游牧经济。

蒙医发轫阶段无太多文献记载，但进入封建社会阶段后，蒙医已经形成了初步的医疗理论，以及具有丰富临床经验的古代传统蒙医药。这一时期的医疗保健方法及知识有：蒙古灸、刺血疗法、外伤科、饮食疗法、酸马奶疗法、原始时期产生的蒙医骨科以及药物学知识等。16世纪后蒙医吸收了古印度医学、藏医学、汉医学的理论和经验，形成了三个不同的学术派别：古代蒙医学派、藏医学派和近代蒙医学派。受汉藏医学影响的蒙医著作有《甘露四部》、《蒙药正典》、《方海》（巴·吉格木德，2007），尤以《蒙药正典》著名。受汉医学的影响主要是通过翻译《本草纲目》和《牛马经》等汉医著作，对蒙古医生进行医疗工作起到了很好的借鉴和参考作用。

20 世纪 50 年代后，蒙医药学在教学、医疗、科研等方面都有新的发展。同时，还对 16 世纪以后的许多藏文蒙医著作进行了整理翻译，如《四部甘露》、《蒙药正典》、《方海》等三部经典。还有多部著作编著出版，如《蒙医学基础理论》、《蒙医学简史》、《蒙药学》、《蒙医学基础知识》、《蒙医内科学》等。

蒙古医学在诊断方面包括望、问、切，有消、解、温、补、和、汗、吐、下、静、养等治疗方法。治病多用成药，并总结出饮食疗、灸疗、罨疗、瑟博素疗、皮疗、温泉疗、针刺放血疗、按摩疗等疗术。如用烧热的盐热敷，用新鲜畜皮、鱼皮裹疗，皆有民族医疗特色。蒙古医学对治疗创伤和接骨尤有独到之处。

参 考 文 献

巴·吉格木德. 2007. 蒙医药学史概述——四个发展阶段. 中国民族医药杂志，13（1）：1-5.

陈海汶，陈鸣华. 2009. 和谐中华：中国的 56 个民族剪影. 上海：上海文化出版社：9.

道布. 1986. 蒙古文//中国大百科全书编委会. 中国大百科全书·语言文字卷. 北京：中国大百科全书出版社：282-283.

道布. 2007. 蒙古语//孙宏开，胡增益，黄行，等. 中国的语言. 北京：商务印书馆：1821-1842.

郭大烈，和志武. 1994. 纳西族史. 成都：四川民族出版社.

国务院人口普查办公室. 1983. 第三次全国人口普查手工汇总资料汇编（第 4 册）. 北京：国务院人口普查办公室.

国务院人口普查办公室，国家统计局人口和就业统计司. 1993. 中国 1990 年人口普查资料. 北京：中国统计出版社.

国务院人口普查办公室，国家统计局人口和就业统计司. 2002. 中国 2000 年人口普查资料. 北京：中国统计出版社.

国务院人口普查办公室，国家统计局人口和就业统计司. 2012. 中国 2010 年人口普查资料（上）. 北京：中国统计出版社.

和即仁. 2007. 卡卓语//孙宏开，胡增益，黄行，等. 中国的语言. 北京：商务印书馆：426-446.

侯豫新. 2010. 从"双语教育"看文化接触与文化认同——以濒危语言图瓦语为考察对象. 西南民族大学学报：人文社会科学版，(3).

李树春. 2010. 中国少数民族遗传学概论. 北京：中央民族大学出版社：45.

刘荣焌. 1986. 蒙古族//中国大百科全书编委会. 中国大百科全书·民族卷. 北京：中国大百科全书出版社：285-292.

《蒙古族简史》编写组，《蒙古族简史》修订本编写组. 2009. 蒙古族简史. 修订版. 北京：民族出版社：1-35.

全国图书馆文献缩微复制中心. 2002. 内蒙古史志（第三卷）. 北京：全国图书馆文献缩微复制中心：39.

王钟翰. 1994. 中国民族史. 北京：中国社会科学出版社：585.

徐英. 2006. 中国北方游牧民族造型艺术研究 [D]. 中央民族大学博士学位论文：168.

中国大百科全书编委会. 2009. 中国大百科全书·卷 3. 第 2 版. 北京：中国大百科全书出版社：129.

中华人民共和国民政部. 2011. 中华人民共和国乡镇行政区划简册（2011）. 北京：中国统计年鉴出版社.

第十六章　畲族民族地理

畲族属于蒙古人种南方类型。我国畲族人口 708 651 人（国务院人口普查办公室，国家统计局人口和就业统计司，2012）。畲族与汉晋所称“南蛮”有渊源关系，其分布地在历史上有较大变迁，今主要分布于福建、浙江、江西、广东等省区，是我国人口较多且分布较广的少数民族之一。

第一节　历史渊源

畲族渊源关系较确定的是与汉晋时代的“南蛮”有较密切的渊源关系，至迟 7 世纪的隋唐之际，闽、粤、赣三省交界地区已经是畲族的聚居区，被泛称为“蛮僚”，南宋末年已有“畲民”或“畬民”之称。在此之前，畲族的渊源关系尚不确定，待考（除学者意见不一外，各地畲族均以广东潮州凤凰山为其民族发祥地）。隋唐之后，畲族因阶级压迫和民族压迫开始向东北迁徙。宋元时期，畲族居住区域扩大到泉（州）、潮（州）、汀（州）、漳（州）一带，部分迁入闽东北山区。元末和明洪武年间，一部分畲族迁入贵州。明清时期，大部分畲族逐渐向浙南山区迁徙（施联朱，1986；中国大百科全书编委会，2009；《畲族简史》编写组，《畲族简史》修订本编写组，2009）

第二节　人种类型与体质特征

畲族属于蒙古人种南方类型。畲族体质特征（李树春，2010）表现为：身材中等偏矮，肤色浅黄，发色黑褐；头型多中头型和高头型；眼裂斜度外高内低，无蒙古褶；鼻梁较直，鼻翼不突，属于狭鼻型；耳垂多圆形或方形；唇薄；胸部发育好，腿长；骨盆向外突出明显。

第三节　语言、服饰、民居、信仰及习俗

畲族长期生活于东南沿海的福建、浙江、江西、广东等省份（赫时远等，2002），在《中国生态地理区域系统》中位于中亚热带湿润地区江南丘陵盆地常绿阔叶林、人工植被区（ⅤA1）东部，浙闽与南岭山地常绿阔叶林区（ⅤA2）东部和闽粤桂低山平原常绿阔叶林、人工植被区（ⅥA2）东部（郑度等，2008）。该区处于中亚热带湿润区的丘陵、山地地貌的过渡地区。在与这样的地理环境之间、在与相邻地区之间、在与有关民族之间的协调共生中，畲族逐渐形成了具有一定特色的社会文化。

畲语（She）是畲族的本民族语言，她属于汉藏语系苗瑶语族苗语支（毛宗武，蒙朝杰，2007），已是一种处于垂危等级的濒危语言。畲语可分为莲花、罗浮两个方言。分布在莲花山区的惠东、海丰两地的畲语是莲花方言；分布在罗浮山区的博罗、增城两

地的畲语是罗浮方言。畲族除使用畲语外，在一定的地域交集处还使用其他民族语言。诸如，在福建、浙江、江西、安徽等省以及广东的潮安、丰顺两县的畲族使用属于汉语客家方言。畲族没有本民族文字，通用汉文。

畲族是一个典型的山地农耕民族。因地域的不同畲族服饰也有所差异，但总的来说旧时畲族男女椎髻跣足，穿自织苎布，喜爱蓝色、青色。男子着短衫，“不巾不帽”。由于与汉族交错杂居，畲族男子的装束已经与汉族的基本无异，只有在闽东、浙南的畲族妇女仍保留着具有显著民族特色的服饰。今畲族服饰如图 16-1 所示（陈海汶，陈鸣华，2009）。在饮食方面，畲族少肉食多素食，肉食在山区主要是猪肉和猎物，在沿海地区

图 16-1　畲族服饰（陈海汶，陈鸣华，2009）

摄影：陈海汶；拍摄时间：2009 年 3 月 14 日；

拍摄地点：中国浙江省丽水市景宁畲族自治县郑坑乡柳山行政村半岭自然村

图 16-2　畲族民居

资料来源：中华民族博物馆（http://www.emuseum.org.cn/node/127.2012-0513.）

则是海鲜。世居山区的畲族，村寨大小不一，小的只有三五户人家，大的则超过百户。畲族定居农业后，逐渐以土木结构的房屋为主。图 16-2 为中华民族博物馆畲族分馆，由福建福安清康熙五十五年畲族传统民居和浙江景宁清康熙三十五年畲族传统廊桥原地拆迁，运至北京原状原旧复原落建外观。

畲族在过去信仰盘瓠、祖灵崇拜、自然神崇拜、图腾崇拜，当道教和佛教传入畲族地区后逐渐融入到畲族的日常生活中，且道教在畲族地区影响很深。畲族实行本民族内盘、钟、雷、蓝四始之间的婚配。畲族曾盛行过火葬，但到新中国成立前普遍采用土棺葬。

第四节　空间结构及其发展变化

一、构成结构

全国第六次人口普查数据（国务院人口普查办公室，国家统计局人口和就业统计司，2012）表明，畲族的人口构成有如下特点：①在性别构成方面，人口性别比为 117.75，高于全国的 104.90，居第 1 位。②在人口存活率方面，15～64 岁妇女产婴存活率为 98.63%，低于全国的 98.78%，居第 12 位。③在城镇化率方面，人口城镇化率为 32.78%，低于全国的 50.27%，居第 24 位。④在就业状况方面，就业率为 97.73%，高于全国的 97.46%，居第 34 位；在三次产业从业人口比例中（图 16-3），第一产业最高，第二产业次之，第三产业最低，分别为 50%和 26%和 24%。其中，第三产业从业人口比例中，比例最高的是批发和零售业，占第三产业从业人口的 33.44%；较高的是交通运输、仓储和邮政业，占 12.36%。⑤在人口年龄结构方面，人口最多的年龄段为 35～39 岁，较多的年龄段为 20～24 岁和 40～44 岁，这三个年龄段的人口数量占其总人口数量的 26.28%。⑥在婚姻状况方面，15 岁及以上人口的婚姻率为 70.08%，低于全国的 78.40%，居第 24 位。⑦在受教育程度方面，6 岁及以上人口的受教育率为 93.72%，低于全国的 95%，居第 25 位。

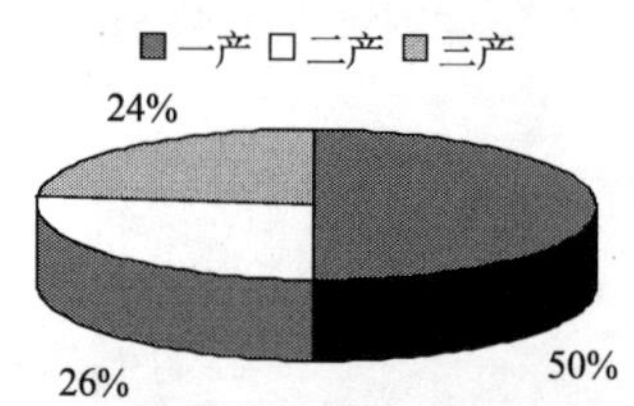

图 16-3　畲族三次产业从业人口比例

二、分布格局

1. 省域分布格局

全国第六次人口普查数据（国务院人口普查办公室，国家统计局人口和就业统计司，2012）表明，畲族人口分布比重和人口构成比重最高的省域在我国各省、自治区和直辖市的分布上，呈现出主要集中在东南地区的特点。同时，性别比和人口城镇化率省份差异较大。

在人口分布比重分布上，畲族的分布表现为三种区域类型，即集中分布区、分散分布区和零星分布区（图 16-4）。集中分布区是福建、浙江和江西，这三个省份的畲族人口总数为 622 858 人，占全国畲族总人口数量的比例约为 87.89%，福建的畲族人口最多，达到 365 514 人，占全国畲族总人口数量的比例为 51.58%。分散分布区是贵州和广东，这两个省份的畲族人口总数为 66 107 人，占全国畲族总人口数量的比例约为 9.33%。除了上述五个省份以外其余省份均属于零星分布区，零星分布区的畲族人口总数有 19 686 人，占全国畲族总人口数量的比例约为 2.78%，西藏的畲族人口最少，仅有 8 人。

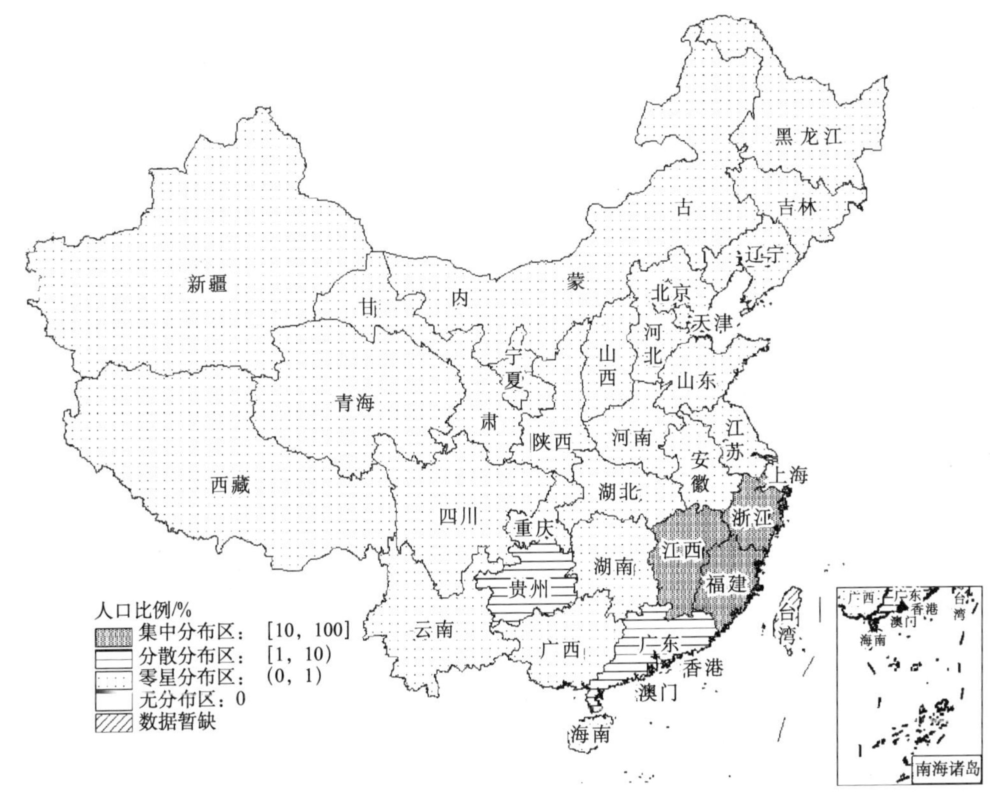

图 16-4 畲族分布的省域格局

2010 年与 2000 年相比，畲族人口构成比重变化存在较大的省份差异。人口构成比重下降的省份是黑龙江、新疆、山西、广东、贵州、浙江和福建，而其他省份的人口构成比重均上升。人口构成比重上升最大的省份为江西，上升 0.012%；上升较大的省份是上海和北京，这两个省份分别上升了 0.007%和 0.003%；下降最大的省份是福建，下降了 0.109%；下降较大的省份是贵州和浙江，这两个省份的比重分别下降了 0.022%和 0.066%。在性别比分布上，就畲族人口分布比重的集中分布区和分散分布区而言，畲族性别比最高的省份是江西，达到 145.06；较高的省份是广东和福建，其性别比均在 116 以上；较低的省份是贵州，畲族性别比在 110 以下；最低的省份是浙江，只有 106.11。

在人口城镇化率分布上，就畲族人口分布比重的集中分布区和分散分布区而言，最高的省份是广东，为 48.19%；较高的省份是浙江和福建，其畲族人口城镇化率均在 32%以上；较低的省份是江西和贵州，其畲族人口城镇化率分别约为 22.61% 和 17.19%。

2. 聚居分布格局

畲族聚居区主要分布在福建、浙江、江西、贵州和广东等省份。在全国畲族共有1个县区级聚居区和44个乡镇级聚居区（中华人民共和国民政部，2011）：第一，1县区级聚居区——浙江景宁畲族自治县，她是我国最大的畲族聚居地；第二，44个乡镇级聚居区——且44个都是单一民族乡镇，有金华市兰溪市水亭畲族乡、武义县柳城畲族镇、衢州市龙游县沐尘畲族乡、丽水市莲都区老竹畲族镇、丽水市莲都区丽新畲族乡、龙泉市竹垟畲族乡、福安市康厝畲族乡、福安市穆云畲族乡等，其中浙江分布有18个畲族乡镇级聚居区（其中民族镇有4个）、福建18个、江西6个、安徽和广东分别有1个。

三、发展变化

自新中国成立以来，畲族人口总体呈增长的趋势（国务院人口普查办公室，1983；国务院人口普查办公室，国家统计局人口和就业统计司，1993，2002，2012）。如图16-5所示，从“二普”到“六普”，全国的人口增长幅度为92.82%，少数民族的人口增长幅度为179.12%，畲族的人口增长幅度为202.63%，同比高于全国和少数民族。畲族各次普查之间的年均增长率从“二普”到“四普”呈上升趋势，“四普”达到最高，为6.91%，从“四普”到“六普”呈下降趋势，到“六普”出现负增长，约为−0.01%。

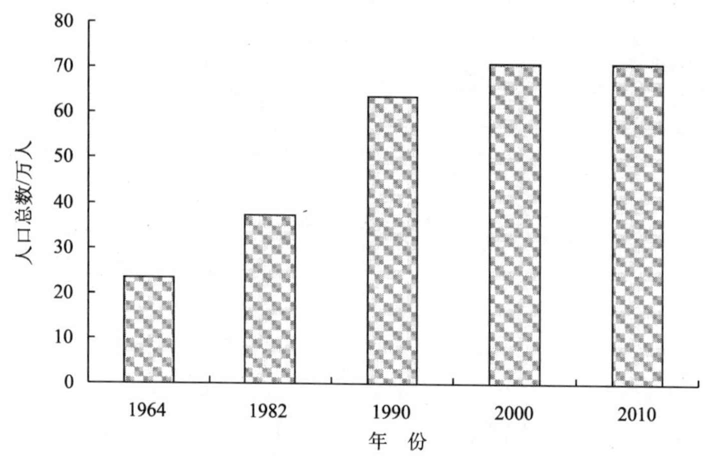

图16-5 畲族历次普查的人口变化情况

2010年与2000年相比，畲族人口构成比重变化存在较大的省份差异。人口构成比重下降的省份是黑龙江、新疆、山西、广东、贵州、浙江和福建，而其他省份的人口构成比重均下降。人口构成比重上升最大的省份为江西，上升0.012%；上升较大的省份是上海和北京，分别上升了0.008%和0.001%；下降最大的省份是新疆，下降了0.011%；下降较大的省份是贵州和浙江，这两个省份的比重分别下降了0.022%和0.066%。

以受教育状况和人口预期寿命而论，全国畲族6岁及以上未受教育人口占其总人口比例从2000年的8.86%下降到2010年的5.7%，其受教育率提升了3.16%，其提高的幅度居全国第33位；小学受教育人口占其总人口比例从2000年的45.93%下降到2010年的36.55%；中学受教育人口占其总人口比例从2000年的32.77%上升到2010年的42.95%；大学受教育人口占其总人口比例从2000年的1.62%上升到2010年的5.44%；到2010年止，有0.14%的畲族人口接受了研究生教育。总体来看，畲族人口的受教育程度呈上升趋势。到2000年，全国畲族人口预期寿命为72.41岁。

参考文献

陈海汶，陈鸣华. 2009. 和谐中华：中国的56个民族剪影. 上海：上海文化出版社：169.

国务院人口普查办公室. 1983. 第三次全国人口普查手工汇总资料汇编（第4册）. 北京：国务院人口普查办公室.

国务院人口普查办公室，国家统计局人口和就业统计司. 1993. 中国1990年人口普查资料. 北京：中国统计出版社.

国务院人口普查办公室，国家统计局人口和就业统计司. 2002. 中国2000年人口普查资料. 北京：中国统计出版社.

国务院人口普查办公室，国家统计局人口和就业统计司. 2012. 中国2010年人口普查资料（上）. 北京：中国统计出版社.

赫时远，任一飞，陈英初，等. 2002. 中国少数民族分布图集. 北京：中国地图出版社：143-148.

李树春. 2010. 中国少数民族遗传学概论. 北京：中央民族大学出版社：62.

毛宗武，蒙朝杰. 2007. 畲语//孙宏开，胡增益，黄行，等. 中国的语言. 北京：商务印书馆：1584-1601.

施联朱. 1986. 畲族//中国大百科全书编委会. 中国大百科全书·民族卷. 北京：中国大百科全书出版社：393-395.

《畲族简史》编写组，《畲族简史》修订本编写组. 2009. 畲族简史. 修订版. 北京：民族出版社：9-36.

郑度，等. 2008. 中国生态地理区域系统研究. 北京：科学出版社：130-132.

中国大百科全书编委会. 1986. 中国大百科全书·民族卷. 北京：中国大百科全书出版社.

中国大百科全书编委会. 2009. 中国大百科全书·卷19. 第2版. 北京：中国大百科全书出版社：360.

中华人民共和国民政部. 2011. 中华人民共和国乡镇行政区划简册（2011）. 北京：中国统计年鉴出版社.

第十七章　维吾尔族民族地理

维吾尔族属于蒙古人种北方类型，具有高加索人种的血缘成分。我国维吾尔族人口10 069 346人（国务院人口普查办公室，国家统计局人口和就业统计司，2012）。维吾尔族是一个经“联合”或“融合”而形成的民族，是中哈之间、中吉之间和中阿之间非主体型跨界民族，今多分布于新疆维吾尔自治区，是我国西北地区唯一人口较多且分布较广的少数民族。维吾尔族的生活环境是典型的西北荒漠、绿洲地理环境类型，在长期的生活实践中维吾尔族与其他西北民族一道创造了坎儿井、绿洲等与自然地理环境协调共生的人文-经济生产实践方式。

第一节　历史渊源

维吾尔族是一个“联合”或“融合”的民族，族称“维吾尔”即含有“联合”、“协助”、“同盟”之意。这说明维吾尔族起源时期族群结构复杂，现已是一个独立的民族实体。维吾尔族称首见《魏书・高车传》所载“袁纥氏”，是当时高车部落联合体中的一部，其渊源则可上溯到更古的狄（狄历），汉文史籍中2世纪的丁零，4世纪的铁勒、敕勒等，高车是铁勒的别号。7世纪，铁勒部中的一部分脱离突厥，并以“回纥”作为自己联合体的名称，“联合”过程大大加强。8世纪中叶，回纥灭突厥建立回纥汗国，并于788年改称回鹘，同化了新疆南部不少各族人民。回鹘于840年破灭，回鹘向西分三支迁移，其中一支南下附唐。10世纪中叶，维吾尔族先民由游牧转为定居。元代维吾尔族地区为察合台汗国封地，察合台汗国灭亡后该区为蒙古贵族后裔建立割据政权，18世纪清代统一之（谷苞，1986；中国大百科全书编委会，2009；《维吾尔族简史》编写组，《维吾尔族简史》修订本编写组，2009）。

第二节　人种类型与体质特征

维吾尔族体质特征主要表现为蒙古人种北方类型，但明显具有高加索人种血缘成分（李树春，2010）：身材较高，黑色直形发，眉毛发育好，黑褐色眼，眼裂中等，眼裂斜度内外平行，上眼睑皱褶发育好，约半数人有蒙古褶；鼻根较高，直型鼻梁，鼻尖向前，鼻孔卵圆，狭型鼻；红唇，唇薄，多为凸唇型；面型多卵圆，头型多阔头型、圆头型和高头型。

第三节　语言文字、经济类型、服饰、民居、信仰及习俗

维吾尔族长期生活于新疆地区，今主要聚居于新疆维吾尔自治区（湖南省的常德、

桃源县和汉寿县也有少量分布）（雅森·吾守尔，2002）。在《中国生态地理区域系统》中位于准噶尔盆地荒漠区（ⅡD3），天山山地荒漠、草原、针叶林区（ⅡD5），塔里木盆地荒漠区（ⅢD1）和昆仑山北翼山地荒漠区（HⅡD2）西端（郑度等，2008）。该区处于中温带干旱地区、暖温带干旱地区的盆地、山地地貌交叠区，草原、盆地、高山、荒漠、绿洲构成了维吾尔族生活环境的主要类型，且有昼夜温差极大的特点。在与这样的地理环境之间、在与相邻地区之间、在与有关民族之间的协调共生中，维吾尔语逐渐形成了具有一定特色的社会文化。

维吾尔语是维吾尔族的本民族语言，她属于阿尔泰语系突厥语族西匈语支（中国大百科全书编委会，1988）。维吾尔语可划分为中心、和田、罗布三个方言。其中，中心方言分布在东自哈密西至莎车的广大地区。和田方言分布在莎车以东的和田地区以及且末、若羌等县所辖的部分地区。罗布方言分布在塔克拉玛干沙漠以东塔里木盆地的尉犁县所辖的大部分地区和若羌、轮台县所属的小部分地区（赵相如，2007）。维吾尔族有本民族文字——属拼音文字类型的维吾尔文，曾使用过突厥文、回鹘文、察合台文（中国大百科全书编委会，1988）。

维吾尔族经济活动以农业为主，兼营手工业和商业。维吾尔族服饰如图 17-1 所示，服饰特点是冬穿皮，夏着丝绸，装饰物名贵，喜戴花帽（又名“多帕”，吐鲁番人叫“伯克”）（陈海汶，陈鸣华，2009）。一般内穿衬衣，外套无扣、宽袖、对襟的长袍“对袢”，有棉、夹、单三种，分冬、春、夏与秋四季穿。维吾尔族饮食以面食为主，喜欢食羊、牛肉，主食的种类不下数十种。维吾尔族一般为几十户甚至几百户聚成村落，村落中沟渠纵横、果木成荫、院内遍植果木花草，独门独户，居住环境雅静。居民住房，一般都是土木结构的平顶方形或长方形平房，著名的有“阿里（以）旺”（图 17-2）和“阿克塞乃”等。北疆气候较冷，雨雪较多，房屋建筑多用砖石与木料，墙壁和房顶

图 17-1 维吾尔族服饰（陈海汶，陈鸣华，2009）

摄影：陈海汶；拍摄时间：2009 年 4 月 23 日；拍摄地点：中国新疆维吾尔自治区喀什地区喀什市

图 17-2　维吾尔族“阿以旺”（叶禾，2008）

上的土都较厚。南疆气候温和，雨水稀少，房屋除棚顶需要少量木材外，墙壁多用土坯砌成，房顶较平，并开天窗，可做晒台，堆放粮食、瓜果以及杂物。

维吾尔族信仰伊斯兰教，主要是伊斯兰教的逊尼派。追溯维吾尔族所信奉的伊斯兰教种类，绝大多数都是阿拉伯和中亚地区各种教派影响下的结果，他们或是由外国人传入，或是由中国穆斯林引进。维吾尔族的丧葬仪式一般按伊斯兰教教规进行，盛行土葬。

第四节　空间结构及其发展变化

一、构成结构

全国第六次人口普查数据（国务院人口普查办公室，国家统计局人口和就业统计司，2012）表明，维吾尔族的人口构成有如下特点：①在性别构成方面，人口性别比为102.53，低于全国的104.90，居第33位。②在人口存活率方面，15～64岁妇女产婴存活率为96.77%，低于全国的98.78%，居第42位。③在城镇化率方面，人口城镇化率为22.38%，低于全国的50.27%，居第38位。④在就业状况方面，就业率为98.23%，高于全国的97.46%，居第19位。在三次产业从业人口比例中（图17-3），第一产业最高，第三产业次之，第二产业最低，分别为83%、13%和4%。其中，第三产业从业人口中比例最高的是批发和零售业，占第三产业从业人口的24.78%；较高的是公共管理和社会组织，占17.86%。⑤在人口年龄结构方面，人口最多的年龄段为20～24岁，较多的年龄段为0～4岁和25～29岁，这三个年龄段的人口数占其总人口的31.25%。⑥在婚姻状况方面，15岁及以上人口的婚姻率为75.94%，低于全国的78.40%，居第25位。⑦在受教育程度方面，6岁及以上人口的受教育率为96.49%，高于全国的95.00%，居第16位。

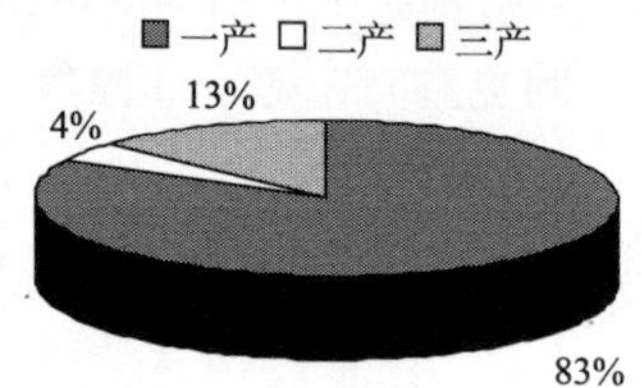

图 17-3　维吾尔族三次产业从业人口比例

二、分布格局

1. 省域分布格局

全国第六次人口普查数据（国务院人口普查办公室，国家统计局人口和就业统计司，2012）表明，维吾尔族人口分布比重和人口构成比重最高的省域在我国各省、自治区和直辖市的分布上，呈现出主要集中在西北地区的特点。同时，性别比和人口城镇化率省份差异较大。

在人口分布比重分布上，维吾尔族的分布表现为两种区域类型，即集中分布区、零星分布区（图 17-4）。集中分布区是新疆，其维吾尔族的人口总量为 10 001 302 人，占全国维吾尔族总人口数量的比例约为 99.32%。除新疆外，其余省份均属于零星分布区，这些省份的维吾尔族人口总数为 68 044 人，占全国维吾尔族总人口数量的比例约为 0.68%，其中西藏的维吾尔族人数最少，为 205 人。

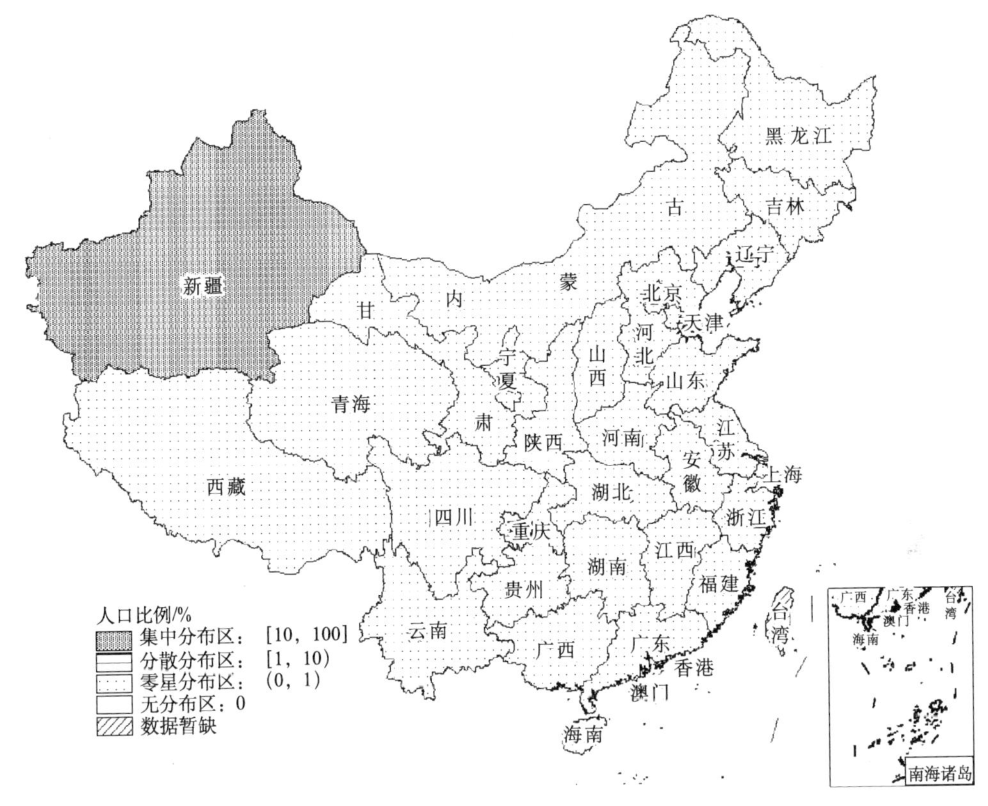

图 17-4　维吾尔族分布的省域格局

在人口构成比重分布上，最高的省份是新疆，比值为 45.84%；较高的省份是北京、上海、天津和湖南，这些省份的人口构成比重均在 0.01%以上；较低的省份有江西、山西、贵州、河北，它们的维吾尔族人口构成比重均在 0.002%以下；最低的省份是安徽，只有 0.001%。

在性别比和人口城镇化率分布上，就维吾尔族人口分布比重的集中分布区和分散分布区而言，因为维吾尔族集中分布区只有新疆，无分散分布区，故新疆的性别比和人口城镇化率最具代表性，其性别比为 102.57，人口城镇化率为 21.97%。

2. 聚居分布格局

维吾尔族主要聚居在新疆，在全国维吾尔族有 1 个省级聚居区和 4 个乡镇级聚居区（中华人民共和国民政部，2011）：第一，1 个省级聚居区——新疆维吾尔自治区，她是中国最大的维吾尔族聚居区；第二，4 个乡镇级聚居区——湖南常德市鼎城区许家桥回族维吾尔族乡、常德市汉寿县毛家滩回族维吾尔族乡、常德市桃源县枫树维吾尔族回族乡、常德市桃源县青林回族维吾尔族乡。

三、发展变化

自新中国成立以来，维吾尔族人口总体呈增长的趋势（国务院人口普查办公室，1983；国务院人口普查办公室，国家统计局人口和就业统计司，1993，2002，2012）。如图 17-5 所示，从“一普”到“六普”，全国的人口增长幅度为 130.65%，少数民族的人口增长幅度为 227.29%，维吾尔族的人口增长幅度为 178.89%，同比高于全国而低于少数民族。维吾尔族各次普查之间的年平均增长率从“一普”到“二普”的年均增长率为 0.93%，从“二普”到“四普”呈上升趋势，“四普”达到最大，为 2.40%；“四普”到“五普”呈下降趋势；“五普”到“六普”呈上升趋势。

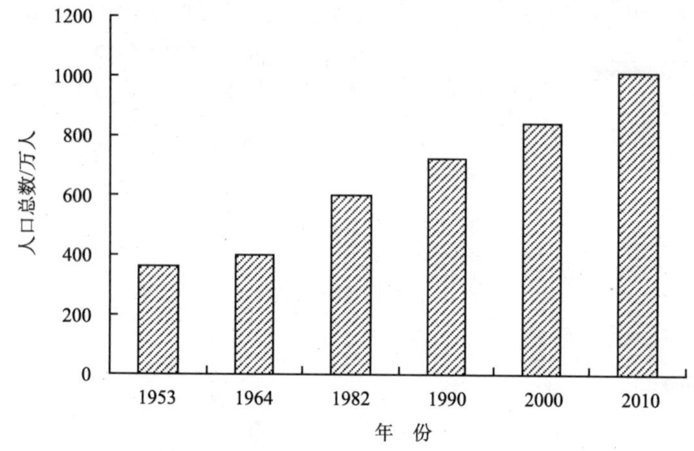

图 17-5 维吾尔族历次普查的人口变化情况

2010 年与 2000 年相比，维吾尔族人口构成比重变化存在较大的省份差异。人口构成比重上升的省份为新疆、北京、上海、浙江、天津、宁夏、广东、江苏、山东、湖北、陕西、广西、重庆和云南，其中上升最大的省份是新疆，为 0.63%。除上述省份外其余省份的人口构成比重均下降，下降较大的省份为湖南、内蒙古、青海和西藏，其中，下降最大的省份是西藏，为 0.02%。

以受教育状况和人口预期寿命而论，全国维吾尔族 6 岁及以上未受教育人口占其总人口比例从 2000 年的 7.90%下降到 2010 年的 3.10%，其受教育率提升了 4.80%，其提高的幅度居全国第 25 位。小学受教育人口占其总人口比例从 2000 年的 47.46%下降到 2010 年的 36.80%；中学受教育人口占其总人口比例从 2000 年的 29.11%上升到 2010 年的 42.98%；大学受教育人口占其总人口比例从 2000 年的 2.44%上升到 2010 年的 5.57%；到 2010 年止，有 0.05%的维吾尔族人口接受了研究生教育。总体来看，维吾尔族人口的受教育程度呈上升趋势。到 2000 年，维吾尔族的平均预期寿命达到 69.15 岁，维吾尔族男性和女性的平均预期寿命分别为 68.18 岁和 70.33 岁。

第五节 绿洲与坎儿井

一、绿 洲

绿洲是干旱地区有稳定的水源可以对土地进行灌溉适于植物生长，明显区别荒漠景观的地方（全国科学技术名词审定委员会，2006），是自然界中一种独特的地域系统类型，也是人类文明发祥地的重要组成部分。绿洲是干旱区人们主要的农牧业基地和城镇分布区域，也是干旱荒漠地区人们生存与生产主要依寄的自然资源，人们的工农业生产生活均均以绿洲为依托展开（吴传钧等，1998）。在绿洲地区发展工农业、经济、文化等，是干旱区人民主要的生产方式和基础。荒漠地区天气多变且风沙较大，人们在绿洲外围和风沙路径上修筑防风林来对风沙进行有效阻挡，这样在实现对绿洲自我保护的同时还可以有效地减少绿洲内水分的蒸发，诱发干旱区的中尺度对流，从而起到增雨效应，维护绿洲内的水热平衡。

我国的绿洲主要分布在祁连山和昆仑山北麓、天山南北麓以及黄河流经的河套平原地区（高华君，1987）。根据绿洲的演化过程可分为天然绿洲和人工绿洲。在西北干旱地区的沙漠戈壁中，四周多高山环绕，冰川融水经山麓流入沙漠，形成伸入沙漠并消失在沙漠中的内流河。河流冲积平原下部的平坦处，野生草本植物或灌丛蔓延，形成草甸生物群落，经过长期演化，出现了以胡杨、红柳等树种为典型树种的区域，即形成为绿洲。这样形成的绿洲称之为天然绿洲。而此后人类以绿洲为栖息地，垦荒造田，种植人工防护林，扩大天然绿洲的范围，或人为的修渠引水（如修筑坎儿井），在沙漠上植树种草，就形成人工绿洲。无论是天然绿洲还是人工绿洲都是荒漠里的生机地带，精华地带。同时，也因为绿洲特殊的水热组合状况，使其在农业生产和维护生态稳定等方面表现出了高效性。以新疆的绿洲为例，新疆绿洲的面积虽仅占其干旱区总面积的8.22 %，却集中了新疆90 %以上的人口和95 %以上的社会财富（罗格平等，2005）。

二、坎 儿 井

坎儿井分布在我国新疆及西亚等地。坎儿井在新疆主要分布在吐鲁番、哈密等地区，还曾在木垒、乌鲁木齐、奇台、库车、和田、阿图什等地区有过不同程度的分布，其中以吐鲁番地区分布最为集中。新疆地处内陆深处，气候干旱炎热，降水稀少，蒸发量大，水资源稀缺，勤劳而充满智慧的新疆人根据当地地形、土质等自然因素的特点，巧妙地创造了坎儿井，将丰富的地下水引出地面供生活生产使用。绿洲的形成和发展就是得益于坎儿井的灌溉。

据现有考古资料的研究，新疆坎儿井最早可上溯到距今2600多年，但准确年代并无定论。关于坎儿井的起源，学术界存有三种说法：一是汉代井渠说，二是波斯传入说，三是新疆当地人民自创说。虽说法众多，但坎儿井体现出的新疆人民因地制宜对自然进行改造的精神是毋庸置疑的。

坎儿井不是井，而是地下暗河，是新疆独有的地下引水工程。坎儿井的水源，是高山冰雪融水经过山麓渗漏入砂砾层里的伏流或潜水，再由坎儿井引出地面。坎儿井由暗渠、明渠、竖井和蓄水池四部分组成。暗渠是坎儿井的主要部分，根据作用不同分为集水段和输水段，集水段的作用是截取和汇集地下水，是坎儿井的源头；输水段是暗渠输水通道，把集水段汇集的地下水引出地面。暗渠的出口，称龙口，龙口以下一般接有几十米到几百米的明渠，将暗渠出口水引入末端的蓄水池。蓄水池主要用于蓄水，提高水温，调节灌溉。池中的水通过水渠直接引入农田，进行灌溉。竖井的作用是便于了解水位、确定暗渠位置，在开挖暗渠时，供工匠定位、上下、出土和通风的部分，也是用来检查维修坎儿井的设施。每隔 10～30m 挖一竖井，竖井的深度以及井与井的间距，一般都是愈向上游，竖井愈深，可达百米以上，间距愈大；愈往下游，竖井愈浅，只有几米或十几米，间距也愈小。因开挖坎儿井的泥土、砂砾石堆积在竖井口地面上，故从地面上看就像是一个个火山堆积物的土包，一行行整齐排列。井口常用柳枝、杂草覆盖；到冬季则严加封闭，以避免冷空气袭入造成冰冻和崩塌。每道坎儿井，短者 3～5km，长者 10～20km，其水量大者，每日可灌溉 3000～4000m^2，少者每日可灌溉 1000～2000m^2。坎儿井堪称是戈壁沙漠的生命之泉，被誉为是与都江堰、灵渠齐名的中国古代三大水利工程之一。

参 考 文 献

陈海汶，陈鸣华. 2009. 和谐中华：中国的 56 个民族剪影. 上海：上海文化出版社：33.

高华君. 1987. 我国绿洲的分布和类型. 干旱区地理，9 (4)：23-29.

谷苞. 1986. 维吾尔族//中国大百科全书编委会. 中国大百科全书·民族卷. 北京：中国大百科全书出版社：448-454.

国务院人口普查办公室. 1983. 第三次全国人口普查手工汇总资料汇编（第 4 册）. 北京：国务院人口普查办公室.

国务院人口普查办公室，国家统计局人口和就业统计司. 1993. 中国 1990 年人口普查资料. 北京：中国统计出版社.

国务院人口普查办公室，国家统计局人口和就业统计司. 2002. 中国 2000 年人口普查资料. 北京：中国统计出版社.

国务院人口普查办公室，国家统计局人口和就业统计司. 2012. 中国 2010 年人口普查资料（上). 北京：中国统计出版社.

李树春. 2010. 中国少数民族遗传学概论. 北京：中央民族大学出版社：40.

罗格平，陈小钢，等. 2005. 典型绿洲土地利用/土地覆被变化的可视化模拟初步分析. 干旱区地理，(1).

全国科学技术名词审定委员会. 2006. 地理学名词. 第 2 版. 北京：科学出版社：14.

吴传钧，陆大道，郭来喜，等. 1998. 中国经济地理. 北京：科学出版社：358-359.

王恩涌，胡兆量，周尚意，等. 2008. 中国文化地理. 北京：科学出版社.

《维吾尔族简史》编写组，《维吾尔族简史》修订本编写组. 2009. 维吾尔族简史. 北京：民族出版社.

雅森·吾守尔. 2002. 维吾尔族//赫时远，任一飞，陈英初，等. 中国少数民族分布图集. 北京：中国地图出版社：41-46.

叶禾. 2008. 少数民族民居. 北京：中国社会科学出版社.

郑度，等. 2008. 中国生态地理区域系统研究. 北京：科学出版社：130-132.

中国大百科全书编委会. 1986 中国大百科全书·民族卷. 北京：中国大百科全书出版社.
中国大百科全书编委会. 1988. 中国大百科全书·语言文字. 北京：中国大百科全书出版社：399.
中国大百科全书编委会. 2009. 中国大百科全书·卷 23. 第 2 版. 北京：中国大百科全书出版社：193.
中华人民共和国民政部. 2011. 中华人民共和国乡镇行政区划简册（2011）. 北京：中国统计年鉴出版社.
赵相如. 2007. 维吾尔语//孙宏开，胡增益，黄行，等. 中国的语言. 北京：商务印书馆. 1633-1655.

第十八章　瑶族民族地理

瑶族是典型的蒙古人种南方类型。我国瑶族人口 2 796 003 人（国务院人口普查办公室，国家统计局人口和就业统计司，2012）。瑶族族源为古代的“摇民”，于宋时形成单一民族。瑶族分布地历史上多有变迁，今主要分布在广西、湖南、云南、广东、贵州等省区，其生存环境主要是山地。瑶族是中国人口较多且分布较广的少数民族之一，支系较多，使用多种语言，主要使用的瑶语方言、土语较多。瑶族是中越之间、中缅之间和中老之间非主体型跨界民族。

第一节　历 史 渊 源

瑶族的族源可追溯到古代的“摇民”，其祖先“武陵蛮”和历史上的“荆蛮”、“蛮瑶”、“莫瑶”、“长沙武陵蛮”等有渊源关系（徐仁瑶，1986；中国大百科全书编委会，2009；《瑶族简史》编写组，《瑶族简史》修订本编写组，2009）。秦汉魏晋时期，瑶族先民“武陵蛮”主要集中生活在湖南的湘江、资江、沅江流域和洞庭湖沿岸地区。隋唐时，瑶族祖先“莫瑶”主要分布在湖南境内及广东北部部分地区，唐时对瑶族地区实行羁縻政策。宋代，瑶族已经大量迁入两广，以静江府为中心的桂北地区均有瑶族居住，并形成“南岭无山不有瑶”的格局。不过，宋朝在瑶族地区不断完善的羁縻统治，使瑶族先民进一步分化、发展，逐渐形成为单一的民族。元代以降，瑶族形成大规模的向西迁移的趋势，大部瑶族进入云贵两省。

第二节　人种类型与体质特征

瑶族是典型的蒙古人种南方类型。其体质特征（李树春，2010）表现为：身材矮小，体型属中间型；男性头型属于圆头型、高头型和中头型，女性多数属狭头型；皮肤浅棕色；男性多为阔面型，女性多为超阔面型；发直而黑，眉毛男性中等，女性稀少；眼裂开度中等，眼裂斜度外高内低，多有蒙古褶；鼻根高度中等，鼻梁平直，鼻尖上翘；少数有达尔文结节，耳垂呈方形和三角形；多为凸唇型，红唇厚度中等。

第三节　语言、经济类型、服饰、民居、信仰及习俗

瑶族长期活动于华南地区相互毗邻的广西、湖南、云南、广东、贵州等省区（蒙凤姣，2002）。这一地区在《中国生态地理区域系统》中位于浙闽与南岭山地常绿阔叶林区（ⅤA2）西南部，闽粤桂低山平原常绿阔叶林、人工植被区（ⅥA2）西段，滇中南亚高山谷地常绿阔叶林、松林区（ⅥA3）东部及滇中南亚高山谷地常绿阔叶林、松林

区（VIA3）东段（郑度等，2008）。该区域处于中亚热带湿润区的丘陵、山地地貌的过渡、组合区，山地、坝子、丘陵、河流、森林构成了瑶族活动的主要地理环境类型。在与这样的地理环境之间、在与相邻地区之间、在与有关民族之间的协调共生中，瑶族逐渐形成了具有一定特色的社会文化。

瑶语是瑶族的本民族语言，也称勉语，她属于汉藏语系苗瑶语族瑶语支（李增祥，2007）。瑶族没有本民族文字。

瑶族早期过着游牧生活，现以山地农业为主。瑶族饮食以玉米、大米、红薯等为主。瑶族由于生活地域和支系的不同，服饰也不尽相同，总体来说瑶族服饰绚丽多彩、五彩斑斓、风格独特，独具民族特色，如图 18-1 所示（陈海汶，陈鸣华，2009）。瑶族服装主要用青、蓝土布制作。男子喜着对襟无领的短衫，下着长裤或过膝短裤，相对简单。女性喜着无领大襟上衣，下着长裤、短裙或百褶裙，色彩斑斓的挑花、刺绣，鲜艳夺目。由于瑶族生活地域环境和支系的不同，其民居形式也有很大的差别。瑶族的房居有砖瓦结构、干栏式结构、竹木结合和木质结构的吊脚楼，有族群布置的特点。近百年来，瑶族边远山区仍有简陋的"人字寮"棚舍，现住屋有竹舍、木屋、茅房和小部分的泥土瓦墙，个别地区有干栏式住宅。瑶族建筑形式主要有横宽式、干栏式、曲线长廊式和直线长廊式四种。

图 18-1　瑶族服饰

资料来源：陈海汶，陈鸣华，2009：97

摄影：陈海汶；拍摄时间：2009 年 3 月 31 日；拍摄地点：中国广西壮族自治区来宾市金秀瑶族自治县金秀镇六段村六段屯

瑶族信仰自然崇拜、图腾崇拜、鬼魂崇拜、祖先崇拜。元明时期，佛教和道教开始传入瑶族生活地区，它们共同影响着瑶族人民的信仰，其中道教对瑶族地区影响深远。

瑶族实行以父系为主一夫一妻制的小家庭，也有以母系为主组成的小家庭。瑶族不同的支系和地区，有不同的丧葬习俗，有火葬、岩洞葬、游尸葬、挂葬、埋棺检骨葬、土葬等。

第四节　空间结构及其发展变化

一、构成结构

全国第六次人口普查数据（国务院人口普查办公室，国家统计局人口和就业统计司，2012）表明，瑶族的人口构成有如下特点：①在性别构成方面，人口性别比为109.10，高于全国的104.90，居第8位。②在人口存活率方面，15～64岁妇女产婴存活率为98.18%，低于全国的98.78%，居第20位。③在城镇化率方面，人口城镇化率为23.33%，低于全国的50.27%，居第33位。④在就业状况方面，就业率为98.53%，高于全国的97.46%，居第11位。在三次产业从业人口比例中（图18-2），第一产业最高，第二产业次之，最低为第三产业，分别为74%和14%和12%。其中，第三产业从业人口比例中最高的是批发和零售业，占第三产业从业人口的27.75%；较高的是公共管理和社会组织，占14.84%。⑤在人口年龄结构方面，人口最多的年龄段为20～24岁，较多的年龄段为0～4岁和25～29岁，这三个年龄段的人口数占其总人口的27.84%。⑥在婚姻状况方面，15岁及以上人口的婚姻率为74.82%，低于全国的78.40%，居第31位。⑦在受教育程度方面，6岁及以上人口的受教育率为93.33%，低于全国的95.00%，居第28位。

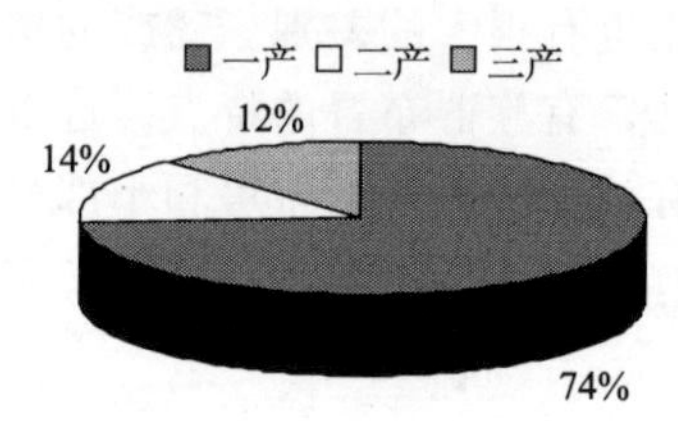

图18-2　瑶族三次产业从业人口比例

二、分布格局

1. 省域分布格局

全国第六次人口普查数据（国务院人口普查办公室，国家统计局人口和就业统计司，2012）表明，瑶族人口分布比重和人口构成比重最高的省域在我国各省、自治区和直辖市的分布上呈现出主要集中在南方地区的特点。同时，性别比和人口城镇化率省份差异较大。

在人口分布比重分布上，瑶族的分布表现为三种区域类型，即集中分布区、分散分布区和零星分布区（图18-3）。集中分布区是广西和湖南，这两个省份瑶族的人口总量为2 206 721人，占全国瑶族总人口数量的比例约为78.92%。其中，瑶族人口总数排在第一位的省份是广西，为1 493 530人，约占全国瑶族总人口数量的53.42%。分散分布区是广东、云南和贵州，这三个省份瑶族的总人口数为537 059人，占全国瑶族总人口数量的比例约为19.21%。除上述省份外其余均属于零星分布区，这些省份的瑶族人口总数为52 223人，占全国瑶族总人口数量的比例约为1.87%，在零星分布区中瑶族人口分布最少的省份是西藏，为137人。

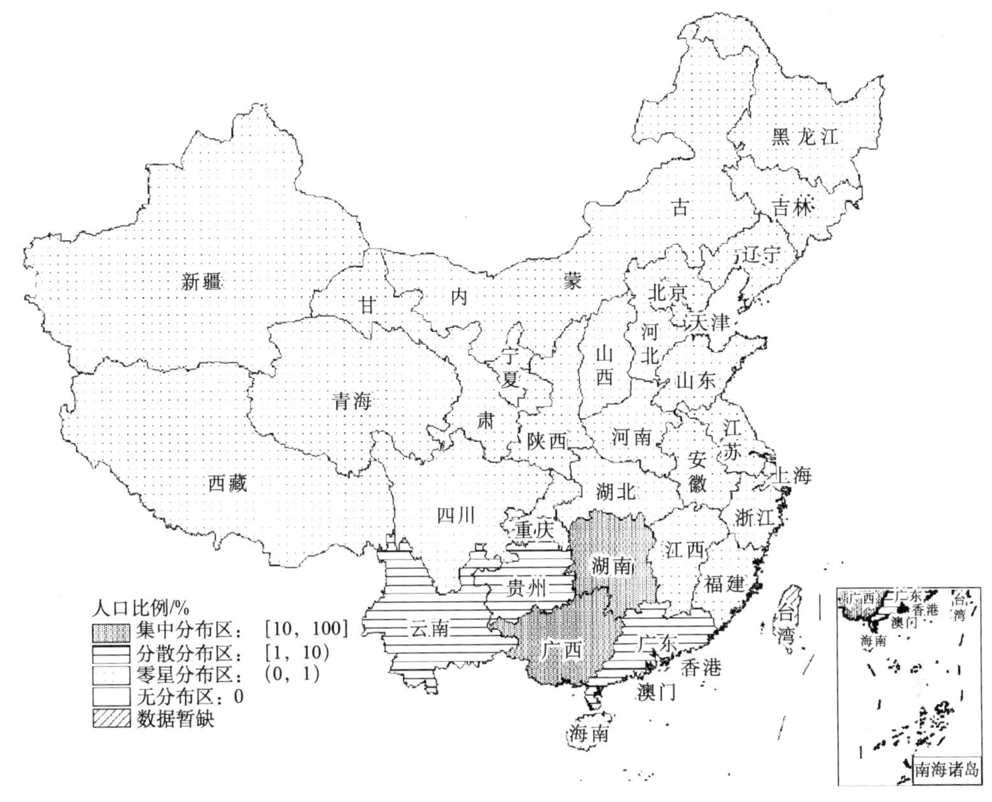

图 18-3　瑶族分布的省域格局

在人口构成比重分布上，最高的省份是广西，为 3.25%；较高的省份是广西、湖南、云南、广东、贵州和海南，这些省份的人口构成比重均在 0.08%以上；较低的省份有黑龙江、吉林、山东、山西，它们的瑶族人口构成比重均在 0.001%以下；最低的省份是河南，只有十万分之零点八。

在性别比分布上，就瑶族人口分布比重的集中分布区和分散分布区而言，瑶族性别比最高的省份是广东，达到 116.05；较高的省份是湖南和贵州，它们的瑶族性别比均在 110.00 以上；较低的省份是云南在 108.00 以下；最低的省份是广西，只有 107.03。

在人口城镇化率分布上，就瑶族人口分布比重的集中分布区和分散分布区而言，瑶族人口城镇化率最高的省份是广东，达到 56.30%；较高的省份是广西，在 21.00%以上；较低的省份是贵州、湖南，它们的瑶族人口城镇化率均在 20.00%以下，最低的省份是云南，只有 9.66%。

2. 聚居分布格局

瑶族是一个跨境民族，在中国和其他国家均有聚居区。在我国瑶族聚居区较多，主要分布在广西、湖南、广东、云南和贵州等省份，在全国瑶族有 12 个县区级聚居区和 113 个乡镇级聚居区（中华人民共和国民政部，2011）：第一，12 个县区级聚居区——江华瑶族自治县、连南瑶族自治县、连山壮族瑶族自治县、乳源瑶族自治县、金秀瑶族自治县、都安瑶族自治县、巴马瑶族自治县、富川瑶族自治县、大化瑶族自治县、恭城瑶族自治县、河口瑶族自治县、金平苗族瑶族傣族自治县，其中，10个是单一民族自治县；第二，113个乡镇级聚集区——怀化市辰溪县罗子山瑶族乡、梧州市蒙山县长坪瑶族乡、凤山县江洲瑶族乡、麻栗坡县猛硐瑶族乡、富宁县洞波瑶族乡等。

三、发展变化

自新中国成立以来，瑶族人口总体呈增长的趋势（国务院人口普查办公室，1983；国务院人口普查办公室，国家统计局人口和就业统计司，1993，2002，2012）。如图18-4所示，从“一普”到“六普”，全国的人口增长幅度为130.65%，少数民族的人口增长幅度为227.29%，瑶族的人口增长幅度为319.86%，同比高于全国和少数民族。瑶族各次普查之间的年平均增长率从“一普”到“四普”呈上升趋势，“四普”达到最大，为5.32%；“四普”到“六普”呈下降趋势。

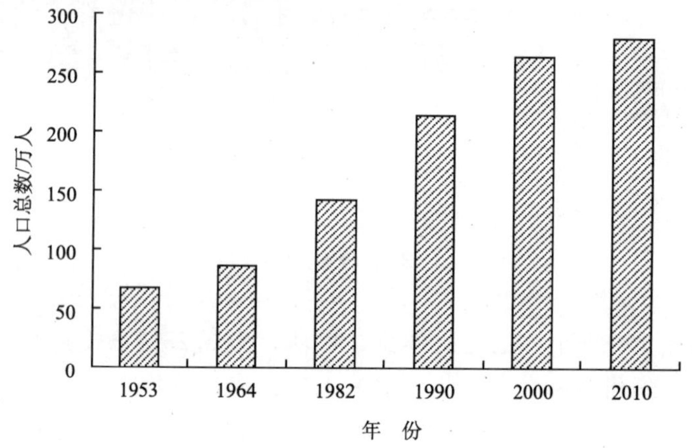

图18-4 瑶族历次普查的人口变化情况

2010年与2000年相比，瑶族人口构成比重变化存在较大的省份差异。人口构成比重下降的省份为海南、贵州、湖南和广西，其中下降最大的省份是广西，为0.11%。除上述省份外其余省份的人口构成比重均上升，上升较大的省份为云南、广东、浙江和福建，其中，上升最大的省份是云南，上升了0.03%。

以受教育状况和人口预期寿命而论，全国瑶族6岁及以上未受教育人口占其总人口比例从2000年的7.57%下降到2010年的5.95%，其受教育率提升了1.62%，其提高的幅度位居全国第45位。小学受教育人口占其总人口比例从2000年的48.08%下降到2010年的39.25%；中学受教育人口占其总人口比例从2000年的32.29%上升到2010年的39.14%；大学受教育人口占其总人口比例从2000年的1.70%上升到2010年的4.83%；到2010年止，有0.13%的瑶族人口接受了研究生教育。总体来看，瑶族人口的受教育程度呈上升趋势。到2000年，全国瑶族人口的预期寿命为69.62岁。

第五节　支系及语言使用

一、支　　系

瑶族根据语言系属划分为四大支系：①瑶语支的盘瑶和八排瑶。盘瑶分布较广，东起广东的始兴，西至云南的勐腊，南达海南岛，北迄贵州的榕江；八排瑶主要集中分布在广东省韶关地区连南瑶族自治县境内。②苗语支的布努瑶、花瑶、白裤瑶、红瑶、花蓝瑶、青瑶、长衫瑶和八洞瑶。布努瑶主要分布在广西壮族自治区和云南省；花瑶分布在湖南、广西、贵州三个省区；白裤瑶集中居住广西、贵州两省；红瑶集中居住在桂北越城岭山脉的龙胜各族自治县和兴安县；花蓝瑶集中分布在广西柳州，玉林两个地区；青瑶集中居住在贵州省黔南布依族苗族自治州荔波县瑶麓地区；长衫瑶集中居住在贵州省黔南布依族苗族自治州荔波县；八洞瑶集中居住在湖南省邵阳地区新宁县。③汉语方言的平地瑶和白领瑶以及部分红瑶。平地瑶主要分布在广西东部和湖南南部；白领瑶分布在广西桂林地区灌阳县。④侗水语支的茶山瑶和那溪瑶。茶山瑶分布在广西壮族自治区柳州、玉林和梧州；那溪瑶分布在湖南省洞口县那溪瑶族乡（盘朝月，1988）。布央人曾是中国西南地区的一个少数民族群体，目前广西的布央人归入瑶族（孙宏开等，2007）。

二、语 言 使 用

瑶语是瑶族的本民族语言，包括勉、金门、标敏、藻敏四种方言（毛宗武，2007）。其中勉方言在全国瑶族聚居的100多个县均有分布，可分广滇、湘南、长坪、罗香4个土语；金门方言分布在云南的河口、金平、富宁、麻栗坡、广南、勐腊、元阳、绿春等18个县和广西的全秀、鹿寨、那坡、凌云、防城、上思等16个县以及海南的琼中、保亭、乐东、屯昌等13个县，可分为滇桂、防海2个土语；标敏方言分布在广西的全州、恭城、灌阳和湖南的道县、双牌5个县，大致上可分为东山、石口、牛尾寨3个土语；藻敏方言分布在广东的连南、阳山和湖南的宜章等县。瑶族除使用瑶语外，还使用其他语言。诸如，广西壮族自治区的西部和西北部一带的山区，自称为布努的瑶族使用属于汉藏语系苗瑶语族的布努语（蒙朝吉，2007），包括布努方言、包瑙方言、努茂方言，其中布努方言分东努土语、努努土语和布诺土语。东努土语主要分布在桂西一带的都安、大化、平果、田东、德保、东兰、河池、隆安、马山和巴马的东山及云南的富宁等地；努努土语主要分布在凌云、凤山、东兰、田林和巴马的西山等地；布诺土语分布在都安瑶族自治县的三只羊乡。包瑙方言分布在南丹、河池、天峨和贵州省荔波县的瑶山乡和捞村乡；努茂方言分努茂土语和冬孟土语，分别分布在贵州省荔波县的瑶麓、佳荣和茂兰、洞塘、翁昂。自称炯奈的瑶族，分布在五岭山脉越城岭南支的大瑶山，使用属于汉藏语系苗瑶语族的炯奈语（Jiongnai Bunu）（毛宗武，2007），是一种处于危险等级的濒危语言，包括龙华和六巷两个方言，在长垌和罗香两个乡使用龙华方言，在六巷乡使用六巷方言。自称拉珈的瑶族，居住在广西金秀瑶族自治县和平南县境内，使用属于汉藏语系壮侗语族的拉珈语（Lajia，or Lakkia，Chashan Yao）（刘保元，2007），是一种处于危险等级的濒危语言。属于汉藏语系苗瑶语族的巴哼语在湘桂黔交界处的一些地区使用（陈其光，2007），是一种处于不安全等级的濒危语言。广西的布央人（现归入瑶族）使用汉藏语系壮侗语族的布央语（Buyang）（李锦芳，2007），是一种处于濒危等级的濒危语言，分布在广西壮族自治区那坡县等地区。布央语包括东部方言（富宁、那坡县）和西部方言（广南县）。

参考文献

陈海汶，陈鸣华. 2009. 和谐中华：中国的 56 个民族剪影. 上海：上海文化出版社：97.

陈其光. 2007. 巴哼语//孙宏开，胡增益，黄行，等. 中国的语言. 北京：商务印书馆：1531-1543.

国务院人口普查办公室. 1983. 第三次全国人口普查手工汇总资料汇编（第 4 册）. 北京：国务院人口普查办公室.

国务院人口普查办公室，国家统计局人口和就业统计司. 1993. 中国 1990 年人口普查资料. 北京：中国统计出版社.

国务院人口普查办公室，国家统计局人口和就业统计司. 2002. 中国 2000 年人口普查资料. 北京：中国统计出版社.

国务院人口普查办公室，国家统计局人口和就业统计司. 2012. 中国 2010 年人口普查资料（上）. 北京：中国统计出版社.

李锦芳. 2007. 布央语//孙宏开，胡增益，黄行，等. 中国的语言. 北京：商务印书馆：1393-1411.

李树春. 2010. 中国少数民族遗传学概论. 北京：中央民族大学出版社：52.

李增祥. 2007. 勉语//孙宏开，胡增益，黄行，等. 中国的语言. 北京：商务印书馆：1565-1583.

刘保元. 2007. 拉珈语//孙宏开，胡增益，黄行，等. 中国的语言. 北京：商务印书馆：1307-1323.

毛宗武. 2007. 炯奈语//孙宏开，胡增益，黄行，等. 中国的语言. 北京：商务印书馆：1544-1564.

蒙朝吉. 2007. 布努语//孙宏开，胡增益，黄行，等. 中国的语言. 北京：商务印书馆：1307-1530.

蒙凤姣. 2002. 瑶族//赫时远，任一飞，陈英初，等. 中国少数民族分布图集. 北京：中国地图出版社：89-94.

盘朝月. 1988. 瑶族支系及其分布浅谈. 贵州民族研究，9（1）：91-95.

孙宏开，胡增益，黄行，等. 2007. 中国的语言. 北京：商务印书馆：19-39.

徐仁瑶. 1986. 瑶族//中国大百科全书编委会. 中国大百科全书·民族卷. 北京：中国大百科全书出版社：490-493.

《瑶族简史》编写组，《瑶族简史》修订本编写组 . 2009. 瑶族简史. 修订版. 北京：民族出版社：9-20.

郑度，等. 2008. 中国生态地理区域系统研究. 北京：科学出版社：130-132.

中国大百科全书编委会. 2009. 中国大百科全书·卷 3. 第 2 版. 北京：中国大百科全书出版社：129.

中华人民共和国民政部. 2011. 中华人民共和国乡镇行政区划简册（2011）. 北京：中国统计年鉴出版社.

第十九章　土家族民族地理

土家族属于蒙古人种南方类型。我国土家族人口 8 353 912 人（国务院人口普查办公室，国家统计局人口和就业统计司，2012）。土家族源于古代巴人，于宋初步形成民族共同体，至清最终定型。土家族是中国人口较多且分布较广的少数民族之一，今多分布于湖南、湖北、贵州和重庆等省份。土家族自其族源地至今分布地，均是典型的山地生存地理环境。

第一节　历史渊源

20 世纪 70 年代的考古发现说明，在今土家族地区在更新世的远古时代就有人类活动，这些古人类与土家族有一定渊源关系（刘孝瑜，王炬堡，1986；中国大百科全书编委会，2009）。有史记载的“廪君”传说，反映了土家族先人巴人的起源、迁徙活动。巴人原居武落钟离山（今长阳县境内），后定居夷城（可能在夷水，即清江沿岸）。春秋战国时期，巴人多融合进汉族和其他周围民族，仅定居在湘鄂渝黔接壤地区的古代巴人逐渐发展成后来的土家族。秦灭巴以降，至隋为郡县，唐宋以降为羁縻州郡。秦至隋因中央王朝对其控制松弛，又因战争等因素社会动荡，土家族内部尚不稳定。唐宋羁縻政策使得土家族内部趋于稳定，于宋代初步形成。元、明、清的土司制度，使土家族内部秩序更加稳定，土家族最终定型。(《土家族简史》编写组，《土家族简史》修订本编写组，2009)。

第二节　人种类型与体质特征

土家族属于蒙古人种南方类型。其体质特征（李树春，2010）表现为：身材较矮小，黑发直形；头型多圆头型、高头型和中头型；面型多为阔面型；眼裂斜度外高内低，多数有蒙古褶和上眼睑皱褶；鼻根中等高，鼻梁直微凹，鼻基底水平稍下垂，属中等偏狭鼻型，女性属中鼻型和窄鼻型；耳垂多圆形，多数有达尔文结节；正唇型，红唇较厚，下颏多直型。

第三节　语言、经济类型、服饰、民居、信仰及习俗

土家族长期活动于湘鄂西部地区，今主要聚居于相互毗邻的湖北省的恩施土家族苗族自治州、湖南省的湘西土家族苗族自治州和贵州省东北的铜仁地区（谭德宇，2002）。这一地区在《中国生态地理区域系统》中位于湘黔高原山地常绿阔叶林区（ⅤA3）东北部（郑度等，2008）。该区处于北、中亚热带湿润区的丘陵、山地地貌的过渡地区，

境内山岭重叠，河流密布。在与这样的地理环境之间、在与相邻地区之间、在与有关民族之间的协调共生中，土家族逐渐形成了具有一定特色的社会文化。

土家语是土家族的本民族语言，她属于汉藏语系藏缅语族土家语支（田德生，2007）[①]。土家族现存语言可分南、北两个方言区。两个方言均在湘西。使用南部方言的人，分布在泸溪县潭溪乡；使用北部方言的人，分布在龙山、保靖、古丈等县。土家族没有本民族文字。

土家族历史上从事过采集活动，现以农业生产为主，林、牧、副、渔均有发展。土家族服饰如图 19-1 所示（陈海汶，陈鸣华，2009），男子头上多饰以青蓝色布或黑布呈“人”字形的缠头，女子头上多饰以青丝或青布帕，妇女穿滚花边二三道的左襟大褂，衣袖短而大，男子着对襟短衣，衣料多为青蓝色土布或麻布。土家族聚落多依山傍水而建（图 19-2），建筑特点是正房左右两端建有吊脚楼[②]，有的又称转角楼。土家族的主食过去以玉米、小米、麦类、豆类、薯类等杂粮为主，新中国成立后主食以大米为主兼食杂粮。副食有辣椒、酸菜、黄豆、“合渣菜”等。土家族饮食喜酸辣，好饮酒。

图 19-1　土家族服饰（陈海汶，陈鸣华，2009）

摄影：陈海汶；拍摄时间：2008 年 12 月 20 日；

拍摄地点：中国湖南省湘西土家族苗族自治州永顺县大坝乡双凤村

① 联合国教科文组织将土家语分南北两个语种，即北部土家语（Northern Tujia，or Biji）和南部土家语（Southern Tujia，or Mozi），均是处于濒危等级的濒危语言。

② 吊脚楼又叫吊楼，为苗族（贵州等）、壮族、布依族、侗族、水族、土家族等族传统民居，在桂北、湘西、鄂西、黔东南地区吊脚楼特别多。吊脚楼属于干栏式建筑，但与一般所指干栏有所不同，是半悬空的，所以称吊脚楼，为半干栏式建筑。吊脚楼有两种类型，一是建筑在平地和坡地上，在平房左右两侧配建吊脚楼，土家族吊脚楼属于这种类型；二是建筑在溪涧河畔，前为平房，后为吊脚楼。这两种类型吊脚楼，皆木柱悬空，或立在石礅上，或插在石缝中。酉阳古歌土家族吊脚楼已入选第三批国家级非物质文化遗产名录。

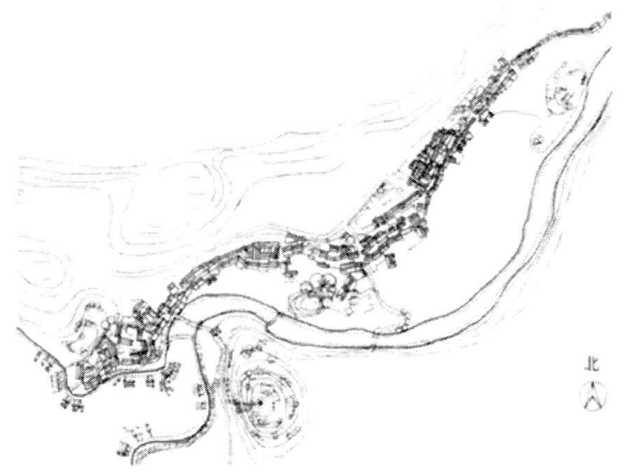

图 19-2　湖南省永顺王村镇总平面示意图（陆元鼎，2003）

土家族信仰多神，无单一宗教，有少数人信仰道教、天主教和基督教。过去土家族有“同姓为婚”的习俗，现为一夫一妻制。土司制度前，土家族实行火葬。土司制度时期至今实行土葬。

第四节　空间结构及其发展变化

一、构 成 结 构

全国第六次人口普查数据（国务院人口普查办公室，国家统计局人口和就业统计司，2012）表明，土家族的人口构成有如下特点：①在性别构成方面，人口性别比为106.44，高于全国的104.90，居第14位。②在人口存活率方面，15-64岁妇女产婴存活率为97.86%，低于全国的98.78%，居第28位。③在城镇化率方面，人口城镇化率为34.92%，低于全国的50.27%，居第20位。④在就业状况方面，就业率为98.00%，高于全国的97.46%，居第29位。在三次产业从业人口比例中（图19-3），第一产业最高，第二产业和第三产业并列次之，分别为60%、20%和20%。其中，第三产业从业人口中，比例最高的是批发和零售业，占第三产业从业人口的28.61%；较高的是公共管理和社会组织，占12.81%。⑤在人口年龄结构方面，人口最多的年龄段为35～39岁，较多的年龄段为40～44岁和15～19岁，这三个年龄段的人口数量占其总人口数量的26.46%。⑥在婚姻状况方面，15岁及以上人口的婚姻率为79.19%，高于全国的78.40%，居第4位。⑦在受教育程度方面，6岁及以上人口的受教育率为93.89%，低于全国的95.00%，居第23位。

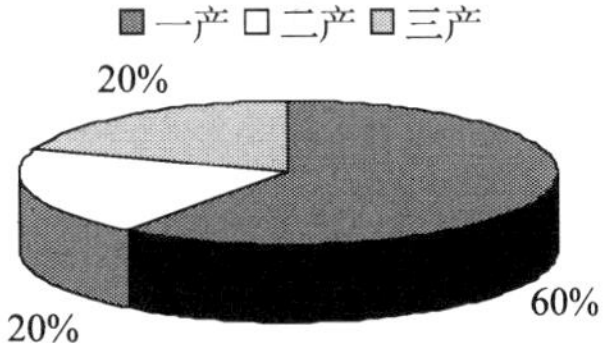

图 19-3　土家族三次产业从业人口比例

二、分布格局

1. 省域分布格局

全国第六次人口普查数据（国务院人口普查办公室，国家统计局人口和就业统计司，2012）表明，土家族人口分布比重和人口构成比重最高的省域在我国各省、自治区和直辖市的分布上呈现出“大分散、大聚居”的特点。同时，性别比和人口城镇化率省份差异较大。

在人口分布比重分布上，土家族的分布表现为三种区域类型，即集中分布区、分散分布区和零星分布区（图19-4）。集中分布区是湖南、湖北、贵州和重庆，这些省份土家族的人口总数为7 568 188人，占全国土家族总人口数量的比例约为90.59%，其中，湖南的土家族人口总量最多，达到2 632 452人，占全国土家族总人口数量的比例约为31.51%。分散分布区是浙江、广东和福建，共529 349人，占全国土家族总人口数量的比例约为6.34%。除上升省份外，其余省份均为零星分布区，这些省份的土家族人口总数为256 375人，占全国土家族总人口数量的比例约为3.07%，其中，西藏的土家族人口总量最少，为451人。

在人口构成比重分布上，最高的省份是重庆，达到4.85%；较高的省份是贵州、湖南和湖北，其土家族人口构成比重均在3.67%以上；较低的省份是山西、甘肃、山东、黑龙江、河南，这些省份的土家族人口构成比重均在0.008%以下；最低的省份是吉林，只有0.005%。

在性别比分布上，就土家族人口分布比重的集中分布区和分散分布区而言，土家族人口性别比最高的省份是福建，达到131.98；较高的省份是广东和浙江，均在120.26以上，较低的省份是湖南、重庆、贵州，其土家族人口性别比均在106.11以下，最低的省份是湖北，只有103.85。

在人口城镇化率分布上，就土家族人口分布比重的集中分布区和分散分布区而言，最高的省份是广东，达到88.57%，较高的省份是福建、浙江、湖南、重庆、湖北和贵州，这些省份的土家族人口城镇化率均在72.60%以上；最低的省份是贵州，只有28.76%。

2. 聚居分布格局

土家族聚居区较多，主要分布在湖南、湖北、贵州和重庆等省份。在全国土家族共有2个地市级聚居区、8个县区级聚居区和72个乡镇级聚居区（中华人民共和国民政部，2011）：第一，2个地市级聚居区——湖北恩施土家族苗族自治州和湖南湘西土家族苗族自治州；第二，8个县区级聚居区——长阳土家族自治县、五峰土家族自治县、秀山土家族苗族自治县、酉阳土家族苗族自治县、彭水苗族土家族自治县、石柱土家族自治县、印江土家族苗族自治县、沿河土家族自治县，其中4个是单一民族自治县；第三，72个乡镇级聚居区——松滋市卸甲坪土家族乡、怀化市沅陵县火场土家族乡、张家界市慈利县金岩土家族乡、德江县泉口土家族乡、达州市宣汉县龙泉土家族乡等。

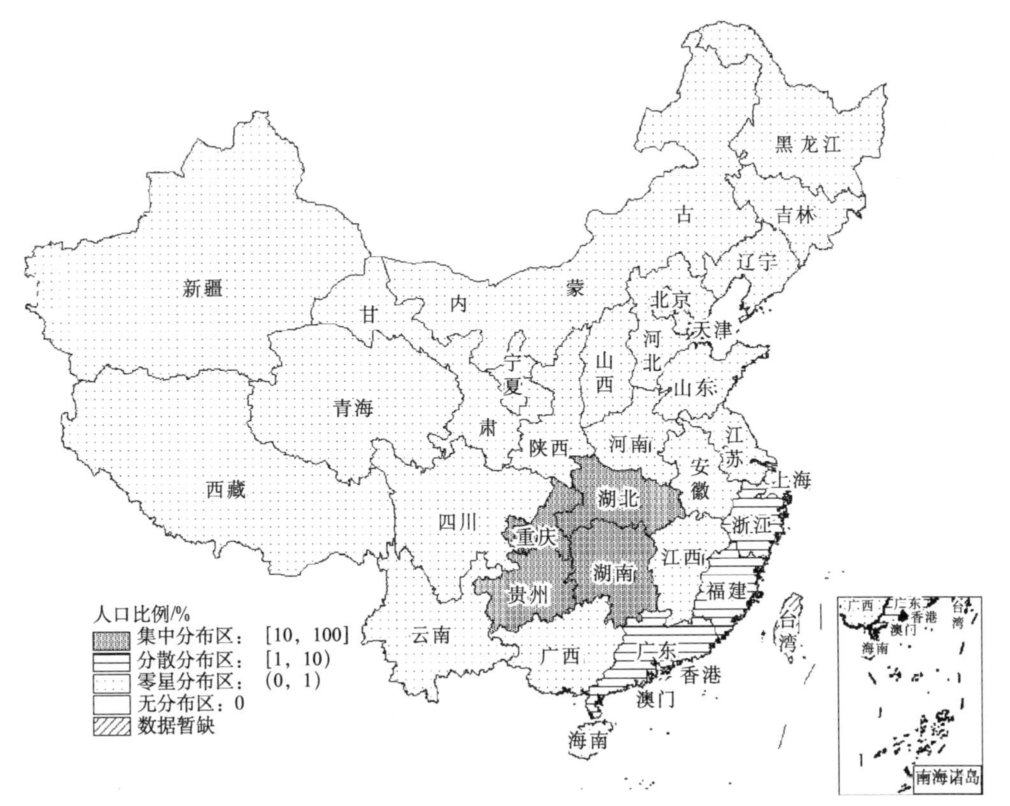

图 19-4　土家族分布的省域格局

三、发展变化

自新中国成立以来，土家族人口总体呈增长的趋势（国务院人口普查办公室，1983；国务院人口普查办公室，国家统计局人口和就业统计司，1993，2002，2012）。如图 19-5 所示，从“二普”到“六普”，全国的人口增长幅度为 92.82%，少数民族的人口增长幅度为 179.12%，土家族的人口增长幅度为 1491.96%，同比高于全国和少数民族。土家族的各次普查之间的年平均增长率从“二普”到“三普”为上升，“三普”的年均增长率达最大值，为 9.83%，从“三普”到“六普”呈下降趋势。

2010 年与 2000 年相比，土家族人口构成比重变化存在较大的省份差异。人口构成比重下降的省份有黑龙江、新疆和湖南，其中，下降最大的省份是湖南，下降了 0.16%。除上述省份外其余省份的人口构成比重均上升，上升较大的省份有浙江、重庆、福建和上海，它们的人口构成比重上升均在 0.11%以上，其中，上升最大的省份是浙江，上升了 0.29%。

以受教育状况而论，全国土家族 6 岁及以上未受教育人口占其总人口比例从 2000 年的 9.00%下降到 2010 年的 5.58%，其受教育率提升了 3.42%，提高的幅度居全国第 30 位。小学受教育人口占其总人口比例从 2000 年的 43.25%下降到 2010 年的 33.40%；中学的受教育人口占其总人口比例从 2000 年的 35.37%上升到 2010 年的

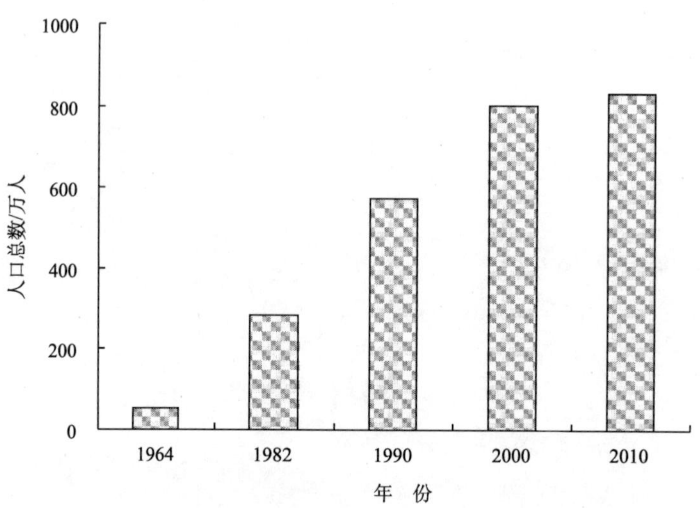

图 19-5　土家族历次普查的人口变化情况

45.78%；大学的受教育人口占其总人口比例从 2000 年的 2.06%上升到 2010 年的 6.40%；研究生受教育人口占其总人口比例从 2000 年的 0.03%上升到 2010 年的 0.17%。总体来看，土家族人口的受教育程度呈上升趋势。

参 考 文 献

陈海汶，陈鸣华. 2009. 和谐中华：中国的 56 个民族剪影. 上海：上海文化出版社：132.

国务院人口普查办公室. 1983. 第三次全国人口普查手工汇总资料汇编（第 4 册）. 北京：国务院人口普查办公室.

国务院人口普查办公室，国家统计局人口和就业统计司. 1993. 中国 1990 年人口普查资料. 北京：中国统计出版社.

国务院人口普查办公室，国家统计局人口和就业统计司. 2002. 中国 2000 年人口普查资料. 北京：中国统计出版社.

国务院人口普查办公室，国家统计局人口和就业统计司. 2012. 中国 2010 年人口普查资料（上）. 北京：中国统计出版社.

李树春. 2010. 中国少数民族遗传学概论. 北京：中央民族大学出版社：41.

刘孝瑜，王炬堡. 1986. 土家族//中国大百科全书编委会. 中国大百科全书·民族卷. 北京：中国大百科全书出版社：431-434.

陆元鼎. 2003. 中国民居建筑（下卷）. 广州：华南理工大学出版社：898.

谭德宇. 2002. 土家族//赫时远，任一飞，陈英初，等. 中国少数民族分布图集. 北京：中国地图出版社：101-106.

田德生. 2007. 土家语//孙宏开，胡增益，黄行，等. 中国的语言. 北京：商务印书馆：492-514.

《土家族简史》编写组，《土家族简史》修订本编写组. 2009. 土家族简史. 北京：民族出版社：7-27.

郑度，等. 2008. 中国生态地理区域系统研究. 北京：科学出版社：130-132.

中国大百科全书编委会. 2009. 中国大百科全书·卷 22. 第 2 版. 北京：中国大百科全书出版社：407.

中华人民共和国民政部. 2011. 中华人民共和国乡镇行政区划简册（2011）. 北京：中国统计年鉴出版社.

第二十章 朝鲜族民族地理

朝鲜族是典型的蒙古人种北方类型。我国朝鲜族人口 1 830 929 人（国务院人口普查办公室，国家统计局人口和就业统计司，2012）。朝鲜族是中朝之间单边主体型、由朝鲜迁入型跨界民族，于 19 世纪中叶以来逐渐迁居中国而形成中华民族之一部。今天中国朝鲜族主要分布于东北三省。朝鲜族迁入中国并形成中华民族之一部对于中华民族文化发展多有增色。

第一节 历史渊源

朝鲜族源于古朝鲜族，古朝鲜族是秽貊系民族之一。朝鲜族在其形成过程中，不断融合诸多民族和种族成分，如秽族（古朝鲜居民）、韩族（辰国居民）、燕人（卫满朝鲜部分居民）、汉人（朝鲜半岛汉四郡部分居民）、貊族（高句丽居民）以及扶余人、沃沮人、豆莫类人等。其中秽貊和韩族为朝鲜半岛民族共同体的主体（严圣钦，1986；中国大百科全书编委会，2009；《朝鲜族简史》编写组，《朝鲜族简史》修订本编写组，2009）。自 19 世纪中叶开始到 20 世纪 40 年代，由于当时朝鲜封建统治阶级残酷剥削、压迫，特别是 1869 年朝鲜北部遭受大灾荒，少数朝鲜人民为了生计来到中国。随着日本帝国主义在朝鲜侵略的加剧，大批朝鲜居民纷纷迁徙到中国东北边疆地区定居下来。新中国成立后延边朝鲜族自治州的设立，使朝鲜族更进一步融入到中华民族这一自觉实体中。

第二节 人种类型与体质特征

朝鲜族是典型的蒙古人种北方类型。其体质特征（李树春，2010）表现为：身材中等偏矮，黑发直形；头型多圆头型和阔头型；面型多为卵圆型；眼裂开度狭窄，眼裂斜度外高内低，蒙古褶显著，上眼睑皱褶发育好；鼻根中等偏低，男性鼻背直凸，女性鼻梁多凸型，鼻尖和鼻基底方向，男性多水平，女性多上翘；鼻翼突度不显著，鼻孔多卵圆型，男性属高鼻型和中鼻型，女性属中鼻型和窄鼻型；男性耳垂多圆形，女性耳垂多三角形，多数有达尔文结节；红唇中等厚，下颏多直型或微突。

第三节 语言文字、经济类型、服饰、民居、信仰及习俗

朝鲜族长期生活于东北地区，今主要聚居于东北毗邻的吉林、黑龙江、辽宁三省，吉林省的延边朝鲜族自治州是最大的聚居区（严圣钦，2002）。朝鲜族聚居区在《中国生态地理区域系统》中位于三江平原湿地区（ⅡA1），小兴安岭长白山地针叶

林区（ⅡA2）南段，松辽平原东部山前台地针阔叶混交林区（ⅡA3）南部和松辽平原中部森林草原区（ⅡB1）南部（郑度等，2008），主要是平原河流型地理环境，平原、森林、河流构成了朝鲜族生存的主要地理环境类型。在与这样的地理环境之间、在与相邻地区之间、在与有关民族之间的协调共生中，朝鲜族逐渐形成了具有一定特色的社会文化。

朝鲜语是朝鲜族的本民族语言，她属于阿尔泰语系满-通古斯语族（赵习，2007）。朝鲜语是朝鲜族所使用的语言。朝鲜语在中国境内有六个方言：西北、东北、中部、西南、东南和济州岛方言（宣德五等，1985）。方言之间略有差别。朝鲜语除济州岛方言外，其他五个方言在朝鲜族聚居地均能找到其代表性地区。东北方言主要分布在吉林省延边朝鲜族自治州和黑龙江省牡丹江地区；西北方言主要分布在辽宁省东部；东南方言主要分布在黑龙江省西部和吉林省中部；中部方言和西南方言分散在东北三省与其他方言交错在一起。朝鲜族有本民族文字——属拼音文字类型的朝鲜文，曾使用过吏读。朝鲜族在古代使用汉字。在1444年1月创制了文字“训民正音”，后来改称朝鲜文。现在朝鲜语都用朝鲜文拼写（中国大百科全书编委会，1988）。

朝鲜族以农业为主，兼营林、渔业和餐饮业。朝鲜族服饰如图20-1所示（陈海汶，陈鸣华，2009），因尚白素有“白衣民族”之称，服装呈现出素净、淡雅、轻盈的特点，款式特点为斜襟，无纽扣，以长布带打结，具有飘逸特点和便于载歌载舞的短衣长裙，是朝鲜族妇女最具有民族标志性的服饰（胡梅芳，2002）。朝鲜族饮食的特点是生食多、摄入脂肪少，饮食中最富特色的是各种各样的泡菜和小咸菜，其中最负盛名的是辣白菜、桔梗咸菜等。朝鲜族的传统住宅，主建筑为瓦房，其传统特色主要表现在大屋顶上。屋顶中间平，两头檐角微微上翘，曲线柔和、优雅。中国朝鲜族住宅的基本形态分为两种类型。第一种类型：延边的朝鲜式住宅，它是一种以朝鲜咸境道式住宅为原形演变的型式（图20-2）。第二种类型：为除延边之外的其他地区，以吸取汉族式住宅结合朝鲜族住宅变化发展而来的住宅型式（陆元鼎，2003）。

图 20-1　朝鲜族服饰（陈海汶，陈鸣华，2009）

摄影：陈海汶；拍摄时间：2008年11月23日；拍摄地点：中国吉林省延边朝鲜族自治州珲春市密江乡米江村

图 20-2　朝鲜族住宅外景（陆元鼎，2003）

朝鲜族信奉多种宗教，有基督教、天主教，东学教系统的天道教、侍天教等，檀君教系统的檀君教、大倧教和元倧教，吁哆教系统的太乙教、普天教等，是朝鲜族特有的民族宗教。朝鲜族实行一夫一妻制，近亲、同宗、同姓不婚。朝鲜族多实行土葬，散居在城镇的也实行火葬。

第四节　空间结构及其发展变化

一、构成结构

全国第六次人口普查数据（国务院人口普查办公室，国家统计局人口和就业统计司，2012）表明，朝鲜族的人口构成有如下特点：①在性别构成方面，人口性别比为98.93，低于全国的104.90，居第46位。②在人口存活率方面，15～64岁妇女产婴存活率为99.17%，高于全国的98.78%，居第3位。③在城镇化率方面，人口城镇化率为69.39%，高于全国的50.27%，居第2位。④在就业状况方面，就业率为96.82%，低于全国的97.46%，居第51位；在三次产业从业人口比例中（图20-3），第三产业最高，第一产业次之，第二产业最低，分别为54%、26%和20%。其中，第三产业从业人口中，比例最高的是批发和零售业，占第三产业从业人口的27.63%；较高的是住宿和餐饮业，占23.58%。⑤在人口年龄结构方面，人口最多的年龄段为45～49岁，人口较多的年龄段为50～54岁和40～44岁，这三个年龄段的人口数量占其总人口数量的29.05%。⑥在婚姻状况方面，15岁及以上人口的婚姻率为74.67%，低于全国的78.40%，居第32位。⑦在受教育程度方面，6岁及以上人口的受教育率为98.71%，高于全国的95%，居第5位。

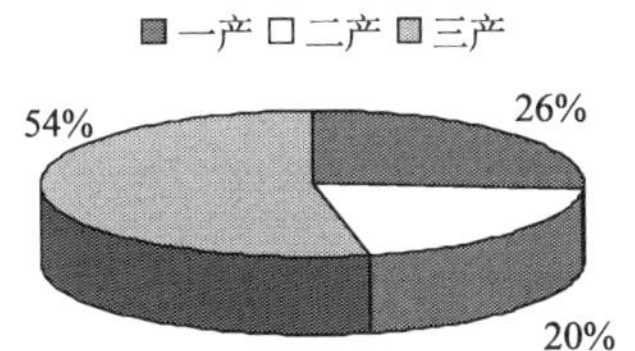

图 20-3　朝鲜族三次产业从业人口比例

二、分 布 格 局

1. 省域分布格局

全国第六次人口普查数据（国务院人口普查办公室，国家统计局人口和就业统计司，2012）表明，朝鲜族人口分布比重和人口构成比重最高的省域在我国各省、自治区和直辖市的分布上，呈现出主要集中在东北地区的特点。同时，性别比和人口城镇化率省份差异较大。

在人口分布比重分布上，朝鲜族的分布表现为三种区域类型，即集中分布区、分散分布区和零星分布区（图 20-4）。集中分布区是吉林、黑龙江和辽宁，这三个省份的朝鲜族人口总数为 1 607 510 人，占全国朝鲜族总人口数量的比例约为 87.80%，吉林的朝鲜族人口总量最多，达到 1 040 167 人，占全国朝鲜族总人口数量的比例为 56.81%。分散分布区是山东、北京、上海、内蒙古和天津，这五个省份的朝鲜族人口总数为 157 904人，占全国朝鲜族总人口数量的比例约为 8.62%。除上述 8 个省份外其余省份均属于零星分布区，这些省份的朝鲜族人口总数为 65 515 人，占全国朝鲜族总人口数量的比例约为 3.58%，其中，西藏的朝鲜族人口最少，仅为 26 人。

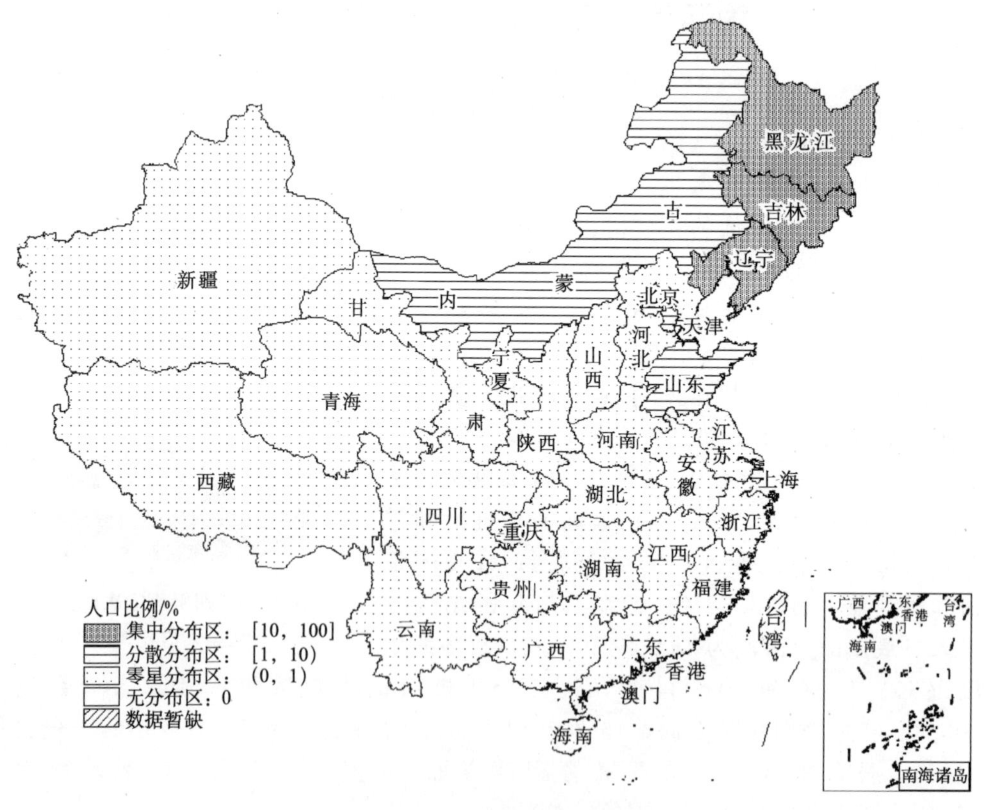

图 20-4　朝鲜族分布的省域格局

在人口构成比重分布上，最高的省份是吉林，该省份的朝鲜族人口构成比重达到3.79%；较高的省份是黑龙江和辽宁，分别为0.86%和0.55%；较低的省份是四川、贵州、山西、湖南、河南、江西，其朝鲜族人口构成比重均在0.002%以下，最低的省份是西藏，只有十万分之零点九。

在性别比分布上，就朝鲜族人口分布比重的集中分布区和分散分布区而言，性别比最高的是天津，为104.10；较高的省份是山东和黑龙江，均在100以上，较低的是吉林、辽宁、内蒙古、北京，其性别比均在99以下，最低的是上海，为86.02。

在人口城镇化率分布上，就朝鲜族人口分布比重的集中分布区和分散分布区而言，朝鲜族人口城镇化率最高的省份是上海，为98.99%；较高的省份是北京、山东和天津，均在96%以上，较低的省份是辽宁、吉林、内蒙古，其朝鲜族人口城镇化率均在80%以下，最低的省份是黑龙江，只有46.24%。

2. 聚居分布格局

朝鲜族聚居区较多，主要分布在吉林、黑龙江、辽宁、内蒙古和北京等省份，在全国朝鲜族有1个地市级聚居区、1个县区级聚居区和36个乡镇级聚居区（中华人民共和国民政部，2011）：第一，1个地市级聚居区——吉林延边朝鲜族自治州，她是中国最大的朝鲜族聚居区；第二，1个县区级聚居区——吉林长白朝鲜族自治县；第三，36个乡镇级聚居区——阿荣旗新发朝鲜族乡、桓仁满族自治县雅河朝鲜族乡、丹东市宽甸满族自治县下露河朝鲜族乡、吉林市昌邑区土城子满族朝鲜族乡、蛟河市乌林朝鲜族乡、五常市民乐朝鲜族乡、尚志市河东朝鲜族乡、尚志市鱼池朝鲜族乡等。

三、发展变化

自新中国成立以来，朝鲜族人口总体呈增长的趋势（国务院人口普查办公室，1983；国务院人口普查办公室，国家统计局人口和就业统计司，1993，2002，2012）。如图20-5所示，从“一普”到“六普”，全国的人口增长幅度为130.65%，少数民族的人口增长幅度为227.29%，朝鲜族的人口增长幅度为64.76%，同比低于全国和少数民族。朝鲜族各次普查之间的年均增长率从“一普”到“二普”呈增长的趋势，“二普”年均增长率

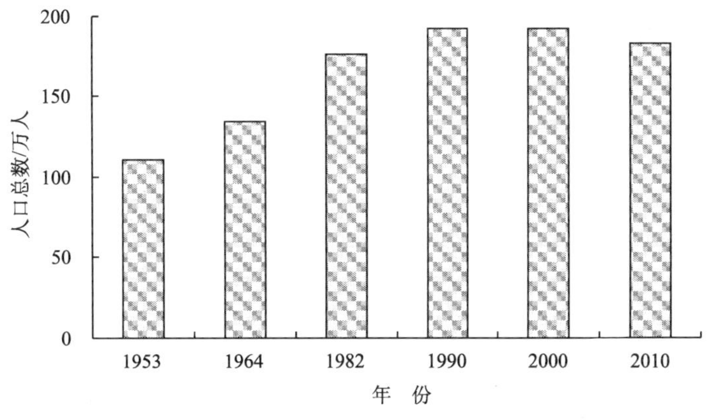

图20-5 朝鲜族历次普查的人口变化情况

为 1.71%，从“二普”到“六普”呈下降趋势，“六普”出现负值，为－0.94%。

2010 年与 2000 年相比，朝鲜族人口构成比重变化存在较大的省份差异。其中，人口构成比重上升的省份是上海、北京、山东、天津、浙江、江苏、广东、广西、海南和福建，而其他省份的人口构成比重则下降。人口构成比重上升最大的省份是上海，达到 0.06%；上升较大的省份是北京和山东，分别上升了 0.04%和 0.03%；下降较大的省份是黑龙江，下降了 0.22%，下降最大的省份是吉林，下降了 0.49%。

以受教育状况和人口预期寿命而论，全国朝鲜族 6 岁及以上未受教育人口占其总人口比例从 2000 年的 2.67%下降到 2010 年的 1.24%，其受教育率提升了 1.43%，其提高的幅度居全国第 47 位。小学受教育人口占其总人口比例从 2000 年的 19.70%下降到 2010 年的 12.94%；中学受教育人口占其总人口比例从 2000 年的 65.55%上升到 2010 年的 66.83%；大学受教育人口占其总人口比例从 2000 年的 8.09%上升到 2010 年的 14.85%；到 2010 年止，有 0.53%的朝鲜族人口接受了研究生教育。到 1990 年，朝鲜族人口的平均预期寿命为 66.92 岁，男性人口平均预期寿命为 63.70 岁，女性人口平均预期寿命为 70.14 岁。

参考文献

陈海汶，陈鸣华. 2009. 和谐中华：中国的 56 个民族剪影. 上海：上海文化出版社.

《朝鲜族简史》编写组，《朝鲜族简史》修订本编写组. 2009. 朝鲜族简史. 修订版. 北京：民族出版社：1-20.

国务院人口普查办公室. 1983. 第三次全国人口普查手工汇总资料汇编（第 4 册）. 北京：国务院人口普查办公室.

国务院人口普查办公室，国家统计局人口和就业统计司. 1993. 中国 1990 年人口普查资料. 北京：中国统计出版社.

国务院人口普查办公室，国家统计局人口和就业统计司. 2002. 中国 2000 年人口普查资料. 北京：中国统计出版社.

国务院人口普查办公室，国家统计局人口和就业统计司. 2012. 中国 2010 年人口普查资料（上）. 北京：中国统计出版社.

胡梅芳. 2002. 民族服饰要素与创意. 重庆：西南师范大学出版社：26.

赫时远，任一飞，陈英初，等. 2002. 中国少数民族分布图集. 北京：中国地图出版社.

李树春. 2010. 中国少数民族遗传学概论. 北京：中央民族大学出版社：53-54.

陆元鼎. 2003. 中国民居建筑（下卷）. 广州：华南理工大学出版社：744.

宣德五，等. 1985. 朝鲜语简志. 北京：民族出版社：111.

严圣钦. 1986. 朝鲜族//中国大百科全书编委会. 中国大百科全书·民族卷. 北京：中国大百科全书出版社：69-72.

严圣钦. 2002. 朝鲜族//赫时远，任一飞，陈英初，等. 中国少数民族分布图集. 北京：中国地图出版社：71-76.

赵习. 2007. 朝鲜语//孙宏开，胡增益，黄行，等. 中国的语言. 北京：商务印书馆：2082-2103.

郑度，等. 2008. 中国生态地理区域系统研究. 北京：科学出版社：130-132.

中国大百科全书编委会. 1988. 中国大百科全书·语言文字卷. 北京：中国大百科全书出版社：33-34.

中国大百科全书编委会. 2009. 中国大百科全书·卷 3. 第 2 版. 北京：中国大百科全书出版社.

中华人民共和国民政部. 2011. 中华人民共和国乡镇行政区划简册（2011）. 北京：中国统计年鉴出版社.

第二十一章　布依族民族地理

布依族属于蒙古人种南方类型。我国布依族人口 2 870 034 人（国务院人口普查办公室，国家统计局人口和就业统计司，2012）。布依族一直生活于贵州境内，至清形成一个独立的民族，今多分布于贵州省，是中越之间非主体型跨界民族。布依族生存环境主要是山地地理环境。布依族支系较多，使用多种语言，多为濒危语言。

第一节　历史渊源

布依族的先民自古就居住在南北盘江、红水河流域及其以北地区，是贵州土著居民之一，与古越人（见本书第十四章第一节注释）有渊源关系（张英志，李知仁，1986；中国大百科全书编委会，2009；《布依族简史》编写组，《布依族简史》修订本编写组，2009）。古越人约在公元前 17 世纪就生存在长江以南的广大地区，由于地域及文化差异，形成许多不同支系，布依族则是殷商时期活动在广西中北部和贵州南部的“骆越”一支。春秋时，今布依族活动的区域建有牂牁国，战国后为夜郎国。汉以后，“僚”或“俚”逐渐取代了骆越之名。唐代有“东谢蛮”、“都匀蛮”、“白水蛮”等称，均是布依族先民。宋以后，布依族又有“仲家”、“青仲”、“仲苗”等称。自唐在布依族地区推行“羁縻制度”，元至清初为土司制度，布依族均在中央王朝版图内，清后期实行“改土归流”，布依族已是独立的民族。

布依族在历史上有着各种不同的他称，清初承袭前代布依族认识成果，对布依族的三个支系给出了专名：卡尤仲家、青仲家（及前代典籍所称的八番）、布依（及前代典籍所称的自杞）（李汉林，2001）。根据历史文献的记载，中国西南民族的历史上有沙人一支。依据新中国成立后进行的民族识别，云南罗平等地的沙人被确认为布依族（颜洁，2009）。

第二节　人种类型与体质特征

布依族属于蒙古人种南方类型。其体质特征（李树春，2010）表现为：身材矮小，躯干较宽，皮肤黄色或浅黄；黑发直形；头型多圆头型和中头型；面型多阔面型；褐色眼，眼裂开度中等偏宽，眼裂斜度外高内低，多缺失蒙古褶，上眼睑皱褶发育好；鼻根中等或低型，鼻翼高度中等，属中鼻型；耳垂多圆形，其次为三角形；上唇高度中等。

第三节　语言、经济类型、服饰、民居、信仰及习俗

布依族世代居住在贵州省相邻的两个复合型自治州——黔南布依族苗族自治州和黔

西南布依族苗族自治州（周国炎，2002）。这一地区在《中国生态地理区域系统》中位于湘黔高原山地常绿阔叶林区（ⅤA3）西南部，云南高原常绿阔叶林、松林区（ⅤA5）东缘（郑度等，2008），主要属于高山峡谷型自然地理环境。该区地处云贵高原东南部，地势北高南低，起伏较大，河流众多且瀑布广布，喀斯特地貌十分发育。在与这样的地理环境之间、在与相邻地区之间、在与有关民族之间的协调共生中，布依族逐渐形成了具有一定特色的社会文化。

布依语是布依族的本民族语言，她属于汉藏语系壮侗语族壮傣语支（喻世长，2007）。布依族除使用布依语外，还使用其他语言。诸如，居住在贵州省黔南布依族苗族自治州荔波县境内的人说属于汉藏语系壮侗语族的莫语（Mak，or Mo）（倪大白，2007a），是一种处于危险等级的濒危语言；说属于汉藏语系壮侗语族的佯僙语（Rao，or Ten，Yanghuang）（是一种处于危险等级的濒危语言）的人目前归为布依族（倪大白，2007b），分布在贵州省黔南布依族苗族自治州平塘县及与平塘县接界的惠水县和独山县。布依族过去没有自己的文字，一般使用汉文。1956 年中央人民政府组织专家创制了以拉丁字母为基础的布依族拼音文字方案。

布依族以农业为主，主要种植水稻，手工业以纺织为主。与其经济活动有关，布依族以大米为主食，其次为玉米、小麦、红薯、荞麦等，普遍喜食糯米，口味以酸为主。布依族服饰如图 21-1 所示（陈海汶，陈鸣华，2009），多用青、蓝和白几种颜色，男性服饰与汉族差别不大，妇女服饰可分为三种类型：百褶长裙型、大襟长裤型、汉装型。布依族习惯近水而居，山寨依山傍水，周围生长着茂密的竹林和风水树，寨前田畴，河溪环绕，整个居住环境十分别致。布依族居住的房屋依山而筑，因地制宜，利用坡地建成楼房，上层住人，下圈牲畜；有的修成半边楼，前半部为楼房，后半部为平房，仍是下层圈牲畜，具有显著的山区特点（陆元鼎，2003）。布依族民居盛行干栏式建筑的

图 21-1　布依族服饰

资料来源：陈海汶，陈鸣华，2009：65

摄影：陈海汶；拍摄时间：2009 年 1 月 5 日；拍摄地点：中国贵州省安顺市镇宁布依族苗族自治县黄果树镇石头寨

“吊脚楼”，属于建筑在溪涧河畔的类型（吊脚楼类型见本书第十九章第一节吊脚楼注释）。

大多数布依族群众信仰的传统宗教是一种处于一神教雏形的民族宗教——“摩教”。布依族实行一夫一妻制，禁止同宗通婚。布依族葬式有土坑墓、石棺墓、石室墓、岩洞葬、停棺待葬（二次葬）、瓮棺葬等，具有丰富的丧葬文化特征。

第四节　空间结构及其发展变化

一、构 成 结 构

全国第六次人口普查数据（国务院人口普查办公室，国家统计局人口和就业统计司，2012）表明，布依族的人口构成有如下特点：①在性别构成方面，人口性别比为102.93，低于全国的104.90，居第30位。②在人口存活率方面，15～64岁妇女产婴存活率为97.99%，低于全国的98.78%，居第24位。③在城镇化率方面，人口城镇化率为26.23%，低于全国的50.27%，居第30位。④在就业状况方面，就业率为98.13%，高于全国的97.46%，居第22位。在三次产业从业人口比例中（图21-2），第一产业最高，第二产业次之，第三产业最低，分别为69%、18%和13%。其中，第三产业从业人口中，比例最高的是批发和零售业，占第三产业从业人口的26.22%；较高的是教育，占15.73%。⑤在人口年龄结构方面，人口最多的年龄段为10～14岁，较多的年龄段为15～19岁和35～39岁，这三个年龄段的人口数量占其总人口数量的27.05%。⑥在婚姻状况方面，15岁及以上人口的婚姻率为78.43%，高于全国的78.40%，居第8位。⑦在受教育程度方面，6岁及以上人口的受教育率为87.77%，低于全国的95.00%，居第40位。

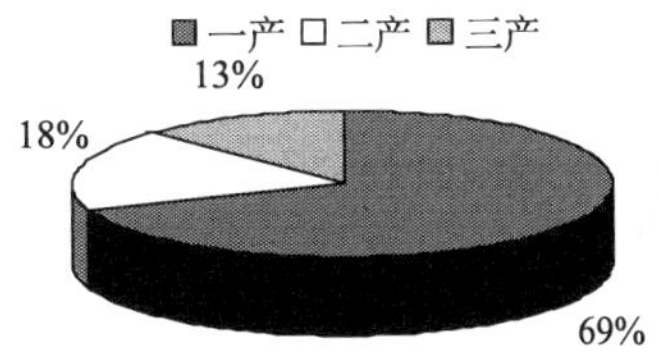

图21-2　布依族三次产业从业人口比例

二、分 布 格 局

1. 省域分布格局

全国第六次人口普查数据（国务院人口普查办公室，国家统计局人口和就业统计司，2012）表明，布依族人口分布比重和人口构成比重最高的省域在我国各省、自治区和直辖市的分布上，呈现出主要集中在西南地区的特点。同时，性别比和人口城镇化率省份差异较大。

在人口分布比重分布上，布依族的分布表现为三种区域类型，即集中分布区、分散分布区和零星分布区（图21-3）。集中分布区是贵州，其布依族人口总数达到2 510 565人，占全国布依族总人口数量的比例约为87.48%。分散分布区是浙江、广东和云南，这三个省份的布依族人口总数为248 881人，占全国布依族总人口数量的比例约为8.67%。除上述省份外，其余省份均属于零星分布区，这些省份的布依族人口总数为110 588人，占全国布依族总人口数量的比例约为3.85%，其中，西藏的布依族人口最少，仅有81人。

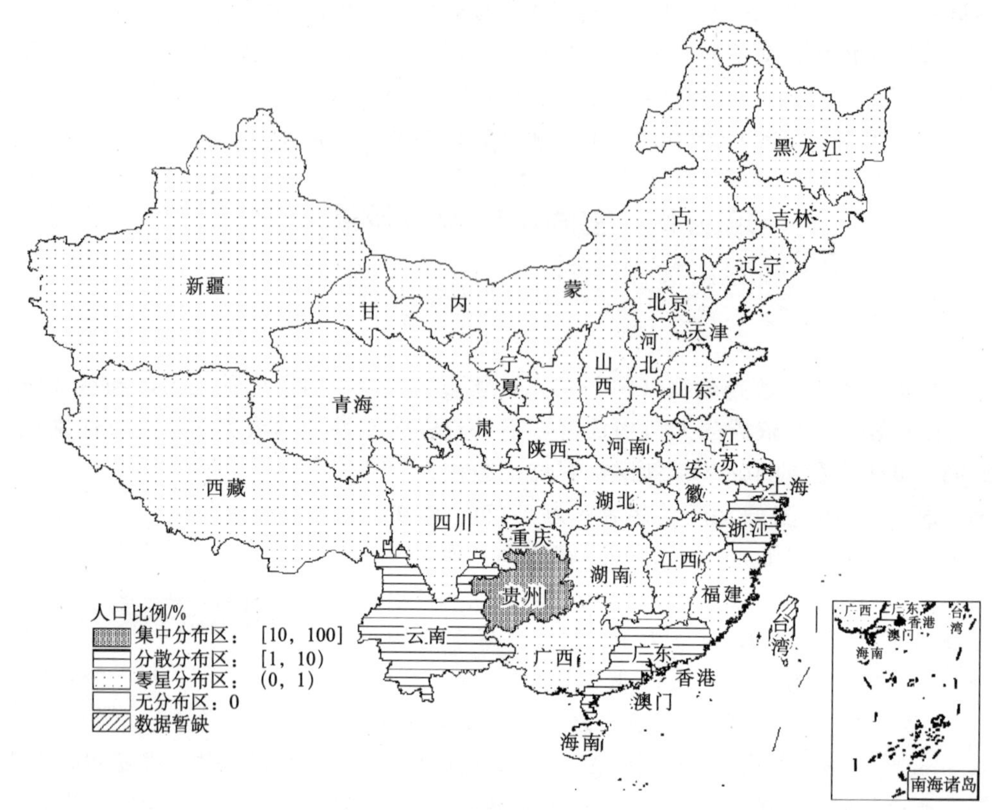

图 21-3　布依族分布的省域格局

在人口构成比重分布上，最高的省份是贵州，其布依族人口构成比重达到 7.22%；较高的是浙江和云南，这两个省份的布依族人口比例分别为 0.23%和 0.13%；较低的省份是陕西、山东、甘肃、吉林、黑龙江，这些省份的布依族人口构成比重均在 0.002%以下；最低的省份是山西，只有 0.001%。

在性别比分布上，就布依族人口分布比重的集中分布区和分散分布区而言，最高的省份是广东，其性别比为 125.89；较低的省份是浙江和云南，性别比分别为 114.31 和 114.18；最低的是贵州，只有 102.54。

在人口城镇化率分布上，就布依族人口分布比重的集中分布区和分散分布区而言，最高的省份是广东，为 85.69%；较低的省份是浙江和云南，这两个省份的布依族人口城镇化率分别为 58.99%和 38.96%；最低的省份是贵州，只有 21.38%。

2. 聚居分布格局

布依族聚居区较多，主要分布在贵州、云南、广东和广西等省份。在全国布依族有 2 个地市级聚居区、3 个县区级聚居区和 54 个乡镇级聚居区（中华人民共和国民政部，2011）：第一，2 个地市级聚居区——贵州黔南布依族苗族自治州和贵州黔西南布依族苗族自治州；第二，3 个县区级聚居区——贵州镇宁布依族苗族自治县、贵州关岭布依族苗族自治县和贵州紫云苗族布依族自治县；第三，54 个乡镇级聚居区——贵州贵阳市花溪区马铃布依族苗族乡、贵州清镇市麦格苗族布依族乡、贵州开阳县哨上布依族苗族乡、贵州六枝特区落别布依族彝族乡、贵州水城县野钟苗族彝族布依族乡、云南罗平县长底布依族乡、云南罗平县鲁布革布依族苗族乡等。

三、发展变化

自新中国成立以来，布依族人口总体呈增长的趋势（国务院人口普查办公室，1983；国务院人口普查办公室，国家统计局人口和就业统计司，1993，2002，2012）。如图 21-4 所示，从“一普”到“六普”，全国的人口增长幅度为 130.65%，少数民族的人口增长幅度为 227.29%，布依族的人口增长幅度为 131.88%，同比高于全国而低于少数民族。布依族的各次普查之间的年均增长率从“一普”到“二普”的年均增长率为 0.78%，从“二普”到“三普”呈上升趋势，“三普”达最大值，为 2.55%，从“三普”到“六普”呈逐年下降趋势，“六普”的人口年均增长率为－0.35%。

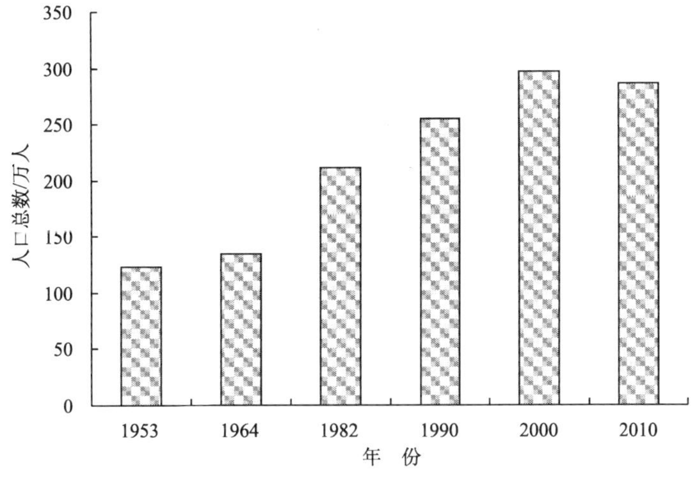

图 21-4　布依族历次普查的人口变化情况

2010 年与 2000 年相比，布依族人口构成比重变化存在较大的省份差异。人口构成比重下降的省份是辽宁、山东、云南、黑龙江、河北、内蒙古、甘肃、新疆、山西、吉林、广西、西藏和贵州，其中，下降比例最大的是贵州，为 0.11%。除以上省份外，其余省份的人口构成比重均为上升，上升较大的省份是浙江、福建、广东和上海，其中，上升最大的是浙江，为 0.18%。

以受教育状况和男女预期寿命而论，全国布依族 6 岁及以上未受教育人口占其总人口比例从 2000 年的 17.95%下降到 2010 年的 11.08%，其受教育率提升了 6.87%，提高的幅度居全国第 14 位。小学受教育人口占其总人口比例从 2000 年的 44.68%下降到 2010 年的 40.75%；中学的受教育人口占其总人口比例从 2000 年的 22.21%上升到 2010 年的 34.60%；大学的受教育人口占其总人口比例从 2000 年的 1.19%上升到 2010 年的 4.06%；研究生受教育人口占其总人口比例从 2000 年的 0.01%上升到 2010 年的 0.06%。总体来看，布依族人口的受教育程度呈上升趋势。到 1990 年，布依族人口的平均预期寿命为 62.74 岁，其中男性人口平均预期寿命为 61.19 岁，女性人口平均预期寿命为 64.27 岁，其预期寿命不断延长。

参考文献

《布依族简史》编写组，《布依族简史》修订本编写组. 2009. 布依族简史. 修订版. 北京：民族出版社：16-202.

陈海汶，陈鸣华. 2009. 和谐中华：中国的 56 个民族剪影. 上海：上海文化出版社：65.

国务院人口普查办公室. 1983. 第三次全国人口普查手工汇总资料汇编（第 4 册）. 北京：国务院人口普查办公室.

国务院人口普查办公室，国家统计局人口和就业统计司. 1993. 中国 1990 年人口普查资料. 北京：中国统计出版社.

国务院人口普查办公室，国家统计局人口和就业统计司. 2002. 中国 2000 年人口普查资料. 北京：中国统计出版社.

国务院人口普查办公室，国家统计局人口和就业统计司. 2012. 中国 2010 年人口普查资料（上）. 北京：中国统计出版社.

李汉林. 2001.《百苗图》族称名源探析例举. 贵州民族研究，21（2）：120-124.

李树春. 2010. 中国少数民族遗传学概论. 北京：中央民族大学出版社：49.

陆元鼎. 2003. 中国民居建筑（下卷）. 广州：华南理工大学出版社：1080.

倪大白. 2007a. 莫语//孙宏开，胡增益，黄行，等. 中国的语言. 北京：商务印书馆：1274-1290.

倪大白. 2007b. 佯僙语//孙宏开，胡增益，黄行，等. 中国的语言. 北京：商务印书馆：1291-1306.

颜洁. 2009. 历史文献中的沙人——少数民族支系研究之一. 广西民族研究，23（1）：77-87.

喻世长. 2007. 布依语//孙宏开，胡增益，黄行，等. 中国的语言. 北京：商务印书馆：1119-1135.

张英志，李知仁. 1986. 布依族//中国大百科全书编委会. 中国大百科全书？民族卷. 北京：中国大百科全书出版社：60-62.

郑度，等. 2008. 中国生态地理区域系统研究. 北京：科学出版社：130-132.

中国大百科全书编委会. 2009. 中国大百科全书？卷 3. 第 2 版. 北京：中国大百科全书出版社.

中华人民共和国民政部. 2011. 中华人民共和国乡镇行政区划简册（2011）. 北京：中国统计年鉴出版社.

周国炎. 2002. 布依族//赫时远，任一飞，陈英初，等. 中国少数民族分布图集. 北京：中国地图出版社：65-70.

第四篇 人口较多而分布较狭民族地理

本篇共13章，分别是哈萨克族、侗族、傣族、白族、傈僳族、黎族、哈尼族、仡佬族、佤族、拉祜族、东乡族、水族、纳西族13个民族的民族地理。

从人口数量和分布格局来看，人口较多且分布较狭的民族大多分布在西南民族区（主要有侗族、傣族、白族、傈僳族、哈尼族、仡佬族、佤族、拉祜族、水族、纳西族；民族分区见本书第六十六章），西北民族区有哈萨克族，北部民族区有东乡族，东南民族区有黎族。

在人种结构上，多为蒙古人种南方类型。前述西南民族区中的民族均是蒙古人种南方类型，黎族也是蒙古人种南方类型，哈萨克族和东乡族属于蒙古人种北方类型。

在生存环境特征上，主要是山地、丘陵及山间平原（坝子）地理环境，包括侗族、傣族、白族、傈僳族、黎族、哈尼族、仡佬族、佤族、拉祜族、东乡族、水族、纳西族，哈萨克族则主要是草原地理环境。与其地理环境特征相适应，其社会文化特征具有山地生态文化特征（除哈萨克族外），大多从事农业（除哈萨克族外）；哈萨克族则具有草原生态文化特征，主要从事牧业。

第二十二章　哈萨克族民族地理

哈萨克族属于蒙古人种北方类型。我国哈萨克族人口为 1 462 588 人（国务院人口普查办公室，国家统计局人口和就业统计司，2012）。哈萨克族是古代中亚塞种人和中国北方、西北族群融合而成的民族，于 16 世纪时形成。今主要分布于新疆北部，是中蒙之间、中哈之间和中吉之间非主体型跨界民族。

第一节　历史渊源

哈萨克族的起源部落有塞种、大月氏、乌孙、康居、阿兰、匈奴等部落或部族，其中乌孙是主体部落，起源时期大致是公元前 7 世纪至公元 6 世纪。塞种来源于中亚，大月氏、乌孙、康居、阿兰、匈奴均是我国古代北方、西北民族，是哈萨克族的族源之一。公元 6 世纪至 12 世纪，哈萨克族先后经突厥汗国、突厥施汗国、葛逻禄汗国、克马克汗国、喀喇汗朝和西辽的统治，使得原来各自独立的哈萨克族各部受辖于一个统一的政权，逐步形成了共同的经济生活、共同的文化、共同的民族心理素质。蒙古兴起时期的克烈部、乃蛮部、篾儿乞惕部、弘吉剌惕部、札剌亦儿部、钦察部、康里部等后来都是哈萨克族的主要组成部落。成吉思汗时期，金帐汗国、察合台汗国和窝阔台汗国是古代哈萨克部落和部族的主要分布区。15 世纪中叶，哈萨克汗国的建立及其发展的需要，采取了统一各部落的措施，16 世纪末完成各哈萨克部落的统一，哈萨克族完全形成（罗致平，1986；中国大百科全书编委会，2009；《哈萨克族简史》编写组，《哈萨克族简史》修订本编写组，2009）。

第二节　人种类型与体质特征

哈萨克族体质特征主要表现为蒙古人种北方类型，但明显具有高加索人种血缘成分。其体质特征（李树春，2010）表现为：身材较高大，黑色直形发，眉毛中等；头型属特圆头型、高头型和阔头型；面型属阔面型和中面型；眼裂开度中等，眼裂斜度内外平行，蒙古褶微显，上眼睑皱褶发育好；鼻翼高度和突度中等，鼻尖和鼻基部方向向前，鼻根较高，属狭鼻型和中鼻型；耳垂多圆形；上唇高度中等，红唇中等厚。

第三节　语言文字、经济类型、服饰、民居、信仰及习俗

哈萨克族长期生活于北方、西北地区，今主要集中分布于新疆北部（阿力肯，2002）。这一地区在《中国生态地理区域系统》中位于塔里木盆地荒漠区（ⅢD1）北缘，天山山地荒漠、草原、针叶林区（ⅡD5），准噶尔盆地荒漠区（ⅡD3），阿尔泰山

地草原、针叶林区（ⅡD4）（郑度等，2008）。该区域内，草原、森林、河流、荒漠构成了哈萨克族生活的主要地理环境类型。在与这样的地理环境之间、在与相邻地区之间、在与有关民族之间的协调共生中，哈萨克族逐渐形成了具有一定特色的社会文化。

哈萨克语（Kazak）是哈萨克族的本民族语言，她属于阿尔泰语系突厥语族西匈语支。我国的哈萨克语分为东北和西南两个方言。属于东北方言的地区有伊犁哈萨克自治州的阿勒泰专区、塔城专区、新源县和尼勒克县两个直属县以及自治州境外的博尔塔拉蒙古自治县、乌鲁木齐县、木垒哈萨克自治县、巴里坤哈萨克自治县和甘肃省阿克赛哈萨克自治县等地。属于西南方言的有伊犁哈萨克自治州的特克斯县、察布查尔锡伯自治县、霍城县和伊宁县（李增祥，2007）。在文字方面，我国的哈萨克族于1954年对以阿拉伯字母为基础的哈萨克文进行了改进。1959年又为哈萨克族设计了以拉丁字母为基础的新文字方案（李增祥，2007）。

图22-1　哈萨克族服饰（陈海汶，陈鸣华，2009）
摄影：陈海汶；拍摄时间：2008年10月10日；拍摄地点：中国云南省西双版纳傣族自治州勐海县西定哈萨克族布朗族乡曼来村

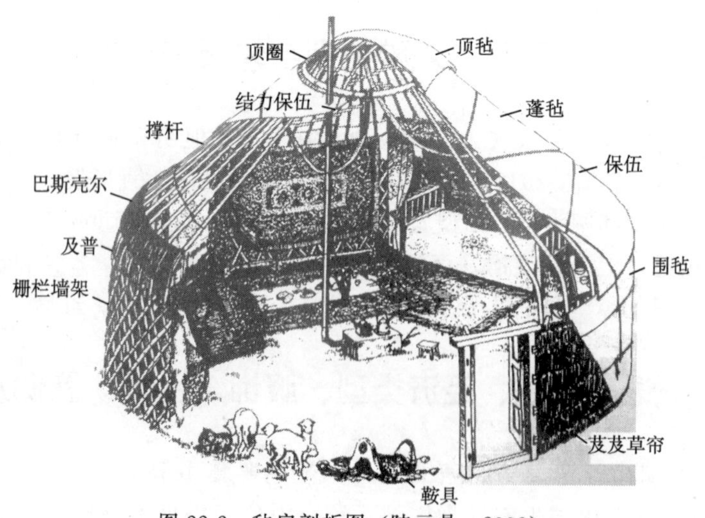

图22-2　毡房剖析图（陆元鼎，2003）

善于骑马的哈萨克族人民一般衣服比较宽大，具有显著的山地草原游牧生活特色（图 22-1）（陈海汶，陈鸣华，2009）。服饰有用各种动物皮毛如羊羔皮、狐狸皮等制成的皮衣，多用于冬春穿；有用布制成布衣，多用于夏秋穿。哈萨克族传统上以逐水草而居的游牧业为主，现多定居从事牧业。逐水草而迁徙，以游牧为主的哈萨克族人民的居住随季节的变化有所不同，在春、夏、秋三季住毡房（图 22-2 所示），冬季住木房或土房。哈萨克族人民以游牧为主，因此他们的食物主要有奶食类、面食类、肉食类。

哈萨克族人民在历史上曾信仰过的宗教有原始崇拜，如自然崇拜、祖先崇拜等。在伊斯兰教占主导地位之前信仰过萨满教、摩尼教、佛教、景教等。13-14 世纪，伊斯兰教才在哈萨克族中占据了统治地位。哈萨克族实行外婚制。哈萨克族实行无棺土葬。

第四节　空间结构及其发展变化

一、构 成 结 构

全国第六次人口普查数据（国务院人口普查办公室，国家统计局人口和就业统计司，2012）表明，哈萨克族的人口构成有如下特点：①在性别构成方面，人口性别比为 104.49，低于全国的 104.90，居第 23 位。②在人口存活率方面，15～64 岁妇女产婴存活率为 98.58%，低于全国的 98.78%，居第 13 位。③在城镇化率方面，人口城镇化率为 23.09%，低于全国的 50.27%，居第 34 位。④在就业状况方面，就业率为 97.41%，低于全国的 97.46%，居第 41 位。在三次产业从业人口比例中（图 22-3），第一产业最高，第三产业次之，第二产业最低，分别为 78%、18%和 4%。其中，第三产业从业人口中，比例最高的是公共管理和社会组织，占第三产业从业人口的 24.75%；较高的是教育，占 24.02%。⑤在人口年龄结构方面，人口最多的年龄段为 20～24 岁，较多的年龄段为 25～29 岁和 30～34 岁，这三个年龄段的人口数量占其总人口数量的 31.14%。⑥在婚姻状况方面，15 岁及以上人口的婚姻率为 72.08%，低于全国的 78.40%，居第 43 位。⑦在受教育程度方面，6 岁及以上人口的受教育率为 98.41%，高于全国的 95.00%，居第 8 位。

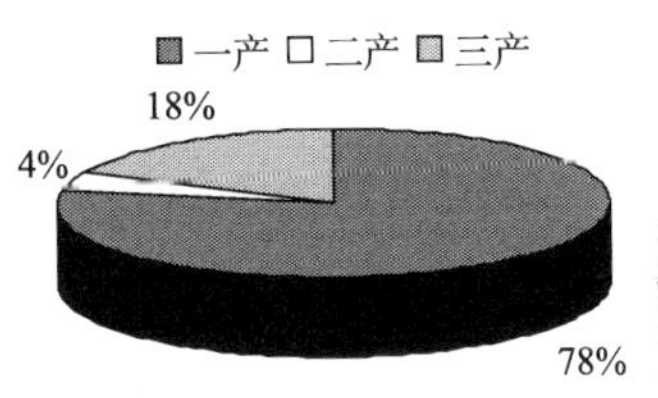

图 22-3　哈萨克族三次产业从业人口比例

二、分 布 格 局

1. 省域分布格局

全国第六次人口普查数据（国务院人口普查办公室，国家统计局人口和就业统计司，2012）表明，哈萨克族人口分布比重和人口构成比重最高的省域在我国各省、自治区和直辖市的分布上，呈现出主要集中在西北地区的特点。同时，性别比和人口城市化率省份差异较大。

在人口分布比重分布上，哈萨克族的分布表现为两种区域类型，即集中分布区和零星分布区（图 22-4）。集中分布区是新疆，其哈萨克族人口总数为 1 418 278 人，占全国哈萨克族总人口数量的比例约为 96.97%。除新疆外，其余省份均为零星分布区，这些省份的哈萨克族人口总数为 44 310 人，占全国哈萨克族总人口数量的比例约为 3.03%，其中，黑龙江的哈萨克族人口数最少，为 165 人。

在人口构成比重分布上，最高的省份是新疆，哈萨克族人口构成比重达到 6.50%，其余各省份的哈萨克族人口总量普遍较少，人口构成比重均在 0.7%以下；较低的省份有重庆、山西、河北，其哈萨克族人口构成比重均在十万分之零点九以下；最低的省份是黑龙江，仅有十万分之零点四。

在性别比和人口城镇化率分布上，就哈萨克族人口分布比重的集中分布区和分散分布区而言，由于哈萨克族集中分布区只有新疆，无分散分布区，故新疆哈萨克族的性别比和人口城镇化率最具代表性，其性别比为 104.73，其人口城镇化率为 22.07%。

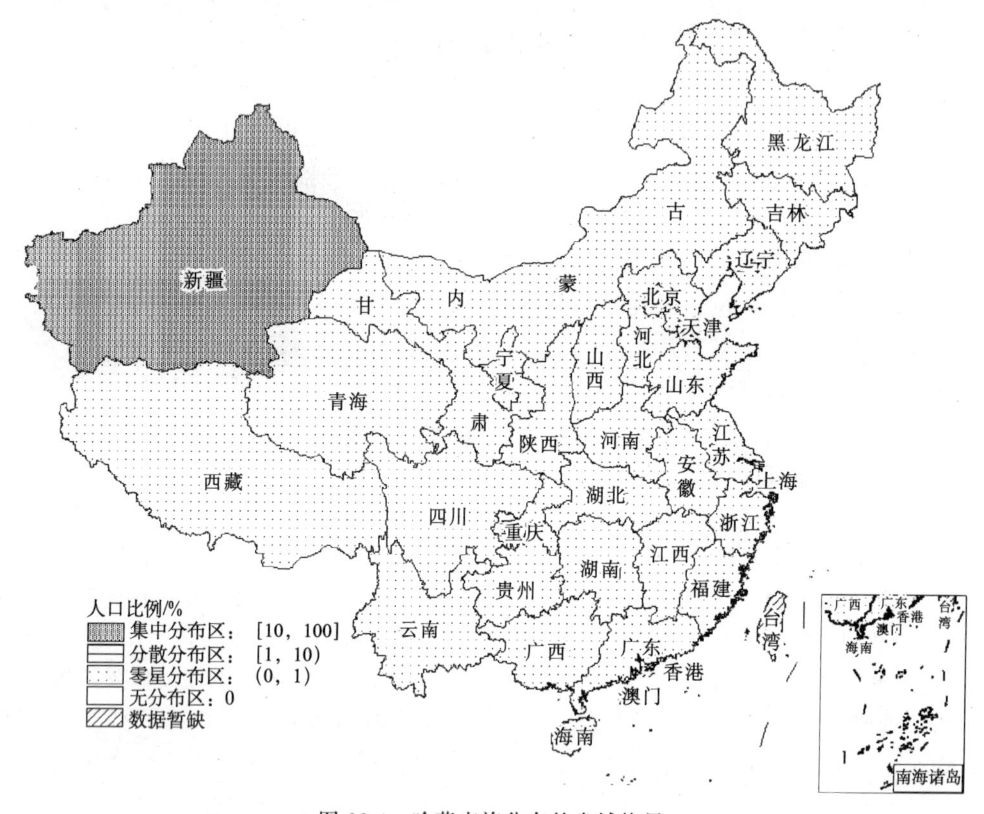

图 22-4　哈萨克族分布的省域格局

2. 聚居分布格局

哈萨克族聚居区不多，主要分布在新疆和甘肃等省份。上述两个省份内哈萨克族有 1 个地市级聚居区、3 个县区级聚居区和 14 个乡镇级聚居区（中华人民共和国民政部，2011）：第一，1 个地市级聚居区——新疆伊犁哈萨克自治州，她是我国最大的哈萨克族聚居区；第二，3 个县区级聚居区——新疆木垒哈萨克自治县、新疆巴里坤哈萨克自治县和甘肃阿克塞哈萨克族自治县；第三，14 个乡镇级聚居区——新疆奇台县五马场哈萨克族乡、奇台县乔仁哈萨克族乡、昌吉回族自治州玛纳斯县旱卡子滩哈萨克民族乡、玛纳斯县塔西河哈萨克民族乡、玛纳斯县清水河哈萨克民族乡等。

三、发展变化

自新中国成立以来，哈萨克族人口总体呈增长的趋势（国务院人口普查办公室，1983；国务院人口普查办公室，国家统计局人口和就业统计司，1993，2002，2012）。如图 22-5 所示，从“一普”到“六普”，全国的人口增长幅度为 130.65%，少数民族的人口增长幅度为 227.29%，哈萨克族的人口增长幅度为 187.13%，同比高于全国而低于少数民族。哈萨克族的各次普查之间的年均增长率从“一普”到“二普”为下降趋势，年均增长率为−0.32%，从“二普”到“三普”呈上升趋势，“三普”的人口年均增长率达到最高，为 3.46%，从“三普”到“五普”均呈下降趋势，从“五普”到“六普”呈现出上升趋势。

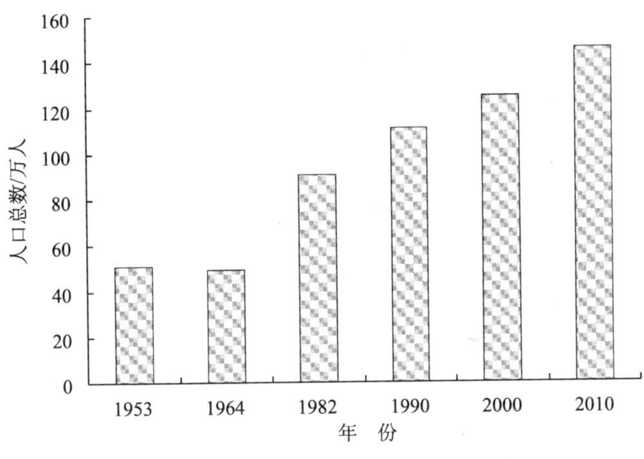

图 22-5　哈萨克族历次普查的人口变化情况

2010 年与 2000 年相比，哈萨克族人口构成比重变化存在较大的省份差异。人口构成比重下降的省份仅有新疆，下降了 0.24%；除上述省份外，其余省份的人口构成比重均上升，上升最大的省份是西藏，达到 0.07%，上升较大的省份是海南，上升了 0.02%。

以受教育状况和人口预期寿命而论，全国哈萨克族 6 岁及以上未受教育人口占其总人口比例从 2000 年的 2.86%下降到 2010 年的 1.42%，其受教育率提升了 1.44%，提高的幅度位居全国第 46 位。小学受教育人口占其总人口比例从 2000 年的 43.65%下降到 2010 年的 32.40%；中学的受教育人口占其总人口比例从 2000 年的 39.21%上升到 2010 年的 47.54%；大学的受教育人口占其总人口比例从 2000 年的 3.68%上升到 2010 年的 7.81%；研究生受教育人口占其总人口比例从 2000 年的 0.02%上升到 2010 年的 0.07%。总体来看，哈萨克族人口的受教育程度呈上升趋势。在 2000 年，哈萨克族人的预期寿命为 67.39 岁。

参 考 文 献

阿力肯. 2002. 哈萨克族//赫时远，任一飞，陈英初，等. 中国少数民族分布图集. 北京：中国地图出版社：113-118.

陈海汶，陈鸣华. 2009. 和谐中华：中国的 56 个民族剪影. 上海：上海文化出版社：121.

国务院人口普查办公室. 1983. 第三次全国人口普查手工汇总资料汇编（第 4 册）. 北京：国务院人口普查办公室.

国务院人口普查办公室，国家统计局人口和就业统计司. 1993. 中国 1990 年人口普查资料. 北京：中国统计出版社.

国务院人口普查办公室，国家统计局人口和就业统计司. 2002. 中国 2000 年人口普查资料. 北京：中国统计出版社.

国务院人口普查办公室，国家统计局人口和就业统计司. 2012. 中国 2010 年人口普查资料（上）. 北京：中国统计出版社.

《哈萨克族简史》编写组，《哈萨克族简史》修订本编写组. 2008. 哈萨克族简史. 修订版. 北京：民族出版社：6-190.

李树春. 2010. 中国少数民族遗传学概论. 北京：中央民族大学出版社：58.

李增祥. 2007. 哈萨克语//孙宏开，胡增益，黄行，等. 中国的语言. 北京：商务印书馆：1656-1675.

陆元鼎. 2003. 中国民居建筑（下卷）. 广州：华南理工大学出版社：810.

罗致平. 1986. 哈萨克族//中国大百科全书编委会. 中国大百科全书・民族卷. 北京：中国大百科全书出版社：150-152.

郑度，等. 2008. 中国生态地理区域系统研究. 北京：科学出版社：130-132.

中国大百科全书编委会. 2009. 中国大百科全书・卷 8. 第 2 版. 北京：中国大百科全书出版社：554.

中华人民共和国民政部. 2011. 中华人民共和国乡镇行政区划简册（2011）. 北京：中国统计年鉴出版社.

第二十三章　侗族民族地理

侗族属于蒙古人种南方类型。我国侗族人口为 2 879 974 人（国务院人口普查办公室，国家统计局人口和就业统计司，2012）。侗族为古“百越”族系之一部的西瓯一支发展而来，于宋形成民族共同体，后分布地不断变迁。现侗族主要分布于贵州、湖南和广西等省区，具有典型的山地民族社会文化特征。

第一节　历史渊源

侗族源于古“百越”族系（参见本书第十四章第一节注释），秦汉时的“百越”之一部的西瓯一支发展而来，西瓯时居今广东西部、广西南部及其以南地区。魏晋南北朝之后岭南和云贵地区越人被泛称为僚或俚。唐宋时期，“僚”开始分化，侗族至迟在10世纪的宋代从僚人中分离出来，《溪蛮丛笑》将其首称为“仡伶”，表明侗族已是一个新的民族共同体，明以降有“峒（硐、洞）人”、“洞蛮”、“洞苗”等称。自秦朝以后，封建王朝不断对岭南用兵，侗族的先祖面临强大的异民族和朝廷的压力而大量迁徙，秦时的活动区域已不限于五溪地区，至明则不仅岭南梧州一带有侗族，湘黔桂交界亦有。又因活动区域民族杂居，故侗族形成过程中实质上融合了不少兄弟民族（张民，1986；中国大百科全书编委会，2009；《侗族简史》编写组，《侗族简史》修订本编写组，2008）。

第二节　人种类型与体质特征

侗族是典型的蒙古人种南方类型。其体质特征（李树春，2010）表现为：身材较矮小；头型多阔头型、圆头型、高头型；面型多为中面型和狭面型；眼裂开度中等，眼裂斜度外高内低，大多有蒙古褶，上眼睑皱褶发育好；鼻根低平，鼻梁直，鼻尖向前，鼻基部水平和上翘，鼻翼高度和突度中等，鼻孔多倾斜型；耳垂多圆形和方形，半数人有达尔文结节；口裂较宽，正唇或凸唇型，下颏直型。

第三节　语言文字、经济类型、服饰、民居、信仰及习俗

侗族长期活动于我国西南的贵州、广西、湖南、湖北等省区，今主要聚居于贵州、广西、湖南三省交界的山地河谷坝区及湖北南部，基本连成一片（杨筑慧，2002）。这一区域在《中国生态地理区域系统》中位于湘黔高原山地常绿阔叶林区（ⅤA3）（郑度等，2008），山地、河流、坝子、森林构成了侗族生活活动主要的自然地理环境类型。在与这样的地理环境之间、在与相邻地区之间、在与有关民族之间的协调共生中，侗族逐渐形成了具有一定特色的社会文化。

侗语（Kam，or Dong）是侗族的本民族语言，她属于汉藏语系壮侗语族侗水语支（中国大百科全书编委会，1988）。侗族有本民族文字——属拼音文字类型的侗文，曾使用过古侗字（戴庆厦，2009）。1958年创制了拉丁字母形式的侗文方案。侗文的创制和推广，对侗族的文学遗产保护、提高侗族人民的文化水平起到了积极的推动作用。

图 23-1 侗族服饰（陈海汶，陈鸣华，2009）
摄影：陈海汶；拍摄时间：2009年1月9日；拍摄地点：中国贵州省黔东南苗族侗族自治州黎平县肇兴乡肇兴寨

侗族是一个以稻作为主的农耕民族，兼有家禽饲养和捕鱼活动，手工业未从农业中分离。侗族服饰如图 23-1 所示（陈海汶，陈鸣华，2009），面料多是青、紫、蓝、白、浅蓝等色。大体上可以将侗族的服饰分为南北两个类型。南部地区妇女多穿裙子，男着右衽无领短衣，包大头帕，着大管裤；北部地区，男女均穿衣裤。鼓楼和风雨桥是侗族村寨的标志性建筑。鼓楼是一村一寨或一族姓的标志，也是政治、文化活动中心（图 23-2）。风雨桥是横跨溪河之上的交通建筑，不仅为侗族村民在山谷溪涧间提供较为安全方便的通道，同时也是人们平时休息交往的空间（图 23-3）（陆元鼎，2003）。鼓楼和风雨桥，均从微观上反映了侗族村寨与自然融为一体的一种特有景观。村寨大都依山傍水。村道多用石板或卵石铺成。山区侗族多居干栏楼房，居平坝地区者，大都是两层楼房，居于沿江河畔或陡坡寨子者，则依地形而建，以栏杆吊脚楼居多。侗族以大米为主，大部分地区食粳米，山区喜吃

图 23-2 贵州省从江县龙图大寨鼓楼（陆元鼎，2003）

糯食。喜将青菜、肉、鱼在瓦坛或木桶里腌制，名曰“骂胜”（酸菜）、“腩胜”（腌肉）、“罢胜”（腌鱼）。

图 23-3　广西壮族自治区三江县林溪乡侗族风雨桥

资料来源：三江县人民政府（http://www.sjx.gov.cn/structure/zjsj/fqlyzw _584_1.htm.2012-05-24）

侗族社会没有形成统一的宗教，而是信奉多种神灵，主要有自然崇拜、灵魂与祖先崇拜和萨子崇拜（萨子崇拜反映了南部地区的侗族对女神的崇拜）。侗族的婚姻系一夫一妻制。侗族盛行土葬。

第四节　空间结构及其发展变化

一、构 成 结 构

全国第六次人口普查数据（国务院人口普查办公室，国家统计局人口和就业统计司，2012）表明，侗族的人口构成有如下特点：①在性别构成方面，人口性别比为110.52，高于全国的104.90，居第5位。②在人口存活率方面，15～64岁妇女产婴存活率为98.00%，低于全国的98.78%，居第23位。③在城镇化率方面，人口城镇化率为30.47%，低于全国的50.27%，居第28位。④在就业状况方面，就业率为98.06%，高于全国的97.46%，居第26位。在三次产业从业人口比例中（图23-4），第一产业最高，第二产业次之，第三产业最低，分别为63%、

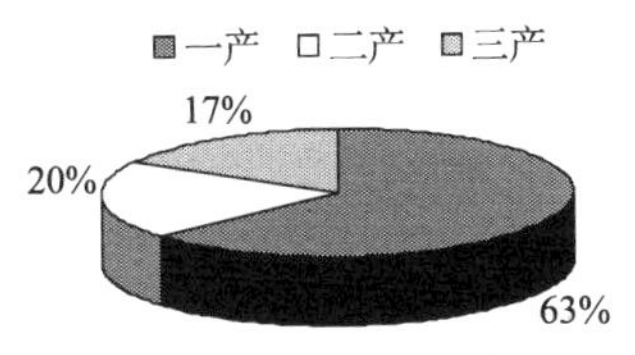

图 23-4　侗族三次产业从业人口比例

20%和17%。其中，第三产业从业人口比例中，比例最高的是批发和零售业，占第三产业从业人口的27.32%；较高的是公共管理和社会组织，占14.35%。⑤在人口年龄结构方面，人口最多的年龄段为35～39岁，较多的年龄段为40～44岁和20～24岁，这三个年龄段的人口数量占其总人口数量的26.30%。⑥在婚姻状况方面，15岁及以上人口的婚姻率为78.59%，高于全国的78.40%，居第5位。⑦在受教育程度方面，6岁及以上人口的受教育率为93.38%，低于全国的95%，居第27位。

二、分布格局

1. 省域分布格局

全国第六次人口普查数据（国务院人口普查办公室，国家统计局人口和就业统计司，2012）表明，侗族人口分布比重和人口构成比重最高的省域在我国各省、自治区和直辖市的分布上，呈现出主要集中在我国南方地区的特点。同时，性别比和人口城镇化率的省份差异较大。

在人口分布比重分布上，侗族的分布表现为三种区域类型，即集中分布区、分散分布区和零星分布区（图23-5）。集中分布区是贵州、湖南和广西，这三个省份的侗族人口总数为2 592 453人，占全国侗族总人口数量的比例约为90.02%，其中贵州的侗族人口总量最多，达到1 431 928人，占全国侗族总人口数量的比例为49.72%。分散分

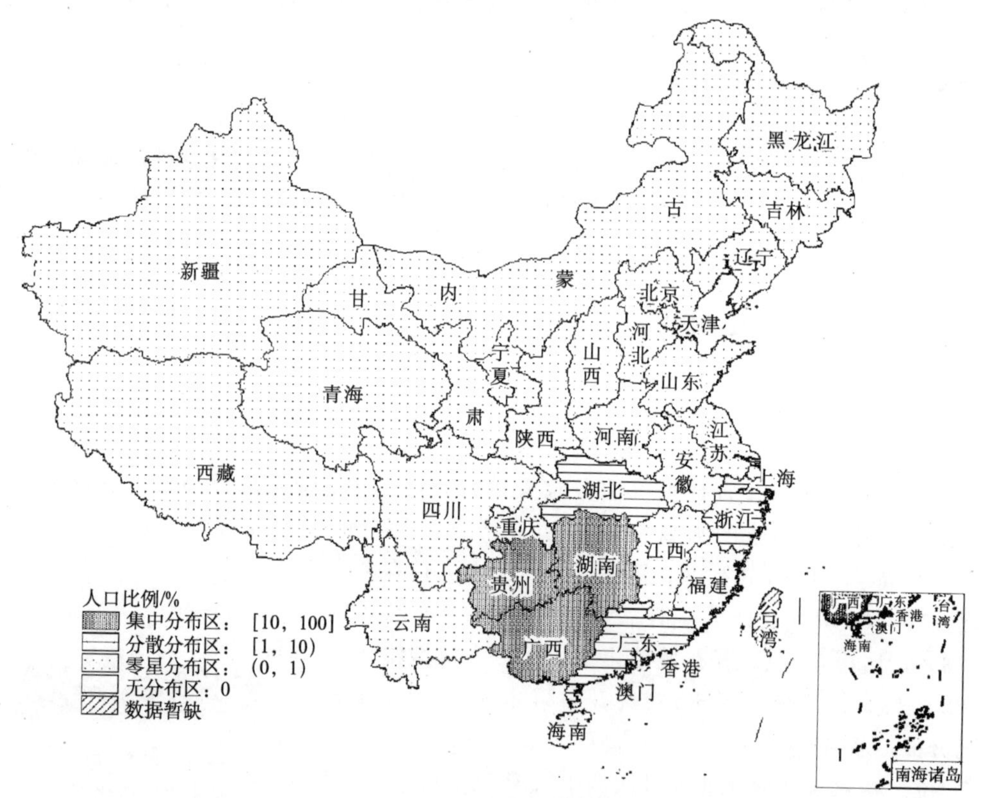

图23-5 侗族分布的省域格局

布区是浙江、广东和湖北，这三个省份的侗族人口总数为223 801人，占全国侗族总人口数量的比例约为7.77%。除上述省份外其余均属于零星分布区，这些省份的侗族人口总数为63 720人，占全国侗族总人口数量的比例约为2.21%，甘肃的侗族人口最少，仅有28人。

在人口构成比重分布上，侗族人口构成比重最高的省份是贵州，达到1.12%；较高的省份是湖南和广西，侗族人口构成比重均在0.66%以上；较低的省份是山东、吉林、山西、河南、黑龙江，其侗族人口构成比重均在0.001%以下；最低的省份是甘肃，仅有十万分之零点五。

在性别比分布上，就侗族人口分布比重的集中分布区和分散分布区而言，最高的省份是广东，为127.42；较高的省份是、浙江和湖北，它们的侗族性别比均在112.4以上；较低的省份湖南、贵州和广西，其侗族性别比均分别为112.37、110.05和101.37。

在人口城镇化率分布上，就侗族人口分布比重的集中分布区和分散分布区而言，较高的省份是广东和浙江，其侗族人口城镇化率分别约为88.37%和65.14%；较低的省份是贵州、湖南、广西，其侗族人口城镇化率均在29%以下；最低的省份是湖北，只有19.65%。

2. 聚居分布格局

侗族聚居区较多，主要分布在贵州、湖南、广西、湖北和广东等省份。在全国侗族有1个地市级聚居区、6个县区级聚居区和39个乡镇级聚居区（中华人民共和国民政部，2011）：第一，1个地市级聚居区——贵州黔东南苗族侗族自治州，她是我国最大的侗族聚居地；第二，6个县区级聚居区——通道侗族自治县、新晃侗族自治县、芷江侗族自治县、靖州苗族侗族自治县、三江侗族自治县、玉屏侗族自治县，其中5个是单一民族自治县；第三，39个乡镇级聚居区——恩施土家族苗族自治州恩施市芭蕉侗族乡、宣恩县长潭河侗族乡、融水苗族自治县滚贝侗族乡、万山特区敖寨侗族乡等。

三、发展变化

自新中国成立以来，侗族人口总体呈增长的趋势（国务院人口普查办公室，1983；国务院人口普查办公室，国家统计局人口和就业统计司，1993，2002，2012）。如图23-6所示：从“一普”到“六普”，全国的人口增长幅度为130.65%，少数民族的人口增长幅度为227.29%，侗族的人口增长幅度为304.04%，高于全国和少数民族。侗族各次普查之间的年均增长率从“一普”到“四普”呈上升趋势，“四普”达到最高，为7.31%，从“四普”到“六普”呈下降趋势，到“六普”年均增长率出现负值，为−0.27%。

2010年与2000年相比，侗族人口构成比重变化存在较大的省份差异。其中，人口构成比重下降的省份是辽宁、青海、山东、内蒙古、河南、甘肃、吉林、山西、河北、新疆、黑龙江、湖北、广西、湖南和贵州。除了上述省份外其余省份的人口构成比重均上升。人口构成比重上升最大的省份是浙江，上升了0.12%；上升较大的省份是福建、

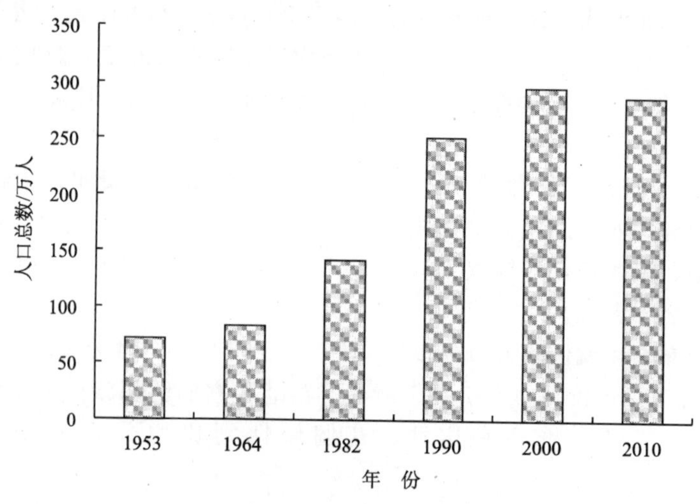

图 23-6 侗族历次普查的人口变化情况

上海和广东，这三个省份分别上升了 0.025%、0.021%和 0.014%；下降最大省份贵州，下降了 0.49%。

以受教育状况和人口预期寿命而论，全国侗族 6 岁及以上未受教育人口占其总人口比例从 2000 年的 8.29%下降到 2010 年的 6.02%，其受教育率提升了 2.27%，其提高的幅度位居全国第 38 位。小学受教育人口占其总人口比例从 2000 年的 45.09%下降到 2010 年的 35.55%；中学受教育人口占其总人口比例从 2000 年的 32.67%上升到 2010 年的 43.77%；大学受教育人口占其总人口比例从 2000 年的 1.86%上升到 2010 年的 5.52%；到 2010 年止，有 0.09%的侗族人口接受了研究生教育。总体来看，侗族人口的受教育程度呈上升趋势。到 2000 年，侗族人口的平均预期寿命为 67.96 岁。

第五节 支系及侗语方言

一、支　　系

侗族有佬侗、佼侗、但侗三大支系。其中，佬侗主要分布在贵州的黎平、从江、榕江，广西的融水、罗城、融安等县及三江西部的溶江流域和龙胜的蒙洞、固洞、寨枕、硬州、平定等村；佼侗主要分布在广西三江侗族自治县的高秀、高友、独洞、八江、斗江等地，龙胜各族自治县的平岭、地灵、宝赠、西腰等村，湖南通道侗族自治县的黄土、坪坦（高步、高本两村除外）、坪阳、甘溪（洞雷、张里岭冲除外）、陇城等乡，靖州、新晃和贵州的锦屏、天柱、玉屏等县都有分布；但侗主要分布在贵州黎平县的潭洞，广西三江县的林溪、程阳、茶溪、水团、弄团，龙胜县的乐江、光明、庖田、广南、平等、龙坪，湖南通道县的马龙、双江、独坡、高步、高本、洞雷、张里、岭冲等地（吴忠军，1998）。

二、侗语方言

侗语分南、北两个方言，每个方言又各分3个土语（梁敏，2007）。南部方言的第一土语分布在贵州榕江、锦屏（启蒙），湖南通道，广西龙胜、三江（独峒）地区；第二土语分布在贵州黎平、从江，广西三江（和里）；第三土语的分布在广西融水、贵州镇远。说北部方言第一土语的人主要聚居在贵州天柱（石洞）、三穗、剑河；第二土语分布在贵州天柱（柱溪）、湖南新晃；第三土语分布在贵州锦屏（大同）、湖南靖县。

参考文献

陈海汶，陈鸣华. 和谐中华：2009. 中国的56个民族剪影. 上海：上海文化出版社：89.

戴庆厦. 2009. 中国少数民族语言文字. 北京：语文出版社：47.

《侗族简史》编写组，《侗族简史》修订本编写组. 2008. 侗族简史. 修订版. 北京：民族出版社：13-17.

国务院人口普查办公室. 1983. 第三次全国人口普查手工汇总资料汇编（第4册）. 北京：国务院人口普查办公室.

国务院人口普查办公室，国家统计局人口和就业统计司. 1993. 中国1990年人口普查资料. 北京：中国统计出版社.

国务院人口普查办公室，国家统计局人口和就业统计司. 2002. 中国2000年人口普查资料. 北京：中国统计出版社.

国务院人口普查办公室，国家统计局人口和就业统计司. 2012. 中国2010年人口普查资料（上）. 北京：中国统计出版社.

李树春. 2010. 中国少数民族遗传学概论. 北京：中央民族大学出版社：50.

梁敏. 2007. 侗语//孙宏开，胡增益，黄行，等. 中国的语言. 北京：商务印书馆：1194-121-.

陆元鼎. 2003. 中国民居建筑（下卷）. 广州：华南理工大学出版社：1040.

吴忠军. 1998. 侗族源流考. 广西民族学院学报：哲学社会科学版，22（3）：70-73.

杨筑慧. 2002. 侗族//赫时远，任一飞，陈英初，等. 中国少数民族分布图集. 北京：中国地图出版社：83-88.

张民. 1986. 侗族//中国大百科全书编委会. 中国大百科全书·民族卷. 北京：中国大百科全书出版社：100-102.

郑度，等. 2008. 中国生态地理区域系统研究. 北京：科学出版社：130-132.

中国大百科全书编委会. 1986. 中国大百科全书·民族卷. 北京：中国大百科全书出版社.

中国大百科全书编委会. 1988. 中国大百科全书·语言文字卷. 北京：中国大百科全书出版社：58.

中国大百科全书编委会. 2009. 中国大百科全书·卷5. 第2版. 北京：中国大百科全书出版社：454.

中华人民共和国民政部. 2011. 中华人民共和国乡镇行政区划简册（2011）. 北京：中国统计年鉴出版社.

第二十四章　傣族民族地理

傣族属于蒙古人种南方类型。我国傣族人口为 1 261 311 人（国务院人口普查办公室，国家统计局人口和就业统计司，2012）。傣族系滇西、滇南地区的远古居民发展而来。傣族是古百越族群的后裔。长期生活于滇西、滇南地区。傣族的生活环境是典型的雨林、山地地理环境，这在其社会文化特征中表现明显。傣族支系较多，服饰等社会文化区域性明显。傣族是中越之间、中缅之间和中老之间非主体型跨界民族，在越、缅和老称泰、掸族。

第一节　历史渊源

傣族是古百越族群的后裔。早在公元前，傣族先民滇越就已在澜沧江、金沙江、怒江、瑞丽江、威远江和元江流域一带生息繁衍。《史记？大宛列传》的乘象之国“滇越”以西千余里大致就指滇西及缅甸北部掸邦地区等傣族先民活动区域。东汉时期，傣族先民在滇西建立了掸国，并和东汉王朝有了交往联系，掸国即滇越。隋唐至宋，傣族在南诏和大理统治之下，傣族还在西双版纳地区于 1180 年建立了一个地方政权——“景龙金殿国”，以“天朝皇帝”为“共主”。元朝，建立云南行省，直属中央管辖，此时，傣族分布区域广阔，部落众多。明清时期，推行“改土归流”，取消土司制度、委派流官治理，但在西双版纳、孟连、耿马、德宏仍然保留土司制度。（宋蜀华，1986；中国大百科全书编委会，2009；《傣族简史》编写组，《傣族简史》修订本编写组，2009）。

第二节　人种类型与体质特征

傣族是典型的蒙古人种南方类型。其体质特征（李树春，2010）表现为：身材亚中等偏矮；头型属于中头型；皮肤颜色为棕黄色；男性多为中面型，女性多为阔面型；发直而黑，男性眉毛较浓，女性眉毛中等；眼色深褐，眼裂开度中等，眼裂斜度外高内低，蒙古褶微显；鼻根高度中等，鼻梁平直，鼻尖水平，鼻孔男多三角形，女多卵圆；耳垂呈圆形；多为凸唇型，下颌直型；红唇中等厚。

第三节　语言文字、经济类型、服饰、民居、信仰及习俗

傣族世代居住于滇西、滇南地区，今主要分布在云南省的西双版纳傣族自治州、德宏傣族景颇族自治州（刀波，2002）。这一地区在《中国生态地理区域系统》中位于西双版纳山地季雨林、雨林区（ⅦA3），滇中南亚高山谷地常绿阔叶林、松林区（ⅥA3），云南高原常绿阔叶林、松林区（ⅤA5）南部（郑度等，2008），主要是典型的山地平坝型自然

地理环境。该区处于边缘热带湿润地区，中亚热带湿润地区的山地、高原地区，山地、森林、坝子、河流是主要的生存地理环境类型。在与这样的地理环境之间、在与相邻地区之间、在与有关民族之间的协调共生中，傣族逐渐形成了具有一定特色的社会文化。

傣语（Dai）是傣族的本民族语言，她属于汉藏语系壮侗语族壮傣语支（周耀文，2007）。傣族有本民族文字——属拼音文字类型的傣文（中国大百科全书编委会，1986）。原有傣文因使用地区和文字形式的不同，分为傣仂文（西双版纳傣文）、傣哪文（德宏傣文）、傣绷文和金平傣文（又称傣端文）4种。中华人民共和国成立后，根据本民族的意愿，对傣仂文和傣哪文分别进行了改进（中国大百科全书编委会，1988）。

傣族主要从事山地农业，手工业以纺织、竹编、制陶为主。傣族服饰如图24-1所示（陈海汶，陈鸣华，2009），以裤、襦、婆罗、筒裙或笼为基本样式，颜色以青（黑）绯、白为主，有文身和染齿的习俗（傣族服饰的区域差异见本章第三节）。

图 24-1　傣族服饰（陈海汶，陈鸣华，2009）

摄影：陈海汶；拍摄时间：2008年10月8日；拍摄地点：中国云南省西双版纳傣族自治州景洪市勐龙镇景龙村委会景尖村民小组

傣族聚居的地区一般海拔低、气温高、雨水多、湿度大，易霉腐，易虫蛀，临江河，水患频。由此，傣族创造了“竹楼”、“麻栏”等干栏式建筑形貌，它是对“干栏”传统的直接承袭，离地高，通风好，既凉爽又避湿，既防霉又防兽、防白蚁，与其地理环境、生态环境相适。傣族“竹楼”居住形式很可能经历了先洞居，后巢居，再从棚居到竹楼的阶段和过程，图24-2所示为其发展历程及现代结构。西双版纳的傣族民居主要是干栏式的竹楼，分两层①，主要的建筑材料为竹、木、草排。一些居住在内地的傣

---

① 干栏式建筑遗存主要发现于河姆渡遗址和鲻山遗址，考古学界一般认为是我国古代长江流域及其以南地区的主流住宅形式，适应了气候湿热、地形复杂、多猛虫等自然地理环境，并具有取材与营造方便的特征。干栏式建筑因不同地区取材的不同具有一定的地域性，除多见的干栏式竹楼外，还有壮族的干栏式木楼。今干栏式建筑多见于西南地区，山区居民常常受瘴气和潮气之害，故在西南许多民族的聚落建筑中，最为主要的是既可防潮、防瘴气又便于散热通风的干栏式建筑。建造时用几十至上百根柱子作为支撑，离地数尺，四斜面房顶。屋子分为上下两层，上层住人，下层四周不夯不做墙壁，主要放养畜禽，置放杂物、农具等。

族的建筑则和当地汉族的房屋型式大体一致，也建造平房、土坯房等。傣族生活在热带、亚热带地区，气候适于水稻的生长，因此傣族地区多种植水稻，各地傣族也以水稻为主食。西双版纳州傣族以糯米为主。德宏傣族以粳米为主。副食主要有猪、牛、鸡、鸭肉。傣族还有两种佐食佳品，剁生和青苔。

图 24-2　从“洞穴”至“竹楼”（陆元鼎，2003）

傣族现在绝大部分民众信仰小乘佛教，在民间也有灵鬼崇拜、自然崇拜、祖灵崇拜、图腾崇拜、巫术崇拜等原始宗教。傣族实行一夫一妻制外婚制。傣族有水葬、火葬、土葬三种，以土葬为主。

第四节　空间结构及其发展变化

一、构 成 结 构

全国第六次人口普查数据（国务院人口普查办公室，国家统计局人口和就业统计司，2012）表明，傣族的人口构成有如下特点：①在性别构成方面，人口性别比为98.28，低于全国的104.90，居第47位。②在人口存活率方面，15～64岁妇女产婴存活率为96.65%，低于全国的98.78%，居第43位。③在城镇化率方面，人口城镇化率为32.32%，低于全国的50.27%，居第26位。④在就业状况方面，就业率为98.40%，高于全国的97.46%，居第12位；在三次产业从业人口比例中（图24-3），第一产业最高，第三产业次之，第二产业最低，比例分别为81%、13%和6%。其中，第三产业从业人口比例中，比例最高的是批发和零售业，占第三产业从业人口的22.84%；较高的是住宿和餐饮业，占21.12%。⑤在人口年龄结构方面，人口最多的年龄段为20～24岁，较多的年龄段为40～44岁和25～29岁，这三个年龄段的人口总数占其总人口数量的28.40%。⑥在婚姻状况方面，15岁及以上人口的婚姻率为79.88%，高于全国的78.40%，居第2位。⑦在受教育程度方面，6岁及以上人口的受教育率为88.71%，低于全国的95%，居第39位。

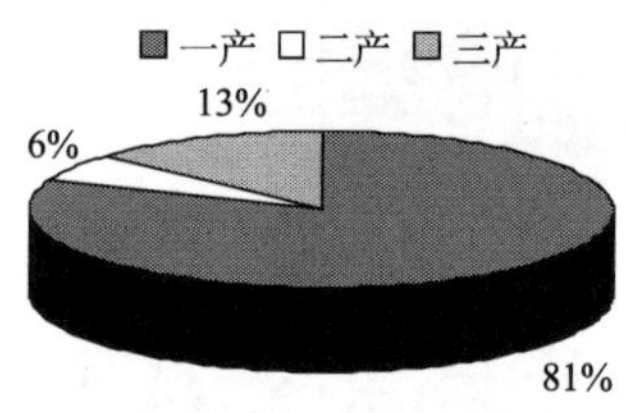

图 24-3　傣族三次产业从业人口比例

二、分 布 格 局

1. 省域分布格局

全国第六次人口普查数据（国务院人口普查办公室，国家统计局人口和就业统计

司，2012）表明，傣族人口分布比重和人口构成比重最高的省域在我国各省、自治区和直辖市的分布上，呈现出主要集中在西南地区的特点。同时，性别比和人口城镇化率的省份差异较大。

在人口分布比重分布上，傣族的分布表现为两种区域类型，即集中分布区和零星分布区（图 24-4）。集中分布区是云南，该省份的傣族人口总数达到了 1 222 836 人，占全国傣族总人口数量的比例约为 96.95％。除集中分布区云南外，其余省份均属于零星分布区，这些省份的傣族人口总数为 38 475 人，占全国傣族总人口数量的比例约为 3.05％。在零星分布区中青海的傣族人口最少，仅有 31 人。

在人口构成比重分布上，傣族人口构成比重最高的省份是云南，为 2.66％；较高的省份是、浙江、海南、四川、福建和广东，均在 0.006％以上；较低的省份是新疆、青海、河南、辽宁、山西、甘肃、陕西，其傣族人口构成比重均在十万分之零点六以下；最低的省份是黑龙江，只有十万分之零点二。

在性别比和人口城镇化率分布上，就傣族人口分布比重的集中分布区和分散分布区而言，由于傣族集中分布区只有云南且无分散分布区，故云南省傣族的性别比和人口城镇化率最具代表性，云南傣族性别比和人口城镇化率分别为 99.22 和 31.58％。

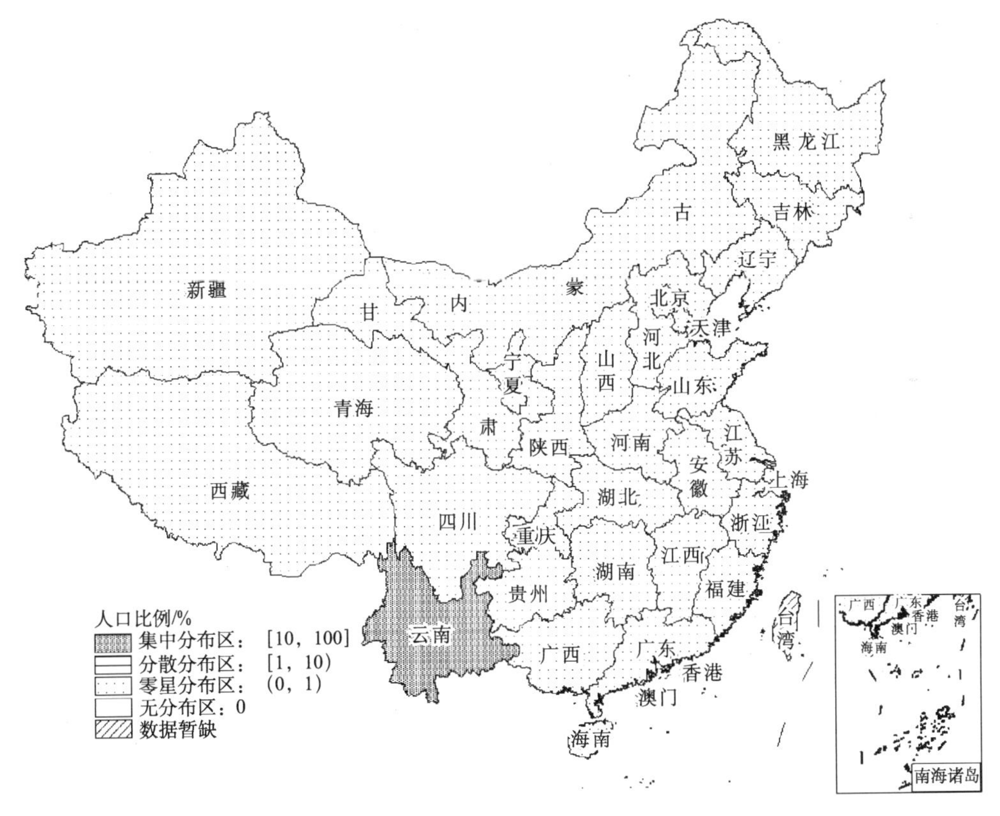

图 24-4　傣族分布的省域格局

2. 聚居分布格局

傣族是一个跨境民族，在中国和缅甸、越南、老挝等国都有聚居区。就中国而言，傣族的聚居区主要分布在云南和四川等省份。在我国傣族有 2 个地市级聚居区、7 个县区级聚居区和 16 个乡镇级聚居区（中华人民共和国民政部，2011）：第一，2 个地市级聚居区——西双版纳傣族自治州和德宏傣族景颇族自治州；第二，7 个县区级聚居区——孟连傣族拉祜族佤族自治县、耿马傣族佤族自治县、元江哈尼族彝族傣族自治县、新平彝族傣族自治县、金平苗族瑶族傣族自治县、景谷傣族彝族自治县和双江拉祜族佤族布朗族傣族自治县；第三，16 个乡镇级聚居区——永仁县永兴傣族乡、武定县东坡傣族乡、保山市隆阳区潞江傣族乡、保山市昌宁县湾甸傣族乡、会理县新安傣族乡、县湾碧傈僳族傣族乡、通海县高大傣族彝族乡、普洱市龙潭彝族傣族乡等，其中 15 个分布在云南。

三、发展变化

自新中国成立以来，傣族人口总体呈增长的趋势（国务院人口普查办公室，1983；国务院人口普查办公室，国家统计局人口和就业统计司，1993，2002，2012）。如图 24-5 所示，从“一普”到“六普”，全国的人口增长幅度为 130.65%，少数民族的人口增长幅度为 227.29%，傣族的人口增长幅度为 163.34%，同比高于全国高而低于少数民族。傣族各次普查之间的年均增长率从“一普”到“三普”呈上升趋势，且“二普”到“三普”和“三普”到“四普”的年均增长率相同，为 2.53%，从“四普”到“六普”呈下降趋势。

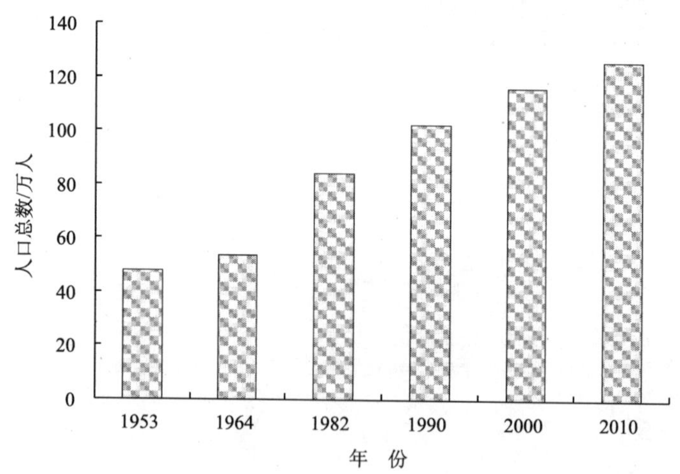

图 24-5　傣族历次普查的人口变化情况

2010 年与 2000 年相比，傣族人口构成比重变化存在较大的省份差异。其中，人口构成比重下降的省份是河南、广西和云南，而其他省份则上升。人口构成比重上升最大的省份为浙江，上升了 0.009%；上升较大的海南、福建、广东和上海，这些省份的人口构成比重分别上升了 0.007%、0.006%、0.0005%；下降最大的省份是云南，下降了 0.036%；下降较大的省份是河南和广西，分别下降了百万分之零点零五和十万分之零点二零二。

以受教育状况和人口预期寿命而论，全国傣族 6 岁及以上未受教育人口占其总人口比例从 2000 年的 12.14%下降到 2010 年的 10.33%，其受教育率提升了 1.81%，其提高的幅度位居全国第 44 位。小学受教育人口占其总人口比例从 2000 年的 52.13%下降到 2010 年的 48.63%；中学受教育人口占其总人口比例从 2000 年的 20.68%上升到 2010 年的 28.91%；大学受教育人口占其总人口比例从 2000 年的 0.88%上升到 2010 年的 3.65%；到 2010 年止，有 0.04%的傣族人口接受了研究生教育。到 1982 年，傣族男性人口平均预期寿命为 64.79 岁，女性人口平均预期寿命为 67.17 岁。

第五节　支系、傣语方言及服饰区域类型

一、支　　系

傣族分为傣讷、傣泐、傣亚、傣格、傣皓、傣朗姆、傣亮、傣艮、傣绷 9 个支系。其中，傣讷主要分布在怒江下游的德宏州、保山地区的腾冲、潞江坝，临沧地区的沧源、耿马、双江，普洱市的景谷、孟连、宁洱（原普洱）墨江、江城（曼克老一带），金沙江沿岸丽江地区的永胜、华坪，楚雄州的永仁、大姚、武定均有分布；傣泐主要分布在澜沧江下游的西双版纳，普洱市江城县的整董，红河州金平县的勐拉（普洱上、中、下三寨）、绿春县的骑马坝、个旧市的石榴坝有少量分布；傣亚主要分布在玉溪地区新平县的漠沙、戛洒坝及元江县的东峨、元江坝，西双版纳州景洪市的普文坝、勐养坝，整糯勐板坝、勐罕勐宽坝及勐腊县的勐满坝均有分布；傣格主要分布在元江、红河、元阳、河口四县的红河沿岸，金平县的勐桥，文山壮族苗族自治州麻栗坡县的南温河乡和勐洞乡也有分布；傣皓在云南省内主要分布在中越边境红河州金平县者米河、藤条江沿岸的勐拉乡、者米乡，文山壮族苗族自治州麻栗坡县的南温河乡，马关县的都镇，普洱市江城县与越南接壤的曲水乡土卡河沿岸也有分布；傣朗姆在云南省主要分布在中越边境马关县的木厂乡、大栗树乡和坡脚乡，文山县的德厚乡、攀枝花乡，河口县的桥头镇（白黑村、甘田寨），元江县大水平乡（高寨、养马河）也有分布；傣亮在云南省有少量分布，主要分布在靠近越南的河口县桥头镇的石崖脚、白尼、方洛成三寨，马关县古林菁乡的攀枝花、董棕两个小寨；傣艮在云南省内主要分布在普洱市孟连县勐马镇与缅甸接壤的勐阿坝，共 12 个自然村，西盟县的勐梭及临沧地区中缅边境我方一侧均有零星分布；傣绷在云南省内主要分布在普洱市孟连县勐马镇勐阿坝的龙海、养派、广伞三寨，澜沧县上允乡芒角村公所的芒京、芒那二寨，临沧地区沧源县的勐角、勐董，耿马县的勐定、勐省及德宏州瑞丽县的边境一线也有分布（高立士，1998）。过去在我国西南地区存在着两支未识别民族：老品人和八甲人。2011 年经过民族识别将勐海县勐遮镇老品人和勐阿镇的八甲人归属为傣族。老品人主要分布在西双版纳傣族自治州的勐海县勐遮镇（云南省人民政府，2011）。

二、傣语方言

傣语分四个方言：德宏方言、西双版纳方言、红金方言、金平方言。德宏方言分布于云南西南怒江西边德宏傣族景颇族自治州、怒江东边思茅、临沧、保山等地区。西双版纳方言分布于云南南部澜沧江两侧的西双版纳傣族自治州，跟西双版纳州连接在一起的江城哈尼族彝族自治县东部的傣族也使用此方言。红金方言散布于元江（也称红河）流域和金沙江附近的一些县里。金平方言分布于红河州金平县的勐拉区（周耀文，2007）。

三、服饰区域类型

不同分布地区的傣族其服饰也不同，可分为西双版纳类型、德宏类型、元江-新平类型、元阳-红河-金平类型等（苏日娜，2008）。傣族男子多穿对襟或大襟小袖衫，下着深色长裤，用白、青布或彩绸包头。傣族妇女服饰最能体现本民族特色，并且因地区而异。西双版纳傣族俗称“水傣”，妇女上着白色或绯色紧身无袖内衣，外着大襟或对襟圆领窄袖衫，腰身瘦窄，下摆宽大，下身穿褐色或黑色筒裙，长及脚面，裙下方往往织以若干彩色花条纹。结发于头顶，常覆以头巾。德宏地区的傣族俗称“旱傣”，大部分地区妇女婚前穿白色或浅蓝色大襟短衫，着黑色长裤，束青色小围腰。婚后妇女着对襟短衫，黑色筒裙只及膝下，中年以上则戴黑布缠成的高筒帽，并以青布自脚至膝下扎以绑腿，便于劳动。新平一带妇女筒裙的边沿镶以彩布，五颜六色，极为华丽，衣裙上还以银片连缀成花纹为饰，光彩夺目，腰部更加鲜丽，故名花腰傣。

参考文献

陈海汶，陈鸣华．2009．和谐中华：中国的56个民族剪影．上海：上海文化出版社．

《傣族简史》编写组，《傣族简史》修订本编写组．2009．傣族简史．修订本．北京：民族出版社：1-13．

刀波．2002．傣族//赫时远，任一飞，陈英初，等．中国少数民族分布图集．北京：中国地图出版社：119-124．

高立士．1998．傣族支系研究．中央民族大学学报：社会科学版：哲学社会科学版，25（6）：26-31．

国务院人口普查办公室．1983．第三次全国人口普查手工汇总资料汇编（第4册）．北京：国务院人口普查办公室．

国务院人口普查办公室，国家统计局人口和就业统计司．1993．中国1990年人口普查资料．北京：中国统计出版社．

国务院人口普查办公室，国家统计局人口和就业统计司．2002．中国2000年人口普查资料．北京：中国统计出版社．

国务院人口普查办公室，国家统计局人口和就业统计司．2012．中国2010年人口普查资料（上）．北京：中国统计出版社．

李树春．2010．中国少数民族遗传学概论．北京：中央民族大学出版社：61．

陆元鼎．2003．中国民居建筑（下卷）．广州：华南理工大学出版社：1188．

宋蜀华．1986．傣族//中国大百科全书编委会．中国大百科全书·民族卷．北京：中国大百科全书出版社：84-87.
苏日娜. 2008. 少数民族服饰. 北京：中国社会科学出版社. 云南政报，(4)：23.
云南省人民政府. 2011. 云南省人民政府关于老品人八甲人民族归属问题的批复.
郑度，等. 2008. 中国生态地理区域系统研究. 北京：科学出版社：130-132.
中国大百科全书编委会. 1986. 中国大百科全书・民族卷. 北京：中国大百科全书出版社：82.
中国大百科全书编委会. 1988. 中国大百科全书・语言文字. 北京：中国大百科全书出版社：47.
中国大百科全书编委会. 2009. 中国大百科全书・卷4. 第2版. 北京：中国大百科全书出版社：320.
中华人民共和国民政部. 2011. 中华人民共和国乡镇行政区划简册（2011). 北京：中国统计年鉴出版社.
周耀文. 2007. 傣语//孙宏开，胡增益，黄行，等. 中国的语言. 北京：商务印书馆：1136-1157.

第二十五章　白族民族地理

白族属于蒙古人种南方类型。我国白族人口为 1 933 510 人（国务院人口普查办公室，国家统计局人口和就业统计司，2012）。白族系中国西南地区古代“僰人”发展而来，“僰人”与古羌人有一定渊源关系，于“大理国”时期形成为独立民族。白族曾建立了西南地区的统一政权，对西南地区民族格局有重要影响，也对中华民族“多元一体”格局，尤其是区域性的“多元一体”格局有重要影响。白族今多居于滇西北大理白族自治州及其他地区。

第一节　历史渊源

白族族称与其服饰颜色基调有一定关系，其先民为《吕氏春秋·恃君览》所载之“僰人”。“僰人”是先秦时分布于中国西方的氐羌系统的一支，春秋战国时秦灭“南夷”巴、蜀后才认识到“巴蜀徼外西南夷”，至汉武帝开西南夷道时有“滇僰”、“邛僰”等称，且当时滇国的主体即“僰人”。东汉至西晋，“僰”称演变为“叟”，但有氐叟、青叟、斯叟及叟之别。南中的斯叟则与邛僰有着渊源关系，是今白族的先民。同时，汉唐间的姓氏爨逐渐由姓氏之称演变为其统治区域的地名，进而蜕变为族名，南北朝时“叟”逐渐消失而代之以“爨”。其中，“西爨，白蛮也；东爨，乌蛮也。”西爨，白蛮是滇僰之传承者。是故滇僰、叟、（西）爨是汉唐间白族先民的主体，但也融合了其他族群的成分。南诏时，（西）爨已参与了南诏奴隶制统治政权。南诏政权瓦解，白族先民先后建立“大天兴国”、“大义宁国”，后建立的“大理国”几与宋代相始终。南诏大理国约 500 年间，白族先民有了共同的经济、文化基础，逐渐形成了一个稳定的共同体。后世多以“白人”、“白爨”等称之（马曜，1986；中国大百科全书编委会，2009；《白族简史》编组，《白族简史》修订本编写组，2008）。

白族有勒墨和那马等支系（施联朱，2009）。勒墨支系主要分布在云南省怒江傈僳族自治州泸水县（原碧江县）、福贡县和迪庆藏族自治州维西县等地区，其中泸水县最多；那马支系分布在云南省怒江傈僳族自治州兰坪县。根据民族识别，分布在洱源自称为“白夥”的“土家”人，是白族的一个支系（黄光学，施联朱，2005）。

第二节　人种类型与体质特征

白族属于蒙古人种南方类型。其体质特征（李树春，2010）表现为：身材中等，肤色较浅，深褐色眼，黑色直形发；男性多中头型，女性多圆头型；面型属中面型；眼裂开度中等，眼裂斜度外高内低，蒙古褶微显；鼻根高度中等，鼻梁较直，鼻尖方向水平，鼻基部略上翘，属狭鼻型；耳垂多方形或三角形；红唇中等厚。

第三节　语言文字、经济类型、服饰、民居、信仰及习俗

白族长期活动在云南省的大理白族自治州及与之西北部接壤的怒江傈僳族自治州东南部的兰坪白族普米族自治县（王昭武，2002）。该区在《中国生态地理区域系统》中位于云南高原常绿阔叶林、松林区（ⅤA5）西部（郑度等，2008），主要属于山地平坝型自然地理环境。该区地处云贵高原与横断山脉结合部位，地势西北高、东南低，山地、平坝、河流、湖盆等构成了白族生存与发展的主要地理环境类型，且湖盆所占面积较大，有云南省第二大内陆淡水湖泊——洱海（素有“高原明珠”之称）。在与这样的地理环境之间、在与相邻地区之间、在与有关民族之间的协调共生中，白族逐渐形成了具有一定特色的社会文化。

白语（Bai）是白族的本民族语言，她属于汉藏语系藏缅语族彝语支。白语划分为剑川、大理和碧江三个方言。剑川方言分为剑川、鹤庆两个土语，分布在剑川、鹤庆和云龙、洱源、兰坪、丽江、泸水的部分地区。大理方言分为大理、祥云两个土语，分布在下关市、大理、洱源、宾川、祥云、弥渡、漾濞、南涧、永平、保山、南华、沅江、昆明和云龙的大部分地区。碧江方言分为碧江、兰坪两个土语，分布在兰坪、泸水（原碧江县）维西和云龙、洱源的部分地区（徐琳，赵衍荪，2007）。白族曾参照汉字创制了一种方块白文，用来书写白族的历史、民俗和诗歌。

白族以山地农业为主要经济活动，在坪区种植水稻、小麦，在山区种植玉米、荞麦，兼营牧、商、手工业等业。与经济活动类型有关，白族饮食坝区以稻米、小麦为主，山区则以玉米、荞麦为主，喜欢酸、冷、辣等口味。白族服饰如图 25-1 所示（陈海汶，陈鸣华，2009）。白族崇尚白色，故过去有“白子”、“白尼”等民族称谓，男女穿白布上衣，包白布头巾，着蓝布长裤，服饰原料以自织棉布为主。由于分布地域的不同，白族服饰也有着一些差异（主要是女装）。白族民居最常见、数量最多的是以“坊”

图 25-1　白族服饰（陈海汶，陈鸣华，2009）

摄影：陈海汶；拍摄时间：2008 年 10 月 19 日；拍摄地点：

中国云南省大理白族自治州大理市海东镇金梭岛

为单位的传统白族合院民居。坊是三开间两层高的一幢建筑，坊可以是正房也可以是厢房，通常正房一坊的左右两侧各带一座两开间二层高的耳房。用正房、耳房、厢房组合成模式固定的院落形式，即“三坊一照壁”或“四合五天井”白族合院民居。大型院落还可以“三坊一照壁”、“四合五天井”的院落单位进行组合，从而形成庞大的建筑群。白族合院民居的院落组合模式，院落中的照壁、三滴水门楼等建筑元素，院落的彩画雕刻等装饰装修，院落的铺地绿化等等，形成了颇具白族传统文化内涵的建筑风貌（宾慧中，2006）。其中，“三坊一照壁”合院建筑是白族传统民居的典型院落，数量较多，图25-2所示为“三坊一照壁”合院平面，图25-3所示为走马串阁楼式“三坊一照壁”合院建筑。

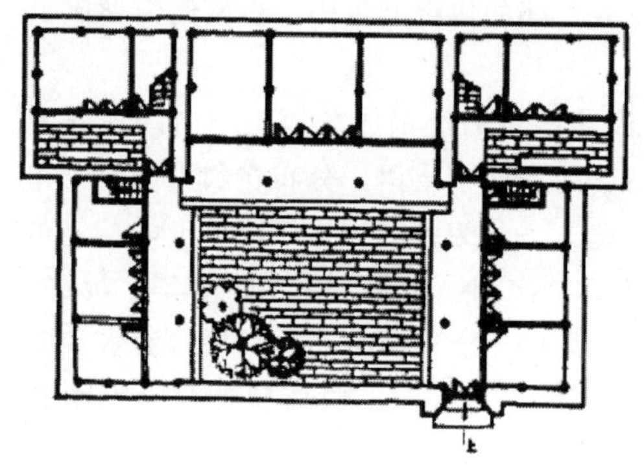

图 25-2 “三坊一照壁”院落平面（宾慧中，2006）

图 25-3 走马串阁楼式“三坊一照壁”合院建筑（宾慧中，2006）

白族的宗教信仰呈现多元化，有本民族土生土长的宗教“本主崇拜”及佛教、基督教、道教和天主教。白族实行一夫一妻制。白族一般实行土葬，部分地区实行火葬，丧葬礼节较为繁复。

第四节　空间结构及其发展变化

一、构成结构

全国第六次人口普查数据（国务院人口普查办公室，国家统计局人口和就业统计司，2012）表明，白族的人口构成有如下特点：①在性别构成方面，人口性别比为102.57，低于全国的104.90，居第32位。②在人口存活率方面，15～64岁妇女产婴存活率为97.91%，低于全国的98.78%，居第26位。③在城镇化率方面，人口城镇化率为34.26%，低于全国的50.27%，居第22位。④在就业状况方面，就业率为98.05%，高于全国的97.46%，居第27位；在三次产业从业人口比例中（图25-4），第一产业的比例最高，第三产业次之，第二产业最低，分别为67%、20%和13%。其中，第三产业从业人口比例中，比例

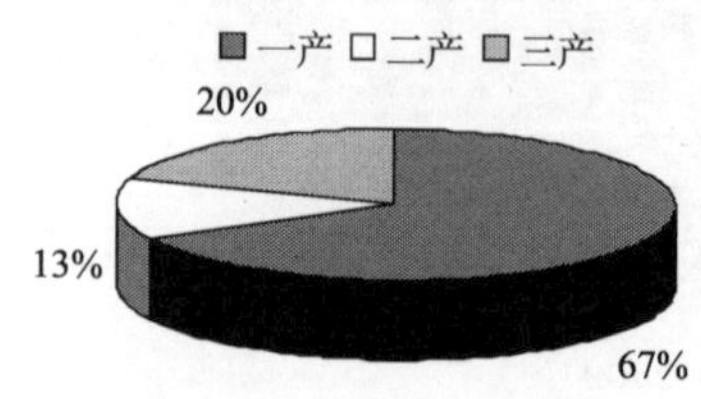

图 25-4 白族三次产业从业人口比例

最高的是批发和零售业，占第三产业从业人口的 24.56%；较高的是公共管理和社会组织，占 15.38%。⑤在人口年龄结构方面，人口最多的年龄段为 35～39 岁，人口较多的年龄段为 20～24 岁和 40～44 岁，这三个年龄段的人口数量占其总人口数量的 27.42%。⑥在婚姻状况方面，15 岁及以上人口的婚姻率为 78.48%，高于全国的 78.40%，居第 7 位。⑦在受教育程度方面，6 岁及以上人口的受教育率为 94.17%，低于全国的 95%，居第 22 位。

二、分布格局

1. 省域分布格局

全国第六次人口普查数据（国务院人口普查办公室，国家统计局人口和就业统计司，2012）表明，白族人口分布比重和人口构成比重最高的省域在我国各省、自治区和直辖市的分布上，呈现出主要集中在西南地区的特点。同时，性别比和人口城镇化率省份差异较大。

在人口分布比重分布上，白族的分布表现为三种区域类型，即集中分布区、分散分布区和零星分布区（图 25-5）。集中分布区是云南，云南的白族人口总数为 1 564 901 人，占全国白族总人口数量的比例约为 80.94%。分散分布区是贵州和湖南，这两个省份的白族人口总数为 295 188 占白族总人口数量的比例约为 15.27%。除上述三个省份

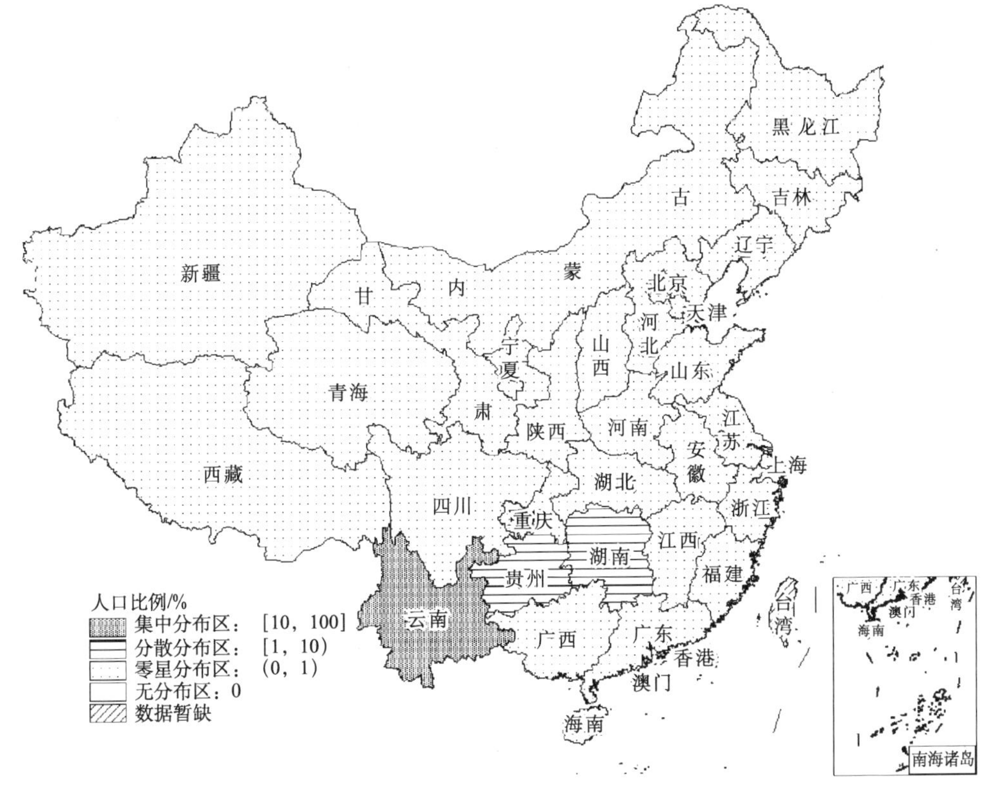

图 25-5　白族分布的省域格局

外其余均属于零星分布区，这些省份的白族人口总数为 73 421 人，占白族总人口数量的比例约为 3.8%，其中，黑龙江的白族人口最少，仅有 149 人。

在人口构成比重分布上，白族人口构成比重最高的省份是云南，达到 3.40%；较高的省份是贵州和湖南，均在 0.18%以上；较低的省份是辽宁、河北、安徽、甘肃、吉林、河南、山西，其白族人口构成比重均在万分之零点一以下；最低的是黑龙江，仅有十万分之零点四。

在性别比分布上，就白族人口分布比重的集中分布区和分散分布区而言，最高的省份贵州，其白族性别比为 114.76；较高的省份是湖南，为 104.41；最低的省份是云南，为 101.01。

在人口城镇化率分布上，就白族人口分布比重的集中分布区和分散分布区而言，最高的省份是云南，其白族人口城镇化率为 33.51%；较高的省份是贵州，为 31.10%；最低的省份是湖南，为 27.94%。

2. 聚居分布格局

白族的聚居区主要分布在云南、湖南和贵州，在这三个省份内白族共有 1 个地市级聚居区、1 个县区级聚居区和 33 个乡镇级聚居区（中华人民共和国民政部，2011）：第一，1 个地市级聚居区——云南大理白族自治州，她是中国最大的白族聚居区；第二，1 个县区级聚居区——云南兰坪白族普米族自治县；第三，33 个乡镇级聚居区——云南丽江市古城区金山白族乡、泸水县老窝白族乡、昆明市五华区沙朗白族乡、镇雄县坡头彝族苗族白族乡、鹤峰县铁炉白族乡、湖南张家界市刘家坪白族乡和贵州织金县三甲白族苗族乡等。

三、发展变化

自新中国成立以来，白族人口总体上呈增长的趋势（国务院人口普查办公室，1983；国务院人口普查办公室，国家统计局人口和就业统计司，1993，2002，2012）。如图 25-6 所示，从“一普”到“六普”，全国的人口增长幅度为 130.65%，少数民族的人

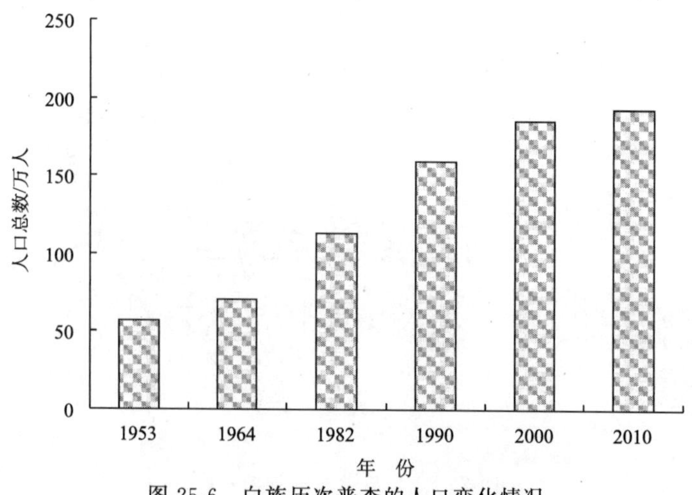

图 25-6 白族历次普查的人口变化情况

口增长幅度为227.29%，白族的人口增长幅度为240.94%，同比高于全国和少数民族。白族各次普查之间的年均增长率从“一普”到“四普”呈上升趋势，“四普”达到最高值4.4%，从“四普”到“六普”呈下降趋势，“六普”为0.40%。

2010年与2000年相比，白族人口构成比重变化存在较大的省份差异。其中，人口构成比重下降的省份有吉林、安徽、河北、新疆、黑龙江、河南、山西、湖北、山东、西藏、贵州、湖南和云南，其余省份人口构成比重变则均上升。人口构成比重上升最大的省份是浙江，上升了0.15%；下降最大的省份是甘肃，下降了0.15%。

以受教育状况和人口预期寿命而论，全国白族6岁及以上未受教育人口占其总人口比例从2000年的8.37%下降到2010年的5.39%，其受教育率提升了2.98%，其提高的幅度位居全国第34位。小学受教育人口占其总人口比例从2000年的42.06%下降到2010年的35.86%；中学受教育人口占其总人口比例从2000年的34.53%上升到2010年的43.74%；大学受教育人口占其总人口比例从2000年的2.06%上升到2010年的7.17%；到2010年止，有0.18%的白族人口接受了研究生教育。到1990年，白族人口的平均预期寿命为66.75岁，男性人口平均预期寿命为65.44岁，女性人口平均预期寿命为68.12岁。

参 考 文 献

宾慧中. 2006. 中国白族传统合院民居营建技艺研究［D］. 同济大学博士学位论文：30-31，34，35.

《白族简史》编写组，《白族简史》修订本编写组. 2008. 白族简史. 修订版. 北京：民族出版社.

陈海汶，陈鸣华. 2009. 和谐中华：中国的56个民族剪影. 上海：上海文化出版社：105.

国务院人口普查办公室. 1983. 第三次全国人口普查手工汇总资料汇编（第4册）. 北京：国务院人口普查办公室.

国务院人口普查办公室，国家统计局人口和就业统计司. 1993. 中国1990年人口普查资料. 北京：中国统计出版社.

国务院人口普查办公室，国家统计局人口和就业统计司. 2002. 中国2000年人口普查资料. 北京：中国统计出版社.

国务院人口普查办公室，国家统计局人口和就业统计司. 2012. 中国2010年人口普查资料（上）. 北京：中国统计出版社.

黄光学，施联朱. 2005. 中国的民族识别：56个民族的来历. 北京：民族出版社：180.

李树春. 2010. 中国少数民族遗传学概论. 北京：中央民族大学出版社：55.

马曜. 1986. 白族//中国大百科全书编委会. 中国大百科全书·民族卷. 北京：中国大百科全书出版社：29-31，38-39.

施联朱. 2009. 民族识别与民族研究文集. 北京：中央民族大学出版社：88-89.

王昭武. 2002. 白族//赫时远，任一飞，陈英初，等. 中国少数民族分布图集. 北京：中国地图出版社：95-100.

徐琳，赵衍荪. 2007. 白语//孙宏开，胡增益，黄行，等. 中国的语言. 北京：商务印书馆：515-537.

郑度，等. 2008. 中国生态地理区域系统研究. 北京：科学出版社：130-132.

中国大百科全书编委会. 2009. 中国大百科全书·卷1. 第2版. 北京：中国大百科全书出版社.

中华人民共和国民政部. 2011. 中华人民共和国乡镇行政区划简册（2011）. 北京：中国统计年鉴出版社.

第二十六章　傈僳族民族地理

傈僳族属于蒙古人种南方类型。我国傈僳族人口为702 839人（国务院人口普查办公室，国家统计局人口和就业统计司，2012）。傈僳族世居川滇怒江、澜沧江、金沙江的高山峡谷地带，是典型的高山峡谷地理环境类型民族之一，16～17世纪形成独立民族，支系较多。傈僳族是中缅之间非主体型跨界民族。

第一节　历史渊源

傈僳族在8世纪以前就居住在四川雅砻江及四川与云南交界地带的金沙江两岸广大地区。所见记载最早是唐代樊绰所著《云南志》（即《蛮书》），有“栗粟”之称，并认为是当时“乌蛮”之一部，已有分化之势，即初步形成。“乌蛮”源自晋“东爨乌蛮”之说，往前是秦汉时的“叟”等，与古羌人南下并与当地土著融合有关。唐时傈僳族先民作为乌蛮的一支，他们居住的地域约在今川滇边界金沙江两岸的西昌、冕宁、盐源、盐边、宁蒗、永胜一带。12世纪以后，傈僳族先民先后受元代丽江炉具总管府、明代丽江土知府木氏的统治，多充当庄奴、院奴和农奴。16～17世纪，居住在澜沧江地区的傈僳人口不断增加，各个部落逐渐强大，由于战争以及反对木土司的压迫和掠夺，大批傈僳族人在头人“木必”的带领下渡过澜沧江、越过碧罗雪山和怒山而进入怒江地区，形成单一民族（杨毓才，1986；中国大百科全书编委会，2009；《傈僳族简史》编写组，《傈僳族简史》修订本编写组，2008）。

第二节　人种类型与体质特征

傈僳族属于蒙古人种南方类型。其体质特征（李树春，2010）表现为：身材矮小；眼裂开度多为中等偏窄，眼裂斜度内外平行，大多数人无蒙古褶，上眼睑皱褶发育较好；鼻梁多为直型，鼻根较高，鼻尖和鼻基底方向大多为水平向前，鼻孔形状为卵圆形和椭圆形，鼻翼微突，大多属狭鼻型；上唇皮肤部多数较直，为正唇型，红唇中等厚，多数人耳壳无达尔文结节，眉嵴微显，颧骨多数较突出，整个面部扁平而宽，大多呈椭圆形或卵圆形，面型属狭面型，过狭面型，头型大多属于中头型、高头型和狭头型。

第三节　语言文字、经济类型、服饰、民居、信仰及习俗

傈僳族长期生活在滇西北地区（李茂林，2002）。这一地区在《中国生态地理区域系统》中主要位于云南高原常绿阔叶林、松林区（ⅤA5）西北部和东喜马拉雅南翼山地季雨林、常绿阔叶林（ⅤA6）东南部（郑度等，2008），主要是高山峡谷地理环境。

该区处于高原温带湿润、半湿润地区和中亚带湿润地区的河流上游的山地、高原过渡区。傈僳族聚居区主要是怒江、澜沧江、金沙江的高山峡谷地带，是典型的高山峡谷地理环境类型民族之一。在与这样的地理环境之间、在与相邻地区之间、在与有关民族之间的协调共生中，傈僳族逐渐形成了具有一定特色的社会文化。

傈僳语（Lisu）是傈僳族的本民族语言，她属于汉藏语系藏缅语族彝语支（木玉璋，段伶，2007）。傈僳族现在使用 3 种文字：一是 20 世纪初西方传教士创制的拉丁大写字母正反颠倒形式的拼音文字，主要通行于云南省怒江傈僳族自治州、德宏傣族景颇族自治州、保山地区和耿马傣族佤族自治县的一部分基督教徒中；二是 20 世纪 20 年代维西县农民汪忍波创制的音节文字，其中一小部分是利用汉字的音读和训读，也有一些象形字，通用于云南省维西地区；三是 1957 年创制的拉丁字母新文字，主要通用于怒江傈僳族自治州，翻译出版了课本、书报等（中国大百科全书编委会，2009）。

傈僳族以山地耕牧经济为主，兼营采集和狩猎。傈僳族服饰如图 26-1 所示（陈海汶，陈鸣华，2009），男女一般都穿自制的麻布衣服，服饰颜色大多喜欢红、黑、白等几种颜色，并以此为基色来配色，缝制衣服。高山地区的傈僳族以玉米、荞麦、土豆为主食，河谷地区的傈僳族则以大米为主食。烤乳猪是傈僳族饮食的一大特色。火烧是傈僳族食肉的传统方式，延续了历史上狩猎生活的方式。酒在傈僳族生活中是不可缺少的饮品。不同地方的傈僳族的住房建筑形式不尽相同，但以竹篾房、木楞房（图 26-2，按云南怒江泸水地区傈僳族传统民居、福贡地区傈僳族传统民居 1∶1 复原）和土木结构房最为常见。傈僳族建房必须在一日之内完成，所以每户建房几乎全寨子一起动手。

图 26-1　傈僳族服饰（陈海汶，陈鸣华，2009）

摄影：陈海汶；拍摄时间：2008 年 10 月 24 日；拍摄地点：中国云南省怒江傈僳族自治州福贡县上帕镇

傈僳族在 20 世纪 50 年代，仍保存着非常浓厚的万物有灵的自然崇拜的原始宗教信仰和祖先崇拜，至今多神原始信仰在民间还大量存在。西方的基督教于 1913 年传入怒江，所以部分傈僳族人还信仰基督教。傈僳族保留着氏族制度的遗迹，各村寨和家族内有茶、麻、竹、鸟、鸡、鼠、蛇、虎、熊、猴、羊、鱼、峰等十几种氏族名称，代表着

图 26-2　傈僳族传统民居

资料来源：中华民族博物馆（http://www.emuseum.org.cn/node/114.2012-05-09）

不同的血缘亲属关系。婚姻以父亲制的一夫一妻制，傈僳族有姑舅表先婚的习俗以及氏族内婚和亚血缘族内婚等制度。

第四节　空间结构及其发展变化

一、构成结构

全国第六次人口普查数据（国务院人口普查办公室，国家统计局人口和就业统计司，2012）表明，傈僳族的人口构成有如下特点：①在性别构成方面，人口性别比为102.28，低于全国的104.90，居第36位。②在人口存活率方面，15～64岁妇女产婴存活率为95.60%，低于全国的98.78%，居第48位。③在城镇化率方面，人口城镇化率为10.76%，低于全国的50.27%，居第56位。④在就业状况方面，就业率为98.84%，高于全国的97.46%，居第4位；在三次产业从业人口比例中（图26-3），第一产业最高，第三产业次之，第二产业最低，分别为89%、7%和4%。其中，第三产业从业人口比例中，比例最高的是住宿和餐饮业，占第三产业从业人口的19.61%；较高的是公共管理和社会组织，占17.60%。⑤在人口年龄结构方面，人口最多的年龄段为20～24岁，较多的年龄段为25～29岁和30～34岁，这三个年龄段的人口数量占其总人口数量的28.94%。⑥在婚姻状况方面，15岁及以上人口的婚姻率为76.69%，低于全国的78.40%，居第19位。⑦在受教育程度方面，6岁及以上人口的受教育率为81.57%，低于全国的95%，居第51位。

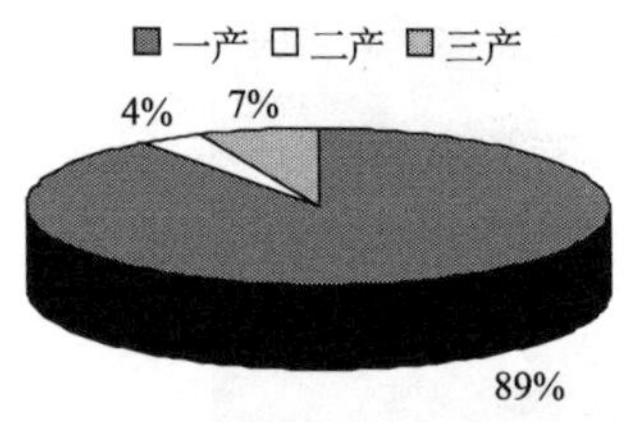

图 26-3　傈僳族三次产业从业人口比例

二、分布格局

1. 省域分布格局

全国第六次人口普查数据（国务院人口普查办公室，国家统计局人口和就业统计司，2012）表明，傈僳族人口分布比重和人口构成比重最高的省域在我国各省、自治区和直辖市的分布上，呈现出主要集中在西南地区的特点。同时，性别比和人口城镇化率省份差异较大。

在人口分布比重分布上，傈僳族的分布表现为三种区域类型，即集中分布区、分散分布区和零星分布区（图 26-4）。集中分布区是云南，其傈僳族人口总数为 668 336 人，占全国傈僳族总人口数量的 95.09%。分散分布区是四川，其傈僳族人口总数为 21 082 人，占全国傈僳族总人口数量的比例约为 3%。除上述两个省份外其余均属于零星分布区，这些省份的傈僳族人口总数为 13 421 人，占全国傈僳族总人口数量的比例约为 1.91%，宁夏的傈僳族人口总数最少，只有 17 人。

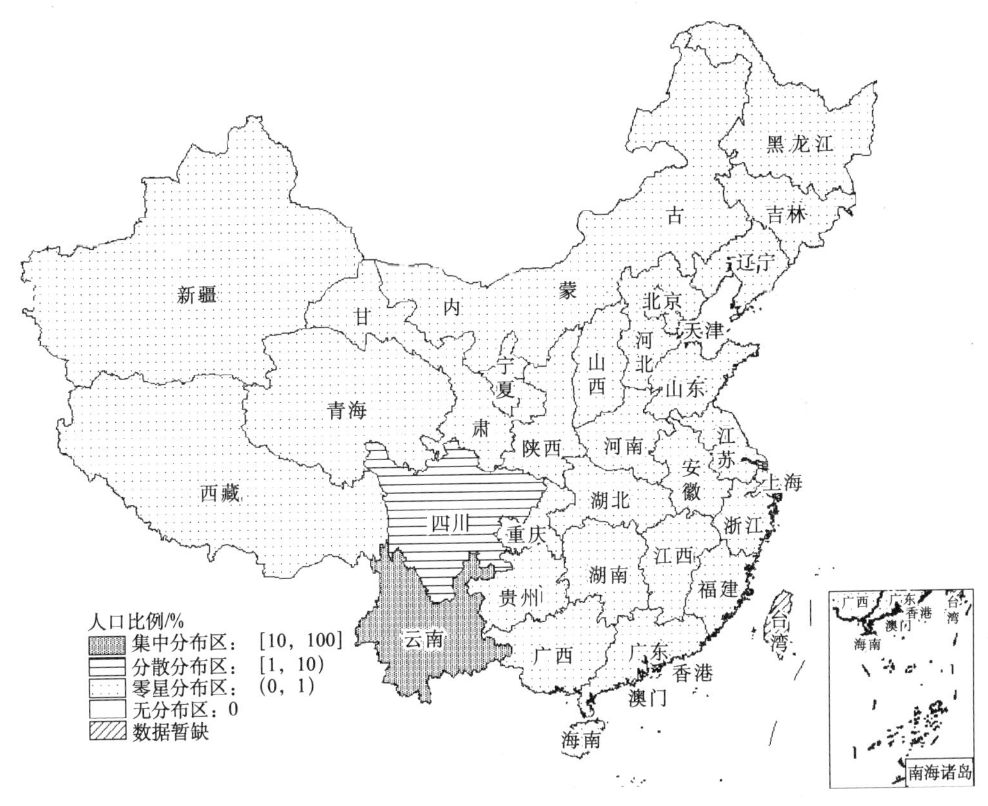

图 26-4　傈僳族分布的省域格局

在人口构成比重分布上，傈僳族人口构成比重最高的省份是云南，为 1.45%；较高的省份是四川、浙江、河北和上海，均在 0.02%以上；较低的省份是宁夏、湖北、海南、江西、河南、甘肃、黑龙江，其傈僳族人口构成比重均在万分之零点零三以下；

最低的省份是陕西，为百万分之零点九。

在性别比分布上，就傈僳族人口分布比重的集中分布区和分散分布区而言，较高的省份是云南，其傈僳族性别比约为104.01；较低的省份是四川，约为97.01。

在人口城镇化率分布上，就傈僳族人口分布比重的集中分布区和分散分布区而言，较高的省份是云南，其傈僳族人口城镇化率约为10.26%；较低的省份是四川，约为5.99%。

2. 聚居分布格局

傈僳族主要聚居于云南和四川。在这两个省份傈僳族有1个地市级聚居区、1个县区级聚居区和23个乡镇级聚居区（中华人民共和国民政部，2011）：第一，1个地市级聚居区——云南怒江傈僳族自治州，她是中国最大的傈僳族聚居区；第二，1个县区级聚居区——云南迪庆维西傈僳族自治县；第三，23个乡镇级聚居区——云南华坪县通达傈僳族乡、云南云龙县表村傈僳族乡、云南德昌县金沙傈僳族乡、云南永胜县东风傈僳族乡、云南德钦县霞若傈僳族乡、四川米易县新山傈僳族彝族乡和四川攀枝花市盐边县箐河傈僳族乡等。

三、发展变化

自新中国成立以来，傈僳族人口总体呈增长的趋势（国务院人口普查办公室，1983；国务院人口普查办公室，国家统计局人口和就业统计司，1993，2002，2012）。如图26-5所示，从“一普”到“六普”，全国的人口增长幅度为130.65%，少数民族的人口增长幅度为227.29%，傈僳族的人口增长幅度为121.39%，低于全国和少数民族。傈僳族各次普查之间的年均增长率从“一普”到“二普”呈下降趋势，年均增长率为－1.44%，从“二普”到“三普”呈上升趋势，“三普”达到最大，为3.26%，“三普”到“六普”，呈下降趋势。

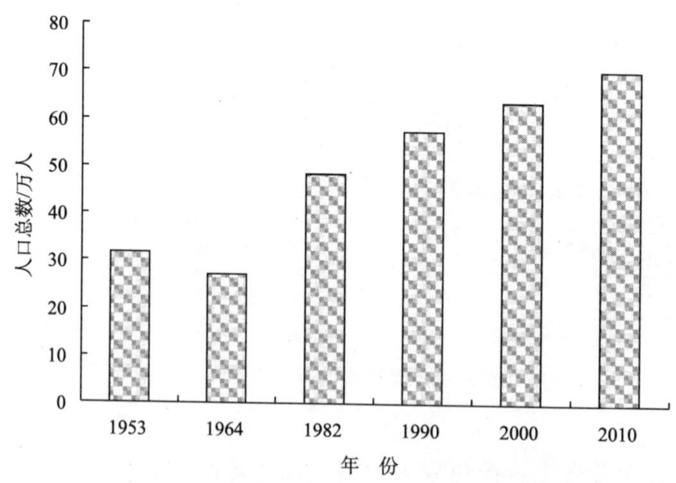

图26-5 傈僳族历次普查的人口变化情况

2010 年与 2000 年相比，傈僳族人口构成比重变化存在较大的省份差异。人口构成比重下降的省份是河南、山东、甘肃和青海，除以上省份外，其他省份的人口构成比重均上升。人口构成比重上升最大的省份是云南，上升了千分之零点一四四六八；比例下降最大的省份是青海，下降了十万分之零点八二九。

以受教育状况和人口预期寿命而论，全国傈僳族 6 岁及以上未受教育人口占其总人口比例从 2000 年的 25.82%下降到 2010 年的 16.79%，其受教育率提升了 9.03%，其提高的幅度位居全国第 10 位。小学受教育人口占其总人口比例从 2000 年的 45.68%上升到 2010 年的 50.96%；中学受教育人口占其总人口比例从 2000 年的 11.65%上升到 2010 年的 20.97%；大学受教育人口占其总人口比例从 2000 年的 0.49%上升到 2010 年的 2.36%；到 2010 年止，有 0.02%的傈僳族人口接受了研究生教育。总体来看，傈僳族人口的受教育程度呈上升趋势。到 1990 年，傈僳族人口的平均预期寿命为 69.59 岁，男性人口平均预期寿命为 57.03 岁，女性人口平均预期寿命为 58.12 岁。

参 考 文 献

陈海汶，陈鸣华. 2009. 和谐中华：中国的 56 个民族剪影. 上海：上海文化出版社：153.

国务院人口普查办公室. 1983. 第三次全国人口普查手工汇总资料汇编（第 4 册）. 北京：国务院人口普查办公室.

国务院人口普查办公室，国家统计局人口和就业统计司. 1993. 中国 1990 年人口普查资料. 北京：中国统计出版社.

国务院人口普查办公室，国家统计局人口和就业统计司. 2002. 中国 2000 年人口普查资料. 北京：中国统计出版社.

国务院人口普查办公室，国家统计局人口和就业统计司. 2012. 中国 2010 年人口普查资料（上）. 北京：中国统计出版社.

李树春. 2010. 中国少数民族遗传学概论. 北京：中央民族大学出版社.

李茂林. 2002. 傈僳族//赫时远，任一飞，陈英初，等. 中国少数民族分布图集. 北京：中国地图出版社：130-136.

《傈僳族简史》编写组，《傈僳族简史》修订本编写组. 2008. 傈僳族简史. 修订版. 北京：民族出版社：1-19.

木玉璋，段伶. 2007. 傈僳语//孙宏开，胡增益，黄行，等. 中国的语言. 北京：商务印书馆：272-287.

杨毓才. 1986. 傈僳族//中国大百科全书编委会. 中国大百科全书・民族卷. 北京：中国大百科全书出版社：243-245.

郑度，等. 2008. 中国生态地理区域系统研究. 北京：科学出版社：130-132.

中国大百科全书编委会. 2009. 中国大百科全书・卷 19. 第 2 版. 北京：中国大百科全书出版社：85.

中华人民共和国民政部. 2011. 中华人民共和国乡镇行政区划简册（2011）. 北京：中国统计年鉴出版社.

第二十七章　黎族民族地理

黎族属于蒙古人种南方类型。我国黎族人口 1 463 064 人（国务院人口普查办公室，国家统计局人口和就业统计司，2012）。黎族源于我国古代南方“百越”族群之一部“骆越”，长期活动于广东西南部、广西西部、海南岛以至越南北部，今集中分布于海南省。

第一节　历史渊源

黎族源于我国古代南方“百越”族群的一支——“骆越”，最早活动于广东西南部、广西西部、海南岛以至越南北部，《汉书·贾捐之传》称海南的居民为“骆越之人”。因古代对南方之民泛称为“骆越”（西汉）“里”（东汉）“俚”或“僚”（隋唐），黎族先民被统称于内，唐末至宋“黎”作为专称固定下来。在行政区划上，公元前 111 年汉武帝即在海南岛设置珠崖、儋耳两郡进行管理，6 世纪末冼夫人所统辖地方（包含海南岛）归附隋朝，唐继之并增设州县，此后黎族与中华各族交往日盛，历代中央王朝加强了对其管理，人口大为发展，元朝增加到 17 多万人（刘耀荃，1986；中国大百科全书编委会，2009《黎族简史》编写组，《黎族简史》修订本编写组，2009）

第二节　人种类型与体质特征

黎族是典型的蒙古人种南方类型。其体质特征（李树春，2010）表现为：身材亚中等；黑发直形，发旋多为单旋顺时针方向；头型多中头型偏圆头型、高头型和狭头型；面型男性为中面型，女性多阔面型；浅褐色眼，眼裂开度中等偏宽，眼裂斜度外高内低，多缺失蒙古褶，上眼睑皱褶发育好；鼻根中等偏低，鼻梁直凸型，鼻尖和鼻基底上翘，属中鼻型；耳垂多圆形，多数无达尔文结节；红唇中等偏厚，唇型前突，属突唇型。

第三节　语言文字、经济类型、服饰、民居、信仰及习俗

黎族世代生活于海南省中、西部（周杰晶，2002）。这一地区在《中国生态地理区域系统》中位于琼雷山地丘陵半常绿季雨林（ⅦA2），琼南与东、中、西沙诸岛季雨林、雨林区（ⅧA1）（郑度等，2008），主要是山地、丘陵地理环境类型。在与这样的地理环境之间、在与相邻地区之间、在与有关民族之间的协调共生中，黎族逐渐形成了具有一定特色的社会文化。

黎语是黎族的本民族语言，她属于汉藏语系壮侗语族黎语支（郑贻青，2007）。在

文字方面，人民政府非常重视发展少数民族的语言文字，积极帮助尚无文字的民族解决文字问题，于1957年创制了以拉丁字母为基础的黎文方案（中国大百科全书编委会，1986）。

黎族以稻作农耕为主，副业以饲养家禽为主，手工业未从农业中分离。黎族服饰如图27-1所示（陈海汶，陈鸣华，2009），主要利用海岛棉、麻、木棉等原料织缝而成，

图27-1　黎族服饰（陈海汶，陈鸣华，2009）

摄影：陈海汶；拍摄时间：2009年3月6日；拍摄地点：中国海南省五指山市冲山镇什保黎族村委会

尚青、绿、蓝等色。女性多为贯头式衣配织锦筒裙，男子为无领对襟衣，下穿麻质吊铲或兜裆布，有典型的热带特征（胡梅芳，2002）。同时，黎族的服饰因支系和地域的不同而各有特色。海南岛大部分地区的气候属于亚热带季风气候，雨热充沛，适合种植水稻。故而，黎族人民以种植水稻为主，品种包括粘稻、粳稻、糯稻等。其次，黎族人民也种植玉米、番薯、木薯等。黎族的蔬菜有南瓜、水瓜、冬瓜、葫芦瓜、冬瓜、白菜、萝卜、豆角、葱、姜、蒜等。黎族人民的热带水果有香蕉、酸豆、菠萝、菠萝蜜和芭蕉树心、芒果、火龙果、龙眼、红毛丹等。由于椰子资源丰富，黎族人民用椰子壳制成生活用品，如瓢、碗、勺等。黎族村落多在河谷阶地上，一般几十户聚集在一起，也有超过百户人家在一起的。由于雨热充足，黎族建造一种“干栏”式船形屋和金子型房。船型屋是以竹木枝条构架，用藤条捆扎，有直柱而无横梁，屋顶成拱形，顶覆盖茅草下垂及地，状如船篷，呈半圆形。但因地区不同又有所区别。

图27-2　黎族船型屋

资料来源：中华民族博物馆（http://www.emuseum.org.cn/node/113.2012-04-25）

黎族人民信仰原始宗教，崇拜自然与祖先。当佛教和道教传入黎族生活的地区后对黎族社会生活有一定的影响。黎族禁止同黎姓和同一血缘通婚，多与汉人通婚，实行一

夫一妻制的父系小家庭。黎族实行棺木土葬，整个葬仪大致有报丧、入殓、守灵、停棺、出殡、下葬等过程。

第四节 空间结构及其发展变化

一、构成结构

全国第六次人口普查数据（国务院人口普查办公室，国家统计局人口和就业统计司，2012）表明，黎族的人口构成有如下特点：①在性别构成方面，人口性别比为107.21，高于全国的104.90，居第12位。②在人口存活率方面，15～64岁妇女产婴存活率为98.76%，低于全国的98.78%，居第9位。③在城镇化率方面，人口城镇化率为26.17%，低于全国的50.27%，居第31位。④在就业状况方面，就业率为97.99%，高于全国的97.46%，居第31位。在三次产业从业人口比例中（图27-3），第一产业最高，第三产业次之，第二产业最低，分别为81%、13%和6%。其中，第三产业从业人口比例中最高的是批发和零售业，占第三产业从业人口的21.44%；较高的是住宿和餐饮业，占20.28%。⑤在人口年龄结构方面，人口最多的年龄段15～19岁，较多的年龄段为20～24岁和25～29岁，这三个年龄段人口占其总人口的29.59%。⑥在婚姻状况方面，15岁及以上人口的婚姻率为66.91%，低于全国的78.40%，居第55位。⑦在受教育程度方面，6岁及以上人口的受教育率为93.51%，低于全国的95.00%，居第26位。

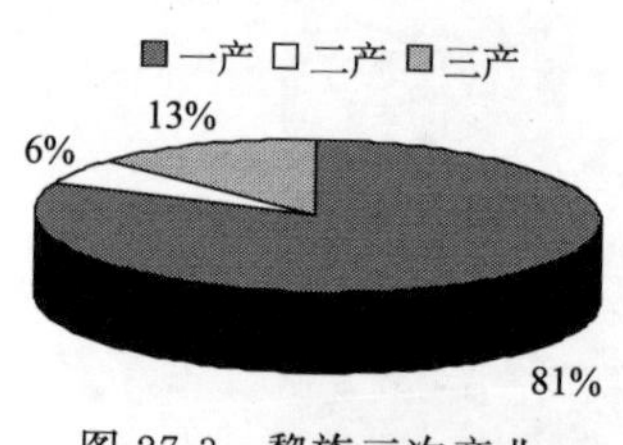

图27-3 黎族三次产业从业人口比例

二、分布格局

1. 省域分布格局

全国第六次人口普查数据（国务院人口普查办公室，国家统计局人口和就业统计司，2012）表明，黎族人口分布比重和人口构成比重最高的省域在我国各省、自治区和直辖市的分布上，呈现出“大聚居、小分散”和“南多，北、西、东少”的特点。同时，性别比和人口城镇化率省份差异较大。

在人口分布比重分布上，黎族的分布表现为三种区域类型，即集中分布区、分散分布区和零星分布区（图27-4）。集中分布区是海南，该省份的黎族人口总数为1 262 262人，占全国黎族总人口数量的比例约为86.28%。分散分布区是广东和贵州，这两个省份的黎族人口总数为154 752人，占全国黎族总人口的比例约为10.58%。除上述省份外其余均属零星分布区，这些省份的黎族人口总数为46 050人，占全国黎族总人口数量的比例约为3.14%，在零星分布区中甘肃的人口最少，为517人。

在人口构成比重分布上，黎族人口构成比重最高的省份是海南，为14.55%；较高的省份是贵州、广东和浙江，均在0.17%以上；较低的省份是山西、山东、黑龙江、河北、陕西、河南，其黎族人口构成比重均在0.001%以下；最低的省份是西藏，为百万分零点之九。

在性别比分布上，就黎族人口分布比重的集中分布区和分散分布区而言，黎族性别比最高的省份是海南，达到108.03；较高的省份是贵州，为107.34；最低的省份是广东，为103.33。

在人口城镇化率分布上，就黎族人口分布比重的集中分布区和分散分布区而言，最高的省份是广东，为85.69%；较高的省份是贵州，为25.86%；最低的省份是海南，只有23.88%。

2. 聚居分布格局

黎族主要聚居在海南和贵州等省份。黎族的主要聚居区分布在海南，共有6个县区级聚居区——乐东黎族自治县、琼中黎族苗族自治县、保亭黎族苗族自治县、昌江黎族自治县、白沙黎族自治县、陵水黎族自治县，其中4个是单一民族自治县（中华人民共和国民政部，2011）。

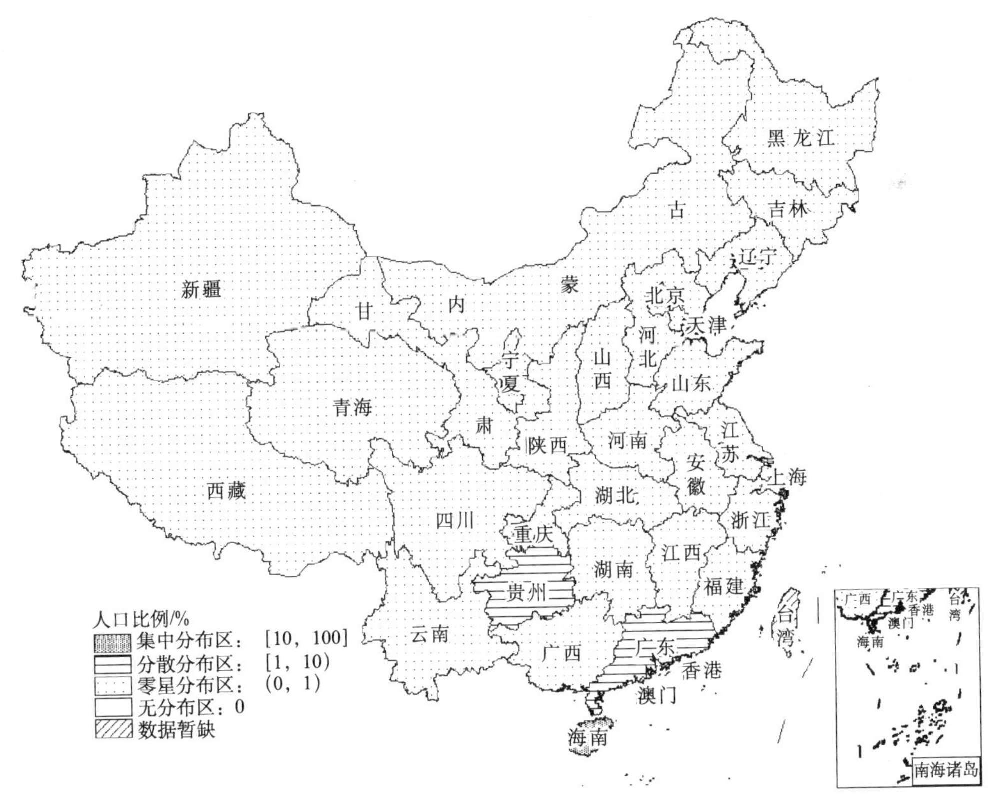

图 27-4 黎族分布的省域格局

三、发展变化

自新中国成立以来，黎族人口总体呈增长的趋势（图 27-5）。从“一普”到“六普”全国的人口增长幅度为130.65%，少数民族的人口增长幅度为227.29%，黎族的人口增长幅度为305.34%，同比高于全国和少数民族。黎族各次普查之间的年平均增长率从“一普”到“三普”呈上升趋势，“三普”达到最高，为3.99%；“三普”到“五普”呈下降趋势；“五普”到“六普”呈上升趋势。

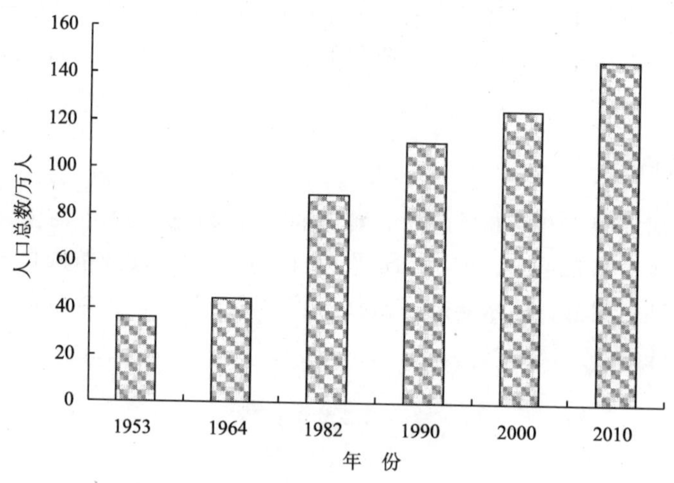

图 27-5 黎族历次普查的人口变化情况

2010年与2000年相比，黎族人口构成比重变化存在较大的省份差异。人口构成比重下降的省份是海南，下降了0.95%。除了上述省份外其余省份人口构成比重上升，上升较大的省份是贵州、浙江、广东、福建和上海，其中，上升最大的是贵州，上升了0.23%。

以受教育状况和人口预期寿命而论，全国黎族6岁及以上未受教育人口占其总人口比例从2000年的10.03%下降到2010年的5.85%；其受教育率提升了4.18%，其提高的幅度位居全国第28位。小学受教育人口占其总人口比例从2000年的40.57%下降到2010年的28.12%；中学受教育人口占其总人口比例从2000年的36.99%上升到2010年的52.52%；大学受教育人口占其总人口比例从2000年的1.20%上升到2010年的3.52%；到2010年止，有0.04%的黎族人口接受了研究生教育。总体来看，黎族人口的受教育程度呈上升趋势。到2000年，全国黎族人口预期寿命为70.36岁。

第五节 支系及黎语方言

一、支 系

黎族分为俘黎、杞黎、本地黎、美孚黎和赛黎五个支系。其中，俘黎主要分布在海南黎族苗族自治州的9县（市）中，除了琼中、通什外差不多都有俘黎的分布；杞黎主要居住在琼中、保亭两个黎族苗族自治县、乐东、昌江和陵水3个黎族自治县、万宁县和三亚市的部分地区也有分布；本地黎主要居住在白沙黎族自治县境内；美孚黎主要分布在东方市和昌江黎族自治县；赛黎主要分布在保亭黎族苗族自治县的家茂、保成什玲和六弓地区，临高县也有小部分杂居（李德洙，1994）。

二、黎语方言

黎语可分为侼方言、美孚方言、加茂方言、本地方言、杞方言。侼方言分布在乐东黎族自治县、三亚市、东方市、陵水黎族自治县，分罗活、侼炎、抱显3个土语。美孚方言主要分布在东方市东南部以及县内昌化江西岸一带。加茂方言主要分布在保亭黎族苗族自治县东部加茂一带，陵水黎族自治县西北部和琼中黎族苗族自治县的东南部部分地区也有一部分。本地方言分布在白沙黎族自治县，分白沙、元门2个土语。杞方言分通什、堑对、保城3个土语，其中，通什土语主要分布在保亭黎族苗族自治县以通什镇为中心的西部和中部一带，以及琼中黎族苗族自治县的西南部和西北部，以及东方市和昌江黎族自治县的东南部的部分地区；堑对土语分布在琼中黎族苗族自治县东部和南部；保城土语集中在保亭黎族苗族自治县的东部城厢一带（郑贻青，2007）。

参考文献

陈海汶，陈鸣华. 2009. 和谐中华：中国的56个民族剪影. 上海：上海文化出版社：145.

国务院人口普查办公室. 1983. 第三次全国人口普查手工汇总资料汇编（第4册）. 北京：国务院人口普查办公室.

国务院人口普查办公室，国家统计局人口和就业统计司. 1993. 中国1990年人口普查资料. 北京：中国统计出版社.

国务院人口普查办公室，国家统计局人口和就业统计司. 2002. 中国2000年人口普查资料. 北京：中国统计出版社.

国务院人口普查办公室，国家统计局人口和就业统计司. 2012. 中国2010年人口普查资料（上）. 北京：中国统计出版社.

胡梅芳. 2002. 民族服饰要素与创意. 成都：西南师范大学出版社：13.

李德洙. 1994. 中国少数民族文化史. 沈阳：辽宁人民出版社：1831-1834.

李树春. 2010. 中国少数民族遗传学概论. 北京：中央民族大学出版社：59.

《黎族简史》编写组，《黎族简史》修订本编写组. 2009. 黎族简史. 修订版. 北京：民族出版社：5-110.

刘耀荃. 1986. 黎族//中国大百科全书编委会. 中国大百科全书·民族卷. 北京：中国大百科全书出版社：237-240.

郑度，等. 2008. 中国生态地理区域系统研究. 北京：科学出版社：130-132.

郑贻青. 2007. 黎语//孙宏开，胡增益，黄行，等. 中国的语言. 北京：商务印书馆：1338-1355.

中国大百科全书编委会. 1986. 中国大百科全书·民族卷. 北京：中国大百科全书出版社：237.

中国大百科全书编委会. 2009. 中国大百科全书·卷13. 第2版. 北京：中国大百科全书出版社：476.

中华人民共和国民政部. 2011. 中华人民共和国乡镇行政区划简册（2011）. 北京：中国统计年鉴出版社.

周杰晶. 2002. 黎族//赫时远，任一飞，陈英初，等. 中国少数民族分布图集. 北京：中国地图出版社. 125-130.

第二十八章　哈尼族民族地理

哈尼族属于蒙古人种南方类型。我国哈尼族人口 1 660 932 人（国务院人口普查办公室，国家统计局人口和就业统计司，2012）。哈尼族与古羌人有渊源关系，古羌人南迁后在唐文献中的“和夷”与哈尼族族源关系密切，今集中分布于云南省。哈尼族支系较多，其生存环境是典型的山地地理环境，并创造了著名的人地协调共生范例——哈尼梯田。哈尼族是中越之间、中缅之间和中老之间跨界民族，在老挝称卡戈族，在缅称为高族。

第一节　历史渊源

哈尼族源于古羌人部落（见本书第四十七章第一节注释），据哈尼族最集中的哀牢山区墨江、红河、元阳、绿春一带的普遍传说，其先民原游牧于遥远的北方一条江边的“努美阿玛”平原。哈尼族先民南迁过程中中途曾一度在名叫“谷哈”的湖滨平原停留过，然后又分别南下至景东、新平（西部）、镇沅、景谷、建水、石屏、蒙自，继而至元江、墨江、红河、元阳、江城及西双版纳等地。古羌人南下的唐文献“和夷”族群，与哈尼族渊源更为密切，已居住在今哀牢山、无量山一带。初唐时期建立的南诏政权，所辖“三十七部蛮”中的因远、思陀、落恐、溪处、维摩、现强、王弄七部，大多是哈尼族；官桂思陀部、伴溪落恐部、铁容甸部等，都在今天哈尼族聚居的红河地区。元、明、清三代在哈尼族居住区域设相应路（元）、府（明、清）等行政机构。（刘尧汉，1986；中国大百科全书编委会，2009；《哈尼族简史》编写组，《哈尼族简史》修订本编写组，2008）。

第二节　人种类型与体质特征

哈尼族属于蒙古人种南方类型。其体质特征（李树春，2010）表现为：身材较矮小，肤色较浅，黑褐色眼，黑色直形发，眉毛稀少；头型属中头型偏圆头型；面型属阔面型；眼裂开度中等，眼裂斜度外高内低，有蒙古褶，大多有上眼睑皱褶；鼻根高度中等，鼻梁较直，鼻尖和鼻基底方向水平，鼻翼高度中等，鼻孔多为椭圆形，属阔鼻型；耳垂多圆形；红唇较薄，属凸唇型。

第三节　语言文字、经济类型、服饰、民居、信仰及习俗

哈尼族活动于滇中、南地区（李批然，2002），在《中国生态地理区域系统》中位于西双版纳山地季雨林、雨林区（ⅦA3），滇中南亚高山谷地常绿阔叶林、松林区（ⅥA3），云南高原常绿阔叶林、松林区（ⅤA5）（郑度等，2008），主要是山地坝子型地理环境。该区处于边缘热带湿润山地地区，喀斯特地貌十分发育，主要的地理环境类型

是高山、河谷、森林、坝子等。在与这样的地理环境之间、在与相邻地区之间、在与有关民族之间的协调共生中，哈尼族逐渐形成了具有一定特色的社会文化。

哈尼语（Hani）是哈尼族的本民族语言，她属于汉藏语系藏缅语族彝语支（李永燧，2007a）。在文字方面，1949年以前哈尼族没有自己的文字，有些地方曾刻木结绳记事。1957年党和政府帮助哈尼族创造了一种以拉丁字母为基础的文字，在红河哈尼族彝族自治州试验推行，至今仍在使用（中国大百科全书编委会，1986）。

哈尼族以山地农业为主要经济活动，其中山腰地带多种植水稻，高山地区多种植玉米、荞麦、豆类等农作物，形成了独特的“哈尼景观”。哈尼族一般服饰如图28-1所示

图28-1　哈尼族服饰（陈海汶，陈鸣华，2009）

摄影：陈海汶；拍摄时间：2009年4月20日；拍摄地点：

中国新疆维吾尔自治区伊犁哈萨克族自治州伊宁市

（陈海汶，陈鸣华，2009）。同时，由于哈尼族居民主要居住的地方山高谷深，不同的生活环境和地区气候，使哈尼族没有形成全民族统一的服饰。适应于寒冷山区的服饰是大包头、长裙、长袖；居于丘陵地带的哈尼族人民的服饰是短裤、短裙；而地处热带，但温差大，则服饰长短皆备。哈尼族常年以大米和玉米为主食。哈尼族也喜欢吃酸、辣食品，善腌酸菜，注意调味。由于哈尼族大房中的火塘四时烟火不断，熏烤成的腊肉和干巴呈紫红色，喷香异常而带鲜味。哈尼族的村寨大多建在凉爽的半山上，选择平缓的山梁做寨址。哈尼族民居住房可分为土掌房、茅草房、干栏式草房、瓦房等。建筑形式有地板式建筑、楼房式建筑、楼板式建筑。茅草房类型的“蘑菇房”是哈尼族最为普遍的民居建筑，这是哈尼族古老民居的建筑式样之一（图28-2）。

图28-2　云南元阳县箐口村蘑菇房巷道

资料来源：佚名．蘑菇房——哈尼人的杰作．中国民族报，2009-5-1版1

哈尼族的宗教信仰有原始的万物有灵、多神崇拜和祖先崇拜，有少数地方信仰基督教。哈尼族男女青年婚前社交活动自由，野外唱情歌是哈尼族恋爱社交活动的重要方式之一。哈尼族婚礼仪式丰富多彩，不同的地区和支系婚仪有许多区别。墨江哈尼族有哭婚的习俗，红河哈尼族有迎婚的习俗，西双版纳傣族自治州的哈尼族有领婚的习俗。哈尼族普遍存在“轻生重死”的观念，丧葬方式有火葬、土葬、水葬、树葬。

第四节　空间结构及其发展变化

一、构成结构

全国第六次人口普查数据（国务院人口普查办公室，国家统计局人口和就业统计司，2012）表明，哈尼族的人口构成有如下特点：①在性别构成方面，人口性别比为108.25，高于全国的104.90，居第10位。②在人口存活率方面，15～64岁妇女产婴存活率为95.88%，低于全国的98.78%，居第46位。③在城镇化率方面，人口城镇化率为17.36%，低于全国的50.27%，居第48位。④在就业状况方面，就业率为98.60%，高于全国的97.46%，居第9位。在三次产业从业人口比例中（图28-3），第一产业最高，第三产业次之，第二产业最低，分别为79%、12%和9%。其中，第三产业从业人口中，比例最高的是批发和零售业，占第三产业从业人口的24.53%；较高的是住宿和餐饮业，占21.91%。⑤在人口年龄结构方面，人口最多的年龄段为20～24岁，较多的年龄段为30～34岁和25～29岁，这三个年龄段的人口数量占其总人口数量的28.64%。⑥在婚姻状况方面，15岁及以上人口的婚姻率为76.50%，低于全国的78.40%，居第20位。⑦在受教育程度方面，6岁及以上人口的受教育率为85.48%，低于全国的95.00%，居第45位。

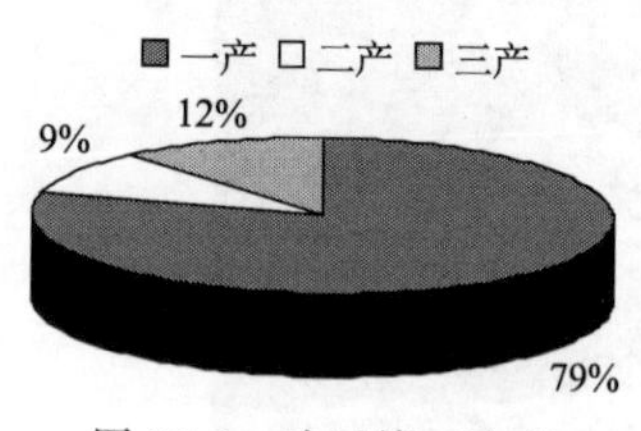

图28-3　哈尼族三次产业从业人口比例

二、分布格局

1. 省域分布格局

全国第六次人口普查数据（国务院人口普查办公室，国家统计局人口和就业统计司，2012）表明，哈尼族人口分布比重和人口构成比重最高的省域在我国各省、自治区和直辖市的分布上，呈现出主要集中在西南地区的特点。同时，性别比和人口城镇化率省份差异较大。

在人口分布比重分布上，哈尼族的分布表现为两种区域类型，即集中分布区和零星分布区（图28-4）。集中分布区是云南，该省的哈尼族人口总数达到1 629 508人，占全国哈尼族总人口数量的比例约为98.11%。除云南外，其余省份均属于零星分布区，这些省份的哈尼族人口总数为31 424人，占全国哈尼族总人口数量的比例约为1.89%，其中，青海的哈尼族人口最少，共17人。

在人口构成比重分布上，最高的省份是云南，该省份的哈尼族人口构成比重高达

3.54%，其他省份的哈尼族人口总量普遍较少，人口构成比重均在 0.01%以下；人口构成比重较低的省份有河南、甘肃、青海、黑龙江，这些省份的哈尼族人口构成比重均在十万分之零点四以下；最低的省份是陕西，只有十万分之零点三。

在性别比和人口城镇化率分布上，就哈尼族人口分布比重的集中分布区和分散分布区而言，由于哈尼族集中分布区只有云南省，无分散分布区，故云南省哈尼族的性别比和人口城镇化率最具代表性，其性别比为 109.33，其人口城镇化率为 16.57%。

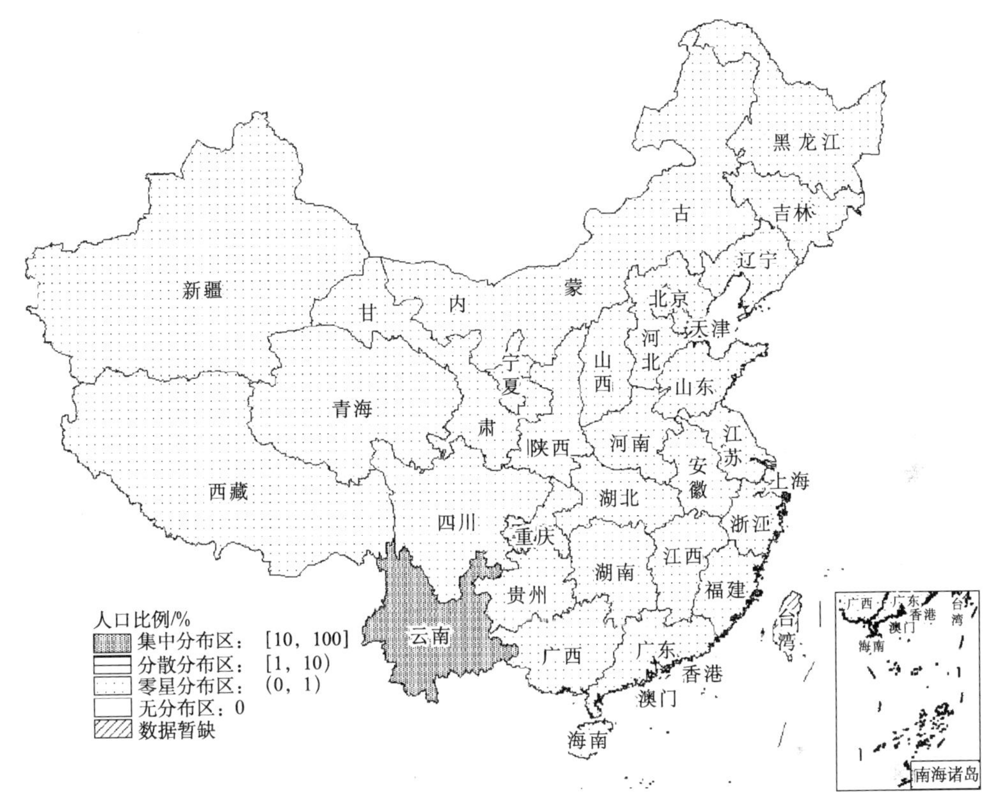

图 28-4　哈尼族分布的省域格局

2. 聚居分布格局

哈尼族是跨境民族，在我国哈尼族聚居区不多，主要分布在云南。在云南哈尼族有 1 个地市级聚居区、5 个县区级聚居区和 6 个乡镇级聚居区（中华人民共和国民政部，2011）：第一，1 个地市级聚居区——红河哈尼族彝族自治州，她是中国最大的哈尼族聚居地；第二，5 个县区级聚居区——江城哈尼族彝族自治县、墨江哈尼族自治县、元江哈尼族彝族傣族自治县、宁洱哈尼族彝族自治县、镇沅彝族哈尼族拉祜族自治县；第三，6 个乡镇级聚居区——澜沧拉祜族自治县酒井哈尼族乡、澜沧拉祜族自治县发展河哈尼族乡、澜沧拉祜族自治县惠民哈尼族乡、景洪市景哈哈尼族乡、勐海县格朗和哈尼族乡、勐海县西定哈尼族布朗族乡。

三、发 展 变 化

自新中国成立以来，哈尼族人口总体呈增长的趋势（国务院人口普查办公室，1983；国务院人口普查办公室，国家统计局人口和就业统计司，1993，2002，2012）。如图 28-5 所示，从“一普”到“六普”，全国的人口增长幅度为 130.65％，少数民族的人口增长幅度为 227.29％，哈尼族的人口增长幅度为 245.15％，同比高于全国和少数民族。哈尼族的各次普查之间的年均增长率从“一普”到“三普”均呈上升趋势，“三普”时人口年均增长率达到最高，为 2.94％，“三普”到“五普”均呈下降趋势，从“五普”到“六普”呈现出上升趋势。

2010 年与 2000 年相比，哈尼族人口构成比重变化存在较大的省份差异。人口构成比重下降的省份有河南、西藏、山东、吉林和湖南，下降最大的省份是湖南，达到十万分之零点五零七。除上述省份外，其余的省份人口构成比重变化均上升，上升最大的省份是云南，达到 0.18％；上升较大的省份是上海、浙江、广东、福建、北京、重庆和天津，这些省份的人口构成比重上升均在 0.001％以上。

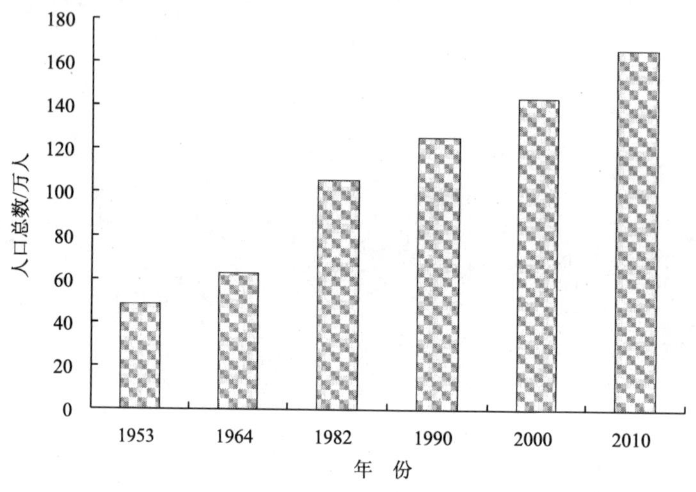

图 28-5 哈尼族历次普查的人口变化情况

以受教育状况和人口预期寿命而论，全国哈尼族 6 岁及以上未受教育人口占其总人口比例从 2000 年的 23.69％下降到 2010 年的 13.08％，其受教育率提升了 10.61％，提高的幅度位居全国第 8 位。小学受教育人口占其总人口比例从 2000 年的 43.06％上升到 2010 年的 48.61％；中学的受教育人口占其总人口比例从 2000 年的 16.53％上升到 2010 年的 25.65％；大学的受教育人口占其总人口比例从 2000 年的 0.64％上升到 2010 年的 2.70％；研究生受教育人口占其总人口比例从 2000 年的 0.01％上升到 2010 年的 0.03％。总体来看，哈尼族人口的受教育程度呈上升趋势。到 1990 年，哈尼族人口的平均预期寿命为 58.1 岁。

第五节　支系及语言使用

一、支　　系

哈尼族支系主要有：哈尼、豪尼、碧约、卡都、斡纽、阿木、糯比、梭比、拉乌和苦聪等。其中，糯比、梭比、卡都、拉乌和苦聪大都分布在玉溪地区的新平彝族傣族自治县（施联朱，2009）。奕车人是哈尼族的一个特殊支系，主要聚居于云南省红河县的大羊街、车古、浪堤各乡（丁桂芳，2010）。桑孔人早先族属未定，1990 年全国第四次人口普查时将桑孔人划为哈尼族支系。桑孔人主要分布在云南省西双版纳傣族自治州景洪市小街乡曼宛洼村、曼扎罕丙村、曼向阳村（八卡回显）以及孟龙镇团结村（班飘布下寨）等地（孙宏开等，2007）。曾经在我国未识别民族中有被称为补角、排角、阿克、补过的群体（王文光，尤伟琼，2010），经过民族识别，均认定为哈尼族。

二、语 言 使 用

哈尼语可分为哈雅、碧卡和豪白三个方言。哈雅方言分为哈尼次方言和雅尼次方言，各次方言内又有若干土语。哈尼次方言主要分布在红河哈尼族彝族自治州的绿春、红河、元阳、金平等县，雅尼次方言主要分布在西双版纳自治州和思茅地区澜沧拉祜族自治县。碧卡方言分为碧约、卡多和峨怒 3 个土语，主要分布在思茅地区的墨江、普洱、江城哈尼族彝族自治县、镇沅、景东等县。豪白方言分豪尼和白宏 2 个土语，主要分布在墨江县和玉溪地区的沅江县等地（李永燧，2007a）。哈尼族除使用哈尼语外，还使用其他语言。诸如，云南西双版纳傣族自治州景洪市小街乡曼宛洼村、曼扎罕丙村、曼向阳村以及孟龙镇团结村等地的桑孔人，通常使用属于汉藏语系藏缅语族彝语支的桑孔语（Sangkong）（李永燧，2007b），是一种处于危险等级的濒危语言。

第六节　哈尼梯田：人地协调共生的历史典范

哈尼族及其先民在徙居过程中，通过自身努力及吸收和借鉴其他民族的优秀文化而形成独具特色的山地农耕文明——人地协调共生地理景观的范例——哈尼梯田（图 28-6）。

自然地理综合体是一个复合开放系统，其中某一组成要素发生变化，必将会引起其他要素甚至综合体发生变化，即“牵一发而动全身”。最初，哈尼族先民通过在坡度较缓的地区开挖坡地，通常是自高海拔（1500m）居住地向下逐级开挖，形成梯田。这样使得山体在垂直方向上的坡度总体保持不变，而水平方向上坡度沿等高线发生减小，在各级梯田间修建田埂，为梯田蓄水的同时可以截住水渠中的泥沙。

梯田的修建，是对坡地的改造与利用，而坡地的改造必然会引起一系列其他自然要素和自然综合体及其结构、功能的变化。首先是山坡的径流（地表径流）发生变化，流水由冲蚀变为水平流动，从而减少了水土流失和侵蚀强度等。其次，梯田成为了汇水场

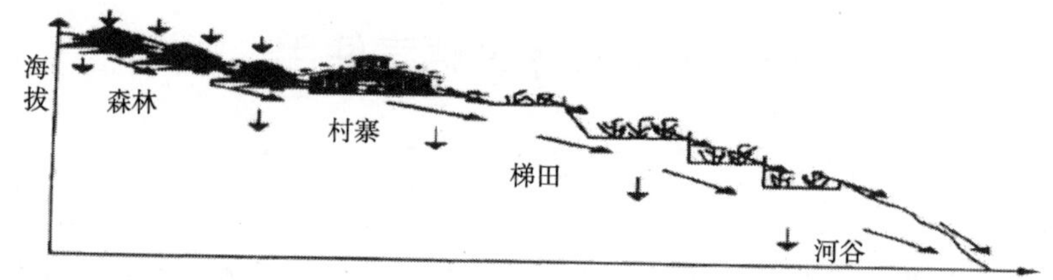

图 28-6　哈尼梯田的空间格局（角媛梅等，2003）

所，长期处于还原状态，使得土壤熟化而形成人为土，土壤肥力提高。同时，改变了坡地的原有植被，为人工植被——水稻植被所替代，导致植物净第一性生产力（NPP）提高。

哈尼族居住区的“森林→村寨→梯田”模式，形成了哈尼族生存空间的垂直分异现象（图 28-6），村落主要集中分布于海拔 1500m（相当于纬度地带性）的中温带和亚热带的分界缓坡地带。此界线以上为哈尼族猎物、放牧和水源涵养林区；界线以下为粮食（稻米）和淡水水产品供给区。在整个垂直山地系统中，形成为自然-人文作用相结合的农业生态景观。

在梯田的这一农业生态景观中，水为哈尼族居住区生态系统平衡得以保持提供了负熵基础。主要表现在：①水的“冲肥”作用。在水稻播种前，哈尼人通过山地水渠把林区的腐殖质、人畜粪便及村寨的农家肥，通过“冲肥”的方式直接输送到梯田里，增加梯田的有机质含量（陆玉麒，1994）。②水的净化作用。水渠自上而下为梯田逐级供水，使得村落中的生活污水、粪便截留在梯田之中，在使梯田肥力增加的同时，减少了环境污染，形成一个自净系统（王清华，1998）。③水创建了山地人工湿地生态系统。哈尼族居住区虽处于山地上，距离自然水体较远甚至没有天然湖泊为其提供水产品，而梯田则为水产品生产提供了可能。表现在哈尼族在水稻种植完后在梯田里放养鱼苗或其他水生动物进行养殖（鱼类、黄鳝、泥鳅等）（角媛梅等，2003），提供了丰富多样的水产品，从而极大地提高了梯田生态系统的生产力。

与哈尼族生产生活密切相关的自然要素——水，之所以得以持续供给，得益于“森林—村寨—梯田”系统中的森林要素。哈尼族居住区属于季风气候，存在着明显的干湿季节。而森林对水的调节起着举足轻重的作用。雨季时，季风气候产生强降水，森林林冠截住雨水，减小雨水对地面的冲击。同时，林地中的枯枝落叶层延缓了地表径流的形成，减小对地表的侵蚀。同时森林具有蓄水、保水作用，旱季时，储存于森林的水以泉水的形式出露地表，为哈尼族提供饮用水和灌溉用水。

总之，整个哈尼梯田系统，是一个由山地地表径流系统、防灾减灾系统、森林蓄水系统、梯田储水系统、梯田湿地生态系统、生态净化系统和农林牧副渔生产系统等有机构成的复合系统。哈尼梯田系统极大地体现了人地关系地域协调共生的地理思想，堪称为人地协调共生之历史典范。

参 考 文 献

陈海汶，陈鸣华. 2009. 和谐中华：中国的 56 个民族剪影. 上海：上海文化出版社：129.

丁桂芳. 2010. 仪式操演与价值记忆：哈尼族奕车人“苦扎扎”献祭仪式分析. 中南民族大学学报：人文社会科学版，28（5）：7-12.

国务院人口普查办公室. 1983. 第三次全国人口普查手工汇总资料汇编（第4册）. 北京：国务院人口普查办公室.

国务院人口普查办公室，国家统计局人口和就业统计司. 1993. 中国1990年人口普查资料. 北京：中国统计出版社.

国务院人口普查办公室，国家统计局人口和就业统计司. 2002. 中国2000年人口普查资料. 北京：中国统计出版社.

国务院人口普查办公室，国家统计局人口和就业统计司. 2012. 中国2010年人口普查资料（上）. 北京：中国统计出版社.

《哈尼族简史》编写组，《哈尼族简史》修订本编写组. 2008. 哈尼族简史. 修订版. 北京：民族出版社.

赫时远，任一飞，陈英初，等. 2002. 中国少数民族分布图集. 北京：中国地图出版社.

角媛梅，陈国栋，肖笃宁. 2003. 亚热带山地梯田农业景观稳定性分析——以元阳哈尼族梯田农业景观为例. 云南师范大学学报，23（2）.

李树春. 2010. 中国少数民族遗传学概论. 北京：中央民族大学出版社：56.

李批然. 2002. 哈尼族//赫时远，任一飞，陈英初，等. 中国少数民族分布图集. 北京：中国地图出版社. 107-112

李永燧. 2007a. 哈尼语//孙宏开，胡增益，黄行，等. 中国的语言. 北京：商务印书馆：308-326.

李永燧. 2007b. 桑孔语//孙宏开，胡增益，黄行. 中国的语言. 北京：商务印书馆：392-408.

刘尧汉. 1986. 哈尼族//中国大百科全书编委会. 中国大百科全书·民族卷. 北京：中国大百科全书出版社. 147-148.

陆玉麒. 1994. 云南哀牢山的梯田景观. 热带地理，15（2）：180-185.

孙宏开，胡增益，黄行，等. 2007. 中国的语言. 北京：商务印书馆：392.

施联朱. 2009. 民族识别与民族研究文集. 北京：中央民族大学出版社：87-89.

王清华. 1998. 哀牢山自然生态与哈尼族生存空间格局. 云南社会科学，17（2）：74-77.

王文光，尤伟琼. 2010. 新中国成立以来云南民族识别的认识与反思. 云南民族大学学报：哲学社会科学版，28（3）：10-15.

郑度，等. 2008. 中国生态地理区域系统研究. 北京：科学出版社：130-132.

中国大百科全书编委会. 1986. 中国大百科全书·民族卷. 北京：中国大百科全书出版社：146.

中国大百科全书编委会. 2009. 中国大百科全书·卷8. 第2版. 北京：中国大百科全书出版社：539.

中华人民共和国民政部. 2011. 中华人民共和国乡镇行政区划简册（2011）. 北京：中国统计年鉴出版社.

第二十九章　仡佬族民族地理

仡佬族属于蒙古人种南方类型。我国仡佬族人口 550 746 人（国务院人口普查办公室，国家统计局人口和就业统计司，2012）。仡佬族源于古代濮人，隋唐时形成独立民族，今主要分布于贵州省西部、北部、东北部。仡佬族生活环境主要是山地地理环境。仡佬族支系较多，支系常以服饰颜色命名。仡佬族文字研究近年或有新进展。

第一节　历史渊源

仡佬族的形成过程经历了濮人、僚人、仡佬族三个历史阶段（何家礼，1986；中国大百科全书编委会，2009；《仡佬族简史》编写组，《仡佬族简史》修订本编写组，2008）。今仡佬族居住的区域及其毗邻地带，在旧石器时代和新石器时代就有考古发现，这些早期文化遗址与仡佬族远古先民有一定联系，今天对仡佬族的遗传学特征研究也证明了这一点。至于文献所载，濮人是西南、中南地区的大族群，魏晋称僚，至隋唐时僚人经长期发展逐渐形成仡佬族，最早的隋黄闵《武陵记》称其为“仡僚”，此后有“葛僚”、“仡佬”、“佶僚”等称。而其活动的区域，隋唐以前的僚人活动区域与隋唐后仡佬族分布的区域基本一致，自汉以夜郎地设置犍为郡，均在历代中央王朝版图内。

第二节　人种类型与体质特征

仡佬族是典型的蒙古人种南方类型。其体质特征（李树春，2010：66）表现为：身材亚中等偏矮；眼裂斜度男性外高内低，女性内外平行，多数人有蒙古褶；男性鼻梁多为直型和波浪型，女性鼻梁多为凹型和直型，男性鼻根中等高，女性鼻根多为低平，鼻基底呈水平向前，鼻翼甚突，属中鼻型；大多数人耳壳无达尔文结节；上唇皮肤高度中等，多为正唇型；男性红唇中等厚，女性红唇中等偏薄；额部直立和微斜，面部男性狭窄多为过狭面型，女性以狭面型为主，头型多属圆头型、高头型和狭头型。

第三节　语言文字、经济类型、服饰、民居、信仰及习俗

仡佬族长期生活于西南的贵州、云南、广西等省区（雷晓斌，2002），今尤集中分布于贵州省西部、北部、东北部，在《中国生态地理区域系统》中位于湘黔高原山地常绿阔叶林区（ⅤA3）西部（郑度等，2008），主要为山地坝子型地理环境。山地、丘陵、河流、森林构成了仡佬族主要的生活地理环境类型。在与这样的地理环境之间、在与相邻地区之间、在与有关民族之间的协调共生中，仡佬族逐渐形成了具有一定特色的社会文化。

仡佬语（Gelao）是仡佬族的本民族语言，她属于汉藏语系壮侗语族仡央语支（贺嘉善，2007）。过去以为仡佬族没有文字，2008 年 9 月，贵州省仡佬学会付尔光、田金海、郑继强等专家遍访云南省文山壮族苗族自治州、湖南省湘西地区、四川南部、广西西北部和贵州全境等仡佬族地区，据民间传闻线索和实地考察走访，在黔北仡佬族一位姓李的家中寻找到了《九天大濮史录》，说明仡佬族有自己的文字。《九天大濮史录》书中记录的仡佬文字均用朱砂书写，汉字为黑墨，全书共约 6000 余字，全部为对应译录（图 29-1），《九天大濮史录》中的部分文字与位于关岭布依族苗族自治县城东约 15km 晒甲山半山的“红崖天书”（图 29-2）部分文字相似（图 29-3），进一步情况尚待研究。

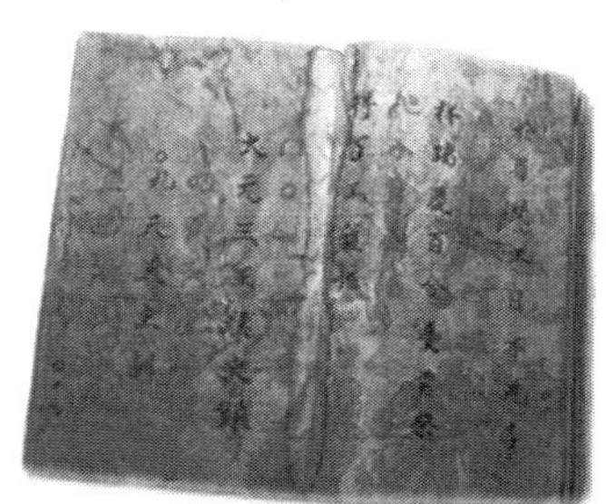

图 29-1　《九天大濮史录》（俞灵，2009）

摄影：程伟光；说明：系用仡佬文和汉文对译书写仡佬族历史

图 29-2　“红崖天书”（郑继强，2012）

说明：此图系所在地政府根据“红崖天书”未被破坏前的拓片重新刻于石壁上的复制品

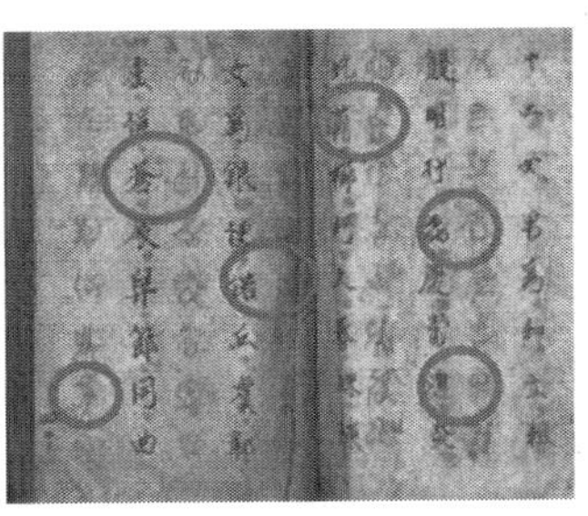

图 29-3　《九天大濮史录》与“红崖天书”相似的字符（郑继强，2012）

图 29-4　仡佬族服饰（陈海汶，陈鸣华，2009）

摄影：陈海汶；拍摄时间：2009 年 1 月 3 日；拍摄地点：中国贵州省遵义市务川仡佬族苗族自治县大坪镇龙潭村

仡佬族以山地农业为主，生产稻谷、豆类等，同时饲养家畜、家禽和种植各种蔬菜。仡佬族服饰如图 29-4 所示（陈海汶，陈鸣华，2009），历史上因其服饰色彩款式不同而被称为“青仡佬”、“红仡佬”、“花仡佬”、“披袍仡佬”等。服饰传统特征是男女皆穿裙（男裙短，女裙长），传统男装表现为对襟上衣、长裤、白布或青布包头，穿元宝鞋或云勾鞋，传统女装表现为及腰短上衣、袖背鳞状花纹、下配无褶长筒裙。仡佬族传统服装已不多见。仡佬族居住多选半山腰而建村，民谚说：“高山苗，水仲家（布依族旧称），仡佬住在岩旮旯。”仡佬族同胞因地制宜，以石建房，用石奠基，石块砌墙，石板盖顶。但内部大多是木结构吊脚楼。仡佬族支系繁多，住地极其分散，受到地理环境和其他民族的影响，各地仡佬族民居差异较大。

仡佬族原崇拜祖先，祭祀蛮王老祖，信仰原始宗教。清代以后，受汉族的影响也信奉佛教、道教、儒教。仡佬族禁止同宗和姨表结亲，一般不与外族通婚。仡佬族实行土葬，历史上有过岩穴葬、悬棺葬、石棺葬、石板葬等，现在多为棺椁土葬，垒土为坟。

第四节　空间结构及其发展变化

一、构成结构

全国第六次人口普查数据（国务院人口普查办公室，国家统计局人口和就业统计司，2012）表明，仡佬族的人口构成有如下特点：①在性别构成方面，人口性别比为 110.71，高于全国的 104.90，居第 4 位。②在人口存活率方面，15～64 岁妇女产婴存活率为 97.10%，低于全国的 98.78%，居第 38 位。③在城镇化率方面，人口城镇化率为 35.53%，低于全国的 50.27%，居第 19 位。④在就业状况方面，就业率为 97.99%，高于全国的 97.46%，居第 30 位。在三次产业从业人口比例中（图 29-5），第一产业最高，第二、第三产业次之，分别为 62%、19%和 19%。其中，第三产业从业人口比例中最高的是批发和零售业，占第三产业从业人口的 23.38%；较高的是教育，占 18.17%。⑤在人口年龄结构方面，人口最多的年龄段为 10～14 岁，较多的年龄段为 35～39 岁和 15～19 岁，这三个年龄段的人口数占其总人口的 29.76%。⑥在婚姻状况方面，15 岁及以上人口的婚姻率为 79.32%，高于全国的 78.40%，居第 3 位。⑦在受教育程度方面，6 岁及以上人口的受教育率为 90.95%，低于全国的 95.00%，居第 33 位。

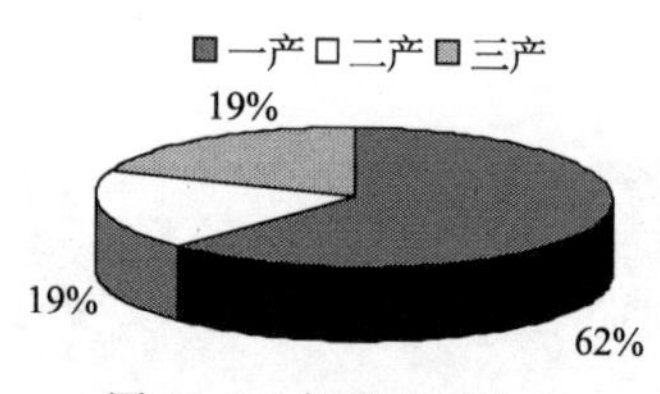

图 29-5　仡佬族三次产业从业人口比例

二、分布格局

1. 省域分布格局

全国第六次人口普查数据（国务院人口普查办公室，国家统计局人口和就业统计司，2012）表明，仡佬族人口分布比重和人口构成比重最高的省域在我国各省、自治区和直辖市的分布上，呈现出主要集中在西南地区的特点。同时，性别比和人口城镇化率省份差异较大。

在人口分布比重分布上，仡佬族的分布表现为三种区域类型，即集中分布区、分散分布区和零星分布区（图 29-6）。集中分布区是贵州省，该省份仡佬族的人口总量为 495 182 人，占全国仡佬族总人口数量的比例约为 89.91%。分散分布区是浙江和广东，这两个省份仡佬族的人口总量为 28 682 人，占全国仡佬族总人口数量的比例约为 5.21%。除上述省份外其余均属于零星分布区，这些省份的仡佬族人口总数为 26 882 人，占全国仡佬族总人口数量的比例约为 4.88%，其中西藏的仡佬族人口分布最少，为 27 人。

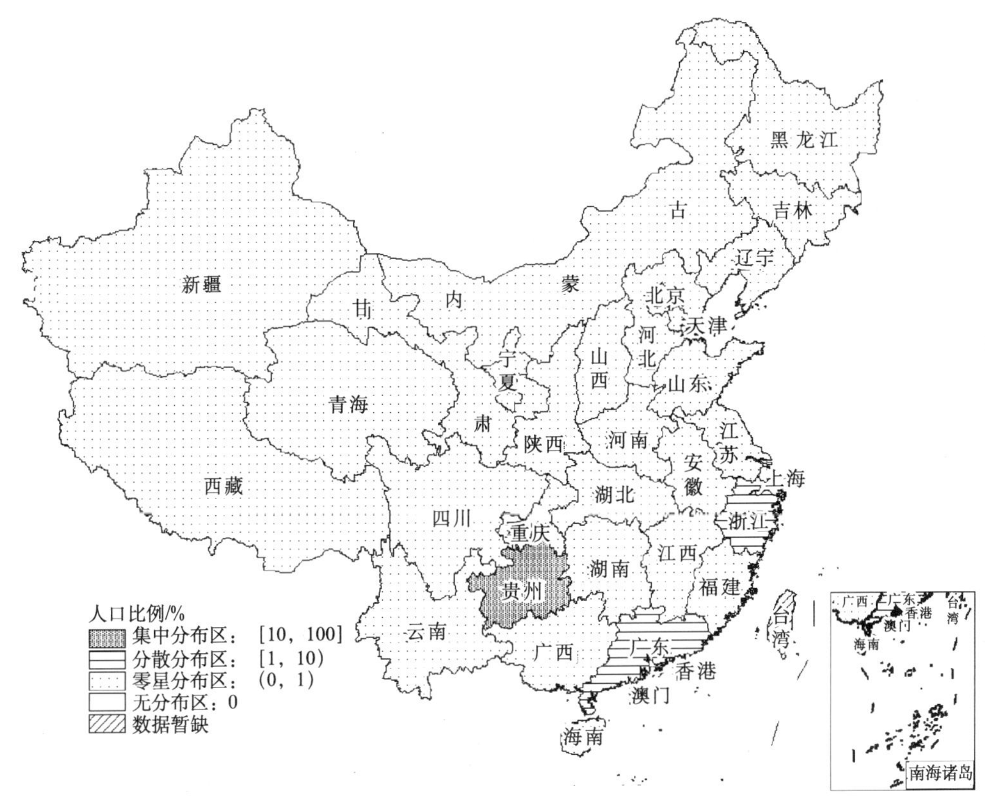

图 29-6　仡佬族分布的省域格局

在人口构成比重分布上，最高的省份是贵州，为 1.43%；较高的省份是贵州、浙江、上海和广东，这些省份的仡佬族人口构成比重均在 0.01%以上；较低的省份有辽宁、甘肃、山西、吉林、河南，它们的仡佬族人口构成比重均在万分之零点零五以下，最低的省份是黑龙江，只有十万分之零点二。

在性别比分布上，就仡佬族人口分布比重的集中分布区和分散分布区而言，较高的省份是浙江和广东，其仡佬族性别比均在 110.00 以上，最高的是浙江，达到 122.09；最低的省份是贵州，其性别比为 109.60。

在人口城镇化率分布上，就仡佬族人口分布比重的集中分布区和分散分布区而言，较高的省区是广东和浙江，其仡佬族人口城镇化率均在 65.00%以上，最高的是广东，达到 86.25%；最低的省份是贵州，其仡佬族人口城镇化率为 31.96%。

2. 聚居分布格局

仡佬族聚居区不多，主要聚居在贵州和重庆两个省份。在上述两个省份内仡佬族共有 2 个县区级聚居区和 20 个乡镇级聚居区（中华人民共和国民政部，2011）：第一，2 个县区级聚居区——贵州道真仡佬族苗族自治县和务川仡佬族苗族自治县；第二，20 个乡镇级聚居区——六枝特区箐口彝族仡佬族布依族乡、遵义县平正仡佬族乡、正安县市坪苗族仡佬族乡、普定县猫洞苗族仡佬族乡、普定县猴场苗族仡佬族乡、大方县响水白族彝族仡佬族乡、大方县安乐彝族仡佬族乡、石阡县聚风仡佬族侗族乡、石阡县大沙坝仡佬族侗族乡和重庆市武隆县浩口苗族仡佬族乡等。

三、发展变化

自新中国成立以来，仡佬族人口总体上呈增长的趋势（国务院人口普查办公室，1983；国务院人口普查办公室，国家统计局人口和就业统计司，1993，2002，2012）。如图 29-7 所示，从“二普”到“六普”，全国的人口增长幅度为 92.82%，少数民族的人口增长幅度为 179.12%，仡佬族的人口增长幅度为 1951.04%，同比高于全国和少数民族。仡佬族各次普查之间的年平均增长率从“二普”到“四普”呈上升趋势，“四普”达到最大，为 29.87%；“四普”到“六普”呈下降趋势，“六普”年均增长率为−0.51%。

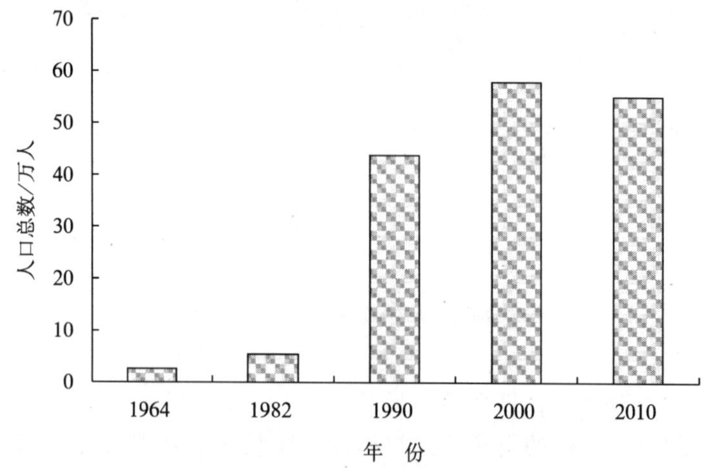

图 29-7 仡佬族历次普查的人口变化情况

2010 年与 2000 年相比，仡佬族人口构成比重变化存在较大的省份差异。人口构成比重下降的省份为吉林、广西、西藏和贵州，其中下降最大的省份是贵州，为 0.16%。除上述省份外其余省份的人口构成比重均上升，上升较大的省份为浙江、上海、福建、重庆和北京，其中，上升最大的省份是浙江，上升了 0.03%。

以受教育状况和人口预期寿命而论，全国仡佬族 6 岁及以上未受教育人口占其总人口比例从 2000 年的 13.00%下降到 2010 年的 8.18%，其受教育率提升了 4.82%，其提高的幅度位居全国第 24 位。小学受教育人口占其总人口比例从 2000 年的 43.79%下降到 2010 年的 37.89%；中学受教育人口占其总人口比例从 2000 年的 26.47%上升到 2010 年的 37.34%；大学受教育人口占其总人口比例从 2000 年的 2.12%上升到 2010 年的 6.84%；到 2010 年止，有 0.11%的仡佬族人口接受了研究生教育。总体来看，仡佬族人口的受教育程度呈上升趋势。到 1990 年，仡佬族男性的平均预期寿命为 64.47 岁，女性的平均寿命为 64.73 岁。

第五节　支系及语言使用

一、支　　系

在仡佬族内部各支系之间有不同的称谓，根据仡佬族生存环境及社会生活习惯的不同将仡佬族分为若干支系。（民国）《贵州通志·土民志》将仡佬族的支系分为：花仡佬、红仡佬、剪头仡佬、打牙仡佬、锅圈仡佬、打铁仡佬、披袍仡佬、水仡佬、土仡佬和雅意仡佬。花仡佬分布在贵州前卫、平伐司、永宁州、施秉、龙泉、黄平等地；红仡佬分布在青山司、安平县、仁怀县、黎平府；剪头仡佬分布在贵定、施秉、黄平、永宁等地；打牙仡佬分布在平越、黔西、安平、永宁、平远、黄平、清镇等地；锅圈仡佬分布在平远、安平、大定等地；打铁仡佬分布在平远州；披袍仡佬分布在平远、安平、大定等地；水仡佬分布在余庆、镇远、施秉、永宁等地；土仡佬分布在贵州省威宁县；雅意仡佬分布在永宁州（阿土，2004）。俫人本是我国未识别民族中的一支，在 1990 广西壮族自治区民委向广西壮族自治区人民政府呈报了《关于确认俫人为仡佬族的报告》，同年广西壮族自治区人民政府批复同意确认俫人为仡佬族，完成了俫人族属的识别。目前国内将俫人划为仡佬族支系，主要分布在广西西北端的隆林各族自治县（王希恩，2010）。

二、语 言 使 用

仡佬语可分为稿、阿欧、哈给、多罗 4 种方言（贺嘉善，2007）。稿方言分布在贵州省平坝县的大狗场、安顺县的湾子寨和黑寨、普定县的窝子、织金县的牛洞、六枝市的陇戛、水城县的洞口等地，被联合国教科文组织列为垂危的濒危语言。阿欧方言分布在贵州省织金县的龙家寨，黔西县的沙窝、滥泥沟和新开田，大方县的普定等地。哈给方言分布在贵州省遵义县的青龙，仁怀县的安良、太阳，清镇县的麦巷，镇宁县的顶营、麻朴和花江镇，普定县的凉水营以及广西壮族自治区隆林各族自治县的三冲，被联合国教科文组织列为垂危的濒危语言。多罗方言分布在贵州省织金县的阿号，镇宁县的顶银哨，六枝市的堕角、岩脚，遵义县的尖山以及广西壮族自治区隆林各族自治县的木基，被联合国教科文组织列为濒危的濒危语言。

仡佬族除使用仡佬语外，在一定的地域交集处还使用其他民族的语言。诸如，贵州省纳雍、水城、普定等县的仡佬族因与彝族杂居，会说彝语，大方、黔西等县的仡佬族与苗族杂居，会说苗语，广西隆林各族自治县的仡佬族大多会说壮语、苗语（贺嘉善，2007）。

参 考 文 献

阿土. 2004. 仡佬族的族称——贵州民族知识集锦. 贵州民族研究，24（1）：104.

陈海汶，陈鸣华. 2009. 和谐中华：中国的 56 个民族剪影. 上海：上海文化出版社：6-25，289.

《仡佬族简史》编写组，《仡佬族简史》修订本编写组. 2008. 仡佬族简史. 修订版. 北京：民族出版社.

国务院人口普查办公室. 1983. 第三次全国人口普查手工汇总资料汇编（第 4 册）. 北京：国务院人口普查办公室.

国务院人口普查办公室，国家统计局人口和就业统计司. 1993. 中国 1990 年人口普查资料. 北京：中国统计出版社.

国务院人口普查办公室，国家统计局人口和就业统计司. 2002. 中国 2000 年人口普查资料. 北京：中国统计出版社.

国务院人口普查办公室，国家统计局人口和就业统计司. 2012. 中国 2010 年人口普查资料（上）. 北京：中国统计出版社.

何家礼. 1986. 仡佬族//中国大百科全书编委会. 中国大百科全书・民族卷. 北京：中国大百科全书出版社：131-133

贺嘉善. 2007. 仡佬语//孙宏开，胡增益，黄行，等. 中国的语言. 北京：商务印书馆：1373-1392.

李树春. 2010. 中国少数民族遗传学概论. 北京：中央民族大学出版社.

雷晓斌. 2002. 仡佬族//赫时远，任一飞，陈英初，等. 中国少数民族分布图集. 北京：中国地图出版社：233-238.

王希恩. 2010. 中国民族识别的依据. 民族研究，31（5）：1-15.

俞灵. 2009. 丹砂文化：一个民族遥远而又清晰的记忆. 中国民族报，4-17（9）.

郑度，等. 2008. 中国生态地理区域系统研究. 北京：科学出版社：130-132.

郑继强. 2012. "红崖天书"：悬疑 500 年，原为仡佬族古文字. 中国民族报，04-06（9）.

中国大百科全书编委会. 2009. 中国大百科全书・卷 7. 第 2 版. 北京：中国大百科全书出版社：364.

中华人民共和国民政部. 2011. 中华人民共和国乡镇行政区划简册（2011）. 北京：中国统计年鉴出版社.

第三十章 佤族民族地理

佤族属于蒙古人种南方类型。我国佤族人口 429 709 人（国务院人口普查办公室，国家统计局人口和就业统计司，2012）。佤族自古生活于我国西南地区，在历史时期分布地多有变迁，今在中国境内主要分布于滇西南地区。佤族支系较多，是中缅之间和中老之间非主体型跨界民族，在国外称其为拉佤、雷拉族。

第一节 历史渊源

佤族是我国西南古老民族之一，其人类起源传说“司岗里”的“司岗”（意指石洞或人类出来的地方）位于阿佤山（位于今西盟佤族自治县西约五六十里的布拉得寨，在缅甸境内）中部，而该传说可能是佤族对其先民远古穴居野外生活的回忆。典籍所载与佤族有关的是自汉至唐的哀牢人、濮人和望人，其中的望人又有“望蛮”、“望外喻”、“望苴子”等称，与佤族自称的“卧”、“佤”、“乌”、“望”等有直接关系。更多的材料分析表明，佤族先民分布广泛，地跨澜沧江和萨尔温江，北至德宏和保山地区，南及缅甸的景栋和泰国的景迈一带。佤族活动区域，自西汉置益州郡，多在中央王朝版图内（唐宋为南诏和大理政权统治）。明清时期，佤族大量移居滇西，与此同时，汉、傣和拉祜族等族的迁入使一部分佤族分布与其他民族杂居的同时，另一部分向阿佤山区集中（田继周，1986；中国大百科全书编委会，2009；《佤族简史》编写组，《佤族简史》修订本编写组，2008）

第二节 人种类型与体质特征

佤族是典型的蒙古人种南方类型。其体质特征（李树春，2010）表现为：身材亚中等，肤色黄；发黑直型，头型属圆头型、高头型和阔头型；男女均性属长躯干型；男性多宽肩型，中骨盆型；女性多中肩型、窄骨盆型；面型属狭面型；眼色多褐色，眼裂斜度外高内低，大多有上眼睑皱褶；鼻根高度中等，鼻梁多直型，属狭鼻型；耳垂多圆形。

第三节 语言文字、经济类型、服饰、民居、信仰及习俗

佤族长期生活于滇西南地区，今尤集中聚居于临沧地区西部和思茅地区西南部（陈国庆，2002），在《中国生态地理区域系统》中位于滇中南亚高山谷地常绿阔叶林、松林区（ⅥA3）西南缘和西双版纳山地季雨林、雨林区（ⅦA3）西端（郑度等，2008），主要是高山河谷型地理环境，山地、河谷、坝子、森林构成了佤族生活的主要地理环境

类型。在与这样的地理环境之间、在与相邻地区之间、在与有关民族之间的协调共生中，佤族逐渐形成了具有一定特色的社会文化。

佤语是佤族的本民族语言，她属于南亚语系孟—高棉语族佤—德昂语支（中国大百科全书编委会，1988）。佤族有本民族文字——属拼音文字类型的佤文，曾使用过撒喇文（周植志，颜其香，1984）。英国传教士传播基督教创制的佤文，使用范围很小。新中国成立以后，1957年党和人民政府为其创制了以拉丁字母为基础的拼音文字（中国大百科全书编委会，2009）。

佤族以旱地农耕为主要生计方式，次之为水田（多为梯田）。佤族传统的服饰如图30-1所示（陈海汶，陈鸣华，2009），大多是用自织的土布缝制的，崇尚黑色。男子缠红色包头，佩长刀、弩弓和铜炮枪，挎织花“筒帕”；妇女上着黑色或蓝色无领短衣，下穿漂亮的由红、蓝等多种图案制作的筒裙，裙上绣有各种颜色组成的几种鱼鳞龙纹图案。竹藤圈是佤族未成年的少女的年龄标识。佤族以大米为主食，其次小米、玉米、小红米、豆类。嚼槟榔是佤族人非常普遍的嗜好。佤族的丧葬不披麻戴孝，有轻葬重祭的习俗，通常实行土葬。在长期的生产劳动中，佤族人民以自己的智慧创造出了“鸡罩笼”式、“木掌楼”式等多种形式的住屋空间（图30-2a，30-2b，30-2c），既适应自然环境，又满足自己的生活需求。同时，在其社会发展中，因各自所聚居的具体环境不同，加上各地发展水平的不平衡状况，也不同程度地受到附近其他民族文化的影响，因而在共同的民族传统模式基础上，各地佤族的住屋又呈现彼此不同的一些差异。如靠近内地的佤族民居，因受汉文化的影响较大，一般是四壁着地的两坡茅草房，竹木结构，墙体多用木板或竹笆做成，平面分隔为二间、三间不等（陆元鼎，2003）。

图30-1　佤族服饰（陈海汶，陈鸣华，2009）

摄影：陈海汶；拍摄时间：2008年10月13日；拍摄地点：中国云南省临沧市沧源佤族自治县勐角乡翁丁自然村佤族村寨

佤族的宗教信仰主要有本民族的原始宗教“礼比梅依”以及基督教和佛教。佛教又有大、小乘佛教之分。至今绝大多数佤族仍信奉本民族的“礼比梅依”。佤族实行一夫

图 30-2a 佤族“鸡罩笼”（陆元鼎，2003） 图 30-2b 佤族“木掌楼”（陆元鼎，2003） 图 30-2c 佤族“木掌楼”（陆元鼎，2003）

一妻制，同姓不婚是佤族的道德行为规范。男女青年谈恋爱时男子会向女子要槟榔吃，互唱情歌。佤族婚姻中有“转房制”，即夫死可以转房给兄弟，佤族还有姑舅表婚之习俗。

第四节 空间结构及其发展变化

一、构成结构

全国第六次人口普查数据（国务院人口普查办公室，国家统计局人口和就业统计司，2012）表明，佤族的人口构成有如下特点：①在性别构成方面，人口性别比为101.49，低于全国的104.90，居第38位。②在人口存活率方面，15～64岁妇女产婴存活率为92.37%，高于全国的98.78%，居第55位。③在城镇化率方面，人口城镇化率为18.44%，低于全国的50.27%，居第47位。④在就业状况方面，就业率为98.81%，高于全国的97.46%，居第5位；在三次产业从业人口比例中（图30-3），第一产业最高，第二产业次之，第三产业最低，分别为78%、12%和10%。其中，第三产业从业人口比例中，比例最高的是住宿和餐饮业，占第三产业从业人口的22.51%；较高的是批发和零售业，占18.89%。⑤在人口年龄结构方面，人口最多的年龄段为20～24岁，较多的年龄段为25～29岁和30～34岁，这三个年龄段的人口数量占其总人口数量的30.74%。⑥在婚姻状况方面，15岁及以上人口的婚姻率为72.40%，低于全国的78.40%，居第42位。⑦在受教育程度方面，6岁及以上人口的受教育率为86.24%，低于全国的95%，居第42位。

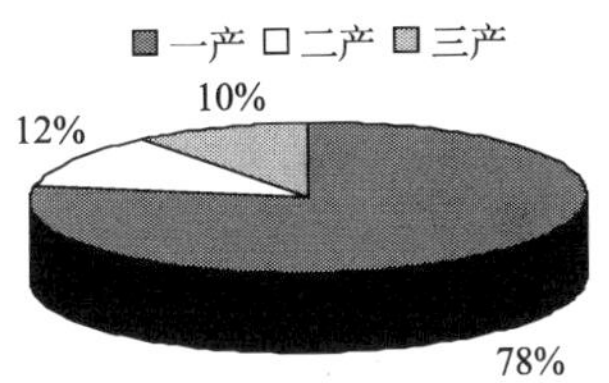

图 30-3 佤族三次产业从业人口比例

二、分布格局

1. 省域分布格局

全国第六次人口普查数据（国务院人口普查办公室，国家统计局人口和就业统计司，2012）表明，佤族人口分布比重和人口构成比重最高的省域在我国各省、自治区和直辖市的分布上，呈现出主要集中在西南地区的特点。同时，性别比和人口城镇化率省份差异较大。

在人口分布比重分布上，佤族的分布表现为三种区域类型，即集中分布区、分散分布区和零星分布区（图 30-4）。集中分布区是云南，该省的佤族人口总量最多，达到 400，814 人，占全国佤族总人口数量的比例为 93.28%。分散分布区是山东和广东，这两个省份的佤族人口总数为 10 337 人，占全国佤族总人口数量的比例约为 2.40%。除上述三个省份外其余均属于零星分布区，这些省份的佤族人口总数为 18 558 人，占全国佤族总人口数量的比例约为 4.32%，在零星分布区中，佤族人口数最少的青海，仅有 20 人。

在人口构成比重分布上，较高的省份是云南、上海、山东和浙江，它们的佤族人口构成比重均在 0.05%以上，最高的省份是云南，达到 0.87%；较低的省份是吉林、陕西、宁夏、甘肃、青海和黑龙江，其佤族人口构成比重均在万分之零点零五以下，最低的省份是黑龙江，只有十万分之零点二。

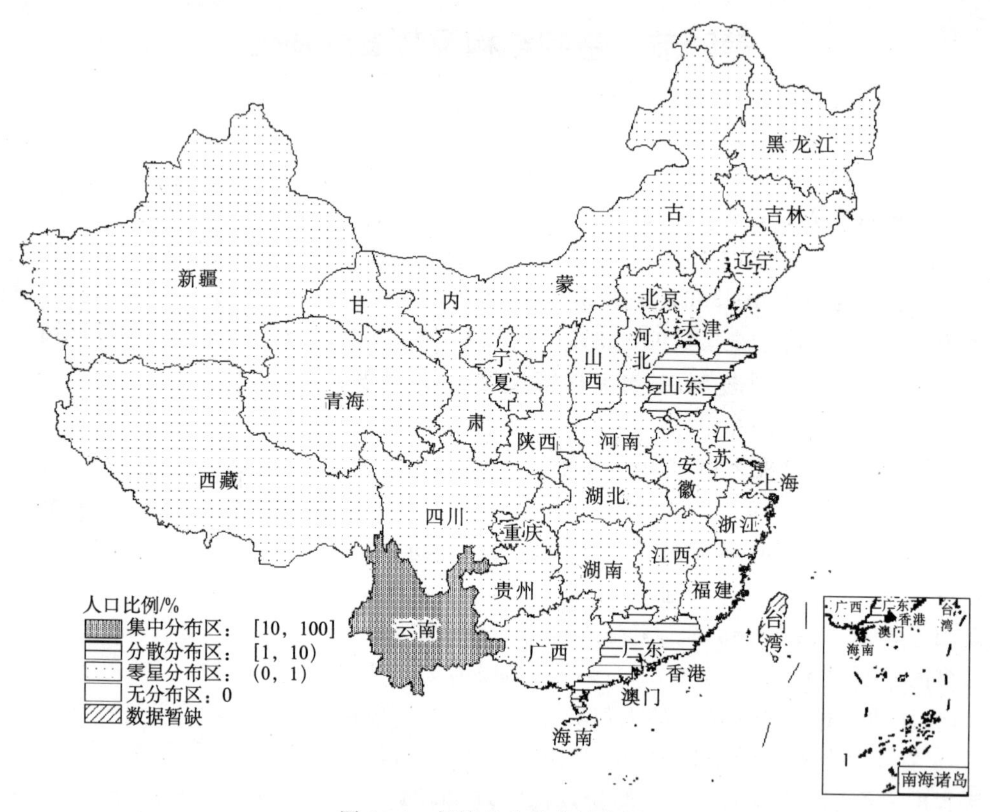

图 30-4　佤族分布的省域格局

在性别比分布上，就佤族人口分布比重的集中分布区和分散分布区而言，佤族性别比最高的省份是广东，约为 136.49；较高的省份是云南，约为 104.32；最低的省份是山东，约为 30.55。

在人口城镇化率分布上，就佤族人口分布比重的集中分布区和分散分布区而言，佤族人口城镇化率最高的省份是广东，约为 81.01%；较低的省份是山东，约为 32.64%；最低的省份是云南，约为 16.29%。

2. 聚居分布格局

佤族是云南特有的少数民族之一，主要聚居在云南。在云南佤族有 5 个县区级聚居区和 5 个乡镇级聚居区（中华人民共和国民政部，2011）：第一，5 个县区级聚居区——孟连傣族拉祜族佤族自治县、耿马傣族佤族自治县、沧源佤族自治县、西盟佤族自治县、双江拉祜族佤族布朗族傣族自治县，其中有 2 个是单一民族自治县；第二，5 个乡镇级聚居区——云南澜沧拉祜族自治县文东佤族乡、澜沧拉祜族自治县安康佤族乡、澜沧拉祜族自治县雪林佤族乡、腾冲县荷花傣族佤族乡、镇康县军赛佤族拉祜族傈僳族德昂族乡。

三、发展变化

自新中国成立以来，佤族人口总体呈增长的趋势（国务院人口普查办公室，1983；国务院人口普查办公室，国家统计局人口和就业统计司，1993，2002，2012）。如图 30-5 所示，从“一普”到“六普”，全国的人口增长幅度为 130.65%，少数民族的人口增长幅度为 227.29%，佤族的人口增长幅度为 50.16%，同比低于全国和少数民族。佤族各次普查之间的年平均增长率从“一普”到“二普”人口年均增长率约为－3.19%，从“二普”到“三普”呈上升趋势，“三普”达到最高，约为 2.24%，从“三普”到“六普”呈下降趋势，“六普”下降到约 0.26%。

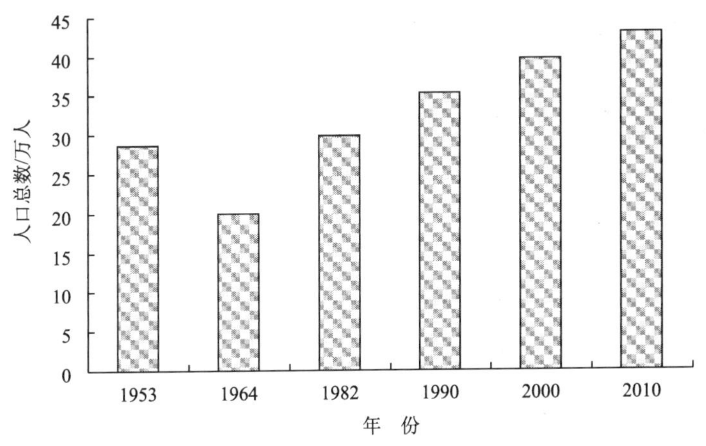

图 30-5 佤族历次普查的人口变化情况

2010 年与 2000 年相比，佤族人口构成比重变化存在较大的省份差异。人口构成比重下降的省份是黑龙江、四川、甘肃、河南、重庆和云南，而其他省份的人口构成比重均上升。人口构成比重上升最大的省份是上海，上升了 0.005%；下降最多的省份是云南，下降了 0.032%，下降较多的省份是重庆，下降了 0.004%。

以受教育状况和人口预期寿命而论，全国佤族 6 岁及以上未受教育人口占其总人口比例从 2000 年的 18.45%下降到 2010 年的 12.78%，其受教育率提升了 5.67%，其提高的幅度位居全国第 19 位。小学受教育人口占其总人口比例从 2000 年的 49.93%上升到 2010 年的 54.19%；中学受教育人口占其总人口比例从 2000 年的 13.84%上升到 2010 年的 23.5%；大学受教育人口占其总人口比例从 2000 年的 0.42%上升到 2010 年的 2.34%；到 2010 年止，有 0.02%的佤族人口接受了研究生教育。总体来看，佤族人口的受教育程度呈上升趋势。到 1991 年和 2010 年，佤族人口的平均预期寿命为 69.59 岁，男性人口平均预期寿命分别为 50.00 岁和 54.11 岁，女性人口平均预期寿命为 50.07 岁和 55.44 岁，佤族的人口平均预期寿命明显提高。

第五节　支系及佤语方言

一、支　　系

佤族的支系主要有阿佤（勒佤）、布饶人、佤崩、佤固德、佤（乌）腊人、恩人与宋人七个支系。其中阿佤支系居住在阿瓦山腹地；布饶人在中国、缅甸、泰国均有分布；佤崩主要居住在云南普洱地区西盟县力所乡（全国政协文史和学习委员会暨云南政协文史委员会，2010）。传说在早期“本人”与佤族是一家，随着部落的迁移才开始分开，后经过识别调查，从现实特点出发认定“本人”为佤族的支系。本人主要分布在云南省临沧市镇康县猛和、南腊及沧源县的班洪、岩帅一带（施联朱，2009）。

二、佤 语 方 言

佤语可分为三大方言，即布饶方言、阿佤方言和佤方言。这几个方言的分布地区和佤族的几种不同的自称以及不同的经济结构大体相应（邱锷锋等，2007）。布饶方言主要通行在沧源、澜沧、耿马和双江等县。阿佤方言主要通行在西盟、孟连两县以及与这两县毗邻的澜沧县的部分地区。佤方言主要通行在永德和镇康两县（周植志，颜其香，1984）。

参 考 文 献

陈国庆. 佤族//赫时远，任一飞，陈英初，等. 中国少数民族分布图集. 北京：中国地图出版社. 2002：137-142.

陈海汶，陈鸣华. 2009. 和谐中华：中国的 56 个民族剪影. 上海：上海文化出版社：161.

国务院人口普查办公室. 1983. 第三次全国人口普查手工汇总资料汇编（第 4 册）. 北京：国务院人口普查办公室.

国务院人口普查办公室，国家统计局人口和就业统计司. 1993. 中国 1990 年人口普查资料. 北京：中国统计出版社.

国务院人口普查办公室，国家统计局人口和就业统计司. 2002. 中国 2000 年人口普查资料. 北京：中国统计出版社.

国务院人口普查办公室，国家统计局人口和就业统计司. 2012. 中国 2010 年人口普查资料（上）. 北京：中国统计出版社.

李树春. 2010. 中国少数民族遗传学概论. 北京：中央民族大学出版社：72.
陆元鼎. 2003. 中国民居建筑（下卷）. 广州：华南理工人学出版社：1253 1255.
全国政协文史和学习委员会暨云南政协文史委员会. 2010. 佤族百年实录. 北京：中国文史出版社.
邱锷锋，李道勇，聂锡珍. 2007. 佤语//孙宏开，胡增益，黄行，等. 中国的语言. 北京：商务印书馆：2384-2397.
施联朱. 2009. 民族识别与民族研究文集. 北京：中央民族大学出版社：89-90.
田继周. 1986. 佤族//中国大百科全书编委会. 中国大百科全书·民族卷. 北京：中国大百科全书出版社：442-444.
《佤族简史》编写组，《佤族简史》修订本编写组. 2008. 佤族简史. 修订版. 北京：民族出版社：5-16.
郑度，等. 2008. 中国生态地理区域系统研究. 北京：科学出版社：130-132.
中国大百科全书编委会. 1988. 中国大百科全书·语言文字. 北京：中国大百科全书出版社：391.
中国大百科全书编委会. 2009. 中国大百科全书·卷 22. 第 2 版. 北京：中国大百科全书出版社：516.
中华人民共和国民政部. 2011. 中华人民共和国乡镇行政区划简册（2011）. 北京：中国统计年鉴出版社.
周植志，颜其香. 1984. 佤语简志. 北京：民族出版社：154.

第三十一章　拉祜族民族地理

拉祜族属于蒙古人种南方类型。我国拉祜族人口485 966人（国务院人口普查办公室，国家统计局人口和就业统计司，2012）。拉祜族与古羌人有渊源关系，后不断南迁，约唐时形成独立民族。拉祜族是中缅之间、中老之间和中越之间非主体型跨界民族，在国外称么舍族。在中国境内集中分布于滇西南地区。

第一节　历史渊源

拉祜族先民属古代羌族系统（见本书第四十七章第一节注释），传说他们的民族发祥地是“北京南京”的地方，是对青藏高原的一点依稀记忆。羌人南下后形成的昆明人，与拉祜族有渊源关系，昆明人后分化的“昆明诸种”之说中就有拉祜族先民。约自唐代，拉祜族先民从昆明人族中分化出来，成为具有自己民族文化特点的单一民族。同时，至迟宋末大迁徙，拉祜族两大支系已形成，其迁徙的结果是：“拉祜纳”（黑拉祜）迁到临沧、澜沧、孟连一代；“拉祜西”（黄拉祜）、“拉祜普”（白拉祜）分布在景东、景谷、勐海、思茅、墨江、元江等地区。元、明两代，拉祜族多处于傣族土司统治之下，清末在今澜沧县设镇边厅。（陈炯光，1986；中国大百科全书编委会，2009；《拉祜族简史》编写组，《拉祜族简史》修订本编写组，2008）

拉祜族是云南特有的少数民族之一。如上所述，拉祜族可分为拉祜纳、拉祜西两个支系。虽然在拉祜族内部所属支系不同，但这两个支系均有着共同的信仰、共同的文化风俗习惯，他们仅仅只是在语言和服饰上存在一定的差别。“老缅人”曾是未识别民族中的一支，1987年之后经过民族识别，将“老缅人”正式归属统一的族称“拉祜族”（郭净等，1999）。

第二节　人种类型与体质特征

拉祜族属于蒙古人种南方类型。其体质特征（李树春，2010）表现为：身材矮小，皮肤浅黄褐色，发黑直，体毛和胡须极少；眼裂开度中等，眼裂斜度内外平行，上眼睑褶皱发育好，多数人有蒙古褶；鼻梁凹型，鼻根中等高，鼻尖上翘，鼻翼高度中等，鼻孔形状呈卵圆形，属狭鼻型；上唇皮肤平直，多为正唇型；耳壳大多缺失达尔文结节，耳垂圆形；眉嵴较突出，颧骨突出，面部扁平，多属狭面型，头型属圆头型、高头型和中头型。

第三节　语言文字、经济类型、服饰、民居、信仰及习俗

拉祜族长期生活于滇西南地区（杨春，2002），在《中国生态地理区域系统》中位于云南高原常绿阔叶林、松林区（ⅤA5）南缘，滇中南亚高山谷地常绿阔叶林、松林区（ⅥA3）中部和西双版纳山地季雨林、雨林区（ⅦA3）（郑度等，2008），主要是山地河谷型地理环境。该区处于边缘热带湿润山地地地带，山地、河谷、森林构成了拉祜族主要的地理环境类型。在与这样的地理环境之间、在与相邻地区之间、在与有关民族之间的协调共生中，拉祜族逐渐形成了具有一定特色的社会文化。

拉祜语是拉祜族的本民族语言，她属于汉藏语系藏缅语族彝语支，在国内仅有拉祜纳、拉祜西两个方言（张蓉兰，马世册，2007）。拉祜族在历史上原本没有文字。部分地区的拉祜族曾使用过西方传教士创制的拉丁字母的文字，但未能推广。新中国成立后，在政府的帮助下，于1957年创制了拼音文字（中国大百科全书编委会，2009）。

拉祜族经济活动因居住地环境的不同而有差异：山区密林地区为周期性的游耕、粗放的畜牧和季节性狩猎；半山区为定居的农业。拉祜族服饰文化源远流长，古代拉祜纳支系男女成员皆身穿长袍，拉祜西的男女穿短衫裙子。近代拉祜族服饰主要有三种类型：一是男女统一型，道光《顺宁府志》卷十云，拉祜族“男女皆穿青蓝布短衣裤”；二是男子型，道光《云南通志》引《清职贡图》说拉祜族“男子椎髻，以蓝布裹头，上着麻布短衣，跣足”；三是妇女型，道光《普洱府志》记载说拉祜西“女穿青蓝布长衣，下着蓝布筒裙，短不掩膝”。现代的拉祜族的服饰已有明显的性别特征，但服饰不因等级不同而有区别，从上层人士到普通百姓，其服饰都是统一的，具有明显的全民性（图31-1）（陈海汶，陈鸣华，2009）。拉祜族的村寨一般是建在靠水源的山岗和缓坡上。拉祜族传统住宅主要是落地式茅屋和干栏式竹楼，房屋坐落于茂竹丛林之中（图31-2）。在古代，拉祜先民主要是采集-狩猎活动，食物主要是兽禽和野生植物。拉祜人没有炒

图31-1　拉祜族服饰（陈海汶，陈鸣华，2009）

摄影：陈海汶；拍摄时间：2008年10月11日；拍摄地点：

中国云南省普洱市澜沧拉祜族自治县勐朗镇勐滨村山林小组

图 31-2　澜沧拉祜族自治县东回乡班利村民居（佚名，2010）

菜的习惯，多以锅煮汤菜。古代拉祜族为了适应狩猎和采集以及不断迁徙的需要，多居住在山洞岩穴和结茅里。结茅室这种极为原始的居住方式，一直保留到 20 世纪 50 年代的金平、绿春一带。

拉祜族传统的精神支柱是厄萨崇拜“厄萨”即“天神”，是拉祜人民共同崇拜的造物主和守护神。除对厄萨崇拜外，他们还信仰万物有灵的原始宗教。随着宗教的传播，拉祜人还信仰佛教、基督教、天主教以及一些其他教派。拉祜族人名具有原始氏族部落的色彩，以前的拉祜人没有姓氏，性别加他们的出生日期就是他们的名字。现在的拉祜族实行一夫一妻制，婚俗中有个特殊的习惯就是“重妻居制”，即新婚第三天新郎要到新娘家过重妻居生活，终身成为女方家庭成员。拉祜族主要实行火葬和土葬。

第四节　空间结构及其发展变化

一、构成结构

全国第六次人口普查数据表明（国务院人口普查办公室，国家统计局人口和就业统计司，2012），拉祜族的人口构成有如下特点：①在性别构成方面，人口性别比为 103.93，低于全国的 104.90，居第 25 位。②在人口存活率方面，15～64 岁妇女产婴存活率为 92.98%，低于全国的 98.78%，居第 54 位。③在城镇化率方面，人口城镇化率为 16.26%，低于全国的 50.27%，居第 52 位。④在就业状况方面，就业率为 98.90%，高于全国的 97.46%，居第 2 位；在三次产业从业人口比例中（如图 31-3 所示），第一产业最高，第三产业次之，第三产业最低，分别为 88%、8%和 4%。其中，第三产业从业人口比例中，比例最高的是批发和零售业，占第三产业从业人口的 22.96%；较高的是住宿和餐饮业，占 20.81%。⑤在人口年龄结构方面，人口最多的年龄段为 20～24 岁，较多的年龄段为 25～29 岁和 30～34 岁，这三个年龄段的人口数量占其总人口数量的 30.57%。⑥在婚姻状况方面，15 岁及以上人口的婚姻率为 74.91%，低于全国的 78.40%，居第

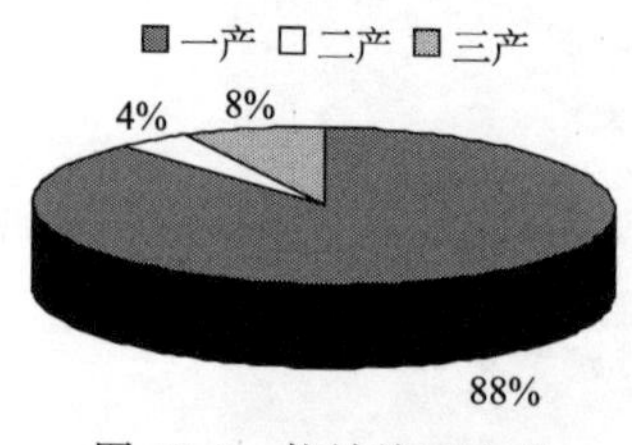

图 31-3　拉祜族三次产业从业人口比例

30 位。⑦在受教育程度方面，6 岁及以上人口的受教育率为 84.22%，低于全国的 95.00%，居第 48 位。

二、分布格局

1. 省域分布格局

全国第六次人口普查数据（国务院人口普查办公室，国家统计局人口和就业统计司，2012）表明，拉祜族人口分布比重和人口构成比重最高的省域在我国各省、自治区和直辖市的分布上，呈现出主要集中在西南地区的特点。同时，性别比和人口城镇化率省份差异较大。

在人口分布比重分布上，拉祜族的分布表现为两种区域类型，即集中分布区和零星分布区（图 31-4）。集中分布区是云南，该省的拉祜族人口总数为 475 011 人，占全国拉祜族总人口数量的比例高达 97.75%。除集中分布区云南外其余省份均属于零星分布区，零星分布区的拉祜族人口数为 10 955，占全国拉祜族总人口数量的比例约为 2.25%，西藏的拉祜族人口最少，仅有 4 人。

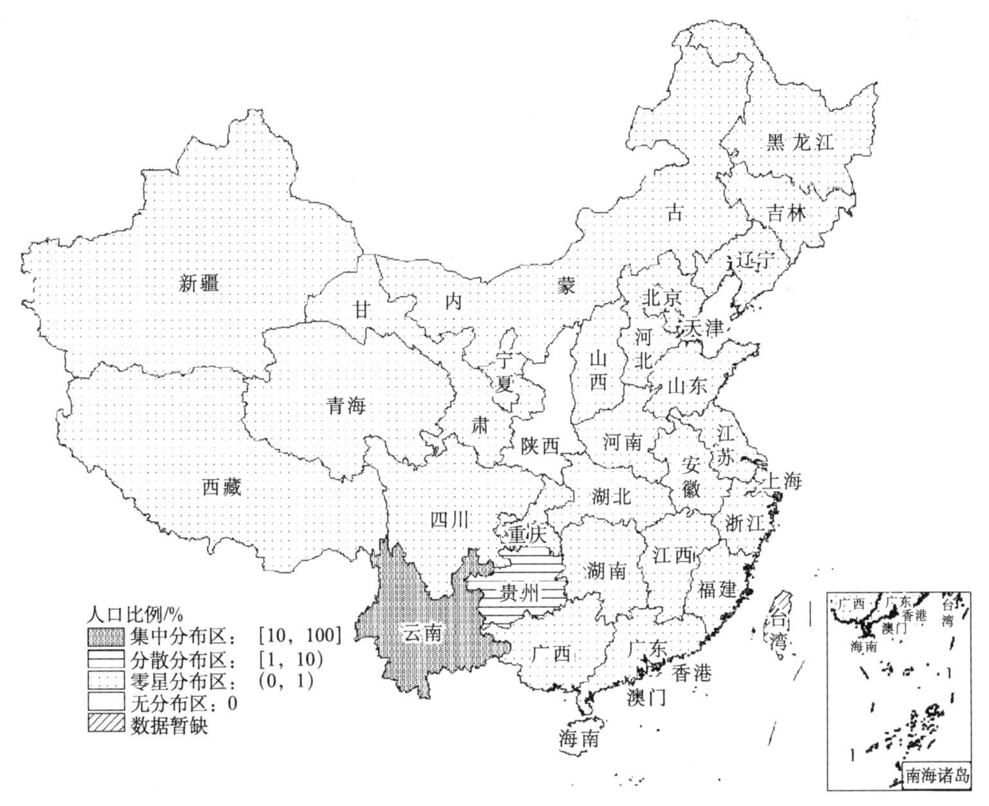

图 31-4　拉祜族分布的省域格局

在人口构成比重分布上，较高的省份是云南、浙江、上海和山东，其拉祜族人口构成比重均在 0.02%以上，最高的省份是云南，为 1.33%；较低的省份是湖北、青海、西藏、吉林、辽宁、陕西、甘肃和黑龙江，其拉祜族人口构成比重均在十万分之零点二以下，最低的省份是黑龙江，仅有百万分之零点三。

在性别比和人口城镇化率分布上，就拉祜族人口分布比重的集中分布区和分散分布区而言，由于拉祜族集中分布区只有云南省而无分散分布区，故云南省拉祜族的性别比和人口城镇化率最具代表性，云南拉祜族的性别比和人口城镇化率分别为 106.31 和 15.67%。

2. 聚居分布格局

拉祜族是跨界民族，我国的拉祜族主要聚居在云南。在云南拉祜族有 4 个县区级聚居区和 7 个乡镇级聚居区（中华人民共和国民政部，2011）：第一，4 个县区级聚居区——1个单一民族自治县，即澜沧拉祜族自治县，她是中国最大的拉祜族聚居区，3 个复合民族自治县，即孟连傣族拉祜族佤族自治县、双江拉祜族佤族布朗族自治县和镇沅黎族哈尼族拉祜族自治县；第二，7 个乡镇级聚居区——金平苗族瑶族傣族自治县者米拉祜族乡、西盟佤族自治县力所拉祜族乡、永德县大雪山彝族拉祜族傣族乡、临翔区南美拉祜族乡、耿马傣族佤族自治县芒洪拉祜族布朗族乡、沧源佤族自治县勐角傣族彝族拉祜族乡、镇康县军赛佤族拉祜族傈僳族德昂族乡。

三、发展变化

自新中国成立以来，拉祜族人口总体呈增长的趋势（国务院人口普查办公室，1983；国务院人口普查办公室，国家统计局人口和就业统计司，1993，2002，2012）。如图 31-5 所示，从“一普”到“六普”，全国的人口增长幅度为 130.65%，少数民族的人口增长幅度为 227.29%，拉祜族的人口增长幅度为 249.46%，同比高于全国和少数民族。拉祜族各次普查之间的年均增长率从“一普”到“二普”的年均增长率为 2.94%，“二普”到“三普”呈下降趋势，从“三普”到“四普”呈上升趋势，“四普”达到最高，为 3.85%，从“四普”到“六普”又呈下降趋势。

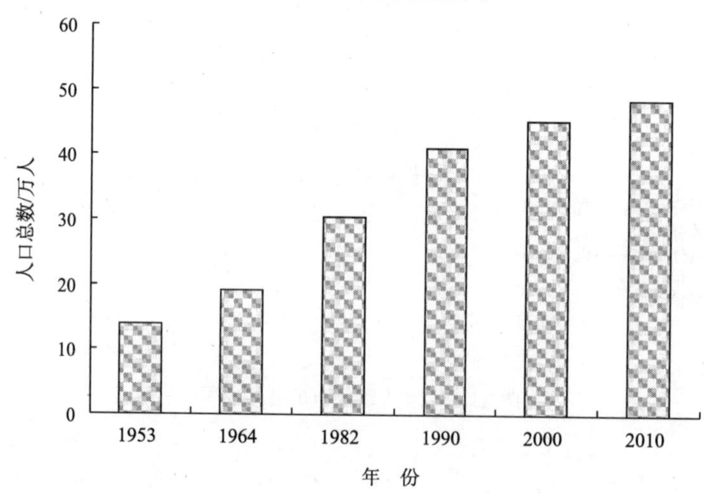

图 31-5　拉祜族历次普查的人口变化情况

2010 年与 2000 年相比，拉祜族人口构成比重变化存在较大的省份差异。人口构成比重下降的省份是青海、陕西、湖南、河南、西藏和云南，除上述省份外其余省份人口构成比重均上升。人口构成比重上升最大的省份为浙江，上升了 0.002%；下降最大的省份是云南，下降 0.023%。

以受教育状况和人口预期寿命而论，全国拉祜族岁 6 及以上未受教育人口占其总人口比例从 2000 年的 19.4%下降到 2010 年的 14.51%，其受教育率提升了 4.89，其提高的幅度位居全国第 23 位。小学受教育人口占其总人口比例从 2000 年的 45.25%上升到 2010 年的 57.41%；中学受教育人口占其总人口比例从 2000 年的 9.63%上升到 2010 年的 17.51%；大学受教育人口占其总人口比例从 2000 年的 0.46%上升到 2010 年的 2.49%；到 2010 年止，有 0.03%的拉祜族人口接受了研究生教育。总体来看，拉祜族人口的受教育程度呈上升趋势。到 1991 年与 2010 年，男性人口平均预期寿命分别为 52.60 岁和 56.89 岁，女性人口平均预期寿命为分别为 55.30 岁和 59.77 岁，拉祜族人口的平均预期寿命明显提高。

参 考 文 献

陈海汶，陈鸣华. 2009. 和谐中华：中国的 56 个民族剪影. 上海：上海文化出版社：185.

陈炯光. 1986. 拉祜族//中国大百科全书编委会. 中国大百科全书・民族卷. 北京：中国大百科全书出版社：230-231.

郭净，段玉明，杨福泉. 1999. 云南少数民族概览. 昆明：云南人民出版社：343-345.

国务院人口普查办公室. 1983. 第三次全国人口普查手工汇总资料汇编（第 4 册）. 北京：国务院人口普查办公室.

国务院人口普查办公室，国家统计局人口和就业统计司. 1993. 中国 1990 年人口普查资料. 北京：中国统计出版社.

国务院人口普查办公室，国家统计局人口和就业统计司. 2002. 中国 2000 年人口普查资料. 北京：中国统计出版社.

国务院人口普查办公室，国家统计局人口和就业统计司. 2012. 中国 2010 年人口普查资料（上）. 北京：中国统计出版社.

《拉祜族简史》编写组，《拉祜族简史》修订本编写组. 2008. 拉祜族简史. 修订版. 北京：民族出版社.

李树春. 2010. 中国少数民族遗传学概论. 北京：中央民族大学出版社：69.

佚名. 2010. 择山而建的拉祜族民居. 中国民族报. 01-15（12）.

杨春. 2002. 拉祜族//赫时远，任一飞，陈英初，等. 中国少数民族分布图集. 北京：中国地图出版社：155-160.

郑度，等. 2008. 中国生态地理区域系统研究. 北京：科学出版社：130-132.

张蓉兰，马世册. 2007. 拉祜语//孙宏开，胡增益，黄行，等. 中国的语言. 北京：商务印书馆 286-307.

中国大百科全书编委会. 2009. 中国大百科全书・13 卷. 第 2 版. 北京：中国大百科全书出版社：262.

中华人民共和国民政部. 2011. 中华人民共和国乡镇行政区划简册（2011）. 北京：中国统计年鉴出版社.

第三十二章　东乡族民族地理

东乡族属于蒙古人种北方类型。我国东乡族人口 621 500 人（国务院人口普查办公室，国家统计局人口和就业统计司，2012）。东乡族系元西征所带回之“色目人”和蒙古军驻守于临夏地区与当地居民融合而成，于 14 世纪形成独立民族。东乡族今多居甘肃和新疆地区，其社会文化多受汉、回等族影响。

第一节　历史渊源

东乡族因居住在河州（今甘肃临夏地区）东乡地区而得名。东乡族的族源成分主要是信仰伊斯兰教的色目人（参见本书第二章第二节）和蒙古人。色目人在元概指西域人，与东乡关系密切者是成吉思汗西征时带回的中亚撒尔塔人，可能是形成东乡族的主体。自 13 世纪以来，河州一带就是色目人和蒙古人在内的蒙古军驻守、屯田之地。13 世纪末元安西王阿难答皈依伊斯兰教，属下的蒙古人亦大部相从。14 世纪初阿难答政变未遂，后其属下逃往偏僻的东乡地区，与当地汉、藏等族融合而成东乡族。还有人认为东乡族与伊斯兰教传播者有关，这些传播者来自阿拉伯、波斯和西域。同时，撒尔塔人是在 11 世纪以后在中亚形成的一个民族，其主要成分是西进的突厥诸部、中亚土著和波斯、阿拉伯人。可见，东乡族族源成分复杂，是在融合基础上于 14 世纪形成的（杨建新，1986；中国大百科全书编委会，2009；《东乡族简史》编写组，《东乡族简史》修订本编写组，2008）

第二节　人种类型与体质特征

东乡族属蒙古人种北方类型。其体质特征（李树春，2010）表现为：身材中等，头长而窄，面型以过狭面型和狭面型为主，鼻型为狭鼻型，头型为高头型、狭头型和中头型。

第三节　语言、经济类型、服饰、民居、信仰及习俗

东乡族长期生活于甘肃省临夏回族自治州相互毗邻的东乡族自治县和积石山保安族东乡族撒拉族自治县，今部分聚居于新疆北部的塔城、伊宁地区，故形成了甘肃、新疆两省区内聚居的分布格局（李雪芹，2002）。甘肃内的聚居区在《中国生态地理区域系统》中位于黄土高原中北部草原区（ⅢC1）西南部，祁连山东高山盆地针叶林、草原区（HⅡC1）东部；新疆维吾尔自治区内的聚居区在《中国生态地理区域系统》中的阿尔泰山地草原、针叶林区（ⅡD4）西部和天山山地荒漠、草原、针叶林区（ⅡD4）

西部（郑度等，2008）。甘肃的聚居区是典型的高原山地、森林、草原生态过渡带地理环境，山地、森林、草原是主要的生存地理环境类型。新疆的聚居区是山地荒漠、草原、针叶林生态过渡带地理环境，山地、草原、森林是主要的生存地理环境类型。在与这样的地理环境之间、在与相邻地区之间、在与有关民族之间的协调共生中，东乡族逐渐形成了具有一定特色的社会文化。

东乡语（Santa）是东乡族的本民族语言，她属于阿尔泰语系蒙古语族（刘照雄，2007：1892），是一种处于危险等级的濒危语言。东乡族没有本民族文字。

东乡族经济活动以山地农业为主。东乡族服饰如图 32-1 所示（陈海汶，陈鸣华，2009），与回族、汉族的服饰有些相似，但有自己的特点。妇女戴盖头，少女为绿色，结了婚的妇女多为黑色，服饰颜色多由黑、藏青两色布料制成。男子上衣中间无口，领高寸许，裤齐脚踝，天寒时则披件羊皮袄，衣料粗布之外，也有自织的褐子，头戴白、黑两色称作“号帽”的平顶软帽，足蹬布鞋或叫“杭其”的自制皮面鞋。东乡族的民居家院称为“庄窠”（就是庭院的意思）。“庄窠”一般呈正方形或梯形，由土墙围住，四面，三面，两面单排盖房不等，以朝南面西的较为普遍，结构多为土木，中间空地做院，山区兼挖窑洞，具有冬暖夏凉的优点（详见本书第六篇第五十五章第一节）。东乡族主要以小麦、青稞、豆子、洋芋等为主食，蔬菜较缺，副食主要是牛、羊、鸡、鸭肉。

图 32-1　东乡族服饰（陈海汶，陈鸣华，2009）

摄影：陈海汶；拍摄时间：2009 年 2 月 9 日；拍摄地点：

中国甘肃省临夏回族自治州东乡族自治县

东乡族信仰伊斯兰教，教派在东乡地区主要分为两派，即格底目（俗称老教）和伊赫瓦尼（俗称新教）。伊斯兰教门宦主要有嘎德忍耶、哲赫忍耶、库布忍耶、虎夫耶，通称四大门宦，各门宦又有一些分支。东乡族实行一夫一妻制，一般实行早婚，子女一般 7～8 岁父母就为其订婚。东乡族人丧葬一般以土葬为主，常常人逝世当天就安葬。

第四节 空间结构及其发展变化

一、构成结构

全国第六次人口普查数据（国务院人口普查办公室，国家统计局人口和就业统计司，2012）表明，东乡族的人口构成有如下特点：①在性别构成方面，人口性别比为104.43，低于全国的104.90，居第24位。②在人口存活率方面，15～64岁妇女产婴存活率为97.28%，低于全国的98.78%，居第36位。③在城镇化率方面，人口城镇化率为16.69%，低于全国的50.27%，居第49位。④在就业状况方面，就业率为98.10%，高于全国的97.46%，居第23位；在三次产业从业人口比例中（图32-2），第一产业最高，第三产业次之，第二产业最低，分别为88%、9%和3%。其中，第三产业从业人口比例中，比例最高的是批发和零售业，占第三产业从业人口的22.84%；较高的是住宿和餐饮，占21.12%。⑤在人口年龄结构方面，人口最多的年龄段为20～24岁，较多的年龄段为15～19岁和0～4岁，这三个年龄段的人口数量占其总人口数量的30.56%。⑥在婚姻状况方面，15岁及以上人口的婚姻率为76.93%，低于全国的78.40%，居第18位。⑦在受教育程度方面，6岁及以上人口的受教育率为82.35%，低于全国的95%，居第50位。

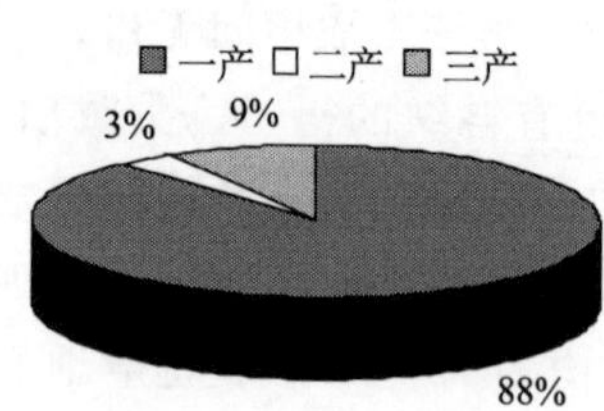

图32-2 东乡族三次产业从业人口比例

二、分布格局

1. 省域分布格局

全国第六次人口普查数据（国务院人口普查办公室，国家统计局人口和就业统计司，2012）表明，东乡族人口分布比重和人口构成比重最高的省域在我国各省、自治区和直辖市的分布上，呈现出主要集中在西北地区的特点。同时，性别比和人口城镇化率省份差异较大。

在人口分布比重分布上，东乡族的分布表现为三种区域类型，即集中分布区、分散分布区、零星分布区（图32-3）。集中分布区是甘肃，其东乡族人口总数为546 255人，占全国东乡族总人口数量的比例约为87.89%。分散分布区是新疆和青海，这两个省份的东乡族人口总数为67 944人，占全国东乡族总人口数量的比例约为10.93%。除了上述三个省份外其余均属于零星分布区，这些省份的东乡族人口总数为7301人，占全国东乡族总人口数量的比例约为1.17%，广西的东乡族人口最少，仅有17人。

在人口构成比重分布上，较高的省份是甘肃、新疆、和青海，它们的东乡族人口构成比重均在0.11%以上，最高的省份是甘肃，达到2.13%；较低的省份是河北、湖南、山西、河南、辽宁和广西，其东乡族人口构成比重均在十万分之零点一以下，最低的省份是广西，只有百万分之零点四。

在性别比分布上，就东乡族人口分布比重的集中分布区和分散分布区而言，较高的

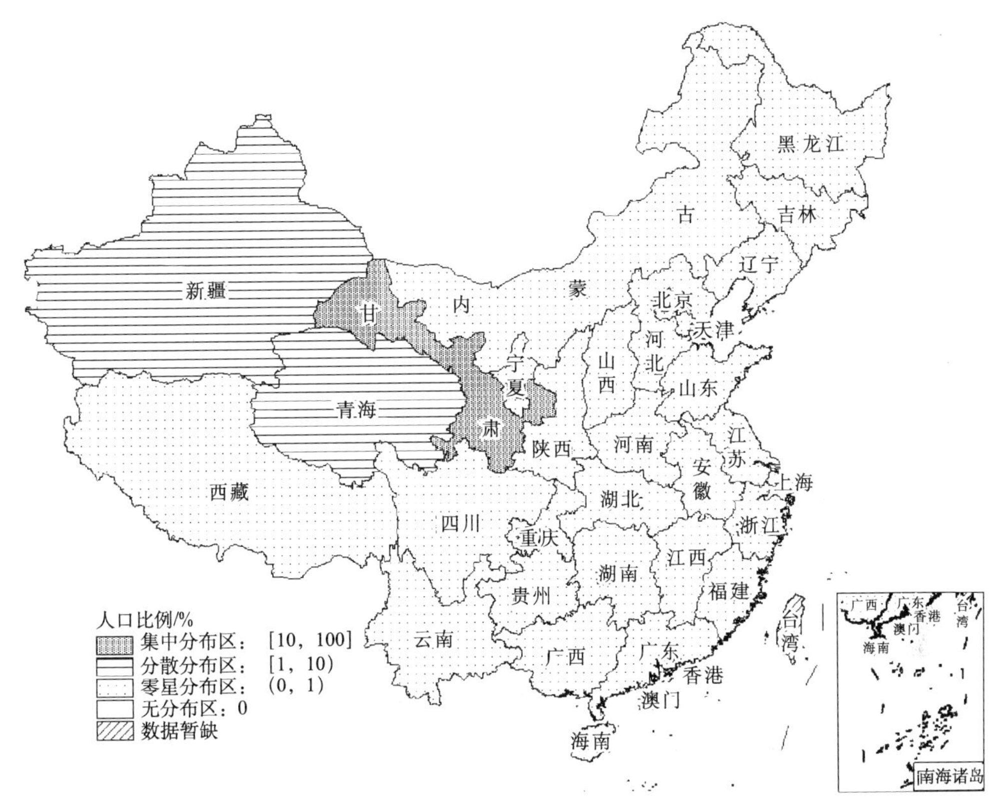

图 32-3　东乡族分布的省域格局

省份是青海和新疆，他们的性别比分别为 168.83 和 113.70；较低的省份是甘肃，为 102.21

在人口城镇化率分布上，就东乡族人口分布比重的集中分布区和分散分布区而言，最高的省份是青海，达到 83.30％；较低的省份是甘肃和新疆，分别为 15.56％和 13.14％。

2. 聚居分布格局

东乡族是我国西北少数民族之一，主要分布在甘肃、新疆、青海和宁夏等省份。东乡在我国有 2 个区县级聚居区和 8 个乡镇级聚居区（中华人民共和国民政部，2011）：第一，2 个县区级聚居区——甘肃东乡族自治县和甘肃积石山保安族东乡族撒拉族自治县；第二，8 个乡镇级聚居区——甘肃临夏县井沟东乡族乡、临夏县安家坡东乡族乡、和政县梁家寺东乡族乡、广河县阿里麻土东乡族乡、玉门市小金湾东乡族乡、玉门市独山子东乡族乡、瓜州县腰站子东乡族乡、瓜州县七墩回族东乡族乡。

三、发展变化

自新中国成立以来，东乡族人口总体呈增长的趋势（国务院人口普查办公室，

1983；国务院人口普查办公室，国家统计局人口和就业统计司，1993，2002，2012）。如图 32-4 所示，从“一普”到“六普”，全国的人口增长幅度为 130.65％，少数民族的人口增长幅度为 227.29％，东乡族的人口增长幅度为 299.01％，同比高于全国和少数民族。东乡族各次普查之间的年均增长率从“一普”到“二普”呈下降趋势，年均增长率为－0.50％，从“二普”到“四普”呈上升趋势，“四普”达到最高，为 3.70％，从“四普”到“六普”呈下降趋势。

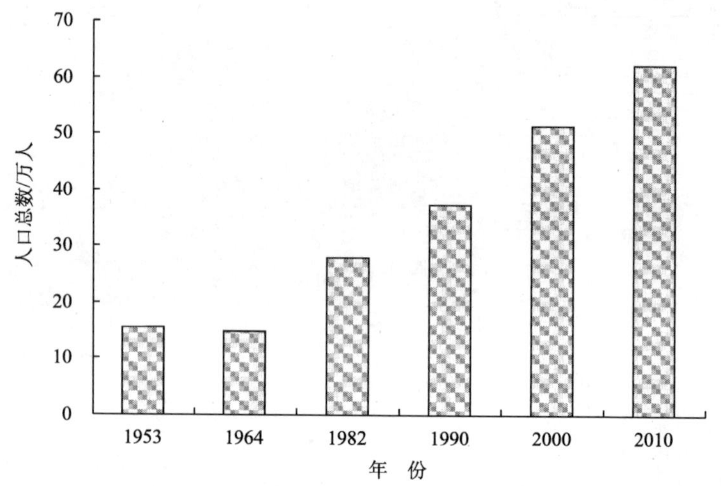

图 32-4　东乡族历次普查的人口变化情况

2010 年与 2000 年相比，东乡族人口构成比重变化存在较大的省份差异。其中，人口构成比重下降的省份是湖北、云南、黑龙江、广西、宁夏和新疆，而其他省份的人口构成比重则上升。人口构成比重上升最大的省份是甘肃，上升了 0.34％；上升较大的省份是青海和西藏，分别上升了 0.06％和 0.02％；下降最大的省份是新疆，下降了 0.02％；下降较大的省份是宁夏，下降了 0.01％。

以受教育状况和人口预期寿命而论，全国东乡族 6 岁及以上未受教育人口占其总人口比例从 2000 年 51.46％下降到 2010 年的 15.65％，其受教育率提升了 35.81％，其提高的幅度位居全国第 1 位。小学受教育人口占其总人口比例从 2000 年的 26.55％上升到 2010 年的 57.49％；中学受教育人口占其总人口比例从 2000 年的 7.16％上升到 2010 年的 13.76％；大学受教育人口占其总人口比例从 2000 年的 0.32％上升到 2010 年的 1.76％；到 2010 年止，有 0.02％的东乡族人口接受了研究生教育。到 1990 年，东乡族人口的平均预期寿命为 66.97 岁，男性人口平均预期寿命为 67.13 岁，女性人口平均预期寿命为 66.85 岁。

参　考　文　献

陈海汶，陈鸣华. 2009. 和谐中华：中国的 56 个民族剪影. 上海：上海文化出版社：201.

《东乡族简史》编写组，《东乡族简史》修订本编写组. 2008. 东乡族简史. 修订本. 北京：民族出版社：10-42.

国务院人口普查办公室. 1983. 第三次全国人口普查手工汇总资料汇编（第 4 册）. 北京：国务院人口

普查办公室.
国务院人口普查办公室，国家统计局人口和就业统计司. 1993. 中国 1990 年人口普查资料. 北京：中国统计出版社.
国务院人口普查办公室，国家统计局人口和就业统计司. 2002. 中国 2000 年人口普查资料. 北京：中国统计出版社.
国务院人口普查办公室，国家统计局人口和就业统计司. 2012. 中国 2010 年人口普查资料（上）. 北京：中国统计出版社.
李树春. 2010. 中国少数民族遗传学概论. 北京：中央民族大学出版社：68.
李雪芹. 2002. 东乡族//赫时远，任一飞，陈英初，等. 中国少数民族分布图集. 北京：中国地图出版社：167-172.
刘照雄. 2007. 东乡语//孙宏开，胡增益，黄行，等. 中国的语言. 北京：商务印书馆：1892-1907.
杨建新. 1986. 东乡族//中国大百科全书编委会. 中国大百科全书・民族卷. 北京：中国大百科全书出版社：97-98.
郑度，等. 2008. 中国生态地理区域系统研究. 北京：科学出版社：130-132.
中国大百科全书编委会. 2009. 中国大百科全书・卷 5. 第 2 版. 北京：中国大百科全书出版社：412.
中华人民共和国民政部. 2011. 中华人民共和国乡镇行政区划简册（2011）. 北京：中国统计年鉴出版社.

第三十三章　水族民族地理

水族属于蒙古人种南方类型。我国水族人口 411 847 人（国务院人口普查办公室，国家统计局人口和就业统计司，2012）。水族与我国南方古代“百越”族群有渊源关系，于秦汉时向单一民族方向发展，至宋活动地域与今同，今多居贵州、广西和云南等省区，其生存环境属山地类型。

第一节　历史渊源

水族源于我国南方古代“百越”族群，是从秦汉“西瓯”的一支演化而来，原住邕江流域一带的“岜虽山”。秦统一六国后进军岭南，西瓯、骆越战败后，水族先民开始经今南宁的邕江流域沿龙江溯流而上，迁徙并进入当时的且兰小国今三都、都匀一带，且兰小国当时可能已纳入中央王朝版图。迁往黔桂边境，意味着逐渐脱离“骆越”母体向单一民族方向发展。汉武帝时平南越叛乱，且兰国随后也被平叛，是设郡县，于是水族地区直接纳入汉王朝郡县统治范畴。至宋水族已定居于龙江上游和都柳江上游之间一带地区（今三都水族自治县及毗连的荔波、环江等地）。此后，历代中央王朝均加强了对水族地区的管理，元明土司制度，清“改土归流”均如此（李淇，1986；中国大百科全书编委会，1986，2009；《水族简史》编写组，《水族简史》修订本编写组，2008）。

水族有睢闽、睢柳和睢干等支系。睢闽主要指居住在都匀王司地区的水族；睢柳是指居住在三都、荔波、独山、榕江等县聚居区和散居地区的水族；睢干主要是指分布在三都水族自治县阳安、阳乐一带的水族（阿土，2004）。

第二节　人种类型与体质特征

水族是典型的蒙古人种南方类型。水族体质特征（李树春，2010）表现为：身材亚中等偏矮；男性胡须少，黑发直形；头型多过圆头型、高头型和狭头型；面型多中面型；眼裂开度中等，眼裂斜度内外平行，40%的人缺失蒙古褶，上眼睑皱褶发育好；男性鼻根中等，女性鼻根多低平；男性鼻基底水平，女性上翘，鼻翼突度明显，多属阔鼻型；耳垂多方形或三角形，耳壳缺失达尔文结节；男性为正唇型，女性为凸唇型，红唇厚度中等。

第三节　语言文字、经济类型、服饰、民居、信仰及习俗

水族长期生活于贵州、广西、云南等西南省区，今天主要聚居于贵州省的三都水族自治县（刘培红，2002），在《中国生态地理区域系统》中位于湘黔高原山地常绿阔叶

林区（ⅤA3）东南部（郑度等，2008），主要是山地地理环境，山地、丘陵、河流、森林是主要的地理环境类型。在与这样的地理环境之间、在与相邻地区之间、在与有关民族之间的协调共生中，水族逐渐形成了具有一定特色的社会文化。

水语是水族的本民族语言，她属于汉藏语系壮侗语族侗水语支。水语不分方言，大致分为三个土语，以三都县的三洞话、靠近独山的阳安话、都匀县的潘洞话各自成为三洞土语、阳安土语、潘洞土语。其中，三洞土语分布在三都水族自治县的三洞、中和、恒丰、九千、水龙、普安、坝街、嘉荣，荔波县的瑶庆，以及榕江县的一小部分地方；阳安土语分布在三都水族自治县的阳安、羊洛、林桥以及独山县的董渺等地；潘洞土语分布在都匀县的潘洞和独山县的翁台等地。在水族聚居区的汉、布依、苗等民族的人民一般都兼通水语。水族也有不少人兼通汉语（韦庆稳，2007）。在文字方面，过去有过一种古老的象形文字，称“水书”，多在宗教活动中使用；现在通用汉文（中国大百科全书编委会，2009）。

水族以农耕稻作为主，兼有林业和手工业。水族服饰如图 33-1 所示（陈海汶，陈鸣华，2009），中青年多穿对襟便服，年长者多穿无领的布扣长衫，多用青蓝头帕包头。水族的饮食以大米、黏米为主，喜糯食、饮酒。水族人民有南方生活的特性，喜欢吃酸辣味的开胃食品。水族聚居区大多是“聚族而居”，同血缘村寨毗连，村寨多依山傍水。住房属于越人的干栏式建筑，一般是两层或三层，仍保持“人上畜下”的样式，适宜于潮湿多雨和虫蛇危害较大的环境，聚落形态反映了其与自然融为一体（图 33-2）。

图 33-1　水族服饰（陈海汶，陈鸣华，2009）

摄影：陈海汶；拍摄时间：2009 年 1 月 7 日；拍摄地点：中国贵州省黔南布依族苗族自治州三都水族自治县三合镇

在宗教信仰方面，水族人民认为万事万物都由神主宰而崇奉多神，表现为万物有灵的原始宗教。水族的婚姻，实行“同宗不娶”的族外婚。水族喜爱唱歌，情歌是青年男

图 33-2　怎雷水族文化村聚落全景

资料来源：贵州三都水族自治县人民政府（http://www.Sdx.gov.cn/ZXXX/show.php? itemid=285.2012-04-29）

女相识的主要媒介。丧葬分土葬和火葬两类，一般实行土葬。

第四节　空间结构及其发展变化

一、构成结构

全国第六次人口普查数据（国务院人口普查办公室，国家统计局人口和就业统计司，2012）表明，水族的人口构成有如下特点：①在性别构成方面，人口性别比为107.79，高于全国的104.90，居第11位。②在人口存活率方面，15～64岁妇女产婴存活率为98.41%，低于全国的98.78%，居第17位。③在城镇化率方面，人口城镇化率为19.54%，低于全国的50.27%，居第42位。④在就业状况方面，就业率为98.25%，高于全国的97.46%，居第18位。在三次产业从业人口比例中（图33-3），第一产业最高，第二产业次之，第三产业最低，分别为75%、15%和10%。其中，第三产业从业人口比例中最高的是批发和零售业，占第三产业从业人口的28.54%；较高的是教育，占17.29%。⑤在人口年龄结构方面，人口最多的年龄段为10～14岁，较多的年龄段为15～19岁和5～9岁，这三个年龄段的人口数占其总人口的27.94%。⑥在婚姻状况方面，15岁及以上人口的婚姻率为76.18%，低于全国的78.40%，居第21位。⑦在受教育程度方面，6岁及以上人口的受教育率为86.89%，低于全国的95.00%，居第41位。

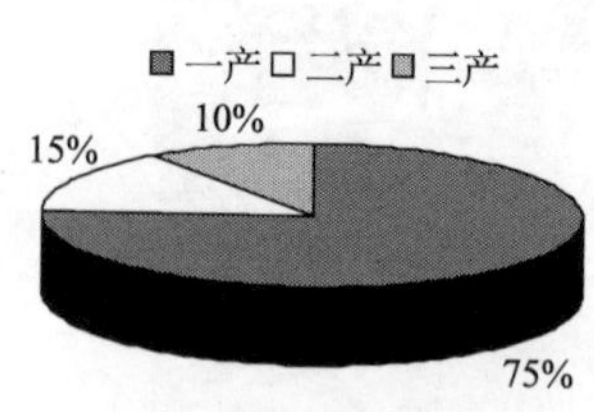

图 33-3　水族三次产业从业人口比例

二、分布格局

1. 省域分布格局

全国第六次人口普查数据（国务院人口普查办公室，国家统计局人口和就业统计司，2012）表明，水族人口分布比重和人口构成比重最高的省域在我国各省、自治区和直辖市的分布上，呈现出主要集中在西南地区的特点。同时，性别比和人口城镇化率省份差异较大。

在人口分布比重分布上，水族的分布表现为三种区域类型，即集中分布区、分散分布区和零星分布区（图 33-4）。集中分布区是贵州，该省水族的人口总数为 348 746 人，占全国水族总人口的比例约为 84.68%。分散分布区是广西、江苏、浙江、云南和广东，这些省份水族的人口总量为 53 822 人，占全国水族总人口的比例约为 13.07%。除上述省份外其余均属于零星分布区，这些省份的水族人口总数为 9279 人，占全国水族总人口的比例约为 2.25%，其中西藏的水族人口最少，仅为 14 人。

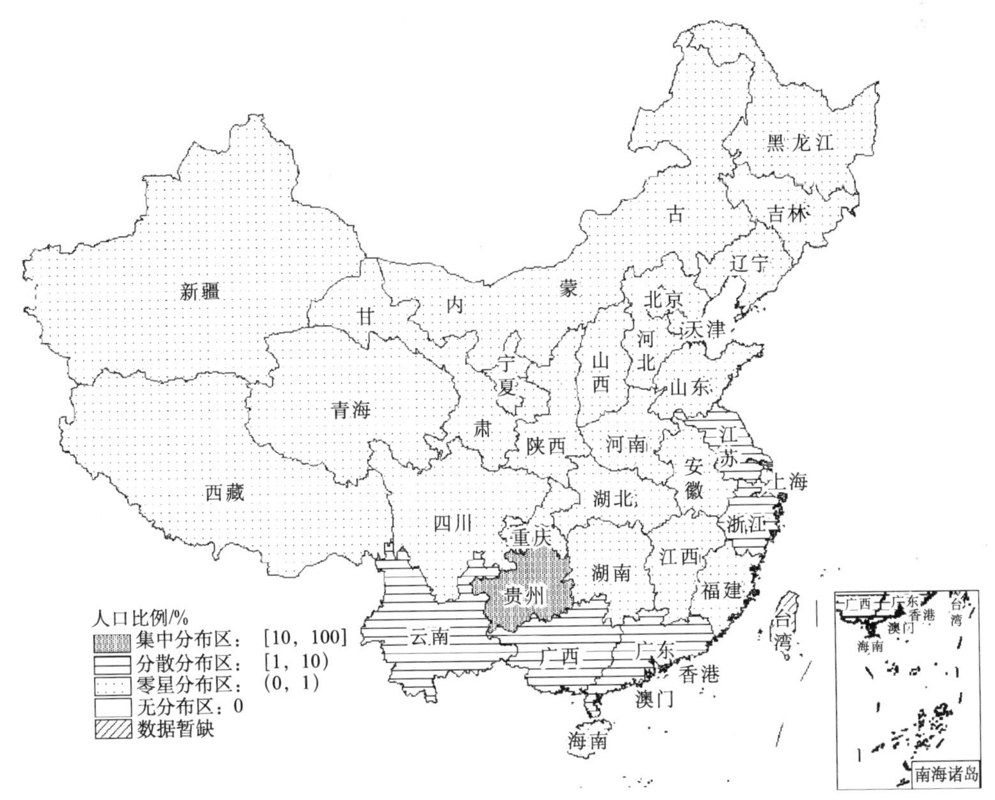

图 33-4　水族分布的省域格局

在人口构成比重分布上，较高的省份是贵州、广西、浙江、云南和江苏，这些省份的水族人口构成比重均在 0.01%以上，其中最高的是贵州，比值为 1.03%；较低的省区有山东、甘肃、吉林、黑龙江和山西，其水族人口构成比重均在万分之零点零二以下，最低的省份是山西，只有百万分之零点九。

在性别比分布上，就水族人口分布比重的集中分布区和分散分布区而言，较高的省份是广东、云南和江苏，其水族性别比均在116.00以上，最高的是广东，达到128.95；较低的省份是浙江、广西和贵州，其水族性别比均在116.00以下，最低的是贵州，只有107.06。

在人口城镇化率分布上，就水族人口分布比重的集中分布区和分散分布区而言，较高的省份是广东、浙江和江苏，其水族人口城镇化率均在40.00％以上，最高的是广东，达到86.44％；较低的省份是广西、云南和贵州，它们的水族人口城镇化率均在38.00％以下，最低的是贵州，只有14.03％。

2. 聚居分布格局

水族主要聚居于贵州、广西和云南等省份。在全国水族共有1个县区级聚居区和16个乡镇级聚居区（中华人民共和国民政部，2011）：第一，1个县区级聚居区——贵州三都水族自治县，她是中国最大的水族聚居地；第二，16个乡镇级聚居区——云南富源县古敢水族乡、黎平县雷洞瑶族水族乡、榕江县三江水族乡、榕江县塔石瑶族水族乡、榕江县仁里水族乡、榕江县定威水族乡、榕江县兴华水族乡、榕江县水尾水族乡、雷山县达地水族乡、都匀市基场水族乡、独山县本寨水族乡、独山县甲定水族乡、独山县翁台水族乡、荔波县水利水族乡、荔波县水尧水族乡、荔波县永康水族乡。

三、发展变化

自新中国成立以来，水族人口总体上呈增长的趋势（国务院人口普查办公室，1983；国务院人口普查办公室，国家统计局人口和就业统计司，1993，2002，2012）。如图33-5所示，从“一普”到“六普”，全国的人口增长幅度为130.65％，少数民族的人口增长幅度为227.29％，水族的人口增长幅度为208.35％，同比高于全国而低于少数民族。水族各次普查之间的年平均增长率从“一普”到“三普”呈上升趋势，“三普”

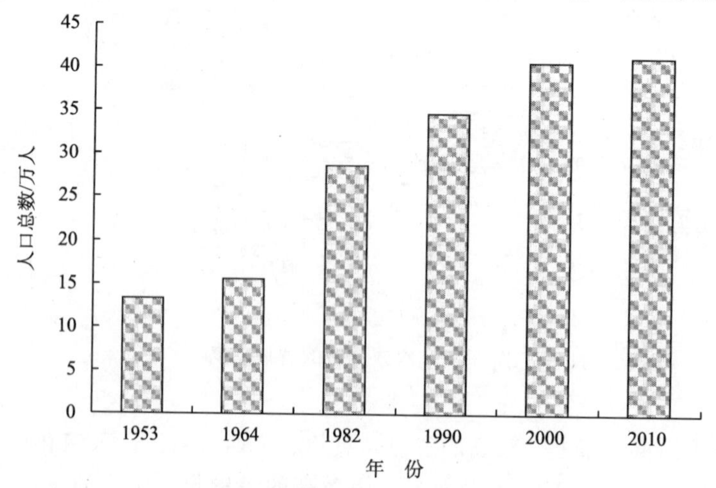

图33-5 水族历次普查的人口变化情况

达到最大，为3.44%；“三普”到“六普”呈下降趋势。

2010年与2000年相比，水族人口构成比重变化存在较大的省份差异。人口构成比重下降的省份为甘肃、河北、黑龙江、新疆、广西、云南和贵州，其中人口构成比重下降最大的是贵州，为0.05%。除上述省份外其余省份人口构成比重均上升，上升较大的省份为浙江、江苏、福建、广东和上海，其中上升最大的是浙江，上升了0.02%。

以受教育状况和人口预期寿命而论，全国水族6岁及以上未受教育人口占其总人口比例从2000年的16.96%下降到2010年的11.79%，其受教育率提升了5.17%，其提高的幅度位居全国第21位。小学受教育人口占其总人口比例从2000年的48.13%下降到2010年的42.43%；中学受教育人口占其总人口比例从2000年的18.08%上升到2010年的32.21%；大学受教育人口占其总人口比例从2000年的0.94%上升到2010年的3.45%；到2010年止，有0.06%的水族人口接受了研究生教育。总体来看，水族人口的受教育程度呈上升趋势。到1990年，水族人口的平均预期寿命为64.25岁，男性人口平均预期寿命为62.79岁，女性人口平均预期寿命为65.84岁。

参 考 文 献

阿土. 2004. 水族的族称——贵州民族知识集锦. 贵州民族研究，24（2）：16.

陈海汶，陈鸣华. 2009. 和谐中华：中国的56个民族剪影. 上海：上海文化出版社.

国务院人口普查办公室. 1983. 第三次全国人口普查手工汇总资料汇编（第4册）. 北京：国务院人口普查办公室.

国务院人口普查办公室，国家统计局人口和就业统计司. 1993. 中国1990年人口普查资料. 北京：中国统计出版社.

国务院人口普查办公室，国家统计局人口和就业统计司. 2002. 中国2000年人口普查资料. 北京：中国统计出版社.

国务院人口普查办公室，国家统计局人口和就业统计司. 2012. 中国2010年人口普查资料（上）. 北京：中国统计出版社.

李树春. 2010. 中国少数民族遗传学概论. 北京：中央民族大学出版社：71.

李淇. 1986. 水族//中国大百科全书编委会. 中国大百科全书·民族卷. 北京：中国大百科全书出版社：405-406.

刘培红. 2002. 水族//赫时远，任一飞，陈英初，等. 中国少数民族分布图集. 北京：中国地图出版社：161-166.

《水族简史》编写组，《水族简史》修订本编写组. 2008. 水族简史. 修订版. 北京：民族出版社：5-34.

韦庆稳. 2007. 水语//孙宏开，胡增益，黄行，等. 中国的语言. 北京：商务印书馆：1211-1230.

郑度，等. 2008. 中国生态地理区域系统研究. 北京：科学出版社：130-132.

中国大百科全书编委会. 1986. 中国大百科全书·民族卷. 北京：中国大百科全书出版社.

中国大百科全书编委会. 2009. 中国大百科全书·卷21. 第2版. 北京：中国大百科全书出版社：17.

中华人民共和国民政部. 2011. 中华人民共和国乡镇行政区划简册（2011）. 北京：中国统计年鉴出版社.

第三十四章　纳西族民族地理

纳西族属于蒙古人种南方类型。我国纳西族人口 326 295 人（国务院人口普查办公室，国家统计局人口和就业统计司，2012）。纳西族可能是秦汉时期从西北南迁的旄牛夷与川西、滇西北土著长期交往融合而形成的民族，今集中分布于滇西北及四川西部。纳西族支系较多，生活环境属山地类型，与汉、藏、彝、白、傈僳等民族有长期交往。

第一节　历史渊源

纳西族可能是秦汉时期从西北南迁的旄牛夷与川西、滇西北土著长期交往融合而形成的。考古发现今丽江地区 6 万年前即有人类活动，可能是今纳西族的组成部分。而纳西族的送魂路线则表明其祖先可能从西北迁来，且是主体，其神山可能在青海境内，是古羌族的活动区域，其中的旄牛羌公元前后居住在今四川的西昌一带，公元 3 世纪以后南迁至越嶲郡的定筰县（今四川盐源），称“摩沙夷”。8 世纪时，今丽江金沙江流域和盐源雅砻江流域也有“磨些蛮”分布。后世文献又有“末些”、“摩娑”、“麽些”、“摩梭”等称，均是“旄”的音转。此外，秦汉时的白狼夷也可能是纳西先民，至元纳西首领还管辖过白狼地方，至 20 世纪中叶该地仍有纳西族居住（王宏道，1986；中国大百科全书编委会，2009；《纳西族简史》编写组，《纳西族简史》修订本编写组，2008）。

纳西族因为居住地的不同以及各地经济发展水平、语言、地域的差异，可将纳西族分为纳喜人、纳恒人、拉洛人、阮可人、玛丽玛沙人、纳日人（现称摩梭人）等支系。其中，纳喜人主要分布在云南省丽江纳西族自治县、香格里拉县、维西傈僳族自治县、永胜县，四川省木里藏族自治县俄亚、盐源县达住等地；纳恒人主要居住在宁范县北蕖坝；拉洛人主要分布在丽江县的太安、七河、拉市、鲁甸、塔城、龙山、鸣音等地山区；阮可人主要分布在香格里拉县东南部，丽江大东乡吉籓克空和恒纳地等也有阮可人；玛丽玛沙人主要居住在维西傈僳族自治县塔城乡腊普河上游，以色布通、格画、海尼、阮柯等较为集中；纳日人主要分布在云南省宁蒗彝族自治县永宁、翠依，四川省盐源、木里的雅砻江流域和泸沽湖畔。目前四川盐源左所纳日人现改称“蒙古族”（郭大烈，和志武，1994）。

第二节　人种类型与体质特征

纳西族属蒙古人种南方类型。其体质特征（李树春，2010）表现为：身材中等；眼裂开度中等，眼裂斜度外高内低，上眼睑皱褶发育较好，大多无蒙古褶；鼻梁多为直型，次为凹形，鼻根较高，鼻尖和鼻基底方向多呈水平向前，鼻孔形状多为椭圆形，次为卵圆形，鼻翼微突，属狭鼻型；上唇皮肤多数较直，属正唇型。红唇中等厚；多数人耳壳无达尔文结节，耳垂多为方形，次为圆形；眉嵴突度，男性多为中显，女性多为微显；颧骨较突出，整个面部较扁平而宽，大多呈椭圆形或卵圆形。男性多属中面型，女性多属狭面型；头型多属中头型、高头型和狭头型。

第三节　语言文字、经济类型、服饰、民居、信仰及习俗

纳西族长期活动于西南地区，现主要分布于相互毗邻的滇西北丽江地区（云南丽江纳西族自治县集中分布了纳西族的约90%人口）、迪庆藏族自治州及四川省的凉山彝族自治州西缘（木仕华，2002）。这一地区在《中国生态地理区域系统》中位于川西藏东高山深谷针叶林区（HIIA/B1）南角和云贵高原常绿阔叶林、松林区（ⅤA5）北部（郑度等，2008）。高山、峡谷、坝子构成了纳西族生存的主要地理环境类型。在与这样的地理环境之间、在与相邻地区之间、在与有关民族之间的协调共生中，纳西族逐渐形成了具有一定特色的社会文化。

纳西语（Nakhi，Naxi）是纳西族的本民族语言，她属于汉藏语系藏缅语族彝语支（中国大百科全书编委会，1988）。由于历史上各民族的长期交往接触，有一部分居住在汉、藏、彝、白、傈僳等民族地区的纳西族也分别掌握了上述这些民族的语言（姜竹仪，2007）。纳西族有本民族文字——纳西文，曾使用过东巴文、哥巴文、玛丽玛萨文。纳西族原有两种文字：一种是表意的象形文字叫东巴文；另一种是表音的音节文字叫哥巴文。用这些文字记下了不少诗歌、传说、故事和宗教经典等，但在群众中未能推广使用。1957年3月，设计了一种以拉丁字母形式为基础的纳西拼音文字方案，并在同年召开的云南省第一次少数民族语言文字科学讨论会上通过（中国大百科全书编委会，1986）。

图34-1　纳西族服饰（陈海汶，陈鸣华，2009）

摄影：陈海汶；拍摄时间：2008年10月20日；拍摄地点：中国云南省丽江市玉龙纳西族自治县太安乡天红村汝寒坪村民小组

图 34-2　世界文化遗产“丽江古城”

资料来源：中共丽江市古城区委，丽江市古城区人民政府（http://www.lijiang.com.cn/gcq_lv/gcq_lvjd/20100829/丽江古城.shtmlH 2012-07-14）

纳西族主要的经济活动是农业，牧业的比重从坝区向山区逐渐增大。纳西族服饰如图 34-1 所示（陈海汶，陈鸣华，2009），青年女性的服饰色彩多偏重于明快、艳丽的色调，中老年女性的服饰色彩则多采用青、黑等色的面料，显得庄重素雅。纳西族活动地区气候特点是“早晚冷，中午晒”，夏季凉爽，冬季寒冷，为了抵御寒风，她们采用了较厚重的着装。“厚重”是纳西族服饰变迁中较为稳定和普遍的特色。纳西族妇女服饰中最具特点的是身后的七星羊皮披肩，有“披星戴月”之称。纳西族的饮食以小麦、大米、稗子、玉米等为主食，副食主要为猪、牛、羊、鸡、鱼和各类蔬菜。纳西族喜食酒、茶、辣、酸、甜味食物。丽江纳西族多住土木结构瓦房，多为“三坊一照壁”、“四合五天井”的格局，门窗雕刻十分讲究，其形成的聚落丽江古城（图 34-2）已于 1997 年列入联合国教科文组织《世界文化遗产》名录。

纳西族的宗教信仰主要有东巴教、汉传佛教、藏传佛教、道教等。东巴教是纳西族固有的一种多神教，因纳西语称其祭司为“东巴”而得名。纳西族大部分地区实行一夫一妻小家庭制，其支系——摩梭人，还保留以女性家长为中心的家庭制度与“阿夏”婚姻（男到女家走访的婚姻）。纳西族古代盛行火葬，现在除部分地区仍实行火葬外，大多数地区都改为棺木土葬。

第四节　空间结构及其发展变化

一、构成结构

全国第六次人口普查数据（国务院人口普查办公室，国家统计局人口和就业统计司，2012）表明，纳西族的人口构成有如下特点：①在性别构成方面，人口性别比为 99.37，低于全国的 104.90，居第 44 位。②在人口存活率方面，15～64 岁妇女产婴存活率为 97.85%，低于全国的 98.78%，居第 29 位。③在城镇化率方面，人口城镇化率为 36.10%，低于全国的 50.27%，居第 18 位。④在就业状况方面，就业率为 97.79%，高于全国的 97.46%，居第 33 位；在三次产业从业人口比例中（如图 34-3 所示），第一产业最高，第三产业次之，第二产业最低，分别为 68、28%和 4%。其中，第三产业从业人口比例中，比例最高的是公共管理和社会组织，占第三产业从业人口的 19.19%；较高的是住宿和餐饮业，占 18.19%。⑤在人口年龄结构方面，人口最多的年龄段为 35～39 岁，较多的年龄段为 20～24 岁和 40～44 岁，这三个年龄段的人口数量占其总人口数量的 29.15%。⑥在婚姻状况方面，

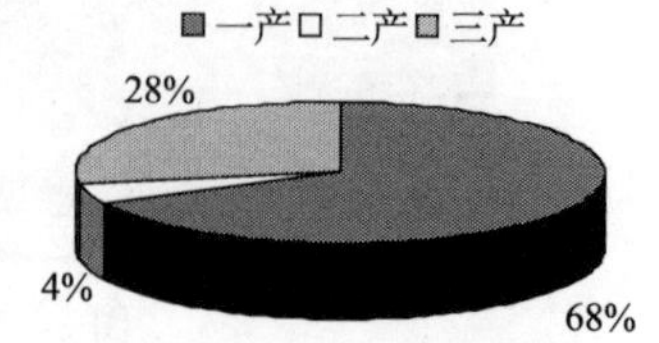

图 34-3　纳西族三次产业从业人口比例

15 岁及以上人口的婚姻率为 75.20%，低于全国的 78.40%，居第 28 位。⑦在受教育程度方面，6 岁及以上人口的受教育率为 92.35%，低于全国的 95%，居第 30 位。

二、分 布 格 局

1. 省域分布格局

全国第六次人口普查数据（国务院人口普查办公室，国家统计局人口和就业统计司，2012）表明，纳西族人口分布比重和人口构成比重最高的省域在我国各省、自治区和直辖市的分布上、呈现出主要集中在西南地区的特点。同时，性别比和人口城镇化率省份差异较大。

在人口分布比重分布上，纳西族的分布表现为三种区域类型，即集中分布区、分散分布区和零星分布区（图 34-4）。集中分布区是云南，该省的纳西族人口数最多，为 309 858 人，占全国纳西族总人口数量的比例高达 94.96%。分散分布区是四川，该省的纳西族人口总数为 10 149 人，占全国纳西族总人口数量的比例约为 3.11%。除了上述两个省份外其余省份均属于零星分布区，这些省份的纳西族人口数为 6288 人，占全国纳西族总人口数量的比例约为 1.93%，在零星分布区中，纳西族人口数最少的省份是吉林，仅有 14 人。

在人口构成比重分布上，较高的省份是云南、西藏和四川，其纳西族人口构成比重

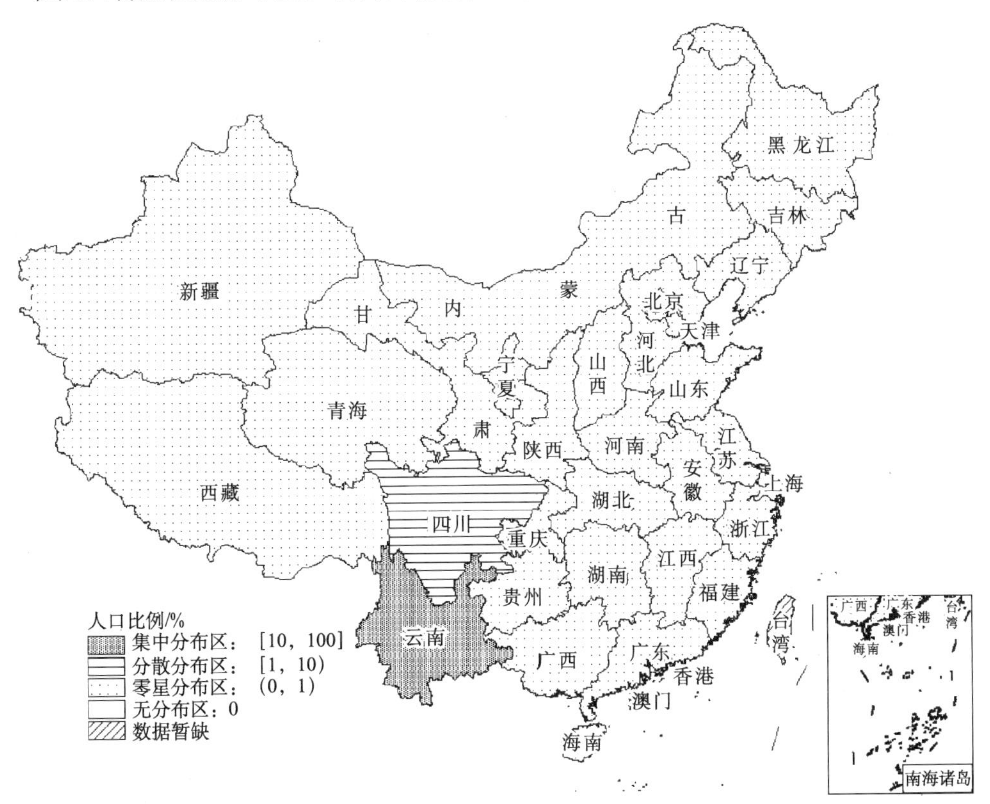

图 34-4　纳西族分布的省域格局

均在0.01%以上，最高的省份是云南，为0.67%；较低的省份是湖南、安徽、河南、山西、黑龙江和吉林，其纳西族人口构成比重均在万分之零点零二以下，最低的省份是吉林，只有百万分之零点五。

在性别比分布上，就纳西族人口分布比重的集中分布区和分散分布区而言，较高的省份是四川，其纳西族性别比约为100.93；较低的省份是云南，其纳西族性别比约为99.88。

在人口城镇化率分布上，就纳西族人口分布比重的集中分布区和分散分布区而言，较高的省份是云南，其纳西族人口城镇化率约为36.19%；较低的省份是四川，其纳西族人口城镇化率均约为15.64%。

2. 聚居分布格局

纳西族聚居区主要分布在云南、四川和西藏等省区。纳西族在全国共有1个县区级聚居区和4个乡镇级聚居区（中华人民共和国民政部，2011）：第一，1个县区级聚居区——云南省丽江市玉龙纳西族自治县；第二，4个乡镇级聚居区——云南丽江市永胜县大安彝族纳西族乡、云南迪庆藏族自治州香格里拉县三坝纳西族乡、西藏的昌都地区芒康县下盐井纳西族乡及四川省凉山彝族自治州的木里藏族自治县俄亚纳西族乡。

三、发展变化

自新中国成立以来，纳西族人口总体呈增长的趋势（国务院人口普查办公室，1983；国务院人口普查办公室，国家统计局人口和就业统计司，1993，2002，2012）。如图34-5所示，从“一普”到“六普”，全国的人口增长幅度为130.65%，少数民族的人口增长幅度为227.29%，纳西族的人口增长幅度为127.46%，同比低于全国和少数民族。纳西族各次普查之间的年均增长率从“一普”到“三普”的年均增长率呈增长的趋势，从“一普”到“二普”为0.81%，从“二普”到“三普”达到最大，为2.66%，从“三普”到“六普”呈下降趋势。

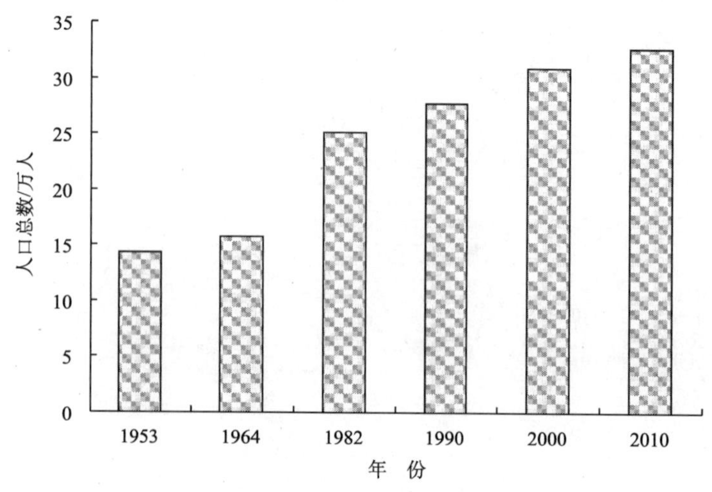

图34-5 纳西族历次普查的人口变化情况

2010年与2000年相比，纳西族人口构成比重变化存在较大的省份差异。人口构成比重下降的省份是吉林、山东、浙江、山西、河南、河北、西藏和云南，除了上述省份外其余省份人口构成比重均上升。人口构成比重上升最大的省份是四川，上升了0.002%；上升较大的省份是北京，上升了0.001%；下降最大的省份是云南，下降了0.023%；下降较大的省份是西藏，下降了0.009%。

以受教育状况和人口预期寿命而论，全国纳西族6岁及以上未受教育人口占其总人口比例从2000年的11.67%下降到2010年的7.2%，其受教育率提升了4.47%，其提高的幅度位居全国第26位。小学受教育人口占其总人口比例从2000年的40.08%下降到2010年的32.29%；中学受教育人口占其总人口比例从2000年的34.85%上升到2010年的43.62%；大学受教育人口占其总人口比例从2000年的3.23%上升到2010年的10.80%；到2010年止，有0.25%的纳西族人口接受了研究生教育。总体来看，纳西族人口的受教育程度呈上升趋势。到1990年，纳西族人口的平均预期寿命为65.69岁，2000年的预期寿命为67.60岁，十年间，纳西族人口的平均预期寿命增长了1.91岁。

参 考 文 献

陈海汶，陈鸣华. 2009. 和谐中华：中国的56个民族剪影. 上海：上海文化出版社：209.

郭大烈，和志武. 1994. 纳西族史. 成都：四川民族出版社：5-9.

国务院人口普查办公室. 1983. 第三次全国人口普查手工汇总资料汇编（第4册）. 北京：国务院人口普查办公室.

国务院人口普查办公室，国家统计局人口和就业统计司. 1993. 中国1990年人口普查资料. 北京：中国统计出版社.

国务院人口普查办公室，国家统计局人口和就业统计司. 2002. 中国2000年人口普查资料. 北京：中国统计出版社.

国务院人口普查办公室，国家统计局人口和就业统计司. 2012. 中国2010年人口普查资料（上）. 北京：中国统计出版社.

李树春. 2010. 中国少数民族遗传学概论. 北京：中央民族大学出版社：74.

姜竹仪. 2007. 纳西语//孙宏开，胡增益，黄行，等. 中国的语言. 北京：商务印书馆：346-365.

木仕华. 2002. 纳西族//赫时远，任一飞，陈英初，等. 中国少数民族分布图集. 北京：中国地图出版社：173-178.

《纳西族简史》编写组，《纳西族简史》修订本编写组. 2008. 纳西族简史. 修订本. 北京：民族出版社：1-97.

王宏道. 1986. 纳西族//中国大百科全书编委会. 中国大百科全书·民族卷. 北京：中国大百科全书出版社：345-348.

郑度，等. 2008. 中国生态地理区域系统研究. 北京：科学出版社：130-132.

中国大百科全书编委会. 1986. 中国大百科全书·民族卷. . 北京：中国大百科全书出版社：344.

中国大百科全书编委会. 1988. 中国大百科全书·语言文字. 北京：中国大百科全书出版社：299.

中国大百科全书编委会. 2009. 中国大百科全书·卷16. 第2版. 北京：中国大百科全书出版社：348.

中华人民共和国民政部. 2011. 中华人民共和国乡镇行政区划简册（2011）. 北京：中国统计年鉴出版社.

第五篇 人口较少而分布较广民族地理

本篇共14章，分别是高山族、锡伯族、塔塔尔族、俄罗斯族、达斡尔族、赫哲族、鄂伦春族、乌孜别克族、土族、鄂温克族、布朗族、柯尔克孜族、羌族、景颇族14个民族的民族地理。

需要说明的是，高山族是台湾各少数民族的统称，其民族种类数量意见不一（见第三十五章第一节），其英文表达通常用的是复数（见本书附录Ⅱ）。

从人口数量和分布格局来看，人口较少且分布较广的民族大多分布在东北、北部、西北三个北方民族区（锡伯族、俄罗斯族、达斡尔族、赫哲族、鄂伦春族、土族、鄂温克族、柯尔克孜族），东南民族区有高山族，西南民族区有羌族和景颇族。乌孜别克族和塔塔尔族是蒙古人种和高加索人种混合的类型，其主要血缘成分是属蒙古人种还是高加索人种有待进一步研究，但体质特征明显接近于我国蒙古人种北方类型。

在人种结构上，多为蒙古人种北方类型，前述北方三个民族大区中的民族和羌族均是蒙古人种北方类型，高山族、景颇族属于蒙古人种南方类型。

在生存环境特征上，主要是草原（西北民族区、北部民族区）、绿洲（西北民族区和北部民族区西部）和森林（东北民族区）。高山族、羌族、景颇族则主要是山地、丘陵及山间平原（坝子）地理环境。与其地理环境特征相适应，其社会文化特征具有草原、森林生态文化特征（高山族、羌族、景颇族除外），以从事农业和牧业为主，达斡尔族、赫哲族则具有明显的渔猎文化特征；高山族、羌族、景颇族则具有山地生态文化特征，主要从事农业（部分高山族从事渔业）。

第三十五章 高山族民族地理

高山族（中国台湾地区称“原住民”）属于蒙古人种南方类型。高山族人口在大陆有4000多人（国务院人口普查办公室，国家统计局人口和就业统计司，2012）。高山族源于我国古代百越族群中闽越的一部分，今主要居住于中国台湾地区和东南沿海省区，生活环境主要是山地地理环境。高山族是多个少数民族的统称，因此族群结构较为复杂，经济、社会、文化等特征具有多元或多样性。高山族使用多种语言，且多为濒危语言，有的已灭绝。故而，台湾地区既是我国濒危语言集中分布的地区，又是我国濒危语言中已灭绝语言种数最多的地区[①]。

第一节 历史渊源

文献记载，高山族先民为我国古代百越族群中闽越的一部分。高山族先民在三国时称山夷，隋代称流求土人，唐代以后有马来人和其他民族迁入台湾，与当地的居民融合，明代称“东番”、“夷”，清称“番族”或“土番”。抗日战争胜利后，普遍泛称台湾的少数民族为高山族。高山族支系繁多，史籍对台湾土著有“各有别异”、“种类甚蕃”和“分为二十余国”等述（陈国强，1986；中国大百科全书编委会，2009；《高山族简史》编写组，《高山族简史》修订本编写组，2008）。

第二节 人种类型与体质特征

高山族属蒙古人种南方类型。台湾高山族中阿美人的体质特征如下（李树春，2010）：

身材中等，发黑直，肤色较淡；眼间距较宽，眼裂斜度大多水平，多数无上眼睑褶皱，80%以上的个体无蒙古褶。唇中等厚；耳廓大多无达尔文结节，耳垂多为游离型；鼻梁多为凹型，鼻梁属中鼻型；面型属狭面型，头型属中头型、高头型和狭头型；胸围指数较小。

台湾高山族中泰雅人的体质特征如下（李树春，2010）：

身材亚中等偏矮；发黑直且粗，肤色较淡；鼻长，脸长；眼裂斜度大多为水平，半数以上个体无蒙古褶；唇中等偏薄；半数以上无达尔文结节，耳垂多为游离或附着；鼻梁大多为凹型，鼻梁属中鼻型；面型属过狭面型，头型属圆头型、高头型和中头型。

① 详见本书附录“濒危语言”。

第三节　语言、经济类型、服饰、民居、信仰及习俗

高山族长期生活于中国台湾及中国东南沿海地区，尤其聚居于台湾本岛中央山脉两侧 500～3000m 左右的山区，是典型的山地民族（部分高山族从事渔业）（张崇根，2002）。这一地区在《中国生态地理区域系统》中位于台湾中北部山地平原常绿阔叶林、人工植被区（ⅥA1），台湾南部山地平原季雨林、雨林区（ⅦA1）（郑度等，2008）。该区处于南亚热带湿润地区、边缘热带湿润地区的山地地区。

高山语言是高山族的本民族语言，她属于南岛语系印度尼西亚语族（中国大百科全书编委会，2009）。高山族没有本民族文字。

高山族生计结构存在差异，采集、狩猎和捕鱼曾是各族群长期的生计方式，现多现向农业转变。高山族以大米、小米、玉米、甘薯等为主食，多有嚼槟榔的习俗。高山族古时傍山依水，巢居穴处，或架木为屋。现代住宅属地上建筑类型，形式较为多样，排湾人、阿美人、卑南人等主要是木屋，泰雅人、赛夏人等主要是竹屋，布农人等主要是茅屋，鲁凯人等主要是板岩石屋等。雅美人住宅系桩上房屋，傍山而建，入口临海，室内凿穴立柱，室外搭建凉台与工作室，颇具情趣。高山族传统服饰多样，工艺独特，色彩鲜艳。以红、黄、黑三色为主。男子的服装有腰裙、套裙、挑绣羽冠、长袍等，女子有短衣长裙、围裙、膝裤等。一般分为北部、中部、南部、雅美和阿美五个类型，多用自织麻布、棉布和皮革制成，近现代以来受汉族服装影响很大。图 35-1 所示为部分高山族服饰（陈海汶，陈鸣华，2009）。

图 35-1　台湾少数民族服饰（陈海汶，陈鸣华，2009）

摄影：陈海汶；拍摄时间：2009 年 5 月 8 日；拍摄地点：中国台湾省台东县金峰乡新兴村

高山族现实行一夫一妻制。高山族信仰原始宗教，有祖灵崇拜、图腾崇拜、自然崇拜和巫术。高山族传统葬式有室内葬、崖葬等，现均为公共墓地土葬。

第四节　空间结构及其发展变化

一、构成结构

全国第六次人口普查数据（高山族因暂缺我国台湾省数据，下文就分布在我国大陆的高山族而论）表明，高山族的人口构成有如下特点：①在性别构成方面，人口性别比为102.47，低于全国的104.90，居第34位。②在人口存活率方面，15～64岁妇女产婴存活率为100%，高于全国的98.78%，居第1位。③在城镇化率方面，人口城镇化率为60.34%，高于全国的50.27%，居第5位。④在就业状况方面，就业率为97.63%，高于全国的97.46%，居第38位。在三次产业从业人口比例中（如图35-2所示），第一产业最高，第三产业次之，第二产业最低，分别为44%、37%和19%。其中，第三产业从业人口中，比例最高的是批发和零售业，占第三产业从业人口的32.10%；较高的是公共管理和社会组织，占14.81%。⑤在人口年龄结构方面，人口最多的年龄段为20～24岁，较多的年龄段为25～29岁和15～19岁，这三个年龄段的人口数量占其总人口数量的29.86%。⑥在婚姻状况方面，15岁及以上人口的婚姻率为72.84%，低于全国的78.40%，居第40位。⑦在受教育程度方面，6岁及以上人口的受教育率为97.41%，高于全国的95.00%，居第12位。

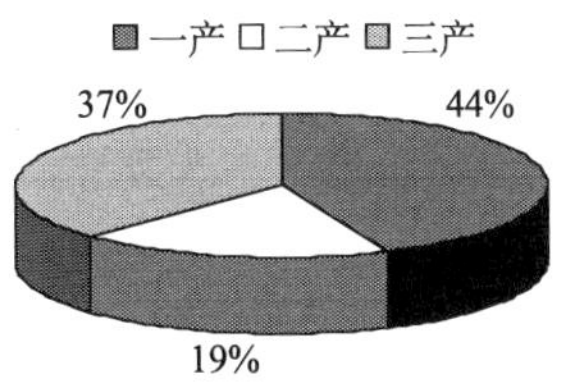

图35-2　高山族三次产业从业人口比例

二、分布格局

1. 省域分布格局

全国第六次人口普查数据（国务院人口普查办公室，国家统计局人口和就业统计司，2012）表明，高山族人口分布比重和人口构成比重最高的省域在我国各省、自治区和直辖市的分布上，呈现出“小聚居、大分散”的特点。同时，性别比和人口城镇化率省份差异较大。

在人口分布比重分布上，我国大陆高山族的分布表现为三种区域类型，即集中分布区、分散分布区和零星分布区（图35-3）。高山族的集中分布区是河南和福建，这两个省份的高山族人口总数为1203人，占大陆高山族总人口数量的比例约为30.00%。零星分布区是天津、甘肃、黑龙江、青海、陕西、宁夏、山西和西藏，这些省份的高山族人口总数为137人，占大陆高山族总人口的比例约为3.42%，其中，西藏的高山族人口最少，仅有2人。除上述省份外，其余省份均属于分散分布区，这些省份的高山族人口总数为2669人，占大陆高山族总人口数量的比例约为66.58%。

在人口构成比重分布上，大陆高山族人口比例最高的省份是海南，其高山族人口构成比重为0.0013%，较高的省份是福建，为0.0011%；较低的省份是山东、西藏、黑龙江、陕西和山西，这些省份的高山族人口构成比重均在百万分之零点七以下，最低的省份是山西，仅为百万分之零点三。

在性别比分布上，就大陆高山族人口分布比重的集中分布区和分散分布区而言，较高的省份是江西、海南、广西和浙江，其高山族性别比均在 131.57 以上；最高的省份是江西，高达 153.85；较低的省份是上海、安徽、四川和新疆，这些省份的高山族性别比均在 81.01 以下；最低的省份是新疆，仅为 51.72。

在人口城镇化率分布上，就大陆高山族人口分布比重的集中分布区和分散分布区而言，较高的省份是上海、北京、重庆、贵州、内蒙古和广东，这些省份的高山族人口城镇化率均在 85.08％以上，最高的省份是上海，为 100％；较低的省份是湖北、河北、河南和江西，这些省份的高山族人口城镇化率均在 30.26％以下，最低的省份是江西，仅为 12.88％。

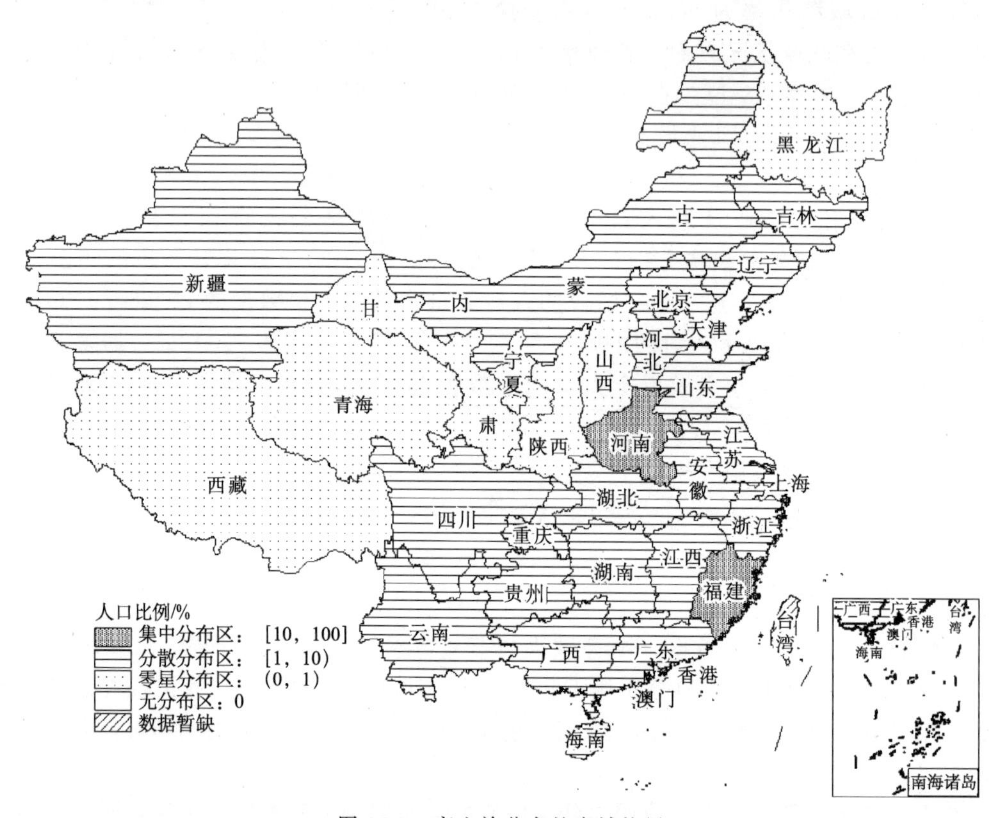

图 35-3　高山族分布的省域格局

2. 聚居分布格局

高山族主要聚居在台湾省，主要分布在台湾本岛中央山脉两侧海拔 500～3000m 的山区，以及台湾东部太平洋海岸平原和离岛兰屿。在大陆的高山族分布较为分散，散居在福建等省。

三、发展变化

自新中国成立后，大陆高山族人口总体呈增长的趋势（国务院人口普查办公室，1983；国务院人口普查办公室，国家统计局人口和就业统计司，1993，2002，2012）。如图 35-4 所示，从“一普”到“六普”，全国的人口增长幅度为 130.65%，少数民族的人口增长幅度为 227.29%，高山族的人口增长幅度为 1118.54%，同比高于全国和少数民族。高山族的各次普查之间的年均增长率从“一普”到“三普”呈上升趋势，“三普”时人口年均增长率达到最高，为 8.73%，从“三普”到“六普”均呈下降趋势，“六普”的高山族人口年均增长率为－1.06%。

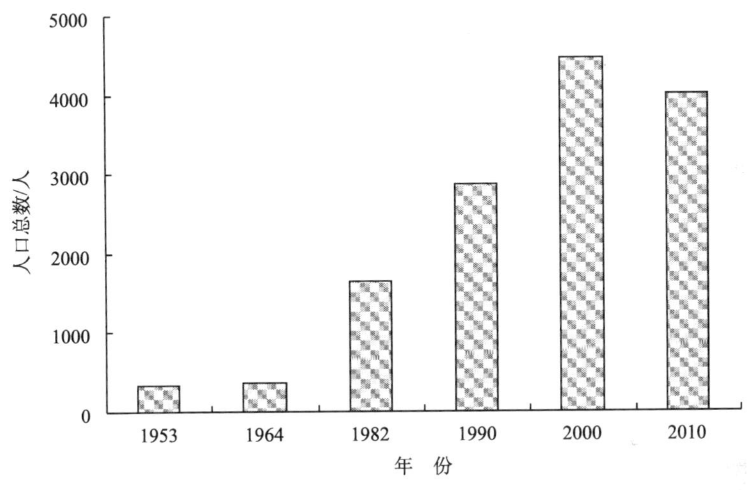

图 35-4　高山族历次普查的人口变化情况

2010 年与 2000 年相比，大陆高山族人口构成比重变化存在较大的省份差异。人口构成比重上升的省份是海南、湖北、云南、西藏、上海、安徽、山西和四川，其中，上升最大的省份是海南，为十万分之零点二二二；除上述省份外，其余省份的人口构成比重变化均下降，下降较大的省份是河南、北京、辽宁和广西，其中，下降最大的省份是广西，下降了十万分之零点三二九。

以受教育状况而论，大陆高山族 6 岁及以上未受教育人口占其总人口比例从 2000 年的 4.30%下降到 2010 年的 2.37%，其受教育率提升了 1.93%，提高的幅度位居全国第 43 位。小学受教育人口占其总人口比例从 2000 年的 29.63%下降到 2010 年的 18.73%；中学的受教育人口占其总人口比例从 2000 年的 47.81%上升到 2010 年的 50.61%；大学的受教育人口占其总人口比例从 2000 年的 9.41%上升到 2010 年的 18.93%；研究生受教育人口占其总人口比例从 2000 年的 0.13%上升到 2010 年的 1.00%。总体来看，高山族人口的受教育程度呈上升趋势。

第五节 民族构成与语言使用

一、民族构成

高山族是对台湾少数民族的习惯统称。根据学者对台湾少数民族的研究，台湾大学曾把基本汉化了的“平埔人”除外将高山族划分为：阿美人、排湾人、泰雅人、赛夏人、布农人、邹人、卑南人、鲁凯人、雅美人。后来根据台湾学者的意见在九族的基础上增加了邵人、噶玛兰人（中国大百科全书编委会，2009）。近年来又增加了太鲁阁人、撒奇莱雅人和赛德克人，从而将高山族分为14个族群。其中，阿美人主要分布在从东部纵谷平原南北两端的秀姑峦溪口到南恒春附近的狭长地带，形成今天北起花莲县凤林镇、光复乡、丰滨乡、瑞穗乡、玉里镇、富里乡，经台东县长滨乡、成功镇、东河乡、池上乡、关山镇、鹿野乡至台东市卑南乡、太麻里乡、大武乡，南达屏东县牡丹乡的分布状况；排湾人主要分布在屏东县三地门、玛家、泰武、来义、牡丹、狮子、满洲、春日乡，台东县达仁、金峰、卑南、东河、太麻里、大武乡以及高效县茂林乡；泰雅人分布在台北县、桃园县、新竹县、苗栗县、台中县、南投县、花莲县、宜兰县8县12乡；赛夏人主要分布在新竹县五峰乡的大隘村和苗栗县南庄乡、狮潭乡一带；布农人主要分布在南投县的信义、仁爱两乡，花莲县的卓溪、万荣两乡，另外还有高雄县的桃源、三民两乡，以及台东县的海端和延平两乡，共4县8乡；邹人主要聚居在嘉义县的阿里山乡与高雄县的桃源乡、三民乡；卑南人主要分布在今台东县境内；鲁凯人主要居住在中央山脉南端东西两侧；雅美人居住在距台湾本岛鹅銮鼻41海里外的兰屿岛；邵人主要居住在南投县鱼池乡日月潭畔的日月村德化社；噶玛兰人原分布在台湾东北部宜兰平原，清道光年间由一支自称“加礼宛”的噶玛兰人迁徙到花莲、台东一带，与阿美人杂处（杨梅等，2009）。

二、语言使用

高山族语言分泰雅、邹、排湾三个语群，三个语言群所包括的语言均属于南岛语系。其中，泰雅语群分布在台湾省北部山地，南投、台中、苗栗、新竹、桃园、台北、宜兰、花莲等县的一部分地区，包括泰雅语（Tayal，是一种处于不安全等级的濒危语言）、赛德克语（Seediq，or Truku，Taroko）、巴则海语（Pazeh，是一种处于垂危等级的濒危语言）；邹语群分布在台湾省中部阿里山一带，嘉义与高雄两县接壤处，包括邹语（Tsou，是一种处于垂危等级的濒危语言）、沙阿鲁阿语（Saaroa，是一种处于垂危等级的濒危语言）、卡那卡那富语（Kanakanabu，是一种处于垂危等级的濒危语言）；排湾语群分布在台湾省的东南部山地，遍及高雄、屏东、台东、花莲、南投等县，包括排湾语（Paiwan，是一种处于不安全等级的濒危语言）、阿美语（Amis，or Nataoran，Sakizaya，Sakiray，一种处于垂危等级的濒危语言）、布农语（Bunun，是一种处于不安全等级的濒危语言）、鲁凯语（Rukai，是一种处于不安全等级的濒危语言）、赛夏语（Saisiyat，是一种处于濒危等级的濒危语言）、卑南语（Pyuma，or puyuma，是一种处于不安全等级的濒危语言）、邵语（Thao，是一种处于垂危等级的濒危语言）、噶玛兰语（Kavalan，是一种处于垂危等级的濒危语言），以及与菲律宾巴丹岛上的伊巴坦语有密切关系的雅美语（Yami）（中国大百科全书编委会，2009），是一种处于不安全等级的濒危语言。

在 UNESCO 濒危语言地图（2009）及《濒危语言百科全书》中，还有如下语言及对应的濒危情况：巴赛语（Basay，or Kawanuwan）、凯达格兰语（Ketangalan）、龟仑语（Kulun）、道卡斯语（Taokas）、拍瀑拉语（Paporaor，Babura）、安雅语（Hoanya）、西拉雅语（Siraiya）等已灭绝的濒危语言，以及处于不安全等级的太鲁阁语（Taroko）和垂危等级的濒危语言巴布萨语（Babuza，or Favorlang，Poavosa）。

参 考 文 献

陈国强．高山族//中国大百科全书编委会．中国大百科全书·民族卷．北京：中国大百科全书出版社．1986：128-131.

陈海汶，陈鸣华．2009．和谐中华：中国的 56 个民族剪影．上海：上海文化出版社：117.

《高山族简史》编写组，《高山族简史》修订本编写组．2008．高山族简史．修订版．北京：民族出版社．

国务院人口普查办公室．1983．第三次全国人口普查手工汇总资料汇编（第 4 册）．北京：国务院人口普查办公室．

国务院人口普查办公室，国家统计局人口和就业统计司．1993．中国 1990 年人口普查资料．北京：中国统计出版社．

国务院人口普查办公室，国家统计局人口和就业统计司．2002．中国 2000 年人口普查资料．北京：中国统计出版社．

国务院人口普查办公室，国家统计局人口和就业统计司．2012．中国 2010 年人口普查资料（上）．北京：中国统计出版社．

李树春．2010．中国少数民族遗传学概论．北京：中央民族大学出版社：117，119.

杨梅，等．2009．台湾少数民族概况．北京：民族出版社：1，54，81，132，181，182，239，270，320-321，362，411，440.

张崇根．2002．高山族//赫时远，任一飞，陈英初，等．中国少数民族分布图集．北京：中国地图出版社：149-154.

郑度，等．2008．中国生态地理区域系统研究．北京：科学出版社：130-132.

中国大百科全书编委会．2009．中国大百科全书·卷 7．第 2 版．北京：中国大百科全书出版社：322，324.

中华人民共和国民政部．2011．中华人民共和国乡镇行政区划简册（2011）．北京：中国统计年鉴出版社．

第三十六章 锡伯族民族地理

锡伯族属于蒙古人种北方类型。我国锡伯族人口 190 481 人（国务院人口普查办公室，国家统计局人口和就业统计司，2012）。锡伯族源出中国古代东胡系统，东胡后分为鲜卑、乌桓等部，锡伯族为后来位于淖尔河、洮儿河流域的室韦，于金代末年形成独立民族。清西北边防迁徙部分锡伯族至新疆，奠定今东北、新疆分布的格局。锡伯族社会文化多受蒙古族、满族、汉族等族影响。

第一节 历史渊源

锡伯族是经历由东胡—鲜卑—室韦—锡伯的发展演变而来的。东胡主要以大兴安岭南部为活动中心，是一个较大的部族，其组成部分有鲜卑、室韦等。东胡被匈奴击破后，鲜卑、乌桓从中分化出来。北魏建国前后，拓跋鲜卑把鲜卑之名据为己有，此时仍居住在大兴安岭山脉、嫩江、黑龙江、辽河、西拉木伦河流域的鲜卑其他部落，开始被称为室韦、乌洛侯、契丹等。总之，从春秋战国至隋唐时期，东胡、鲜卑系统的许多部落经过长期的迁移、融合，开始走向不同民族的形成道路，位于淖尔河、洮儿河流域的室韦，成为锡伯族祖先的主要成分。金代末年，锡伯部落经过近千年的发展变化，已正式形成了锡伯族。1636 后金各旗请皇太极授尊号，更国号为大清，改元崇德，科尔沁蒙古以及所属的锡伯族成为清朝统治下的一部分。18 世纪中叶，清政府为巩固西北边防，将部分锡伯族迁往新疆，这些锡伯族在伊犁河谷屯田定居，开拓了自己的第二故乡。此后，锡伯族分居东北和新疆的格局正式形成（肖夫，1986；中国大百科全书编委会，2009；《锡伯族简史》编写组，《锡伯族简史》修订本编写组，2008）。

第二节 人种类型与体质特征

锡伯族是典型的蒙古人种北方类型。其体质特征（李树春，2010）表现为：身材中等偏高；黑色直发，发质较硬，男性胡须中等；眼裂斜度多为内外平行，眼裂开度较窄，大多有蒙古褶；鼻梁直，鼻宽大于两眼内角宽，鼻根高度中等，鼻尖和鼻基部方向均为水平，鼻翼高度中等，微突，属狭鼻型；面型男性多为五角形，女性多为卵圆形，属于狭面型；上唇皮肤高度中等，红唇中等偏薄；耳垂多为三角形、圆形和方形；头型属于圆头型或过圆头型、高头型和阔头型；体型属于中等偏宽短型，女性骨盆较宽。

第三节 语言文字、经济类型、服饰、民居、信仰及习俗

锡伯族起源并形成于我国东北地区，与今东北锡伯族生活环境差异不大。今锡伯族

主要分布在辽宁、新疆、黑龙江、吉林等省区，又集中分布于辽宁和新疆（又集中于察布查尔锡伯自治县）二省区，形成东北、新疆分居的分布格局（吴家多，2002）。锡伯族在东北的活动地区位于《中国生态地理区域系统》中的松辽平原东部山前台地针阔混交林区（ⅡA3）中部（分布于黑龙江的锡伯族）、松辽平原中部森林草原区（ⅡB1）中部（分布于吉林的锡伯族）、小兴安岭长白山地针叶林区（ⅡA2）和松辽平原中部森林草原区（ⅡB1）的南部（分布于辽宁的锡伯族）（郑度等，2008）。区内山地、森林、草原、河流构成了东北锡伯族长期生活活动的主要地理环境类型。在与这样的地理环境之间、在与相邻地区之间、在与有关民族之间的协调共生中，锡伯族逐渐形成了具有一定特色的社会文化。

锡伯语（Xibo，or Xibe，Sibo，Sibe）是锡伯族的本民族语言，她属于阿尔泰语系满-通古斯语族满语支（李树兰，2007），已是一种处于濒危等级的濒危语言。锡伯语没有方言差别，但可划分为 4 个土语：察布查尔土语、孙扎奇土语、伊车嘎善土语、塔城土语。察布查尔土语分布在爱新舍利镇乌珠牛录、伊拉奇牛录为代表的察布查尔地区。孙扎奇土语分布在察布查尔锡伯自治县孙扎奇土牛录。伊车嘎善土语分布在霍城县伊车嘎善乡。塔城土语分布在塔城地区（李树兰，2007）。在文字方面，国家为了促进锡伯族文化的发展，根据锡伯族人民的意愿，于 1947 年锡伯族语文工作者改变满文个别字母成为锡伯文（李树兰，1988）。

锡伯族的经济活动、服饰、饮食、聚落与居所、信仰等社会文化，既反映了其适应自然地理环境的一面，又反映了因长期迁徙及其与其他民族（主要是蒙古族、满族、汉族等）文化交融的特点。锡伯族早期以狩猎为主，现多以农业为主。锡伯族服饰如图 36-1 所示（陈海汶，陈鸣华，2009），因年龄、性别、季节等有长袍（中年以上的男女）、旗袍（年轻妇女）、“齐木齐”（老年男子出门穿用）衬衫（穿在里面）、短衣（男子）和坎肩等。锡伯族主食以高粱、玉米为主，小米、白面、大米次之（新疆的锡伯族主食以小麦、大米为主，高粱次之）。锡伯族的住房，古代为帐篷、草房、马架子、地

图 36-1　锡伯族服饰（陈海汶，陈鸣华，2009）

摄影：陈海汶；拍摄时间：2009 年 4 月 20 日；拍摄地点：中国新疆维吾尔自治区伊犁哈萨克自治州伊宁市察布查尔锡伯自治县孙扎齐牛录乡靖远寺

图 36-2　新疆察布查尔锡伯自治县爱新舍里镇已建成 200 多年的民居（邱昊，周灵，2011）

窝子。清朝，锡伯族有平房、人字形大屋顶房等，为抵御严寒，窗一般是双层的，外层为木制，里层是玻璃窗。锡伯族的传统民居在察布查尔锡伯自治县有较为完整的保存（图 36-2），民居建筑单体保留有边防特征，朝向为南北向略微偏东，呈“一”字形展开，正中一间高而两侧房间低，讲究对称，凸显了锡伯人对中原文化中规矩、宗法等理念的吸收和认同，同时受还受近邻维吾尔民居以及俄国的古典主义风格形式的影响（邱昊，周灵，2011）。

锡伯族信奉萨满教、喇嘛教。锡伯族实行一夫一妻制，本民族同姓者禁止通婚。锡伯族通行棺木土葬。在特殊情况下还有火葬和天葬。

第四节　空间结构及其发展变化

一、构 成 结 构

全国第六次人口普查数据（国务院人口普查办公室，国家统计局人口和就业统计司，2012）表明，锡伯族的人口构成有如下特点：①在性别构成方面，人口性别比为 109.53，高于全国的 104.90，居第 6 位。②在人口存活率方面，15～64 岁妇女产婴存活率为 99.10%，高于全国的 98.78%，居第 5 位。③在城镇化率方面，人口城镇化率为 52.96%，高于全国的 50.27%，居第 12 位。④在就业状况方面，就业率为 97.41%，低于全国的 97.46%，居第 42 位。在三次产业从业人口比例中（图 36-3），第一产业最高，第三产业次之，第二产业最低，分别为 53%、33% 和 14%。其中，第三产业从业人口比例中最高的是批发和零售业，占第三产业从业人口的 28.14%；较高的是公共管理和社会组织，占 13.26%。⑤在人口年龄结构方面，人口最多的年龄段为 20～24 岁，较多的年龄段为 40～44 岁和 35～39 岁，这三个年龄段的人口数占其总人口的 28.00%。⑥在婚姻状况方面，15 岁及以上人口的婚姻率为 73.87%，低于全国的 78.40%，居第 35 位。⑦在受教育程度方面，6 岁及以上人口的受教育率为 98.88%，高于全国的 95.00%，居第 1 位。

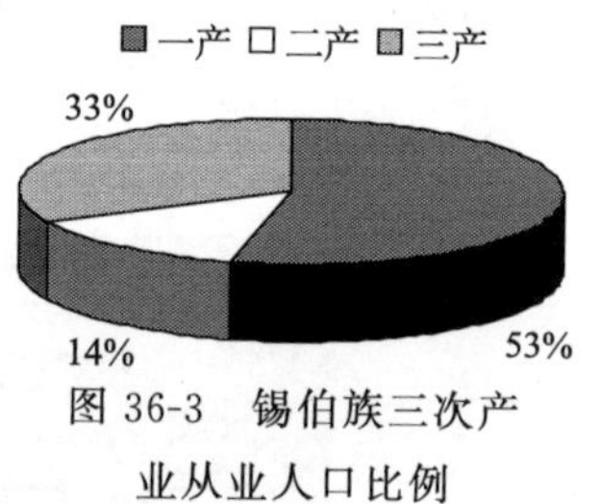

图 36-3　锡伯族三次产业从业人口比例

二、分 布 格 局

1. 省域分布格局

全国第六次人口普查数据（国务院人口普查办公室，国家统计局人口和就业统计

司，2012）表明，锡伯族人口分布比重和人口构成比重最高的省域在我国各省、自治区和直辖市的分布上，呈现出主要集中分布在东北和西北地区的特点。同时，性别比和人口城镇化率省份差异较大。

在人口分布比重分布上，锡伯族的分布表现为三种区域类型，即集中分布区、分散分布区和零星分布区（图 36-4）。集中分布区是辽宁和新疆，这两个省份锡伯族的人口总数为 166 830 人，占全国锡伯族总人口数量的比例约为 87.58%。其中，锡伯族人口总数排在第一位的省份是辽宁，为 132 431 人，约占全国锡伯族总人数量的 69.53%。分散分布区是黑龙江、吉林、内蒙古和北京，这些省份锡伯族的总人口数为 16 290 人，占全国锡伯族总人口数量的比例约为 8.55%。除上述省份外其余均属于零星分布区，这些省份的锡伯族人口总数为 7361 人，占全国锡伯族总人口数量的比例约为 3.87%，其中西藏的锡伯族人数最少，仅为 6 人。

在人口构成比重分布上，较高的省份是辽宁、新疆、黑龙江、北京、内蒙古和吉林，这些省份的人口构成比重均在 0.01%以上，其中最高的省份是辽宁，为 0.30%；较低的省份有河南、安徽、湖南、西藏和江西，其锡伯族人口构成比重均在万分之零点零三以下，最低的省份是江西，只有十万分之零点二。

在性别比分布上，就锡伯族人口分布比重的集中分布区和分散分布区而言，较高的省份是黑龙江、辽宁和吉林，其锡伯族性别比均在 108.00 以上，最高的省份是黑龙江，达到 129.57；较低的省份是内蒙古、新疆和北京，它们的锡伯族别比均在 108.00 以下，最低的省份是北京，只有 87.79。

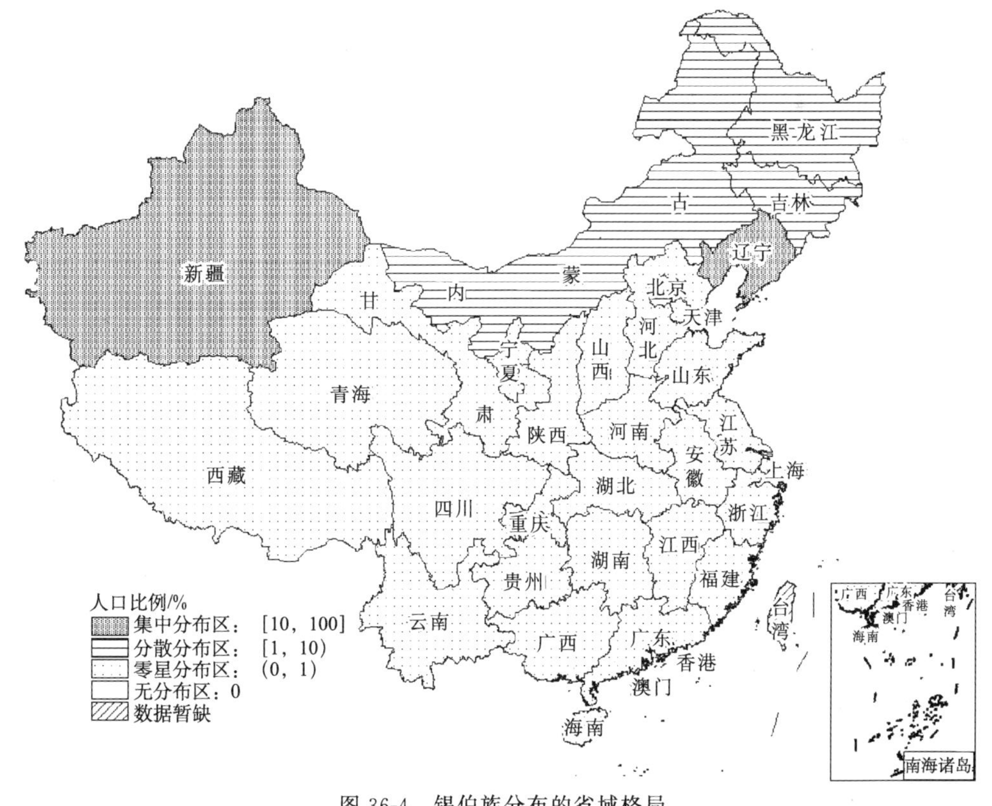

图 36-4　锡伯族分布的省域格局

在人口城镇化率分布上，就锡伯族人口分布比重的集中分布区和分散分布区而言，较高的省份是北京、吉林和内蒙古，其锡伯族人口城镇化率均在 65.00%以上，最高的省份是北京，达到 97.70%；较低的省份是黑龙江、新疆和辽宁，其锡伯族人口城镇化率均在 65.00%以下，最低的省份是辽宁，只有 46.68%。

2. 聚居分布格局

锡伯族主要聚居在辽宁、新疆、黑龙江和吉林等省份，在全国锡伯族共有 1 个县区级聚居区和 4 个乡镇级聚居区（中华人民共和国民政部，2011）：第一，1 个县区级聚居区——新疆察布查尔锡伯自治县，她是中国最大的锡伯族聚居区；第二，4 个乡镇级聚居区——丹东市东港市龙王庙满族锡伯族镇、扶余县三骏满族蒙古族锡伯族乡、双城市农丰满族锡伯族镇、霍城县伊车嘎善锡伯族乡。

三、发展变化

自新中国成立以来，锡伯族人口总体呈增长的趋势（国务院人口普查办公室，1983；国务院人口普查办公室，国家统计局人口和就业统计司，1993，2002，2012）。如图 36-5 所示，从“一普”到“六普”，全国的人口增长幅度为 130.65%，少数民族的人口增长幅度为 227.29%，锡伯族的人口增长幅度为 901.37%，同比高于全国和少数民族。锡伯族各次普查之间的年平均增长率从“一普”到“二普”呈上升趋势；“二普”到“三普”呈下降趋势；“三普”到“四普”呈上升趋势，“四普”达到最大，为 9.50%；“四普”到“六普”呈下降趋势。

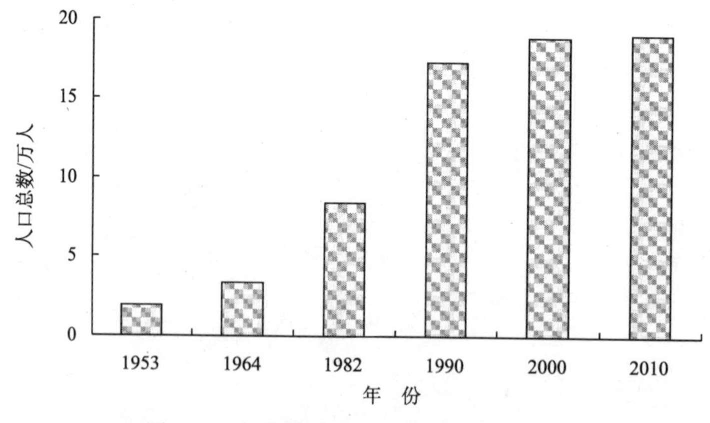

图 36-5 锡伯族历次普查的人口变化情况

2010 年与 2000 年相比，锡伯族人口构成比重变化存在较大的省份差异。人口构成比重下降的省份有江西、山西、河南、甘肃、陕西、吉林、青海、内蒙古、宁夏、黑龙江、辽宁和新疆，其中下降最大的省份是新疆，为 0.029%。除上述省份外其余省份的人口构成比重均上升，上升较大的省份有北京、上海、天津、海南和重庆，其中，上升最大的省份是北京，为 0.002%。

以受教育状况而论，全国锡伯族6岁及以上未受教育人口占其总人口比例从2000年的2.36%下降到2010年的1.04%，其受教育率提升了1.32%，其提高的幅度位居全国第48位。小学受教育人口占其总人口比例从2000年的29.02%下降到2010年的19.28%；中学受教育人口占其总人口比例从2000年的52.77%下降到2010年的56.48%；大学受教育人口占其总人口比例从2000年的7.66%上升到2010年的15.24%；到2010年止，有0.63%的锡伯族人口接受了研究生教育。总体来看，锡伯族人口的受教育程度呈上升趋势。

参 考 文 献

陈海汶，陈鸣华. 2009. 和谐中华：中国的56个民族剪影. 上海：上海文化出版社：369.

国务院人口普查办公室. 1983. 第三次全国人口普查手工汇总资料汇编（第4册）. 北京：国务院人口普查办公室.

国务院人口普查办公室，国家统计局人口和就业统计司. 1993. 中国1990年人口普查资料. 北京：中国统计出版社.

国务院人口普查办公室，国家统计局人口和就业统计司. 2002. 中国2000年人口普查资料. 北京：中国统计出版社.

国务院人口普查办公室，国家统计局人口和就业统计司. 2012. 中国2010年人口普查资料（上）. 北京：中国统计出版社.

李树春. 2010. 中国少数民族遗传学概论. 北京：中央民族大学出版社：80.

李树兰. 1988. 锡伯文//中国大百科全书编委会. 中国大百科全书·语言文字. 北京：中国大百科全书出版社：419.

李树兰. 2007. 锡伯语//孙宏开，胡增益，黄行，等. 中国的语言. 北京：商务印书馆：1989-2016.

邱昊，周灵. 2011. 雅致逸人，善宜长存——新疆伊犁察布查尔锡伯族民居建筑剖析. 新建筑，(6).

吴家多. 2002. 锡伯族//赫时远，任一飞，陈英初，等. 中国少数民族分布图集. 北京：中国地图出版社：239-244.

《锡伯族简史》编写组，《锡伯族简史》修订本编写组. 2008. 锡伯族简史. 修订版. 北京：民族出版社：8-29.

肖夫. 1986. 锡伯族//中国大百科全书编委会. 中国大百科全书·民族卷. 北京：中国大百科全书出版社：474-476.

郑度，等. 2008. 中国生态地理区域系统研究. 北京：科学出版社：130-132.

中国大百科全书编委会. 2009. 中国大百科全书·卷24. 第2版. 北京：中国大百科全书出版社：207.

中华人民共和国民政部. 2011. 中华人民共和国乡镇行政区划简册（2011）. 北京：中国统计年鉴出版社.

第三十七章　塔塔尔族民族地理

塔塔尔族属于蒙古人种和高加索人种的混合类型，体质特征接近于中国蒙古人种北方类型。我国塔塔尔族人口 3556 人（国务院人口普查办公室，国家统计局人口和就业统计司，2012）。塔塔尔族国外常称鞑靼族，跨中国、俄罗斯、哈萨克斯坦、吉尔吉斯斯坦、乌兹别克斯坦、塔吉克斯坦、蒙古国而居。我国境内的塔塔尔族主要是 19 世纪以后陆续由沙皇俄国的伏尔加河、伏玛河流域迁徙到新疆北部定居的塔塔尔人的后裔，今主要分布于新疆地区。

第一节　历史渊源

塔塔尔族是 1830 年前后从沙皇俄国迁徙到新疆，并形成一个独立民族。塔塔尔族先民是中国古代北方游牧的“塔塔尔”部落，即后来的鞑靼本部。8 世纪时，突厥人把东面的室韦诸部统称为“塔塔尔”。9 世纪中期，由于鞑靼部成为蒙古高原最强的部落，于是鞑靼成为蒙古高原各部的通称。13 世纪初，蒙古统一了蒙古高原各部，“鞑靼”便成为蒙古的代称，后来，西亚和东欧的蒙古人被突厥化并都被泛称为“鞑靼人”。14 世纪，金帐汗国的鞑靼人与这一地区的突厥人和突厥化的蒙古人与当地的钦察人、保加尔人等一起，改称“塔塔尔”。15 世纪，塔塔尔民族逐渐形成，实际上是突厥化的蒙古人、保加尔人和钦察人等融合而成的。我国境内的塔塔尔族主要是 19 世纪以后陆续由沙皇俄国的伏尔加河、伏玛河流域迁徙到新疆北部定居的塔塔尔人的后裔（郭平梁，1986；中国大百科全书编委会，2009；《塔塔尔族简史》编写组，《塔塔尔族简史》修订本编写组，2008）。

第二节　人种类型与体质特征

塔塔尔族是蒙古人种和高加索人种混合的类型。其主要血缘成分是属蒙古人种还是高加索人种有待进一步研究，但体质特征明显接近于我国蒙古人种北方类型。其体质特征（李树春，2010）表现为：直形发，发色为黑色，眉毛中等发育，眉形以横眉为多；面型男女性均以卵圆形为主；眼裂方向多为水平型，两性眼裂宽度中等；蒙古褶出现率极少，上睑皱褶达睫毛处较多；眼色以褐色和天蓝色为多；鼻宽等于两眼内角宽占多数，鼻翼突度与鼻侧壁平行占多数，鼻翼高度中等，鼻孔形状男性卵圆形，女性椭圆，鼻孔最大横径矢状位多见，鼻尖方向男向前，鼻基部方向，鼻梁形状直，鼻根高度中等；上唇皮肤高度中等为多，上红唇厚度薄型为多；耳垂圆形为多。

第三节　语言文字、经济类型、服饰、民居、信仰及习俗

塔塔尔族长期活动于新疆地区，今天主要聚居于新疆的阿勒泰、伊犁、昌吉等地区（杜倩萍，2002）。这一地区在《中国生态地理区域系统》中位于准噶尔盆地荒漠区（ⅡD3）、阿尔泰山地草原、针叶林区（ⅡD4）、天山山地荒漠、草原、针叶林区（ⅡD5）（郑度等，2008）。该区处于中温带干旱地区的盆地地貌区，草原、荒漠、森林是主要的地理环境类型。在与这样的地理环境之间、在与相邻地区之间、在与有关民族之间的协调共生中，塔塔尔族逐渐形成了具有一定特色的社会文化。

塔塔尔语是塔塔尔族的本民族语言，她属于阿尔泰语系突厥语族西匈语支，是一种垂危的濒危语言。塔塔尔族除使用塔塔尔语外，由于塔塔尔族人口较少，居住分散，又与维吾尔族、哈萨克族交往密切，他们现在主要使用维吾尔语或哈萨克语（孙宏开等，2007）。塔塔尔族没有本民族文字。

塔塔尔族主要从事商业，也有不少人从事畜牧业、农业和手工业。塔塔尔族服饰如图 37-1 所示（陈海汶，陈鸣华，2009），女子接近欧洲民间，男子与维吾尔族相似。男子一般穿宽袖、竖领、对襟的白色绣花衬衣及齐腰黑色短背心，戴帽子是必要的礼节，穿宽裆紧身黑裤，脚蹬长筒皮靴。女子喜穿窄袖花边短衫和褶边长裙，并常套绣花紧身小坎肩，系绣花小围裙。塔塔尔族习惯是一日三餐，饮食丰富多样，营养丰富。主食有“去买西”（烤面饼）、抓饭、馕、拌面等；副食有牛羊肉和各种蔬菜，如土豆、南瓜等；汤类有骨头汤、肉汤、鱼汤等；饮料有“克儿西曼”、“克赛勒”，这是塔塔尔族最富有民族特色的饮料。城市塔塔尔人居平顶土房，建筑材料大多用土坯、砖块、石块和木材等，门一般是朝阴面开。牧区塔塔尔族人为了适应游牧生活，多逐水草而居，住帐篷。图 37-2 为中华民族博物馆塔塔尔族分馆按新疆伊犁地区塔塔尔族传统建筑 1：1 复原外观。

图 37-1　塔塔尔族服饰（陈海汶，陈鸣华，2009）

摄影：陈海汶；拍摄时间：2009 年 4 月 16 日；拍摄地点：中国新疆维吾尔自治区昌吉回族自治州奇台县大泉塔塔尔族乡黑沟村

图 37-2　塔塔尔族传统民居建筑

资料来源：中华民族博物馆（http://www.emuseum.org.cn/ node/130. 2012-06-24）

塔塔尔族自 9 世纪以后开始信仰伊斯兰教。塔塔尔族婚姻制度为一夫一妻制。塔塔尔族的丧葬习俗严格按伊斯兰教规进行，实行土葬和速葬，遗体一般在当天或第二天即埋葬。

第四节　空间结构及其发展变化

一、构成结构

全国第六次人口普查数据（国务院人口普查办公室，国家统计局人口和就业统计司，2012）表明，塔塔尔族的人口构成有如下特点：①在性别构成方面，人口性别比为114.60，高于全国的104.90，居第 3 位。②在人口存活率方面，15～64 岁妇女产婴存活率为 98.16%，低于全国的98.78%，居第 21 位。③在城镇化率方面，人口城镇化率为 59.56%，高于全国的 50.27%，居第 6 位。④在就业状况方面，就业率为 96.26%，低于全国的 97.46%，居第55 位。在三次产业从业人口比例中（图 37-3），第一产业最高，第三产业次之，第二产业最低，分别为 55%、38%和 7%。其中，第三产业从业人口比例中最高的是批发和零售业，占第三产业从业人口的 18.31%；较高的是卫生、社会保障和社会福利业，占15.49%。⑤在人口年龄结构方面，人口最多的年龄段为 35～39 岁，较多的年龄段为20～24 岁和 25～29 岁，这三个年龄段的人口数占其总人口的 29.25%。⑥在婚姻状况方面，15 岁及以上人口的婚姻率为 69.78%，低于全国的 78.40%，居第 47 位。⑦在受教育程度方面，6 岁及以上人口的受教育率为 98.58%，高于全国的 95.00%，居第7 位。

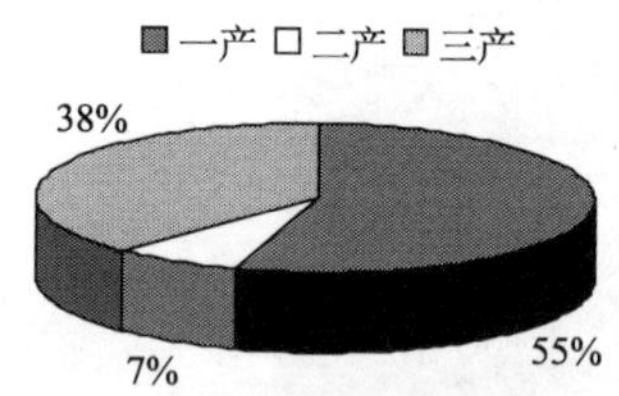

图 37-3　塔塔尔族三次产业从业人口比例

二、分布格局

1. 省域分布格局

全国第六次人口普查数据（国务院人口普查办公室，国家统计局人口和就业统计司，2012）表明，塔塔尔族人口分布比重和人口构成比重最高的省域在我国各省、自治区和直辖市的分布上，呈现出主要集中在西北地区的特点。同时，性别比和人口城镇化率省份差异较大。

在人口分布比重分布上，塔塔尔族的分布表现为四种区域类型，即集中分布区、分散分布区、零星分布区和无分布区（图 37-4）。集中分布区是新疆，该区塔塔尔族的人口总数为 3242 人，占全国塔塔尔族总人口数量的比例约为 91.17%。分散分布区是广东，该省塔塔尔族的人口总量为 55 人，占全国塔塔尔族总人口数量的比例为 1.55%。无分布区是海南和西藏。除上述省份外其余均属于零星分布区，这些省份的塔塔尔族人口总数为 259 人，占全国塔塔尔族总人口数量的比例约为 7.28%，其中，山西、重庆、陕西的塔塔尔族人数最少，分别为 1 人。

在人口构成比重分布上，除无分布区外，较高的省份是新疆、北京、甘肃、广东、广西和上海，这些省份的塔塔尔族人口构成比重均在十万分之零点零五以上，其中最高的是新疆，为 0.015%；较低的省份有河南、重庆、山西和陕西，它们的塔塔尔族人口

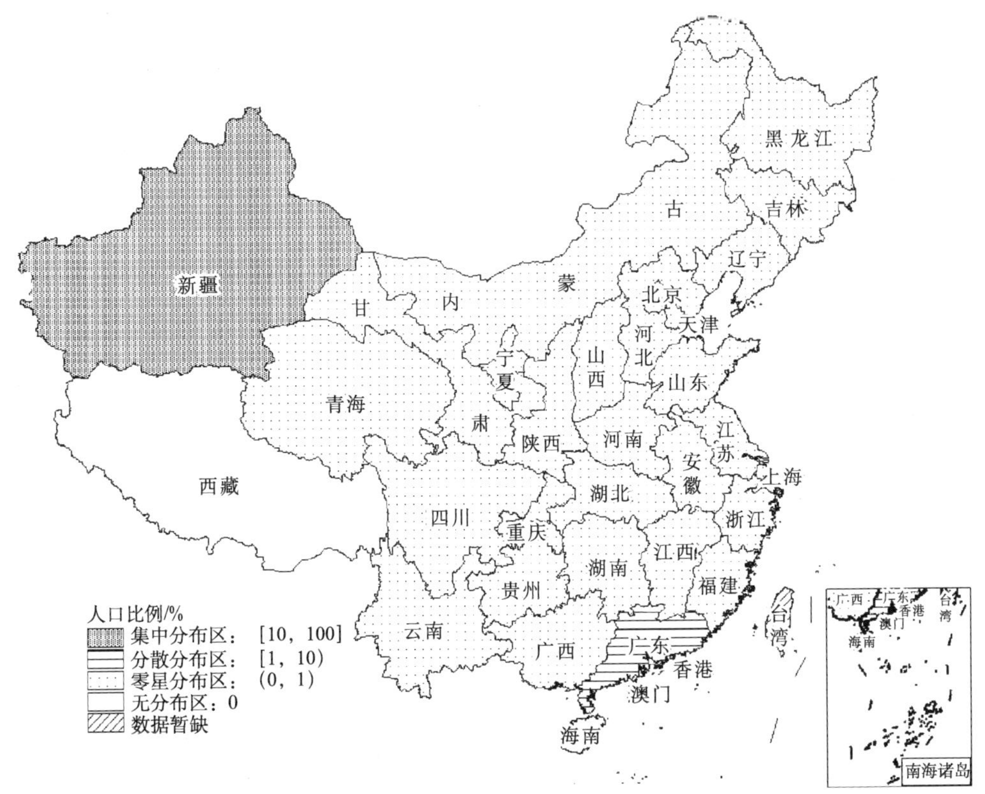

图 37-4　塔塔尔族分布的省域格局

构成比重均在百万分之零点零五以下，最低的省份是陕西，只有百万分之零点零三。

在性别比和人口城镇化率分布上，就塔塔尔族人口分布比重的集中分布区和分散分布区而言，塔塔尔族性别比较高的省份是新疆，为 118.32；较低的省份是广东为 103.70。塔塔尔族人口城镇化率较高的省份是广东，为 90.91%；较低的省份是新疆，为 58.20%。

2. 聚居分布格局

塔塔尔族是一个跨境民族，在中国和其他国家都有聚居区。在我国塔塔尔族主要聚居在新疆。在新疆塔塔尔族有 1 个乡镇级聚居区——奇台县大泉塔塔尔族乡（中华人民共和国民政部，2011）。

三、发展变化

自新中国成立以来，塔塔尔族人口总体呈增长的趋势（国务院人口普查办公室，1983；国务院人口普查办公室，国家统计局人口和就业统计司，1993，2002，2012）。如图 37-5 所示：从“一普”到“六普”，全国的人口增长幅度为 130.65%，少数民族的人口增长幅度为 227.29%，塔塔尔族的人口增长幅度为 −48.68%，同比远低于全国和少数民族。塔塔尔族各次普查之间的年平均增长率从“一普”到“二普”的年均增长率为 −9.56%，从“二普”到“三普”呈上升趋势；“三普”达到最大，为 3.31%；“三普”到“六普”呈下降趋势，“六普”年均增长率为 −3.14%。

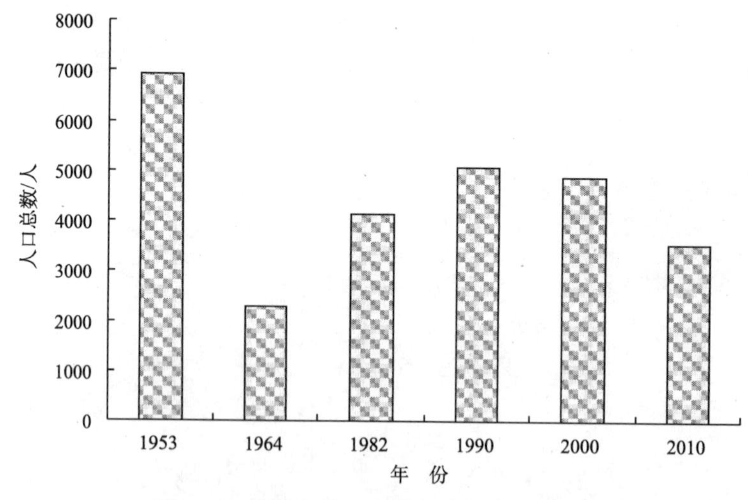

图 37-5　塔塔尔族历次普查的人口变化情况

2010 年与 2000 年相比，塔塔尔族人口构成比重变化存在较大的省份差异。人口构成比重下降的省份有内蒙古、安徽、湖南、河南、宁夏、云南、重庆、黑龙江、天津、北京、海南、青海、甘肃和新疆，其中下降最大的省份是新疆，下降了 0.009%。西藏和陕西的塔塔尔族人口构成比重无变化。除上述省份外其余省份人口构成比重均上升，上升较大的省份为福建、广西、广东和上海，其中上升最大的省份是福建，上升了百万分之零点四六。

以受教育状况和人口预期寿命而论，全国塔塔尔族 6 岁及以上未受教育人口占其总人口比例从 2000 年的 2.33%下降到 2010 年的 1.29%，其受教育率提升了 1.04%，其提高的幅度位居全国第 51 位。小学受教育人口占其总人口比例从 2000 年的 26.65%下降到 2010 年的 19.97%；中学受教育人口占其总人口比例从 2000 年的 49.98%下降到 2010 年的 45.28%；大学受教育人口占其总人口比例从 2000 年的 12.78%上升到 2010 年的 24.16%；到 2010 年止，有 0.53%的塔塔尔族人口接受了研究生教育。总体来看，塔塔尔族人口的受教育程度呈上升趋势。到 2000 年，塔塔尔族男性人口平均预期寿命为 71.60 岁，女性人口平均预期寿命为 76.82 岁。

参 考 文 献

陈海汶，陈鸣华. 2009. 和谐中华：中国的 56 个民族剪影. 上海：上海文化出版社：393.

杜倩萍. 2002. 塔塔尔族//赫时远，任一飞，陈英初，等. 中国少数民族分布图集. 北京：中国地图出版社：311-316.

郭平梁. 1986. 塔塔尔族//中国大百科全书编委会. 中国大百科全书・民族卷. 北京：中国大百科全书出版社：417-418.

国务院人口普查办公室. 1983. 第三次全国人口普查手工汇总资料汇编（第 4 册）. 北京：国务院人口普查办公室.

国务院人口普查办公室，国家统计局人口和就业统计司. 1993. 中国 1990 年人口普查资料. 北京：中国统计出版社.

国务院人口普查办公室，国家统计局人口和就业统计司. 2002. 中国 2000 年人口普查资料. 北京：中国统计出版社.

国务院人口普查办公室，国家统计局人口和就业统计司. 2012. 中国 2010 年人口普查资料（上). 北京：中国统计出版社.

李树春. 2010. 中国少数民族遗传学概论. 北京：中央民族大学出版社：113.

孙宏开，胡增益，黄行，等. 2007. 中国的语言. 北京：商务印书馆：1715.

《塔塔尔族简史》编写组，《塔塔尔族简史》修订本编写组. 2008. 塔塔尔族简史. 修订版. 北京：民族出版社：7-14.

郑度，等. 2008. 中国生态地理区域系统研究. 北京：科学出版社：130-132.

中国大百科全书编委会. 2009. 中国大百科全书・卷 21. 第 2 版. 北京：中国大百科全书出版社：413.

中华人民共和国民政部. 2011. 中华人民共和国乡镇行政区划简册（2011). 北京：中国统计年鉴出版社.

第三十八章　俄罗斯族民族地理

俄罗斯族属于蒙古人种北方类型。我国俄罗斯族人口 15 393 人（国务院人口普查办公室，国家统计局人口和就业统计司，2012）。俄罗斯族是中俄之间单边主体型、中哈之间非主体型、中吉之间非主体型和中塔之间非主体型跨界民族。中国的俄罗斯族为 18 世纪后期中俄战争始不断迁入的俄罗斯人形成，今主要分布在新疆和内蒙古二省区。

第一节　历史渊源

俄罗斯族的祖先为古代的东斯拉夫部落集团，公元 6 世纪居住在德尼斯脱河、第聂伯河及黑海沿岸，后建立古罗斯国。13 世纪，蒙古人攻占古罗斯后，将大批战俘带回中国，《元史》中有关于俄罗斯人居住大都（今北京）的记载。后来这批人在发展过程中，并没有作为独立的族群延续下来，而是逐渐融入到汉族或其他民族之中了。18 世纪后期，沙皇俄国派兵入侵中国的黑龙江以北地区，与此地区的驻军开战，在战争中部分俄罗斯人被俘或自愿归顺清朝，这些人形成了中国俄罗斯族的最早成员之一。19 世纪末和俄国十月革命前后，更多的俄罗斯人涌入中国的东北和西北的新疆等地区，封建军阀时期因其居“归化村”而称“归化族”。中华人民共和国成立后，恢复了俄罗斯族的本名（郭平梁，1986；中国大百科全书编委会，2009；《俄罗斯族简史》编写组，《俄罗斯族简史》修订本编写组，2008）。

第二节　人种类型与体质特征

俄罗斯族体质特征主要表现为蒙古人种北方类型，但明显具有高加索人种血缘成分。其体质特征（李树春，2010）表现为：男性总体身材较高，宽胸型、宽肩型和宽骨盆型者相对占优；男性的身材较高且魁梧，躯干较长，腿部和臂部相对较长；女性总体身材中上等，女性的身材属中上等且较健壮，躯干长度、腿部和臂部的长度均为中等。

第三节　语言文字、经济类型、服饰、民居、信仰及习俗

俄罗斯族分布较为分散，主要分布在新疆和内蒙古二省区。其中又集中分布于新疆的乌鲁木齐、塔城、伊犁等地区，内蒙古东部角的额尔古纳地区（龚晓犁，2002）。新疆的聚居区在《中国生态地理区域系统》中位于天山山地荒漠、草原、针叶林区西北部（ⅡD5），准噶尔盆地荒漠区（ⅡD4）局部和阿尔泰山地草原、针叶林区（ⅡD3）西南部；内蒙古的聚居区在《中国生态地理区域系统》中位于大兴安岭北段西侧森林草原区（ⅡB3）北部（郑度等，2008）。俄罗斯族生活地理环境类型以草原、森林、盆地荒漠及

绿洲为主，在与这样的地理环境之间、在与相邻地区之间、在与有关民族之间的协调共生中，俄罗斯族逐渐形成了具有一定特色的社会文化。

俄罗斯语（Russian）是俄罗斯族的本民族语言，她属于印欧语系斯拉夫语族东支（中国大百科全书编委会，1988）。俄罗斯族有本民族文字——属拼音文字类型的俄文（戴庆厦，2009）。

居住在城镇的俄罗斯族多为知识分子和技术工人；住在农村的俄罗斯族从事农业、园艺、养蜂等业；少数在牧区的俄罗斯族从事畜牧业和狩猎业。俄罗斯族服饰如图 38-1所示（陈海汶，陈鸣华，2009），结构上属于西方立体造型。俄罗斯族男女喜穿白色、宽松的绣花衫，在不同的季节，选择不同颜色、不同款式的衣着，同时还有年龄上的区别。俄罗斯族人口稀少而居住分散，大多数十户或十几户住在一起。俄罗斯族有一种典型的民居木刻楞房（图 38-2），这种民居主要是用木头和手斧刻出来的，有楞有角，非常规范、整齐，适宜北方气候环境，冬暖夏凉。俄罗斯族的饮食多样，主食为列巴和煎饼，副食有肉、鸡蛋、灌肠、牛奶、黄油等。俄罗斯族的凉菜、拼盘极富有民族特色。

图 38-1　俄罗斯族服饰（陈海汶，陈鸣华，2009）

摄影：陈海汶；拍摄时间：2002 年 2 月 19 日；拍摄地点：中国内蒙古自治区呼伦贝尔市额尔古纳市恩和俄罗斯族民族乡

图 38-2　俄罗斯族的木刻楞（徐艳文，2012）

俄罗斯族最早是信仰多神教，后受基督教的影响，信仰基督教中的东正教教派，少数信仰天主教和新教。俄罗斯族家庭一般为一夫一妻制小家庭。东正教是禁止离婚的，所以俄罗斯族人一般很少离婚。俄罗斯族的丧葬习俗同他们的宗教信仰和祖先崇拜有密切关系，一般实行土葬，城镇居民多改土葬为火葬。

第四节　空间结构及其发展变化

一、构成结构

全国第六次人口普查数据（国务院人口普查办公室，国家统计局人口和就业统计司，2012）表明，俄罗斯族的人口构成有如下特点：①在性别构成方面，人口性别比为89.83，低于全国的104.90，居第55位。②在人口存活率方面，15～64岁妇女产婴存活率为98.35%，低于全国的98.78%，居第19位。③在城镇化率方面，人口城镇化率为84.59%，高于全国的50.27%，居第1位。④在就业状况方面，就业率为96.43%，低于全国的97.46%，居第54位。在三次产业从业人口比例中（图38-3），第三产业最高，第一产业次之，第二产业最低，分别为68%、18%和14%。其中，第三产业从业人口中，比例最高的是公共管理和社会组织，占第三产业从业人口的19.81%；较高的是批发和零售业，占19.33%。⑤在人口年龄结构方面，人口最多的年龄段为20～24岁，较多的年龄段为35～39岁和40～44岁，这三个年龄段的人口数量占其总人口数量的29.34%。⑥在婚姻状况方面，15岁及以上人口的婚姻率为73.29%，低于全国的78.40%，居第37位。⑦在受教育程度方面，6岁及以上人口的受教育率为98.74%，高于全国的95.00%，居第4位。

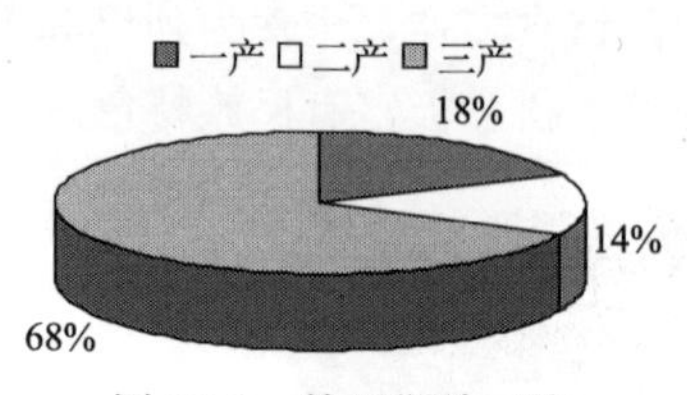

图38-3　俄罗斯族三次产业从业人口比例

二、分布格局

1. 省域分布格局

全国第六次人口普查数据（国务院人口普查办公室，国家统计局人口和就业统计司，2012）表明，俄罗斯族人口分布比重和人口构成比重最高的省域在我国各省、自治区和直辖市的分布上，呈现出“大分散、小聚居”的特点。同时，性别比和人口城镇化率省份差异较大。

在人口分布比重分布上，俄罗斯族的分布表现为三种区域类型，即集中分布区、分散分布区和零星分布区（图38-4）。集中分布区是新疆和内蒙古，这两个省份俄罗斯族的人口总数为13 162人，占全国俄罗斯族总人口数量的比例约为85.51%，其中，新疆的俄罗斯族人口总量最多，达到8489人，占全国俄罗斯族总人口的比例约为55.15%。分散分布区是北京、黑龙江、上海和辽宁，这些省份的俄罗斯族人口总数为1049人，占全国俄罗斯总人口数量的比例约为6.81%。除上述省份外，其余省份均属于零星分布区，这些省份的俄罗斯族人口总数为1182人，占全国俄罗斯族总人口数量的比例约为 7.68%，其中，西藏的俄罗斯族人口总量最少，共 3 人。

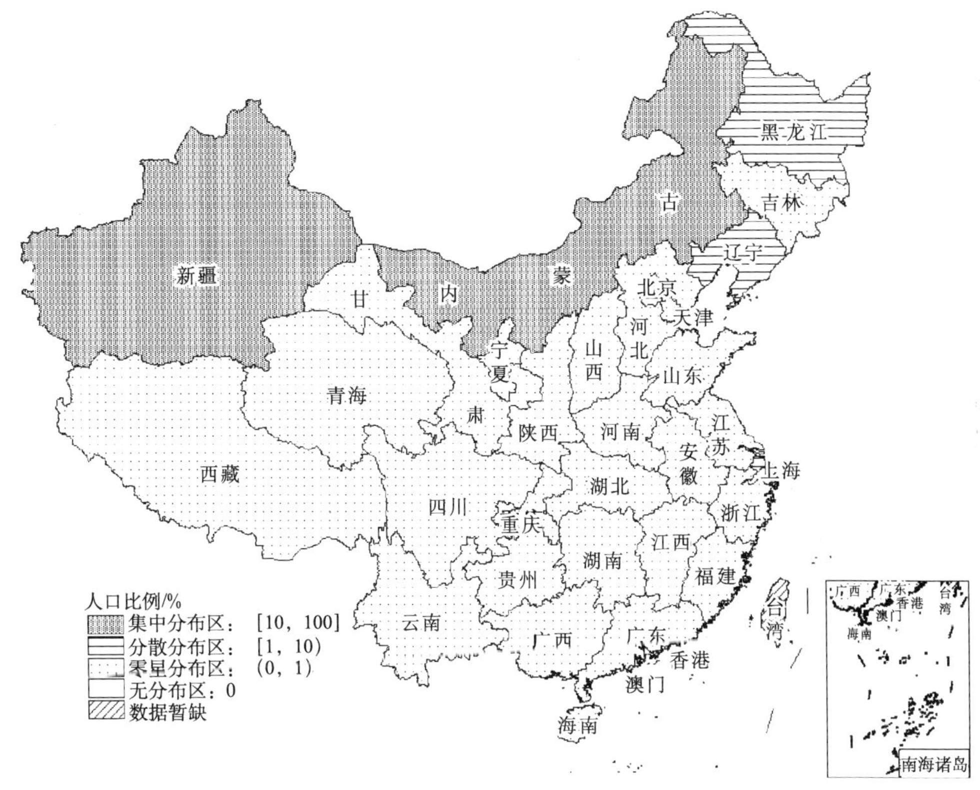

图 38-4　俄罗斯族分布的省域格局

在人口构成比重分布上，俄罗斯族人口构成比重最高的省份是新疆，为 0.04%；较高的省份是内蒙古，其俄罗斯族人口比例为 0.02%；较低的省份是广西、江西和山西，这些省份的俄罗斯族人口构成比重均在百万分之零点二以下；最低的省份是山西，只有百万分之零点一四。

在性别比分布上，就俄罗斯族人口分布比重的集中分布区和分散分布区而言，较高的省份是黑龙江、内蒙古、新疆和辽宁，其俄罗斯族性别比均在 81.36 以上，最高的省份是黑龙江，达到 102.60；较低的省份是上海和北京，其俄罗斯族性别比分别为 59.54 和 56.62。

在人口城镇化率分布上，就俄罗斯族人口分布比重的集中分布区和分散分布区而言，较高的省份是北京、新疆、辽宁和黑龙江，这些省份的俄罗斯族城镇化率均在 81.40%以上；俄罗斯族人口城镇化率最高的是上海，为 98.09%，最低的省份是内蒙古，仅为 77.04%。

2. 聚居分布格局

俄罗斯族是一个跨境民族，在中国和其他国家都有聚居区。俄罗斯族在我国的聚居区不多，主要聚居在新疆和内蒙古，俄罗斯族在内蒙古有且只有 1 个乡镇级聚居区——

市室韦俄罗斯民族乡，她是我国唯一的俄罗斯族民族乡（中华人民共和国民政
）。

三、发展变化

新中国成立以来，俄罗斯族人口总体呈增长的趋势（国务院人口普查办公室，国务院人口普查办公室，国家统计局人口和就业统计司，1993，2002，2012）。如-5所示，从“一普”到“六普”全国的人口增长幅度为130.65%，少数民族的人长幅度为227.29%，俄罗斯族的人口增长幅度为－32.06%，同比低于全国和少数。俄罗斯族的各次普查之间的年均增长率从“一普”到“二普”为下降，人口年均长率为－22.74%，从“二普”到“四普”的人口年均增长率均呈上升趋势，“四普”年均增长率最高，为21.11%，从“四普”到“六普”均呈下降趋势。

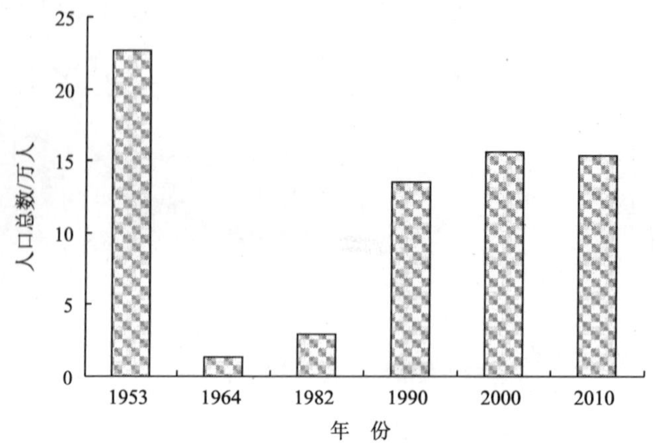

图38-5 俄罗斯族历次普查的人口变化情况

2010年与2000年相比，俄罗斯族人口构成比重变化存在较大的省份差异。人口构成比重上升的省份有上海、天津、北京、重庆、黑龙江、辽宁、广东、山东、江苏、福建、浙江、安徽、四川、海南、江西和湖北，其中，上升较大的是上海、天津和北京，这些省份的俄罗斯族人口构成比重均上升了十万分之零点一五六以上，上升最大的省份是上海，为十万分之零点四四五。陕西的俄罗斯族人口构成比重无变化。除以上省份外其余省份的人口构成比重均下降，下降比例最大的省份是新疆，下降了0.009%。

以受教育状况和人口预期寿命而论，全国俄罗斯族6岁及以上未受教育人口占其总人口比例从2000年的3.16%下降到2010年的1.19%，其受教育率提升了1.97%，提高的幅度位居全国第42位。小学受教育人口占其总人口比例从2000年的20.87%下降到2010年的13.80%；中学的受教育人口占其总人口比例从2000年的55.24%下降到2010年的51.65%；大学的受教育人口占其总人口比例从2000年的12.81%上升到2010年的26.76%；研究生受教育人口占其总人口比例从2000年的0.09%上升到2010年的0.90%。总体来看，俄罗斯族的受教育程度呈上升趋势。到2000年，俄罗斯族人口的平均预期寿命为78.79岁。

参 考 文 献

陈海汶，陈鸣华. 2009. 和谐中华：中国的56个民族剪影. 上海：上海文化出版社：345.

戴庆厦. 2009. 中国少数民族语言文字. 北京：语文出版社：42-43.

《俄罗斯族简史》编写组，《俄罗斯族简史》修订本编写组. 2008. 俄罗斯族简史. 修订版. 北京：民族出版社：1-16.

龚晓犁. 2002. 俄罗斯族//赫时远，任一飞，陈英初，等. 中国少数民族分布图集. 北京：中国地图出版社：275-280.

郭平梁. 1986. 俄罗斯族//中国大百科全书编委会. 中国大百科全书・民族卷. 北京：中国大百科全书出版社：108.

国务院人口普查办公室. 1983. 第三次全国人口普查手工汇总资料汇编（第4册）. 北京：国务院人口普查办公室.

国务院人口普查办公室，国家统计局人口和就业统计司. 1993. 中国1990年人口普查资料. 北京：中国统计出版社.

国务院人口普查办公室，国家统计局人口和就业统计司. 2002. 中国2000年人口普查资料. 北京：中国统计出版社.

国务院人口普查办公室，国家统计局人口和就业统计司. 2012. 中国2010年人口普查资料（上）. 北京：中国统计出版社.

赫时远，任一飞，陈英初，等. 2002. 中国少数民族分布图集. 北京：中国地图出版社.

李树春. 2010. 中国少数民族遗传学概论. 北京：中央民族大学出版社：105.

徐艳文. 2012. 俄罗斯族的木刻楞. 上海房地，11（3）：58.

郑度，等. 2008. 中国生态地理区域系统研究. 北京：科学出版社：130-132.

中国大百科全书编委会. 1988. 中国大百科全书・语言文字. 北京：中国大百科全书出版社：62.

中国大百科全书编委会. 2009. 中国大百科全书・卷6. 第2版. 北京：中国大百科全书出版社：52.

中华人民共和国民政部. 2011. 中华人民共和国乡镇行政区划简册（2011）. 北京：中国统计年鉴出版社.

第三十九章 达斡尔族民族地理

达斡尔族属于蒙古人种北方类型。我国达斡尔族人口131 992人（国务院人口普查办公室，国家统计局人口和就业统计司，2012）。达斡尔族或与契丹人有渊源关系，清代征调青壮年驻防东北、西北边境后奠定今分布格局，今主要分布于内蒙古东部和黑龙江西部。达斡尔族保留着渔猎经济文化特征。

第一节 历史渊源

达斡尔族族源今无定论，或为契丹族后裔。17世纪中叶以前，达斡尔人一直活动于外兴安岭以南精奇里江（今俄罗斯境内吉雅河）河谷与东起牛满江（今俄罗斯境内布列亚河），西至石勒喀河的黑龙江北岸河谷地带。17世纪中叶，由于沙俄入侵黑龙江流域，达斡尔人被迫内迁。达斡尔人最初多迁至嫩江流域，后因清政府征调青壮年驻防东北、西北边境，才有一部分达斡尔人徙居呼伦贝尔、爱辉以及新疆塔城（满都尔图，1986；中国大百科全书编委会，2009；《达斡尔族简史》编写组，《达斡尔族简史》修订本编写组，2008）。

第二节 人种类型与体质特征

达斡尔族是典型的蒙古人种北方类型。其体质特征（李树春，2010）表现为：身材中等偏高，男性少胡须；头型属圆头型、中头型和高头型；男性属长躯干型，女性属中躯干型；面型男性属中面型，女性属阔面型；眼裂斜度外高内低，多无蒙古褶，大多有上眼睑皱褶；鼻根低平，鼻梁多直型，属狭鼻型；耳垂多三角形，红唇较薄。

第三节 语言、经济类型、服饰、民居、信仰及习俗

达斡尔族主要分布在内蒙古东部和黑龙江西部，新疆西北有少量分布，前两者是达斡尔族长期活动的区域，又集中分布在内蒙古的莫力达瓦达斡尔族自治旗、鄂温克族自治旗和黑龙江的齐齐哈尔市梅里斯达斡尔族区，活动区域仍然具有相对的连续性（满都尔图，2002）。达斡尔族主要聚居于富饶美丽的嫩江两岸，其主要的集中分布区位于《中国生态地理区域系统》中的松辽平原东部山前台地针阔叶混交林区（ⅡA3）北部和松辽平原中部森林草原区（ⅡB1）北部（郑度等，2008），是典型的森林、草原自然地理环境，平原、森林、草原、河流构成了达斡尔族主要的自然地理环境类型。在与这样的地理环境之间、在与相邻地区之间、在与有关民族之间的协调共生中，达斡尔族逐渐形成了具有一定特色的社会文化。

达斡尔语（Dagur，or Daur）是达斡尔族的本民族语言，她属于阿尔泰语系蒙古语族（仲素纯，2007），是一种处于危险等级的濒危语言。达斡尔族没有本民族文字。

达斡尔族经济活动具有多样性特征，（平原）农、牧、渔等兼营，带有渔猎经济文化类型的特点。达斡尔族传统服饰如图 39-1 所示（陈海汶，陈鸣华，2009），皮袍、帽子、手套、靴子均用兽皮制成。由于从事农业、畜牧业和传统的渔猎业，使得其服饰原料多样，男装以皮衣为主，女装以棉布居多。达斡尔族以米食和面食为主，副食有肉类、鱼类、奶类和各种蔬菜。其传统食品以稷子米饭和“达勒巴达”（荞面条）著称，柳蒿芽也是达斡尔族的传统野生菜食。受高纬度地理环境的影响，达斡尔族房舍院落田园排列井然有序，“介”字型草房一律朝南，注重采光，一般一户有两间、三间或五间房。图 39-2 为中华民族博物馆达斡尔族分馆按内蒙古莫力达瓦地区达斡尔族传统民居1∶1复原正面外观。

图 39-1　达斡尔族服饰（陈海汶，陈鸣华，2009）

摄影：陈海汶；拍摄时间：2009 年 2 月 22 日；拍摄地点：中国内蒙古自治区呼伦贝尔市莫力达瓦达斡尔自治旗尼尔基镇

图 39-2　达斡尔族传统民居

资料来源：中华民族博物馆（http://www.emuseum.org.cn/node /88.2012-07-04）

达斡尔族古代信奉萨满教，随着时代的发展和环境的变迁，受其他民族的影响，主要信仰萨满教，兼有自然崇拜、图腾崇拜和宗教崇拜，还信仰喇嘛教等。达斡尔族实行一夫一妻的氏族外婚制。达斡尔族实行土葬，各屯都有“莫昆”的公共墓地，墓地内各户都有指定的位置，埋葬长幼有序。

第四节　空间结构及其发展变化

一、构成结构

全国第六次人口普查数据（国务院人口普查办公室，国家统计局人口和就业统计司，2012）表明，达斡尔族的人口构成有如下特点：①在性别构成方面，人口性别比为96.63，低于全国的104.90，居第49位。②在人口存活率方面，15～64岁妇女产婴存活率为98.55%，低于全国的98.78%，居第14位。③在城镇化率方面，人口城镇化率为57.58%，高于全国的50.27%，居第8位。④在就业状况方面，就业率为96.97%，低于全国的97.46%，居第50位；在三次产业从业人口比例中（图39-3），第一产业最高，第三产业次之，第二产业最低，分别为52%、39%和9%。第三产业从业人口中，比例最高的是公共管理和社会组织，占第三产业从业人口的20.82%；较高的是教育，占16%。⑤在人口年龄结构方面，人口最多的年龄段为20～24岁，人口较多的年龄段为25～29岁和35～39岁，这三个年龄段的人口数量占其总人口数量的29.63%。⑥在婚姻状况方面，15岁及以上人口的婚姻率为73.03%，低于全国的78.40%，居第38位。⑦在受教育程度方面，6岁及以上人口的受教育率为98.84%，高于全国的95%，居第2位。

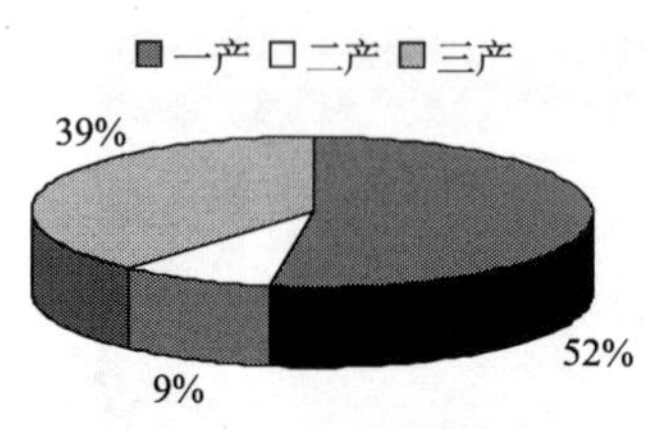

图39-3　达斡尔族三次产业从业人口比例

二、分布格局

1. 省域分布格局

全国第六次人口普查数据（国务院人口普查办公室，国家统计局人口和就业统计司，2012）表明，达斡尔族人口分布比重和人口构成比重最高的省域在我国各省、自治区和直辖市的分布上，呈现出主要集中在东北地区的特点。同时，性别比和人口城镇化率省份差异较大。

在人口分布比重分布上，达斡尔族的分布表现为三种区域类型，即集中分布区、分散分布区和零星分布区（图39-4）。集中分布区是内蒙古和黑龙江，这两个省份的达斡尔族人口总数为116 532人，占全国达斡尔族总人口数量的比例约为88.29%，其中，内蒙古的达斡尔族人口总数最多，达到76 255人，占全国达斡尔族总人口数量的比例为57.77%。分散分布区是新疆、北京和辽宁，这三个省份的达斡尔族人口总数为9437人，占全国达斡尔族总人口数量的比例约为7.15%。除上述省份外其余均属于零星分布区，零星分布区达斡尔族的人口总数为6023人，占全国达斡尔族总人口数量的比例约为4.56%，西藏自治区的达斡尔族人口最少，只有5人。

在人口构成比重分布上，较高的省份是内蒙古、黑龙江、新疆、北京、天津和辽宁，其达斡尔族人口构成比重均在0.004%以上，最高的省份是内蒙古，为0.31%；较低的省份是西藏、湖北、四川、河南、安徽、江西、贵州和福建，其达斡尔族人口构成比重均在0.017%以下，最低的省份是湖南，只有百万分之零点六。

在性别比分布上，就达斡尔族人口分布比重的集中分布区和分散分布区而言，较高的省份是新疆、黑龙江和内蒙古，其达斡尔族性别比均在97.50以上，其中，最高的省份是新疆，为106.18；较低的省份是辽宁和北京，其达斡尔族性别比分别为75.78和73.87。

在人口城镇化率分布上，就达斡尔族人口分布比重的集中分布区和分散分布区而言，较高的省份是北京和辽宁，其达斡尔族人口城镇化率均在80%以上，其中，最高的是北京，高达94.76%；较低的省份是内蒙古、新疆和黑龙江，其达斡尔族人口城镇化率均在63.55%以下，最低的省份是黑龙江，只有40.07%。

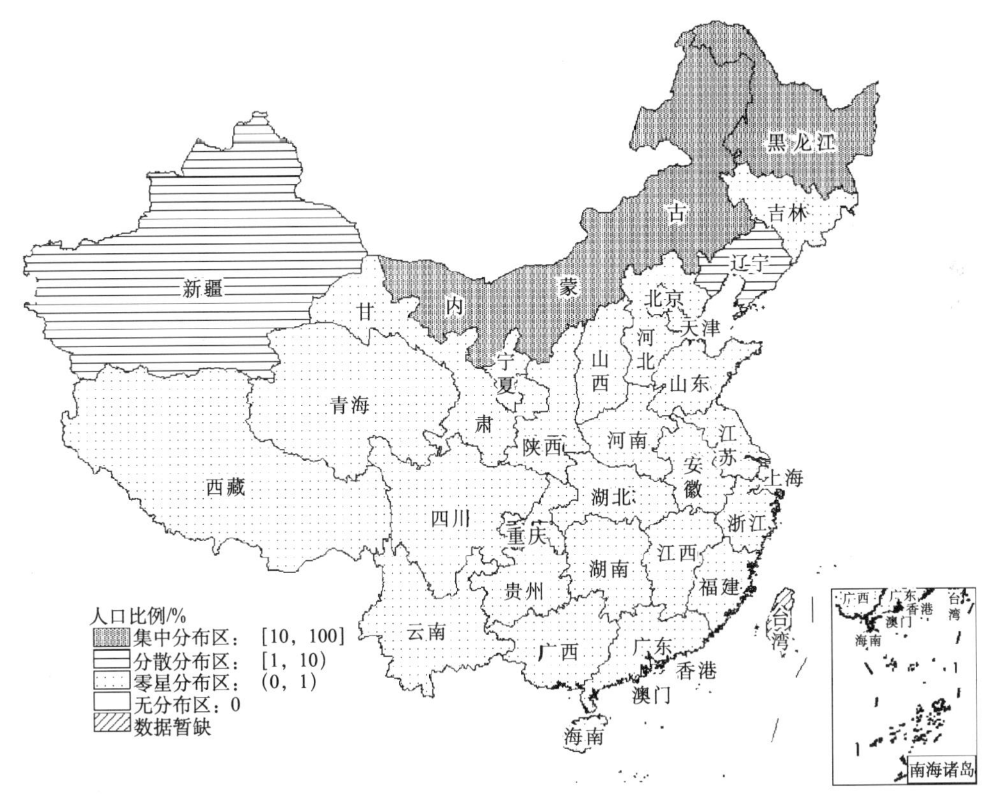

图39-4 达斡尔族分布的省域格局

2. 聚居分布格局

达斡尔族聚居区不多，主要分布在内蒙古、黑龙江、新疆和辽宁等省份。在全国达斡尔族共有 2 个县区级聚居区和 11 个乡镇级聚居区（中华人民共和国民政部，2011）：第一，2 个县区级聚居区——内蒙古莫力达瓦达斡尔族自治旗、齐齐哈尔市梅里斯达斡尔族区，前者是中国最大的达斡尔族聚居区；第二，11 个乡镇级聚居区——鄂温克族自治旗巴彦塔拉达斡尔民族乡、扎兰屯市达斡尔民族乡、阿荣旗音河达斡尔鄂温克民族乡、梅里斯达斡尔族区卧牛吐达斡尔族镇、梅里斯达斡尔族区莽格吐达斡尔族乡、富裕县友谊达斡尔族满族柯尔克孜族乡、富裕县塔哈满族达斡尔族乡、齐齐哈尔市富拉尔基区杜尔门沁达斡尔族乡、黑河市爱辉区坤河达斡尔族满族乡、孙吴县沿江满族达斡尔族乡、塔城市阿西尔达斡尔族乡。

三、发展变化

自新中国成立以来，达斡尔族人口总体呈增长的趋势（国务院人口普查办公室，1983；国务院人口普查办公室，国家统计局人口和就业统计司，1993，2002，2012）。如图 39-5 所示，从“二普”到“六普”，全国的人口增长幅度为 92.82%，少数民族的人口增长幅度为 179.12%，达斡尔族的人口增长幅度为 108.21%，同比低于全国和少数民族。达斡尔族各次普查之间的年均增长率从“二普”到“四普”呈上升趋势，“四普”达到最高，为 3.24%，从“四普”到“六普”呈下降趋势，“六普”年均增长率出现负值，为－0.03%。

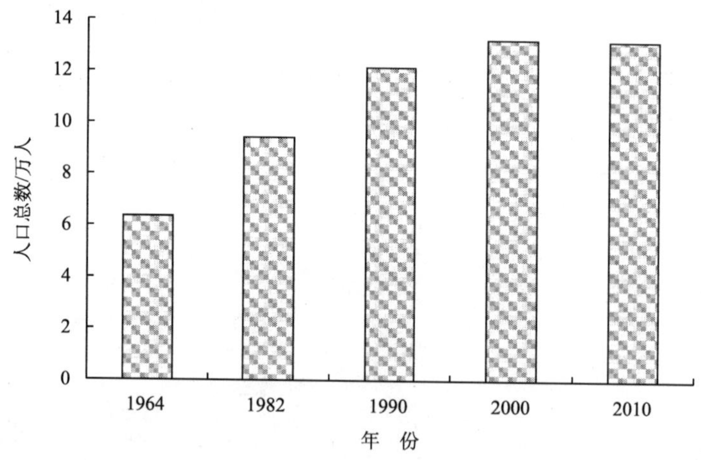

图 39-5 达斡尔族历次普查的人口变化情况

2010 年与 2000 年相比，达斡尔族人口构成比重变化存在较大的省份差异。其中，人口构成比重下降的省份是江西、河南、安徽、山西、海南、甘肃、湖南、贵州、青海、新疆、黑龙江和内蒙古，而其他省份均上升。人口构成比重上升最大的省份是北京，上升了 0.04%；上升较大的省份是天津、辽宁和上海，这些省份的比例分别上升了 0.001%、0.001%和十万分之零点九；下降最大的省份是内蒙古，下降了 0.002%；下降较大的省份是黑龙江，下降了 0.015%。

以受教育状况和人口预期寿命而论，全国达斡尔族 6 岁及以上未受教育人口占其总人口比例从2000年的3.22%下降到2010年的1.07%，其受教育率提升了2.15%，其提高的幅度位居全国第40位。小学受教育人口占其总人口比例从2000年的28.58%下降到2010年的19.4%；中学受教育人口占其总人口比例从2000年的53.29%上升到2010年的55.54%；大学受教育人口占其总人口比例从2000年的6.93%上升到2010年的15.86%；到2010年止，有0.51%的达斡尔族人口接受了研究生教育。到1990年，达斡尔族人口的平均预期寿命为62.58岁，男性人口平均预期寿命为60.50岁，女性人口平均预期寿命为65.00岁。

参 考 文 献

陈海汶，陈鸣华. 2009. 和谐中华：中国的56个民族剪影. 上海：上海文化出版社：241.

《达斡尔族简史》编写组，《达斡尔族简史》修订本编写组. 2008. 达斡尔族简史. 修订版. 北京：民族出版社：1-72.

国务院人口普查办公室. 1983. 第三次全国人口普查手工汇总资料汇编（第4册）. 北京：国务院人口普查办公室.

国务院人口普查办公室，国家统计局人口和就业统计司. 1993. 中国1990年人口普查资料. 北京：中国统计出版社.

国务院人口普查办公室，国家统计局人口和就业统计司. 2002. 中国2000年人口普查资料. 北京：中国统计出版社.

国务院人口普查办公室，国家统计局人口和就业统计司. 2012. 中国2010年人口普查资料（上）. 北京：中国统计出版社.

李树春. 2010. 中国少数民族遗传学概论. 北京：中央民族大学出版社：84.

满都尔图. 1986. 达斡尔族//中国大百科全书编委会. 中国大百科全书·民族卷. 北京：中国大百科全书出版社：78-80.

满都尔图. 2002. 达斡尔族//赫时远，任一飞，陈英初，等. 中国少数民族分布图集. 北京：中国地图出版社：197-202.

郑度，等. 2008. 中国生态地理区域系统研究. 北京：科学出版社：130-132.

中国大百科全书编委会. 2009. 中国大百科全书·卷4. 第2版. 北京：中国大百科全书出版社：156.

中华人民共和国民政部. 2011. 中华人民共和国乡镇行政区划简册（2011）. 北京：中国统计年鉴出版社.

仲素纯. 2007. 达斡尔语//孙宏开，胡增益，黄行，等. 中国的语言. 北京：商务印书馆：1872-1891.

第四十章　赫哲族民族地理

赫哲族属于蒙古人种北方类型。我国赫哲族人口5354人（国务院人口普查办公室，国家统计局人口和就业统计司，2012）。赫哲族与我国古代东北“肃慎”族群有渊源关系，至清形成独立民族。赫哲族是中俄之间非主体跨界民族，在俄称为那乃族。在我国境内主要分布于东北地区，尤集中分布于黑龙江省。赫哲族是典型的渔猎民族，分布地沿河流延伸，社会文化特征具有渔猎色彩。

第一节　历史渊源

赫哲族与中国古代东北民族群体有渊源关系，主要是具有渊源关系的先秦“肃慎”、“稷慎”，汉魏“挹娄”，南北朝“勿吉”，隋唐“靺鞨”。其中，“靺鞨”分为七部，“黑水部”处最北方，分十六部，是赫哲族重要的远祖组成部分。辽代，“黑水靺鞨”活动区域有五部国，与女真相邻，其中的“兀的改”人或“兀的哥”人即为后来的赫哲族。明代时女真分三部，赫哲族先世为“野人”女真之一部。清代是赫哲族形成的重要时期，此期由牡丹江、乌苏里江流域至黑龙江下游的赫哲族中约22个氏族构成了今赫哲族（《赫哲族简史》编写组，《赫哲族族简史》修订本编写组，2008）。这些氏族来源说明赫哲族在漫长的历史发展过程中，吸收了一些通古斯语族中其他民族成分，并参与了这些民族的形成，同时有些氏族也吸收了蒙古人、东部沿海和黑龙江流域某些土著居民以及库页族成分等（刘忠波，1986；中国大百科全书编委会，2009；《赫哲族简史》编写组，《赫哲族族简史》修订本编写组，2008）。

第二节　人种类型与体质特征

赫哲族是典型的蒙古人种北方类型。其体质特征（李树春，2010）表现为：身材中等偏高；发形直，发旋多为单旋顺时针方向；眼裂开度较窄，眼裂斜度多为外高内低，大多有蒙古褶；鼻梁较直，鼻尖和鼻基底部方向多为水平向前，属中鼻型和狭鼻型；上唇皮肤部高度中等，红唇较薄；耳垂形状多为三角形和圆形；面部较低而宽，面型男性多为中面型，女性多为阔面型；头圆而高，头型属于过圆头型、高头型和中头型。

第三节　语言、经济类型、服饰、民居、信仰及习俗

赫哲族的集中分布区为黑龙江省的同江市街津口赫哲族乡、同江市八岔赫哲族乡、饶河县四排赫哲族乡（葛馨，2002）。这一地区在《中国生态地理区域系统》中位于三江平原湿地区北部河缘（ⅡA1）和小兴安岭长白山地针叶林区（IIA2）东北河缘（郑

度等，2008)。

赫哲族的生活环境在我国民族中独具特色，其聚居区分布也明显地反映出沿（平原）河流延伸的特征，即松花江河流沿岸、黑龙江下游沿岸和乌苏里江中段沿岸。在与这样的地理环境之间、在与相邻地区之间、在与有关民族之间的协调共生中，赫哲族逐渐形成了具有一定特色的社会文化。

赫哲语（Huzhu Monguor）是赫哲族的本民族语言，她属于阿尔泰语系满-通古斯语族满语支（中国大百科全书编委会，1988)，已是一种处于濒危等级的濒危语言。赫哲语分奇勒恩和赫真两个方言。方言区域以松花江沿岸的勤得利为界。勤得利以上（即松花江上游）为奇勒恩方言（包括饶河县四排），勤得利以下（即松花江下游）为赫真方言（安俊，2007)。奇勒恩方言被联合国教科文组织鉴定为一种垂危的濒危语言(Kilen)。赫哲族没有本民族文字。在清代使用过满文（安俊，2007)。

赫哲族经济活动以渔猎为主，兼有农业生产。赫哲族服饰多用鱼皮和兽皮制成（主要是鱼皮，故古有“鱼皮部”之称），有的地区还用狍皮、鹿皮。赫哲族服饰如图 40-1

图 40-1　赫哲族服饰（陈海汶，陈鸣华，2009)

摄影：陈海汶；拍摄时间：2008 年 11 月 27 日；拍摄地点：中国黑龙江省佳木斯市同江市街津口赫哲族乡

所示（陈海汶，陈鸣华，2009)，不论男女都戴帽子，男子夏天戴桦皮帽，冬天则戴貂皮帽。赫哲族具有鲜见的鱼皮文化，其鱼皮服饰在面料、缝衣线等方面均有体现，反映出赫哲族人适应、利用、改造自然的聪明才智。赫哲族早年的主食，除鱼之外，还有兽肉和小米。赫哲族的食鱼及其烹调技术最有特色，赫哲族食鱼可以做成以下几种：生鱼片、生鱼丝、生鱼刨花等。赫哲族的住房种类有很多，但归纳起来主要有两种：临时住房和固定住房。临时住房有“撮罗子”（图 40-2)

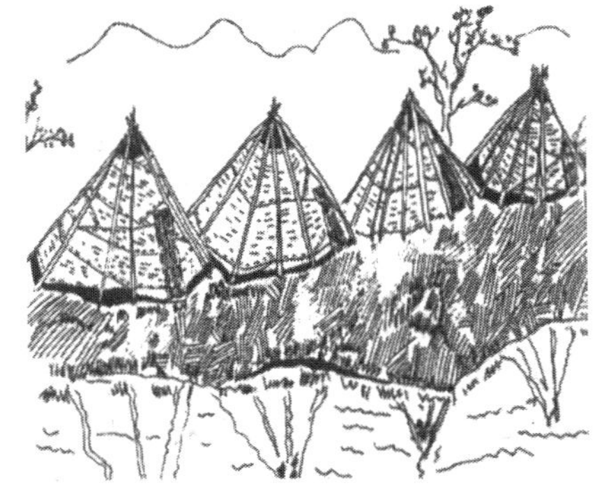

图 40-2　赫哲族水边的“撮罗子”（王锐，2006)

和“温特和安口”等，这类房屋是为了避免洪水、火灾和猛兽的袭击而搭建在高树上的小屋，类似于巢居（王锐，2006）；固定住房有地窨子、马架子和满洲正房。

赫哲族信仰萨满教，萨满教在赫哲族历史上具有深远的影响。赫哲族早年还存在图腾崇拜和灵物崇拜以及偶像崇拜。赫哲族实行一夫一妻的氏族外婚制，但也有一夫多妻的婚姻。赫哲族特殊的丧葬形式是树葬，为狩猎时死于山中者的葬式，两三年后埋葬。其他习俗一般有死于家中者三日后埋葬；死于非命者隔日埋葬；死于痘疹或痨病者当日火葬。

第四节　空间结构及其发展变化

一、构成结构

全国第六次人口普查数据（国务院人口普查办公室，国家统计局人口和就业统计司，2012）表明，赫哲族的人口构成有如下特点：①在性别构成方面，人口性别比为98.08，低于全国的104.90，居第48位。②在人口存活率方面，15～64岁妇女产婴存活率为99.48%，高于全国的98.78%，居第2位。③在城镇化率方面，人口城镇化率为67.71%，高于全国的50.27%，居第4位。④在就业状况方面，就业率为96.66%，低于全国的97.46%，居第53位。在三次产业从业人口比例中（图40-3），第三产业最高，第一产业次之，第二产业最低，分别为48%、32%和20%。其中，第三产业从业人口中，比例最高的是公共管理和社会组织，占第三产业从业人口的22.61%；较高的是批发和零售业，占18.26%。⑤在人口年龄结构方面，人口最多的年龄段为20～24岁，较多的年龄段为25～29岁和35～39岁，这三个年龄段的人口数量占其总人口数量的33.56%。⑥在婚姻状况方面，15岁及以上人口的婚姻率为67.85%，低于全国的78.40%，居第51位。⑦在受教育程度方面，6岁及以上人口的受教育率为98.10%，高于全国的95.00%，居第9位。

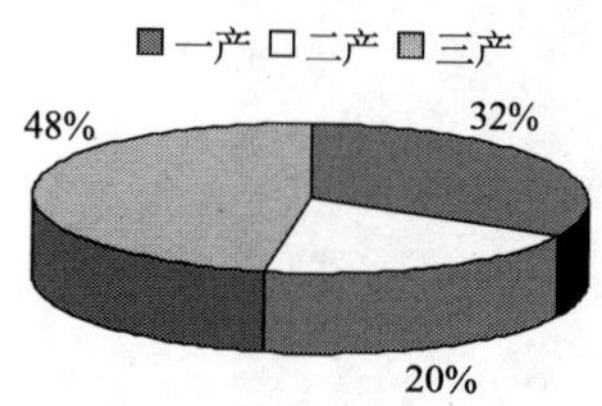

图40-3　赫哲族三次产业从业人口比例

二、分布格局

1. 省域分布格局

全国第六次人口普查数据（国务院人口普查办公室，国家统计局人口和就业统计司，2012）表明，赫哲族人口分布比重和人口构成比重最高的省域在我国各省、自治区和直辖市的分布上，呈现出“大分散、小聚居”的特点。同时，性别比和人口城镇化率省份差异较大。

在人口分布比重分布上，赫哲族的分布表现为四种区域类型，即集中分布区、分散分布区、零星分布区和无分布区（图40-4）。集中分布区是黑龙江，该省的赫哲族人口总数为3613人，占全国赫哲族总人口数量的比例约为67.48%。分散分布区是广东、吉林、北京、辽宁、河北、四川、江苏、山东和广西，它们的人口总数为1238人，占全国赫哲族总人口数量的比例约为23.12%。无分布区是西藏。除上述省份外，其余省份均属于零星分布区，这些省份的赫哲族人口总数为503人，占全国赫哲族总人口数量的比例约为9.40%，其中，宁夏的赫哲族人口最少，共4人。

在人口构成比重分布上，除无分布区外，最高的省份是黑龙江，其赫哲族人口构成比重为0.09%；较高的省份是北京，为0.001%；较低的省份是湖北、贵州、江西和陕西，其赫哲族人口构成比重均在百万分之零点四以下；最低的省份是陕西，只有百万分之零点一。

在性别比分布上，就赫哲族人口分布比重的集中分布区和分散分布区而言，较高的省份是广西、江苏和山东，其赫哲族性别比均在106.05以上，最高的是广西，达到117.24；较低的省份是辽宁、四川和北京，其赫哲族人口性别比均在87.81以下，最低的是北京，只有67.50。

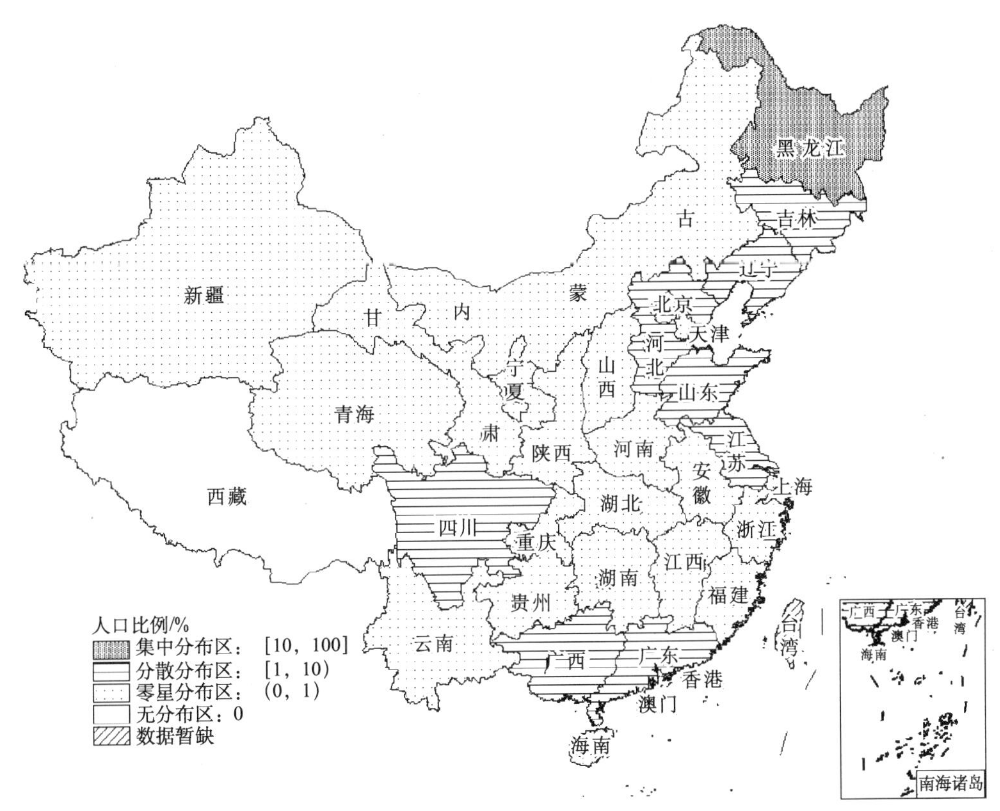

图40-4　赫哲族分布的省域格局

在人口城镇化率分布上，就赫哲族人口分布比重的集中分布区和分散分布区而言，较高的省份是北京、辽宁、广西和广东，其赫哲族人口城镇化率均在84.22%以上，最高的是北京，达到96.52%；较低的省份是黑龙江、吉林和四川，其赫哲族人口城镇化率均在63.97%以下，最低的省份是四川，只有38.10%。

2. 聚居分布格局

赫哲族是我国东北地区历史悠久的民族之一，也是我国人口数最少的民族之一。赫哲族聚居区较少，主要分布在黑龙江。在黑龙江赫哲族有 3 个乡镇级聚居区——同江市街津口赫哲族乡、同江市八岔赫哲族乡和饶河县四排赫哲族乡（中华人民共和国民政部，2011）。

三、发展变化

自新中国成立以来，赫哲族人口总体呈增长的趋势（国务院人口普查办公室，1983；国务院人口普查办公室，国家统计局人口和就业统计司，1993，2002，2012）。如图 40-5 所示，从“二普”到“六普”，全国的人口增长幅度为 92.82%，少数民族的人口增长幅度为 179.12%，赫哲族的人口增长幅度为 645.68%，同比高于全国和少数民族。赫哲族的各次普查之间的年平均增长率从“二普”到“四普”均呈上升趋势，“四普”的年均增长率最高，达 14.02%，从“四普”到“五普”呈下降趋势，从“五普”到“六普”又呈现出上升趋势。

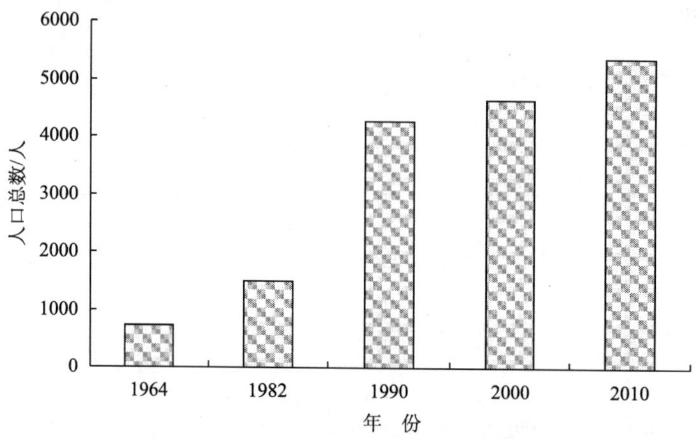

图 40-5 赫哲族历次普查的人口变化情况

2010 年与 2000 年相比，赫哲族人口构成比重变化存在较大的省份差异。人口构成比重下降的省份有贵州、内蒙古、西藏、青海和黑龙江，其中，下降最大的省份是黑龙江，下降了 0.014%。除上述省份外，其余省份的赫哲族人口构成比重变化均为上升，上升较大的有北京、广东、辽宁、天津、福建和广西，这些省份的人口构成比重上升均在十万分之零点一零六以上，其中，上升最大的省份北京，达到十万分之零点四零六。

以受教育状况和人口预期寿命而论，全国赫哲族 6 岁及以上未受教育人口占其总人口比例从 2000 年的 2.61%下降到 2010 年的 1.76%，其受教育率提升了 0.85%，提高的幅度位居全国第 54 位。小学受教育人口占其总人口比例从 2000 年的 24.57%下降到 2010 年的 15.32%；中学的受教育人口占其总人口比例从 2000 年的 54.66%下降到 2010 年的 51.31%；大学的受教育人口占其总人口比例从 2000 年的 10.24%上升到

2010 年的 22.62%；研究生受教育人口占其总人口比例从 2000 年的 0.15%上升到 2010 年的 1.27%。总体来看，赫哲族人口的受教育程度呈上升趋势。到 1990 年，赫哲族男性人口的平均预期寿命 77.93 岁，女性人口平均预期寿命为 69.06 岁。

参 考 文 献

安俊. 2007. 赫哲语//孙宏开，胡增益，黄行，等. 中国的语言. 北京：商务印书馆：2061-2081.

陈海汶，陈鸣华. 2009. 和谐中华：中国的 56 个民族剪影. 上海：上海文化出版社：417.

葛馨. 2002. 赫哲族//赫时远，任一飞，陈英初，等. 中国少数民族分布图集. 北京：中国地图出版社：329-334.

国务院人口普查办公室. 1983. 第三次全国人口普查手工汇总资料汇编（第 4 册）. 北京：国务院人口普查办公室.

国务院人口普查办公室，国家统计局人口和就业统计司. 1993. 中国 1990 年人口普查资料. 北京：中国统计出版社.

国务院人口普查办公室，国家统计局人口和就业统计司. 2002. 中国 2000 年人口普查资料. 北京：中国统计出版社.

国务院人口普查办公室，国家统计局人口和就业统计司. 2012. 中国 2010 年人口普查资料（上）. 北京：中国统计出版社.

《赫哲族简史》编写组，《赫哲族简史》修订本编写组. 2008. 赫哲族简史. 修订版. 北京：民族出版社：15-30，6-146.

李树春. 2010. 中国少数民族遗传学概论. 北京：中央民族大学出版社：115.

刘忠波. 1986. 赫哲族//中国大百科全书编委会. 中国大百科全书・民族卷. 北京：中国大百科全书出版社：176-177.

王锐. 2006. 赫哲族建筑艺术产生发展与保护. 佳木斯大学社会科学学报，12（4）：69-71.

郑度，等. 2008. 中国生态地理区域系统研究. 北京：科学出版社：130-132.

中国大百科全书编委会. 1988. 中国大百科全书・语言文字. 北京：中国大百科全书出版社：211.

中国大百科全书编委会. 2009. 中国大百科全书・卷 8. 第 2 版. 北京：中国大百科全书出版社：444.

中华人民共和国民政部. 2011. 中华人民共和国乡镇行政区划简册（2011）. 北京：中国统计年鉴出版社.

第四十一章　鄂伦春族民族地理

鄂伦春族属于蒙古人种北方类型。我国鄂伦春族人口 8659 人（国务院人口普查办公室，国家统计局人口和就业统计司，2012）。鄂伦春族与古代肃慎集团有着亲缘关系，至清一代形成独立民族。鄂伦春族是中俄之间非主体型跨界民族。主要分布于中国境内的黑龙江和内蒙古两省区。鄂伦春族是典型的森林民族，尤其传统上以狩猎为生，形成了典型的森林民族文化。

第一节　历史渊源

鄂伦春先民与古代肃慎（见本书第十三章第一节注释）集团有着亲缘关系，大概在公元 5～6 世纪时，活动于黑龙江流域的室韦人中的钵室韦与鄂伦春族有更为密切的渊源关系。公元 625 年，唐王朝在室韦人的活动地区设置了都督府，以管辖这一地区。元明两代鄂伦春族被笼统归入称为“林木中百姓”（元）和“使鹿部”（明）的游猎民族中。有关“鄂伦春”名称的最早出现，始于清初，《圣武述略》等记为“诺罗”，康熙年间的“上谕”和“奏折”中已将鄂伦春族人称为“俄罗春”、“俄乐春”、“俄伦春”或“鄂伦春”等。有清一代鄂伦春族作为“索伦部”的一部分，被编入“布特哈巴旗”，纳入了清朝的统治范围，从分散的部落逐渐成为了一个统一的整体，而 17 世纪中叶的沙皇俄国入侵中国黑龙江流域，使鄂伦春人南迁集中分布于大小兴安岭（秋浦，1986；中国大百科全书编委会，2009；《鄂伦春族简史》编写组，《鄂伦春族简史》修订本编写组，2008）。

第二节　人种类型与体质特征

鄂伦春族是典型的蒙古人种北方类型。其体质特征（李树春，2010）表现为：身材偏矮，肤色较深，浅褐色头发；头型多圆头型和过圆头型；面型多阔面型；眼裂开度中等，眼裂斜度外高内低，缺失蒙古褶，无上眼睑皱褶；多属直型鼻；耳垂多为附着的圆形。

第三节　语言、经济类型、服饰、民居、信仰及习俗

鄂伦春族长期活动于大、小兴安岭一带，今主要聚居于内蒙古的呼伦贝尔市的鄂伦春族自治旗，部分聚居于黑龙江省的黑河市逊克县新鄂鄂伦春族乡、逊克县新兴鄂伦春族乡、呼玛县白银纳鄂伦春族乡、塔河县十八站鄂伦春族乡（刘晓春，2002）。这一区域在《中国生态地理区域系统》中位于大兴安岭中段山地草原森林区北部（ⅡB2）、小

兴安岭长白山地针叶林区（ⅡA2）北部和松辽平原东部山前台地针阔叶混交林区（ⅡA3）北部（郑度等，2008）。鄂伦春族是典型的森林民族，尤其传统上以狩猎为生，形成了典型的森林民族文化。

鄂伦春语（Ongk，or Solon）是鄂伦春族的本民族语言，她属于阿尔泰语系满-通古斯语族通古斯语支（胡增益，李树兰，2007），已是一种处于垂危等级的濒危语言。鄂伦春族没有本民族文字。鄂伦春族人口较少而且处于小聚居大分散的情况，其中大部分人兼通汉语或达斡尔语。从地区上看，托河乡和古里乡语言使用情况较好，乌鲁布铁镇、阿里河镇次之，诺敏镇的鄂伦春人由于和达斡尔族交往密切，多数人使用达斡尔语（胡增益，李树兰，2007）。

鄂伦春族早期以狩猎为生，后以农牧为主，兼营多种经济活动。鄂伦春族服饰如图 41-1所示（陈海汶，陈鸣华，2009），是典型的适合森林游牧的兽皮服饰文化，服饰

图 41-1　鄂伦春族服饰（陈海汶，陈鸣华，2009）

摄影：陈海汶；拍摄时间：2009 年 2 月 21 日；拍摄地点：中国内蒙古自治区呼伦贝尔市鄂伦春自治旗阿里河镇

以兽皮为原料，服装以袍式为主。兽皮为原料的服饰具有经久耐磨和御寒保暖特点。鄂伦春族头上戴的皮帽，极具民族特色，是把完整的狍头皮，晒干后制作而成，很多人都喜欢戴。鄂伦春族的皮裤没有下半截，下半截穿皮套裤，适宜于男性狩猎和女性砍柴。鄂伦春族的传统住宅是“仙人柱”（亦写作“斜人柱”、“歇人柱”、“仙仁柱，如图 41-2所示），是用木杆搭成的圆锥形住宅，一般用 30 多根木杆搭建，木杆上面用狍皮或桦皮覆盖（冬季用狍皮做覆盖物，夏季用桦皮做覆盖物）。鄂伦春族是以射猎为生的民族，

图 41-2　鄂伦春族“仙人柱”

资料来源：鄂伦春自治旗人民政府（http://www.elc.gov.cn/zjelc5/html/835.Html.2012-04-09）

主食以米、面为主。其传统的食物主要是野兽肉和鱼，野兽肉主要为犴、鹿、野猪和熊等，有“手把肉”和“晒肉干”等食用方法。野菜和野果则是在打不到猎物时食用。

鄂伦春族原始的宗教形式为自然崇拜、图腾崇拜和祖先崇拜。认为熊与他们有血缘关系，把它看作是自己的祖先。随着萨满的出现，多信仰萨满教。鄂伦春族的婚姻形式实行严格的一夫一妻制，严禁在同一氏族内部或辈分不等的男女间通婚。鄂伦春族安葬方式有几种，其中最古老的葬法是风葬（具体地分为树杈卡尸葬、吊棺葬、相棺葬三种形式），对因急病而死的青年人和孕妇都实行火葬，水葬则用于因溺水而死的人。

第四节　空间结构及其发展变化

一、构成结构

全国第六次人口普查数据（国务院人口普查办公室，国家统计局人口和就业统计司，2012）表明，鄂伦春族的人口构成有如下特点：①在性别构成方面，人口性别比为87.18，低于全国的104.90，居第56位。②在人口存活率方面，15～64岁妇女产婴存活率为98.70%，低于全国的98.78%，居第10位。③在城镇化率方面，人口城镇化率为58.81%，高于全国的50.27%，居第7位。④在就业状况方面，就业率为96.66%，低于全国的97.46%，居第52位。在三次产业从业人口比例中（图41-3），第三产业最高，第一产业次之，第二产业最低，分别为61%、30%和9%。其中，第三产业从业人口中，比例最高的是公共管理和社会组织，占第三产业从业人口的33.50%；较高的是批发和零售业，占16.02%。⑤在人口年龄结构方面，人口最多的年龄段为20～24岁，较多的年龄段为25～29岁和15～19岁，这三个年龄段的人口数量占其总人口数量的33.08%。⑥在婚姻状况方面，15岁及以上人口的婚姻率为68.04%，低于全国的78.40%，居第50位。⑦在受教育程度方面，6岁及以上人口的受教育率为98.62%，高于全国的95.00%，居第6位。

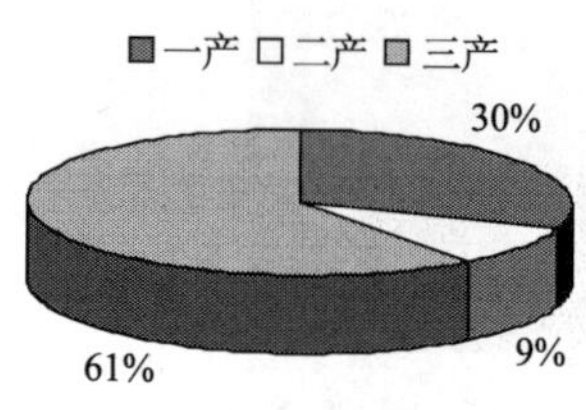

图41-3　鄂伦春族三次产业从业人口比例

二、分布格局

1. 省域分布格局

全国第六次人口普查数据（国务院人口普查办公室，国家统计局人口和就业统计司，2012）表明，鄂伦春族人口分布比重和人口构成比重最高的省域在我国各省、自治区和直辖市的分布上，呈现出主要集中在北方地区的特点。同时，性别比和人口城镇化率省份差异较大。

在人口分布比重分布上，鄂伦春族的分布表现为四种区域类型，即集中分布区、分散分布区、零星分布区和无分布区（图41-4）。集中分布区是黑龙江和内蒙古，这两个省份的鄂伦春族人口总数为7575人，占全国鄂伦春族总人口数量的比例约为87.48%，黑龙江的鄂伦春族人口总数最多，达到3943人，占全国鄂伦春族总人口数量的比例约为 45.54%。分散分布区是辽宁、北京、河北、吉林和山东，这些省份的鄂伦春族人口总数为 712 人，占全国鄂伦春族总人口数量的比例约为 8.22%。无分布区是西藏。除上述省份外，其余省份均属于零星分布区，这些省份的鄂伦春族人口总数为 372 人，占全国鄂伦春族总人口数量的比例约为 4.30%，其中，青海的鄂伦春族人口最少，共 2 人。

在人口构成比重分布上，除无分布区外，最高的省份是内蒙古，其鄂伦春族人口构成比重为 0.014%；较高的省份是黑龙江，为 0.01%；较低的省份是安徽、江西、重庆、山西和湖南，这些省份的鄂伦春族人口构成比重均在百万分之零点一三以下；最低的省份是山西和湖南，分别只有百万分之零点零八。

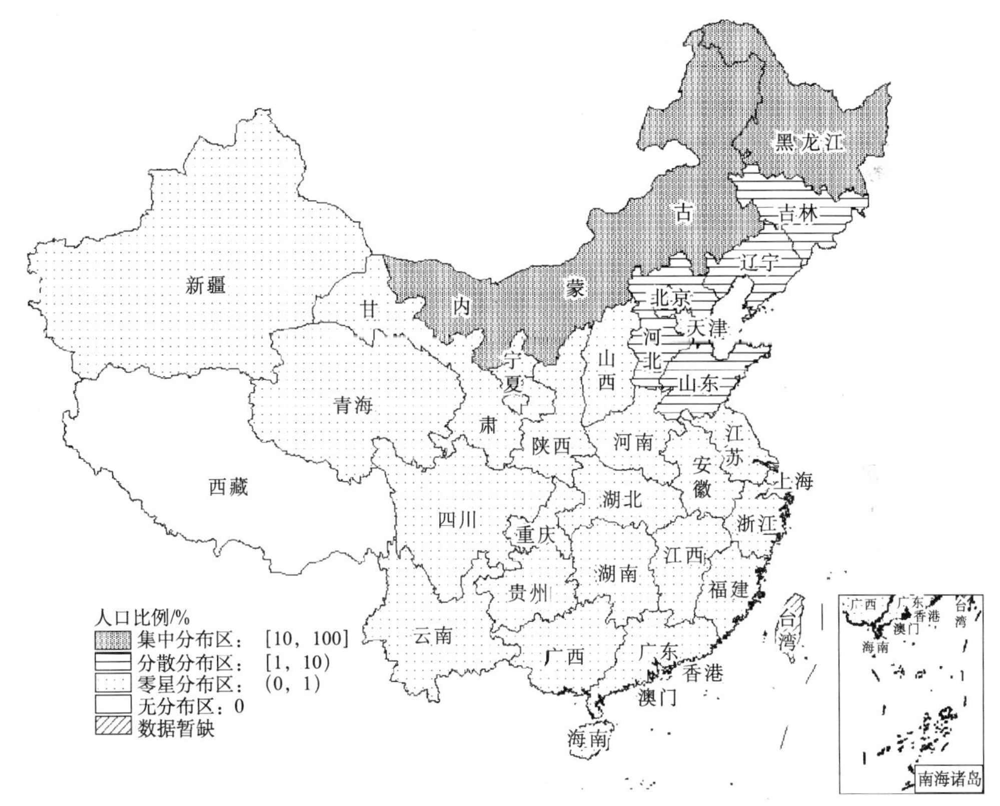

图 41-4　鄂伦春族分布的省域格局

在性别比分布上，就鄂伦春族人口分布比重的集中分布区和分散分布区而言，较高的省份是黑龙江、河北、内蒙古和北京，其鄂伦春族性别比均在 87.49 以上，最高的省份是黑龙江，达到 90.39；较低的省份是辽宁、吉林和山东，其鄂伦春族性别比均在 58.07 以下，最低的省份是山东，只有 50.77。

在人口城镇化率分布上，就鄂伦春族人口分布比重的集中分布区和分散分布区而言，较高的省份是北京、山东、河北和辽宁，这些省份的鄂伦春族人口城镇化率均在 79.58%以上，最高的省份是北京，达到 92.12%；较低的省份是内蒙古、吉林和黑龙江，这些省份的鄂伦春族人口城镇化率均在 62.32%以下，最低的省份是黑龙江，只有 49.25%。

2. 聚居分布格局

鄂伦春族聚居区较少，主要分布在内蒙古和黑龙江等省份。在全国鄂伦春族有 1 个县区级聚居区和 5 个乡镇级聚居区（中华人民共和国民政部，2011）：第一，1 个县区旗级聚居去区——内蒙古鄂伦春自治旗，她是我国最大的鄂伦春族聚居区；第二，5 个乡镇级聚居区——内蒙古扎兰屯市鄂伦春民族乡、黑龙江黑河市逊克县新鄂鄂伦春族乡、黑龙江黑河市逊克县新兴鄂伦春族乡、黑龙江大兴安岭地区呼玛县白银纳鄂伦春族乡和黑龙江大兴安岭地区塔河县十八站鄂伦春族乡。

三、发展变化

自新中国成立以来，鄂伦春族人口总体呈增长的趋势（国务院人口普查办公室，1983；国务院人口普查办公室，国家统计局人口和就业统计司，1993，2002，2012）。如图 41-5 所示，从“一普”到“六普”，全国的人口增长幅度为 130.65%，少数民族的人口增长幅度为 227.29%，鄂伦春族的人口增长幅度为 282.80%，同比高于全国和少数民族。鄂伦春族的各次普查之间的年平均增长率从“一普”到“四普”均呈上升趋势，“四普”时人口年均增长率达到最高，为 6.91%，从“四普”到“六普”呈下降趋势。

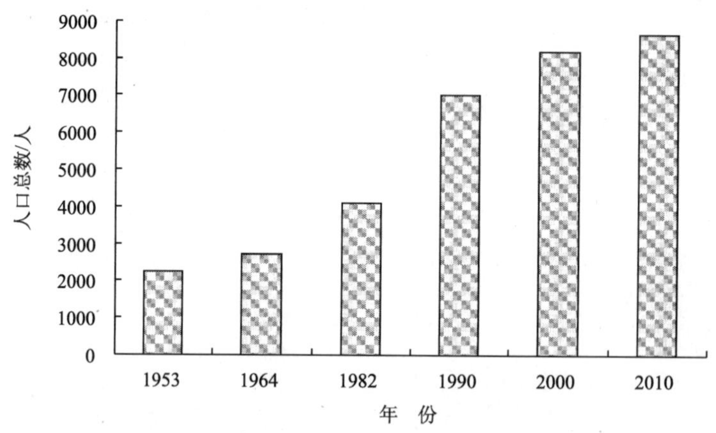

图 41-5 鄂伦春族历次普查的人口变化情况

2010 年与 2000 年相比，鄂伦春族人口构成比重变化存在较大的省份差异。人口构成比重上升的省份是北京、天津、上海、河北、辽宁、贵州、山东、浙江、海南、江苏、广东、青海、四川、云南、湖北、山西和陕西，其中，上升较大的是北京、天津和上海，这些省份的人口构成比重均上升了十万分之零点一二八以上，上升最大的省份是北京，为十万分之零点二六六。人口构成比重未发生变化的省份是西藏。除以上省份外，其余省份的人口构成比重均下降，下降较大的省份是黑龙江和内蒙古，分别下降了十万分之零点三九一和十万分之零点六一九。

以受教育状况和人口预期寿命而论，全国鄂伦春族 6 岁及以上未受教育人口占其总人口比例从2000年的3.34%下降到2010年的1.26%，其受教育率提升了2.08%，提高的幅度位居全国第41位。小学受教育人口占其总人口比例从2000年的27.16%下降到2010年的16.25%；中学的受教育人口占其总人口比例从2000年的51.76%上升到2010年的52.29%；大学的受教育人口占其总人口比例从2000年的7.89%上升到2010年的20.50%；研究生受教育人口占其总人口比例从2000年的0.15%上升到2010年的0.75%。总体来看，鄂伦春族的受教育程度呈上升趋势。到1990年，鄂伦春族的平均预期寿命可达到60岁左右。

参考文献

陈海汶，陈鸣华. 2009. 和谐中华：中国的56个民族剪影. 上海：上海文化出版社：409.

《鄂伦春族简史》编写组，《鄂伦春族简史》修订本编写组. 2008. 鄂伦春族简史. 北京：民族出版社：7-37.

国务院人口普查办公室. 1983. 第三次全国人口普查手工汇总资料汇编（第4册）. 北京：国务院人口普查办公室.

国务院人口普查办公室，国家统计局人口和就业统计司. 1993. 中国1990年人口普查资料. 北京：中国统计出版社.

国务院人口普查办公室，国家统计局人口和就业统计司. 2002. 中国2000年人口普查资料. 北京：中国统计出版社.

国务院人口普查办公室，国家统计局人口和就业统计司. 2012. 中国2010年人口普查资料（上）. 北京：中国统计出版社.

胡增益，李树兰. 2007. 鄂伦春语//孙宏开，胡增益，黄行，等. 中国的语言. 北京：商务印书馆：2040-2060.

李树春. 2010. 中国少数民族遗传学概论. 北京：中央民族大学出版社：10.

刘晓春. 2002. 鄂伦春族//赫时远，任一飞，陈英初，等. 中国少数民族分布图集. 北京：中国地图出版社：323-328.

秋浦. 1986. 鄂伦春族//中国大百科全书编委会. 中国大百科全书·民族卷. 北京：中国大百科全书出版社：109-112.

郑度，等. 2008. 中国生态地理区域系统研究. 北京：科学出版社：130-132.

中国大百科全书编委会. 2009. 中国大百科全书·卷6. 第2版. 北京：中国大百科全书出版社：74.

中华人民共和国民政部. 2011. 中华人民共和国乡镇行政区划简册（2011）. 北京：中国统计年鉴出版社.

第四十二章　乌孜别克族民族地理

乌孜别克族是高加索人种和蒙古人种的混合类型，体质特征接近于中国蒙古人种北方类型。我国乌孜别克族人口 10 569 人（国务院人口普查办公室，国家统计局人口和就业统计司，2012）。乌孜别克族是 14 世纪以来以通商等因素影响而迁入中国形成的民族，是中哈之间、中吉之间、中塔之间和中阿之间的非主体型跨界民族，今集中分布于新疆地区。

第一节　历史渊源

乌孜别克族是中亚地区操突厥语诸族为主并结合了南下的突厥-蒙古人，于 16 世纪初以后逐渐形成。乌孜别克人迁入中国，最主要是受商业贸易活动的影响。14 世纪时，金帐汗国与元朝通商和好，由此便出现了大规模的商业往来，进而使得乌孜别克人开始迁入中国居住，16、17 世纪时开始留居新疆，且人数逐年增多。19 世纪时，迁入新疆的乌孜别克人除了商人外，还有从事农业、牧业和手工业的农牧民以及知识分子等，同时随着贸易的进一步发展，移居新疆的人数不断增多。第一次世界大战以及战后很长一段时间内，由于受战争及自然灾害的影响，更多乌孜别克人来到新疆定居。1934 年确定“乌孜别克”为该族正式的族名，后来国内的乌孜别克人的名称就被写作“乌孜别克族”（张锡彤，1986；中国大百科全书编委会，2009；《乌孜别克族简史》编写组，《乌孜别克族简史》修订本编写组，2008）。

第二节　人种类型与体质特征

乌孜别克族是蒙古人种和高加索人种混合的类型，其主要血缘成分是属蒙古人种还是高加索人种有待进一步研究，但体质特征明显接近于我国蒙古人种北方类型。其体质特征（李树春，2010）表现为：身材偏矮，均具有上眼睑皱褶，蒙古褶出现率则较低；鼻根几乎均为高型，鼻翼高度多为中等；耳垂多为圆形；上唇皮肤高度以中等为主，男性肩部较窄，而躯干下部较宽。

第三节　语言、经济类型、服饰、民居、信仰及习俗

乌孜别克族的核心分布区为新疆维吾尔自治区的木垒哈萨克自治县大南沟乌孜别克族乡（戴成萍，2002），这一地区在《中国生态地理区域系统》中位于准噶尔盆地荒漠区（ⅡD3），天山山地荒漠、草原、针叶林区（ⅡD5）西部和塔里木盆地荒漠区（ⅢD1）西部（郑度等，2008），主要为草原、绿洲型地理环境，河流、草原、绿洲形成了

乌孜别克族主要的地理环境类型，乌孜别克族聚居区也多尚河流分布。在与这样的地理环境之间、在与相邻地区之间、在与有关民族之间的协调共生中，乌孜别克族逐渐形成了具有一定特色的社会文化。

乌孜别克语（Uzbek）是乌孜别克族的本民族语言，她属于阿尔泰语系突厥语族西匈语支，是一种处于危险等级的濒危语言（中国大百科全书编委会，2009）。乌孜别克族除使用乌孜别克语外，由于孜别克族人居住比较分散，大多数与维吾尔族、哈萨克族杂居在一起，他们把维吾尔语或哈萨克语作为主要的交际工具，同时有一部分人也使用自己的语言（程适良，2007）。中国的乌孜别克族没有本民族文字。

居住在城镇的乌孜别克族以商业为主，少数在农业、牧区的乌孜别克族则从事农业和畜牧业。乌孜别克族的传统服饰华丽精美、别致美观，既有中亚服饰的立体造型特点，又因与维吾尔族、哈萨克族杂居而反映了民族交流的特点，其典型样式是三角形绣花腰巾、多褶连衣裙和乌孜别克花帽（图 42-1）（陈海汶，陈鸣华，2009）。乌孜别克族的饮食习惯遵守伊斯兰教的要求，不食猪、驴和狗肉等。食物结构中，肉食和奶制品占有很大比重，不常吃蔬菜。乌孜别克族的建筑总体来看有中亚建筑艺术风格，民居建筑多为庭院式，分为楼房和平房两种。楼房一般为土木结构的平顶长形房屋；平房一般为长方形土木结构的土坯房或砖房。

图 42-1　乌孜别克族服饰（陈海汶，陈鸣华，2009）
摄影：陈海汶；拍摄时间：2009 年 4 月 21 日；拍摄地点：中国新疆
维吾尔自治区伊犁哈萨克自治州伊宁市

乌孜别克族信仰伊斯兰教的“逊尼派”。乌孜别克族的婚姻制度以一夫一妻制为主。乌孜别克族一般实行土葬。

第四节　空间结构及其发展变化

一、构 成 结 构

全国第六次人口普查数据（国务院人口普查办公室，国家统计局人口和就业统计

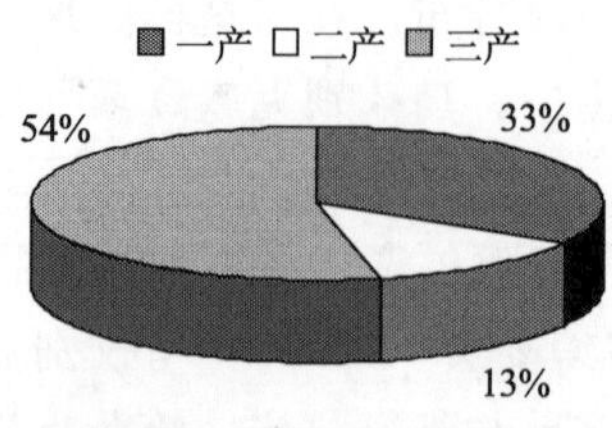

图 42-2 乌孜别克族三次产业从业人口比例

司，2012）表明，乌孜别克族的人口构成有如下特点：①在性别构成方面，人口性别比为 115.87，高于全国的 104.90，居第 2 位。②在人口存活率方面，15～64 岁妇女产婴存活率为 96.04%，低于全国的 98.78%，居第 45 位。③在城镇化率方面，人口城镇化率为 68.34%，高于全国的 50.27%，居第 3 位。④在就业状况方面，就业率为 96.22%，低于全国的 97.46%，居第 56 位。在三次产业从业人口比例中（图 42-2），第三产业最高，第一产业次之，第二产业最低，分别为 54%、33%和 13%。其中，第三产业从业人口比例中最高的是批发和零售业，占第三产业从业人口的 27.23%；较高的是公共管理和社会组织，占 24.26%。⑤在人口年龄结构方面，人口最多的年龄段为 20～24 岁，较多的年龄段为 25～29 岁和 35～39 岁，这三个年龄段的人口数占其总人口的 28.98%。⑥在婚姻状况方面，15 岁及以上人口的婚姻率为 69.88%，低于全国的 78.40%，居第 46 位。⑦在受教育程度方面，6 岁及以上人口的受教育率为 97.96%，高于全国的 95.00%，居第 10 位。

二、分布格局

1. 省域分布格局

全国第六次人口普查数据（国务院人口普查办公室，国家统计局人口和就业统计司，2012）表明，乌孜别克族人口分布比重和人口构成比重最高的省域在我国各省、自治区和直辖市的分布上，呈现出主要集中在西北地区的特点。同时，性别比和人口城镇化率省份差异较大。

在人口分布比重分布上，乌孜别克族的分布表现为三种区域类型，即集中分布区、零星分布区和无分布区（图 42-3）。集中分布区是新疆，该区乌孜别克族的人口总数为 10 114 人，占全国乌孜别克族总人口数量的比例为 95.69%。无分布区是海南和贵州。除上述省份外其余均属于零星分布区，这些省份的乌孜别克族人口总数为 455 人，占全国乌孜别克族总人口数量的比例约为 4.31%，其中，吉林和青海的乌孜别克族人数最少，为 2 人。

在人口构成比重分布上，除无分布区外，较高的省份是新疆、北京、浙江、天津和西藏，这些省份的人口构成比重均在万分之零点零一以上，其中最高的省份是新疆，为 0.05%；较低的省份是黑龙江、辽宁、河北、山西、吉林和安徽，其乌孜别克族人口构成比重均在百万分之零点一四以下，最低的省份是吉林和安徽，均只有百万分之零点零七。

在性别比和人口城镇化率分布上，就乌孜别克族人口分布比重的集中分布区和分散分布区而言，由于乌孜别克族集中分布区只有新疆，无分散分布区，故新疆乌孜别克族的性别比和人口城镇化率最具代表性，其性别比为 116.57，其人口城镇化率为 68.02%。

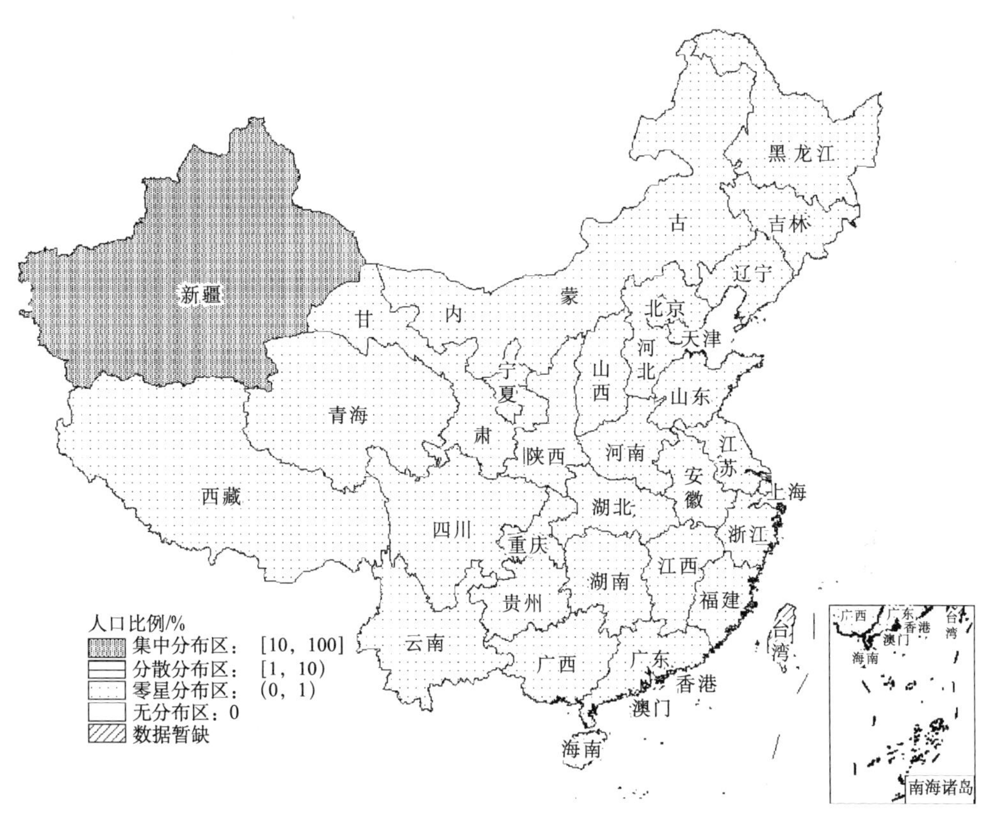

图 42-3　乌孜别克族分布的省域格局

2. 聚居分布格局

乌孜别克族是一个跨境民族，在中国和其他国家均有聚居区。在我国乌孜别克族聚居区不多，主要聚居在新疆。在新疆乌孜别克族有 1 个乡镇级聚居区——昌吉回族自治州木垒哈萨克自治县大南沟乌孜别克民族乡，她是我国唯一的乌孜别克族乡（中华人民共和国民政部，2011）。

三、发展变化

自新中国成立以来，乌孜别克族人口总体呈增长的趋势（国务院人口普查办公室，1983；国务院人口普查办公室，国家统计局人口和就业统计司，1993，2002，2012）。如图 42-4 所示：从“一普”到“六普”，全国的人口增长幅度为 130.65％，少数民族的人口增长幅度为 227.29％，乌孜别克族的人口增长幅度为－22.44％，同比均低于全国和少数民族。乌孜别克族各次普查之间的年平均增长率从“一普”到“二普”呈下降趋势；“二普”到“三普”呈上升趋势，“三普”达到最大，为 2.59％；“三普”到“五普”呈下降趋势；“五普”到“六普”呈上升趋势。

2010 年与 2000 年相比，乌孜别克族人口构成比重变化存在较大的省份差异。人口构成比重下降的省份为山西、贵州、内蒙古、甘肃、广西、海南和新疆，其中下降最大的省份是新疆，为0.02%。安徽的乌孜别克族人口构成比重无变化。除上述省份外其余省份的人口构成比重均上升，上升较大的省份为浙江、西藏、北京和天津，其中，上升最大的省份是浙江，为十万分之零点一四一。

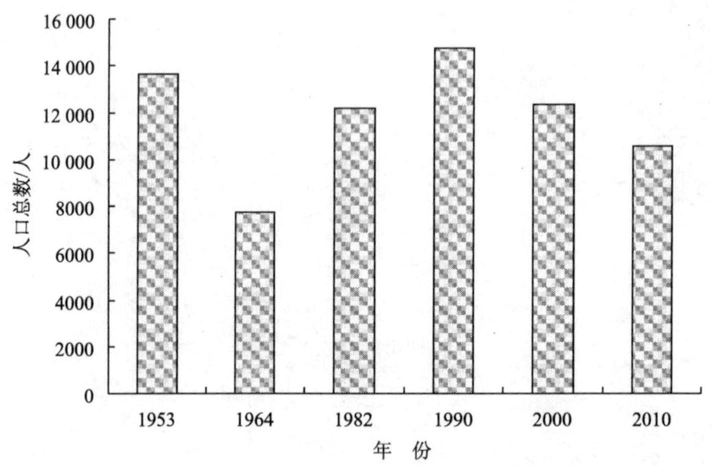

图 42-4 乌孜别克族历次普查的人口变化情况

以受教育状况和人口预期寿命而论，全国乌孜别克族 6 岁及以上未受教育人口占其总人口比例从 2000 年的 2.71%下降到 2010 年的 1.85%，其受教育率提升了 0.86%，其提高的幅度位居全国第 53 位。小学受教育人口占其总人口比例从 2000 年的 33.79%下降到 2010 年的 26.58%；中学受教育人口占其总人口比例从 2000 年的 43.78%下降到 2010 年的 43.04%；大学受教育人口占其总人口比例从 2000 年的 9.42%上升到 2010 年的 18.90%；到 2010 年止，有 0.42%的乌孜别克族人口接受了研究生教育。总体来看，乌孜别克族人口的受教育程度呈上升趋势。到 2000 年，乌孜别克族人口的平均预期寿命为 83 岁左右，在 1990 年的基础上，提高了 12 岁左右。

参 考 文 献

陈海汶，陈鸣华. 2009. 和谐中华：中国的 56 个民族剪影. 上海：上海文化出版社：337.

程适良. 2007. 乌孜别克语//孙宏开，胡增益，黄行，等. 中国的语言. 北京：商务印书馆：1692-1714.

戴成萍. 2002. 乌孜别克族//赫时远，任一飞，陈英初，等. 中国少数民族分布图集. 北京：中国地图出版社：269-274.

国务院人口普查办公室. 1983. 第三次全国人口普查手工汇总资料汇编（第 4 册）. 北京：国务院人口普查办公室.

国务院人口普查办公室，国家统计局人口和就业统计司. 1993. 中国 1990 年人口普查资料. 北京：中国统计出版社.

国务院人口普查办公室，国家统计局人口和就业统计司. 2002. 中国 2000 年人口普查资料. 北京：中国统计出版社.

国务院人口普查办公室，国家统计局人口和就业统计司. 2012. 中国 2010 年人口普查资料（上）. 北京：中国统计出版社.

李树春. 2010. 中国少数民族遗传学概论. 北京：中央民族大学出版社：109.

《乌孜别克族简史》编写组,《乌孜别克族简史》修订本编写组. 2008. 乌孜别克族简史. 修订版. 北京：民族出版社：6-35.

张锡彤. 1986. 乌孜别克族//中国大百科全书编委会. 中国大百科全书·民族卷. 北京：中国大百科全书出版社：461-462.

郑度，等. 2008. 中国生态地理区域系统研究. 北京：科学出版社：130-132.

中国大百科全书编委会. 2009. 中国大百科全书·卷 23. 第 2 版. 北京：中国大百科全书出版社：425.

中华人民共和国民政部. 2011. 中华人民共和国乡镇行政区划简册（2011）. 北京：中国统计年鉴出版社.

第四十三章 土族民族地理

土族属于蒙古人种北方类型。我国土族人口 289 565 人（国务院人口普查办公室，国家统计局人口和就业统计司，2012）。土族是以历史上的吐谷浑人为主体，在以后吸收了部分羌、党项、藏、蒙古、汉等民族成分形成发展而来的民族，至唐宋时形成独立民族。土族主要分布在青海和甘肃两省。

第一节 历史渊源

土族是以历史上的吐谷浑人①为主体，在以后吸收了部分羌、党项、藏、蒙古、汉等民族成分形成发展而来。晋太康四年（约 283 年），吐谷浑与慕容部发生矛盾，吐谷浑率部西迁至阴山一带，后又迁至甘肃临夏西北部一带，于公元 4 世纪中叶，控制了跨今新疆、青海、甘肃、四川等广大地区，建立了以吐谷浑为姓氏和部落名的政权。唐高宗龙朔三年（663 年），吐谷浑国为吐蕃所灭，留居于故土凉州、祁连山一带、浩门河流域、河湟地区的吐谷浑人在长期发展的过程中，吸收并融合了藏、汉、蒙古等民族成分而逐渐形成为今日之土族。唐至宋，土族的先民逐渐聚居于河湟流域今互助、乐都、门源、民和、天祝以及甘南、临夏、武威一带，虽与汉、藏等族交错杂居，但已有本民族稳定的居住区域，直到明清（芊一之，1986；中国大百科全书编委会，2009；《土族简史》编写组，《土族简史》修订本编写组，2008）。

第二节 人种类型与体质特征

土族体质特征主要表现为蒙古人种北方类型。其体质特征（李树春，2010）表现为：身材中等偏矮；男性眼裂开度大多为中等，女性眼裂开度大多为较宽，上眼睑皱褶发育良好，约半数人有蒙古褶；鼻根高度中等，直鼻梁较多，鼻基部方向水平，鼻孔以圆形和卵圆形为主；耳廓紧贴颅部者较多，男性耳壳达尔文结节出现率多于女性，男性耳垂多为方形，女性耳垂多为三角形；面型男性以过狭面、狭面型和中面型为主，女性

---

① 吐谷浑是鲜卑慕容一支。鲜卑是中国东北古代属东胡系统的民族之一，居于鲜卑山，因以为号。鲜卑部落集团，可能先秦时已活动于大兴安岭山脉中部与北部，其名始显于东汉初年。也有人认为鲜卑为春秋及春秋以前的山戎，语言与习俗与乌桓同。秦汉之际，鲜卑匈奴役属，击败匈奴左贤王后徙匈奴所属于乌桓于上谷、渔阳、右北平、辽西、辽东 5 郡塞外，原分布在鲜卑山的鲜卑人随之南迁至乌桓人故地饶乐水（今西拉木伦河）流域，而分布在大鲜卑山（大兴安岭北段）的鲜卑拓跋部远祖不久也南迁至大泽（呼伦贝尔草原）。东汉和帝永元三年（91），北匈奴被汉朝与乌孙、丁零、乌桓、鲜卑等族击败被迫西迁，于是鲜卑大规模成扇形南迁与西迁，进至匈奴故地，留居故地的匈奴余众 10 余万落，亦自号鲜卑。鲜卑南迁与西迁后，复与匈奴、丁零、乌桓、汉人等混血而形成许多新的部别，在“十六国”时期曾影响中国北方民族进程。另有出自慕容氏的吐谷浑，自辽西迁至陇上，在羌人地区形成吐谷浑部，鲜卑贵族居统治地位，而被统治者为羌人（见羌族一章）诸部，直到唐代初叶才被吐蕃所灭（贾敬颜，1986）。

则为狭面型和中面型为主；头型属于中头型、高头型和狭头型。

第三节 语言文字、经济类型、服饰、民居、信仰及习俗

土族长期生活于青海东部及与之毗邻的甘肃中部，又集中分布于青海省的互助土族自治县、大通回族土族自治县（秦永章，2002）。该区位于《中国生态地理区域系统》中的祁连青东高山盆地针叶林、草原区（HⅡC1）东部和黄土高原中北部草原区（IIIC1）西部（郑度等，2008）。该区为高原亚寒带半湿润区、温带半干旱区河流上游的高原、山地、盆地地貌过渡区，山地、河谷、森林、草原构成了土族生活的主要自然地理环境类型。在与这样的地理环境之间、在与相邻地区之间、在与有关民族之间的协调共生中，土族逐渐形成了具有一定特色的社会文化。

土族语（Monguor）是土族的本民族语言，她属于阿尔泰语系蒙古语族（照那斯图，2007）。土族语可以分为民和与互助两个方言。其中，民和县土族说的话属民和方言，互助县和其他一些地方的土族说的话属互助方言（照那斯图，2007）。土族除使用土族语外，在一定的地域交集处还使用其他民族的语言。诸如，在青海省同仁县的保安下庄、嘎萨尔等地居住的土族也说保安语（孙照雄，2007）。联合国教科文组织将互助土族语列为独立的语种互助土族语（Huzhu Monguor），是一种处于濒危等级的濒危语言；同时将民和土族语方言作为独立的语种民和土族语（Minhe Monguor），是一种处于危险等级的濒危语言。在文字方面，国家根据土族人民的意愿，1979 年为土族创制了拉丁字母形式的拼音文字（照那斯图，2007）。

土族传统上以畜牧业为主，属于就近山地草地的定居放牧，后以农业为主要经济活动。土族服饰如图 43-1 所示（陈海汶，陈鸣华，2009），七彩的熔炼是土族人的审美风

图 43-1 土族服饰（陈海汶，陈鸣华，2009）

摄影：陈海汶；拍摄时间：2009 年 2 月 5 日；拍摄地点：中国青海省青东地区互助土族自治县东沟乡大庄村

图 43-2　土族“大房”庭园（王青林，2007）

姿，尤其土族姑娘身穿的由红、黄、蓝、绿等颜色的彩条拼成的花袖衫仿佛一道道彩虹，因此互助土族自治县又被称作“彩虹之乡”。土族男子都喜穿土族盘袄，衣料多用蓝色、深蓝色、黑色的棉布。其传统建筑按功能可分成住宅建筑、寺院建筑、官邸建筑三种类型。其中住宅建筑是最具特色的部分，土族建筑文化特点突出，别具一格。村庄大多在山脚下，依山傍水搭造，都有方方正正的庭院，院壁高，分上下两层，主体建筑为“大房”。院子正中间有一圆槽，立一根很高的木杆，上面挂着印有经文的布条做成的经幡，现在许多人家已将圆槽改为花坛，种植着牡丹、芍药、大丽花等花卉，图 43-2 所示为“大房”庭园。土族的饮食习惯与以农业为主兼营牧业的生产特点紧密相关，日常的主食以青稞为主，小麦次之，蔬菜较少（主要有萝卜、白菜、葱、蒜、莴笋等 10 余种）。

土族先民最初信仰萨满教，随着藏传佛教的发展，至明代以后土族几乎全民信仰藏传佛教，并延续至今。土族实行一夫一妻制，同族同姓不婚。土族丧葬受宗教信仰及汉、藏等族影响，葬式有火葬、土棺葬、天葬、水葬、塔葬等。

第四节　空间结构及其发展变化

一、构成结构

全国第六次人口普查数据表明（国务院人口普查办公室，国家统计局人口和就业统计司，2012），土族的人口构成有如下特点：①在性别构成方面，人口性别比为 104.63，低于全国的 104.90，居第 20 位。②在人口存活率方面，15～64 岁妇女产婴存活率为 97.76%，低于全国的 98.78%，居第 31 位。③在城镇化率方面，人口城镇化率为 32.42%，低于全国的 50.27%，居第 25 位。④在就业状况方面，就业率为 98.04%，高于全国的 97.46%，居第 28 位。在三次产业从业人口比例中（图 43-3），第一产业最高，第三产业次之，第二产业最低，分别为 69%、18%和 13%。其中，第三产业从业人口比例中最高的是公共管理和社会组织，占第三产业从业人口的 21.10%；较高的是批发和零售业，占 19.60%。⑤在人口年龄结构方面，人口最多的年龄段为 15～19 岁，较多的年龄段为 20～24 岁和 35～39 岁，这三个年龄段的人口数占其总人口的 30.76%。⑥在婚姻状况方面，15 岁及以上人口的婚姻率为 73.40%，低于全国的 78.40%，居第 36 位。⑦在受教育程度方面，6 岁及以上人口的受教育率为 89.19%，低于全国的 95.00%，居第 37 位。

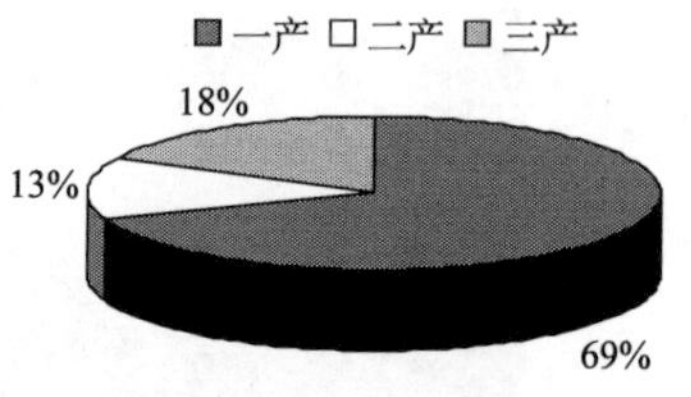

图 43-3　土族三次产业从业人口比例

二、分布格局

1. 省域分布格局

全国第六次人口普查数据（国务院人口普查办公室，国家统计局人口和就业统计司，2012）表明，土族人口分布比重和人口构成比重最高的省域在我国各省、自治区和直辖市的分布上，呈现出主要集中在西北地区的特点。同时，性别比和人口城镇化率省份差异较大。

在人口分布比重分布上，土族的分布表现为三种区域类型，即集中分布区、分散分布区和零星分布区（图 43-4）。集中分布区是青海和甘肃，这两个省土族的总人口数为 235 193 人，占全国土族总人口数量的比例约为 81.22%。其中，土族人口总数排在第一位的省份是青海，为 204 412 人，约占全国土族总人口数量的 70.59%。分散分布区是广东、云南、贵州、湖南、浙江、福建和新疆，这些省份土族的总人口数为 38 248 人，占全国土族总人口数量的比例约为 13.21%。除上述省份外其余均属于零星分布区，这些省份的土族人口总数为 16 124 人，占全国土族总人口数量的比例约为 5.57%，其中黑龙江的土族人数最少，为 101 人。

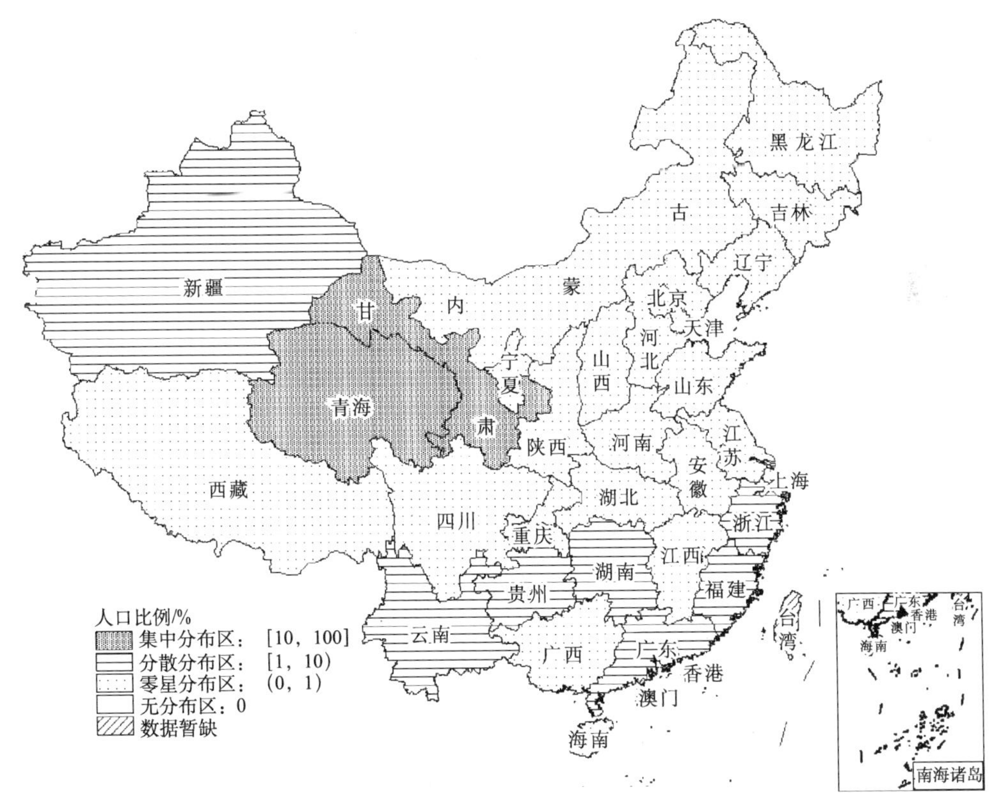

图 43-4　土族分布的省域格局

在人口构成比重分布上，较高的省份是青海、甘肃、西藏和新疆，这些省份的土族人口构成比重均在 0.015%以上，其中最高的省份是青海，比值为 3.63%；较低的省区有山东、河南、辽宁、山西、吉林和黑龙江，它们的土族人口构成比重均在万分之零点零七以下，最低的省份是黑龙江，只有十万分之零点三。

在性别比分布上，就土族人口分布比重的集中分布区和分散分布区而言，较高的省份是广东、甘肃、福建、贵州和湖南，它们的土族性别比均在113.00以上，最高的省份是广东，达到146.08；较低的省份是青海、新疆、云南和浙江，它们的土族性别比均在106.00以下，最低的省份是浙江，只有92.07。

在人口城镇化率分布上，就土族人口分布比重的集中分布区和分散分布区而言，较高的省份是贵州、甘肃、广东和浙江，它们的土族人口城镇化率均在60.00%以上，最高的省份是贵州，达到85.37%；较低的省份是湖南、福建、云南、青海和新疆，它们的土族人口城镇化率均在56.00%以下，最低的省份是新疆，只有23.28%。

2. 聚居分布格局

土族聚居区不多，主要聚居在甘肃和青海等省份。在上述两省内土族共有3个县区级聚居区和2个乡镇级聚居区（中华人民共和国民政部，2011）：第一，3个县区级聚居区——青海互助土族自治县、民和回族土族自治县和大通回族土族自治县；第二，2个乡镇聚居区——甘肃卓尼县勺哇土族乡和青海乐都县达拉土族乡。

三、发展变化

自新中国成立以来，土族人口总体呈增长的趋势（国务院人口普查办公室，1983；国务院人口普查办公室，国家统计局人口和就业统计司，1993，2002，2012）。如图43-5所示，从“一普”到“六普”，全国的人口增长幅度为130.65%，少数民族的人口增长幅度为227.29%，土族的人口增长幅度为443.51%，同比均高于全国和少数民族。土族各次普查之间的年均增长率从“一普”到“三普”呈上升趋势，“三普”达到最大，为4.11%；“三普”到“六普”呈下降趋势。

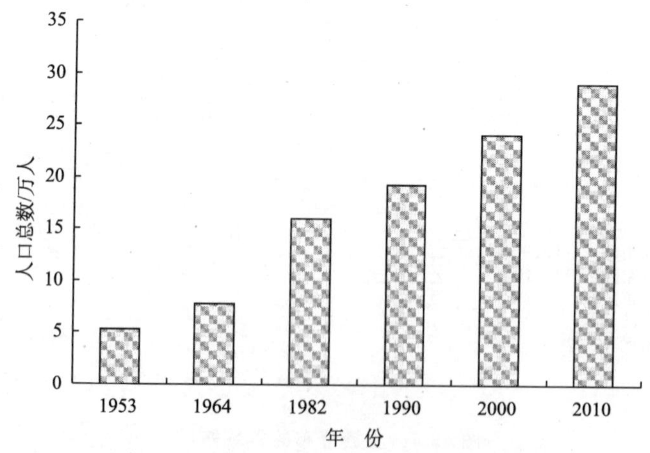

图43-5 土族历次普查的人口变化情况

2010年与2000年相比，土族人口构成比重变化存在较大的省份差异。人口构成比重下降的省份有黑龙江、北京、山西、甘肃和青海，其中，下降最大的省份是青海，下降了0.25%。除上述省份外其余省份的人口构成比重均上升，上升较大的省份有西藏、福建、浙江、贵州和湖南，其中，上升最大的省份是西藏，上升了0.02%。

以受教育状况和人口预期寿命而论，全国土族6岁及以上未受教育人口占其总人口比例从2000年的16.90%下降到2010年的9.94%，其受教育率提升了6.96%，提高的幅度位居全国第13位。小学受教育人口占其总人口比例从2000年的37.73%下降到2010年的35.66%；中学受教育人口占其总人口比例从2000年的27.79%上升到2010年的37.51%；大学受教育人口占其总人口比例从2000年的3.22%上升到2010年的8.65%。到2010年止，有0.19%的土族人口接受了研究生教育。总体来看，土族人口的受教育程度呈上升趋势。到1990年，土族人口的平均预期寿命为60.59岁，男性人口平均预期寿命为59.83岁，女性人口平均预期寿命为61.42岁。

参 考 文 献

陈海汶，陈鸣华. 2009. 和谐中华：中国的56个民族剪影. 上海：上海文化出版社：233.

国务院人口普查办公室. 1983. 第三次全国人口普查手工汇总资料汇编（第4册）. 北京：国务院人口普查办公室.

国务院人口普查办公室，国家统计局人口和就业统计司. 1993. 中国1990年人口普查资料. 北京：中国统计出版社.

国务院人口普查办公室，国家统计局人口和就业统计司. 2002. 中国2000年人口普查资料. 北京：中国统计出版社.

国务院人口普查办公室，国家统计局人口和就业统计司. 2012. 中国2010年人口普查资料（上）. 北京：中国统计出版社.

贾敬颜. 1986. 鲜卑//中国大百科全书编委会. 中国大百科全书·民族. 北京：中国大百科全书出版社：477-478.

李树春. 2010. 中国少数民族遗传学概论. 北京：中央民族大学出版社：77.

芈一之. 1986. 土族//中国大百科全书编委会. 中国大百科全书·民族卷. 北京：中国大百科全书出版社：435-437.

秦永章. 2002. 土族//赫时远，任一飞，陈英初，等. 中国少数民族分布图集. 北京：中国地图出版社：191-196.

孙照雄. 2007. 保安语//孙宏开，胡增益，黄行，等. 中国的语言. 北京：商务印书馆：1908-1924.

《土族简史》编写组，《土族简史》修订本编写组. 2008. 土族简史. 北京：民族出版社.

王青林. 2007. 土族民居中的大房. 中国土族，8（2）：45.

照那斯图. 2007. 土族语//孙宏开，胡增益，黄行，等. 中国的语言. 北京：商务印书馆：1843-1871.

郑度，等. 2008. 中国生态地理区域系统研究. 北京：科学出版社：130-132.

中国大百科全书编委会. 2009. 中国大百科全书·卷19. 第2版. 北京：中国大百科全书出版社：429.

中国大百科全书编委会. 1986. 中国大百科全书·民族. 北京：中国大百科全书出版社.

中华人民共和国民政部. 2011. 中华人民共和国乡镇行政区划简册（2011）. 北京：中国统计年鉴出版社.

第四十四章　鄂温克族民族地理

鄂温克族属于蒙古人种北方类型。我国鄂温克族人口 30 875 人（国务院人口普查办公室，国家统计局人口和就业统计司，2012）。鄂温克族为公元前两千年左右从贝加尔湖周围地区迁入中国境内而形成的民族，是中国较早即由境外迁入的民族之一。北魏时所载“北室韦”、“钵室韦”、“深末怛室韦”三部与今鄂温克族渊源关系最为密切，约宋时形成独立民族。鄂温克族是中俄之间非主体型跨界民族，在俄称为埃文克族。主要分布在中国境内的内蒙古和黑龙江两省区。鄂温克族社会文化特征多样，具有农、牧、猎等多元社会文化。

第一节　历史渊源

鄂温克族的祖先在公元前两千年左右，就居住在贝加尔湖周围地区。后来，一部分向东迁徙到黑龙江中游、精奇里江、外兴安岭南北居住，与中国北方各族交往。文献所载与鄂温克族源关系密切的是北魏时的“失（室）韦”，尤其是其中的“北室韦”、“钵室韦”、“深末怛室韦”三部与今鄂温克族渊源关系最为密切，活动区域为大兴安岭周围、外贝加尔湖以东。另诸如“鞠国”等贝加尔湖东北区域的古代部落也是鄂温克族的祖先之一。南北朝至唐，前述部落与中央王朝有朝贡关系，唐设室韦都督府，归入中央王朝，室韦所分化的九部，除蒙兀室韦外，其余多数部落都是鄂温克族和锡伯族的祖先。宋以降，鄂温克族活动区域均在中央王朝版图之内，明末清初已分为三支，并有明确称呼为“索伦部”或“索伦别部”（吕光天，1986；中国大百科全书编委会，2009；《鄂温克族简史》编写组，《鄂温克族简史》修订本编写组，2008）。

第二节　人种类型与体质特征

鄂温克族是典型的蒙古人种北方类型。其体质特征（李树春，2010）表现为：身材中等偏矮，肤色浅褐，直形褐色头发；头型男性多中头型，女性多圆头型和超圆头型；面型多中面型和阔面型；眼裂斜度外高内低，有蒙古褶，多无上眼睑皱褶；鼻梁男性多直型，女性多凹型；约半数人有达尔文结节，耳垂较大，多呈游离的圆形。

第三节　语言、经济类型、服饰、民居、信仰及习俗

鄂温克族长期活动于内蒙古自治区东北角及与之交界的黑龙江地区（朝克，2002），这一区域位于《中国生态地理区域系统》中的呼伦贝尔平原草原区（ⅡC4）、中温带半

湿润区（ⅡB3）、大兴安岭中段山地草原森林区（ⅡB2）、松辽平原中部森林草原区（ⅡB1）北部、大兴安岭北段山地落叶针叶林区（ⅠA1）和松辽平原东部山前台地针阔叶混交林区（ⅡA3）北部（郑度等，2008）。

鄂温克族生活区域虽具有草原、山地、森林、平原、河流等多样地理环境类型，但其聚居区多沿河延伸，是典型的（草原、森林）河流型自然地理环境型民族。在与这样的地理环境之间、在与相邻地区之间、在与有关民族之间的协调共生中，鄂温克族逐渐形成了具有一定特色的社会文化。

鄂温克语（Evenki）是鄂温克族的本民族语言，她属于阿尔泰语系满-通古斯语族通古斯语支（中国大百科全书编委会，1988），已是一种处于濒危等级的濒危语言。鄂温克语划分为海拉尔、陈巴尔虎、敖鲁古雅三个方言。其中，海拉尔方言分布在鄂温克族自治旗、莫力达瓦达斡尔族自治旗、鄂伦春自治旗、阿荣旗、扎兰屯市以及黑龙江省的讷河市等地。陈巴尔虎方言分分布在陈巴尔虎旗。敖鲁古雅方言分布在额尔古纳左旗（胡增益，2007）。鄂温克族除使用鄂温克语外，在一定的地域交集处还使用其他民族的语言。其中，陈巴尔虎旗和呼伦贝尔鄂温克族自治旗锡尼河东苏木、孟根楚鲁苏木的鄂温克人几乎全部掌握蒙古语；居住在莫力达瓦达斡尔族自治旗、鄂温克族自治旗、阿荣旗、扎兰屯市、鄂温克族自治旗的巴彦托海镇、巴彦嵯岗苏木以及黑龙江的鄂温克人则多掌握达斡尔语或汉语；居住在根河市的一些鄂温克人懂或通汉语（胡增益，2007）。鄂温克族没有本民族文字。

鄂温克族由于历史上迁徙的原因，居住广泛，分散，经济活动有三种类型：分布于草原地区的鄂温克族以牧业为主；分布于东北地区江河流域的鄂温克族兼营农业和狩猎；分布于东北大兴安岭地区的鄂温克族以猎业为主。聚居在鄂温克族自治旗等的大部分鄂温克人从事游牧业，根河市等地的鄂温克人还过着游猎生活，有一部分鄂温克人以半农半猎为生。鄂温克族由于生活在寒冷的北方，其传统服装以皮制的较多，不论男女，其上身衣与下身衣成一体，上身较紧，下身宽大呈裙型（图 44-1）（陈海汶，陈鸣

图 44-1　鄂温克族服饰（陈海汶，陈鸣华，2009）

摄影：陈海汶；拍摄时间：2009 年 2 月 18 日；拍摄地点：中国内蒙古自治区呼伦贝尔市鄂温克族自治旗巴彦托海镇

华，2009）。鄂温克族饮食略有差别，牧区的鄂温克人以牛、羊肉为主食，肉和奶的吃法、奶制品的做法与蒙古族无大差异；农林地区的鄂温克人主要肉食是猪肉。奶茶为鄂温克族的饮料，是用煮好的砖茶，放少许盐，再加奶做成的。鄂温克族以前居住的房子叫萨喜格柱，类似鄂伦春族的“撮罗子”，由木杆搭成三角形支架，斜面用木杆构建成支架，整体为圆锥形屋架。架外用苇笆、树皮等铺盖。现定居的鄂温克族建土木结构或砖瓦房，一般为两到三间屋。图 44-2 所示为中华民族博物馆鄂温克族分馆以内蒙古自治区鄂温克族自治旗的民居为原型复原一角。

图 44-2　鄂温克族传统民居

资料来源：中华民族博物馆（http://www.emuseum.org.cn/node/97.2012-08-07）

鄂温克族多数信仰萨满教，崇拜天神、月亮神、火神、“吉雅奇”神（特征畜之神）、“白那查”神（山神）。鄂温克族婚姻为一夫一妻氏族外婚制。鄂温克族过去有树葬和火葬的习俗，现一般实行殓棺土葬，同一氏族有共同的墓地。

第四节　空间结构及其发展变化

一、构成结构

全国第六次人口普查数据（国务院人口普查办公室，国家统计局人口和就业统计司，2012）表明，鄂温克族的人口构成有如下特点：①在性别构成方面，人口性别比为 90.50，低于全国的 104.90，居第 54 位。②在人口存活率方面，15～64 岁妇女产婴存活率为 98.36%，低于全国的 98.78%，居第 18 位。③在城镇化率方面，人口城镇化率为 54.16%，高于全国的 50.27%，居第 10 位。④在就业状况方面，就业率为 97.29%，低于全国的 97.46%，居第 46 位。在三次产业从业人口比例中（如图 44-3 所示），第一产业最高，第三产业次之，第二产业最低，分别为 59%、35%和 6%。其中，第三产业从业人口中，比例最高的是公共管理和社会组织，占第三产业从业人口的 27.25%；较高的是批发和零售业，占 15.93%。⑤在人口年龄结构方面，人口最多的年龄段为 20～24 岁，较多的年龄段为 15～19 岁和 25～29 岁，这三个年龄段的人口数量占其总人口数量的 31.95%。⑥在婚姻状况方面，15 岁及以上人口的婚姻率为 69.36%，低于全国的 78.40%，居第 49 位。⑦在受教育程度方面，6 岁及以上人口的受教育率为 98.76%，高于全国的 95.00%，居第 3 位。

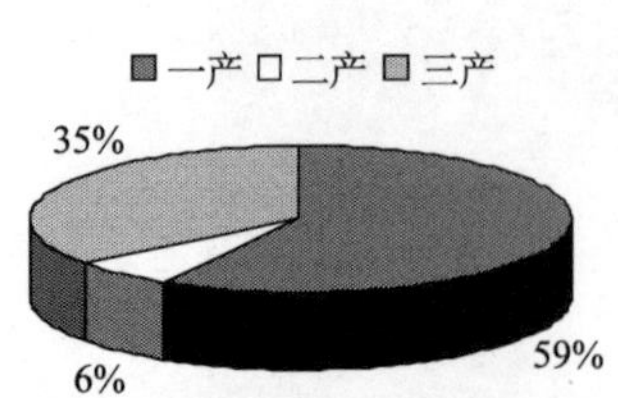

图 44-3　鄂温克族三次产业从业人口比例

二、分 布 格 局

1. 省域分布格局

全国第六次人口普查数据（国务院人口普查办公室，国家统计局人口和就业统计司，2012）表明，鄂温克族人口分布比重和人口构成比重最高的省域在我国各省、自治区和直辖市的分布上。呈现出主要集中在北方地区的特点。同时，性别比和人口城镇化率省份差异较大。

在人口分布比重分布上，鄂温克族的分布表现为四种区域类型，即集中分布区、分散分布区、零星分布区和无分布区（图 44-4）。集中分布区是内蒙古，该区的鄂温克族人口总数为 26 139 人，占全国鄂温克族总人口数量的比例约为 84.66%。分散分布区是黑龙江、辽宁和北京，这些省份的鄂温克族人口总数为 3529 人，占全国鄂温克族总人口数量的比例约为 11.43%。无分布区是西藏。除上述省份外，其余省份均属于零星分布区，这些省份的鄂温克族人口总数为 1207 人，占全国鄂温克族总人口数量的比例约为 3.91%，其中，贵州的鄂温克族人口最少，仅有 1 人。

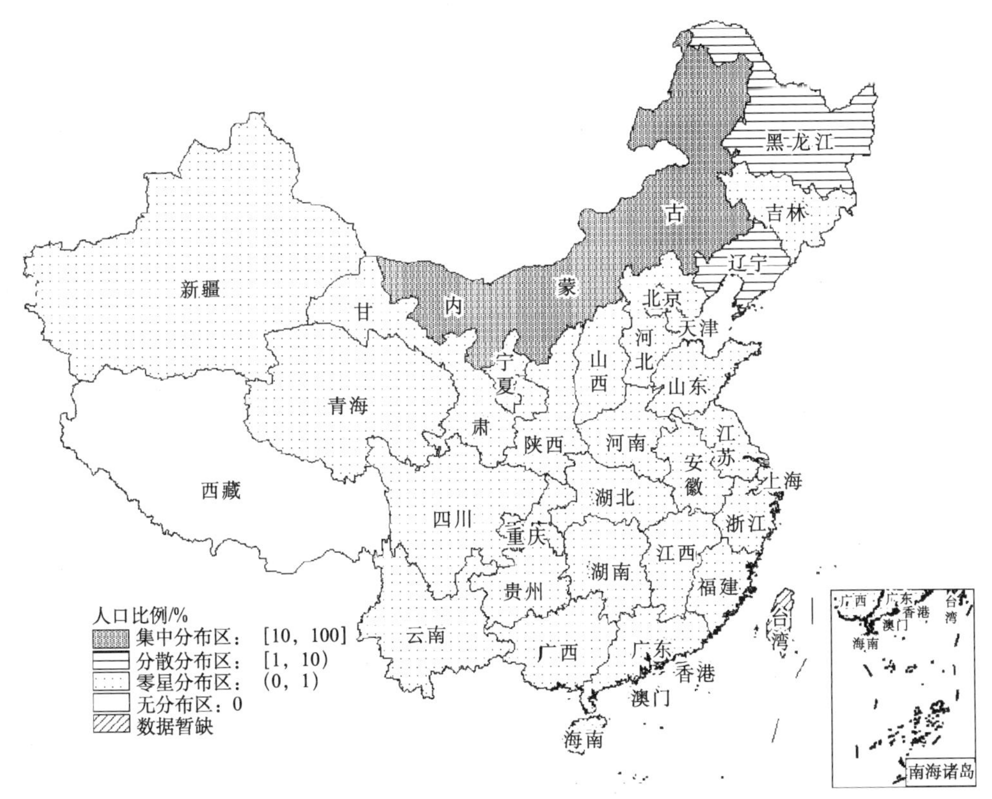

图 44-4　鄂温克族分布的省域格局

在人口构成比重分布上，较高的省份是内蒙古、黑龙江、北京、辽宁和天津，这些省份的鄂温克族人口构成比重均在 0.01%以上；最高的省份是内蒙古，为 0.11%；较低的省份是安徽、湖南和贵州，其鄂温克族人口构成比重均在百万分之零点二以下；最低的省份是贵州，只有百万分之零点零三。

在性别比分布上，就鄂温克族人口分布比重的集中分布区和分散分布区而言，最高的省份是内蒙古，其鄂温克族性别比为 92.75；较低的省份是黑龙江、辽宁和北京，这些省份的鄂温克族性别比均在 81.75 以下，最低的省份是北京，仅为 72.51。

在人口城镇化率分布上，就鄂温克族人口分布比重的集中分布区和分散分布区而言，最高的省份是北京，其鄂温克族人口城镇化率为 91.69%；较低的省份是辽宁、黑龙江和内蒙古，这些省份的鄂温克族人口城镇化率均在 78.80%以下，最低的是内蒙古，仅为 51.76%。

2. 聚居分布格局

鄂温克族是一个跨境民族，在中国和俄罗斯等国家均有聚居区。鄂温克族在我国的聚居区不多，主要分布在内蒙古和黑龙江等省份。在我国鄂温克族有 1 个县区级聚居区和 8 个乡镇级聚居区（中华人民共和国民政部，2011）：第一，1 个县区级聚居区——内蒙古鄂温克族自治旗，她是我国最大的鄂温克族聚居区；第二，8 个乡镇级聚居区——莫力达瓦达斡尔族自治旗巴彦鄂温克民族乡、莫力达瓦达斡尔族自治旗杜拉尔鄂温克民族乡、扎兰屯市萨马街鄂温克民族乡、阿荣旗查巴奇鄂温克民族乡、阿荣旗音河达斡尔鄂温克民族乡、阿荣旗得力其鄂温克民族乡、讷河市兴旺鄂温克族乡、内蒙古陈巴尔虎旗鄂温克苏木。

三、发 展 变 化

自新中国成立以来，鄂温克族人口总体呈增长的趋势（国务院人口普查办公室，1983；国务院人口普查办公室，国家统计局人口和就业统计司，1993，2002，2012）。如图 44-5 所示，从“一普”到“六普”，全国的人口增长幅度为 130.65%，少数民族的人口增长幅度为 227.29%，鄂温克族的人口增长幅度为 522.86%，同比高于全国和少数

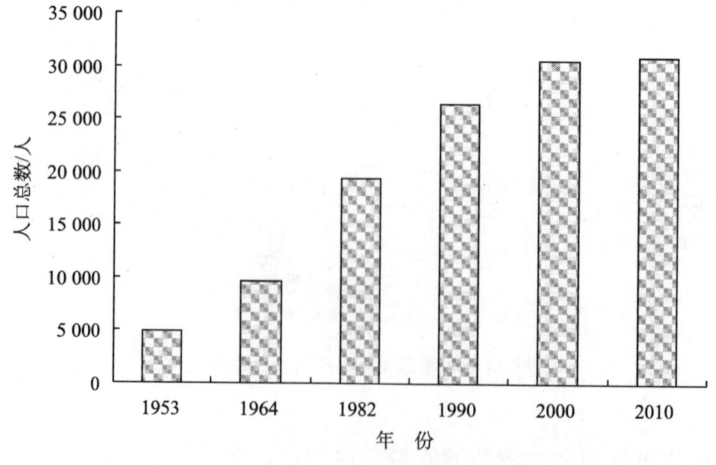

图 44-5　鄂温克族历次普查的人口变化情况

民族。鄂温克族的各次普查之间的年均增长率从“一普”到“二普”为上升，“二普”的人口年均增长率最高，为6.27%，从“二普”到“六普”呈逐年下降趋势。

2010年与2000年相比，鄂温克族人口构成比重变化存在较大的省份差异。人口构成比重下降的省份是山西、安徽、甘肃、江苏、湖南、贵州、青海、广东、新疆、黑龙江、海南和内蒙古，下降较大的省份是黑龙江、海南和内蒙古，人口构成比重比例均下降了十万分之零点五五七以下，下降最多的是内蒙古，为0.007%；西藏的鄂温克族人口构成比重无变化；除以上省份外，其余省份的人口构成比重均上升，上升较大的省份是北京、辽宁、天津、山东和吉林，这些省份人口构成比重均上升了百万分之零点九八以上，其中，上升最大的省份是北京，为十万分之零点九九九。

以受教育状况和人口预期寿命而论，全国鄂温克族6岁及以上未受教育人口占其总人口比例从2000年的3.57%下降到2010年的1.13%，其受教育率提升了2.44%，提高的幅度位居全国第35位。小学受教育人口占其总人口比例从2000年的31.98%下降到2010年的20.28%；中学的受教育人口占其总人口比例从2000年的49.00%上升到2010年的53.08%；大学的受教育人口占其总人口比例从2000年的6.08%上升到2010年的16.15%；研究生受教育人口占其总人口比例从2000年的0.09%上升到2010年的0.42%。总体来看，鄂温克族人口的受教育程度呈上升趋势。到2000年，鄂温克族人口的平均预期寿命为66.63岁。

参 考 文 献

朝克. 2002. 鄂温克族//赫时远，任一飞，陈英初，等. 中国少数民族分布图集. 北京：中国地图出版社：281-286.

陈海汶，陈鸣华. 2009. 和谐中华：中国的56个民族剪影. 上海：上海文化出版社：353.

《鄂温克族简史》编写组，《鄂温克族简史》修订本编写组. 2008. 鄂温克族简史. 修订版. 北京：民族出版社：6-39.

国务院人口普查办公室. 1983. 第三次全国人口普查手工汇总资料汇编（第4册）. 北京：国务院人口普查办公室.

国务院人口普查办公室，国家统计局人口和就业统计司. 1993. 中国1990年人口普查资料. 北京：中国统计出版社.

国务院人口普查办公室，国家统计局人口和就业统计司. 2002. 中国2000年人口普查资料. 北京：中国统计出版社.

国务院人口普查办公室，国家统计局人口和就业统计司. 2012. 中国2010年人口普查资料（上）. 北京：中国统计出版社.

胡增益. 2007. 鄂温克语//孙宏开，胡增益，黄行，等. 中国的语言. 北京：商务印书馆：2017-2039.

李树春. 2010. 中国少数民族遗传学概论. 北京：中央民族大学出版社：97.

吕光天. 1986. 鄂温克族//中国大百科全书编委会. 中国大百科全书·民族卷. 北京：中国大百科全书出版社：112-114.

郑度，等. 2008. 中国生态地理区域系统研究. 北京：科学出版社：130-132.

中国大百科全书编委会. 1988. 中国大百科全书·语言文字. 北京：中国大百科全书出版社：63.

中国大百科全书编委会. 2009. 中国大百科全书·卷6. 第2版. 北京：中国大百科全书出版社：75.

中华人民共和国民政部. 2011. 中华人民共和国乡镇行政区划简册（2011）. 北京：中国统计年鉴出版社.

第四十五章　布朗族民族地理

布朗族属于蒙古人种南方类型。我国布朗族人口 119 639 人（国务院人口普查办公室，国家统计局人口和就业统计司，2012）。布朗族世居于云南，其先民“百濮族”上古时期就活动在今普洱市地区，后活动地域多有变迁，元之后活动地域逐渐固定。布朗族是中缅之间和中老之间非主体型跨界民族。主要分布于中国境内的滇西南地区，支系较多。

第一节　历史渊源

布朗族世居于云南，其先民“百濮族”族群早在上古时期就活动在今普洱市地区。汉置郡县，汉史称“哀牢人”①（西汉）“永昌濮”（东汉）。唐时，对布朗族的祖先分布有较为详细的记载，上至今云南香格里拉县、维西县，下至今西双版纳都有布朗族的先民分布，有称“朴子蛮”、“黑僰濮”、“赤口濮”等。宋代，在今景东、景谷、镇源等地，原是布朗族和哈尼族祖先杂居的地方，后来部分地区被傣族的先民“金齿白夷”占据。元明之后，布朗族居住地变化不大，包括今云南凤庆县、永昌以及西双版纳一带，景东、景谷也有少数分布，有“蒲蛮”、“蒲人”（元、明、清三代）和“蒲满”（西双版纳、临沧、澜沧等地）、“黑蒲”（墨江）等称谓（李道勇，1986；中国大百科全书编委会，2009；《布朗族简史》编写组，《布朗族简史》修订本编写组，2008）。

第二节　人种类型与体质特征

布朗族属于蒙古人种南方类型。其体质特征（李树春，2010）表现为：身材矮小；皮肤黄褐色，黑发平直；眉嵴发育中等，眉毛中等；眼为褐色到黑褐色，眼裂开度中等，眼裂斜度外高内低，蒙古褶发达，大多有上眼睑皱褶；鼻根中等高，鼻梁多为平直，少数为凹型或凸型，鼻尖和鼻基部多为水平，也有上翘和下垂的，鼻孔多为椭圆形和卵圆形，鼻型属中鼻型；男性耳垂多为圆形、方形和三角形，女性多为方形；面部扁平，下颌微向前突，大多为凸唇形，红唇中等厚；面型多属阔面型或超阔面型，头型属中头型。

① “哀牢人”族属考证意见不一，一种意见认为“哀牢人”与“濮人”没有分别。另外还有两种意见，一种认为“哀牢人”是傣族先民，一种认为“哀牢人”是彝族的一支。一般认为，哀牢人是汉代西南夷的一个重要部族，因哀牢任酋长时最盛而得名。该部族主要分布在澜沧江以西，即今云南腾冲、龙陵等县和德宏傣族景颇族自治州及临沧地区一带（中国大百科全书编委会，2009）。

第三节　语言、经济类型、服饰、民居、信仰及习俗

布朗族世代生活于滇西南地区（胡绍华，2002），这一地区在《中国生态地理区域系统》中位于西双版纳山地季雨林、雨林区（ⅦA3）中段，云南高原常绿阔叶林、松林区（ⅤA5）西部（郑度等，2008），主要属于高山峡谷型自然地理环境。该区地处云贵高原东南部，地势北高南低，起伏较大，河流众多且瀑布广布，喀斯特地貌十分发育。在与这样的地理环境之间、在与相邻地区之间、在与有关民族之间的协调共生中，布朗族逐渐形成了具有一定特色的社会文化。

布朗语（Blang）是布朗族的本民族语言，她属于南亚语系孟-高棉语族佤-德昂语支，是一种处于不安全等级的濒危语言（中国大百科全书编委会，1988）。布朗族没有本民族文字。

图 45-1　布朗族服饰（陈海汶，陈鸣华，2009）
摄影：陈海汶；拍摄时间：2008 年 10 月 10 日；拍摄地点：中国云南省西双版纳傣族自治州勐海县西定哈尼族布朗族乡章郎村

布朗族主要从事山地农业，以大米为主食，辅以玉米、荞麦、豆类、薯类、小红米等副食品，喜食酸辣味。布朗族服饰如图 45-1 所示（陈海汶，陈鸣华，2009），服饰文化因长期同傣族杂居或为邻，受傣族文化影响极深，其特征是：男子头缠白色或黑色布帕，上穿无领、对襟短衣，下穿黑色肥大长裤子；布朗族妇女上身多穿紧身无领短衣，服色以黑色或藏蓝色为主。布朗族的居住形式因地制宜，思茅、临沧、保山等地多住土木结构的楼房，西双版纳地区则多住竹木结构的干栏式楼房（两层）。图 45-2 所示为中华民族博物馆布朗族分馆按云南省西双版纳勐海、临沧地区布朗族传统民居 1∶1 复原

图 45-2　布朗族传统民居
资料来源：中华民族博物馆（http://www.emuseum.org.cn/ node/84. 2012-06-27）

外观。

布朗族信仰原始宗教和小乘佛教。原始宗教方面，由于布朗族长期以来居住在山区，有山神、树神、地神、水神等自然崇拜。布朗族婚姻为一夫一妻制，氏族外婚，禁止同姓结婚。实行土葬和火葬，主要实行土葬，高僧和高龄老人实行火葬。

第四节 空间结构及其发展变化

一、构成结构

全国第六次人口普查数据（国务院人口普查办公室，国家统计局人口和就业统计司，2012）表明，布朗族的人口构成有如下特点：①在性别构成方面，人口性别比为104.83，低于全国的104.90，居第17位。②在人口存活率方面，15～64岁妇女产婴存活率为94.30%，低于全国的98.78%，居第52位。③在城镇化率方面，人口城镇化率为15.48%，低于全国的50.27%，居第53位。④在就业状况方面，就业率为98.80%，高于全国的97.46%，居第6位。在三次产业从业人口比例中（图45-3），第一产业最高，第三产业次之，第二产业最低，分别为86%、9%和5%。其中，第三产业从业人口中，比例最高的是公共管理和社会组织，占第三产业从业人口的19.35%；较高的是住宿和餐饮业，占18.02%。⑤在人口年龄结构方面，人口最多的年龄段为20～24岁，较多的年龄段为15～19岁和25～29岁，这三个年龄段的人口数量占其总人口数量的29.73%。⑥在婚姻状况方面，15岁及以上人口的婚姻率为72.91%，低于全国的78.40%，居第39位。⑦在受教育程度方面，6岁及以上人口的受教育率为85.73%，低于全国的95.00%，居第43位。

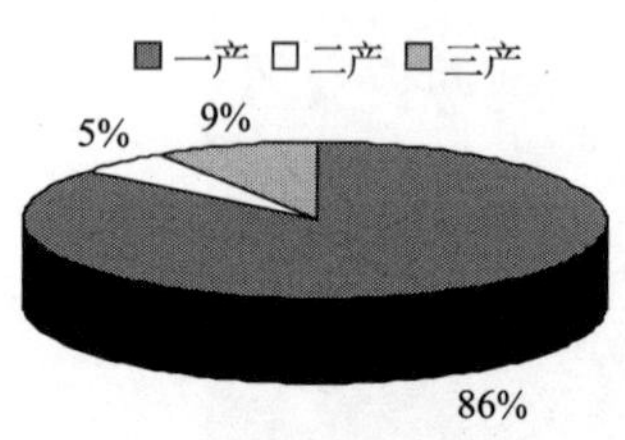

图45-3 布朗族三次产业从业人口比例

二、分布格局

1. 省域分布格局

全国第六次人口普查数据（国务院人口普查办公室，国家统计局人口和就业统计司，2012）表明，布朗族人口分布比重和人口构成比重最高的省域在我国各省、自治区和直辖市的分布上，呈现出主要集中在西南地区的特点。同时，性别比和人口城镇化率省份差异较大。

在人口分布比重分布上，布朗族的分布表现为两种区域类型，即集中分布区和零星分布区（图45-4）。集中分布区是云南，该省的布朗族人口总数为116 573人，占全国布朗族总人口数量的比例约为97.44%。除云南省外，其余均属于零星分布区，这些省份的布朗族人口总数为3066人，占全国布朗族总人口数量的比例约为2.56%，其中，宁夏的布朗族人口最少，仅有2人。

在人口构成比重分布上，最高的省份是云南，其布朗族人口构成比重达到0.25%；

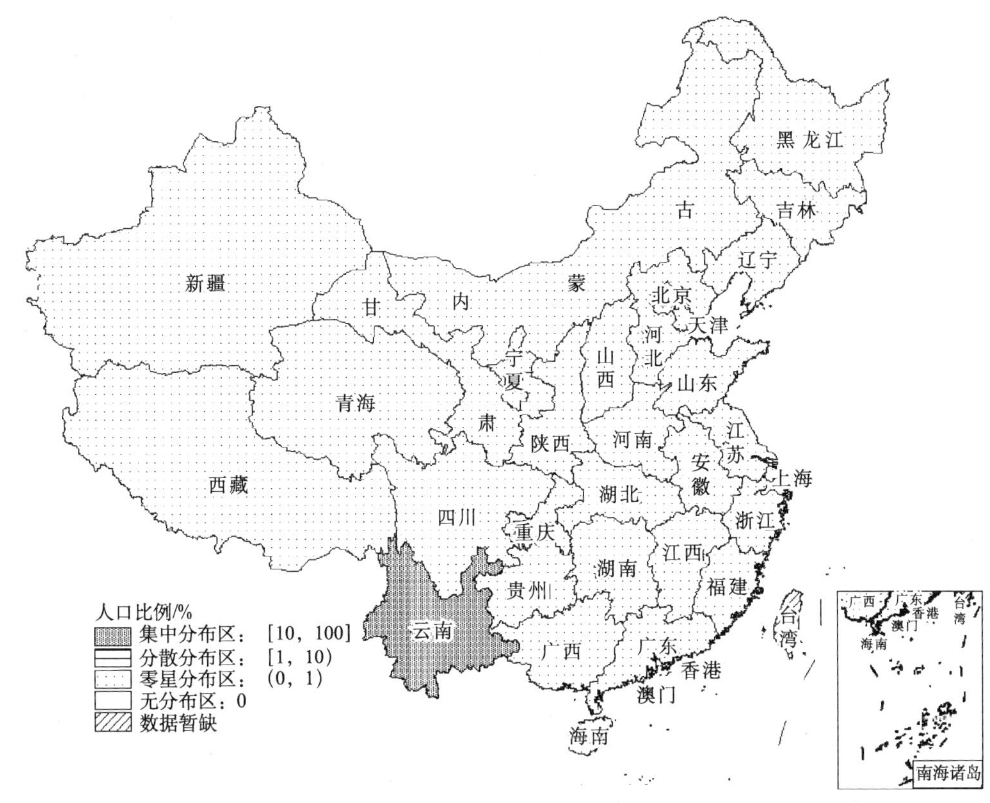

图 45-4　布朗族分布的省域格局

较低的省份是甘肃、辽宁、青海、吉林、宁夏、黑龙江和陕西，它们的布朗族人口构成比重均在百万分之零点五以下；最低的省份是陕西，只有百万分之零点二。

在性别比和人口城镇化率分布上，就布朗族人口分布比重的集中分布区和分散分布区而言，由于布朗族集中分布区只有云南省，无分散分布区，故云南省布朗族的性别比和人口城镇化率最具代表性，其性别比为106.48，人口城镇化率为14.51%。

2. 聚居分布格局

布朗族聚居区较少，主要分布在云南，在云南布朗族有1个县区级聚居区和6个乡镇级聚居区（中华人民共和国民政部，2011）：第一，1个县区级聚居区——双江拉祜族佤族布朗族傣族自治县；第二，6个乡镇级聚居区——施甸县摆榔彝族布朗族乡、施甸县木老元布朗族彝族乡、云县忙怀彝族布朗族乡、耿马傣族佤族自治县芒洪拉祜族布朗族乡、勐海县布朗山布朗族乡、勐海县西定哈尼族布朗族乡。

三、发展变化

自新中国成立以来，布朗族人口总体呈增长的趋势（国务院人口普查办公室，1983；国务院人口普查办公室，国家统计局人口和就业统计司，1993，2002，2012）。如

图 45-5 所示，从“二普”到“六普”，全国的人口增长幅度为 92.82%，少数民族的人口增长幅度为 179.12%，布朗族的人口增长幅度为 203.57%，同比高于全国和少数民族。布朗族的各次普查之间的年均增长率从“二普”到“四普”均呈上升趋势，“四普”时达到最高，为 4.38%，从“四普”到“五普”呈下降趋势，从“五普”到“六普”呈上升趋势。

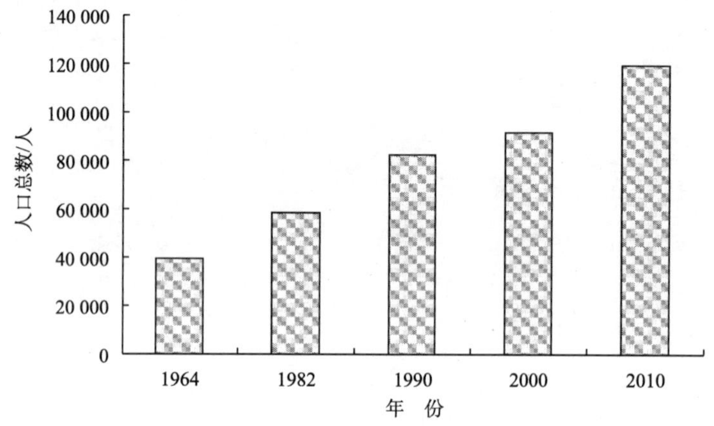

图 45-5　布朗族历次普查的人口变化情况

2010 年与 2000 年相比，布朗族人口构成比重变化存在较大的省份差异。人口构成比重下降的省份是青海和西藏，分别下降了十万分之零点四二一和十万分之零点四七八。除以上省份外，其余省份的人口构成比重均上升，其中，上升最大的省份是云南，上升了 0.04%，上升较大的省份为海南、福建、上海、浙江、广东、北京和重庆，这些省份的人口构成比重均上升了十万分之零点一四二以上。

以受教育状况和人口预期寿命而论，全国布朗族 6 岁及以上未受教育人口占其总人口比例从 2000 年的 19.21%下降到 2010 年的 12.89%，其受教育率提升了 6.32%，提高的幅度位居全国第 16 位。小学受教育人口占其总人口比例从 2000 年的 50.53%上升到 2010 年的 52.93%；中学的受教育人口占其总人口比例从 2000 年的 12.57%上升到 2010 年的 21.29%；大学的受教育人口占其总人口比例从 2000 年的 0.49%上升到 2010 年的 3.19%；到 2010 年共有 0.04%的布朗族接受了研究生教育。总体来看，布朗族人口的受教育程度呈上升趋势。到 2000 年，布朗族人口的平均预期寿命为 60.63 岁。

第五节　支系及布朗语方言

一、支　　系

芒人、莽人（钟之重，2011）、克木人、八甲人、“昆格人”、“空格人”等是分布在我国西南地区的族群，现已划入布朗族。芒人主要分布在云南省红河哈尼族彝族自治州的金平县中越边境上的南科新寨、坪河中寨、坪河下寨、雷公打牛 4 个寨子（毛佑全，

2002)；莽人主要分布在云南省红河哈尼族彝族自治州金平县金水河镇南科村委会的龙凤村、坪河中寨、坪河下寨、乌丫坪村委会的雷公打牛 4 个自然村（叶富琼，2010)；克木人主要分布在云南省西双版纳傣族自治州勐腊县的 10 个村寨和景洪市的 4 个村寨(张宁，2011)。八甲人曾是我国西南地区未识别民族中的一支，2011 年经过民族识别和根据《国家民委关于老品人八甲人民族归属问题的复函》的精神，将西双版纳傣族自治州勐海县勐混镇的八甲人归属为布朗族[①]。在 1982 年年的第三次人口普查后将自称“昆格人”、“空格人”的两支归属为布朗族（《布朗族简史》编写组，《布朗族简史》修订本编写组，2008)。

二、布朗语方言

布朗语可分为两个方言，即布朗方言和乌方言。布朗方言主要分布在西双版纳的景洪和勐海。乌方言有胖品、甘塘、挖墨 3 个土语。乌方言分布在保山地区的施甸、临沧地区的永德、双江、云县和普洱地区的澜沧、墨江、宁洱、景东以及景谷等县(周植志，颜其香，2007)。布朗族除使用布朗语外，在一定的地域交集处还使用其他民族语言。诸如，一些接近傣族地区的布朗族兼通傣语，和汉族杂居的兼通汉语，和佤族杂居的兼通佤语。也有一小部分地区的布朗族，由于长期与汉族以及其他民族杂居，已经不使用本民族语言，而使用汉语作为他们的交际工具（周植志，颜其香，2007)。

参考文献

《布朗族简史》编写组，《布朗族简史》修订本编写组. 2008. 布朗族简史. 修订版. 北京：民族出版社：15-16，17-84.

陈海汶，陈鸣华. 2009. 和谐中华：中国的 56 个民族剪影. 上海：上海文化出版社：265.

国务院人口普查办公室. 1983. 第三次全国人口普查手工汇总资料汇编（第 4 册）. 北京：国务院人口普查办公室.

国务院人口普查办公室，国家统计局人口和就业统计司. 1993. 中国 1990 年人口普查资料. 北京：中国统计出版社.

国务院人口普查办公室，国家统计局人口和就业统计司. 2002. 中国 2000 年人口普查资料. 北京：中国统计出版社.

国务院人口普查办公室，国家统计局人口和就业统计司. 2012. 中国 2010 年人口普查资料（上). 北京：中国统计出版社.

胡绍华. 2002. 布朗族//赫时远，任一飞，陈英初，等. 中国少数民族分布图集. 北京：中国地图出版社：215-220.

李道勇. 1986. 布朗族//中国大百科全书编委会. 中国大百科全书・民族卷. 北京：中国大百科全书出版社：55-56.

李树春. 2010. 中国少数民族遗传学概论. 北京：中央民族大学出版社：90.

毛佑全. 2002. 云南金平芒人的文化习俗概观. 阵地与熔炉，8（3)：41-44.

叶富琼. 2010. 金平莽人地区农业扶贫开发的探讨. 云南农业，16（5)：49-50.

---

① 云南政报（半月刊)，2011，(4)。

张宁. 2011. 克木语使用状况调查研究，云南民族大学学报：哲学社会科学版，29（5）：138-143.
郑度，等. 2008. 中国生态地理区域系统研究. 北京：科学出版社：130-132.
中国大百科全书编委会. 1988. 中国大百科全书·语言文字. 北京：中国大百科全书出版社：28.
中国大百科全书编委会. 2009. 中国大百科全书·卷3. 第2版. 北京：中国大百科全书出版社：50.
中华人民共和国民政部. 2011. 中华人民共和国乡镇行政区划简册（2011）. 北京：中国统计年鉴出版社.
钟之重. 2011. "云南经验"的中国意义. 中国民族报，08-09（1）.
周植志，颜其香. 2007. 布朗语//孙宏开，胡增益，黄行，等. 中国的语言. 北京：商务印书馆：2417-2433.

第四十六章　柯尔克孜族民族地理

柯尔克孜族属于蒙古人种北方类型。我国柯尔克孜族人口 186 708 人（国务院人口普查办公室，国家统计局人口和就业统计司，2012）。柯尔克孜族源于古代“坚昆”，融合了不少匈奴、丁零、乌孙、康居、乌揭、鲜卑等民族成分。柯尔克孜族是中哈之间、中吉之间和中阿之间非主体型跨界民族，今在中国主要分布于新疆维吾尔自治区。

第一节　历史渊源

文献所载，“坚昆”是柯尔克孜族的先民，最初居住在中国北方的叶尼塞河流域上游，后逐渐南迁至天山地区。叶尼塞柯尔克孜人的古老部落最早出现于天山，可能是在匈奴时期，受北单于统治。其后，因北方民族统治集团的不断变换，柯尔克孜人随之不断迁徙，至 16 世纪时在天山地区人口数量已足够多，势力已足够大，是以作为一股强大的政治力量登上了历史舞台。也由于不同时期的从属关系及其所带来的交往变化，柯尔克孜族实际上融合了不少他族成分。除其起源时期继坚昆之后出现的纥骨、护骨、契骨、结骨等，或属高车，或属铁勒，或属突厥，历史上与其做过邻居的民族或部落均与之发生过融合，有匈奴、丁零、乌孙、康居、乌揭、鲜卑、高车、柔然、突厥、薛延、回纥、葛逻禄、契丹、钦察、蒙古、汉等（杜荣坤，1986；中国大百科全书编委会，2009；《柯尔克孜族简史》编写组，《柯尔克孜族简史》修订本编写组，2008）。

第二节　人种类型与体质特征

柯尔克孜族体质特征主要表现为蒙古人种北方类型，但明显具有高加索人种血缘成分。其体质特征（李树春，2010）表现为：身材中等偏高，黑色直发；约一半的人内眼角有发育不等的蒙古褶，眼裂开度中等，眼裂斜度内外平行，上眼睑皱褶发育好；鼻根较高，鼻翼发育较弱，鼻尖向前，鼻高中等，鼻宽较窄，属狭鼻型；面部较高而宽，面型属中面型偏阔面型；红唇较薄；耳垂多为圆形；头长、头宽、头高值都较大，整个头形较圆而高，大多属于圆头型、高头型和阔头型。

第三节　语言文字、经济类型、服饰、民居、信仰及习俗

柯尔克孜族的核心分布区为新疆维吾尔自治区的克孜勒苏柯尔克孜自治州及伊犁地区（黑龙江省富裕县等地也有少量分布）（胡振华，2002），这一区域在《中国生态地理区域系统》中位于天山山地荒漠、草原、针叶林区（ⅡD5），塔里木盆地荒漠区（ⅢD1）西部，昆仑山北翼山地荒漠区（HⅡD2）西端（郑度等，2008）。该区处于暖温带干旱

地区、中温带干旱地区的山地、盆地地貌区域，草原、荒漠、森林、绿洲构成了柯尔克孜族主要地生存地理环境类型。在与这样的地理环境之间、在与相邻地区之间、在与有关民族之间的协调共生中，柯尔克孜族逐渐形成了具有一定特色的社会文化。

柯尔克孜语（Manchurian Kirghiz，or Jierjisi，Fuyu Keerkezi）是柯尔克孜族的本民族语言，她属于阿尔泰语系突厥语族东匈语支（中国大百科全书编委会，2009），已是一种处于垂危等级的濒危语言。柯尔克孜语分为两个方言，两个方言区基本上以克孜勒苏河为界，分为北部方言和南部方言。北部方言区包括的人口及地区都大于南部方言区。柯尔克孜族有本民族文字——属音节文字类型的柯尔克孜文，曾使用过突厥文、察合台文。根据柯尔克孜族人民的意愿，于 1954 年制定了柯尔克孜文的规范化方案（胡振华，2007）。

图 46-1　柯尔克孜族服饰（陈海汶，陈鸣华，2009）

摄影：陈海汶；拍摄时间：2009 年 4 月 26 日；拍摄地点：中国新疆维吾尔自治区克孜勒苏柯尔克孜自治州阿克陶县布伦口乡布伦口市

图 46-2　柯尔克孜族毡房

资料来源：中华民族博物馆（http://www.emuseum.org.cn/node/109.2012-05-07）

柯尔克孜族传统以游牧业为主，现还有农业。柯尔克孜族服饰如图 46-1 所示（陈海汶，陈鸣华，2009），其结构是西方的立体式造型，有游牧民族服饰的特点，主要原料是毛皮和织品，服装式样男性以袍为主，女性以裙为主。服装在颜色、式样性别、年龄等方面严格区别，头饰帽子也如此，其中的白毡帽是“圣帽”。柯尔克孜族过着游牧半游牧的生活，因而，在游牧区主食为肉类，主要是马肉、牛肉、羊肉等；在农业区有烤酥、油饼、汤面条、馕、锅贴等。从事农业生产的柯尔克孜族住宅多为平顶，长方形，以土盖顶；游牧地区的柯尔克孜族多住毡房，如帕米尔高原和天山的柯尔克孜族牧民住的是雪白色的毡房（图 46-2）。

柯尔克孜族早期信仰萨满教，现已大多信仰伊斯兰教，也有信仰藏传佛教的。柯尔克孜族实行一夫一妻制的婚姻，允许与外族通婚。在葬礼方面，信仰伊斯兰教的柯尔克孜族人死后按照伊斯兰教的习惯举行葬礼；而信奉萨满教和藏传佛教的柯尔克孜人死后则由萨满和喇嘛来决定是用土葬还是火葬。

第四节　空间结构及其发展变化

一、构成结构

全国第六次人口普查数据（国务院人口普查办公室，国家统计局人口和就业统计司，2012）表明，柯尔克孜族的人口构成有如下特点：①在性别构成方面，人口性别比为 102.80，低于全国的 104.90，居第 31 位。②在人口存活率方面，15～64 岁妇女产婴存活率为 97.25％，低于全国的 98.78％，居第 37 位。③在城镇化率方面，人口城镇化率为 19.03％，低于全国的 50.27％，居第 44 位。④在就业状况方面，就业率为 97.17％，低于全国的 97.46％，居第 48 位。在三次产业从业人口比例中（图 46-3），第一产业的最高，第三产业次之，第二产业最低，分别为 82％、15％和 3％。其中，第三产业从业人口比例最高的是公共管理和社会组织，占第三产业从业人口的 28.65％；较高的是教育，占 22.00％。⑤在人口年龄结构方面，人口最多的年龄段为 20～24 岁，人口较多的年龄段为 25～29 岁和 0～4 岁，这三个年龄段的人口占其总人口的 32.17％。⑥在婚姻状况方面，15 岁及以上人口的婚姻率为 71.51％，低于全国的 78.40％，居第 44 位。⑦在受教育程度方面，6 岁及以上人口的受教育率为 96.85％，高于全国的 95.00％，居第 13 位。

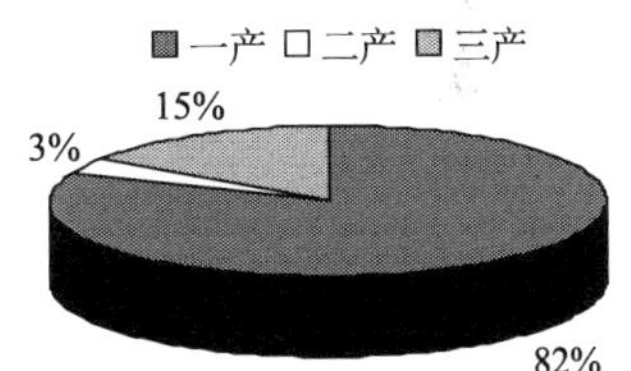

图 46-3　柯尔克孜族三次产业从业人口比例

二、分布格局

1. 省域分布格局

全国第六次人口普查数据（国务院人口普查办公室，国家统计局人口和就业统计司，2012）表明，柯尔克孜族人口分布比重和人口构成比重最高的省域在我国各省、自治区和直辖市的分布上，呈现出集中分布在西北地区的特点。同时，性别比和人口城镇化率省份差异较大。

在人口分布比重分布上，柯尔克孜族的分布表现为三种区域类型，即集中分布区、分散分布区和零星分布区（图 46-4）。集中分布区是新疆，该区的柯尔克孜族人口总数为 180 472 人，占全国柯尔克孜族总人口数量的比例约为 96.66％。分散分布区是西藏，该区的柯尔克孜族人口数为 2678 人，占全国柯尔克孜族总人口的比例约为 1.43％。除上述省份外其余均为零星分布区，这些省份的柯尔克孜族人口总数为 3558 人，占全国柯尔克孜族总人口数量的比例约为 1.91％，在零星分布区中青海的人数最少，仅有

4 人。

在人口构成比重分布上，较高的省份为新疆、西藏和黑龙江，其柯尔克孜族人口构成比重均在 0.004%以上，最高的省份是新疆，达到 0.827%；较低的省份是河南、河北、安徽、山西、海南、贵州，其柯尔克孜族人口构成比重均在十万分之零点零四以下，最低的省份是贵州，只有百万分之零点零六。

在性别比和人口城镇化率分布上，就柯尔克孜族人口分布比重的集中分布区和分散分布区而言，柯尔克孜的性别比较高的省份是新疆，为 102.86；较低的省份是西藏，为 99.85。柯尔克孜族人口城镇化率较高的省份是西藏，为 33.53%；较低的省份是新疆，为 17.81%。

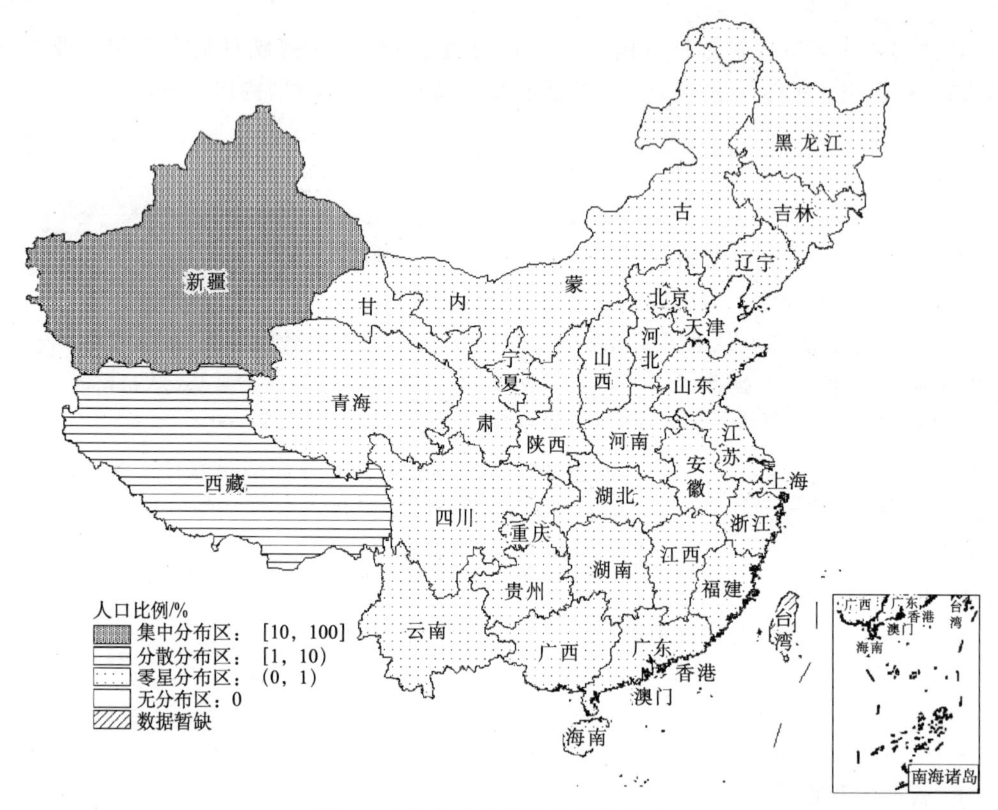

图 46-4 柯尔克孜族分布的省域格局

2. 聚居分布格局

柯尔克孜族主要聚居在新疆和黑龙江等省份。在上述两个省份柯尔克孜族有 1 个地市级聚居区和 7 个乡镇级聚居区（中华人民共和国民政部，2011）：第一，1 个地市级聚居区——新疆克孜勒苏柯尔克孜自治州，她是我国最大的柯尔克孜族聚居区；第二，7 个乡镇级聚居区——黑龙江富裕县友谊达斡尔族满族柯尔克孜族乡、新疆皮山县康克尔柯尔克孜民族乡、塔什库尔干塔吉克自治县科克亚柯尔克孜族乡、特克斯县阔克铁热克柯尔克孜族乡、昭苏县夏特柯尔克孜族乡、乌什县亚曼苏柯尔克孜族乡、温宿县博孜墩柯尔克孜族乡，其中 6 个是单一民族乡。

三、发展变化

自新中国成立以来，柯尔克孜族人口总体呈增长的趋势（国务院人口普查办公室，1983；国务院人口普查办公室，国家统计局人口和就业统计司，1993，2002，2012）。如图 46-5 所示，从“一普”到“六普”，全国的人口增长幅度为 130.65%，少数民族的人口增长幅度为 227.29%，柯尔克孜族的人口增长幅度为 163.18%，同比高于全国而低于少数民族。柯尔克孜族各次普查之间的年均增长率从“一普”到“二普”呈下降趋势；从“二普”到“四普”呈上升趋势，四普”达到最高，为 2.99%；“四普”到“五普”呈下降趋势；“五普”到“六普”呈上升趋势。

2010 年与 2000 年相比，柯尔克孜族人口构成比重变化存在较大的省份差异。人口构成比重下降的省份是云南、贵州、内蒙古、青海、海南、黑龙江、新疆，其中下降最大的省份是新疆，为 0.033。除上述省份外其余人口构成比重上升，上升较大的省份是北京、广东、浙江、上海、天津、辽宁、甘肃、福建和宁夏，其中上升最大的是西藏，上升了 0.089%。

以受教育状况和人口预期寿命而论，全国柯尔克孜族 6 岁及以上未受教育人口占其总人口比例从 2000 年的 7.21%下降到 2010 年的 2.80%，其受教育率提高了 4.41%，其提高的幅度位居全国第 27 位。小学受教育人口占其总人口比例从 2000 年的 51.05%下降到 2010 年的 40.51%；中学受教育人口占其总人口比例从 2000 年的 26.54%上升到 2010 年的 38.06%；大学受教育人口占其总人口比例从 2000 年的 2.85%上升到 2010 年的 7.22%；到 2010 年止，有 0.05%的柯尔克孜族人口接受了研究生教育。总体来看，柯尔克孜族人口的受教育程度呈上升趋势。至 2000 年，全国柯尔克孜族预期寿命为 67.89 岁。

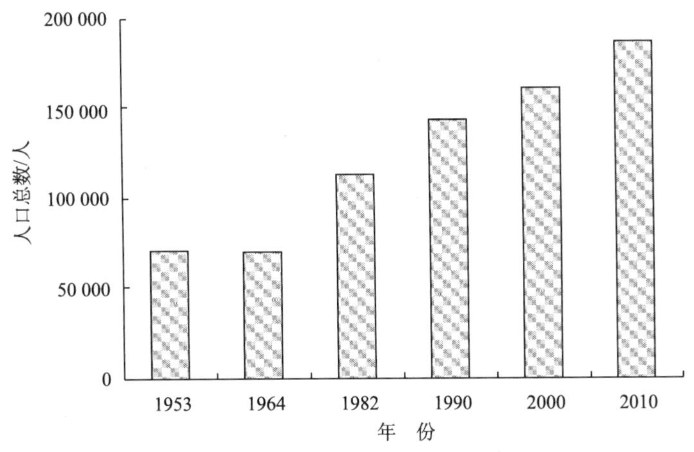

图 46-5 柯尔克孜族历次普查的人口变化情况

参 考 文 献

陈海汶，陈鸣华. 2009. 和谐中华：中国的56个民族剪影. 上海：上海文化出版社：225.

杜荣坤. 柯尔克孜族//中国大百科全书编委会. 中国大百科全书·民族卷. 北京：中国大百科全书出版社. 1986：219-221.

国务院人口普查办公室. 1983. 第三次全国人口普查手工汇总资料汇编（第4册）. 北京：国务院人口普查办公室.

国务院人口普查办公室，国家统计局人口和就业统计司. 1993. 中国1990年人口普查资料. 北京：中国统计出版社.

国务院人口普查办公室，国家统计局人口和就业统计司. 2002. 中国2000年人口普查资料. 北京：中国统计出版社.

国务院人口普查办公室，国家统计局人口和就业统计司. 2012. 中国2010年人口普查资料（上）. 北京：中国统计出版社.

胡振华. 2002. 柯尔克孜族//赫时远，任一飞，陈英初，等. 中国少数民族分布图集. 北京：中国地图出版社：185-190.

胡振华. 2007. 柯尔克孜语//孙宏开，胡增益，黄行，等. 中国的语言. 北京：商务印书馆：1678-1691.

《柯尔克孜族简史》编写组，《柯尔克孜族简史》修订本编写组. 2008. 柯尔克孜族简史. 修订版. 北京：民族出版社：16-113.

李树春. 2010. 中国少数民族遗传学概论. 北京：中央民族大学出版社：82.

郑度，等. 2008. 中国生态地理区域系统研究. 北京：科学出版社：130-132.

中国大百科全书编委会. 2009. 中国大百科全书·卷12. 第2版. 北京：中国大百科全书出版社：543.

中华人民共和国民政部. 2011. 中华人民共和国乡镇行政区划简册（2011）. 北京：中国统计年鉴出版社.

第四十七章　羌族民族地理

羌族属于蒙古人种北方类型。我国羌族人口 309 576 人（国务院人口普查办公室，国家统计局人口和就业统计司，2012）。羌族源于中国古代西北地区的古羌人。古羌人迁徙频繁，至宋代以后只有居住在四川西北部岷江上游和前江上游的少数羌人保留下来，成为今天的羌族。羌人南下对中华民族“多元一体”格局的影响具有重要影响，尤其对于西南民族格局的演变影响深远。

第一节　历史渊源

羌族源于西北地区的古羌人①。卡约、寺洼文化分布在湟水流域及其支流地区，正是古羌人的活动区域。商代羌人有北羌和马羌之分，主要是奴隶阶级，而周代的“姜”姓大姓则多有封国。春秋以降，古羌人就一直处于融入兄弟民族的状态，主要是春秋战国时期或之前的夏商之际，大批的古羌民进入中原，建立了一些小的国家，但经过春秋战国到秦汉时已经基本上融合到汉族之中；魏晋十六国分裂混乱的局面，许多部族迁入中原，氐羌也是其中之一，也逐渐汉化；隋唐时期秦陇地区的羌族进一步融合于汉，河湟及四川西北一部分羌族逐渐融合于藏（马长寿，2006）。宋代以后，只有居住在四川西北部岷江上游和前江上游的少数羌人保留下来，成为今天的羌族。这部分羌人约在春秋、战国从甘、青地区络绎迁居于岷江上游一带生息繁衍（刘先照，1986；中国大百科全书编委会，2009；《羌族简史》编写组，《羌族简史》修订本编写组，2008）。

---

① 古羌人渊源可考的是甲骨文。据甲骨文记载，殷商时的羌又叫“羌方”，有“北羌”和“马羌”两大部。他们活动的地域甚大，大体在今甘肃省的大部和陕西省的西部。战国时，羌人活动在河、湟地区，即黄河上游和湟水流域一带（主要在今青海境内），过着以游猎为主的相当原始的生活。秦献公时（前 384-前 362），秦朝势力迅速扩张，武力进到渭水源头，羌人在爰剑的孙子卬带领下西迁数千里，与诸羌隔绝不相往来。这是史载羌人的第一次大迁徙。其后，子孙繁衍，各自为部落，有牦牛种越嶲羌（今四川西昌东南）、白马种广汉羌（今四川西部）、参狼种武都羌（今甘肃武威）等部。爰剑的曾孙忍和舞仍留湟中，人口逐渐兴旺。秦始皇统一中国及其以后一段时期，没有向西用兵，羌人得到更大繁息。两汉时，羌人有了更大发展，爰剑子孙发展后分为 150 部。此外还有属于别部的先零、当煎、牢姐等多部，大多分布在今青海与甘肃西部。另有发羌、唐旄等部，分布在今西藏地区。它们与后来的吐蕃、藏族在族源上有一定的渊源关系。婼羌，分布在今新疆天山之南。婼羌以西还有葱茈羌、白马羌、黄牛羌，他们分布的地区很广。汉武帝时，汉朝势力进到河、湟地区，将羌人赶往西边。此后，羌人与汉王朝长期战争，或因反叛被平息后的迁徙，或因归附的迁徙，东汉王朝将羌人的许多部迁入内地，安置在三辅（今陕西渭水流域一带）、汉阳（今甘肃天水一带）、安定（今甘肃镇原一带）和北地（今宁夏吴忠西南）、土郡（今无定河流域及内蒙古鄂托克旗一带）、西河（今内蒙古离石）等地的羌人被称为“东羌”，后实际上融入到了汉族中。留居河、湟一带的称作“西羌”。汉后，羌人多已融入到汉族和其他民族中，并因南下而与西南地区土著融合形成了很多的现代民族。至元，中国北方基本上不再见羌人活动，只有岷江上游，即今四川西北部还比较集中地存在一部分羌人，系战国及其以后时期从河湟一带迁去的羌人与当地原有居民融合而成的（刘先照，1986）。

第二节　人种类型与体质特征

羌族属于蒙古人种北方类型。其体质特征（李树春，2010）表现为：身材亚中等偏矮，体型偏狭长，腿较长，面部狭窄，鼻狭而高。

第三节　语言、经济类型、服饰、民居、信仰及习俗

羌族长期生活于四川西北部，今主要聚居于四川省的阿坝藏族羌族自治州的茂县、汶川县、理县和松潘县部分地区和北川羌族自治县等（黄成龙，2002），这一地区在《中国生态地理区域系统》中位于川西藏东高山峡谷针叶林区（HⅡA/B1）东缘中部及四川盆地常绿阔叶林区（ⅤA4）中部（郑度等，2008），主要是山地、河谷地理环境，高山、河谷、森林是羌族所处的主要地理环境类型。在与这样的地理环境之间、在与相邻地区之间、在与有关民族之间的协调共生中，羌族逐渐形成了具有一定特色的社会文化。

羌语（Qiang）是羌族的本民族语言，她属于汉藏语系藏缅语族羌语支（孙宏开，刘光坤，2007）。羌族没有本民族文字。

羌族主要的经济活动是农业，兼营牧业，副业次之，但部分地区有刀耕火种的现象存在。羌族服饰如图 47-1 所示（陈海汶，陈鸣华，2009），保留了北方民族的特点，基本上承袭了袍服之制，服饰面料仍以皮裘、毛、麻织品为主，男女皆穿麻布长衫，羊皮坎肩是民族特色，包头帕，束腰带，裹绑腿。羌族传统以大米、玉米、小麦、青稞和土豆为主食，辅以荞麦、油麦、大米等。无论男女老幼，都喜欢引用自酿的“咂酒”，吸食兰花烟（草烟）。羌族一般都是三五十户聚居成一个寨子，主要修筑在高山、半山或

图 47-1　羌族服饰（陈海汶，陈鸣华，2009）

摄影：陈海汶；拍摄时间：2008 年 12 月 14 日；拍摄地点：中国四川省阿坝藏族羌族自治州理县桃坪羌寨

河谷台地上，故称为山寨或羌寨（图 47-2）。羌寨中常用石块修筑数十丈高的碉楼（图 47-3），碉楼有石碉和土碉，一般用以防御敌患和储存粮草，并常与民居相连，图 47-4 所示为碉楼民居剖面。羌族民居历史底蕴浓厚，因自汉以后羌族人民一直生息繁衍在岷江上游一带，过着半农半牧的定居生活，居住房屋也继承了“垒石为室”的传统，石砌民居建筑成了羌族的主要类型，一直延续至今，没有很大的变化（在个别地区也有土筑建筑和木建筑，这是由于当地缺少石材或受其他民族的影响，如汉族的木穿斗瓦房，藏族的木板房等）（陆元鼎，2003）。

图 47-2 “羌寨”
资料来源：中国民族博物馆（http://www. Cnmusecom/web/c _ 000000050001/d _ 175 _ 3. Htm. 2012-05-22）

图 47-3 羌族碉楼（孙俊桥，项之园，2008）

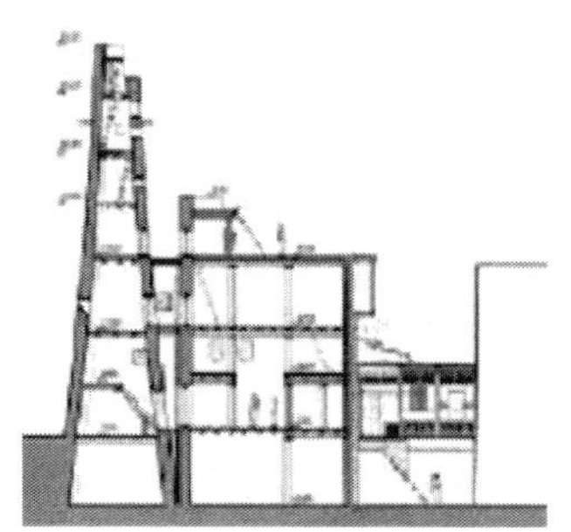

图 47-4 羌族碉楼民居剖面（任浩，2008）

羌族主要信仰以天神为主的多种崇拜，表现为自然崇拜、祖先崇拜、图腾崇拜。由于自然界中，天、地、山、树与羌人的生活关系最为密切，故成为他们崇拜的对象。少部分信仰藏传佛教、喇嘛教、基督教、天主教等。羌族婚姻为一夫一妻制，过去择婚时有严格的等级制度，实行转房制。丧葬制度有火葬、土葬、水葬、岩葬四种形式。其中火葬是自古相传的葬俗，火化后将骨灰埋于地下或封于崖穴之中。

第四节　空间结构及其发展变化

一、构成结构

全国第六次人口普查数据（国务院人口普查办公室，国家统计局人口和就业统计司，2012）表明，羌族的人口构成有如下特点：①在性别构成方面，人口性别比为 102.29，低于全国的 104.90，居第 35 位。②在人口存活率方面，15～64 岁妇女产婴存活率为 97.35%，低于全国的 98.78%，居第 35 位。③在城镇化率方面，人口城镇化率为 30.87%，低于全国的 50.27%，居第 27 位。④在就业状况方面，就业率为 97.70%，高于全国的 97.46%，居第 35 位；在三次产业从业人口比例中（图 47-5），第一产业的比例最高，第三产业次之，第二

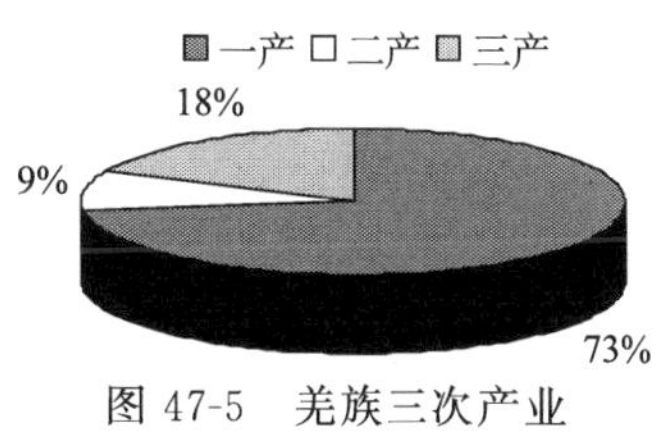

图 47-5 羌族三次产业从业人口比例

产业最低，分别为 73%、18%和 9%。其中，第三产业从业人口比例中，比例最高的是批发和零售业，占第三产业从业人口的 21.30%；较高的是住宿和餐饮业，占 15.50%。⑤在人口年龄结构方面，人口最多的年龄段为 15～19 岁，人口较多的年龄段为 35～39 岁和 20～24 岁，这三个年龄段的人口数量占其总人口数量的 30.32%。⑥在婚姻状况方面，15 岁及以上人口的婚姻率为 75.38%，低于全国的 78.40%，居第 26 位。⑦在受教育程度方面，6 岁及以上人口的受教育率为 92.96%，低于全国的 95%，居第 29 位。

二、分布格局

1. 省域分布格局

全国第六次人口普查数据（国务院人口普查办公室，国家统计局人口和就业统计司，2012）表明，羌族人口分布比重和人口构成比重最高的省域在我国各省、自治区和直辖市的分布上，呈现出主要集中在西南的特点。同时，性别比和人口城镇化率省份差异较大。

在人口分布比重分布上，羌族的分布表现为两种区域类型，即集中分布区和零星分布区（图 47-6）。集中分布区是四川，该省羌族人口总量为 296 931 人，占全国羌族总人口的比例为 95.92%。除了集中分布区四川外其余省份均属于零星分布区，这些省份

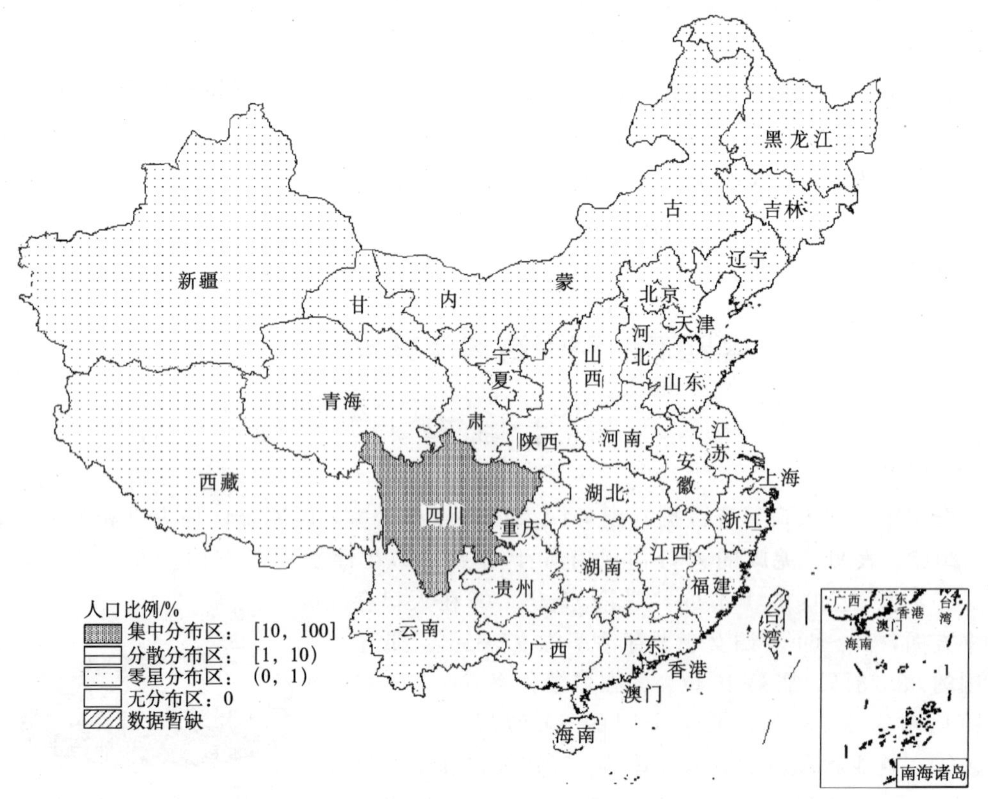

图 47-6 羌族分布的省域格局

的羌族人口总数为 12 645 人，占全国羌族总人口的比例约为 4.08%，在零星分布区中，羌族人口总数最少的是黑龙江，仅有 34 人。

在人口构成比重分布上，较高的省份是四川、贵州、北京、西藏、浙江、重庆和上海，它们的羌族人口构成比重均在 0.002%以上，最高的省份是四川省，为 0.37%；较低的省份是辽宁、广西、江西、安徽、湖南、山东、河南和黑龙江，其羌族人口构成比重均在万分之零点零四以下，最低的省份是黑龙江，只有百万分之零点九。

在性别比和人口城镇化率分布上，就羌族人口分布比重集中分布区和分散分布区而言，由于羌族集中分布区只有四川省且无分散分布区，故四川省羌族的性别比和人口城镇化率最具代表性，四川省的羌族性别和人口城镇化率分别约 101.72 和 29.03%。

2. 聚居分布格局

羌族以聚居为主导分布形式，超过 98%的羌族人都居住在四川，具有明显的省际分隔的地域特征。羌族的主要聚居地分布在四川境内共有 1 个地市级聚居区、1 个县区级聚居区和 5 乡镇级聚居区（中华人民共和国民政部，2011）：第一，1 个地市级聚居区——阿坝藏族羌族自治州，她是我国羌族最大的聚居区；第二，1 个县区级聚居区——北川羌族自治县；第三，5 个乡镇级聚居区——绵阳市平武县徐塘羌族乡、平武县锁江羌族乡、平武县平南羌族乡、平武县水田羌族乡、平武县旧堡羌族乡。

三、发展变化

自新中国成立以来，羌族人口总体上呈增长的趋势（国务院人口普查办公室，1983；国务院人口普查办公室，国家统计局人口和就业统计司，1993，2002，2012）。如图 47-7 所示，从“一普”到“六普”，全国的人口增长幅度为 130.65%，少数民族的人口增长幅度为 227.29%，羌族的人口增长幅度为 768.13%，同比均高于全国和少数民族。羌族各次普查之间的年平均增长率从“一普”到“四普”呈上升趋势，“四普”达到最高，约为 8.56%，从“四普”到“六普”又呈下降趋势，“六普”下降到 0.11%。

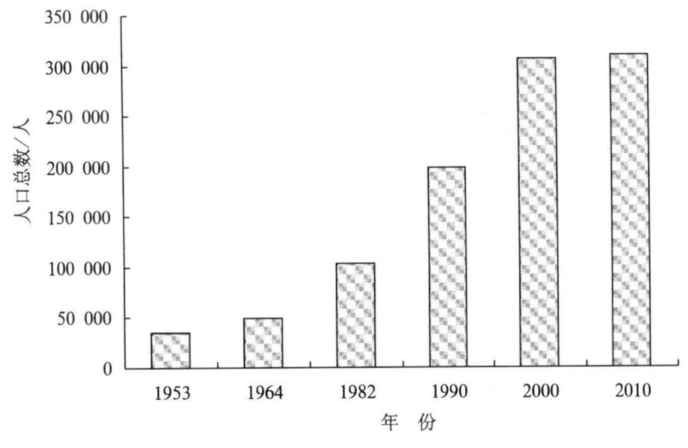

图 47-7 羌族历次普查的人口变化情况

2010年与2000年相比，羌族人口构成比重变化存在较大的省份差异。人口构成比重下降的省份是新疆和江西，分别下降了百万分之零点八五和十万分之零点一六。除上述省份以外其余省份人口构成比重均上升，上升最大的省份是四川，上升了0.004%。

以受教育状况和人口预期寿命而论，全国羌族6岁及以上未受教育人口占其总人口比例从2000年的7.33%下降到2010年的6.59%，其受教育率提升了0.74%，其提高的幅度位居全国第55位。小学受教育人口占其总人口比例从2000年的49.12%下降到2010年的39.43%；中学受教育人口占其总人口比例从2000年的28.38%上升到2010年的39.69%；大学受教育人口占其总人口比例从2000年的2.06%上升到2010年的7.66%；到2010年止，有0.13%的羌族人口接受了研究生教育。总体来看，羌族人口的受教育程度呈上升趋势。到2000年，羌族人口的平均预期寿命为72.26岁。

第五节　羌族对中华民族的影响及羌语方言

一、羌族对中华民族的影响

无论是羌族史还是羌族地理研究，羌族对中华民族多元一体格局的影响都是值得注意的。除了今天生活在四川北部北川、汶川、茂县、理县、黑水、松潘、平武的羌族同胞外，其余更多的羌人均在不同历史时期分别融入到各族之中，成为中国许多民族的重要来源之一。除前述所论外，有学者总结说：羌人“一部分西迁进入新疆塔里木盆地，与当地土著同化，成为现代维吾尔族先民的一部分；一部分远迁至我国西南地区，成为今彝族先民的一部分；一部分迁至今四川西北部，逐步发展为现代羌族；一部分留居青海，演化成今天的土族；还有相当一部分，则迁入青藏高原腹地，与青藏高原的土著民族相融合，发展成为后来的藏族。”（罗广武，2008）此外还有学者总结说：“羌族与汉族、藏族、彝族、白族、怒族、纳西、哈尼、拉祜、普米、傈僳、独龙、景颇、门巴、珞巴、基诺、阿昌等十几个民族皆有密切的族源关系，许多民族的血管里都流淌着羌人的血液，汉藏尤甚。羌人与中国各民族关系密切和复杂之程度，仅次于汉族，羌人在中华民族多元一体格局形成过程中的作用极其特殊和重要”（高强，2010）。

除此之外，有学者试图通过对羌族史诗所反映的史实追溯，再现羌族从游牧到农耕的文化适应变迁过程，再根据考古材料、语言情况、历史记载、多民族的文化布局现状，论证羌族文化在多民族文化交融适应中的趋向和形成，即从多元走向一体的发展历程（徐平，1992）。其实这种从多元走向一体的发展历程，存在于任何一个早期区域性实力较大的民族群体中，即所谓从血缘关系走向地缘关系。

二、羌语方言

羌族主要使用的羌语分南北两个方言。南部方言主要分布在茂县大部分地区、汶川县的大部分地区、理县的南部地区，包括大岐山土语、桃坪土语、龙溪土语、绵池土语、黑虎土语。北部方言主要分布在黑水县的大部分地区、茂县的北部，包括亚都土语、维古土语、麻窝土语、茨木林土语、芦花土语（孙宏开，刘光坤，2007）。下面又各分 5 个土语，语言情况十分复杂。孙宏开的研究认为，“茂汶羌族自治县、汶川县、理县等地区的羌语，方言土语内部差别比较大，往往一种土语只能通行几个村寨”，而且，“公路沿线或城镇附近地区，除了老年人、壮年人还能用本民族语言进行交际外，青年和小孩已不太会说羌语了。交通不便的偏僻山区，羌语使用比较频繁。分布在四川省阿坝藏族羌族自治州黑水县地区的羌语，内部差别比较小，当地居民不仅在家庭中、村寨中使用，在集市上以及各种会议上，也使用羌语进行交际”（孙宏开，1981）。徐平（1999）后来补充认为，岷江河谷是沟通游牧文化和农耕文化的走廊地区，自古以来就是民族频繁迁徙之地，这就造成了多种文化在这一地区重合叠压。各种文化的交融适应，带来民族文化的进步和趋同，羌族就是在这种文化适应过程中逐渐形成的，并渐渐形成北部的藏族、中部的羌族、南部的汉族三种主要文化类型。

参 考 文 献

陈海汶，陈鸣华. 2009. 和谐中华：中国的 56 个民族剪影. 上海：上海文化出版社：257.

高强. 2010. 羌人与中华民族多元一体格局. 中华文化论坛，16（4）：43-47.

国务院人口普查办公室. 1983. 第三次全国人口普查手工汇总资料汇编（第 4 册）. 北京：国务院人口普查办公室.

国务院人口普查办公室，国家统计局人口和就业统计司. 1993. 中国 1990 年人口普查资料. 北京：中国统计出版社.

国务院人口普查办公室，国家统计局人口和就业统计司. 2002. 中国 2000 年人口普查资料. 北京：中国统计出版社.

国务院人口普查办公室，国家统计局人口和就业统计司. 2012. 中国 2010 年人口普查资料（上）. 北京：中国统计出版社.

黄成龙. 2002. 羌族//赫时远，任一飞，陈英初，等. 中国少数民族分布图集. 北京：中国地图出版社：209-214.

李树春. 2010. 中国少数民族遗传学概论. 北京：中央民族大学出版社：75.

刘先照. 羌//中国大百科全书编委会. 中国大百科全书·民族卷. 北京：中国大百科全书出版社. 1986：372-373.

陆元鼎. 2003. 中国民居建筑（下卷）. 广州：华南理工大学出版社：1018.

罗广武. 2008. 西藏自古以来就是中国的一部分. 光明日报，05-05（3）.

马长寿. 2006. 氐与羌. 南宁：广西师范大学出版社：4.

《羌族简史》编写组，《羌族简史》修订本编写组. 2008. 羌族简史. 修订版. 北京：民族出版社.

任浩. 2003. 羌族建筑与村寨. 建筑学报，39（8）：62-64.

孙宏开. 1981. 羌语简志. 北京：民族出版社.

孙宏开，刘光坤. 2007. 羌语//孙宏开，胡增益，黄行，等. 中国的语言. 北京：商务印书馆：845-868.

孙俊桥，项之园，张扬汪. 2008. 羌寨聚落的空间形态特征及其美学价值. 新建筑，24（3）：106-109.

徐平. 1992. 试论羌族多元一体格局的形成. 中央民族大学学报，19（4）：23-28.

郑度，等. 2008. 中国生态地理区域系统研究. 北京：科学出版社：130-132.

中国大百科全书编委会. 2009. 中国大百科全书·卷 12. 第 2 版. 北京：中国大百科全书出版社：15.

中华人民共和国民政部. 2011. 中华人民共和国乡镇行政区划简册（2011）. 北京：中国统计年鉴出版社.

第四十八章　景颇族民族地理

景颇族属于蒙古人种南方类型。我国景颇族人口 147 828 人（国务院人口普查办公室，国家统计局人口和就业统计司，2012）。景颇族与我国古代西北的氐羌族群有渊源关系，并长期迁徙。景颇族是中缅之间非主体型跨界民族，在缅称克钦族。在中国境内主要分布于滇西南地区。景颇族支系较多，使用多种语言。

第一节　历史渊源

景颇族与我国古代西北的氐羌族群有渊源关系，其先民认为他们的祖先发源于“木转省腊崩”（意为“天然平顶山”或“南山和女生”）的山区，传在迈立开江、恩梅开江、怒江、澜沧江、金沙江之源以北。秦汉时期的“夷”、“昆明”、“嶲”等古代族类与景颇族的先民是有关系的，可能是兄弟的亲缘关系，是从氐羌族群中分化出来的。唐代，景颇族先民开始沿金沙江、澜沧江、怒江等河流南迁，后逐步迁徙到云南西北部，怒江以西的地区。南迁后，分为东、西两部分。东部景颇族分布于澜沧江以东，金沙江以东泸水地区；西部景颇族则分布于今马古浪、岗房一带。到了明代，景颇族务部逐渐形成茶山、里麻两个大的部落联盟，产生了山官制，明朝设置的茶山长官司曾任命景颇族山官为长官。明末清初，又开始大量迁往今天德宏地区（肖家成 1983；中国大百科全书编委会，2009；《景颇族简史》编写组，《景颇族简史》修订本编写组，2008）。

第二节　人种类型与体质特征

景颇族属于蒙古人种南方类型。其体质特征（李树春，2010）表现为：身材亚中等偏矮；体毛和胡须稀少，皮肤呈浅黄褐色，黑发，平直而硬；眼为深褐色，眼裂开度较宽，眼裂斜度内外平行，大多有蒙古褶；鼻根中等偏高，鼻翼微突，鼻梁直型，鼻尖向前，多属中鼻型；耳壳缺失，无达尔文结节；嘴型稍突，中等唇厚；颧骨突出，面部扁平，多属中面型和狭面型；头型多属中头型、高头型和狭头型。

第三节　语言文字、经济类型、服饰、民居、信仰及习俗

景颇族长期活动于滇西南地区，今集中分布于云南省的德宏傣族景颇族自治州（岳扎布，2002）。这一地区在《中国生态地理区域系统》中位于云南高原常绿阔叶林、松林区（ⅤA5）西南角及滇中南亚高山谷地常绿阔叶林、松林区（ⅥA3）西北角（郑度等，2008），主要是山地河谷型地理环境。该区处于边缘热带湿润地区、中亚热带湿润地区的山地、高原地区，山地、河谷、森林构成了景颇族主要的地理环境类型。在与这

样的地理环境之间、在与相邻地区之间、在与有关民族之间的协调共生中，景颇族逐渐形成了具有一定特色的社会文化。

景颇语（Jingpho）是景颇族的本民族语言，她属于汉藏语系藏缅语族景颇语支，是一种处于危险等级的濒危语言（中国大百科全书编委会，1988）。景颇族文字有景颇文和载瓦文两种，两种文字都是以拉丁字母为基础的拼音文字。中华人民共和国成立后，我国语言工作者在原景颇文的基础上，对一些声韵母拼法进行了改革。载瓦文创制于1957年，是我国语言工作者为满足载瓦支系的需要而创制的文字。今天，景颇文和载瓦文在景颇族地区均被广泛使用。

景颇族主要经营旱地农业，兼营牧业和手工业。景颇族服饰如图48-1所示（陈海汶，陈鸣华，2009），以黑、白、红三色为主调，出门时肩上挂筒帕。男子腰间常挎长刀。女子上衣上都镶有很多的大银泡，领上佩戴六、七个银项圈和一串响铃式银链子，耳朵上戴一对很长的银耳环，手上戴着粗大且刻有花纹的银手镯作为装饰。景颇族以大米、包谷、大麦、小米、高粱、芋头和薯类为主食。“炒新谷饭”、“竹筒饭”、“麂血饭团”和“飞蚁煎饼”等颇具特色。景颇族菜味的“主旋律”是清淡、辣、酸、苦、香，烹饪用味有咸、酸、辣、苦、甜五味。景颇族是山居民族，村寨都建在山上近水源、靠近森林的地方，与大自然映然相趣（图48-2）。住房是竹木结构的茅屋，每家房屋各不相连的“矮脚竹楼”民居在云南少数民族民居中独树一帜（图48-3）。从平面布置来看，这种以竹木构成的传统干栏式民居，多呈长方形平面，纵向入口。室内空间划分以屋脊为界，纵向隔成两半，一半为通敞的大空间，另一半则根据家庭人口的多少再分隔为几个小房间（图48-4）（陆元鼎，2003）。

图48-1　景颇族服饰（陈海汶，陈鸣华，2009）

摄影：陈海汶；拍摄时间：2008年10月30日；拍摄地点：中国云南省德宏傣族景颇族自治州陇川县章凤镇广山景颇风景寨村

景颇族实行一夫一妻制，有转房制习俗。景颇族的宗教信仰主要是鬼灵信仰，少数信仰基督教、天主教。景颇族葬法有土葬、火葬和天葬三种。凡正常死亡，都用土葬；

凡凶死者多用火葬；刚生下的幼婴夭亡，则天葬。

图 48-2　景颇族聚落环境（汪之力等，1994）

图 48-3　景颇族“矮脚竹楼”（杨大禹，朱良文，2010）

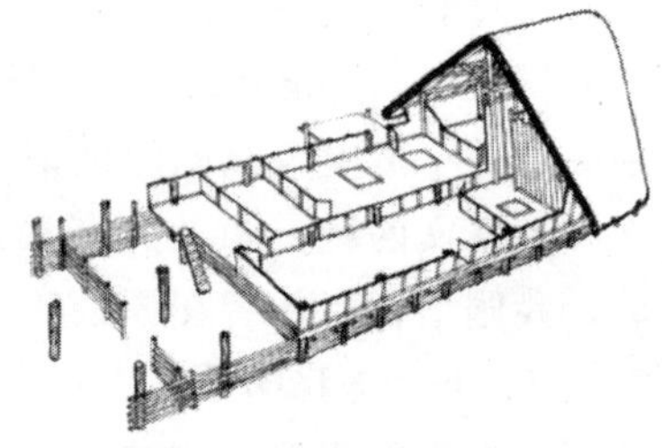

图 48-4　景颇族“矮脚竹楼”剖面（汪之力等，1994）

第四节　空间结构及其发展变化

一、构成结构

全国第六次人口普查数据（国务院人口普查办公室，国家统计局人口和就业统计司，2012）表明，景颇族的人口构成有如下特点：①在性别构成方面，人口性别比为93.21，低于全国的104.90，居第53位。②在人口存活率方面，15～64岁妇女产婴存活率为94.08%，低于全国的98.78%，居第53位。③在城镇化率方面，人口城镇化率为19.72%，低于全国的50.27%，居第40位。④在就业状况方面，就业率为98.63%，高于全国的97.46%，居第8位。在三次产业从业人口比例中（图48-5），第一产业的比例较高，第三产业次之，第二产业最低，分别为82%、13%和5%。其中，第三产业从业人口比例中最高的是公共管理和社会组织，占第三产业从业人口的25.36%；较高的是批发和零售业，占20.02%。⑤在人口年龄结构中，人口最多的年龄段为20～24岁，较多的年龄段为25～29岁和30～34岁，这三个年龄段的人口数占其总人口的30.91%。⑥在婚姻状况方面，15岁及以上人口的婚姻率为78.31%，低于全国的78.40%，居第9位。⑦在受教育程度方面，6岁及以上人口的受教育率为90.56%，低于全国的95.00%，居第35位。

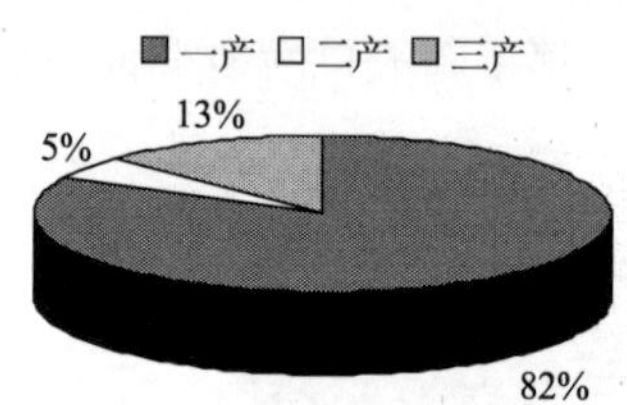

图 48-5　景颇族三次产业从业人口比例

二、分布格局

1. 省域分布格局

全国第六次人口普查数据（国务院人口普查办公室，国家统计局人口和就业统计司，2012）表明，景颇族人口分布比重和人口构成比重最高的省域在我国各省、自治区和直辖市的分布上，呈现出主要集中在西南地区的特点。同时，性别比和人口城镇化率省份差异较大。

在人口分布比重分布上，景颇族的分布表现为三种区域类型，即集中分布区、零星分布区和无分布区（图 48-6）。集中分布区是云南省，该省景颇族的人口总数为 142 956 人，占全国景颇族总人口数量的比例约为 96.70%。无分布区是西藏。除上述省份外其余均属于零星分布区，这些省份的景颇族人口总数为 4872 人，占全国景颇族总人口数量的比例约为 3.30%，青海的景颇族人数最少，仅有 5 人。

在人口构成比重分布上，除无分布区外较高的省份是云南、吉林、贵州和浙江，这些省份的人口构成比重均在万分之零点零八以上，其中最高的省份是云南，比值为 0.31%；较低的省份有河北、宁夏、广西、青海、甘肃、湖北、陕西和黑龙江，其景颇族人口构成比重均在万分之零点零一以下，最低的省份是黑龙江，只有百万分之零点三。

在性别比和人口城镇化率分布上，就景颇族人口分布比重的集中分布区和分散分布区而言，由于景颇族集中分布区只有云南省，无分散分布区，故云南省景颇族的性别比和人口城镇化率最具代表性，其性别比为 95.19，人口城镇化率为 18.55%。

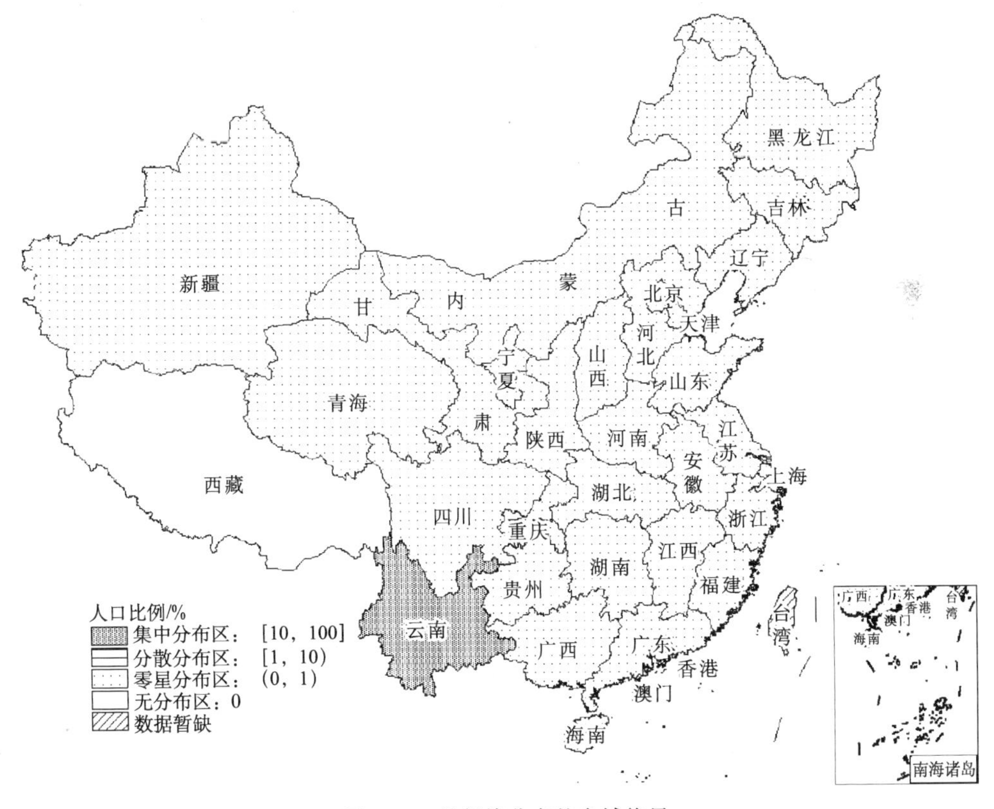

图 48-6　景颇族分布的省域格局

2. 聚居分布格局

景颇族是一个跨界民族，景颇族在我国主要以村寨的形式聚居，其聚居区较少，主要分布在云南。景颇族在云南有 1 个地市级聚居区——德宏傣族景颇族自治州，她是我国最大的景颇族聚居区（中华人民共和国民政部，2011）。

三、发展变化

自新中国成立以来，景颇族人口总体呈增长的趋势（国务院人口普查办公室，1983；国务院人口普查办公室，国家统计局人口和就业统计司，1993，2002，2012）。如图 48-7 所示，从“一普”到“六普”，全国的人口增长幅度为 130.65%，少数民族的人口增长幅度为 227.29%，景颇族的人口增长幅度为 45.14%，同比低于全国和少数民族。景颇族各次普查之间的年均增长率从“一普”到“二普”呈下降趋势；“二普”到“四普”呈上升趋势，“四普”达到最大，为 3.16%；“四普”到“五普”呈下降趋势，“五普”到“六普”呈上升趋势。

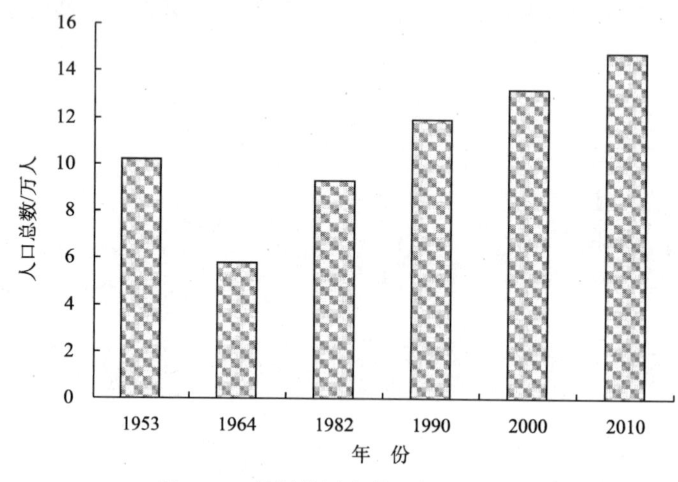

图 48-7 景颇族历次普查的人口变化

2010 年与 2000 年相比，景颇族人口构成比重变化存在较大的省份差异。人口构成比重下降的省份是湖南、广西和海南，其中下降最大的省份是海南，为十万分之零点三一六。西藏的景颇族人口构成比重无变化。除上述省份外其余省份人口构成比重上升，上升较大的省份是云南、吉林、浙江、福建和上海，其中上升最大的省份是云南，上升了 0.004%。

以受教育状况和人口预期寿命而论，全国景颇族 6 岁及以上未受教育人口占其总人口比例从 2000 年的 11.85%下降到 2010 年的 8.48%，其受教育率提升了 3.37%，其提高的幅度位居全国第 31 位。小学受教育人口占其总人口比例从 2000 年的 50.65%下降到 2010 年的 49.04%；中学受教育人口占其总人口比例从 2000 年的 22.56%上升到 2010 年的 28.98%；大学受教育人口占其总人口比例从 2000 年的 0.71%上升到 2010 年的 3.32%；到 2010 年止，有 0.03%的景颇族人口接受了研究生教育。总体来看，景颇族人口的受教育程度呈上升趋势。到 1990 年，景颇族人口的平均预期寿命为 63.70 岁。

第五节 支系及语言使用

景颇族是一个有着强烈而明确支系意识的民族，在景颇族内部对自己所属的支系非常明确而对外均以“景颇族”自称。在景颇族内部的五支系为：景颇、载瓦、勒期、浪峨和波拉。其中，景颇主要分布在云南省盈江县的铜壁关乡、卡厂乡，瑞丽县的勐休乡；载瓦主要分布在云南省陇川县的邦瓦乡、勐休乡，潞西县的西山乡、遮放乡和盈江县的支那乡；勒期主要分布在云南省盈江县的盏西乡，陇川县的景坎乡；浪峨主要分布在云南省潞西县的营盘乡，梁河县的勐养乡，陇川县的景坎乡；波拉主要分布在云南省潞西县的弯丹乡、金龙乡（李德洙，1994）。

景颇族的 5 个支系，分别使用 5 种不同的语言。景颇语可以分出两个主要土语——恩昆和石丹土语。恩昆土语主要分布在盈江县铜壁关区；石丹土语主要分布在盈江县卡昌区（孙宏开等，2007）。属于汉藏语系藏缅语族缅语支的载瓦语是景颇族自称载瓦支系使用的一种语言，是一种处于危险等级的濒危语言。说载瓦语的人主要居住在云南省德宏傣族景颇族自治州的潞西、陇川、瑞丽、盘江等县（孙宏开等，2007）。属于汉藏语系藏缅语族缅语支的浪速语（浪峨语）是景颇族浪速支系操用的一种语言，浪速人主要分布在云南省德宏傣族景颇族自治州的潞西、盈江、陇川、瑞丽、梁河等县和缅甸北部（孙宏开等，2007）。属于汉藏语系藏缅语族缅语支的波拉语（Bola），是景颇族中自称波拉的支系说的一种语言，是一种处于危险等级的濒危语言，说此语言的人主要分布在云南省德宏傣族景颇族自治州的潞西、盈江、梁河等县（孙宏开等，2007）。属于汉藏语系藏缅语族缅语支的勒期语是景颇族勒期支系说的一种语言，是一种处于危险等级的濒危语言，说此语言的人主要分布在云南省德宏傣族景颇族自治州的潞西、盈江、梁河等县（孙宏开等，2007）。

参 考 文 献

陈海汶，陈鸣华. 2009. 和谐中华：中国的 56 个民族剪影. 上海：上海文化出版社：217.

国务院人口普查办公室. 1983. 第三次全国人口普查手工汇总资料汇编（第 4 册）. 北京：国务院人口普查办公室.

国务院人口普查办公室，国家统计局人口和就业统计司. 1993. 中国 1990 年人口普查资料. 北京：中国统计出版社.

国务院人口普查办公室，国家统计局人口和就业统计司. 2002. 中国 2000 年人口普查资料. 北京：中国统计出版社.

国务院人口普查办公室，国家统计局人口和就业统计司. 2012. 中国 2010 年人口普查资料（上）. 北京：中国统计出版社.

《景颇族简史》编写组，《景颇族简史》修订本编写组. 2008. 景颇族简史. 修订版. 北京：民族出版社：9-27.

李德洙. 1994. 中国少数民族文化史. 沈阳：辽宁人民出版社：1051-1053.

李树春. 2010. 中国少数民族遗传学概论. 北京：中央民族大学出版社：85.

陆元鼎. 2003. 中国民居建筑（下卷）. 广州：华南理工大学出版社：1219.

孙宏开，胡增益，黄行，等. 2007. 中国的语言. 北京：商务印书馆：547，772，806，826，983.

汪之力，张祖刚，等. 1994. 中国传统民居建筑. 济南：山东科学技术出版社：159.
肖家成. 1986. 景颇族//中国大百科全书编委会. 中国大百科全书·民族卷. 北京：中国大百科全书出版社：210-213.
杨大禹，朱良文. 2010. 云南民居. 北京：中国建筑工业出版社.
岳扎布. 2002. 景颇族//赫时远，任一飞，陈英初，等. 中国少数民族分布图集. 北京：中国地图出版社：179-184.
郑度，等. 2008. 中国生态地理区域系统研究. 北京：科学出版社：130-132.
中国大百科全书编委会. 1988. 中国大百科全书·语言文字. 北京：中国大百科全书出版社：233.
中国大百科全书编委会. 2009. 中国大百科全书·卷 12. 第 2 版. 北京：中国大百科全书出版社：163.
中华人民共和国民政部. 2011. 中华人民共和国乡镇行政区划简册（2011）. 北京：中国统计年鉴出版社.

第六篇　人口较少且分布较狭民族地理

本篇共15章，分别是阿昌族、普米族、德昂族、仫佬族、毛南族、珞巴族、撒拉族、怒族、京族、塔吉克族、独龙族、裕固族、门巴族、保安族、基诺族15个民族的民族地理。

从人口数量和分布格局来看，人口较少且分布较狭的民族分布较广，西南民族区有阿昌族、普米族、德昂族、仫佬族、毛南族、怒族、独龙族和基诺族以及珞巴族、门巴族；西北民族区有撒拉族、塔吉克族；北部民族区有裕固族、保安族；东南民族区有京族。

在人种结构上，阿昌族、普米族、德昂族、仫佬族、毛南族、怒族、独龙族、基诺族和京族为蒙古人种南方类型；珞巴族、门巴族、撒拉族、裕固族、塔吉克族、保安族属于蒙古人种北方类型，部分民族高加索人种血缘成分明显。

在生存环境特征上，主要是山地、丘陵和山间平原（阿昌族、普米族、德昂族、仫佬族、毛南族、基诺族、珞巴族、门巴族、撒拉族、保安族）和草原（塔吉克族）；怒族和独龙族是典型的高山狭谷型民族；京族是我国唯一的海洋型民族。与其地理环境特征相适应，阿昌族、普米族、德昂族、仫佬族、毛南族、基诺族、珞巴族、门巴族、撒拉族、保安族等族社会文化特征具有山地生态文化特征，以从事农业为主；塔吉克族、裕固族社会文化特征具有草原生态文化特征，主要从事牧业，部分地区从事农业；京族则具有明显的海洋民族文化特征，主要从事渔业。

第四十九章　阿昌族民族地理

阿昌族属于蒙古人种南方类型。我国阿昌族人口 39 555 人（国务院人口普查办公室，国家统计局人口和就业统计司，2012）。阿昌族是古羌人南下后与当地土著人融合而形成的民族，阿昌族是中缅之间非主体型跨界民族。阿昌族是人口较少且分布较狭的民族之一，集中分布于滇西德宏地区。阿昌族社会文化特征表现为山地民族的社会文化特征。

第一节　历史渊源

在文献上，能判别阿昌族渊源的最早是在唐代，此前记录大多含糊。所能确定的是，阿昌族与古羌人有渊源关系，古羌人在先秦时就已部分向南迁徙（见本书第四十七章第一节脚注），汉代南迁人数增多，迁入西南地区后与原居民族相互融合，引起西南地区民族结构变化。至唐，西南地区分化的族群中与藏缅语族彝语支有关的是爨、叟、摩沙、爨等。唐时，叟、爨等部落集团进一步演变，阿昌族为文献所载的“寻传蛮”，活动于今澜沧江上游以西（以东也有分布）至缅甸钦邦境内伊洛瓦底江上游的恩梅开江和迈立开江一带。元时对阿昌族已有“峨昌”或“阿昌”之称，分布上与唐基本相同，北至怒江以西、高黎贡山地带。至明晚期，因爨人移居阿昌先民地区日益增多，阿昌族先民或西迁，或逐渐融入爨人中。清时，阿昌族已是今德宏傣族景颇族自治州户撒区的主要居民（《阿昌族简史》编写组，《阿昌族简史》修订本编写组，2008）。

阿昌族有大阿昌、小阿昌、昌撒等支系（郭净等，1999）。其中大阿昌主要分布在云南省梁河县的囊宋、遮岛两乡和腾冲县的新华乡；小阿昌主要分布在云南省陇川县的户撒乡、芒市的高埂乡田和龙陵县的河头乡等地（杨明榜，张聪兰，2003）。

第二节　人种类型与体质特征

阿昌族属于蒙古人种南方类型。其体质特征（李树春，2010）表现为：身材亚中等偏矮；肤色呈浅黄褐色，黑发平直且硬，体毛及胡须少，眉嵴微显；眼裂开度中等，眼裂斜度内外平行，上眼睑褶皱发育好，多数人无蒙古褶；鼻根低平到中等，鼻翼微突，鼻孔横向呈卵圆形，鼻宽中等，属狭鼻型；上唇皮肤部平直，唇型稍突，红唇中等厚；面部扁平，颧骨突出，多属狭面型和过狭面型；头型多属中头型、高头型和阔头型。

第三节　语言、经济类型、服饰、民居、信仰及习俗

阿昌族长期生活在云南省德宏傣族景颇族自治州的陇川县户撒阿昌族乡、梁河县囊

宋阿昌族乡、梁河县九保阿昌族乡等相互毗邻的地区（李彬，2002）。这一区域在《中国生态地理区域系统》中位于滇中南亚高山谷地常绿阔叶林、松林区（VIA3）西北角（郑度等，2008），主要属于高山峡谷型自然地理环境。这里，磅礴的高黎贡山支脉自腾冲逶迤向南，地势北高南低，丘陵山地绵延起伏，山地、平坝、河流等构成了阿昌族生存与发展的主要地理环境类型。在与这样的地理环境之间、在与相邻区域之间、在与有关民族之间的协调共生中，阿昌族逐渐形成了具有一定特色的社会文化。

阿昌语是阿昌族的本民族语言，她属于汉藏语系藏缅语族缅语支（戴庆夏，崔志超，2007），是一种处于危险等级的濒危语言。阿昌语分三个方言：陇川方言、梁河方言、潞西方言。陇川方言分布在陇川县户撒镇一带；梁河方言分布在梁河县遮岛镇一带；潞西（今芒市）方言分布在芒市江东乡一带。另外，少量散居在保山地区腾冲、龙陵两县的阿昌族，他们讲的话也属于潞西方言（戴庆夏，崔志超，1985）。阿昌族除使用阿昌语为主要交际工具外，由于长期同汉族联系密切，有不少人已能使用汉语。陇川一带同傣族接触较多的阿昌族，有些也会傣语（戴庆夏，崔志超，2007）。阿昌族没有本民族文字。

阿昌族过去以采集、狩猎为生，现从事山地农业，且认识到了不同自然地理环境的差别及对应的应用方式，如擅长于平坝种植水稻，山腰则种植玉米和薯类等（杨圣敏，丁宏，2003）。阿昌族饮食以大米为主，掺以玉米和薯类，喜饮以大米酿制的水酒、白酒。阿昌族服饰如图 49-1 所示（陈海汶，陈鸣华，2009），制式以衣裙（对襟式）为主，适合山地劳作，男子一般穿蓝色、白色或黑色的对襟上衣，下穿黑色直裆裤，缠白（未婚）青（已婚）色头包，女子已婚穿裙子，未婚女子穿长裤，有嚼烟及槟榔的习俗，以齿黑为美。阿昌族传统建筑大多是三合或四合院样式，三合一照壁的形式居多，分两层，大都为土木结构。图 49-2 所示为坐落在中华民族博物院北园云贵高原亚热带雨林的半山腰处的阿昌族农家院外景。

图 49-1　阿昌族服饰（陈海汶，陈鸣华，2009）

摄影：陈海汶；拍摄时间：2008 年 10 月 30 日；拍摄地点：中国云南省德宏傣族景颇族自治州陇川县户撒阿昌族乡忙炳村忙旦寨

图 49-2 阿昌族农家园

资料来源：中华民族博物馆（http：//www. emuseum. org. cn/ node/82. 2012-03-26）

阿昌族宗教信仰呈多元化形态，包括小乘佛教、道教和信仰鬼神崇拜祖先的原始宗教。实行一夫一妻制，主要实行族内婚，禁止同姓结婚，普遍实行兄弟婚的转房制，还有拉婚、抢婚的习俗。土葬是阿昌族的主要形式，但如果是不吉利的死亡则实行火葬。

第四节 空间结构及其发展变化

一、构成结构

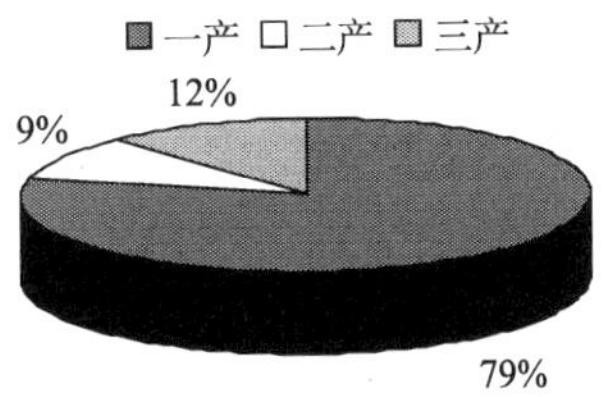

图 49-3 阿昌族三次产业从业人口比例

全国第六次人口普查数据（国务院人口普查办公室，国家统计局人口和就业统计司，2012）表明，阿昌族的人口构成有如下特点：①在性别构成方面，人口性别比为99.73，低于全国的104.90，居第42位。②在人口存活率方面，15～64岁妇女产婴存活率为96.82%，低于全国的98.78%，居第40位。③在城镇化率方面，人口城镇化率为22.88%，低于全国的50.27%，居第35位。④在就业状况方面，就业率为98.95%，高于全国的97.46%，居第1位。在三次产业从业人口比例中（图49-3），第一产业最高，第三产业次之，第二产业最低，分别为79%、12%和9%。其中，第三产业从业人口中，比例最高的是批发和零售业，占第三产业从业人口的22.89%；较高的是公共管理和社会组织，占19.28%。⑤在人口年龄结构方面，人口最多的年龄段为20～24岁，较多的年龄段为0～4岁和10～14岁，这三个年龄段的人口数量占其总人口数量的30.16%。⑥在婚姻状况方面，15岁及以上人口的婚姻率为77.44%，低于全国的78.40%，居第13位。⑦在受教育程度方面，6岁及以上人口的受教育率为91.98%，低于全国的95.00%，居第31位。

二、分布格局

1. 省域分布格局

全国第六次人口普查数据（国务院人口普查办公室，国家统计局人口和就业统计司，2012）表明，阿昌族人口分布比重和人口构成比重最高的省域在我国各省、自治区和直辖市的分布上，呈现出主要集中在西南地区的特点。同时，性别比和人口城镇化率省份差异较大。

在人口分布比重分布上，阿昌族的分布表现为四种区域类型，即集中分布区、分散分布区、零星分布区和无分布区（图 49-4）。集中分布区是云南，该省的阿昌族人口总数为 38 059 人，占全国阿昌族总人口数量的比例约为 96.21%。分散分布区是广东，该省的阿昌族人口总数为 623 人，占全国阿昌族总人口数量的比例约为 1.58%。无分布区是海南和西藏。除上述省份外其余均属于零星分布区，这些省份的阿昌族人口总数为 873 人，占全国阿昌族总人口数量的比例约为 2.21%，其中，甘肃和青海的阿昌族人口最少，分别只有 1 人。

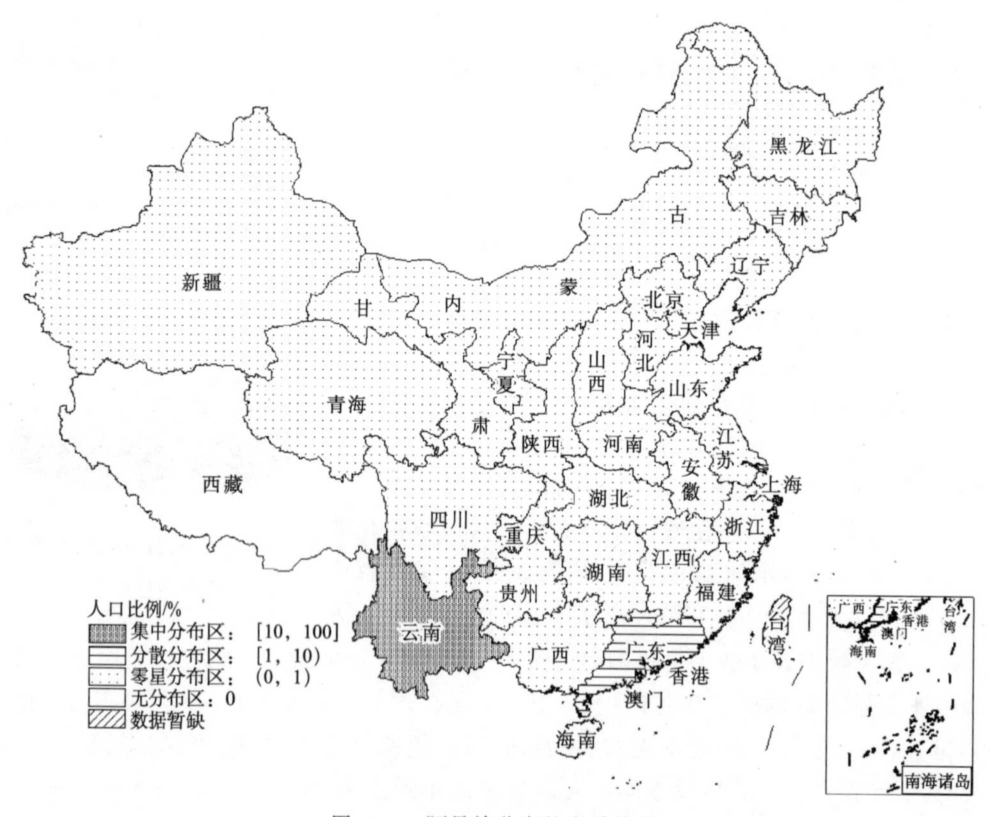

图 49-4　阿昌族分布的省域格局

在人口构成比重分布上，除无分布区外，较高的省份是云南、广东和上海，其阿昌族人口比例均在十万分之零点二以上；最高的是云南，其阿昌族人口构成比重为

0.08%；较低的省份是山西、黑龙江、陕西、甘肃，这些省份的阿昌族人口构成比重均在百万分之零点一以下；最低的是甘肃，只有百万分之零点零四。

在性别比分布上，就阿昌族人口分布比重的集中分布区和分散分布区而言，较高的省份是广东，该省的阿昌族人口性别比为166.24；较低的省份是云南，为99.87。

在人口城镇化率分布上，就阿昌族人口分布比重的集中分布区和分散分布区而言，较高的省份是广东，该省的阿昌族人口城镇化率为90.05%，较低的省份是云南，为20.95%。

2. 聚居分布格局

阿昌族既是云南15种特有民族之一，也是云南德宏傣族景颇族自治州的五种主体民族之一。阿昌族在云南省内有3个乡镇级聚居区——德宏傣族景颇族自治州陇川县户撒阿昌族乡、梁河县曩宋阿昌族乡和梁河县九保阿昌族乡（中华人民共和国民政部，2011）。

三、发展变化

自新中国成立以来，阿昌族人口总体上呈增长的趋势（国务院人口普查办公室，1983；国务院人口普查办公室，国家统计局人口和就业统计司，1993，2002，2012）。如图49-5所示，从“二普”到“六普”，全国的人口增长幅度为92.82%，少数民族的人口增长幅度为179.12%，阿昌族的人口增长幅度为228.75%，同比均高于全国和少数民族。阿昌族的各次普查之间的年均增长率从“二普”到“四普”呈上升趋势，“四普”时人口年均增长率达到最高，为3.89%，从“四普”到“六普”呈下降趋势。

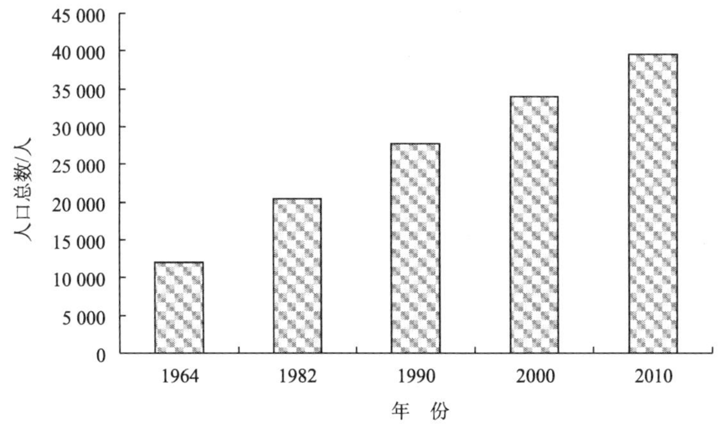

图49-5 阿昌族历次普查的人口变化

2010年与2000年相比，阿昌族人口构成比重变化存在较大的省份差异。人口构成比重下降的省份是青海、贵州、陕西、湖南和海南，其中，下降最大的是海南，为十万分之零点六。西藏、甘肃和黑龙江的阿昌族人口构成比重无变化。除以上省份外，其余省份阿昌族人口构成比重均上升，上升较大的省份有云南、广东、上海、福建、河南和浙江，其中，上升最大的是云南，为万分之零点四。

以受教育状况和人口预期寿命而论，全国阿昌族6岁及以上未受教育人口占其总人口比例从2000年的10.40%下降到2010年的7.06%，其受教育率提升了3.34%，提高的幅度位居全国第32位。小学受教育人口占其总人口比例从2000年的49.33%下降到2010年的44.05%；中学的受教育人口占其总人口比例从2000年的22.93%上升到2010年的32.62%；大学的受教育人口占其总人口比例从2000年的0.96%上升到2010年的4.30%；研究生受教育人口占其总人口比例从2000年的0.01%上升到2010年的0.05%。总体来看，阿昌族人口的受教育程度呈上升趋势。1991年阿昌族男性的预期寿命为60.29岁，女性为61.65岁，到2000年，男性的预期寿命为61.61岁，女性为63.01岁，其预期寿命在不断延长。

参 考 文 献

《阿昌族简史》编写组，《阿昌族简史》修订本编写组. 2008. 阿昌族简史. 修订版. 北京：民族出版社：7-25.

陈海汶，陈鸣华. 2009. 和谐中华：中国的56个民族剪影. 上海：上海文化出版社：305.

戴庆夏，崔志超. 1985. 阿昌语简志. 北京：民族出版社：81.

戴庆夏，崔志超. 2007. 阿昌语//孙宏开，胡增益，黄行，等. 中国的语言. 北京：商务印书馆：736-751.

郭净，段玉明，杨福泉. 1999. 云南少数民族概览. 昆明：云南人民出版社：665-667.

国务院人口普查办公室. 1983. 第三次全国人口普查手工汇总资料汇编（第4册）. 北京：国务院人口普查办公室.

国务院人口普查办公室，国家统计局人口和就业统计司. 1993. 中国1990年人口普查资料. 北京：中国统计出版社.

国务院人口普查办公室，国家统计局人口和就业统计司. 2002. 中国2000年人口普查资料. 北京：中国统计出版社.

国务院人口普查办公室，国家统计局人口和就业统计司. 2012. 中国2010年人口普查资料（上）. 北京：中国统计出版社.

李彬. 2002. 阿昌族//赫时远，任一飞，陈英初，等. 中国少数民族分布图集. 北京：中国地图出版社：245-250.

李树春. 2010. 中国少数民族遗传学概论. 北京：中央民族大学出版社：93.

杨明榜，张聪兰. 2003. 论大小阿昌妇女服饰. 保山师专学报，10（4）：50-52.

杨圣敏，丁宏. 2003. 中国民族志. 北京：中央民族大学出版社：272.

张善余. 2007. 中国人口地理. 北京：科学出版社.

郑度，等. 2008. 中国生态地理区域系统研究. 北京：科学出版社：130-132.

中华人民共和国民政部. 2011. 中华人民共和国乡镇行政区划简册（2011）. 北京：中国统计年鉴出版社.

第五十章　普米族民族地理

普米族属于蒙古人种南方类型。我国普米族人口 42 861 人（国务院人口普查办公室，国家统计局人口和就业统计司，2012）。普米族源出中国古代的氐羌系统，晋方有“西番”之载，13 世纪时随元军南下，明清时形成独立民族，今集中分布于滇西北地区。普米族在生存环境上属山地民族。

第一节　历史渊源

普米族源出中国古代的氐羌系统。普米族先民的迁徙属自然迁徙，目的是寻找更为适宜的生存空间。与普米族先民有渊源的氐羌族群南迁后以四川西北雅砻江和金沙江流域为中心形成人们共同体，汉文典籍称“西番”（原居甘、青、川边沿一带），始见晋张华《博物志》卷三《异兽》。汉文献记载，普米族先民部分族人曾于战国时期和秦汉时代内迁入青海、甘南、川北、川西南等地区，又在汉末唐初、宋末元初等不同历史阶段先后几次南迁入滇西北地区。13 世纪元世祖忽必烈征大理，吸收了部分普米的先民“西番”参战随军南下进入了滇西北，成为了云南境内较早的普米先民。元明以后“西番”已经在今天分布的地区生息繁衍了，明清以后，陆续有普米族迁入，逐步发展为有别于四川西番的单一民族（陆绍尊，1986；中国大百科全书编委会，2009；《普米族简史》编写组，《普米族简史》修订本编写组，2008）。

第二节　人种类型与体质特征

普米族属于蒙古人种南方类型。其体质特征（李树春，2010：95）表现为：身材中等偏高；皮肤浅黄褐色，发黑直，男性胡须极少；眼裂开度中等，眼裂斜度内外平行，多数人无蒙古褶；鼻梁中等高，鼻翼发育中等，鼻孔倾斜呈卵圆形；红唇中等厚，呈正唇型；颧骨突出，面部扁平；耳垂圆形，多数人耳壳无达尔文结节；头长而窄，属中头型、高头型和狭头型；面高而窄，属过狭面型和狭面型；鼻高而窄，属狭鼻型；体型属瘦。

第三节　语言、经济类型、服饰、民居、信仰及习俗

普米族的核心分布区为云南省的兰坪白族普米族自治县和宁蒗彝族自治县翠玉傈僳族普米族乡（何向东，2002）。这一地区在《中国生态地理区域系统》中位于云南高原常绿阔叶林、松林区（ⅤA5）西部（郑度等，2008）。该区处于高原温带湿润、半湿润地区和中亚带湿润地区的河流上游的山地、高原过渡区。在与这样的地理环境之间、在与相邻地区之间、在与有关民族之间的协调共生中，纳西族逐渐形成了具有一定特色的社会文化。

普米语（Pumi）是普米族的本民族语言，她属于汉藏语系藏缅语族羌语支。普米语分南部和北部两个方言。其中，南部方言分布在云南省兰坪县、维西、永胜、丽江等县以及宁蒗县的新营盘区；北部方言主要分布在四川省木里、盐源、九龙等县以及云南省宁蒗县的永宁区。普米族除了使用本民族语言外，多数人还兼通汉语和一些邻近民族语言（陆绍尊，2007）。普米族没有本民族文字。

普米族是一个典型的山地耕牧型生计民族。普米族服饰受“东巴教”信仰的影响，有以“白色”为善之习俗。普米族服饰反映了其山地耕牧生计的特征（图 50-1）（陈海汶，陈鸣华，2009），男子多穿麻布右襟短上衣，下穿裤子，披白羊皮坎肩，女子喜穿大襟短上衣，下穿白色麻棉布百褶裙（苏日娜，2008）。普米族以大米、玉米、小麦、燕麦为主食，洋芋和圆根为主要的蔬菜。普米族的住房多为纯木结构、圆木搭墙的“木楞房子”或“木垒子”，独具特色。住房一般分上下两层，室内无窗。部分地区建砖木结构的汉式四合院。滇西北的普米族村寨中有风格独特的木木累子桥、独木桥、皮囊筏。图 50-2 所示为中华民族博物馆普米族分馆按云南怒江兰坪地区普米族传统民居 1∶1 复原外观图。

图 50-1 普米族服饰（陈海汶，陈鸣华，2009）

摄影：陈海汶；拍摄时间：2008 年 10 月 22 日；拍摄地点：中国云南省怒江傈僳族自治州兰坪白族普米族自治县河西乡菁花村玉狮场小组

图 50-2 普米族传统民居

资料来源：中华民族博物馆（http：//www. emuseum. org. cn/node/124. 2011-09-12）

普米族的宗教信仰主要有自然崇拜、祖先崇拜和古代宗教（“韩规教”），少数地区的普米族也信奉道教、喇嘛教和佛教。其中“韩规教”最初是从原始崇拜和巫术的基础上发展起来的原始宗教，后来融合苯教而形成独具特色的原始宗教，主要表现为自然崇拜。普米族实行一夫一妻制，历史上盛行姑舅表优先婚的习俗。普米族的丧葬有火葬和土葬两种。在与纳西族、彝族杂居的宁蒗地区自古实行火葬。

第四节 空间结构及其发展变化

一、构成结构

全国第六次人口普查数据（国务院人口普查办公室，国家统计局人口和就业统计司，2012）表明，普米族的人口构成有如下特点：①在性别构成方面，人口性别比为100.02，低于全国的104.90，居第41位。②在人口存活率方面，15～64岁妇女产婴存活率为97.93%，低于全国的98.78%，居第25位。③在城镇化率方面，人口城镇化率为20.23%，低于全国的50.27%，居第39位。④在就业状况方面，就业率为98.20%，高于全国的97.46%，居第20位；在三次产业从业人口比例中（图50-3），第一产业最高，第三产业次之，第二产业最低，分别为78%、16%和6%。其中，第三产业从业人口比例中，比例最高的是住宿和餐饮业，占第三产业从业人口的23.04%；较高的是批发和零售业，占17.97%。⑤在人口年龄结构方面，人口最多的年龄段为20～24岁，较多的年龄段为15～19岁和35～39岁，这三个年龄段的人口数量占其总人口数量的29.87%。⑥在婚姻状况方面，15岁及以上人口的婚姻率为70.98%，低于全国的78.40%，居第45位。⑦在受教育程度方面，6岁及以上人口的受教育率为85.45%，低于全国的95%，居第46位。

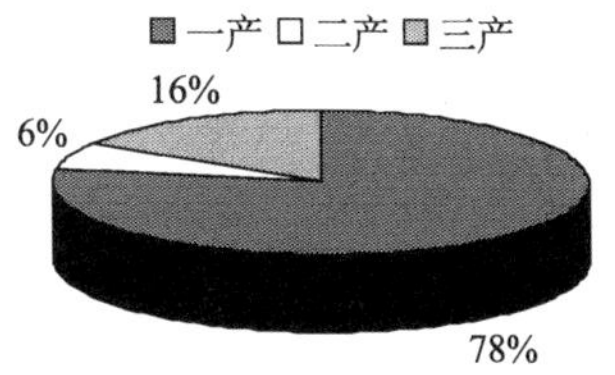

图50-3 普米族三次产业从业人口比例

二、分布格局

1. 省域分布格局

全国第六次人口普查数据（国务院人口普查办公室，国家统计局人口和就业统计司，2012）表明，普米族人口分布比重和人口构成比重最高的省域在我国各省、自治区和直辖市的分布上，呈现出主要集中在西南地区的特点。同时，性别比和人口城镇化率省份差异较大。

在人口分布比重分布上，普米族的分布表现为两种区域类型，即集中分布区和零星分布区（图50-4）。集中分布区是云南，该省普米族人口总量最多，达到42 043人，占全国普米族总人口数量的比例为98.09%。除了集中分布区云南外其余均属于零星分布区，这些省份的普米族人口总数为818人，占全国普米族总人口数量的比例约为1.91%，在零星分布区中，山西、海南和青海三个省份的普米族人口最少，每个省份仅有3人。

在人口构成比重分布上，较高的省份是云南、西藏和北京，它们的普米族人口构成比重均在万分之零点零二以上，最高的省份是云南，0.09%；较低的省份是河北、吉林、江西、陕西、黑龙江、河南和山西，它们的普米族人口构成比重均在十万分之零点零二以下，最低的省份是山西，仅有百万分之零点零八。

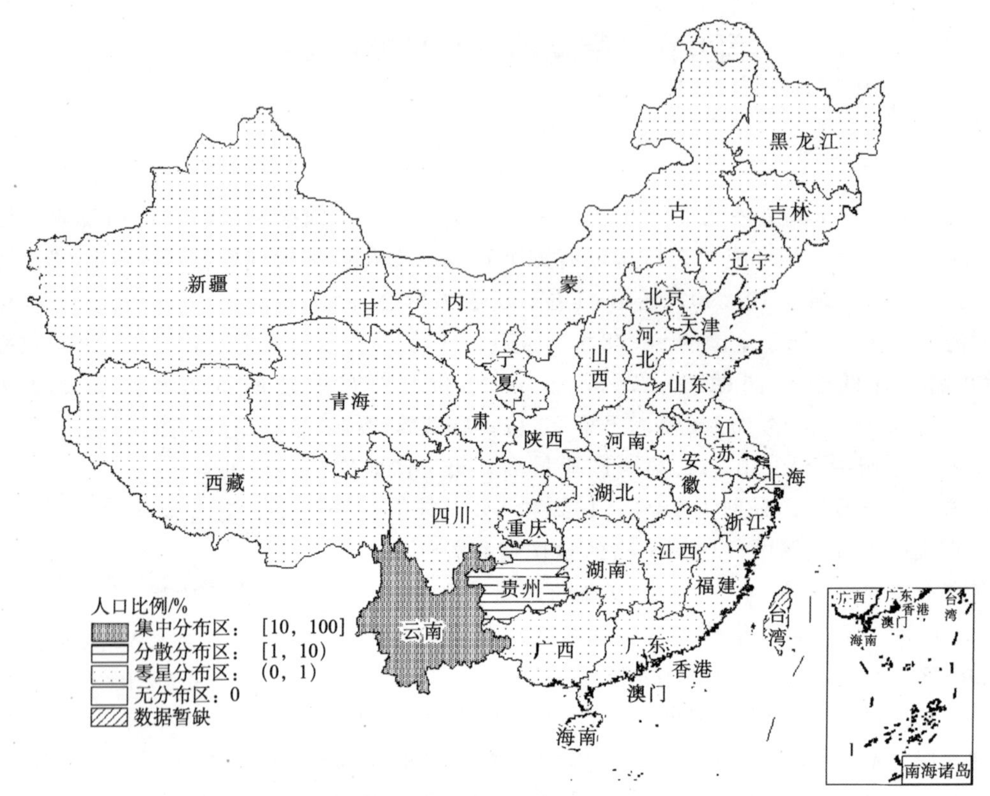

图 50-4　普米族分布的省域格局

在性别比和人口城镇化率分布上，就普米族人口分布比重的集中分布区和分散分布区而言，由于普米族集中分布区只有云南省且无分散分布区，故云南省普米族的性别比和人口城镇化率最具代表性，集中分布区云南的普米族性别比和人口城镇化率分别约为100.32 和 19.35％。

2. 聚居分布格局

普米族是云南 15 个特有少数民族之一。普米族以聚居为主导分布形式，接近 98％的普米族人都居住在云南，具有明显的省际分隔的地域特征。在云南内，普米族分布在滇西北的宁蒗彝族自治县、永胜县、丽江纳西族自治县、维西傈僳族自治县、兰坪白族普米族自治县，以及临沧地区的云县等地区。普米族有 2 个主要聚居区（中华人民共和国民政部，2011）：第一，1 个县区级聚居区——云南兰坪白族普米族自治县，她是我国最大的普米族聚居区；第二，1 个乡镇级聚居区——云南宁蒗彝族自治县翠玉傈僳族普米族乡。

三、发展变化

自新中国成立以来，普米族人口总体呈增长的趋势（国务院人口普查办公室，

1983；国务院人口普查办公室，国家统计局人口和就业统计司，1993，2002，2012)。如图 50-5 所示，从“二普”到“六普”，全国的人口增长幅度为 92.82％，少数民族的人口增长幅度为 179.12％，普米族的人口增长幅度为 199.77％，同比均高于全国和少数民族。普米族各次普查之间的年均增长率从“二普”到“三普”的年均增长率为 2.98％，从“三普”到“五普”呈下降趋势，从 2.98％下降到 1.23％，从“五普”到“六普”呈上升趋势，“六普”上升到 2.46％。

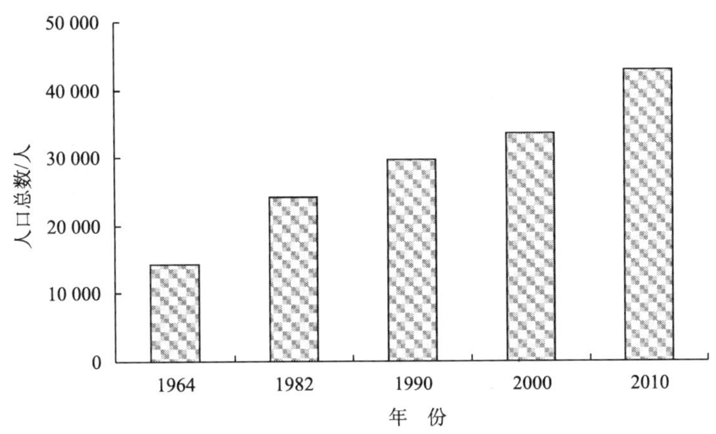

图 50-5　普米族历次普查的人口变化情况

2010 年与 2000 年相比，普米族人口构成比重变化存在较大的省份差异。人口构成比重上升的省份是云南、重庆、上海、北京、天津、福建、宁夏、广东、浙江、贵州、湖北、广西、湖南、江西和新疆，除上述省份以外其余省份人口构成比重均下降。人口构成比重上升最大的省份是云南，上升了 0.014％；下降最大的省份是青海，下降了十万分之零点一九五；下降较大的省份是吉林，下降了百万分之零点五六。

以受教育状况和人口预期寿命而论，全国普米族 6 岁及以上未受教育人口占其总人口比例从 2000 年的 22.42％下降到 2010 年的 13.27％，其受教育率提升了 9.15％，其提高的幅度位居全国第 9 位。小学受教育人口占其总人口比例从 2000 年的 41.01％下降到 2010 年的 36.09％；中学受教育人口占其总人口比例从 2000 年的 21.54％上升到 2010 年的 34.51％；大学受教育人口占其总人口比例从 2000 年的 1.62％上升到 2010 年的 7.26％；到 2010 年止，有 0.09％的普米族人口接受了研究生教育。总体来看，普米族人口的受教育程度呈上升趋势。到 2000 年，普米族人口的平均预期寿命为 63.52 岁，比全国的平均预期寿命 71.40 岁低。

参　考　文　献

陈海汶，陈鸣华. 2009. 和谐中华：中国的 56 个民族剪影. 上海：上海文化出版社：313.

国务院人口普查办公室. 1983. 第三次全国人口普查手工汇总资料汇编（第 4 册）. 北京：国务院人口普查办公室.

国务院人口普查办公室，国家统计局人口和就业统计司. 1993. 中国 1990 年人口普查资料. 北京：中国统计出版社.

国务院人口普查办公室，国家统计局人口和就业统计司. 2002. 中国 2000 年人口普查资料. 北京：中国统计出版社.

国务院人口普查办公室，国家统计局人口和就业统计司. 2012. 中国 2010 年人口普查资料（上）. 北京：中国统计出版社.

何向东. 2002. 普米族//赫时远，任一飞，陈英初，等. 中国少数民族分布图集. 北京：中国地图出版社：251-256.

李树春. 2010. 中国少数民族遗传学概论. 北京：中央民族大学出版社.

陆绍尊. 1986. 普米族//中国大百科全书编委会. 中国大百科全书·民族. 北京：中国大百科全书出版社：364-366.

陆绍尊. 2007. 普米语//孙宏开，胡增益，黄行，等. 中国的语言. 北京：商务印书馆：869-884.

《普米族简史》编写组，《普米族简史》修订本编写组. 2008. 普米族简史. 修订版. 北京：民族出版社：7-30.

苏日娜. 2009. 少数民族服饰. 北京：中国社会科学出版社：133-134.

郑度，等. 2008. 中国生态地理区域系统研究. 北京：科学出版社：130-132.

中国大百科全书编委会. 2009. 中国大百科全书·卷 17. 第 2 版. 北京：中国大百科全书出版社：432.

中华人民共和国民政部. 2011. 中华人民共和国乡镇行政区划简册（2011）. 北京：中国统计年鉴出版社.

第五十一章 德昂族民族地理

德昂族（又称“崩龙族”）属于蒙古人种南方类型。我国德昂族人口 20 556 人（国务院人口普查办公室，国家统计局人口和就业统计司，2012）。德昂族与中国古代“百濮”族群有渊源关系，至清初形成独立民族。德昂族是中缅之间非主体型跨界民族，在缅称崩龙族；在中国境内主要分布于滇西地区。

第一节 历史渊源

德昂族与中国古代“百濮”[①] 族群有渊源关系，原居江汉流域及其以南地区，后与百越族群杂居于今四川、贵州、云南等地。由于地理环境的复杂性，西南民族群体杂居久远，其中隋唐的茫蛮、朴子蛮、望苴子蛮是今德昂族、布朗族等的先民。秦汉时德昂先民为“昆明”人的一部分，曾分布于洱海区域。“昆明”势力衰退后茫人独立发展，隋唐时主要分布在今保山市、临沧市、德宏傣族景颇族自治州、西双版纳自治州和普洱市的南部一带。南诏兴起后，茫人受其统治，南诏衰落后茫人建立金齿国。元统一西南后将金齿分为东西两路，随后又进一步分为多路，分而治之，使得德昂与佤、布朗等族分别开来。清初在德宏州境内的“蒲人”分化形成了新的单一民族——德昂族（杨毓骧，1986；中国大百科全书编委会，2009；《德昂族简史》编写组，《德昂族简史》修订本编写组，2008）。

德昂族是云南特有的少数民族之一，也是我国人口较少的民族之一。据资料显示，过去德昂族有很多支系。在 20 世纪 80 年代后，根据本民族的民族学者和知识分子的调查研究，将德昂族的支系归类为：饶静（既布列）、饶薄、饶卖、饶扩四个支系（全国政协文史和学习委员会暨云南省政协文史委员会，2010）。

第二节 人种类型与体质特征

德昂族属于蒙古人种南方类型。其体质特征（李树春，2010）表现为：身材较矮小，鼻宽大于两眼内角宽，属中鼻型，面型属过狭面型，头型属中头型、高头型和狭头型。

第三节 语言、经济类型、服饰、民居、信仰及习俗

德昂族长期活动于滇西的德宏、临沧等地，呈现大分散、小聚居并与其他民族交错

---

① “百濮”，或称“濮”，是先秦时期南方族群，因部落分散，支系众多，不相统属，又有“百濮”之称。商周时，分布在江汉流域及其以南地区，后散居于今四川、贵州、云南等地，与百越（见“越”，本书第十四章第一节注释）杂处（刘先照，1986）。

杂居的分布特点（陈瞀，2002）。这一地区在《中国生态地理区域系统》中位于滇中南亚高山谷地常绿阔叶林、松林区（ⅥA3）西北部（郑度等，2008），主要是典型的山地平坝型自然地理环境。该区处于中亚热带湿润高原地区，山地、森林、坝子、河流是主要生存地理环境类型。在与这样的地理环境之间、在与相邻地区之间、在与有关民族之间的协调共生中，德昂族逐渐形成了具有一定特色的社会文化。

德昂语是德昂族的本民族语言，她属于南亚语系孟—高棉语族佤-德昂语支（颜其香，2007），是一种处于危险等级的濒危语言。德昂语可分为纳盎、若买和布雷三个方言。纳盎方言主要分布在镇康、耿马、永德、保山等县、市以及潞西县（今芒市）的个别村寨；若买方言主要分布在瑞丽、陇川、畹町等县、市以及潞西县（今芒市）的个别村寨；布雷方言主要分布在潞西（今芒市）、盈江、梁河等县、市的大部分德昂族所居住的地区（颜其香，2007）。德昂族没有本民族文字。

德昂族以山地农耕为主要生计方式，手工业以纺织、竹编、打制铁器和银器等为主，但手工业多未脱离农业。德昂族服饰，给人最突出的印象就是把传说穿在身上，德昂族妇女在其一生的童年、成年、老年各个阶段，服饰各不相同（《德昂族简史》编写组，《德昂族简史》修订本编写组，2008）。德昂族服饰以青色为主，男子多穿蓝和黑色圆领大襟上衣及裤脚宽大的半截裤，包蓝、黑色头包。女子以“腰箍”为主要表征——勤劳、聪明、善良；德昂族按其服饰特点分为“别列”、“梁”及“汝买”支系，又被称为“红崩龙”、“花崩龙”和“黑崩龙”。“别列”、“梁”支系的妇女多穿蓝、黑色对襟上衣，襟边缀一条红布，钉大方块银扣。剃发，裹黑布包头，包头两端后垂。戴耳环、银项圈。“别列”支系妇女的筒裙下脚横织着宽宽的红色线条。“梁”支系妇女的筒裙则由红、黑、蓝织成均匀、醒目、别致的线条。“汝买”支系妇女婚后蓄发、上衣同其他支系，但衣襟为斜襟。其筒裙用黑线织成，中间夹杂着红、白线条。三个支系的妇女均戴藤篾腰箍（苏日娜，2008）。如图 51-1 所示，为德昂族部分地区的服饰（陈海汶，陈鸣

图 51-1　德昂族服饰（陈海汶，陈鸣华，2009）

摄影：陈海汶；拍摄时间：2008 年 10 月 29 日；拍摄地点：中国云南省德宏傣族景颇族自治州潞西市三台山德昂族乡出冬瓜自然村

华，2009）。德昂族的传统住宅为竹木结构的干栏式单顶竹楼，图 51-2 所示为中华民族博物馆德昂族分馆按云南德宏地区德昂族传统民居 1∶1 复原外观图。德昂族饮食以大米为主，掺以包谷、小麦和豆类。野菜在其饮食中也占据重要位置，其中最喜食用野竹笋。因受居住地炎热气候的影响，德昂族喜酸、辣、苦（凉），三者皆开胃、消食、消暑、解毒。在德昂族的传统饮食中，茶叶具有非常重要的作用。

图 51-2 德昂族传统民居
资料来源：中华民族博物馆（http：//www. emuseum. org. cn/node/90. 2012-02-21）

德昂族在信仰小乘佛教的同时，也保留着对原始宗教的信仰，形成一种由原始宗教和小乘佛教相互渗透、相互融合的错综复杂的宗教信仰。德昂族实行一夫一妻制。德昂族实行土葬，但非正常死亡者要实行火葬。

第四节 空间结构及其发展变化

一、构成结构

全国第六次人口普查数据（国务院人口普查办公室，国家统计局人口和就业统计司，2012）表明，德昂族的人口构成有如下特点：①在性别构成方面，人口性别比为 95.45，低于全国的 104.90，居第 51 位。②在人口存活率方面，15～64 岁妇女产婴存活率为 95.20%，低于全国的 98.78%，居第 51 位。③在城镇化率方面，人口城镇化率为 15.11%，低于全国的 50.27%，居第 54 位。④在就业状况方面，就业率为 98.85%，高于全国的 97.46%，居第 3 位；在三次产业从业人口比例中（图 51-3），第一产业最高，第三产业次之，第二产业最低，分别为 90%、7%和 3%。其中，第三产业从业人口比例中，比例最高的是批发和零售业，占第三产业从业人口的 22.84%；较高的是住宿和餐饮业，占 21.12%。⑤在人口年龄结构方面，人口最多的年龄段为 20～24 岁，较多的年龄段为 25～29 岁和 0～4 岁，这三个年龄段的人口数量占其总人口数量的 31.09%。⑥在婚姻状况方面，15 岁及以上人口的婚姻率为 82.50%，高于全国的 78.40%，居第 1 位。⑦在受教育程度方面，6 岁及以上人口的受教育率为 80.66%，低于全国的 95%，居第 52 位。

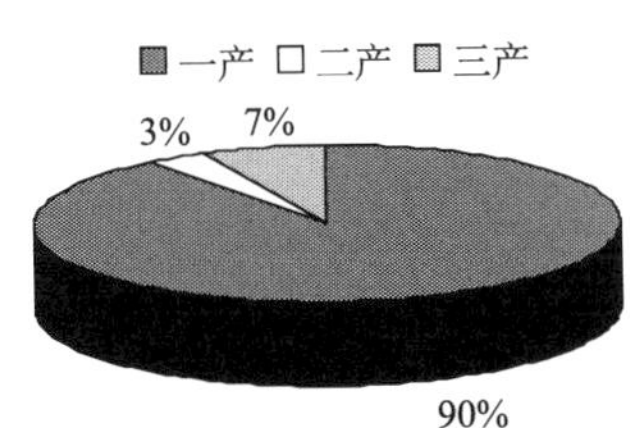

图 51-3 德昂族三次产业从业人口比例

二、分布格局

1. 省域分布格局

全国第六次人口普查数据（国务院人口普查办公室，国家统计局人口和就业统计

司，2012）表明，德昂族人口分布比重和人口构成比重最高的省域在我国各省、自治区和直辖市的分布上，呈现出主要集中在西南地区的特点。同时，性别比和人口城镇化率省份差异较大。

在人口分布比重分布上，德昂族的分布表现为三种区域类型，即集中分布区、零星分布区和无分布区（图 51-4）。集中分布区是云南，该省德昂族的人口总数为 20 186 人，占全国德昂族总人口数量的比例为 98.20%。无分布区是天津、黑龙江和西藏。除了上述省份外其余均属于零星分布区，这些省份的德昂族人口总数为 370 人，占全国德昂族总人口数量的比例约为 1.80%。

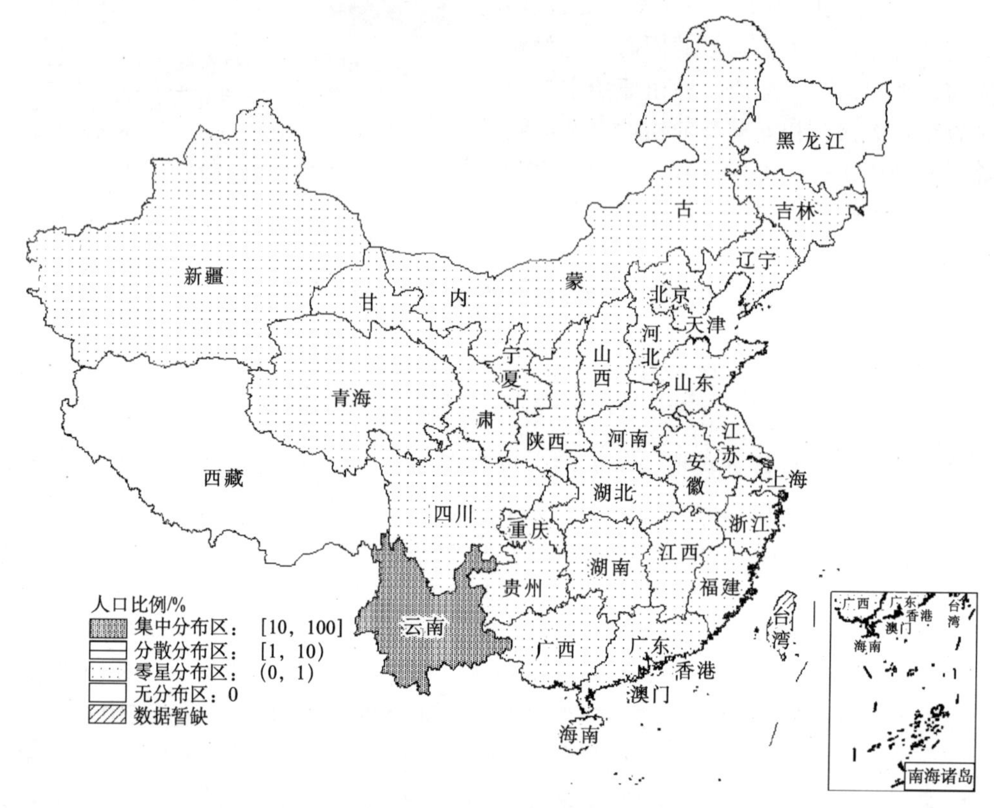

图 51-4　德昂族分布的省域格局

在人口构成比重分布上，除无分布区外，较高的省份是云南和北京，德昂族人口构成比重均在十万分之零点零九以上，最高的是云南，为 0.04%；较低的是甘肃、吉林、陕西和江西，德昂族人口构成比重均在百万分之零点零九以下，最低的是江西，只有百万分之零点零二。

在性别比和人口城镇化率分布上，就德昂族人口分布比重的集中分布区和分散分布区而言，由于德昂族集中分布区只有云南且无分散分布区，故云南省德昂族的性别比和人口城镇化率最具代表性，云南德昂族的性别比和人口城镇化率分别为 96.04 和 14.60%。

2. 聚居分布格局

德昂族是一个跨境民族，在中国和其他国家均有聚居区。就中国而言，德昂族的聚居区较少，主要分布在云南，德昂族在云南有 2 个乡镇级聚居区——德宏州潞西县（今芒市）三台山德昂族乡和临沧市镇康县军赛佤族拉祜族傈僳族德昂族乡（中华人民共和国民政部，2011）。

三、发 展 变 化

自新中国成立以来，德昂族人口总体呈增长的趋势（国务院人口普查办公室，1983；国务院人口普查办公室，国家统计局人口和就业统计司，1993，2002，2012）。如图 51-5 所示，从“二普”到“六普”，全国的人口增长幅度为 92.82%，少数民族的人口增长幅度为 179.12%，德昂族的人口增长幅度为 183.1%，同比高于全国和少数民族。德昂族各次普查之间的年均增长率从“二普”到“三普”的年均增长率为 2.79%，从“三普”到“六普”呈下降趋势，“六普”下降到 1.37%。

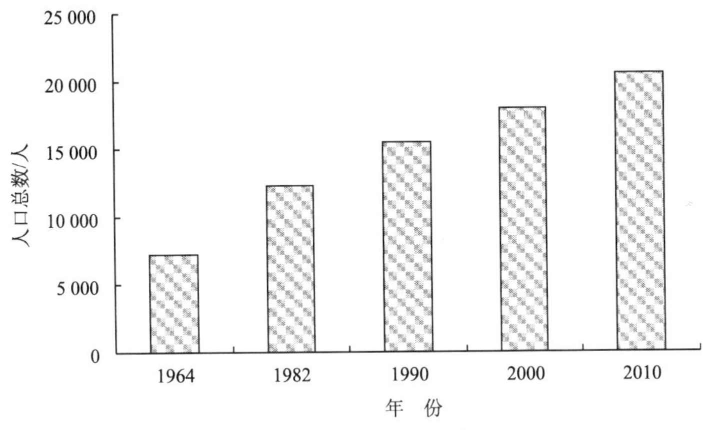

图 51-5　德昂族历次普查的人口变化

2010 年与 2000 年相比，德昂族人口构成比重变化存在较大的省份差异。其中，人口构成比重下降的省份是重庆、江西、黑龙江、湖南、甘肃、西藏、新疆和青海，比例未发生变化的省份是天津，除以上省份外，其他省份的人口构成比重则上升。人口构成比重上升最大的省份是云南，上升了 0.002%；下降最大的省份是青海，下降了十万分之零点一六九。

以受教育状况和人口预期寿命而论，全国德昂族 6 岁及以上未受教育人口占其总人口比例从 2000 年的 16.14%上升到 2010 年的 17.17%，其受教育率下降了 1.03%，其提高的幅度位居全国第 56 位。小学受教育人口占其总人口比例从 2000 年的 51.76%下降到 2010 年的 50.54%；中学受教育人口占其总人口比例从 2000 年的 12.91%上升到 2010 年的 19.18%；大学受教育人口占其总人口比例从 2000 年的 0.42%上升到 2010 年的 1.88%；到 2010 年止，有 0.01%的德昂族人口接受了研究生教育。到 1990 年，德昂族人口的平均预期寿命为 62.80 岁，而 2000 年的预期寿命为 67.00 岁。十年间，德昂族人口的平均预期寿命增长了 4.20 岁。

参 考 文 献

陈海汶，陈鸣华. 2009. 和谐中华：中国的 56 个民族剪影. 上海：上海文化出版社：361.

陈暋. 2002. 德昂族//赫时远，任一飞，陈英初，等. 中国少数民族分布图集. 北京：中国地图出版社：287-292.

《德昂族简史》编写组，《德昂族简史》修订本编写组. 2008. 德昂族简史. 修订本. 北京：民族出版社：148.

国务院人口普查办公室. 1983. 第三次全国人口普查手工汇总资料汇编（第 4 册）. 北京：国务院人口普查办公室.

国务院人口普查办公室，国家统计局人口和就业统计司. 1993. 中国 1990 年人口普查资料. 北京：中国统计出版社.

国务院人口普查办公室，国家统计局人口和就业统计司. 2002. 中国 2000 年人口普查资料. 北京：中国统计出版社.

国务院人口普查办公室，国家统计局人口和就业统计司. 2012. 中国 2010 年人口普查资料（上）. 北京：中国统计出版社.

李树春. 2010. 中国少数民族遗传学概论. 北京：中央民族大学出版社：102.

刘先照. 1986. 濮//中国大百科全书编委会. 中国大百科全书・民族卷. 北京：中国大百科全书出版社：46-47.

全国政协文史和学习委员会暨云南省政协文史委员会. 2010. 德昂族百年实录. 北京：中国文史出版社：9-10.

苏日娜. 2008. 少数民族服饰. 北京：中国社会科学出版社.

颜其香. 2007. 德昂语//孙宏开，胡增益，黄行，等. 中国的语言. 北京：商务印书馆：2398，2416.

杨毓骧. 1986. 德昂族//中国大百科全书编委会. 中国大百科全书・民族卷. 北京：中国大百科全书出版社：46-47.

郑度，等. 2008. 中国生态地理区域系统研究. 北京：科学出版社：130-132.

中国大百科全书编委会. 2009. 中国大百科全书・卷 4. 第 2 版. 北京：中国大百科全书出版社：466.

中华人民共和国民政部. 2011. 中华人民共和国乡镇行政区划简册（2011）. 北京：中国统计年鉴出版社.

第五十二章　仫佬族民族地理

仫佬族属于蒙古人种南方类型。我国仫佬族人口 216 257 人（国务院人口普查办公室，国家统计局人口和就业统计司，2012）。仫佬族源于古代我国南方的百越族群，明清有“穆佬”等称谓之载，与今仫佬族的分布地已较为一致。仫佬族属于蒙古人种南方类型。今集中分布于广西和贵州省区。

第一节　历史渊源

仫佬族源于古代我国南方的百越族群，秦汉时属“西瓯”、“骆越”部族中的一支，宋以前属“僚”族中“伶”的一支。至元时，典籍有载“木佬”、“木摇”、“木娄”，明清以降有“穆佬”、“木老”、“木佬”、“姆佬”、“木老苗”、“狑”（伶）“狑獠”（伶僚）等称之载，所述之民活动于贵州省南部与广西相邻一带，与文献记述广西仫佬族分布的集中分布地罗城相距不远（李干芬，1986；中国大百科全书编委会，2009；仫佬族简史》编写组，《仫佬族简史》修订本编写组，2008）。另外，经过有关部门调查和多年研究，1993 年贵州省政府认定贵州的木佬人为仫佬族。木佬人主要分布在贵州省黔东南苗族侗族自治州、黔南布依族苗族自治州两州北部县市（王均，2007）。

第二节　人种类型与体质特征

仫佬族属于蒙古人种南方类型。其体质特征（李树春，2010）表现为：身高中等偏矮，男性多为黄色肤色，女性多为浅黄色肤色；发色多为黑色。眼色多为黑褐色，上眼睑皱褶出现率较高，多有蒙古褶；鼻根高度男低型率与中等型率接近，女多为低型；鼻翼高度多为中等；男以方型耳垂多见，女以圆型耳垂多见；仫佬族男女均为中头型、高头型、狭头型、中鼻型、中腿型、中肩型、中骨盆型；男为狭面型、长躯干型、窄胸型；女为中面型、中躯干型、中胸型。

第三节　语言、经济类型、服饰、民居、信仰及习俗

仫佬族长期生活于贵州东南与广西西北交界地带（罗琳，2002），在《中国生态地理区域系统》中位于湘黔高原山地常绿阔叶林区（ⅤA3）南部局中及闽粤桂低山平原常绿阔叶林、人工植被区（ⅥA2）西北部局部（郑度等，2008），九万大山余脉地带。仫佬族聚居区多属喀斯特地貌，山峦叠嶂，奇峰耸立。在群山交错之间，形成水草肥美的峡谷平坝，是仫佬族人民理想的居住之地。在与这样的地理环境之间、在与相邻地区之间、在与有关民族之间的协调共生中，仫佬族逐渐形成了具有一定特色的社会文化。

尤其在从宜山的小龙，到罗城的龙岸，有众多小块平坝相连，形成一条百里长廊，素称“仫佬山乡”，是广西仫佬族政治、经济、文化的中心。

仫佬语是仫佬族的本民族语言，她属于汉藏语系壮侗语族侗水语支（王均，2007），已是一种处于濒危等级的濒危语言。仫佬族除使用仫佬语外，其支系之一的木佬人使用汉藏语系壮侗语族的木佬语（Mulao），是一种处于濒危等级的濒危语言，分布在贵州省黔东南苗族侗族自治州、黔南布依族苗族自治州两州北部县市（薄文泽，2007）。在一定地域交接处还使用其他民族语言，和汉族来往都说汉语，跟壮族村寨相毗邻的地区，一般都会说壮语（王均，2007）。仫佬族没有本民族文字。

仫佬族以稻作农业为主，有挖煤的活动。仫佬族人民衣着简朴（图 52-1）（陈海汶，陈鸣华，2009），新中国成立前，无论男女，都穿着自织自染的青色土布。仫佬族的饮食，以大米为主，掺以玉米、大麦、红薯、芋头等杂粮，白天吃稀粥、杂粮，晚上吃干饭。仫佬族居民居住的总体特点是“聚族而居”，同姓的大都住在一个村子里，如果一个村的居民虽同姓但不共祖的，也必须分段居住，相互不混杂。仫佬民居多为砖墙、瓦顶、矮楼建筑。图 52-2 所示为中华民族博物馆仫佬族分馆按广西罗城地区仫佬族传统民居建筑 1∶1 复原外观图。

图 52-1　仫佬族服饰（陈海汶，陈鸣华，2009）
摄影：陈海汶；拍摄时间：2009 年 3 月 29 日；
拍摄地点：中国广西壮族自治区河池市罗城仫佬族自治县东门镇

道教和佛教的信仰在仫佬族中相当普遍，并且巫、道、佛三教已经结合起来，成为人们宗教活动的主要内容。仫佬族婚姻手续极繁，耗费也大。一般来说，从订婚到完婚，一般经过择婿、聘媒、合命、下定、过礼、迎娶等手续，男方要送礼物。

图 52-2　仫佬族传统民居

资料来源：中华民族博物馆（http：//www. emuseum. org. cn/node/ 121. 2012-03-22）

第四节　空间结构及其发展变化

一、构成结构

全国第六次人口普查数据（国务院人口普查办公室，国家统计局人口和就业统计司，2012）表明，仫佬族的人口构成有如下特点：①在性别构成方面，人口性别比为104.52，低于全国的104.90，居第22位。②在人口存活率方面，15～64岁妇女产婴存活率为98.66%，略低于全国的98.78%，居第11位。③在城镇化率方面，人口城镇化率为44.25%，低于全国的50.27%，居第16位。④在就业状况方面，就业率为97.93%，高于全国的97.46%，居第32位。在三次产业从业人口比例中（图52-3），第一产业最高，第三产业次之，第二产业最低，分别为56%、25%和19%。其中，第三产业从业人口比例中最高的是批发和零售业，占第三产业从业人口的31.36%；较高的是公共管理和社会组织，占14.48%。⑤在人口年龄结构方面，在人口年龄结构中，人口最多的年龄段为20～24岁，较多的年龄段为25～29岁和35～39岁，这三个年龄段的人口数占其总人口的28.55%。⑥在婚姻状况方面，15岁及以上人口的婚姻率为75.12%，低于全国的78.40%，居第29位。⑦在受教育程度方面，6岁及以上人口的受教育率为95.81%，高于全国的95.00%，居第17位。

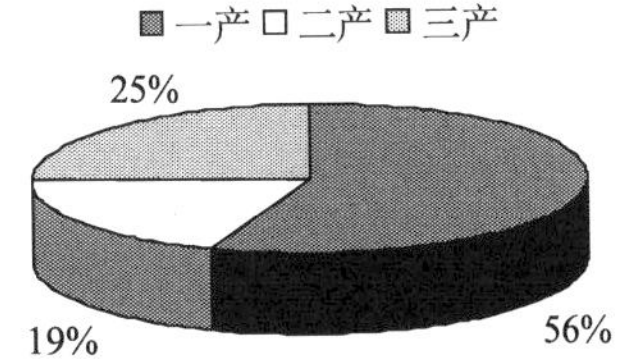

图 52-3　仫佬族三次产业从业人口比例

二、分布格局

1. 省域分布格局

全国第六次人口普查数据（国务院人口普查办公室，国家统计局人口和就业统计

司，2012）表明，仫佬族人口分布比重和人口构成比重最高的省域在我国各省、自治区和直辖市的分布上，呈现出主要集中在西南地区的特点。同时，性别比和人口城镇化率省份差异较大。

在人口分布比重分布上，仫佬族的分布表现为三种区域类型，即集中分布区、分散分布区和零星分布区（图 52-4）。集中分布区是广西和贵州，这两个省份仫佬族的人口总数为 197 261 人，占全国仫佬族总人口数量的比例约为 91.22%。其中，仫佬族人口总数排在第一位的省份是广西，达到 172 305 人，约占全国仫佬族总人数量的 79.68%。分散分布区包括广东和浙江，这两个省份仫佬族的人口总量为 13 753 人，占全国仫佬族总人口数量的比例约为 6.36%。除上述省份外其余均属于零星分布区，这些省份的仫佬族人口总数为 5 243 人，占全国仫佬族总人口数量的比例约为 2.42%，在零星分布区中仫佬族人数最少的省份是西藏，仅有 2 人。

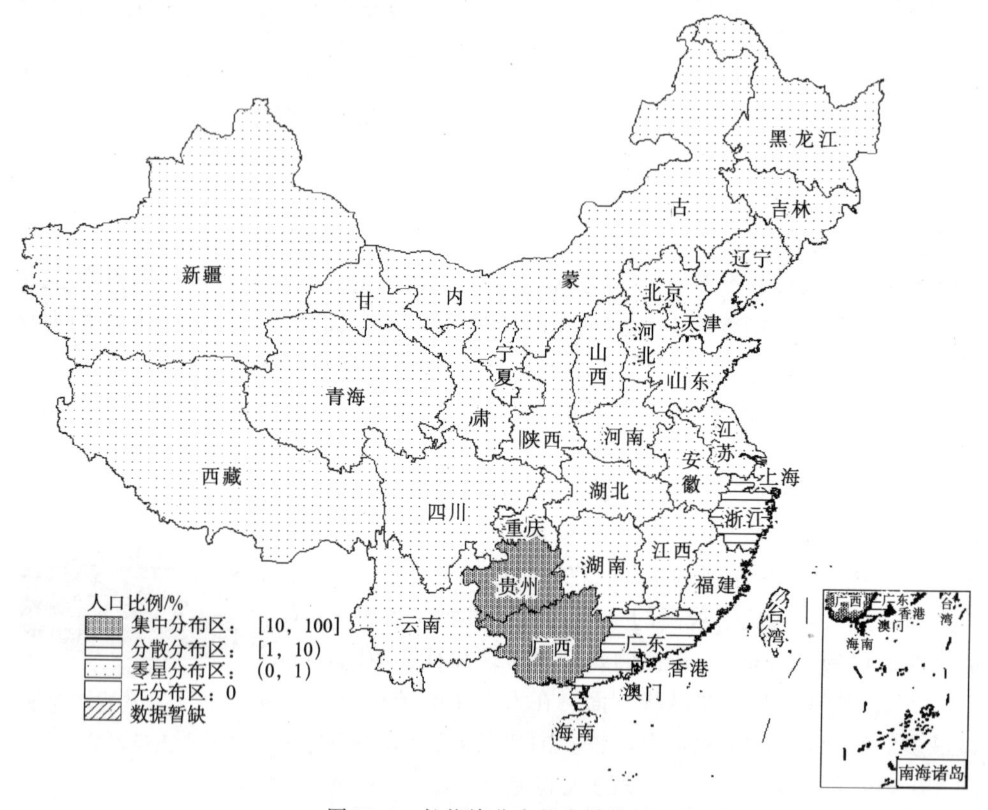

图 52-4　仫佬族分布的省域格局

在人口构成比重分布上，较高的省份是广西、贵州、广东和浙江，这些省份的仫佬族人口构成比重均在 0.005%以上，其中最高的省份是广西，为 0.37%；较低的省份有陕西、吉林、山西、河南和西藏，其仫佬族人口构成比重均在十万分之零点一以下，最低的省份是西藏，只有百万分之零点七。

在性别比和人口城镇化率分布上，就仫佬族人口分布比重的集中分布区和分散分布区而言，仫佬族性别比较高的省份是广东、贵州和浙江，其中广东最高，为 117.35；

最低的省份是广西，为 103.21。仫佬族人口城镇化率较高的是广东、浙江和广西，其中最高的省份是广东，为 84.99%，最低的省份是贵州，为 25.17%。

2. 聚居分布格局

仫佬族聚居区很少，主要聚居在广西。仫佬族在广西有 1 个县区级聚居区和 1 个乡镇级聚居区（中华人民共和国民政部，2011）：第一，1 个县区级聚居区——广西罗城仫佬族自治县，她是全国仫佬族最大的聚居区；第二，1 个乡镇级聚居区——柳州市柳城县古砦仫佬族乡。

三、发展变化

自新中国成立以来，仫佬族人口总体呈增长的趋势（国务院人口普查办公室，1983；国务院人口普查办公室，国家统计局人口和就业统计司，1993，2002，2012）。如图 52-5 所示，从“二普”到“六普”，全国的人口增长幅度为 92.82%，少数民族的人口增长幅度为 179.12%，仫佬族的人口增长幅度为 309.43%，同比高于全国和少数民族。仫佬族各次普查之间的年平均增长率从“二普”到“四普”呈上升趋势，“四普”达到最大，为 7.46%；“四普”到“六普”呈下降趋势。

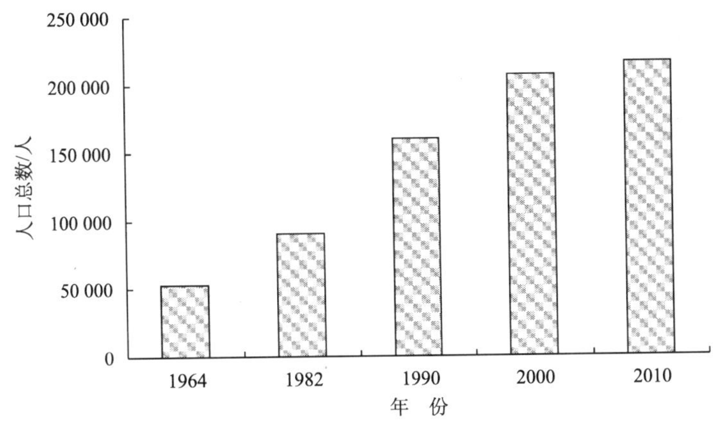

图 52-5 仫佬族历次普查的人口变化

2010 年与 2000 年相比，仫佬族人口构成比重变化存在较大的省份差异。人口构成比重下降的省份为山东、黑龙江、山西、海南、河北、西藏、青海、贵州和广西，其中人口构成比重下降最大的省份是广西，为 0.014%。除上述省份外其余人口构成比重上升，上升较大的省份是广东、浙江、上海、福建、江苏和天津，其中上升最大的省份是广东，为 0.005%。

以受教育状况和人口预期寿命而论，全国仫佬族 6 岁及以上未受教育人口占其总人口比例从 2000 年的 4.67%下降到 2010 年的 3.79%，其受教育率提升了 0.88%，其提高的幅度位居全国第 52 位。小学受教育人口占其总人口比例从 2000 年的 44.85%下降到 2010 年的 34.28%；中学受教育人口占其总人口比例从 2000 年的 37.88%上升到

2010 年的 44.40%；大学受教育人口占其总人口比例从 2000 年的 2.92%上升到 2010 年的 7.83%；到 2010 年止，有 0.21%的仫佬族人口接受了研究生教育。总体来看，仫佬族人口的受教育程度呈上升趋势。到 2000 年，仫佬族人口的平均预期寿命为 67.01 岁。

参考文献

薄文泽. 2007. 木佬语//孙宏开，胡增益，黄行，等. 中国的语言. 北京：商务印书馆：1451-1464.

陈海汶，陈鸣华. 2009. 和谐中华：中国的 56 个民族剪影. 上海：上海文化出版社：249.

国务院人口普查办公室. 1983. 第三次全国人口普查手工汇总资料汇编（第 4 册）. 北京：国务院人口普查办公室.

国务院人口普查办公室，国家统计局人口和就业统计司. 1993. 中国 1990 年人口普查资料. 北京：中国统计出版社.

国务院人口普查办公室，国家统计局人口和就业统计司. 2002. 中国 2000 年人口普查资料. 北京：中国统计出版社.

国务院人口普查办公室，国家统计局人口和就业统计司. 2012. 中国 2010 年人口普查资料（上）. 北京：中国统计出版社.

李干芬. 1986. 仫佬族//中国大百科全书编委会. 中国大百科全书 · 民族卷. 北京：中国大百科全书出版社：341-343.

李树春. 2010. 中国少数民族遗传学概论. 北京：中央民族大学出版社：79.

罗琳. 2002. 仫佬族//赫时远，任一飞，陈英初，等. 中国少数民族分布图集. 北京：中国地图出版社：203-208.

《仫佬族简史》编写组，《仫佬族简史》修订本编写组. 仫佬族简史. 修订版. 北京：民族出版社：6-30.

王均. 2007. 仫佬语//孙宏开，胡增益，黄行，等. 中国的语言. 北京：商务印书馆：1231-1254.

郑度，等. 2008. 中国生态地理区域系统研究. 北京：科学出版社：130-132.

中国大百科全书编委会. 2009. 中国大百科全书 · 卷 16. 第 2 版. 北京：中国大百科全书出版社：299.

中华人民共和国民政部. 2011. 中华人民共和国乡镇行政区划简册（2011）. 北京：中国统计年鉴出版社.

第五十三章　毛南族民族地理

毛南族（原称毛难族，20 世纪 80 年代称毛南族）属于蒙古人种南方类型。我国毛南族人口 101 192 人（国务院人口普查办公室，国家统计局人口和就业统计司，2012）。毛南族先民是古代“百越”族群的一部分，与三国、南北朝时期岭南的“僚”人渊源关系更为密切，唐宋所载“茆滩”、“茅滩”等地名与毛南族族名有关，建国后识别为毛南族。毛南族属于蒙古人种南方类型。今主要集中分布于广西、贵州两省区。

第一节　历史渊源

毛南族之名与汉文史籍中所载之“茆滩”、“茅滩”、“茅难”、“冒南”等地名有关联。毛南族族源的主体是土著居民，其形成过程中融合了其他民族的成分。其先民中的土著居民是古代“百越”族群的一部分，与三国、南北朝时期岭南的“僚”人渊源关系更为密切。由唐至宋，封建王朝先后在这一带设置益州、环州、河池州等，都是毛南族先民活动的地方，尤其宋时“茆滩”、“茅滩”等地名已有载。元时，毛南族分布地域进一步扩大到贵州，湖广行省也有分布。明清仍有“茆滩”、“茅滩”之载，但已不仅是山名、地名，还是行政区名。贵州毛南族历史上被称为“佯僙人”，最早见于元史籍，活动于今贵州西部、南部、东南部，至明时全省均有分布，清分布范围有收缩，1990 年识别为毛南族（周宗贤，1986；中国大百科全书编委会，2009；《毛南族简史》编写组，《毛南族简史》修订本编写组，2008）。

第二节　人种类型与体质特征

毛南族属于蒙古人种南方类型。其体质特征（李树春，2010）表现为：眼裂开度中等，方向上斜形，普遍有蒙古褶；直形鼻梁，鼻翼微突；上唇皮肤高度中等，以突唇为多，红唇厚度适中；耳垂以圆形为主；属圆头型，以超阔面型为主；多为中鼻型；男女身高以矮形为主。

第三节　语言文字、经济类型、服饰、民居、信仰及习俗

毛南族长期活动于西南地区，今主要聚居于广西壮族自治区的环江毛南族自治县及与之毗邻的贵州的平塘县卡蒲毛南族乡（覃文静，2002）。这一区域在《中国生态地理区域系统》中位于（ⅤA3）南部（郑度等，2008），地貌多样，有高原、丘陵、山地、盆地等地貌类型。这一区域的另一重要自然地理特征是半石山区，喀斯特地貌十分发

育。在与这样的地理环境之间、在与相邻地区之间、在与有关民族之间的协调共生中，毛南族逐渐形成了具有一定特色的社会文化。

毛南语是毛南族的本民族语言，她属于汉藏语系壮侗语族侗水语支（中国大百科全书编委会，1986），是一种处于不安全等级的濒危语言。毛南族由于长期和壮族、汉族杂居和相互交往，许多人都能操壮语和汉语，并通用汉文（中国大百科全书编委会，1986），用汉字记载本民族的民歌、民间传说、历史故事等。为弥补本民族无文字的缺陷，在历史上，毛南族人民还模仿汉文形声字的结构方式，假借汉字的音、义来拼写毛南语，构成“土俗字”，用以记载本民族的史诗、民歌和宗教经书等（《毛南族简史》编写组，《毛南族简史》修订本编写组，2008）。

毛南族以种植农业为主，有打铁、纺织、织染、竹编等手工业。毛南族的服饰如图53-1所示（陈海汶，陈鸣华，2009），根据性别、年龄、季节用途和社会地位的不同，形成各种类型和模式，通常分为外衣（毛南语称“骨勤班”）、女衣（骨勒别）、青年服装（骨勒作）、儿童服装（骨勒洁）和老人服装（骨勒老），冬季穿的衣服称“骨年香”，夏季穿的衣服称“骨年突”；喜事、走亲访友、赶集穿的称“骨拜板”；在家做工和下地劳动穿的称“骨费工”等等。男女衣服颜色喜欢自染的青色和蓝色，很少穿黄色和白色。毛南族的饮食十分简朴。在平坝地区，人们以大米为主食，以玉米、小麦为辅。在山区，人们以玉米为主，以小麦、高粱为辅。毛南族人民多以同姓同族聚居，村落多依山而建或建在山腰。毛南族地区的居民住房，90%以上仍然保留着“干栏”式的建筑结构，但建筑材料大多是石、土、木、砖和瓦等。图53-2所示为中华民族博物馆毛南族分馆按广西环江地区毛南族传统民居建筑1∶1复原外观图。

图53-1　毛南族服饰（陈海汶，陈鸣华，2009）

摄影：陈海汶；拍摄时间：2009年3月28日；拍摄地点：中国广西壮族自治区河池市环江毛南族自治县思恩镇

图 53-2　毛南族传统民居

资料来源：中华民族博物馆（http：//www. emuseum. org. cn/node/117. 2012-04-24）

毛南族的宗教信仰主要是祖先崇拜、多神崇拜以及杂有道教的佛教，部分毛南族信奉道教。毛南族实行一夫一妻制，也有一夫多妻的现象，早婚。毛南族丧葬为木棺土葬。

第四节　空间结构及其发展变化

一、构成结构

全国第六次人口普查数据（国务院人口普查办公室，国家统计局人口和就业统计司，2012）表明，毛南族的人口构成有如下特点：①在性别构成方面，人口性别比为109.26，高于全国的104.90，居第7位。②在人口存活率方面，15～64岁妇女产婴存活率为98.48%，略低于全国的98.78%，居第16位。③在城镇化率方面，人口城镇化率为33.98%，低于全国的50.27%，居第23位。④在就业状况方面，就业率为98.25%，高于全国的97.46%，居第17位。在三次产业从业人口比例中（图53-3），第一产业最高，第二产业次之，第三产业最低，分别为63%、19%和18%。其中，第三产业从业人口比例中最高的是批发和零售业，占第三产业从业人口的26.22%；较高的是教育，占16.76%。⑤在人口年龄结构方面，人口最多的年龄段为35～39岁，较多的年龄段为40～44岁和30～34岁，这三个年龄段的人口数占其总人口的26.24%。⑥在婚姻状况方面，15岁及以上人口的婚姻率为76.13%，低于全国的78.40%，居第22位。⑦在受教育程度方面，6岁及以上人口的受教育率为95.77%，高于全国的95.00%，居第18位。

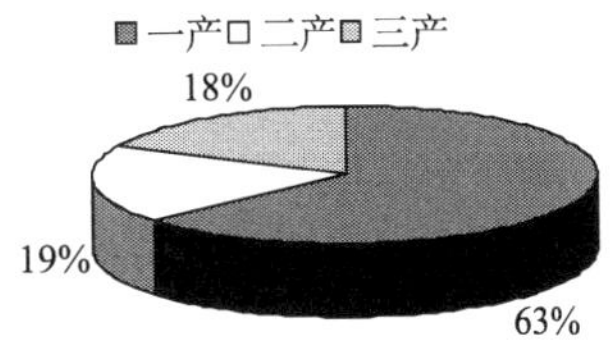

图 53-3　毛南族三次产业从业人口比例

二、分布格局

1. 省域分布格局

全国第六次人口普查数据（国务院人口普查办公室，国家统计局人口和就业统计司，2012）表明，毛南族人口分布比重和人口构成比重最高的省域在我国各省、自治区和直辖市的分布上，呈现出主要集中在西南地区的特点。同时，性别比和人口城镇化率省份差异较大。

在人口分布比重分布上，毛南族的分布表现为三种区域类型，即集中分布区、分散分布区和零星分布区（图 53-4）。集中分布区是广西和贵州，这两个省份毛南族的人口总数为 92 919 人，占全国毛南族总人口数量的比例约为 91.83%。其中，毛南族人口总数排在第一位的省份是广西，为 65 587 人，占全国毛南族总人口数量的比例约为 64.81%。分散分布区包括广东和浙江，这两个省份毛南族的总人口数为 6216 人，占全国毛南族总人口数量的比例约为 6.14%。除上述省份外其余均属于零星分布区，这些省份的景颇族人口总数为 2057 人，占全国景颇族总人口数来那个的比例约为 2.03%，其中西藏的毛南族人数最少，仅有 1 人。

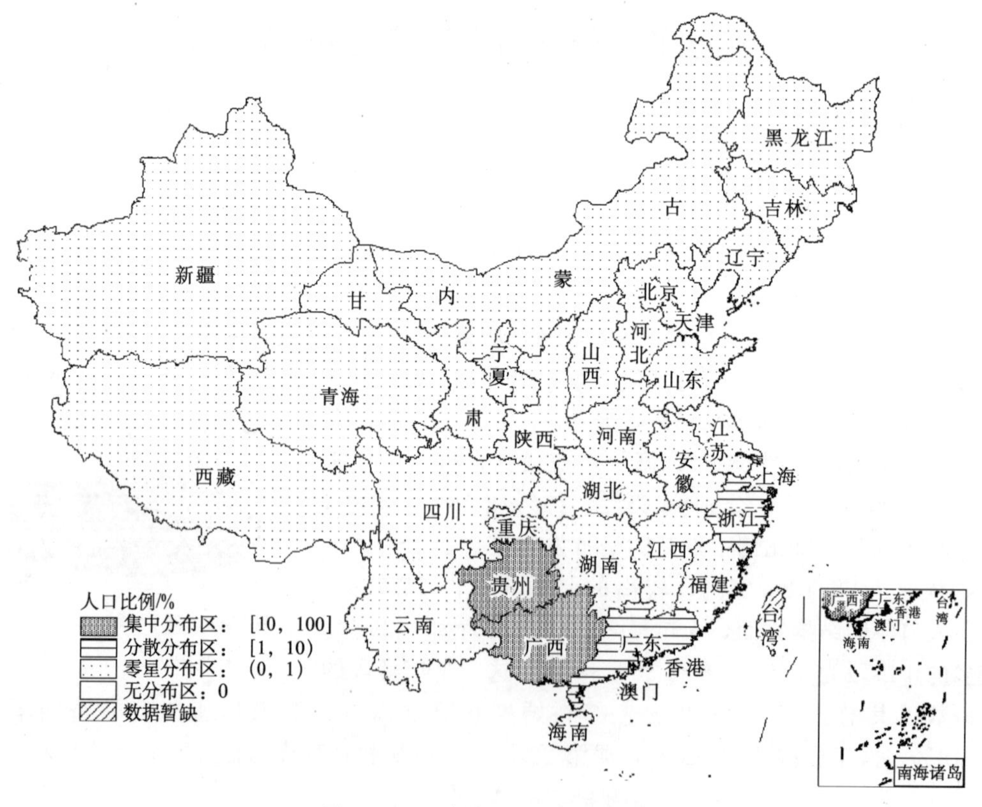

图 53-4　毛南族分布的省域格局

在人口构成比重分布上，较高的省份是广西、贵州、广东、浙江和福建，这些省份的毛南族人口构成比重均在0.001%以上，其中最高的省份是广西，为0.14%；较低的省份有甘肃、辽宁、西藏、河南、吉林和黑龙江，其毛南族人口构成比重均在十万分之零点零五以下，其中最低的省份是黑龙江，比值仅为百万分之零点一。

在性别比分布上，就毛南族人口分布比重的集中分布区和分散分布区而言，较高的省份是广东和浙江，它们毛南族的性别比均在110.00以上，其中最高的省份是广东，为133.24；较低的省份是贵州和广西，其毛南族性别比均在109.00以下，最低的省份是广西，为108.38。

在人口城镇化率分布上，就毛南族人口分布比重的集中分布区和分散分布区而言，较高的省份是广东和浙江，其毛南族人口城镇化率均在60.00%以上，最高的省份是广东，达到86.25%；较低的省份是广西和贵州，其毛南族人口城镇化率均在40.00%以下，最低的省份是贵州，只有12.18%。

2. 聚居分布格局

毛南族聚居区不多，主要分布在广西和贵州等省份。毛南族在广西和贵州共有1个县区级聚居区和1个乡镇级聚居区（中华人民共和国民政部，2011）：第一，1个县级聚居区——广西环江毛南族自治县，她是我国最大的毛南族聚居区；第二，1个乡镇级聚居区——贵州平塘县卡蒲毛南族乡。

三、发展变化

自新中国成立以来，毛南族人口总体呈增长的趋势（国务院人口普查办公室，1983；国务院人口普查办公室，国家统计局人口和就业统计司，1993，2002，2012）。如图53-5所示，从“二普”到“六普”，全国的人口增长幅度为92.82%，少数民族的人口增长幅度为179.12%，毛南族的人口增长幅度为352.11%，同比高于全国和少数民族。毛南族各次普查之间的年平均增长率从“二普”到“四普”均呈上升趋势，“四普”达到最高，为8.33%；“四普”到“六普”呈下降趋势，“六普”增长率为−0.57%。

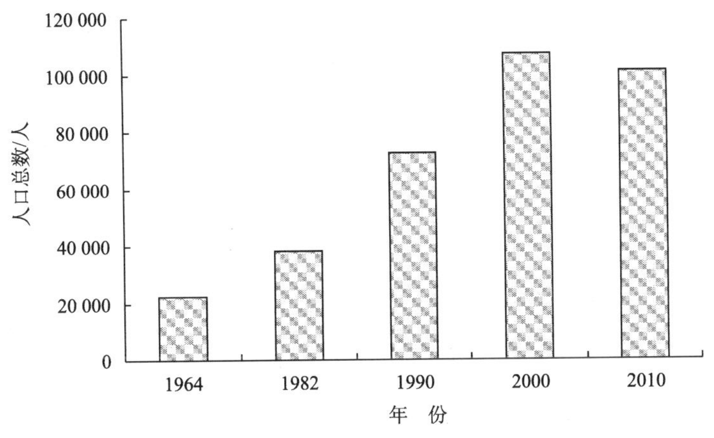

图53-5　毛南族历次普查的人口变化

2010年与2000年相比，毛南族人口构成比重变化存在较大的省份差异。人口构成比重下降的省份为辽宁、黑龙江、内蒙古、河北、天津、甘肃、青海、贵州和广西，其中下降最大的是广西，为0.03%。除上述省份外其余人口构成比重上升，上升较大的省份为广东、云南、吉林、浙江、福建和上海，其中，上升最大的是广东，为0.003%。

以受教育状况而论，全国毛南族6岁及以上未受教育人口占其总人口比例从2000年的6.02%下降到2010年的3.83%，其受教育率提升了2.19%，其提高的幅度位居全国第39位。小学受教育人口占其总人口比例从2000年的42.38%下降到2010年的34.60%；中学受教育人口占其总人口比例从2000年的39.68%上升到2010年的45.09%；大学受教育人口占其总人口比例从2000年的2.25%上升到2010年的6.97%；到2010年止，有0.14%的毛南族人口接受了研究生教育。总体来看，毛南族人口的受教育程度呈上升趋势。

参 考 文 献

陈海汶，陈鸣华. 2009. 和谐中华：中国的56个民族剪影. 上海：上海文化出版社：281.

国务院人口普查办公室. 1983. 第三次全国人口普查手工汇总资料汇编（第4册）. 北京：国务院人口普查办公室.

国务院人口普查办公室，国家统计局人口和就业统计司. 1993. 中国1990年人口普查资料. 北京：中国统计出版社.

国务院人口普查办公室，国家统计局人口和就业统计司. 2002. 中国2000年人口普查资料. 北京：中国统计出版社.

国务院人口普查办公室，国家统计局人口和就业统计司. 2012. 中国2010年人口普查资料（上）. 北京：中国统计出版社.

赫时远，任一飞，陈英初，等. 2002. 中国少数民族分布图集. 北京：中国地图出版社.

李树春. 2010. 中国少数民族遗传学概论. 北京：中央民族大学出版社：87.

《毛南族简史》编写组，《毛南族简史》修订本编写组. 2008. 毛南族简史. 修订版. 北京：民族出版社：2，6-33.

覃文静. 2002. 毛南族//赫时远，任一飞，陈英初，等. 中国少数民族分布图集. 北京：中国地图出版社：227-232.

郑度，等. 2008. 中国生态地理区域系统研究. 北京：科学出版社：130-132.

中国大百科全书编委会. 1986. 中国大百科全书·民族卷 . 北京：中国大百科全书出版社：275-276.

中国大百科全书编委会. 2009 中国大百科全书·卷15. 第2版. 北京：中国大百科全书出版社：359.

中华人民共和国民政部. 2011. 中华人民共和国乡镇行政区划简册（2011）. 北京：中国统计年鉴出版社.

周宗贤. 1986. 毛南族//中国大百科全书编委会. 中国大百科全书·民族. 北京：中国大百科全书出版社：276-277.

第五十四章　珞巴族民族地理

珞巴族属蒙古人种北方类型。我国珞巴族人口3682人（国务院人口普查办公室，国家统计局人口和就业统计司，2012）。珞巴族系由青藏高原上的远古居民发展而来，是中印之间非主体型跨界民族。在中国境内主要分布在西藏自治区相互毗邻的山南、林芝等地区。珞巴族使用多种语言，但今已多为濒危语言。

第一节　历史渊源

珞巴族大概是青藏高原东南部一带的古老群体中的一支或数支繁衍而来的，其远古传说和新石器时代文化遗存，说明了其发展的连续性。珞巴族先民原居西藏自治区的工布、塔布和波密一带，后有一个自北向南迁徙的过程，至今珞巴族仍包含了20多个不同自称的部落。据藏文典籍《红史》等记载，珞藏两族间很早就有交往，这与其生活的共同地域有关。7世纪时，珞巴族生活的洛渝（或作“珞瑜”、“珞渝”）地区成为吐蕃王朝的统治区域。17世纪以后，受命于清中央王朝的西藏地方政府对洛渝一带一些地区加强管理，直至20世纪50年代（姚兆麟，1986；中国大百科全书编委会，2009；《珞巴族简史》编写组，《珞巴族简史》修订本编写组，2009）。

第二节　人种类型与体质特征

珞巴族属于蒙古人种北方类型。其体质特征（郑连斌等，2009）表现为：头部特征均为高头型、中头型、中面型；体部特征均为中腿型、中胸型、中骨盆型；有上眼睑皱褶率较低，鼻翼高度为中型，发色为黑色，眼色以褐色较多，肤色以黄色为主，耳垂类型以三角形为主。

第三节　语言、经济类型、服饰、民居、信仰及习俗

珞巴族长期生活于西藏自治区相互毗邻的山南、林芝等地区（阿岗，2002），这一地区在《中国生态地理区域系统》中位于藏南高山谷地灌丛草原区（HⅡC2）东南角，川西藏东高山峡谷针叶林区（HⅡA/B1）西南角边缘和东喜马拉雅南翼山地季雨林、常绿阔叶林区（ⅤA6）西段（郑度等，2008），主要是高山峡谷型自然地理环境。在与这样的地理环境之间、在与相邻地区之间、在与有关民族之间的协调共生中，珞巴族逐渐形成了具有一定特色的社会文化。

珞巴语（Lhoba）是珞巴族的本民族语言，她属于汉藏语系藏缅语族喜马拉雅语支（中国大百科全书编委会，2009）。珞巴族除使用珞巴语外，还使用其他语言。其中，自

称崩尼和博嘎两个珞巴部落使用属于汉藏语系藏缅语族景颇语支的崩尼-博嘎尔语（欧阳觉亚，2007）；苏龙部落使用属于汉藏语系藏缅语族景颇语支的苏龙语（Sulong，or Puroik），分布在西藏自治区喜马拉雅山东段的错那县，是一种处于危险等级的濒危语言（李大勤，2007a）；西藏自治区山南地区隆子县南边的比夏一带的崩如部落，使用属于汉藏语系藏缅语族景颇语支的崩如语（Bengru），是一种处于危险等级的濒危语言（李大勤，2007b）；在西藏自治区东南部昌都地区察隅县的察隅河上游及丹巴江流域的珞巴族，使用属于汉藏语系藏缅语族景颇语支的义都语（Idu），是一种处于危险等级的濒危语言（孙宏开，2007）。在中国西藏自治区藏南地区的阿帕塔尼（Apatani）部落（李坚尚，1986），使用塔尼语（Adi，Abor，又译“阿帕语”或“阿帕塔尼语”）（孙宏开，1995），是一种处于危险等级的濒危语言。珞巴族没有本民族文字。

珞巴族主要从事农业，狩猎是一项重要的经济活动，兼营手工业。珞巴族服饰以注重柔软保暖为主要特征，表现出兼营狩猎生产的特点（图 54-1）（陈海汶，陈鸣华，2009）。男穿羊毛织坎肩，宽肥及腹，背披野牛皮，以皮条系肩，戴熊皮或竹藤帽。女穿圆领窄袖短衫，围羊毛花格及膝筒裙，小腿裹布，佩饰甚多。男戴竹管耳环、项链，腰挂弓箭、长刀等物。珞巴族的食物以谷类为主，主食有玉米、稻米、高粱、土豆等。缺粮的季节，珞巴族人习惯以竹笋、块根植物和野兽肉作为重要的食物补充。珞巴族不论男女都喜欢抽烟和喝酒，吸烟大多用烟斗，有的部落还用口嚼食烟叶。珞巴族建筑结构形式有两类：第一类是适应整个家庭居住的一字形的长屋；第二类是“干栏’式的建筑。不管是哪种建筑，都是竹木结构，除屋顶为茅草和芭蕉叶外均以竹木为建筑材料。图 54-2 所示为中华民族博物馆珞巴族分馆按西藏珞瑜地区珞巴族传统民居建筑 1∶1 复原外观图。

图 54-1 珞巴族服饰（陈海汶，陈鸣华，2009）

摄影：陈海汶；拍摄时间：2009 年 5 月 20 日；

拍摄地点：中国西藏自治区林芝地区米林县南伊珞巴民族乡才召村

图 54-2 珞巴族传统民居

资料来源：中华民族博物馆（http：//www. emuseum. org. cn/ node/ 115. 2012-09-04）

珞巴族的宗教信仰有自然崇拜、图腾崇拜、祖先崇拜和巫师等。居住在墨脱、米林一带的珞巴族沿用藏历，所有的节日和祭祀活动与藏族无多大区别。由于珞巴族居住分散，交通不便，各地年节的日期不一，一般定在每年的劳动生产活动之后。珞巴族多数实行土葬和树葬。

第四节 空间结构及其发展变化

一、构成结构

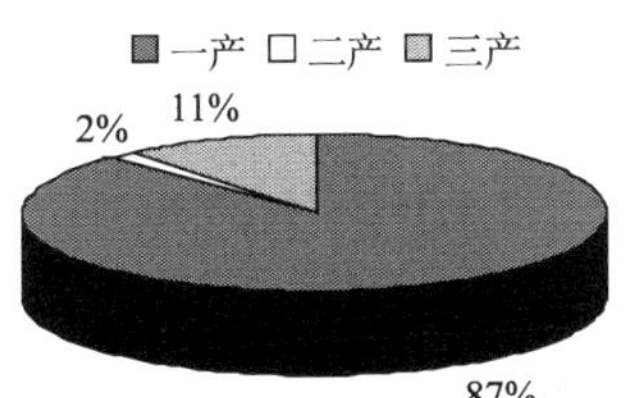

图 54-3 珞巴族三次产业从业人口比例

全国第六次人口普查数据（国务院人口普查办公室，国家统计局人口和就业统计司，2012）表明，珞巴族的人口构成有如下特点：①在性别构成方面，人口性别比为95.96，低于全国的104.90，居第50位。②在人口存活率方面，15～64岁妇女产婴存活率为96.89%，低于全国的98.78%，居第39位。③在城镇化率方面，人口城镇化率为14.12%，低于全国的50.27%，居第55位。④在就业状况方面，就业率为97.56%，高全国的97.46%，居第39位。在三次产业从业人口比例中（图54-3），第一产业最高，第三产业次之，第二产业最低，分别为87%、11%和2%。其中，第三产业从业人口中，比例最高的是公共管理和社会组织，占第三产业从业人口的35.00%；较高的是批发和零售业，占25.00%。⑤在人口年龄结构方面，人口最多的年龄段为15～19岁，人口较多的年龄段为20～24和0～4岁，这三个年龄段的人口数占其总人口的34.00%。⑥在婚姻状况方面，15岁及以上人口的婚姻率为67.39%，低于全国的78.40%，居第53位。⑦在受教育程度方面，6岁及以上人口的受教育率为72.55%，低于全国的95.00%，居第54位。

二、分布格局

1. 省域分布格局

全国第六次人口普查数据（国务院人口普查办公室，国家统计局人口和就业统计司，2012）表明，珞巴族人口分布比重和人口构成比重最高的省域在我国各省、自治区和直辖市的分布上，呈现出集中分布在青藏区的特点。同时，性别比和人口城镇化率省份差异较大。

在人口分布比重分布上，珞巴族的分布表现为四种区域类型，即集中分布区、分散分布区、零星分布区和无分布区（图 54-4）。集中分布区是西藏，该区的珞巴族人口总数为 3489 人，占全国珞巴族总人口数量的比例约为 94.76%。分散分布区是贵州，该省的珞巴族人口总数为 85 人，占全国珞巴族总人口的比例约为 2.31%。无分布区是天津、山西、内蒙古、河南、海南和青海。除上述省份外其余均属于零星分布区，这些省份的珞巴族人口总量为 108 人，占全国珞巴族总人口数量的比例约为 2.93%，在零星分布区中江苏、浙江、江西、甘肃、宁夏的珞巴族人口分布最少，均为 1 人。

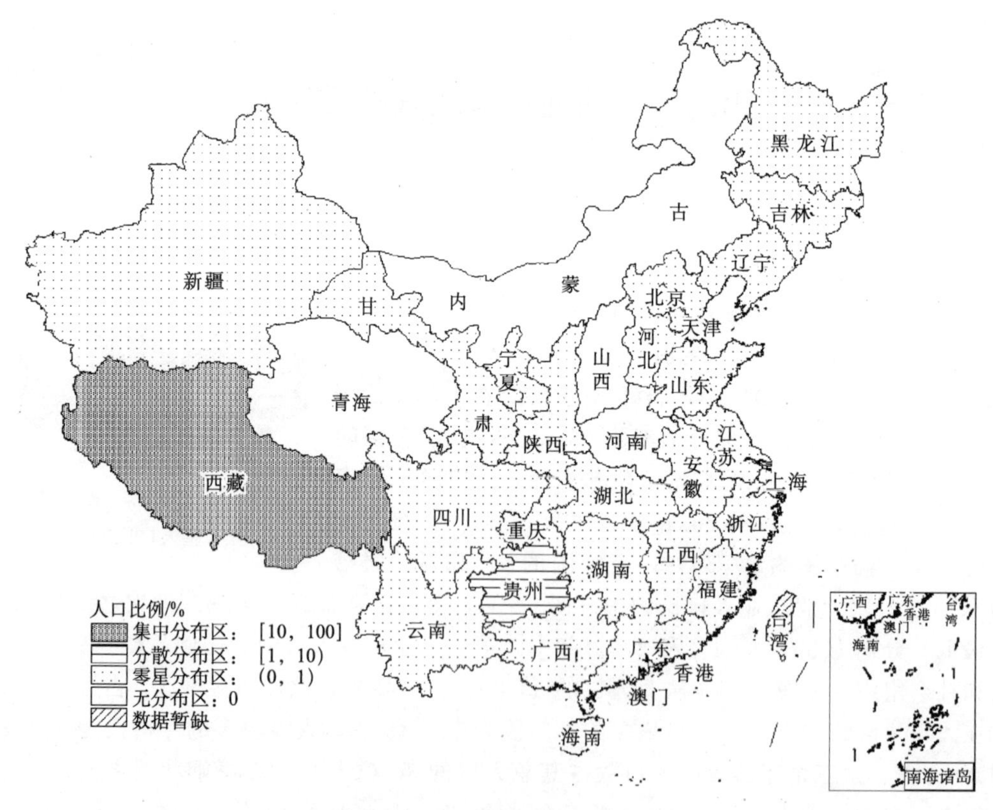

图 54-4　珞巴族分布的省域格局

在人口构成比重分布上，除无分布区外，较高的是西藏、贵州和北京，这些省份的珞巴族人口构成比重均在百万分之零点五五以上，其中最高的省份是西藏，为 0.11%；

较低的省份是甘肃、湖北、安徽、江西、山东、浙江和江苏，珞巴族人口构成比重均在百万分之零点零五以下，其中最低的省份是江苏，为百万分之零点零一。

在性别比和人口城镇化率分布上，就珞巴族人口分布比重的集中分布区和分散分布区而言，珞巴族性别比较高的省份是贵州，为136.11；较低的省份是西藏，为94.59。珞巴族人口城镇化率较高的省份是贵州，为25.88%；较低的省份是西藏为11.92%。

2. 聚居分布格局

珞巴族是我国人口数最少的民族之一，主要聚居在西藏。珞巴族在西藏有3个乡镇区级聚居区（中华人民共和国民政部，2011）——米林县南伊珞巴族乡、墨脱县达木珞巴族乡、隆子县斗玉络巴民族乡。

三、发展变化

自新中国成立以来，珞巴族人口总体呈增长的趋势（国务院人口普查办公室，1983；国务院人口普查办公室，国家统计局人口和就业统计司，1993，2002，2012）。如图54-5所示，从“三普”到“六普”，全国的人口增长幅度为32.76%，少数民族的人口增长幅度为67.57%，珞巴族的人口增长幅度为245.40%，同比均高于全国和少数民族。珞巴族各次普查之间的年平均增长率从“三普”到“四普”呈上升趋势，“四普”达到最大为10.22%；“四普”到“六普”呈下降趋势。

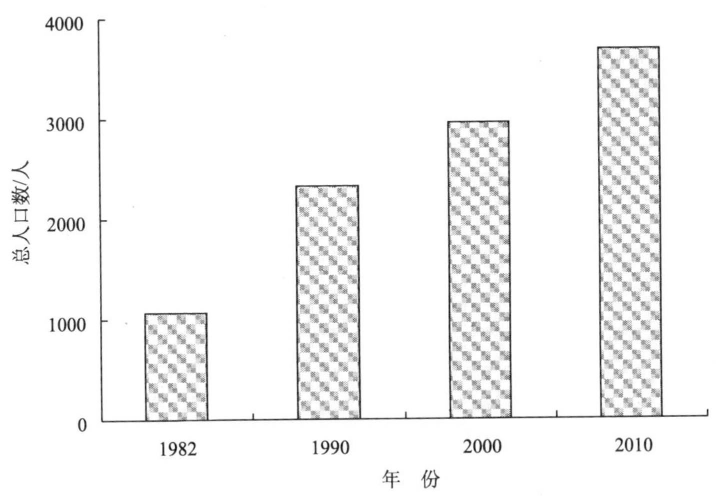

图54-5　珞巴族历次普查的人口变化

2010年与2000年相比，珞巴族人口构成比重变化存在较大的省份差异。人口构成比重下降的省份是广东、湖北、山东、山西、浙江、上海、吉林、河南、黑龙江、安徽、江苏、海南、湖南、福建、天津、重庆、青海和新疆，其中下降最大的是新疆，为十万分之零点一六。人口构成比重未发生变化的省份是内蒙古和江西。除上述省份外其他省份的人口构成比重上升，上升较大的省份是西藏、贵州、宁夏和北京，其中，上升最大的是西藏，为0.013%。

以受教育状况而论，全国珞巴族6岁及以上未受教育人口占其总人口比例从2000年的40.24%下降到2010年的23.95%，其受教育率提升了16.29%，其提高的幅度位居全国第4位。小学受教育人口占其总人口比例从2000年的31.43%上升到2010年的42.21%；中学受教育人口占其总人口比例从2000年的9.98%上升到2010年的15.97%；大学受教育人口占其总人口比例从2000年的1.25%上升到2010年的5.11%；到2010年止，有0.03%的珞巴族人口接受了研究生教育。总体来看，珞巴族人口的受教育程度呈上升趋势。

参 考 文 献

阿岗. 2002. 珞巴族//赫时远，任一飞，陈英初，等. 中国少数民族分布图集. 北京：中国地图出版社：341-346.

陈海汶，陈鸣华. 2009. 和谐中华：中国的56个民族剪影. 上海：上海文化出版社：433.

国务院人口普查办公室. 1983. 第三次全国人口普查手工汇总资料汇编（第4册）. 北京：国务院人口普查办公室.

国务院人口普查办公室，国家统计局人口和就业统计司. 1993. 中国1990年人口普查资料. 北京：中国统计出版社.

国务院人口普查办公室，国家统计局人口和就业统计司. 2002. 中国2000年人口普查资料. 北京：中国统计出版社.

国务院人口普查办公室，国家统计局人口和就业统计司. 2012. 中国2010年人口普查资料（上）. 北京：中国统计出版社.

李大勤. 2007a. 苏龙语//孙宏开，胡增益，黄行，等. 中国的语言. 北京：商务印书馆：682-706.

李大勤. 2007b. 崩如语//孙宏开，胡增益，黄行，等. 中国的语言. 北京：商务印书馆：707-730.

李坚尚. 1986. 试论路巴族的部落组织. 民族研究，9（4）：33-39.

《珞巴族简史》编写组，《珞巴族简史》修订本编写组. 2009. 珞巴族简史. 北京：民族出版社：7-69.

欧阳觉亚. 2007. 崩尼-博嘎尔语//孙宏开，胡增益，黄行，等. 中国的语言. 北京：商务印书馆：666-681.

孙宏开. 1995. 藏缅语疑问方式试析. 民族语文，16（5）：1-11.

孙宏开. 2007. 义都语//孙宏开，胡增益，黄行，等. 中国的语言. 北京：商务印书馆：647-665.

姚兆麟. 1986. 珞巴族//中国大百科全书编委会. 中国大百科全书·民族. 北京：中国大百科全书出版社：256-257.

郑度，等. 2008. 中国生态地理区域系统研究. 北京：科学出版社：130-132.

郑连斌，陆舜华，张兴华，等. 2009. 珞巴族与门巴族的体质特征. 人类学学报，28（4）：401-407.

中国大百科全书编委会. 2009. 中国大百科全书·卷15. 第2版. 北京：中国大百科全书出版社：123.

中华人民共和国民政部. 2011. 中华人民共和国乡镇行政区划简册（2011）. 北京：中国统计年鉴出版社.

第五十五章　撒拉族民族地理

撒拉族属于蒙古人种北方类型。我国撒拉族人口 130 607 人（国务院人口普查办公室，国家统计局人口和就业统计司，2012）。撒拉族源于中亚撒鲁尔人尕勒莽部，于元时迁居中国境内，尔后形成独立民族。撒拉族属蒙古人种北方类型。社会文化特征具有某些中亚突厥文化、阿拉伯-伊斯兰文化、汉藏文化三者的特征。集中分布于甘肃省。

第一节　历史渊源

撒拉族源于中亚撒鲁尔人尕勒莽部。撒拉人迁入中国，或因经商，或因成吉思汗西征，形成“元时回回遍天下”的局面，撒拉族先民随着这个浪潮来到中国。《循化志》载撒拉族土司“始祖韩宝，旧名神宝，系前元达鲁花赤，洪武三年邓大夫下归附”，说明撒拉族先民迁来循化的时间应当在元代，后归附明政权。撒拉族形成过程中，吸收了很多民族的成分，尤以蒙古、藏、回、汉诸族成分较多（戴可来，1986；中国大百科全书编委会，2009；《撒拉族简史》编写组，《撒拉族简史》修订本编写组，2008）。

第二节　人种类型与体质特征

撒拉族体质特征主要表现为蒙古人种北方类型（李树春，2010）：身材中等偏高；头型多高头型、狭头型和中头型；面型为中面型和狭面型；鼻型为狭鼻型。

第三节　语言、经济类型、服饰、民居、信仰及习俗

撒拉族长期生活于甘肃省的循化撒拉族自治县及与之毗邻的化隆回族自治县和积石山保安族东乡族撒拉族自治县（马莉，2002）。这一地区在《中国生态地理区域系统》中位于祁连青东高山盆地针叶林、草原区（HⅡC1）东部（郑度等，2008），主要是高原盆地地理环境，森林、草原、河流是撒拉族主要的地理环境类型。在与这样的地理环境之间、在与相邻地区之间、在与有关民族之间的协调共生中，撒拉族逐渐形成了具有一定特色的社会文化。

撒拉语是撒拉族的本民族语言，她属于阿尔泰语系突厥语族西匈语支，是一种处于不安全等级的濒危语言。撒拉族除使用撒拉语外，在一定的地域交集处还使用其他民族的语言。其中，同汉族、回族杂居地区的撒拉族兼通汉语；同藏族杂居地区的撒拉族，有的兼通藏语；散居在新疆伊犁哈萨克自治州境内的撒拉族居民有一部分已分别转用维吾尔语、哈萨克语或汉语（林莲云，2007）。撒拉族没有本民族文字。

撒拉族早期以牧业为主，现以农业为主，农业属于高原农业类型，以种植小麦、青稞为主。撒拉族服饰如图 55-1 所示（陈海汶，陈鸣华，2009），具有中亚突厥文化、阿拉伯-伊斯兰文化、汉藏文化三者的特征（马成俊，2000）。这与撒拉族源于中亚，迁入青海后又受汉藏文化的影响有关，这一过程迄今已近 800 年。撒拉族饮食文化是本民族传统文化与中原文化及周边兄弟民族文化长期相互影响、交融、发展而形成的，既充满了撒拉族的个性，又渗透着中华各民族文化的共性，具有突厥传统、伊斯兰特色和高原风味三大特点。中华民族博物馆撒拉族博物馆集中反映了撒拉族聚落及民居种类状况（图 55-2）。撒拉族村落依山傍水（图 55-3），从聚落结构和布局上可以看出，撒拉族属于“围寺聚族而居”的血缘性聚落，大小清真寺遍布撒拉族各个村落，且清真寺具有伊斯兰文化和汉文化的特征（图 55-4，图 55-5）。村落内部以“孔木散”为单位而聚居，“孔木散”是撒拉语“一个根子”的意思，是远亲的父系血缘组织。一个“孔木散”少的有 10 户，多的 30～40 户构成一个村落。撒拉族民居建筑楼体为中国古代三合院式庭院布局，坐北朝南，南面正中为平顶大门。撒拉族典型的民居分“庄窠院”（图 55-6）和“篱笆楼”（图 55-7①）两种。“庄窠院”是青海地区所特有的、具有代表性的民居形式，主要产生于青海东部地区黄河两岸，就地取材，利用当地丰富的黄土作为“庄窠院”的主要建筑材料；“篱笆楼”是一种古老的撒拉族民居形式，大部分墙体采用树条编织而成，故得名“篱笆楼”。撒拉族的主食原料以小麦为主，动物原料以牛、羊、鸡等畜禽为主。

图 55-1 撒拉族服饰（陈海汶，陈鸣华，2009）

摄影：陈海汶；拍摄时间：2009 年 2 月 7 日；拍摄地点：

中国青海省海东地区循化撒拉族自治县街子镇三兰巴海村

---

① 该图所示为中华民族博物馆内的撒拉族篱笆楼，是循化县孟达乡的清代晚期民居，经过修复，于 2003 年迁至北京，是撒拉族博物馆一级文物。

撒拉族信仰伊斯兰教，属逊尼派。撒拉族建筑特色之一是与宗教场所融合，每个村落都有清真寺。“米那罗”是撒拉族村落的显著标志。丧葬方面，撒拉族信奉伊斯兰教，因此其丧葬活动与伊斯兰教息息相关，其主要特点是土葬、速葬、薄葬，但不用棺椁。

图 55-2　撒拉族博物馆外景

资料来源：中华民族博物馆（http：//www. emuseum. org. cn/node/126. 2012-08-04）

图 55-3　撒拉族聚落（黄河岸边大庄村）（王军，2010）

图 55-4　大庄村清真寺（2008）（孙宇，2010）

图 55-5　大庄村清真寺（王军，2010）

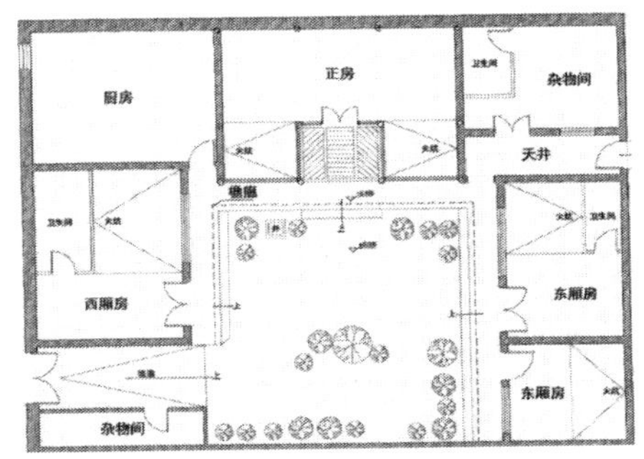

图 55-6　“庄窠院”平面图（孙宇，2010）

图 55-7　中华民族博物馆清代二层篱笆楼外观（孙宇，2010）

第四节　空间结构及其发展变化

一、构 成 结 构

全国第六次人口普查数据（国务院人口普查办公室，国家统计局人口和就业统计司，2012）表明，撒拉族的人口构成有如下特点：①在性别构成方面，人口性别比为103.04，低于全国的104.90，居第28位。②在人口存活率方面，15～64岁妇女产婴存活率为98.05%，低于全国的98.78%，居第22位。③在城镇化率方面，人口城镇化率为30.08%，低于全国的50.27%，居第29位。④在就业状况方面，就业率为97.21%，低于全国的97.46%，居第47位；在三次产业从业人口比例中（图55-8），第一产业最高，第三产业次之，第二产业最低，分别为65%、30%和5%。其中，第三产业从业人口比例中，比例最高的是住宿和餐饮业，占第三产业从业人口的48.50%；较高的是交通运输、仓储和邮政业，占11.42%。⑤在人口年龄结构方面，人口最多的年龄段为0～4岁，较多的年龄段为20～24岁和15～19岁，这三个年龄段的人口数量占其总人口数量的31.27%。⑥在婚姻状况方面，15岁及以上人口的婚姻率为78.07%，低于全国的78.40%，居第11位。⑦在受教育程度方面，6岁及以上人口的受教育率为78.82%，低于全国的95%，居第53位。

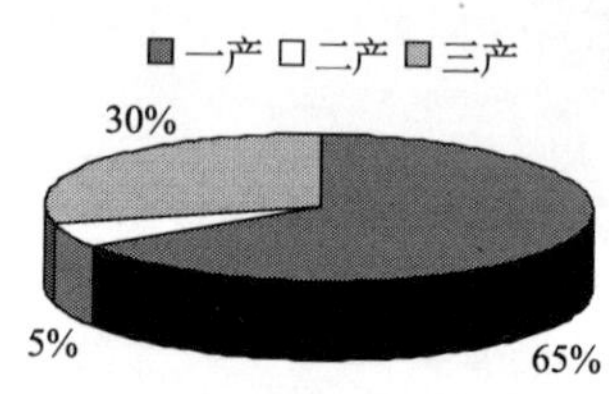

图55-8　撒拉族三次产业从业人口比例

二、分 布 格 局

1. 省域分布格局

全国第六次人口普查数据（国务院人口普查办公室，国家统计局人口和就业统计司，2012）表明，撒拉族人口分布比重和人口构成比重最高的省域在我国各省、自治区和直辖市的分布上，呈现出主要集中在西北地区的特点。同时，性别比和人口城镇化率的省份差异较大。

在人口分布比重分布上，撒拉族的分布表现为三种区域类型，即集中分布区、分散分布区和零星分布区（图55-9）。集中分布区是青海和甘肃，这两个省份的撒拉族人口总数为120 606人，占全国撒拉族总人口数量的比例约为92.34%，青海的撒拉族人口总量最多，为107 089人，占全国撒拉族总人口数量的比例高达81.99%。分散分布区是新疆，其撒拉族人口总数为3728人，占全国撒拉族总人口数量的比例约为2.86%。除了上述的三个省份外其余均属于零星分布区，这些省份的撒拉族人口总数为6273人，占全国撒拉族总人口数量的比例约为4.8%，在零星分布区中，黑龙江的撒拉族人口数最少，仅有7人。

在人口构成比重分布上，较高的省份是青海、甘肃、新疆、西藏和上海，撒拉族人口构成比重均在0.004%以上，最高的省份是青海，达到1.9%；较低的省份是河北、

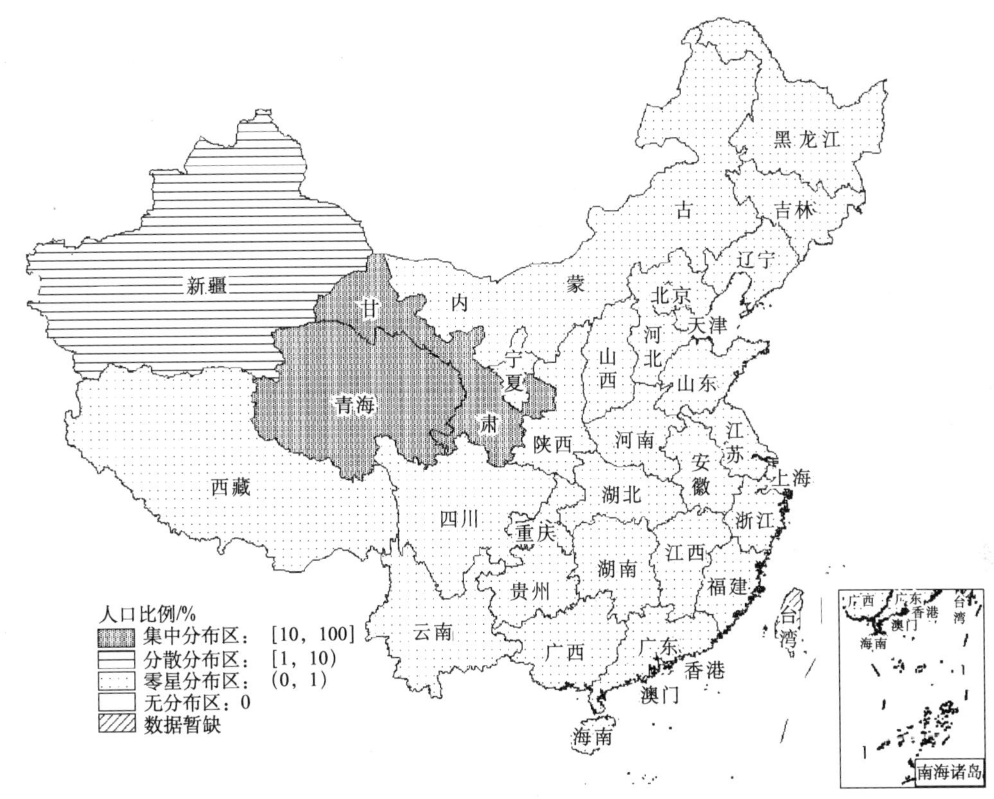

图 55-9　撒拉族分布的省域格局

吉林、安徽、山西、湖南、江西和黑龙江，撒拉族人口构成比重均在万分之零点零二以下，最低的省份是黑龙江，只有百万分之零点二。

在性别比分布上，就撒拉族人口分布比重的集中分布区和分散分布区而言，撒拉族性别比最高的省份是新疆，约为 115.49；较高的省份是青海，约为 102.81；较低的省份是甘肃，约为 100.47。

在人口城镇化率分布上，就撒拉族人口分布比重的集中分布区和分散分布区而言，撒拉族人口城镇化率最高的省份是青海，约为 27.79%；较高的省份是新疆，约为 23.5%；最低的是甘肃，约为 21.79%。

2. 聚居分布格局

撒拉族聚居区不多，主要分布在甘肃和青海等省份。上述 2 个省撒拉族有 2 个县区级聚居区（中华人民共和国民政部，2011）：甘肃积石山保安族东乡族撒拉族自治县和青海循化撒拉族自治县，其中青海循化撒拉族自治县是我国最大的撒拉族聚居区。

三、发展变化

自新中国成立以来，撒拉族人口总体呈增长的趋势（国务院人口普查办公室，1983；

国务院人口普查办公室，国家统计局人口和就业统计司，1993，2002，2012）。如图 55-10 所示，从“一普”到“六普”，全国的人口增长幅度为 130.65%，少数民族的人口增长幅度为 227.29%，撒拉族的人口增长幅度为 326.01%，同比均高于全国和少数民族。撒拉族各次普查之间的年均增长率从“一普”到“三普”呈上升趋势，“三普”达到最高，约为 3.91%，从“三普”到“五普”呈下降趋势，下降到“五普”的 1.79%，“五普”到“六普”呈上升趋势，“六普”为 2.25%。

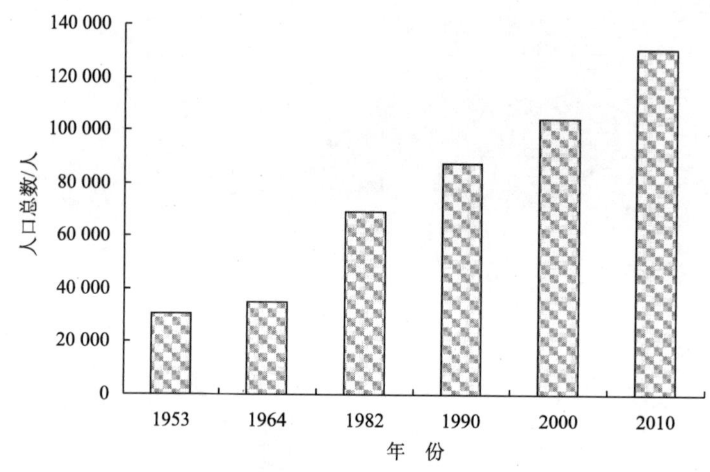

图 55-10 撒拉族历次普查的人口变化情况

2010 年与 2000 年相比，撒拉族人口构成比重变化存在较大的省份差异。人口构成比重下降的省份有西藏、湖南、海南和新疆，而其他省份的人口构成比重均上升。人口构成比重下降最大的省份是新疆，下降了 0.003%；上升最大的省份是青海，上升了 0.09%。

以受教育状况和人口预期寿命而论，全国撒拉族 6 岁及以上未受教育人口占其总人口比例从 2000 年的 38.45%下降到 2010 年的 18.47%，其受教育率提升了 19.98%，其提高的幅度位居全国第 3 位。小学受教育人口占其总人口比例从 2000 年的 32.72%上升到 2010 年的 44.93%；中学受教育人口占其总人口比例从 2000 年的 14.23%上升到 2010 年的 19.35%；大学受教育人口占其总人口比例从 2000 年的 1.42%上升到 2010 年的 4.37%；到 2010 年止，有 0.07%的撒拉族人口接受了研究生教育。总体来看，撒拉族人口的受教育程度呈上升趋势。到 1990 年，撒拉族人口的平均预期寿命为 64.82 岁，男性人口平均预期寿命为 64.36 岁，女性人口平均预期寿命为 65.33 岁。

参 考 文 献

陈海汶，陈鸣华. 2009. 和谐中华：中国的 56 个民族剪影. 上海：上海文化出版社：273.

戴可来. 1986. 撒拉族//中国大百科全书编委会. 中国大百科全书·民族. 北京：中国大百科全书出版社：383-385.

国务院人口普查办公室. 1983. 第三次全国人口普查手工汇总资料汇编（第 4 册）. 北京：国务院人口普查办公室.

国务院人口普查办公室，国家统计局人口和就业统计司. 1993. 中国 1990 年人口普查资料. 北京：中国统计出版社.

国务院人口普查办公室，国家统计局人口和就业统计司. 2002. 中国 2000 年人口普查资料. 北京：中国统计出版社.

国务院人口普查办公室，国家统计局人口和就业统计司. 2012. 中国 2010 年人口普查资料（上）. 北京：中国统计出版社.

李树春. 2010. 中国少数民族遗传学概论. 北京：中央民族大学出版社：88.

林莲云. 撒拉语//孙宏开，胡增益，黄行，等. 中国的语言. 北京：商务印书馆. 2007：1739-1758.

马成俊. 2000. 论撒拉族服饰文化. 青海民族学院学报，24（3）：78-82.

马莉. 撒拉族//赫时远，任一飞，陈英初，等. 中国少数民族分布图集. 北京：中国地图出版社. 2002：221-226.

《撒拉族简史》编写组，《撒拉族简史》修订本编写组. 2008. 撒拉族简史. 修订版. 北京：民族出版社：1-26.

孙宇. 2010. 青海省循化撒拉族自治县民居考察研究——撒拉族的民居、聚落与文化初探. 中国建筑设计研究院硕士学位论文：23，48，56.

王军，李晓丽. 2010. 青海撒拉族民居的类型、特征及其地域适应性研究. 南方建筑，16（6）：36-42.

郑度，等. 2008. 中国生态地理区域系统研究. 北京：科学出版社：130-132.

中国大百科全书编委会. 2009. 中国大百科全书・卷 18. 第 2 版. 北京：中国大百科全书出版社：585.

中华人民共和国民政部. 2011. 中华人民共和国乡镇行政区划简册（2011）. 北京：中国统计年鉴出版社.

第五十六章　怒族民族地理

怒族属于蒙古人种南方类型。我国怒族人口 37 523 人（国务院人口普查办公室，国家统计局人口和就业统计司，2012）。怒族是怒江两岸和澜沧江两岸的古老居民，是中缅之间非主体型跨界民族，在中国境内集中分布于滇西北地区。怒族是典型的高山峡谷型地理环境民族，分布呈现典型的沿峡谷延伸特征，社会文化特征典型地反映了其地理环境特征。怒族使用多种语言，多为濒危语言。

第一节　历史渊源

怒族是怒江两岸和澜沧江两岸的古老居民。怒族人民中广泛流传的人类经历开天辟地和洪荒时代传说，说明了其发展的本土性和连续性。怒族的族源可能来自两个不同的部分：其一是古代在唐时所称的“庐鹿蛮”之一部“诺苏”，后来发展为今怒江傈僳族自治州碧江县（今福贡县）的怒族；其二为怒江北部、贡山一带自称为“阿怒”或“怒”的古老族群，今天贡山怒族先民极可能来源于此。今天怒族族称、语言、历史传说和社会文化等方面的差异说明了其来自不同族群的情况。其中唐时所称的“庐鹿蛮”之一部“诺苏”是数十代以前居住在丽江、剑川一带的，后逐渐迁移到兰坪的澜沧江两岸，最后又进入怒江地区（宋恩常，1986；中国大百科全书编委会，2009；《怒族简史》编写组，《怒族简史》修订本编写组，2008）。

第二节　人种类型与体质特征

怒族属于蒙古人种南方类型。其体质特征（李树春，2010）表现为：女性均为亚中等身高，肤色较深，多为黄色，有一部分人是深黄肤色；大多无蒙古褶，上眼睑大多无皱褶；鼻根低；上唇皮肤高度较低；耳垂三角形率最高；怒族男女均为圆头型、高头型、狭头型、中鼻型、中腿型、中胸型、中肩型、中骨盆；男性为中面型、长躯干型，女性还为阔面型、中躯干型。

第三节　语言、经济类型、服饰、民居、信仰及习俗

怒族长期生活于怒江、澜沧江大峡谷两侧横断山脉的台地上（刘龙初，2002），其活动区域在《中国生态地理区域系统》中位于云南高原常绿阔叶林、松林区（ⅤA5）西缘和东喜马拉雅南翼山地季雨林、常绿阔叶林（ⅤA6）东段（郑度等，2008），主要是高山峡谷型地理环境。

怒族分布呈现典型的沿峡谷延伸特征，是典型的高山峡谷型地理环境民族。平地少、坡地多，水田少、旱地多，固定耕地少、轮歇耕地多是怒族主要的地理环境特征。在与这样的地理环境之间、在与相邻地区之间、在与有关民族之间的协调共生中，怒族逐渐形成了具有一定特色的社会文化。

怒语是怒族的本民族语言，她属于汉藏语系藏缅语族，语支未定（中国大百科全书编委会，1988）。怒族没有本民族文字。

怒族主要从事山地农业，兼狩猎和采集，其众多的支系总体上处于从刀耕火种的山林耕作类型向耕猎型过渡阶段。怒族服饰如图 56-1 所示，多由麻布制成（陈海汶，陈鸣华，2009）。怒族男女服饰因其支系、居住地域和习俗的不同而呈现出一定的差异。主要分为阿怒及怒苏、阿龙、若柔 3 种模式，一般以第一种——阿怒及怒苏模式为族际区别的代表服饰。阿龙人的服饰显然受到了藏族、纳西族的影响。若柔人服饰接近于白族、汉族装束。阿怒及怒苏男子上身穿麻布长衫，腰系藤条或麻绳，下身裤长只到膝下；妇女的装束要复杂一些，上身穿白色长袖衣，外罩一件深红色、黑色或深蓝色镶花边的夹袄，下身穿一条深色的大摆长裙，头戴用珊瑚、小铜铃、贝壳、铜币等串制成的发箍，胸前挂一串串珠链和一个大大的贝壳。怒族的传统饮食，以包谷为主食，兼食稻谷（或旱稻）、荞子、大麦、小麦、高粱等。蔬菜主要有青白菜、南瓜、马铃薯、各种豆类等。肉食有猪、鸡、牛、羊、鱼及猎取的野味。怒族的房屋为干栏式建筑，多依山而建。主要有木楞房、土墙房和石头顶房。均有三层，第一层为畜厩，第二层住人，第三层以晒粮或作为储藏室之用。溜索[①]是怒族传统主要的交通工具之一。图 56-2 所示为中华民族博物馆怒族分馆按云南怒江福贡地区怒族传统民居 1∶1 建设外观图。

图 56-1　怒族服饰（陈海汶，陈鸣华，2009）

摄影：陈海汶；拍摄时间：2008 年 10 月 24 日；地点：中国云南省怒江傈僳族自治州福贡县匹河怒族乡老姆登村

① 溜索是西南高山峡谷地区金沙江、怒江、澜沧江一带较为原始的渡河工具。溜索在中国古代称为撞，明曹学佺撰《蜀中广记》中有记“度索寻撞之桥”，另有“纽桥”、“悬绳”、“弦桥”等称。溜索用两条或一条绳索，分别系于河流两岸的树木或其他固定物上。一头高，一头低，形成高低倾斜。绳索有牦牛毛绳、藤编绳及钢丝绳等多种。过渡者将竹、木制做的溜板或特制座位吊在绳索上，借助于绳索的倾斜度溜向彼岸。过去藏、傈僳、怒、独龙等民族多使用溜索过渡，现大部分溜索已为桥梁所取代，只有极少数边远地区仍在使用。

图 56-2 怒族传统民居

资料来源：中华民族博物馆（http：//www. emuseum. org. cn/ node/123. 2012-03-04）

怒族的宗教信仰神秘而多样，各支系及居住在不同地域的怒族有不同的信仰，没有统一的信仰。归结起来大概有四种：原始宗教、基督教、天主教、藏传佛教。怒族婚姻盛行族内婚，姑舅表婚有优先权。怒族实行土葬。人死后要请“禹谷苏”（巫师）送魂，一程一程的送，一直送到澜沧江东岸的“色谷洛达谷洛”“老家”。

第四节 空间结构及其发展变化

一、构成结构

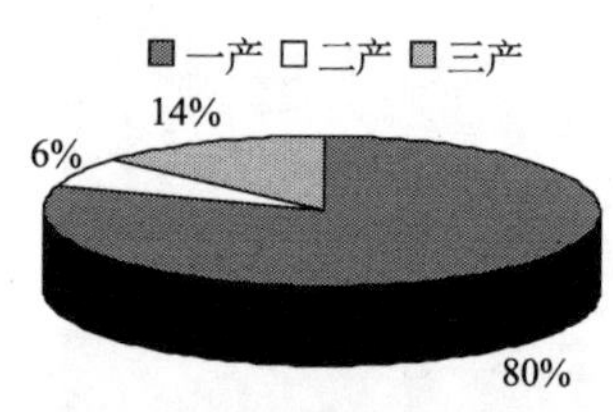

图 56-3 怒族三次产业从业人口比例

全国第六次人口普查数据（国务院人口普查办公室，国家统计局人口和就业统计司，2012）表明，怒族的人口构成有如下特点：①在性别构成方面，人口性别比为101.56，低于全国的104.90，居第37位。②在人口存活率方面，15～64岁妇女产婴存活率为95.24%，低于全国的98.78%，居第50位。③在城镇化率方面，人口城镇化率为16.48%，低于全国的50.27%，居第51位。④在就业状况方面，就业率为98.33%，高于全国的97.46%，居第15位；在三次产业从业人口比例中（图56-3），第一产业最高，第三产业次之，第二产业最低，分别为80%、14%和6%。其中，第三产业从业人口比例中，比例最高的是公共管理和社会组织，占第三产业从业人口的29.18%；较高的是批发和零售业，占20.98%。⑤在人口年龄结构方面，人口最多的年龄段为20～24岁，较多的年龄段为25～29岁和30～34岁，这三个年龄段的人口数量占其总人口数量的28.46%。⑥在婚姻状况方面，15岁及以上人口的婚姻率为72.79%，低于全国的78.40%，居第41位。⑦在受教育程度方面，6岁及以上人口的受教育率为84.95%，低于全国的95%，居第47位。

二、分布格局

1. 省域分布格局

全国第六次人口普查数据（国务院人口普查办公室，国家统计局人口和就业统计司，2012）表明，怒族人口分布比重和人口构成比重最高的省域在我国各省、自治区和直辖市的分布上，呈现出主要集中在西南地区的特点。同时，性别比和人口城镇化率的省份差异较大。

在人口分布比重分布上，怒族的分布表现为三种区域类型，即集中分布区、分散分布区和零星分布区（图 56-4）。集中分布区是云南，该省怒族人口总量为 31 821 人，占全国怒族总人口数量的比例为 84.80%。分散分布区是海南、广东和西藏，这三个省份的怒族人口总量为 2461 人，占全国怒族总人口数量的比例为 6.56%。除了上述四个省份外其余均属于零星分布区，这些省份的怒族人口总量为 3241 人，占全国怒族总人口数量的比例约为 8.64%，在零星分布区中青海的怒族人口最少，仅有 5 人。

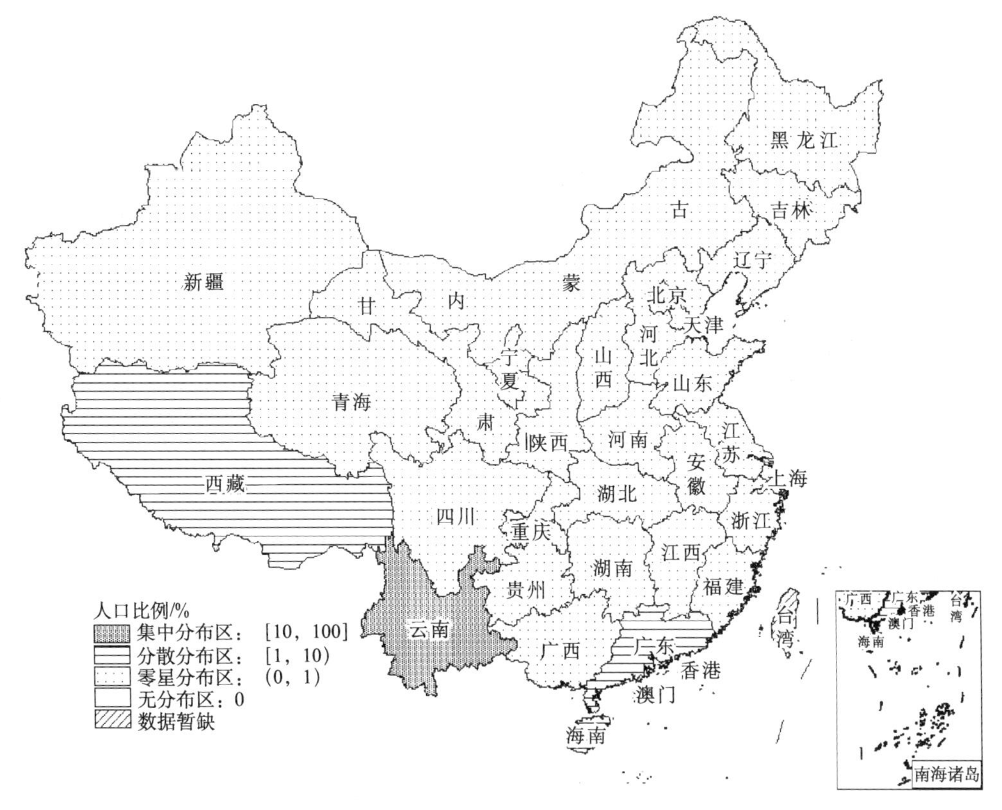

图 56-4　怒族分布的省域格局

在人口构成比重分布上，较高的省份是云南、西藏、海南和福建，其怒族人口构成比重均在万分之零点零八以上，最高的省份是云南，为 0.07%；较低的省份是吉林、重庆、青海、陕西、贵州、内蒙古和黑龙江，其怒族人口构成比重均在万分之零点零一以下，最低的省份是黑龙江，仅有百万分之零点六。

在性别比分布上，就怒族人口分布比重的集中分布区和分散分布区而言，较高的省份是海南和云南，其怒族性别比分别约为 106.10 和 104.23；较低的省份是西藏和广东，其怒族性别比分别约为 96.80 和 90.23。

在人口城镇化率分布上，就怒族人口分布比重的集中分布区和分散分布区而言，较高的省份是广东和海南，其怒族人口城镇化率分别约为 71.92％和 25.34％；较低的省份是云南和西藏，怒族人口城镇化率分别约为 11.92％和 4.27％。

2. 聚居分布格局

怒族是云南特有的少数民族之一，其聚居区不多，主要分布在云南。在云南怒族共有 1 县区级聚居区和 1 个乡镇级聚居区（中华人民共和国民政部，2011）：第一，1 个县区级聚居区——怒江贡山独龙族怒族自治县；第二，1 个乡镇级聚居区——云南省福贡县匹河怒族乡。

三、发展变化

自新中国成立以来，怒族人口总体呈增长的趋势（国务院人口普查办公室，1983；国务院人口普查办公室，国家统计局人口和就业统计司，1993，2002，2012）。如图 56-5 所示，从“二普”到“六普”，全国的人口增长幅度为 92.82％，少数民族的人口增长幅度为 179.12％，怒族的人口增长幅度为 149.37％，同比高于全国而低于少数民族。怒族各次普查之间的年均增长率从“二普”到“三普”呈增长的趋势，年均增长率为 2.36％，从“三普”到“五普”呈下降趋势，从“五普”到“六普”呈增长的趋势，到“六普”达到最大，约为 2.70％。

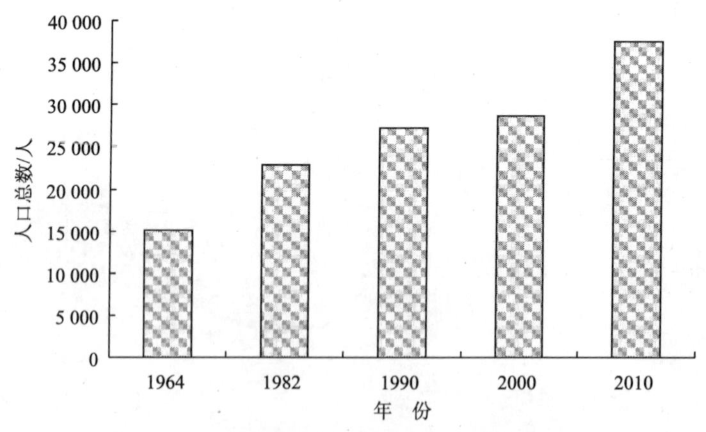

图 56-5 怒族历次普查的人口变化情况

2010 年与 2000 年相比，怒族人口构成比重变化存在较大的省份差异。所有省份的怒族人口构成比重均上升。人口构成比重上升最大的省份是海南，上升了 0.02％；上升较大的省份是云南、西藏和福建，分别上升了万分之零点四、十万分之零点八和十万分之零点八；上升较小的省份为重庆、黑龙江、浙江、内蒙古和贵州，分别只上升了百万分之零点六四、百万分之零点四四、百万分之零点三七、百万分之零点三四和百万分之零点二一；上升最少的省份是青海，上升了百万分之零点零六。

以受教育状况和人口预期寿命而论，全国怒族6岁及以上未受教育人口占其总人口比例从2000年的26.67%下降到2010年的13.64%，其受教育率提升了13.03%，其提高的幅度位居全国第5位。小学受教育人口占其总人口比例从2000年的36.95%上升到2010年的42.51%；中学受教育人口占其总人口比例从2000年的19.31%上升到2010年的28.86%；大学受教育人口占其总人口比例从2000年的1.07%上升到2010年的5.55%；到2010年止，有0.06%的怒族人口接受了研究生教育。总体来看，怒族人口的受教育程度呈上升趋势。怒族人口的平均预期寿命由1990年的56.80岁增长到2000年的62.06岁。10年间增长了5.26岁。

第五节　支系及怒语方言

一、支　　系

怒族是云南特有的少数民族之一，也是滇西北高原上的一个古老的土著民族。怒族的支系有两种划分法，一种是根据怒族的源流，把其分为“阿龙”（亦读作“阿怒”）和“诺苏”（亦读作“怒苏”）两大支系。“阿龙”支主要分布在云南省怒江傈僳族自治州贡山独龙族怒族自治县和福贡县；“诺苏”支分布在原碧江县（现泸水县）、兰坪白族普米族自治县。另一种分法则是根据怒族的语言差异，将其分为“阿龙”、“诺苏”、“阿侬”、“若柔”四大支系（谢蕴秋，1999）。

二、怒语方言

根据怒族的自称，怒语分怒苏语（Nusu）、柔若语（Zaozou，or Raoruo）、阿侬语（Nung）（孙宏开等，2007），怒苏语分布在云南省怒江傈僳族自治州（以下简称怒江州）福贡县；柔若语分布在兰坪白族普米族自治县、泸水县；阿侬语分布在福贡县。怒苏语、柔若语、阿侬语等在联合国教科文组织中被列为濒危语言。怒苏语分为南部、中部和北部三个方言。南部方言主要分布在怒江州福贡县南端的果料、普洛、同坪、加甲一带，也称果料-普洛方言。中部方言主要分布在怒江州福贡县中部的知之罗、老姆登、棉古、沙瓦、子楞等地，也称知之罗-老姆登方言。北部方言主要分布在福贡县北端的瓦娃、空通、友夺洛一带，也称瓦娃-空通方言（孙宏开，2007a）。怒族除使用怒语外，在一定的地域交集处还使用其他民族的语言。诸如福贡县的怒族还使用傈僳语（孙宏开，2007b）；分布在贡山独龙族怒族自治县地区及西藏自治区昌都地区察隅县察瓦龙一带的怒族，使用独龙语怒江方言。

参 考 文 献

陈海汶，陈鸣华. 2009. 和谐中华：中国的56个民族剪影. 上海：上海文化出版社：329.

国务院人口普查办公室. 1983. 第三次全国人口普查手工汇总资料汇编（第4册）. 北京：国务院人口普查办公室.

国务院人口普查办公室，国家统计局人口和就业统计司. 1993. 中国1990年人口普查资料. 北京：中国统计出版社.

国务院人口普查办公室，国家统计局人口和就业统计司. 2002. 中国2000年人口普查资料. 北京：中国统计出版社.

国务院人口普查办公室，国家统计局人口和就业统计司. 2012. 中国2010年人口普查资料（上）. 北京：中国统计出版社.

李树春. 2010. 中国少数民族遗传学概论. 北京：中央民族大学出版社.：99.

刘龙初. 2002. 怒族//赫时远，任一飞，陈英初，等. 中国少数民族分布图集. 北京：中国地图出版社：263-268.

《怒族简史》编写组，《怒族简史》修订本编写组. 2008. 怒族简史. 修订版. 北京：民族出版社：8-34.

宋恩常. 1986. 怒族//中国大百科全书编委会. 中国大百科全书·民族. 北京：中国大百科全书出版社：355-357.

孙宏开. 2007a. 怒苏语//孙宏开，胡增益，黄行，等. 中国的语言. 北京：商务印书馆：487.

孙宏开. 2007b. 阿依语//孙宏开，胡增益，黄行. 中国的语言. 北京：商务印书馆：625.

孙宏开，胡增益，黄行，等. 2007. 中国的语言. 北京：商务印书馆.

郑度，等. 2008. 中国生态地理区域系统研究. 北京：科学出版社：130-132.

中国大百科全书编委会. 1988. 中国大百科全书·语言文字. 北京：中国大百科全书出版社：304.

中国大百科全书编委会. 2009 中国大百科全书·卷17. 第2版. 北京：中国大百科全书出版社：89.

中华人民共和国民政部. 2011. 中华人民共和国乡镇行政区划简册（2011）. 北京：中国统计年鉴出版社.

第五十七章　京族民族地理

京族属于蒙古人种南方类型。我国京族人口28 199人（国务院人口普查办公室，国家统计局人口和就业统计司，2012）。中国的京族来源于越南，为16世纪初始自越南迁入中国境内。京族是中越之间主体型跨界民族，在越南称京族。中国境内的京族主要集中分布于广西壮族自治区，是中国境内唯一的“海洋民族”。

第一节　历史渊源

中国的京族来源于越南，与越南的主体民族京族同源，且在迁入中国时就已步入封建社会。自16世纪初，越南开始长达400余年的战乱，并受法、日等国侵略，一度沦为殖民地，京族先民迫于生计不断迁徙。据京族的民间传说，京族的祖先大约在400多年前居住于越南的涂山（今越南社会主义共和国海防市一带），今居住于巫头、澫尾、山心、潭吉、红坎、恒望、寨头、瓦村、米漏、三德、江平镇等地的京族，是16世纪陆续从越南的涂山等地迁来的京族后裔（陈凤贤，1986；中国大百科全书编委会，2009；《京族简史》编写组，《京族简史》修订本编写组，2008）。

第二节　人种类型与体质特征

京族是典型的蒙古人种南方类型。其体质特征（廖彦博等，2010）表现为：上眼睑皱褶发育良好；蒙古褶较强；头发均为直发，多为黄色皮肤，鼻翼高度多为中等型；耳垂多为圆形；男性鼻根多为中等型，女性多为低型；男女均属中头型、高头型、狭头型，且属狭面型、中鼻型、中腿型、中胸型、中肩型、中骨盆型；男性属长躯干型、女性属中躯干型；男性身高均值为1651.5mm，女性身高均值为1541.1mm，男女均为中等身材。

第三节　语言、经济类型、服饰、民居、信仰及习俗

京族长期生活于广西壮族自治区防城港市的巫头、山心、澫尾三岛（赵令志，2002），这一地区在《中国生态地理区域系统》中位于闽粤桂低山平原常绿阔叶林、人工植被区（ⅥA2）西南缘局部（郑度等，2008），主要是临海型地理环境。京族地区土壤不适宜发展农业，渔业是主要的生计方式。也因此，京族形成了独具特色的海洋社会文化，故京族被称为是“海洋民族”。

京语（Jing）是京族的本民族语言，多数学者认为属于南亚语系，已是一种处于濒危等级的濒危语言（中国大百科全书编委会，2009）。京族内部通用京语，同时绝大多数都会说当地的“白话”（汉语粤方言）。京族在历史上曾经使用过“字喃”，现在已不适用。京族目前没有本民族文字，多用汉文（王连清，2007）。

京族以渔业为主，农业次之。京族服饰如图 57-1 所示（陈海汶，陈鸣华，2009），以丝绸为料，质地柔软舒适，因为气候温暖，京族人不需要太多太厚的衣服，尚蓝、红、白色，竹制斗笠适应亚热带多雨的气候水文条件。京族以大米为主食，辅以玉米、红薯、芋头等。随着经济收入的增加和生活水平的提高，京族的生活方式和消费水平有所改善，主食中的粗粮逐渐减少，副食中蔬菜瓜果的数量增加。肉食的品种也较为丰富，猪、牛、羊、鸡、鸭等肉类上了人们的餐桌，改变了过去较为单一的肉类食物结构。京族人喜吃糖食。京族过去的房屋是一种被称为栏棚屋的建筑，用竹木构造，以茅草或竹篾做壁，或涂上泥巴，或用石头压着。现在随着京族地区经济的发展，京族住宅普遍以楼房或别墅为主。图 57-2 为中华民族博物馆京族分馆按广西防城港京族传统民居建筑 1∶1 复原外观图。

图 57-1　京族服饰（陈海汶，陈鸣华，2009）

摄影：陈海汶；拍摄时间：2009 年 3 月 27；拍摄地点：中国广西壮族自治区防城港市东兴市江平镇万尾村

图 57-2　京族传统民居

资料来源：中华民族博物馆（http：//www. emuseum. org. cn/node /107. 2012-06-24）

京族人信仰多神，没有全民统一的宗教信仰，流行的是一种在原始宗教的基础上，杂糅了道教、佛教而形成的具有京族特色的民间信仰。因其是以海洋为生的海洋民族，所以其最初信奉的神灵与海洋密切相关，从而形成了供奉镇海大王、海公、海婆等神灵的自然崇拜。京族实行一夫一妻制，过去婚姻多由父母包办。

京族人实行土葬，盛行二次葬。首次葬棺材，坟为长方形，不立墓碑，俗称“大葬”，又称“长坟”。三年后破土开坟，取骨骸置于长方形的骨罂（俗称“金埕”）中，另择“吉日”、“吉地”埋葬金埕，坟墓堆成圆形，以方石设碑，民间称“葬山”，也称“改葬”或“圆坟”。

第四节　空间结构及其发展变化

一、构成结构

全国第六次人口普查数据（国务院人口普查办公室，国家统计局人口和就业统计司，2012）表明，京族的人口构成有如下特点：①在性别构成方面，人口性别比为104.59，低于全国的104.90，居第21位。②在人口存活率方面，15～64岁妇女产婴存活率为97.89%，低于全国的98.78%，居第27位。③在城镇化率方面，人口城镇化率为54.85%，高于全国的50.27%，居第9位。④在就业状况方面，就业率为97.41%，低于全国的97.46%，居第43位。在三次产业从业人口比例中（图57-3），第一产业最高，第三产业次之，第二产业最低，分别为49%、42%和9%。其中，第三产业从业人口中，比例最高的是批发和零售业，占第三产业从业人口的36.58%；较高的是交通运输、仓储和邮政业，占14.52%。⑤在人口年龄结构方面，人口最多的年龄段为20～24岁，较多的年龄段为0～4岁和15～19岁，这三个年龄段的人口数量占其总人口数量的28.11%。⑥在婚姻状况方面，15岁及以上人口的婚姻率为74.31%，低于全国的78.40%，居第34位。⑦在受教育程度方面，6岁及以上人口的受教育率为94.47%，略低于全国的95.00%，居第21位。

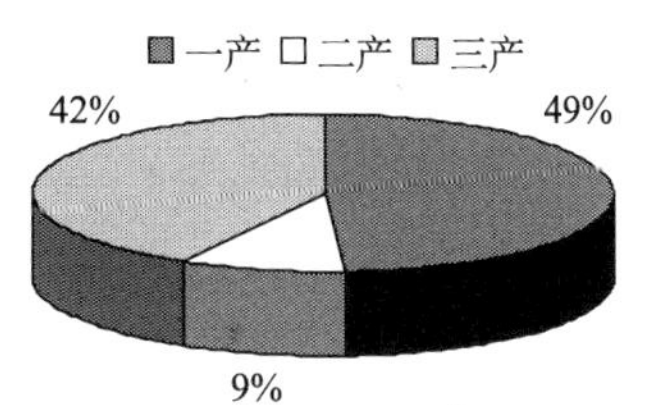

图57-3　京族三次产业从业人口比例

二、分布格局

1. 省域分布格局

全国第六次人口普查数据（国务院人口普查办公室，国家统计局人口和就业统计司，2012）表明，京族人口分布比重和人口构成比重最高的省域在我国各省、自治区和直辖市的分布上，呈现出主要集中在西南地区的特点。同时，性别比和人口城镇化率的省份差异较大。

在人口分布比重分布上，京族的分布表现为三种区域类型，即集中分布区、分散分布区和零星分布区（图57-4）。集中分布区是广西，该区京族人口总数为23 283人，占全国京族总人口数量的比例约为82.57%。分散分布区是贵州、云南、广东和江西，这些省份的京族人口总数为2806人，占全国京族总人口数量的比例约为9.95%。除上述省份外，其余省份均属于零星分布区，这些省份的京族人口总数为2110人，占全国京族总人口数量的比例约为7.48%。在零星分布区中，西藏和宁夏的京族人口数最少，分别仅有5人。

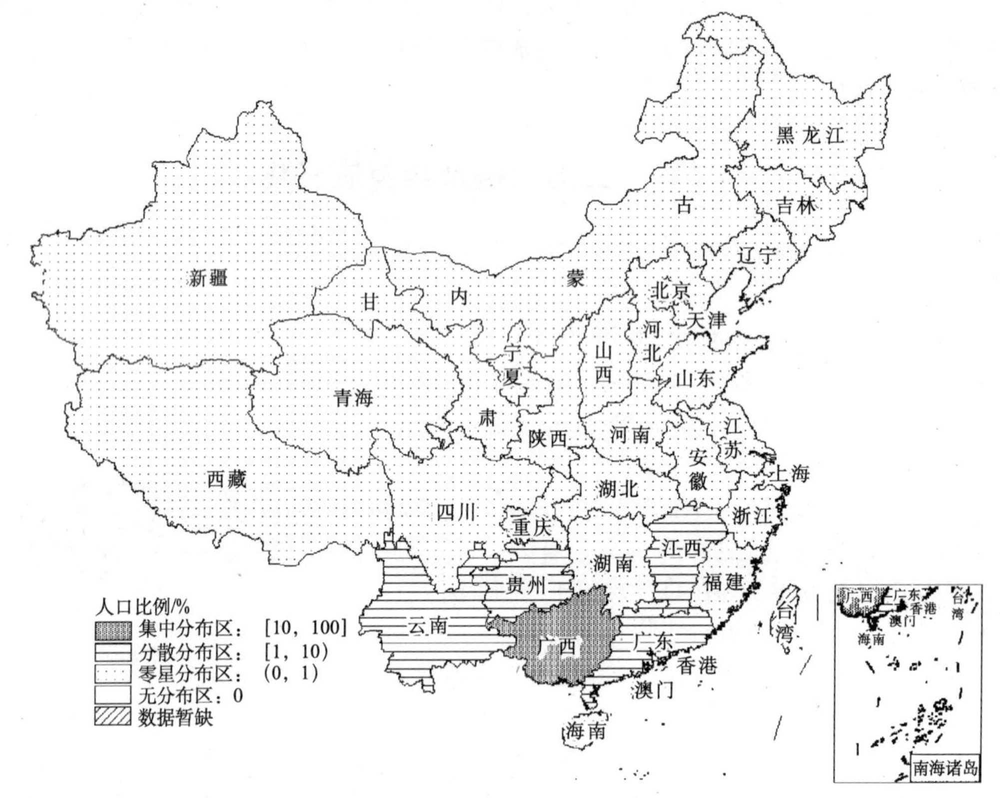

图57-4 京族分布的省域格局

在人口构成比重分布上，最高的省份是广西，其京族人口构成比重为0.05%；较高的是贵州、海南和云南，其京族人口构成比重均在0.002%以上；较低的省份是重庆、山东、山西、宁夏、陕西、黑龙江、辽宁和吉林，这些省份的京族人口构成比重均在百万分之零点九以下，最低的省份是吉林，比例为百万分之零点三。

在性别比分布上，就京族人口分布比重的集中分布区和分散分布区而言，较高的省份是江西、贵州和广西，分别为129.77、118.55和107.22；较低的省份是广东和云南，分别为92.06和66.60。

在人口城镇化率分布上，就京族人口分布比重的集中分布区和分散分布区而言，较高的省份是广东和云南，其京族人口城镇化率分别为74.38%和73.46%；较低的省份是广西、贵州和江西，其京族人口城镇化率分别为54.00%、46.11%和45.51%。

2. 聚居分布格局

京族是一个跨境民族，在中国和其他国家均有聚居区。就中国而言，京族聚居区较少，主要分布在广西和江西等省份。京族在江西内有1个乡镇级聚居区——江西省吉安市峡江县金坪京族乡（中华人民共和国民政部，2011）。

三、发展变化

自新中国成立以来，京族人口总体呈增长的趋势（国务院人口普查办公室，1983；国务院人口普查办公室，国家统计局人口和就业统计司，1993，2002，2012）。如图57-5所示，从“二普”到“六普”，全国的人口增长幅度为92.82%，少数民族的人口增长幅度为179.12%，京族的人口增长幅度为556.86%，同比高于全国和少数民族。京族的各次普查之间的年均增长率从“二普”到“三普”呈上升趋势，“三普”年均增长率达到最高值，为6.40%，从“三普”到“五普”均呈下降趋势，从“五普”到“六普”又呈现出上升趋势。

2010年与2000年相比，京族人口构成比重变化存在较大的省份差异。人口构成比重下降的省份是重庆、江西和黑龙江，其中，下降最大的省份是黑龙江，下降了百万分之零点四。除上述省区外，其余省份的人口构成比重均上升，其中，上升最大的省份是广西，上升了0.005%；上升较大的省份是贵州，上升了0.002%。

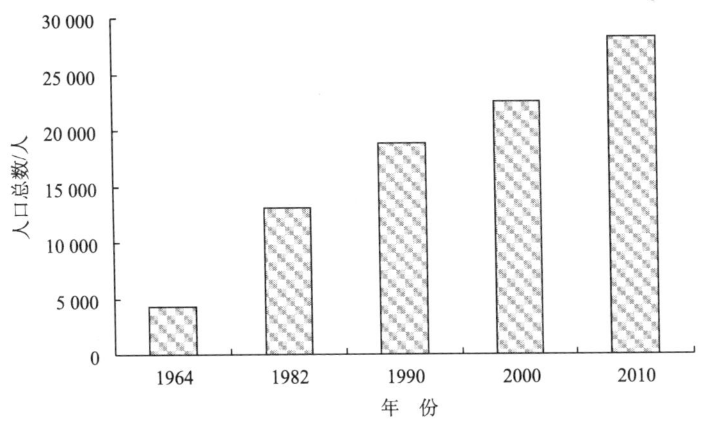

图57-5 京族历次普查的人口变化情况

以受教育状况和人口预期寿命而论，全国京族6岁及以上未受教育人口占其总人口比例从2000年的6.18%下降到2010年的4.94%，其受教育率提升了1.24%，提高的幅度位居全国第49位。小学受教育人口占其总人口比例从2000年的33.60%下降到2010年的23.67%；中学的受教育人口占其总人口比例从2000年的43.68%上升到2010年的50.19%；大学的受教育人口占其总人口比例从2000年的4.85%上升到2010年的10.20%；研究生受教育人口占其总人口比例从2000年的0.09%上升到2010年的0.22%。总体来看，京族人口的受教育程度呈上升趋势。到2000年，京族人口的平均预期寿命达到77.58岁，比全国的71.40岁高出6.18岁，其平均预期寿命在不断延长。

参考文献

陈凤贤. 1986. 京族//中国大百科全书编委会. 中国大百科全书·民族. 北京：中国大百科全书出版社：208-209.

陈海汶，陈鸣华. 2009. 和谐中华：中国的56个民族剪影. 上海：上海文化出版社.

国务院人口普查办公室. 1983. 第三次全国人口普查手工汇总资料汇编（第4册）. 北京：国务院人口普查办公室.

国务院人口普查办公室，国家统计局人口和就业统计司. 1993. 中国1990年人口普查资料. 北京：中国统计出版社.

国务院人口普查办公室，国家统计局人口和就业统计司. 2002. 中国2000年人口普查资料. 北京：中国统计出版社.

国务院人口普查办公室，国家统计局人口和就业统计司. 2012. 中国2010年人口普查资料（上）. 北京：中国统计出版社.

《京族简史》编写组，《京族简史》修订本编写组. 2008. 京族简史. 修订版. 北京：民族出版社：6-15.

廖彦博，李坤，郑连斌，等. 2010. 广西京族体质人类学研究. 人类学学报，29（1）：100-102.

王连清. 2007. 京语//孙宏开，胡增益，黄行，等. 中国的语言. 北京：商务印书馆：2461-2478.

赵令志. 2002. 京族//赫时远，任一飞，陈英初，等. 中国少数民族分布图集. 北京：中国地图出版社：305-310.

郑度，等. 2008. 中国生态地理区域系统研究. 北京：科学出版社：130-132.

中国大百科全书编委会. 2009. 中国大百科全书·卷12. 第2版. 北京：中国大百科全书出版社：63，64.

中华人民共和国民政部. 2011. 中华人民共和国乡镇行政区划简册（2011）. 北京：中国统计年鉴出版社.

第五十八章　塔吉克族民族地理

塔吉克族属于蒙古人种北方类型。我国塔吉克族人口 51 069 人（国务院人口普查办公室，国家统计局人口和就业统计司，2012）。塔吉克族是中吉之间非主体型、中阿之间非主体型和中塔之间主体型跨界民族。公元前 2000 年前里海以东的中亚草原过着游牧生活的雅利安人即开始迁徙，其中主要是塞人、粟特人等后发展成为中国的塔吉克族。在中国境内主要集中分布于新疆地区。

第一节　历史渊源

塔吉克族源于公元前 2000 年前在里海以东的中亚草原过着游牧生活的雅利安人，雅利安人约在公元前 2000 年中期开始大迁徙，迁入塔里木盆地及其周围地区的部分，即形成后来操东伊朗语的古老部族，其中居住在帕米尔高原的那部分，主要是塞人、粟特人等，在保留了东伊朗语的基础上逐渐发展、形成了今天我国的塔吉克族。或从公元初期至北魏、唐朝开元年间，塔什库尔干地区为我国塔吉克族先民建立的王国——朅盘陀国所统治，也是我国塔吉克历史上的重要时期。后来，该地区的塔吉克人建立了塔希尔王朝、萨法尔王朝和萨曼王朝。萨曼王朝对塔吉克人的历史影响较为深刻，并在此期间将塔吉克人凝聚成为一个民族。从 17 世纪后期到 19 世纪，帕米尔西部和南部的什克南、瓦罕等地的许多塔吉克人又迁入色勒库尔（今塔什库尔干），是我国塔吉克族的另一重要群体（肖之兴，1986；中国大百科全书编委会，2009；《塔吉克族简史》编写组，《塔吉克族简史》修订本编写组，2008）。

第二节　人种类型与体质特征

塔吉克族体质特征主要表现为蒙古人种北方类型。其体质特征（李树春，2010）表现为：身材中等。黑色波形发，男性胡须多，眉毛浓，再生毛多；眼裂开度较宽，无蒙古褶；鼻根高，鼻尖下垂，鼻孔形状椭圆和卵圆形较多，狭鼻狭面，鼻深度较深；耳垂圆形，红唇中等偏薄；面型多为倒卵圆形和卵圆形；体型中等偏宽短型，女性骨盆较宽，头型属中头型和高头型。

第三节　语言、经济类型、服饰、民居、信仰及习俗

塔吉克族长期活动于新疆地区，其中塔什库尔干塔吉克自治县是今主要聚居区（何星亮，2002），这一地区在《中国生态地理区域系统》中位于柴达木盆地荒漠区（HⅡD1）西北角、昆仑山北翼山地荒漠区（HⅡD2）西北段中部及塔里木盆地荒漠区（ⅢD1）（郑度等，2008）。该区处于高原温带干旱地区、高原亚寒带干旱地区的山地地带，牧草资源丰

富，草原是塔吉克族主要的地理环境类型。在与这样的地理环境之间、在与相邻地区之间、在与有关民族之间的协调共生中，塔吉克族逐渐形成了具有一定特色的社会文化。

塔吉克语（Sarikoli）是塔吉克族的本民族语言，她属于印欧语系印度-伊朗语族的东支（高尔锵，2007），是一种处于危险等级的濒危语言。塔吉克族除使用塔吉克语外，中国新疆维吾尔自治区西部的塔吉克族与国外“塔吉克族”语言颇为不同，他们的语言其实不是塔吉克语，而是塔吉克语的一种兄弟语言，属于东南伊朗语言帕米尔语族的成员。这种语言早在明末清初就已经是帕米尔高原一带的通用语。同时，塔吉克族还是中国唯一操伊朗语族语言的民族。它可分为色勒库尔塔吉克语和瓦罕塔吉克语两种方言。色勒库尔塔吉克语（或称色勒库尔语，即英文 Sarikoli）是塔什库尔干塔吉克居民日常生活中进行交际的主要口语，是一种不安全等级的濒危语言；莎车、皮山、泽普、叶城等地的塔吉克族和塔什库尔干塔吉克自治县的部分居民，使用瓦罕塔吉克语。由于长期和维吾尔、汉等民族密切交往，塔吉克语中吸收了许多维吾尔语和部分汉语词汇。据调查，目前塔什库尔干的牧民 60%以上程度不同地兼通维吾尔语，其中男子大多会说，妇女能说的较少。居住在莎车、泽普和叶城一带的塔吉克农民，由于长期生活在维吾尔族地区，基本上以维吾尔语作为交际工具，大多数人在家中也使用维吾尔语。塔吉克族没有本民族文字。

塔吉克族大多居住在气候寒冷的帕米尔高原上，以畜牧业为主，兼营狩猎和副业，过着半定居半游牧的生活。塔吉克族服饰如图 58-1 所示（陈海汶，陈鸣华，2009），服装以棉衣和夹衣为主，具有防寒保暖的特点。同时，塔吉克族服饰充满艺术氛围，各类服装饰品及起居用品均绘、雕、刺、绣有绚丽多彩的民族图案。2011 年，塔吉克族服饰和民歌进入第三批国家非物质遗产名录。塔吉克族主要以奶类、肉类和面为主食。塔吉克族的住宅有农牧民之分。牧民大多在谷地的村落中建有固定的住宅。房屋为土木结

图 58-1　塔吉克族服饰（陈海汶，陈鸣华，2009）

摄影：陈海汶；拍摄时间：2009 年 4 月 24 日；拍摄地点：中国新疆维吾尔自治区喀什地区喀什库尔干塔吉克自治县塔什库尔干乡瓦尔西迭村

构，一般为正方形的平顶房屋。居住在农村的塔吉克族，其房屋呈方形或长方形，从中间分房间，面积较小。图 58-2 所示为中华民族博物馆塔吉克族分馆按新疆塔什库尔干地区塔吉克族传统民居 1∶1 复原外观图。

图 58-2　塔吉克族传统民居

资料来源：中华民族博物馆（http：//www. emuseum. org. cn/node/129. 2012-03-27）

塔吉克族曾信仰过祆教（产生于古代波斯的琐罗亚斯德教）、佛教等多种宗教。现普遍信仰伊斯兰教的伊斯玛依勒派。塔吉克族一般为一夫一妻制，保持严格的家长制（男性）。塔吉克族丧葬受其宗教信仰影响，实行土葬，每个家族均有固定墓地。

第四节　空间结构及其发展变化

一、构成结构

全国第六次人口普查数据（国务院人口普查办公室，国家统计局人口和就业统计司，2012）表明，塔吉克族的人口构成有如下特点：①在性别构成方面，人口性别比为 104.63，低于全国的 104.90，居第 19 位。②在人口存活率方面，15～64 岁妇女产婴存活率为 96.55%，低于全国的 98.78%，居第 44 位。③在城镇化率方面，人口城镇化率为 18.89%，低于全国的 50.27%，居第 45 位。④在就业状况方面，就业率为 96.99%，低于全国的 97.46%，居第 49 位。在三次产业从业人口比例中（图 58-3），第一产业最高，第三产业次之，第二产业最低，分别为 89%、9%和 2%。其中，第三产业从业人口比例中最高的是教育，占第三产业从业人口的 26.04%；较高的是公共管理和社会组织，占 24.48%。⑤在人口年龄结构方面，人口最多的年龄段为 20～24 岁，较多的年龄段为 25～29 岁和 15～19 岁，这三个年龄段的人口数占其总人口的 32.92%。⑥在婚姻状况方面，15 岁及以上人口的婚姻率为 69.52%，低于全国的 78.40%，居第 48 位。

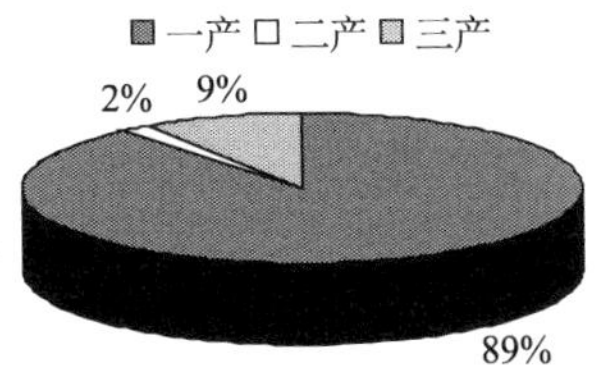

图 58-3　塔吉克族三次产业从业人口比例

⑦在受教育程度方面，6 岁及以上人口的受教育率为 96.50%，高于全国的 95.00%，居第 15 位。

二、分 布 格 局

1. 省域分布格局

全国第六次人口普查数据（国务院人口普查办公室，国家统计局人口和就业统计司，2012）表明，塔吉克族人口分布比重和人口构成比重最高的省域在我国各省、自治区和直辖市的分布上，呈现出主要集中在西北地区的特点。同时，性别比和人口城镇化率省份差异较大。

在人口分布比重分布上，塔吉克族的分布表现为四种区域类型，即集中分布区、分散分布区、零星分布区和无分布区（图 58-4）。集中分布区是新疆，该区塔吉克族的人口总数为 47 261 人，占全国塔吉克族总人口数量的比例约为 92.54%。分散分布区是浙江，该省塔吉克族的人口总量为 3368 人，占全国塔吉克族总人口数量的比例约为 6.6%。无分布区包括海南、贵州和西藏。除上述省份外其余均属于零星分布区，这些省份的塔吉克族人口总数为 440 人，占全国塔吉克族总人口数量的比例约为 0.86%，其中山西和宁夏的塔吉克族人数最少，各为 1 人。

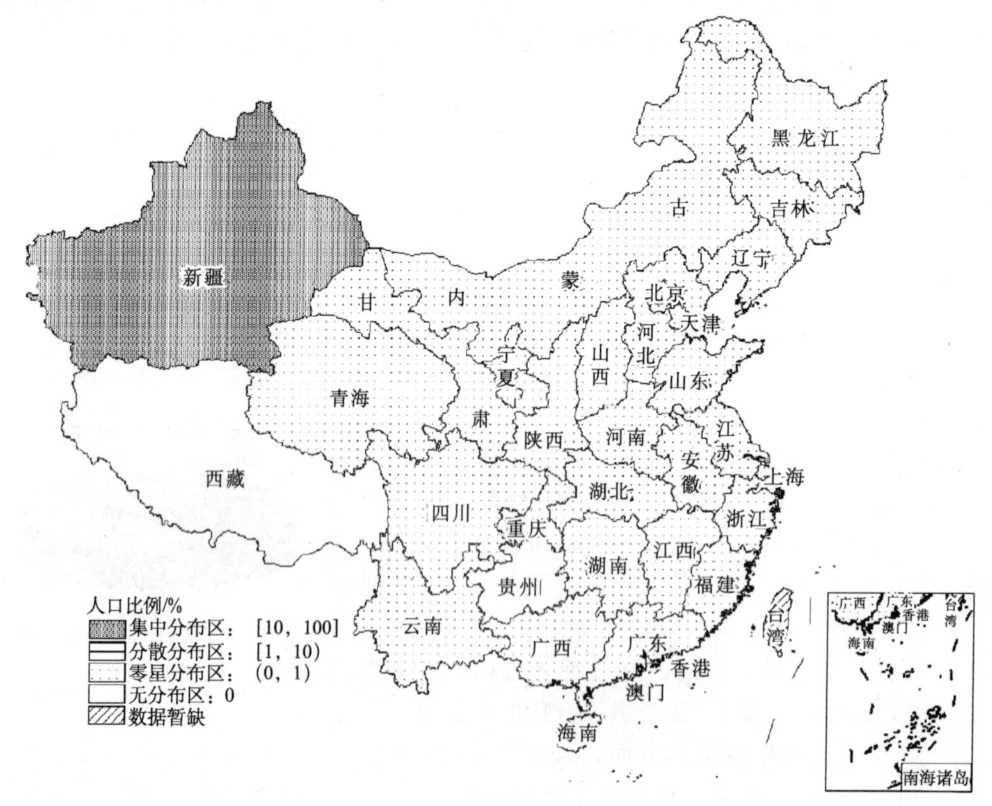

图 58-4　塔吉克族分布的省域格局

在人口构成比重分布上，除无分布区外，较高的省份是新疆、浙江、广东和北京，这些省份的塔吉克族人口构成比重均在万分之零点零一以上，其中最高的省份是新疆，比值为0.22%；较低的省份有陕西、吉林、重庆、安徽、湖南、广西和山西，其塔吉克族人口构成比重均在十万分之零点零一以下，最低的省份是山西，只有百万分之零点零三。

在性别比和人口城镇化率分布上，就塔吉克族人口分布比重的集中分布区和分散分布区而言，塔吉克族性别比较高的省份是浙江，为126.34；较低的省份是新疆，为103.18。塔吉克族人口城镇化率较高的省份是浙江，为59.56%；较低的省份是新疆，为15.44%。

2. 聚居分布格局

塔吉克族是一个跨境民族，在中国和其他国家均有聚居区。在我国塔吉克族主要聚居在新疆。在新疆塔吉克族有1个县区级聚居区和4个乡镇级聚居区（中华人民共和国民政部，2011）：第一，1个县区级聚居区——新疆塔什库尔干塔吉克自治县，她是我国最大的塔吉克族聚居区；第二，4个乡镇级聚居区——新疆和田地区皮山县垴阿巴提塔吉克民族乡、阿克陶县塔尔塔吉克族乡、喀什地区泽普县布依鲁克塔吉克族乡、莎车县孜热甫下提塔吉克族乡。

三、发展变化

自新中国成立以来，塔吉克族人口总体呈增长的趋势（国务院人口普查办公室，1983；国务院人口普查办公室，国家统计局人口和就业统计司，1993，2002，2012）。如图58-5所示，从“一普”到“六普”，全国的人口增长幅度为130.65%，少数民族的人口增长幅度为227.29%，塔吉克族的人口增长幅度为254.01%，同比高于全国和少数民族。塔吉克族各次普查之间的年平均增长率从“一普”到到“四普”呈上升趋势，“四普”达到最大，为2.82%；“四普”到“五普”呈下降趋势；“五普”到“六普”呈上升趋势。

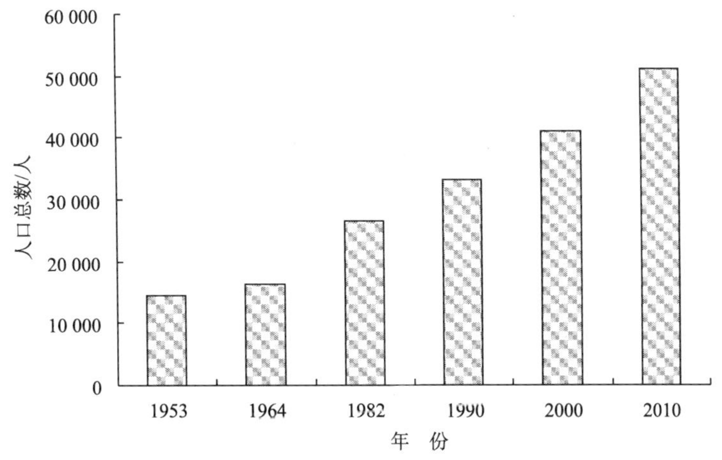

图58-5 塔吉克族历次普查的人口变化

2010年与2000年相比，塔吉克族人口构成比重变化存在较大的省份差异。人口构成比重上升的省份是浙江、新疆、广东和宁夏，其中上升最大的省份是浙江，上升了0.006%。除上述省份外其余省份人口构成比重均下降，下降较大的省份是广西、甘肃、海南和重庆，其中下降最大的省份是重庆，下降了十万分之零点六。

以受教育状况和人口预期寿命而论，全国塔吉克族6岁及以上未受教育人口占其总人口比例从2000年的10.36%下降到2010年的3.13%，其受教育率提升了7.23%，其提高的幅度位居全国第12位。小学受教育人口占其总人口比例从2000年的50.80%下降到2010年的44.56%；中学受教育人口占其总人口比例从2000年的22.23%上升到2010年的34.94%；大学受教育人口占其总人口比例从2000年的1.98%上升到2010年的6.85%；到2010年止，有0.03%的塔吉克族人口接受了研究生教育。总体来看，塔吉克族人口的受教育程度呈上升趋势。到2000年，塔吉克族人口的平均预期寿命为70.18岁。

参 考 文 献

陈海汶，陈鸣华. 2009. 和谐中华：中国的56个民族剪影. 上海：上海文化出版社：321.

国务院人口普查办公室. 1983. 第三次全国人口普查手工汇总资料汇编（第4册）. 北京：国务院人口普查办公室.

国务院人口普查办公室，国家统计局人口和就业统计司. 1993. 中国1990年人口普查资料. 北京：中国统计出版社.

国务院人口普查办公室，国家统计局人口和就业统计司. 2002. 中国2000年人口普查资料. 北京：中国统计出版社.

国务院人口普查办公室，国家统计局人口和就业统计司. 2012. 中国2010年人口普查资料（上）. 北京：中国统计出版社.

高尔锵. 2007. 塔吉克语//孙宏开，胡增益，黄行，等. 中国的语言. 北京：商务印书馆：2527-2549.

何星亮. 2002. 塔吉克族//赫时远，任一飞，陈英初，等. 中国少数民族分布图集. 北京：中国地图出版社：257-262.

李树春. 2010. 中国少数民族遗传学概论. 北京：中央民族大学出版社：91.

《塔吉克族简史》编写组，《塔吉克族简史》修订本编写组. 2008. 塔吉克族简史. 修订版. 北京：民族出版社：22-64.

肖之兴. 1986. 塔吉克族//中国大百科全书编委会. 中国大百科全书·民族卷. 北京：中国大百科全书出版社：414-416.

郑度，等. 2008. 中国生态地理区域系统研究. 北京：科学出版社：130-132.

中国大百科全书编委会. 2009. 中国大百科全书·卷21. 第2版. 北京：中国大百科全书出版社：399.

中华人民共和国民政部. 2011. 中华人民共和国乡镇行政区划简册（2011）. 北京：中国统计年鉴出版社.

第五十九章　独龙族民族地理

独龙族属于蒙古人种南方类型。我国独龙族人口 6930 人（国务院人口普查办公室，国家统计局人口和就业统计司，2012）。她系我国古代氐羌系统南下后留居于独龙江地区而形成，是中缅之间非主体型跨界民族。在中国主要分布于滇西北地区。其生活的地理环境是典型的高山峡谷型。

第一节　历史渊源

独龙族因其居独龙江流域而得名。独龙族与怒族、傈僳族有渊源关系，这反映在各自的创世神话中。独龙族的先民是我国古代氐羌（见本书第四十七章第一节注释）部落的一部分，后经今丽江、剑川、兰坪等地陆续迁居到怒江流域的贡山地区，然后又分数支迁至独龙江和恩梅开江上游，是故部分独龙族说他们来自“出太阳的那个方向”。从零星的文献看，唐樊绰所著《云南志》（即《蛮书》）中所称“僧耆部落”即是独龙族先民，唐、宋时受南诏、大理统治，元以降一直在祖国版图内。元、明、清三代对独龙族的记载渐多，称“俅人”、“俅子”（或子）等，《元统一志》中的“撬”是“俅”的同声异写，今独龙江上游仍名为俅江，但元“撬”后逐渐从俅江移居下游独龙江流域一带（宋恩常，1986；中国大百科全书编委会，2009；《独龙族简史》编写组，《独龙族简史》修订本编写组，2008）。

第二节　人种类型与体质特征

独龙族属于蒙古人种南方类型。其体质特征（李树春，2010）表现为：身材矮小，眼色多为褐色和深褐色；肤色多为黄色；男女均以高头型、狭头型、中胸型、中骨盆型率最高；男性还以中头型、狭面型、中鼻型、长躯干型、中腿型、宽肩型率最高；女性还以圆头型、阔面型、狭鼻型、中躯干型、亚短腿型、窄肩型率最高；鼻根高度男性中型率最高，女性低型率最高；耳垂类型男性的方形率与圆形率接近，女性三角形率最高；上唇皮肤部高度男女均以中等型率最高。

第三节　语言、经济类型、服饰、民居、信仰及习俗

独龙族长期活动于云南省的怒江傈僳族自治州的贡山独龙族怒族自治县（杨将领，2002）。这一地区在《中国生态地理区域系统》中位于云贵高原常绿阔叶林、松林区（ⅤA5）西部边缘，中亚热带湿润地区东喜马拉雅南翼山地季雨林、常绿阔叶林（ⅤA6）东部边缘（郑度等，2008）。独龙族的生活活动环境是典型的高山河谷类型，其聚居区主要沿怒江河谷分布，这在我国民族分布的地理环境类型上独一无二。在与这样的

地理环境之间、在与相邻地区之间、在与有关民族之间的协调共生中，独龙族逐渐形成了具有一定特色的社会文化。

独龙语是独龙族的本民族语言，她属于汉藏语系藏缅语族景颇语支（中国大百科全书编委会，1988），是一种处于危险等级的濒危语言。独龙族内部以本民族语言独龙语作为主要交际工具，有些人还兼通汉语或傈僳语。独龙语分独龙河和怒江两个方言，方言内部差别不大（孙宏开，2007）。分布在贡山独龙族怒族自治县四区独龙河流域的独龙族使用独龙河方言；怒江方言为分布在贡山独龙族怒族自治县地区及西藏自治区昌都地区察隅县察瓦龙一带的怒族使用（孙宏开，1989）。独龙族没有本民族文字。

独龙族以刀耕火种的农业为主，同时采集和渔猎占相当比重。独龙族服饰如图 59-1 所示（陈海汶，陈鸣华，2009），简单但具特色，以披挂式服装为主，布料为自制彩条的独龙毯，尚黑。独龙族长期以来由于生产水平滞后，没有形成固定的村落。独龙族的住房主要有两种类型：独龙江上游的住房多为用原木垒成；下游的住房多为竹篾房，称为“长竹楼房”。图 59-2 所示为中华民族博物馆独龙族分馆按云南怒江贡山地区独龙族传统民居 1∶1 复原外观图。独龙族主食有小米、黄豆、四季豆等，喜欢把野菜混着杂粮吃。狩猎的对象有野牛、熊、岩羊等数十种，野牛肉晒干，供以后使用，还可以加工成肉松。

图 59-1　独龙族服饰（陈海汶，陈鸣华，2009）

摄影：陈海汶；拍摄时间：2008 年 10 月 26 日；拍摄地点：中国云南省怒江傈僳族自治州贡山独龙族怒族自治县丙中洛乡双拉村小查腊社

独龙族信仰以自然崇拜为主，灵魂、天、鬼在独龙族的观念中占据着重要地位，部分人也信仰基督教。独龙族盛行严格的氏族外婚制下的家族外婚制，并形成较固定的婚姻集团。此外，还保存着一夫多妻和转房制。独龙族的丧葬形式有水葬、土葬和火葬三种形式，但以土葬为主。通常死后的第二天进行安葬。

图 59-2　独龙族传统民居

资料来源：中华民族博物馆（http：//www. emuseum. org. cn/node/93. 2012-08-03）

第四节　空间结构及其发展变化

一、构成结构

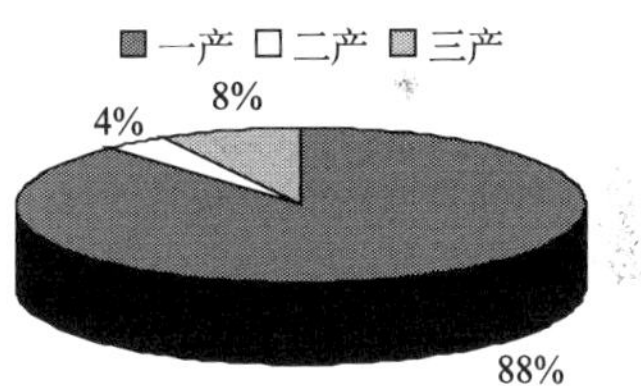

图 59-3　独龙族三次产业从业人口比例

全国第六次人口普查数据（国务院人口普查办公室，国家统计局人口和就业统计司，2012）表明，独龙族的人口构成有如下特点：①在性别构成方面，人口性别比为93.52，低于全国的104.90，居第52位。②在人口存活率方面，15～64岁妇女产婴存活率为82.72%，低于全国的98.78%，居第56位。③在城镇化率方面，人口城镇化率为16.65%，低于全国的50.27%，居第50位。④在就业状况方面，就业率为98.20%，高于全国的97.46%，居第21位；在三次产业从业人口比例中（图59-3），第一产业最高，第三产业次之，第二产业最低，分别为88%、8%和4%。其中，第三产业从业人口比例中，比例最高的是公共管理和社会组织，占第三产业从业人口的33.33%；较高的并列有四个行业批发和零售业，科学研究、技术服务和地质勘查业及教育，分别占11.11%。⑤在人口年龄结构方面，人口最多的年龄段为20～24岁，较多的年龄段为25～29岁和15～19岁，这三个年龄段的人口数量占其总人口数量的31.57%。⑥在婚姻状况方面，15岁及以上人口的婚姻率为67.65%，低于全国78.40%，居第52位。⑦在受教育程度方面，6岁及以上人口的受教育率为83.63%，低于全国的95.00%，居第49位。

二、分布格局

1. 省域分布格局

全国第六次人口普查数据（国务院人口普查办公室，国家统计局人口和就业统计

司，2012）表明，独龙族人口分布比重和人口构成比重最高的省域在我国各省、自治区和直辖市的分布上，呈现出主要集中在西南地区的特点。同时，性别比和人口城镇化率省份差异较大。

在人口分布比重分布上，独龙族的分布表现为四种区域类型，即集中分布区、分散分布区、零星分布区和无分布区（图 59-4）。集中分布区是云南，该省的独龙族人口总量达到 6353 人，占全国独龙族总人口数量的比例为 91.67%；分散分布区是贵州，其独龙族人口总量为 87 人，占全国独龙族总人口数量的比例约为 1.26%；无分布区是海南和陕西；除上述省份外其余均属于零星分布区，零星分布区的独龙族人口总数为 490 人，占全国独龙族总人口数量的比例约为 7.07%。

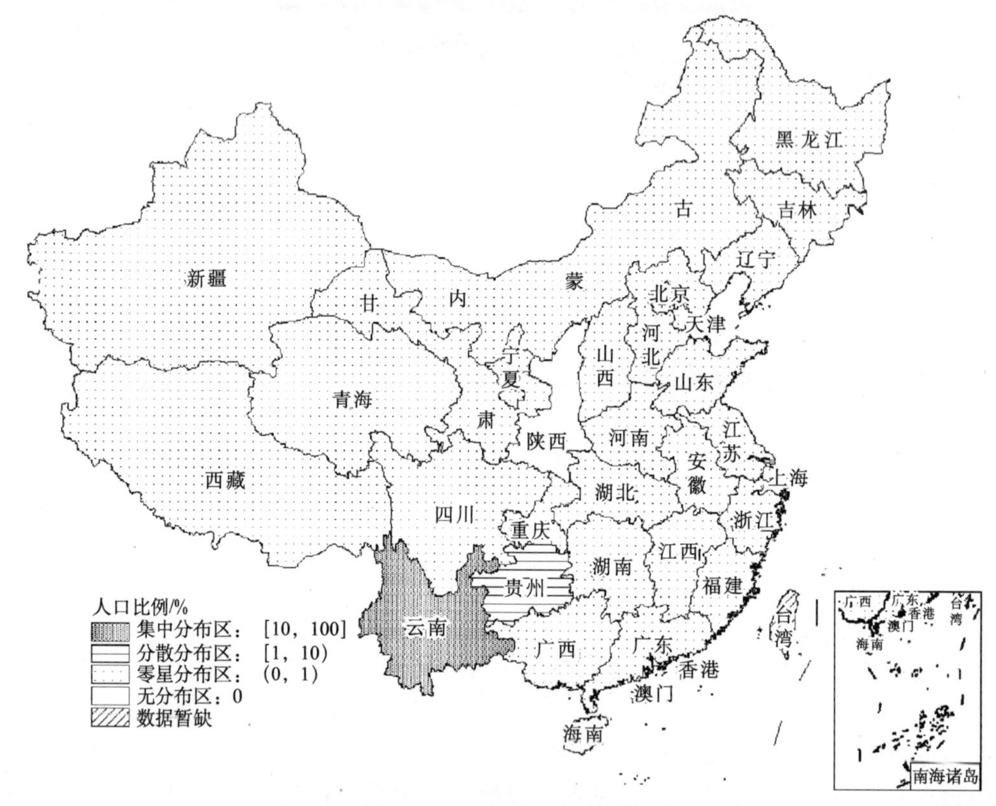

图 59-4　独龙族分布的省域格局

在人口构成比重分布上，除无分布区外，较高的省份是云南和西藏，其独龙族人口构成比重均在 0.001%以上，最高的省份是云南 0.014%；较低的省份是河北、内蒙古、天津、黑龙江、辽宁、江西、吉林和山西，其独龙族人口构成比重均在十万分之零点零三以下，最低的省份是吉林，均只有百万分之零点零三。

在性别比分布上，就独龙族人口分布比重的集中分布区和分散分布区而言，较高的省份是贵州，其独龙族性别比为 102.33；较低的省份是云南，约为 95.06。

在人口城镇化率分布上，就独龙族人口分布比重的集中分布区和分散分布区而言，较高的省份贵州，其独龙族人口城镇化率约为 32.18%；较低的省份是云南，约为 14.48%。

2. 聚居分布格局

独龙族是云南特有少数民族之一，独龙族全国总人口数不到 1 万人，其聚居区非常少，主要聚居在云南。独龙族在云南分布有 1 个县区级聚居区——贡山独龙族怒族自治县，她是中国最大的独龙族聚居地（中华人民共和国民政部，2011）。

三、发展变化

自新中国成立以来，独龙族人口总体呈增长的趋势（国务院人口普查办公室，1983；国务院人口普查办公室，国家统计局人口和就业统计司，1993，2002，2012）。如图 59-5 所示，从“二普”到“六普”，全国的人口增长幅度为 92.82%，少数民族的人口增长幅度为 179.12%，独龙族的人口增长幅度为 124.27%，同比均低于全国和少数民族。独龙族各次普查之间的年均增长率从“二普”到“四普”呈上升趋势，“四普”达到最高，为 2.90%，从“四普”到“六普”呈下降趋势，到“六普”年均增长率出现负值，为−0.69%。

2010 年与 2000 年相比，独龙族人口构成比重变化存在较大的省份差异。其中，人口构成比重上升的省份是西藏、宁夏、贵州、浙江、北京、河南和吉林，除上述省份外其余省份的人口构成比重均下降。人口构成比重下降最大的省份是内蒙古，下降了十万分之零点八；上升最大的省份是西藏，上升了 0.001%。

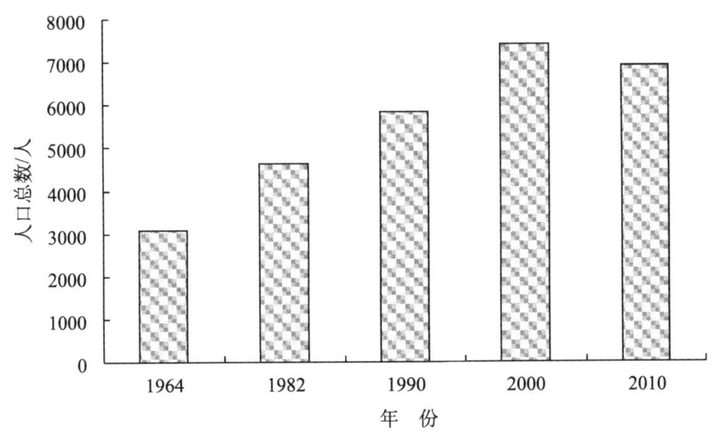

图 59-5　独龙族历次普查的人口变化

以受教育状况和人口预期寿命而论，全国独龙族 6 岁及以上未受教育人口占其总人口比例从 2000 年的 22.57%下降到 2010 年的 14.69%，其受教育率提升了 7.88%，其提高的幅度位居全国第 11 位。小学受教育人口占其总人口比例从 2000 年的 39.67%下降到 2010 年的 37.85%；中学受教育人口占其总人口比例从 2000 年的 24.75%上升到 2010 年的 31.43%；大学受教育人口占其总人口比例从 2000 年的 2.02%上升到 2010 年的 5.63%；到 2010 年止，有 0.16%的独龙族人口接受了研究生教育。总体来看，独龙族人口的受教育程度呈上升趋势。到 1989 年，独龙族人口的平均预期寿命为 64.55 岁。

参考文献

陈海汶，陈鸣华. 2009. 和谐中华：中国的 56 个民族剪影. 上海：上海文化出版社：401.

《独龙族简史》编写组，《独龙族简史》修订本编写组. 2008. 独龙族简史. 修订版. 北京：民族出版社：8-42.

国务院人口普查办公室. 1983. 第三次全国人口普查手工汇总资料汇编（第 4 册）. 北京：国务院人口普查办公室.

国务院人口普查办公室，国家统计局人口和就业统计司. 1993. 中国 1990 年人口普查资料. 北京：中国统计出版社.

国务院人口普查办公室，国家统计局人口和就业统计司. 2002. 中国 2000 年人口普查资料. 北京：中国统计出版社.

国务院人口普查办公室，国家统计局人口和就业统计司. 2012. 中国 2010 年人口普查资料（上）. 北京：中国统计出版社.

李树春. 2010. 中国少数民族遗传学概论. 北京：中央民族大学出版社：112.

宋恩常. 1986. 独龙族//中国大百科全书编委会. 中国大百科全书·民族. 北京：中国大百科全书出版社：103-105.

孙宏开. 1989. 独龙语简志. 北京：民族出版社.

孙宏开. 2007. 独龙语//孙宏开，胡增益，黄行，等. 中国的语言. 北京：商务印书馆：567-580.

杨将领. 2002. 独龙族//赫时远，任一飞，陈英初，等. 中国少数民族分布图集. 北京：中国地图出版社：317-322.

郑度，等. 2008. 中国生态地理区域系统研究. 北京：科学出版社：130-132.

中国大百科全书编委会. 1988. 中国大百科全书·语言文字. 北京：中国大百科全书出版社：233.

中国大百科全书编委会. 2009. 中国大百科全书·卷 5. 第 2 版. 北京：中国大百科全书出版社：489.

中华人民共和国民政部. 2011. 中华人民共和国乡镇行政区划简册（2011）. 北京：中国统计年鉴出版社.

第六十章　裕固族民族地理

裕固族属于蒙古人种北方类型。我国裕固族人口 14 378 人（国务院人口普查办公室，国家统计局人口和就业统计司，2012）。裕固族与我国古代的丁零、铁勒和回纥等有渊源关系，今集中分布于甘肃省。所使用的东部裕固语和西部裕固语，均已是濒危语言。

第一节　历史渊源

裕固族与公元前 3 世纪的丁零、4 世纪的铁勒和回纥（即袁纥、韦纥）有渊源关系。回纥原是东支铁勒六部之一，后在反抗东突厥过程中形成以之为核心的部落联盟。7 世纪末，由于再次受突厥奴役，一部分回纥人迁居甘州（今张掖）、凉州（今武威）一带。8 世纪中叶，回纥击败突厥建立回纥（后称回鹘）汗国。9 世纪中叶，回纥汗国为黠戛斯所破，其中一支回鹘迁居河西走廊并与早期迁居此地的回鹘会合。之后，回鹘又建立过甘州回鹘政权，至 11 世纪初为西夏所灭，一部分退居沙州（今敦煌）以南、柴达木盆地以北，西到罗布泊、若羌一带，史称“黄头回鹘”或“沙州回鹘”，13 世纪初为蒙古帝国边境，亦因蒙古部落守边而与之有融合。此后又与周围民族有融合，形成今裕固族（李毓堂，1986；中国大百科全书编委会，2009；《裕固族简史》编写组，《裕固族简史》修订本编写组，2008）。

第二节　人种类型与体质特征

裕固族属于蒙古人种北方类型。其体质特征（李树春，2010）表现为：身材中等偏高；男性以浓眉、横眉为主，女性以细眉、弯眉为主；男性胡须中等；上眼睑皱褶发育好，蒙古褶不明显；鼻梁较高，鼻翼沟发育明显，鼻尖水平，女性鼻尖上翘较多，属狭鼻型；面长而窄，头短且高，头型属于高头型和中头型；面型属于过狭面型。

第三节　语言、经济类型、服饰、民居、信仰及习俗

裕固族长期活动于西北地区，今主要聚居于甘肃省的肃南裕固族自治县和肃州区黄泥堡裕固族乡（钟进文，2002）。这一地区在《中国生态地理区域系统》中位于阿拉善与河西走廊荒漠区（ⅡD2）西南角（郑度等，2008）。该区地处河西走廊中部祁连山北麓的峡长地带，是典型的高原峡谷地理环境类型，峡谷内草场众多。在与这样的地理环

境之间、在与相邻地区之间、在与有关民族之间的协调共生中，裕固族逐渐形成了具有一定特色的社会文化。

裕固族有两种语言：东部裕固语（Shira Yugur，or Eastern Shira，Enger Yugur）和西部裕固语（Saryg Yugur，or Yugur Western，Saryg Yugur）。她们分别属于阿尔泰语系蒙古语族和阿尔泰语系突厥语族东匈语支（照那斯图，2007；陈宗振，2007），均是处于濒危等级的濒危语言。裕固族曾经使用过回鹘文。近现代他们没有本民族文字，一直使用汉文（陈宗振，2007）。

裕固族以畜牧业为主，但定居、半定居的牧民还从事其他经济活动，黄泥堡地区的裕固族则以农业为主。裕固族服饰如图 60-1 所示（陈海汶，陈鸣华，2009），既与游牧文化息息相关，也受到相邻各民族潜移默化的影响，男女均穿高领、大襟、右衽、长度与身高相当的长袍，着长裤，“衣领高、帽有缨”是裕固族服饰的一大特点。裕固族的服饰喜欢用红、蓝、黑、白等对比强烈的色彩，如男子系红、蓝腰带，女子则系红叶、紫、绿色腰带。裕固族牧民的饮食以酥油、糌粑、乳制品为主，辅以大米、小米、青稞等。为适应自然环境和“逐水草而居”的游牧生产生活的需要，裕固族多采用易拆卸搬迁的帐篷。帐篷不同于蒙古包，是一种内以四根或六根、九根木架支撑，外用牛毛线或山羊毛线织成的毯子缝制搭盖。现在，一部分从事农业生产和定居放牧的裕固族人们改变了帐篷生活，其居室也改变为汉族式的土坯房屋。

图 60-1　裕固族服饰（陈海汶，陈鸣华，2009）

摄影：陈海汶；拍摄时间：2009 年 2 月 4 日；拍摄地点：中国甘肃省张掖市肃南裕固族自治县红湾镇

裕固族信仰自然崇拜（“点格尔汗”裕固人的神人）和藏传佛教。裕固族实行婚姻一夫一妻制，一顶帐篷就是一个家庭单位，除少数外几代同堂。裕固族的丧葬主要有火葬、土葬和天葬三种。

第四节　空间结构及其发展变化

一、构成结构

全国第六次人口普查数据（国务院人口普查办公室，国家统计局人口和就业统计司，2012）表明，裕固族的人口构成有如下特点：①在性别构成方面，人口性别比为103.86，低于全国的104.90，居第26位。②在人口存活率方面，15～64岁妇女产婴存活率为97.56%，低于全国的98.78%，居第32位。③在城镇化率方面，人口城镇化率为47.84%，低于全国的50.27%，居第14位。④在就业状况方面，就业率为98.08%，高于全国的97.46%，居第24位；在三次产业从业人口比例中（图60-2），第一产业最高，第三产业次之，第二产业最低，分别为66%、26%和8%。其中，第三产业从业人口比例中，比例最高的是公共管理和社会组织，占第三产业从业人口的25.48%；较高的是批发和零售业，占15.87%。⑤在人口年龄结构方面，人口最多的年龄段为40～44岁，较多的年龄段为35～39岁和20～24岁，这三个年龄段的人口数量占其数量总人口的30.18%。⑥在婚姻状况方面，15岁及以上人口的婚姻率为77.14%，低于全国的78.40%，居第15位。⑦在受教育程度方面，6岁及以上人口的受教育率为93.88%，低于全国的95.00%，居第24位。

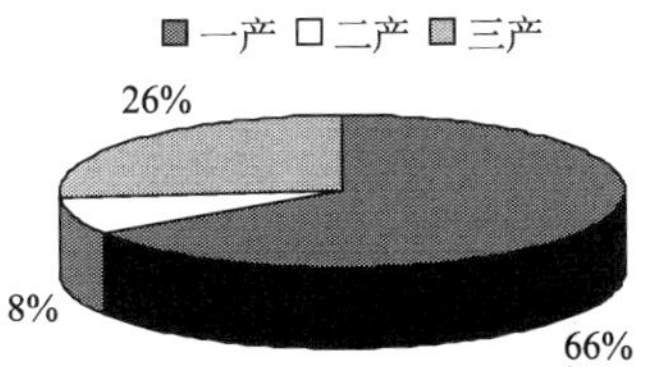

图60-2　裕固族三次产业从业人口比例

二、分布格局

1. 省域分布格局

全国第六次人口普查数据（国务院人口普查办公室，国家统计局人口和就业统计司，2012）表明，裕固族人口分布比重和人口构成比重最高的省域在我国各省、自治区和直辖市的分布上，呈现出主要集中在西北地区的特点。同时，性别比和人口城镇化率省份差异较大。

在人口分布比重分布上，裕固族的分布表现为三种区域类型，即集中分布区、分散分布区和零星分布区（图60-3）。集中分布区是甘肃，该省的裕固族总人口数最多，达13 001人，占全国裕固族总人口数量的比例为90.42%。分散分布区是新疆和青海，这两个省份的裕固族总人口数为554人，占全国裕固族总人口数量的比例约为3.85%。除上述三个省份外其余均属于零星分布区，这些省份的裕固族人口总数为823人，占全国裕固族总人口数量的比例约为5.73%，在零星分布区中贵州省的裕固族人口数最少，仅有1人。

在人口构成比重分布上，较高的省份是甘肃、青海、新疆和宁夏，其裕固族人口构成比重均在十万分之零点七以上，最高的省份是甘肃，约为0.05%；较低的省份是吉林、湖南、浙江、山西、云南、广西和贵州，其裕固族人口构成比重均在十万分之零点

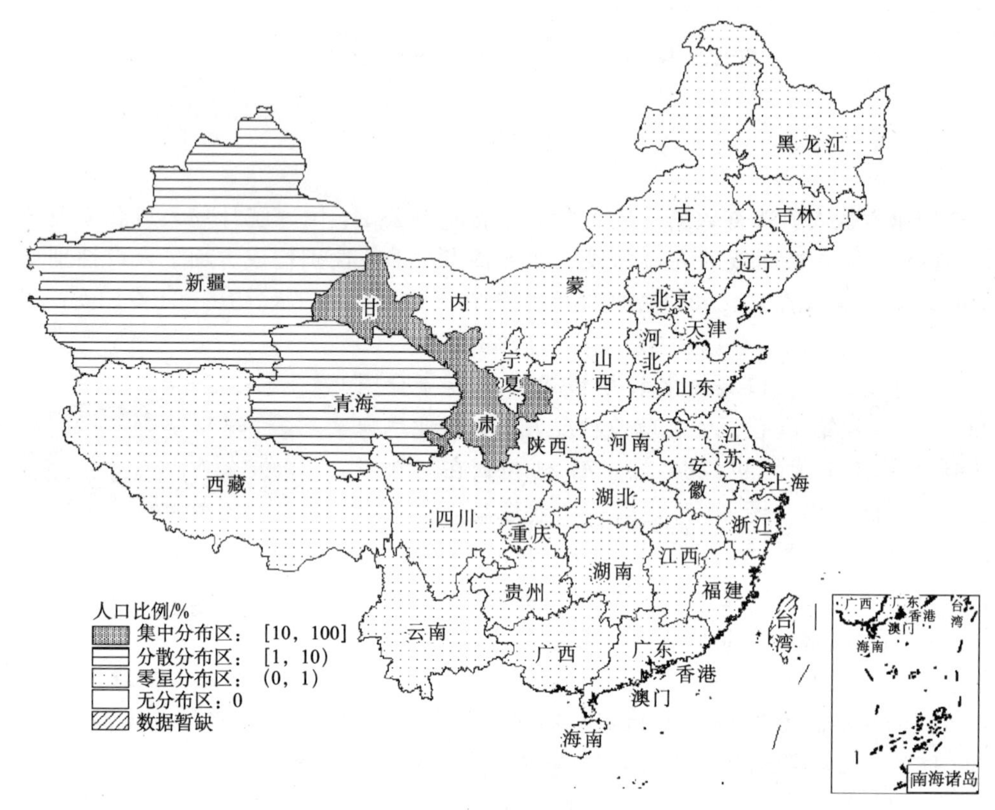

图 60-3　裕固族分布的省域格局

零三以下，最低的省份是贵州，仅有百万分之零点零三。

在性别比分布上，就裕固族人口分布比重的集中分布区和分散分布区而言，最较高的省份是新疆，其裕固族性别比约为 104.39；较高的省份是甘肃，约为 103.86；较低的省份是青海，约为 102.59。

在人口城镇化率分布上，就裕固族人口分布比重的集中分布区和分散分布区而言，最高的省份是青海，其裕固族人口城镇化率约为 67.48%；较高的省份是新疆，约为 58.47%；较低的省份是甘肃，约为 44.92%。

2. 聚居分布格局

裕固族是甘肃特有少数民族之一，其聚居区非常少，主要分布在甘肃。在甘肃裕固族有 1 个县区级聚居区和 1 个乡镇级聚居区（中华人民共和国民政部，2011）：第一，1 个县区级聚居区——肃南裕固族自治县，她是中国最大的裕固族聚居区；第二，1 个乡镇级聚居区——酒泉市黄泥堡裕固族乡。

三、发 展 变 化

自新中国成立以来，裕固族人口总体呈增长的趋势（国务院人口普查办公室，

1983；国务院人口普查办公室，国家统计局人口和就业统计司，1993，2002，2012）。如图 60-4 所示，从“一普”到“六普”，全国的人口增长幅度为 130.65%，少数民族的人口增长幅度为 227.29%，裕固族的人口增长幅度为 272.39%，同比均高于全国和少数民族。裕固族各次普查之间的年平均增长率从“一普” “二普”的年均增长率为 3.66%，从“二普”到“六普”呈下降的趋势，下降到“六普”的 0.47%。

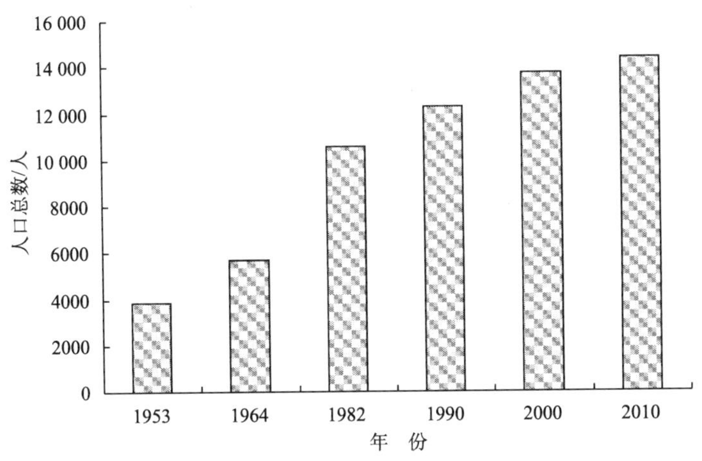

图 60-4 裕固族历次普查的人口变化

2010 年与 2000 年相比，裕固族人口构成比重变化存在较大的省份差异。人口构成比重下降的省份是黑龙江、山西、青海、云南、宁夏、广西和甘肃；人口构成比重未发生变化的省份是贵州；除以上省份外，其他省份的人口构成比重均上升。人口构成比重上升最大的省份是天津，上升了十万分之零点三；下降最大的省份是甘肃，下降了十万分之零点八。

以受教育状况和人口预期寿命而论，全国裕固族 6 岁及以上未受教育人口占其总人口比例从 2000 年的 11.06%下降到 2010 年的 5.72%，其受教育率提升了 5.34，其提高的幅度位居全国第 20 位。小学受教育人口占其总人口比例从 2000 年的 36.25%下降到 2010 年的 35.16%；中学受教育人口占其总人口比例从 2000 年的 36.16%上升到 2010 年的 38.62%；大学受教育人口占其总人口比例从 2000 年的 4.65%上升到 2010 年的 13.63%；到 2010 年止，有 0.35%的裕固族人口接受了研究生教育。总体来看，裕固族人口的受教育程度呈上升趋势。到 1990 年，裕固族人口的平均预期寿命为 69.29 岁，男性人口平均预期寿命为 68.92 岁，女性人口平均预期寿命为 69.61 岁。

参 考 文 献

陈海汶，陈鸣华. 2009. 和谐中华：中国的 56 个民族剪影. 上海：上海文化出版社：377.

陈宗振. 2007. 西部裕固语//孙宏开，胡增益，黄行，等. 中国的语言. 北京：商务印书馆：1759-1779.

国务院人口普查办公室. 1983. 第三次全国人口普查手工汇总资料汇编（第 4 册）. 北京：国务院人口普查办公室.

国务院人口普查办公室，国家统计局人口和就业统计司. 1993. 中国 1990 年人口普查资料. 北京：中国统计出版社.

国务院人口普查办公室，国家统计局人口和就业统计司. 2002. 中国 2000 年人口普查资料. 北京：中国统计出版社.

国务院人口普查办公室，国家统计局人口和就业统计司. 2012. 中国 2010 年人口普查资料（上）. 北京：中国统计出版社.

李树春. 2010. 中国少数民族遗传学概论. 北京：中央民族大学出版社：107.

李毓堂. 1986. 裕固族//中国大百科全书编委会. 中国大百科全书・民族. 北京：中国大百科全书出版社：512-513.

《裕固族简史》编写组，《裕固族简史》修订本编写组. 2008. 裕固族简史. 修订本. 北京：民族出版社：12-57.

照那斯图. 2007. 东部裕固语//孙宏开，胡增益，黄行，等. 中国的语言. 北京：商务印书馆：1925-1937.

郑度，等. 2008. 中国生态地理区域系统研究. 北京：科学出版社：130-132.

中国大百科全书编委会. 1988. 中国大百科全书・语言文字. 北京：中国大百科全书出版社.

中国大百科全书编委会. 2009. 中国大百科全书・卷 27. 第 2 版. 北京：中国大百科全书出版社：280.

中华人民共和国民政部. 2011. 中华人民共和国乡镇行政区划简册（2011）. 北京：中国统计年鉴出版社.

钟进文. 2002. 裕固族//赫时远，任一飞，陈英初，等. 中国少数民族分布图集. 北京：中国地图出版社：299-304.

第六十一章　门巴族民族地理

门巴族属蒙古人种北方类型。我国门巴族人口 10 561 人（国务院人口普查办公室，国家统计局人口和就业统计司，2012）。门巴族系由门隅地区土著居民发展而来，是中印之间非主体型、中不之间的主体型跨界民族。在中国境内集中分布于西藏自治区。门巴族使用多种语言，多为濒危语言。

第一节　历史渊源

门巴族以其所居地门隅地区而得名。从门巴族广为流传的创世神话《猴子变人》中可以看出，门巴族先民在吐蕃势力还未向南部扩展以前已生活在吐蕃南部，是土著民族。吐蕃统一后被学者称为“孟族”的门巴族先民战败南迁，所居门隅地区是吐蕃王朝流放犯人的蛮荒之地。9 世纪中叶反抗吐蕃的大起义，摧毁了吐蕃奴隶主的统治。同时由于长期交流及战乱流徙，一部分吐谷浑人、藏人等已融入到“门”地土著中，逐渐形成门巴族。与元时门隅地区与青藏高原一道纳入帝国统一政权之下。元代以降，因门隅通往印度的重要战略地位，西藏地方政府和各世达赖均加强其统治，又因遭受强烈地震等自然灾害的袭击，一部分门巴族被迫逃亡东迁，迁徙墨脱，形成了门巴族东西分布的居住格局（吴从众，1986；中国大百科全书编委会，2009；《门巴族简史》编写组，《门巴族简史》修订本编写组，2008）。

第二节　人种类型与体质特征

门巴族属蒙古人种北方类型。其体质特征（郑连斌等，2009）表现为：蒙古褶率低，上眼睑皱褶率低；鼻翼高度以中等型率最高，鼻根高度男性均以中等型率最高，女性均以低型率最高；上唇皮肤部高度以中等型率最高，发色均为黑色，眼色褐色率最高，肤色以黄色率最高。

第三节　语言、经济类型、服饰、民居、信仰及习俗

门巴族长期生活于青藏高原南缘，今主要聚居于西藏自治区的错那县麻麻门巴族乡、错那县贡日门巴族乡、错那县吉巴门巴族乡、错那县勒门巴族乡、林芝县更章门巴族乡（张江华，2002）。门巴族聚居区在《中国生态地理区域系统》中位于川西藏东高山峡谷针叶林区（HⅡA/B1）南缘中部和东喜马拉雅南翼山地季雨林、常绿阔叶林区（ⅤA6）中段（郑度等，2008）。这些地区地理环境的突出特点是自然地理垂直分异明显，高山、峡谷构成了门巴族生存的主要地理环境特征。在与这样的地理环境之间、在与相邻地区之间、在与有关民族之间的协调共生中，门巴族逐渐形成了具有一定特色的社会文化。

门巴语（Cuona Menba，or Moinba，Central Monpa，Tawang Monpa）是门巴族的本民族语言，她属于汉藏语系藏缅语族藏语支（中国大百科全书编委会，1988），是一种不安全等级的濒危语言。门巴语可分南部和北部两个方言。南部方言主要分布在西藏自治区错那县勒布区以及错那县以南的门达旺地区。北部方言主要分布在西藏自治区墨脱县德兴区戈浪乡，联合国教科文组织将其作为独立的语言墨脱门巴语（Motuo Menba），是一种危险等级的濒危语言（陆绍尊，2007）。门巴族除使用门巴语外，还使用属于汉藏语系藏缅语族藏语支的仓洛语（Tsangluo）（张庆川，2007），主要分布在西藏自治区墨脱县的北崩、墨脱、德兴、邦兴四个乡和林芝县的东久乡，是一种不安全等级的濒危语言。墨脱县的门巴族则使用藏语。门巴族没有本民族文字。

图 61-1　门巴族服饰（陈海汶，陈鸣华，2009）
摄影：陈海汶；拍摄时间：2009 年 5 月 22 日；拍摄地点：
中国西藏自治区山南区错那县勒布办事处麻玛乡麻玛村

图 61-2　门巴族传统民居
资料来源：中华民族博物馆（http：//www. emuseum. org. cn/ node/118. 2012-0321. 2011-07-09）

门巴族主要从事农业，兼营牧业和采集。在服饰方面（图 61-1）（陈海汶，陈鸣华，2009），门巴族的男女大多数都喜欢穿红色氆氇做的长袍，腰间系一条赭色腰带。男子的穿着有外套、内衣和长裤等，与藏族男子所穿的大致相同，只是略短些；女子在长袍外边的腰部围一块白氆氇做的围裙。在饮食习惯方面，门巴族的主食，种类较多，主要有玉米、稻米、荞麦和小麦等，烹调制作一般为烧烤和水煮。门巴族地区地势险峻，房屋依山势而建，一般是十几户或几十户在一起，比较分散，多数用木头、竹子、石块和草等建盖，屋顶为“人”字形。房屋的门一般朝向东，他们认为太阳出来就照进来，是吉祥如意的象征。图 61-2 所示为中华民族博物馆门巴族博物馆按西藏喜马拉雅山门隅地区门巴族传统民居建筑 1∶1 复原外观图。

门巴族的宗教信仰较为复杂，既信仰原始宗教，也信仰藏传佛教。传统的门巴族家庭有一夫一妻、一妻多夫和一夫多妻制三种形式，其主流形式为一夫一妻制。丧葬形式多样，有土葬、水葬、天葬、火葬及屋顶葬和屋下葬等。在多种丧葬形式中，屋顶葬和屋下葬最为独特，且只有夭折的婴儿才采用这两种丧葬形式。

第四节　空间结构及其发展变化

一、构 成 结 构

全国第六次人口普查数据（国务院人口普查办公室，国家统计局人口和就业统计司，2012）表明，门巴族的人口构成有如下特点：①在性别构成方面，人口性别比为 99.26，低于全国的 104.90，居第 45 位。②在人口存活率方面，15～64 岁妇女产婴存活率为 95.55%，低于全国的 98.78%，居第 49 位。③在城镇化率方面，人口城镇化率为 22.82%，低于全国的 50.27%，居第 36 位。④在就业状况方面，就业率为 98.59%，高于全国的 97.46%，居第 10 位。在三次产业从业人口比例中（图 61-3），第一产业最高，第三产业次之，第二产业最低，分别为 85%、12%和 3%。其中，第三产业从业人口比例中最高的是公共管理和社会组织，占第三产业从业人口的 29.33%；较高的是教育，占 17.33%。⑤在人口年龄结构方面，人口最多的年龄段为 20～24 岁，较多的年龄段为 15～19 岁和 10～14 岁，这三个年龄段的人口数占其总人口的 32.44%。⑥在婚姻状况方面，15 岁及以上人口的婚姻率为 63.90%，低于全国的 78.40%，居第 56 位。⑦在受教育程度方面，6 岁及以上人口的受教育率为 62.57%，低于全国的 95.00%，居第 56 位。

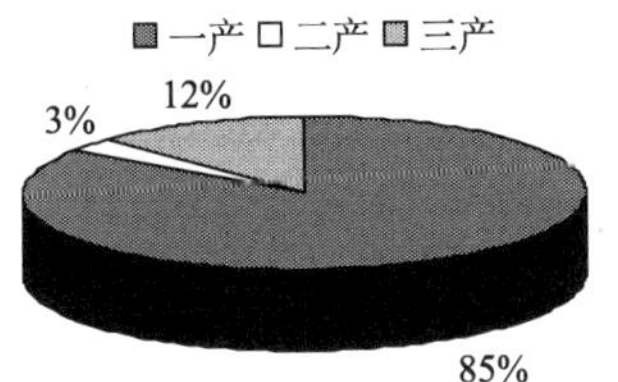

图 61-3　门巴族三次产业从业人口比例

二、分 布 格 局

1. 省域分布格局

全国第六次人口普查数据（国务院人口普查办公室，国家统计局人口和就业统计司，2012）表明，门巴族人口分布比重和人口构成比重最高的省域在我国各省、自治区和直辖市的分布上，呈现出主要集中在青藏地区的特点。同时，性别比和人口城镇化率省份差异较大。

在人口分布比重分布上，门巴族的分布表现为三种区域类型，即集中分布区、分散分布区和零星分布区（图 61-4）。集中分布区是西藏，该区门巴族的人口总数为 9663 人，占全国门巴族总人口数量的比例约为 91.49%。分散分布区是江苏，该省门巴族的总人口数为 136 人，占全国门巴族总人口数量的比例约为 1.29%。除上述省份外其余均属于零星分布区，这些省份的门巴族人口总数为 762 人，占全国门巴族总人口数量的比例约为 7.22%，在零星分布区的省份中黑龙江、海南、宁夏的门巴族人数最少，各为 1 人。

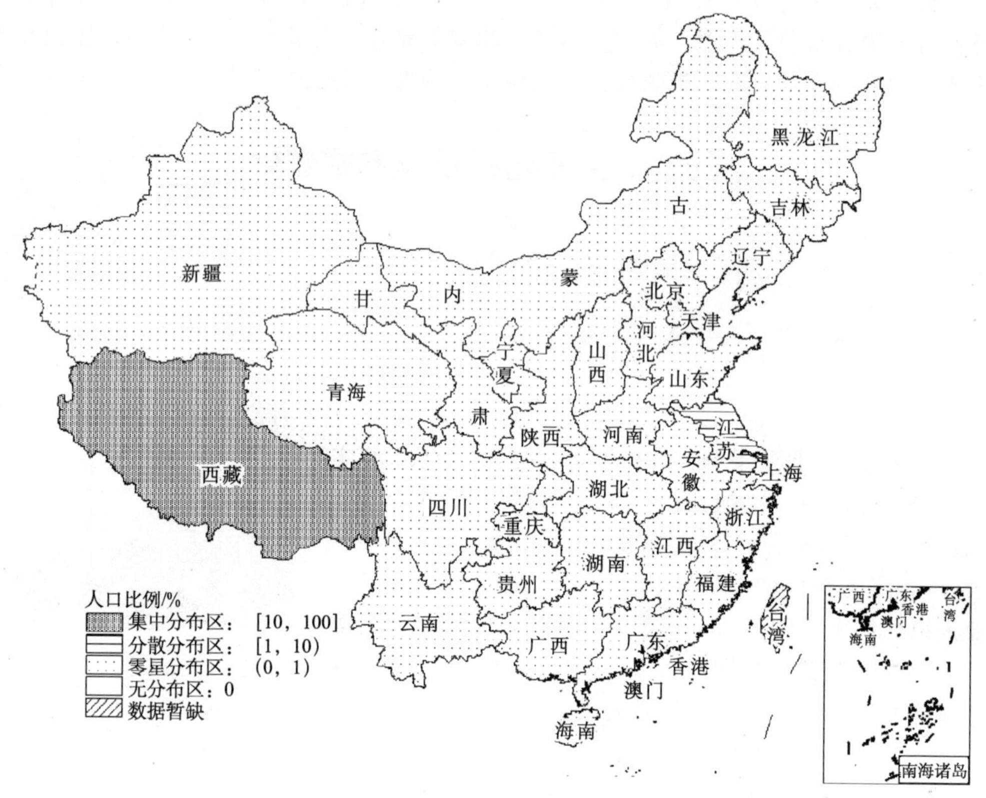

图 61-4 门巴族分布的省域格局

在人口构成比重分布上，较高的省份是西藏、甘肃、江西和江苏，这些省份的门巴族人口构成比重均在十万分之零点二以上，其中最高的是西藏，比值为 0.32%；较低的省区有新疆、上海、山西和黑龙江，其门巴族人口构成比重均在百万分之零二以下，最低的省份是黑龙江，只有百万分之零点零五。

在性别比和人口城镇化率分布上，就门巴族人口分布比重的集中分布区和分散分布区而言，门巴族性别比较高的省份是西藏，为 101.86；较低的省份是江苏，为 91.55。门巴族人口城镇化率较高的省份是江苏，为 87.50%；较低的省份是西藏，为 18.93%。

2. 聚居分布格局

门巴族聚居区不多，主要聚居在西藏。门巴族在西藏有 5 个镇区级聚居区——错那县麻麻门巴族乡、错那县贡日门巴族乡、错那县吉巴门巴族乡、错那县勒门巴族乡、林芝县更章门巴族乡（中华人民共和国民政部，2011）。

三、发展变化

自新中国成立以来，门巴族人口总体呈增长的趋势（国务院人口普查办公室，1983；国务院人口普查办公室，国家统计局人口和就业统计司，1993，2002，2012）。如图 61-5 所示，从“二普”到“六普”，全国的人口增长幅度为 92.82%，少数民族的人口增长幅度为 179.12%，门巴族的人口增长幅度为 177.26%，同比高于全国而低于少数民族。门巴族各次普查之间的年平均增长率“二普”到“三普”呈下降趋势；“三普”到“四普”呈上升趋势，“四普”达到最大，为 26.55%；“四普”到“六普”呈下降趋势。

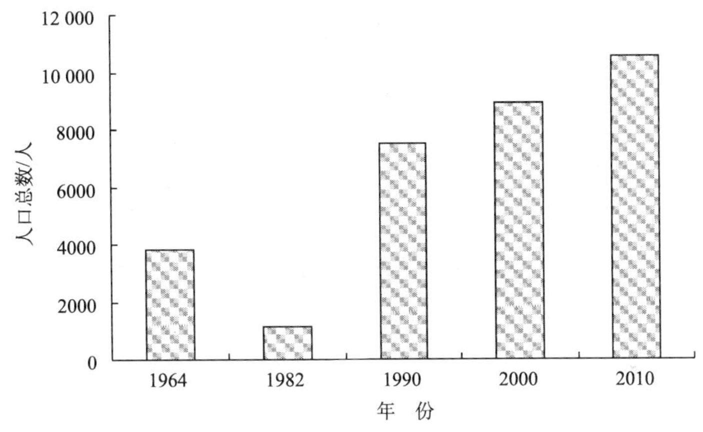

图 61-5　门巴族历次普查的人口变化

2010 年与 2000 年相比，门巴族人口构成比重变化存在较大的省份差异。人口构成比重下降的省份为福建、山西、内蒙古、新疆、四川、青海、上海和西藏，其中，下降最大的是西藏，为 0.002%。除上述省份外其余省份的人口构成比重均上升，上升较大的省份为甘肃、江西、广西、江苏和安徽，其中，上升最大的省份是甘肃，为十万分之零点三。

以受教育状况和人口预期寿命而论，全国门巴族 6 岁及以上未受教育人口占其总人口比例从 2000 年的 44.83%下降到 2010 年的 33.70%，其受教育率提升了 11.13%，其提高的幅度位居全国第 7 位。小学受教育人口占其总人口比例从 2000 年的 26.68%上升到 2010 年的 32.82%；中学受教育人口占其总人口比例从 2000 年的 9.50%上升到 2010 年的 17.15%；大学受教育人口占其总人口比例从 2000 年的 1.30%上升到 2010 年的 6.28%；到 2010 年止，有 0.09%的门巴族人口接受了研究生教育。总体来看，门巴族的受教育程度呈上升趋势。

参考文献

陈海汶，陈鸣华. 2009. 和谐中华：中国的 56 个民族剪影. 上海：上海文化出版社：425.

国务院人口普查办公室. 1983. 第三次全国人口普查手工汇总资料汇编（第 4 册）. 北京：国务院人口

普查办公室.
国务院人口普查办公室，国家统计局人口和就业统计司. 1993. 中国 1990 年人口普查资料. 北京：中国统计出版社.
国务院人口普查办公室，国家统计局人口和就业统计司. 2002. 中国 2000 年人口普查资料. 北京：中国统计出版社.
国务院人口普查办公室，国家统计局人口和就业统计司. 2012. 中国 2010 年人口普查资料（上）. 北京：中国统计出版社.
陆绍尊. 2007. 门巴语//孙宏开，胡增益，黄行，等. 中国的语言. 北京：商务印书馆：197-215.
《门巴族简史》编写组，《门巴族简史》修订本编写组. 2008. 门巴族简史. 修订本. 北京：民族出版社：8-30.
吴从众. 1986. 门巴族//中国大百科全书编委会. 中国大百科全书・民族卷. 北京：中国大百科全书出版社：280-281.
张江华. 2002. 门巴族//赫时远，任一飞，陈英初，等. 中国少数民族分布图集. 北京：中国地图出版社：335-340.
张庆川. 仓洛语//孙宏开，胡增益，黄行，等. 中国的语言. 北京：商务印书馆. 2007：232-246.
郑度，等. 2008. 中国生态地理区域系统研究. 北京：科学出版社：130-132.
郑连斌，陆舜华，张兴华，等. 2009. 珞巴族与门巴族的体质特征. 人类学学报，28（4）：401-407.
中国大百科全书编委会. 1988. 中国大百科全书・语言文字. 北京：中国大百科全书出版社：282.
中国大百科全书编委会. 2009. 中国大百科全书. 卷 27. 第二版. 北京：中国大百科出版社：521.
中华人民共和国民政部. 2011. 中华人民共和国乡镇行政区划简册（2011）. 北京：中国统计年鉴出版社.

第六十二章　保安族民族地理

保安族属于蒙古人种南方类型。我国保安族人口 20 074 人（国务院人口普查办公室，国家统计局人口和就业统计司，2012）。保安族是 13 世纪以来色目人（见本书第二章第二节）与蒙古、藏、土、回等民族融合而形成的民族。保安族集中分布于甘肃省的积石山保安族东乡族撒拉族自治县，属人口较少且分布较狭的民族之一。保安族社会文化特征表现为山地民族的社会文化特征，同时保留了某些伊斯兰文化特征。

第一节　历史渊源

保安族因明设“保安营”及后称的“保安三庄”之居住地名而得名（时称“保安人”），是元代以来以信仰伊斯兰教的色目人为主同当地的蒙古、藏、土、回等民族长期交往、自然融合，并与我国西北地理环境相适应的民族。元西征所带回的大批色目人被编入“探马赤军”组成“回回军”，于 1227 年蒙古灭西夏占领保安城所在的同仁地区时在此驻扎。元朝建立后，先后派蒙古宗室西平王系、安西王系、西宁王系等多为“回回军”和信仰伊斯兰教的蒙古军驻于青海。后期，因战争减少，军事任务随之减少，这些军士“随处入社，与编民等”，并逐步向民户转化。向民户转化，伴随的即是民族自然融合，这些民户也就成为今保安族的“先民”。元亡明兴，明中叶建立保安城，明嘉靖年间巡抚陕西的御史张雨在《边政考》中已有“保安站族”记载。至迟清初，保安族已是一个新的民族（马启成，1986；中国大百科全书编委会，2009；《保安族简史》编写组，《保安族简史》修订本编写组，2008）。

第二节　人种类型与体质特征

保安族虽与北方民族有渊源关系，但在民族融合上，更多地表现为蒙古人种南方类型特征，属于蒙古人种南方类型。其体质特征为（金力，褚嘉佑，2006）：身材中等偏矮，鼻型为狭鼻型，面型为狭面型和过狭面型，头型属于高头型、中头型和狭头型。

第三节　语言、经济类型、服饰、民居、信仰及习俗

保安族长期生活在甘肃省的积石山保安族东乡族撒拉族自治县（马沙，2002）。这一地区在《中国生态地理区域系统》中位于果洛那曲高原山地高寒灌丛草甸区（HIB1）和祁连山东高山盆地针叶林、草原区（HⅡC1）（郑度等，2008）。积石山地区属于黄河中上游高原沟壑区，处于黄土高原与青藏高原交汇地带，气候温和，依山傍水。在这样的自然地理环境并与其他民族和地区的广泛接触中，以及继承信仰伊斯兰教的某些传

统，逐渐形成了保安族的社会文化特征。

保安族的本民族语言是保安语（Bonan，汉语拼音 Bao an），她属于阿尔泰语系蒙古语族（刘照熊，2007），是一种处于危险等级的濒危语言。保安族没有本民族文字。

保安族的传统经济活动主要是种植小麦、大麦和荞麦等旱作农业，部分地区为牧业。保安族服饰如图 62-1 所示（陈海汶，陈鸣华，2009），服饰文化表现为历史上受蒙、藏、土等族影响，今多受回、东乡、汉等族影响。保安腰刀则是保安族服饰中的“显眼”部分。保安族的饮食以小麦、玉米、青稞、豆类面为主食，肉食以牛、羊、鸡肉为主，“手抓羊肉”是喜筵、待客的佳肴，散饭和搅团是保安族人民喜食的一种风味食品。保安族过去一般是整村连房密集居住，一家一院，户与户的屋顶相连，房屋多是土木结构的土平房，有出檐和翘檐之分，如今，这种住房形式有所改变，各家一般都独家独院打桩窠修建房子。

图 62-1　保安族服饰（陈海汶，陈鸣华，2009）

摄影：陈海汶；拍摄时间：2008 年 2 月 8 日；拍摄地点：中国甘肃省临夏回族自治州积石山保安族东乡族撒拉族自治县大河家镇甘河滩四社

保安族信仰伊斯兰教，有新教和老教两个教派，分属于嘎底林耶派和伊合瓦尼派。这两个教派在保安族地区又发展出“崖头”和“高赵家”两个门宦（宋恩常，1985）。保安族实行一夫一妻的婚姻制度。保安族实行土葬，但不用棺椁。葬礼简朴，一般是早亡当日午葬，晚亡次日晨葬。

第四节　空间结构及其发展变化

一、构成结构

全国第六次人口普查数据（国务院人口普查办公室，国家统计局人口和就业统计司，

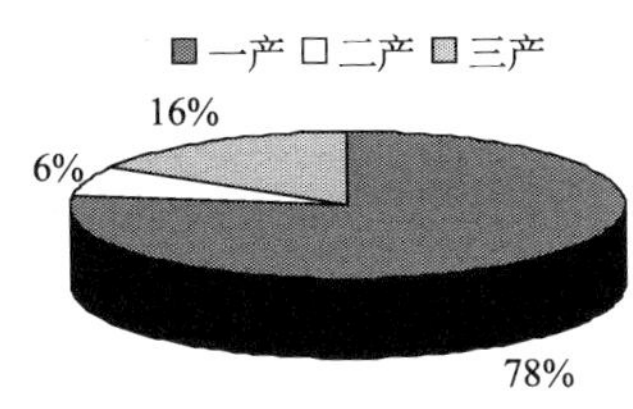

图 62-2　保安族三次产业从业人口比例

2012）表明，保安族的人口构成有如下特点：①在性别构成方面，人口性别比为 99.58，低于全国的 104.90，居第 43 位。②在人口存活率方面，15～64 岁妇女产婴存活率为 96.82%，低于全国的 98.78%，居第 41 位。③在城镇化率方面，人口城镇化率为 19.35%，低于全国的 50.27%，居第 43 位。④在就业状况方面，就业率为 97.63%，高于全国的 97.46%，居第 37 位。在三次产业从业人口比例中（图 62-2），第一产业最高，第三产业次之，第二产业最低，分别为 78%、16%和 6%。其中，第三产业从业人口中，比例最高的是公共管理和社会组织，占第三产业从业人口的 26.95%；较高的是批发和零售业，占 21.56%。⑤在人口年龄结构方面，人口最多的年龄段为 0～4 岁，较多的年龄段为 20～24 岁和 15～19 岁，这三个年龄段的人口数量占其总人口数量的 31.86%。⑥在婚姻状况方面，15 岁及以上人口的婚姻率为 74.51%，低于全国的 78.40%，居第 33 位。⑦在受教育程度方面，6 岁及以上人口的受教育率为 88.98%，低于全国的 95.00%，居第 38 位。

二、分 布 格 局

1. 省域分布格局

全国第六次人口普查数据（国务院人口普查办公室，国家统计局人口和就业统计司，2012）表明，保安族人口分布比重和人口构成比重最高的省域在我国各省、自治区和直辖市的分布上，呈现出主要集中在西北地区的特点。同时，性别比和人口城镇化率省份差异较大。

在人口分布比重分布上，保安族的分布表现为四种区域类型，即集中分布区、分散分布区、零星分布区和无分布区（图 62-3）。集中分布区是甘肃，该省的保安族人口总数为 18 170 人，占全国保安族总人口数量的比例约为 90.52%。分散分布区是青海和新疆，这两个省份的保安族人口总数为 1472 人，占全国保安族总人口数量的比例约为 7.33%。无分布区是山西、江西和海南。除上述省份外其余省份均属于零星分布区，这些省份的保安族人口总数为 432 人，占全国保安族总人口数量的比例约为 2.15%，其中，广西的保安族人口最少，仅有 1 人。

在人口构成比重分布上，除无分布区外，保安族人口构成比重最高的省份是甘肃，为 0.07%；较高的省份是青海，其人口比例为 0.02%；较低的省份是黑龙江、山东、辽宁、河南和广西，这些省份的保安族人口构成比重均在百万分之零点零九以下；最低的省份是广西，仅为百万分之零点零二。

在性别比分布上，就保安族人口分布比重的集中分布区和分散分布区而言，最高的省份是新疆，达到 151.33；最低的省份是青海和甘肃，其性别比分别为 111.71 和 96.18。

在人口城镇化率分布上，就保安族人口分布比重的集中分布区和分散分布区而言，最高的省份是青海，达到 89.27%；最低的省份是新疆和甘肃，其人口城镇化率分别为 26.58%和 14.22%。

2. 聚居分布格局

保安族聚居区不多，主要分布在甘肃境内，且仅有1个县区级聚居区——甘肃西南部的积石山保安族东乡族撒拉族自治县，她是中国最大的保安族聚居区（中华人民共和国民政部，2011）。

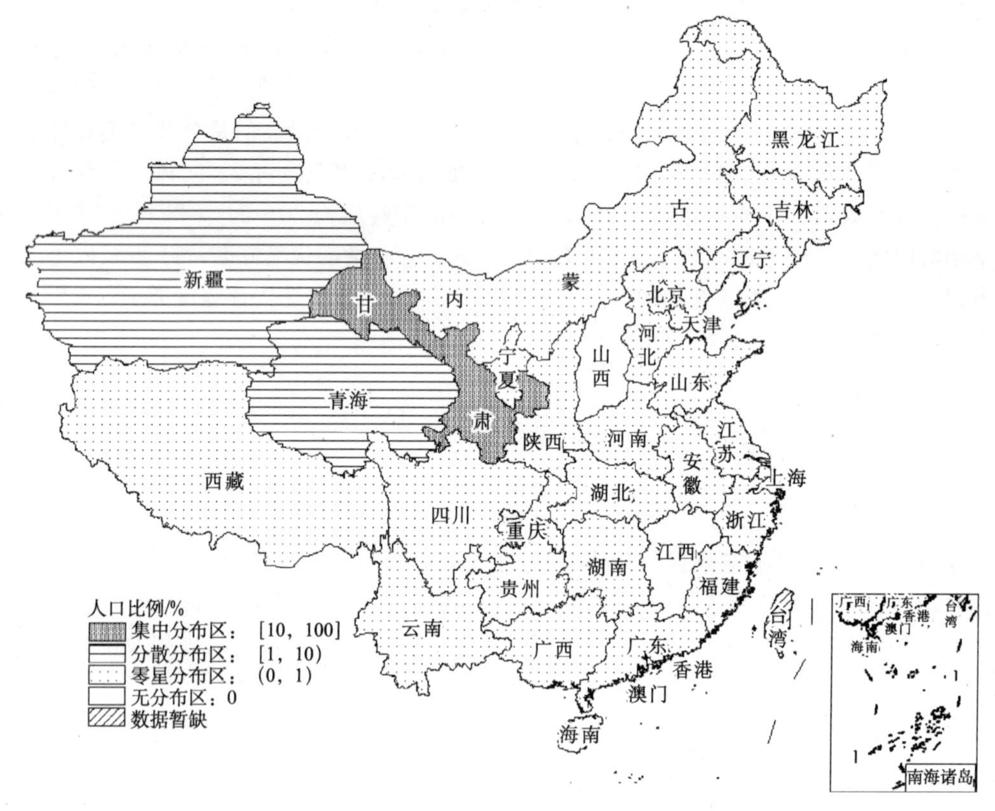

图 62-3　保安族分布的省域格局

三、发展变化

自新中国成立以来，保安族人口总体呈增长的趋势（国务院人口普查办公室，1983；国务院人口普查办公室，国家统计局人口和就业统计司，1993，2002，2012）。如图 62-4 所示，从“一普”到“六普”，全国的人口增长幅度为130.65%，少数民族的人口增长幅度为227.29%，保安族的人口增长幅度为304.96%，同比高于全国和少数民族。保安族的各次普查之间的年均增长率从“一普”到“五普”均呈上升趋势，“五普”时人口年均增长率达到最高，为3.52%，“五普”到“六普”呈下降趋势。

2010年与2000年相比，保安族人口构成比重变化存在较大的省份差异。人口构成比重下降的省份是广西、山西、吉林、黑龙江、西藏和新疆，其中，下降最大的省份是新疆，为十万分之零点五。江西和海南的保安族人口构成比重无变化；除以上省份外，

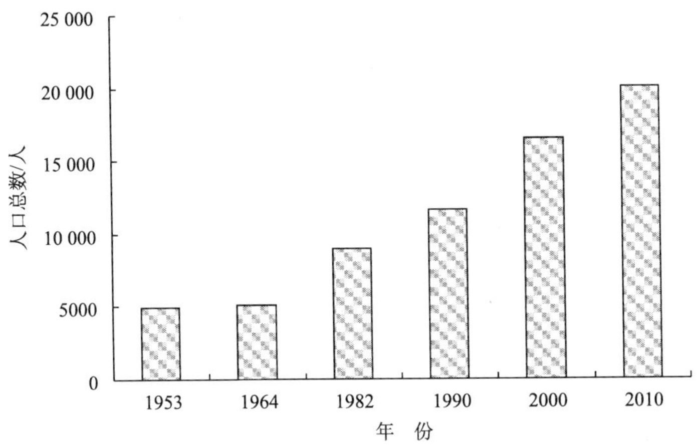

图 62-4 保安族历次普查的人口变化

其余省份的保安族的人口构成比重均上升，上升较大的省份是甘肃、青海和内蒙古，其中，甘肃的上升比例最大，为 0.01%。

以受教育状况和人口预期寿命而论，全国保安族 6 岁及以上未受教育人口占其总人口比例从 2000 年的 43.62%下降到 2010 年的 9.61%，其受教育率提升了 34.01%，提高的幅度位居全国第 2 位。小学受教育人口占其总人口比例从 2000 年的 28.38%上升到 2010 年的 52.02%；中学的受教育人口占其总人口比例从 2000 年的 14.83%上升到 2010 年的 21.14%；大学的受教育人口占其总人口比例从 2000 年的 1.30%上升到 2010 年的 4.44%；研究生受教育人口占其总人口比例从 2000 年的 0.04%上升到 2010 年的 0.05%。总体来看，保安族人口的受教育程度呈上升趋势。2000 年人口普查数据显示，保安族人口预期寿命达到了 71.94 岁，十年间，其预期寿命增长了 3.94 岁，这表明保安族人口身体素质有所提高，人口平均预期寿命在延长。

参 考 文 献

《保安族简史》编写组，《保安族简史》修订本编写组. 2008. 保安族简史. 修订版. 北京：民族出版社.

陈海汶，陈鸣华. 2009. 和谐中华：中国的 56 个民族剪影. 上海：上海文化出版社：369.

国务院人口普查办公室. 1983. 第三次全国人口普查手工汇总资料汇编（第 4 册）. 北京：国务院人口普查办公室.

国务院人口普查办公室，国家统计局人口和就业统计司. 1993. 中国 1990 年人口普查资料. 北京：中国统计出版社.

国务院人口普查办公室，国家统计局人口和就业统计司. 2002. 中国 2000 年人口普查资料. 北京：中国统计出版社.

国务院人口普查办公室，国家统计局人口和就业统计司. 2012. 中国 2010 年人口普查资料（上）. 北京：中国统计出版社.

金力，褚嘉佑. 2006. 中华民族遗传多样性研究. 上海：上海科学技术出版社.

刘照熊. 2007. 保安语//孙宏开，胡增益，黄行，等. 中国的语言. 北京：商务印书馆：1908-1924.

马启成. 1986. 保安族//中国大百科全书编委会. 中国大百科全书·民族. 北京：中国大百科全书出版社：42-43.

马沙. 2002. 保安族//赫时远，任一飞，陈英初，等. 中国少数民族分布图集. 北京：中国地图出版社：293-298.

宋恩常. 1985. 中国少数民族宗教初编. 昆明：云南人民出版社：519.

郑度，等. 2008. 中国生态地理区域系统研究. 北京：科学出版社：130-132.

中国大百科全书编委会. 2009. 中国大百科全书・卷 2. 第 2 版. 北京：中国大百科全书出版社：77.

中华人民共和国民政部. 2011. 中华人民共和国乡镇行政区划简册（2011）. 北京：中国统计年鉴出版社.

第六十三章　基诺族民族地理

基诺族属蒙古人种南方类型。我国基诺族人口23 143人（国务院人口普查办公室，国家统计局人口和就业统计司，2012）。基诺族是云南独有民族，世居基诺山区。其生活环境是典型的山地地理环境。

第一节　历史渊源

基诺族发源于基诺山，这从基诺族历史口碑中可以得到证明，尤其是其“创世纪说”。基诺族的创世纪之一小北阿嫫——造地的母亲的故事，说明其先民可能在人类的童年就开始定居于基诺山了；其创世纪之二洪水故事与玛黑、玛纽兄妹成婚的故事相关，即血缘关系的内婚制（内婚制在20世纪50年代在基诺山腹地的巴朵寨还存在一个血缘氏族）。这充分说明，基诺族是发祥于基诺山的古老民族，远在血缘家族时代，基诺族的祖先就开始定居在基诺山。这个结论可以从基诺族的送魂路线中获得支持。送魂路线堪称其民族迁徙发展图，而基诺族灵魂的归宿，就在基诺山附近（杜玉亭，1986；中国大百科全书编委会，2009；《基诺族简史》编写组，《基诺族简史》修订本编写组，2008）。新中国成立前，基诺族分为优乌、阿哈和阿西三个氏族支系（洛克曼沙卡，吴灵芝，2010）。

第二节　人种类型与体质特征

基诺族属于蒙古人种南方类型。其体制特征（李树春，2010）表现为：身材矮小；肤色为浅黄色，眼为深褐色，黑发平直而硬，眉毛中等；眼裂开度中等，眼裂斜度外高内低，大多有从显著到中等显著的蒙古褶，多数有上眼睑皱褶；鼻根中等高，鼻梁多为直型，鼻尖、鼻基部水平向前，鼻翼中等，鼻孔形状多为椭圆形，属阔鼻型；耳垂多为方形；面部扁平度中等，下颌微向前突，上唇皮肤部较高，红唇中等厚；男性属阔面型，女性属过阔面型，头型属中头型。

第三节　语言、经济类型、服饰、民居、信仰及习俗

基诺族的核心分布区为云南省的景洪市基诺山基诺族乡（刀伟，2002）。这一地区在《中国生态地理区域系统》中位于西双版纳山地季雨林、雨林区（ⅦA3）南部（郑度等，2008），主要是山地地理环境，山地、森林、河流是基诺族主要的生存地理环境类型。在与这样的地理环境之间、在与相邻地区之间、在与有关民族之间的协调共生中，基诺族逐渐形成了具有一定特色的社会文化。

基诺语（Jinuo）是基诺族的本民族语言，她属于汉藏语系藏缅语族彝语支（盖兴

之，2007)，是一种处于危险等级的濒危语言。基诺族在日常生活中一般使用基诺语，广大干部和学生还兼用汉语。毗邻傣族地区的基诺族还兼用傣语。基诺语有攸乐、补远两个方言。攸乐方言分布于攸乐山区；补远方言分布于补远山一带（盖兴之，2007)。基诺族没有本民族文字。

基诺族经济活动直到20世纪50年代还处于刀耕火种的山地农业发展阶段。基诺族服饰如图63-1所示（陈海汶，陈鸣华，2009)，受其经济活动影响，有素雅古朴的风格，衣料是妇女们亲手织的“砍刀布”，多穿无领对襟白砍刀布小褂（男子背部常有“太阳花”图案①)，条纹色彩鲜明，有染牙、文身（受傣族影响）习俗。基诺族以米饭为主食，舂着吃，兼食包谷饭、小米饭。肉食类来源主要靠家庭饲养的鸡、猪、水牛、黄牛等家禽家畜。基诺族住房一般为干栏式竹楼，茅草覆顶，多是一个小家庭住一竹楼，包括一个父系家庭的全部成员。图63-2所示为中华民族博物馆基诺族分馆按云南景洪地区基诺族传统民居1∶1复原外观图。

图63-1 基诺族服饰（陈海汶，陈鸣华，2009)

摄影：陈海汶；拍摄时间：2008年10月9日；拍摄地点：中国云南省西双版纳傣族自治州景洪市基诺山基诺乡新司土村委会巴朵村民小组

基诺族实行一夫一妻制的婚姻制度，其婚姻特征有：寨内婚、氏族外婚、婚前同居、离婚较为普遍。基诺族的宗教信仰以祖先崇拜为内容的原始宗教为主，自然崇拜为辅。因为基诺族是以“刀耕火种”山地农业为主的古老民族，其主要仪式有砍地仪式、烧地仪式、播种仪式、吃新米仪式、叫谷魂仪式等。基诺族在人死后实行土葬，不留坟堆。由于公共墓地有限，故基诺族有在前人墓穴中埋入新棺的习俗。

① 小褂背上缝着一块约有六寸见方的黑、蓝布，上面用彩色绣着一朵圆形图案的花，周围有放射状线条，似太阳光芒四射。有的还在圆形图案旁加绣兽形图案或花纹。基诺族称这块绣花黑布为“波罗阿波”，汉语意为太阳花或月亮花。

图 63-2 基诺族传统民居

资料来源：中华民族博物馆（http：//www. emuseum. org. cn/node/106. 2012-04-06）

第四节 空间结构及其发展变化

一、构成结构

全国第六次人口普查数据（国务院人口普查办公室，国家统计局人口和就业统计司，2012）表明，基诺族的人口构成有如下特点：①在性别构成方面，人口性别比为103.03，低于全国的104.90，居第29位。②在人口存活率方面，15～64岁妇女产婴存活率为95.86%，低于全国的98.78%，居第47位。③在城镇化率方面，人口城镇化率为22.67%，低于全国的50.27%，居第37位。④在就业状况方面，就业率为98.37%，高于全国的97.46%，居第13位。在三次产业从业人口比例中（图63-3），第一产业最高，第三产业次之，第二产业最低，分别为82%、15%和3%。其中，第三产业从业人口中，比例最高的是教育，占第三产业从业人口的21.24%；较高的是公共管理和社会组织，占18.58%。⑤在人口年龄结构方面，人口最多的年龄段为20～24岁，较多的年龄段为35～39岁和40～44岁，这三个年龄段的人口数量占其总人口数量的29.40%。⑥在婚姻状况方面，15岁及以上人口的婚姻率为76.93%，低于全国的78.40%，居第17位。⑦在受教育程度方面，6岁及以上人口的受教育率为90.91%，低于全国的95.00%，居第34位。

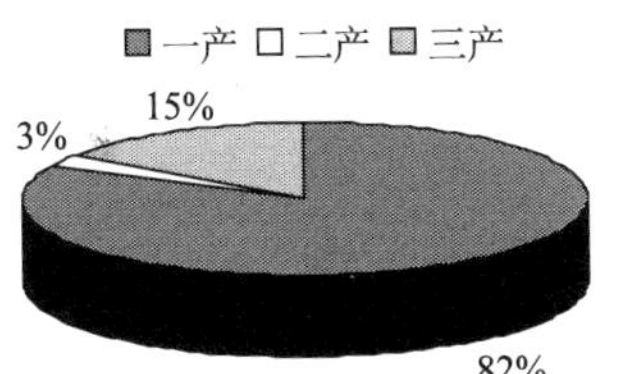

图 63-3 基诺族三次产业从业人口比例

二、分布格局

1. 省域分布格局

全国第六次人口普查数据（国务院人口普查办公室，国家统计局人口和就业统计司，2012）表明，基诺族人口分布比重和人口构成比重最高的省域在我国各省、自治区和直辖市的分布上，呈现出主要集中在西南地区的特点。同时，性别比和人口城镇化率省份差异较大。

在人口分布比重分布上，基诺族的分布表现为两种区域类型，即集中分布区和零星分布区（图 63-4）。集中分布区是云南，该省基诺族的人口总数为 22 759 人，占全国基诺族总人口数量的比例高达 98.34%。除云南省外，其余省份均属于零星分布区，这些省份的基诺族人口总数为 384 人，占全国基诺族总人口数量的比例约为 1.66%。在零星分布区中，山西、黑龙江、海南、西藏和青海的基诺族人口最少，分别只有 1 人。

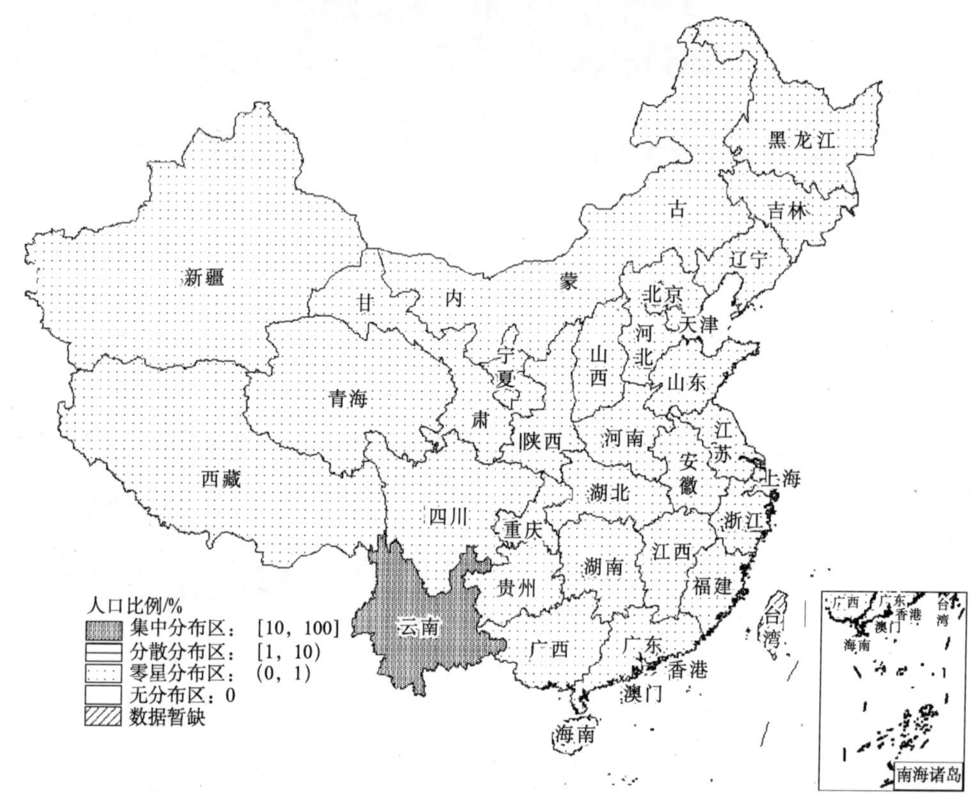

图 63-4　基诺族分布的省域格局

在人口构成比重分布上，最高的省份是云南，其基诺族人口构成比重为 0.05%；较高的省份是北京、上海和重庆，其基诺族人口构成比重均在百万分之零点九以上；较低的省份是广西、河南、山西和黑龙江，其基诺族人口构成比重均在百万分之零点一以下；最低的省份是山西和黑龙江，只有百万分之零点零三。

在性别比和人口城镇化率分布上，就基诺族人口分布比重的集中分布区和分散分布区而言，由于基诺族集中分布区只有云南，无分散分布区，故云南省基诺族的性别比和人口城镇化率最具代表性，其性别比为 104.15，人口城镇化率为 22.08%。

2. 聚居分布格局

基诺族是云南特有的少数民族之一，基诺族聚居区不多，主要聚居在云南。在云南基诺族有1个乡镇级聚居区，即云南西双版纳傣族自治州景洪市基诺山基诺族乡，小部分的基诺族居住在景洪市的勐旺乡等（中华人民共和国民政部，2011）。

三、发展变化

自新中国成立以来，基诺族人口总体呈增长的趋势（国务院人口普查办公室，1983；国务院人口普查办公室，国家统计局人口和就业统计司，1993，2002，2012）。如图63-5所示，从“三普”到“六普”，全国的人口增长幅度为32.76%，少数民族的人口增长幅度为67.57%，基诺族的人口增长幅度为93.47%，同比低于全国而高于少数民族。基诺族的各次普查之间的年均增长率从“三普”到“四普”呈上升趋势，到“四普”年均增长率达最高，为5.26%，从“四普”到“六普”呈下降趋势。

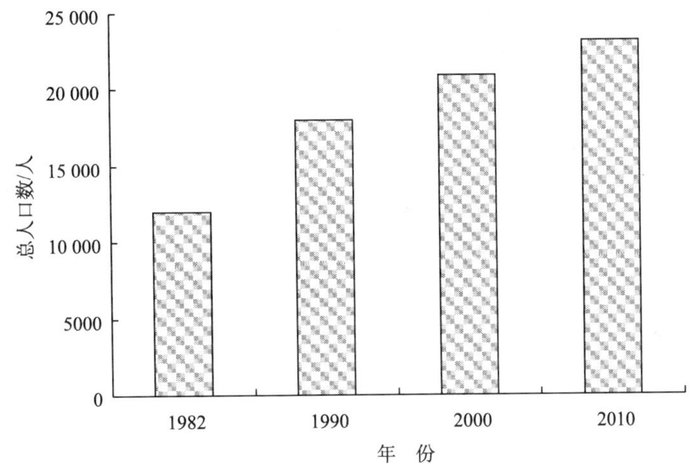

图63-5　基诺族历次普查的人口变化

2010年与2000年相比，基诺族人口构成比重变化存在较大的省份差异。人口构成比重下降的省份是山东、广西、重庆、吉林、山西和青海，其中，下降最大的省份是青海，下降了百万分之零点四。人口构成比重未发生变化的省份是黑龙江。除上述省份外，其余省份的人口构成比重均上升，上升最大的省份是云南，上升了十万分之零点七；上升较大的省份是北京、上海和内蒙古，人口构成比重上升均在百万分之零点四以上。

以受教育状况和人口预期寿命而论，全国基诺族6岁及以上未受过教育人口占其总人口比例从2000年的13.17%下降到2010年的8.26%，其受教育率提升了4.91%，其提高的幅度位居全国第22位。小学受教育人口占其总人口比例从2000年的43.00%下降到2010年的37.23%；中学的受教育人口占其总人口比例从2000年的30.32%上升到2010年的39.47%；大学的受教育人口占其总人口比例从2000年的1.20%上升到2010年的5.76%；研究生受教育人口占其总人口比例从2000年的0.01%上升到2010年的0.09%。总体来看，基诺族人口的受教育程度呈上升趋势。到2000年，基诺族人口的平均预期寿命为63.91岁，较全国的71.40岁偏低。

参 考 文 献

陈海汶，陈鸣华. 2009. 和谐中华：中国的 56 个民族剪影. 上海：上海文化出版社：441.

刀伟. 2002. 基诺族//赫时远，任一飞，陈英初，等. 中国少数民族分布图集. 北京：中国地图出版社：347-352.

杜玉亭. 1986. 基诺族//中国大百科全书编委会. 中国大百科全书・民族. 北京：中国大百科全书出版社：190-191.

盖兴之. 2007. 基诺语//孙宏开，胡增益，黄行，等. 中国的语言. 北京：商务印书馆：327-345.

国务院人口普查办公室. 1983. 第三次全国人口普查手工汇总资料汇编（第 4 册）. 北京：国务院人口普查办公室.

国务院人口普查办公室，国家统计局人口和就业统计司. 1993. 中国 1990 年人口普查资料. 北京：中国统计出版社.

国务院人口普查办公室，国家统计局人口和就业统计司. 2002. 中国 2000 年人口普查资料. 北京：中国统计出版社.

国务院人口普查办公室，国家统计局人口和就业统计司. 2012. 中国 2010 年人口普查资料（上）. 北京：中国统计出版社.

《基诺族简史》编写组，《基诺族简史》修订本编写组. 2008. 基诺族简史. 修订本. 北京：民族出版社：1-75.

李树春. 2010. 中国少数民族遗传学概论. 北京：中央民族大学出版社：100.

洛克曼沙卡，吴灵芝. 2010. 古茶脚下的亚诺山寨. 中国民族，38（2）. 62-64.

郑度，等. 2008. 中国生态地理区域系统研究. 北京：科学出版社：130-132.

中国大百科全书编委会. 2009. 中国大百科全书・卷 10. 第 2 版. 北京：中国大百科全书出版社：533.

中华人民共和国民政部. 2011. 中华人民共和国乡镇行政区划简册（2011）. 北京：中国统计年鉴出版社.

第七篇　华侨华人和跨界民族地理

当前及未来中华民族发展的战略态势是“文化认同”（见本书第三章），因此，华侨华人和跨界民族是民族地理学研究的基本范围之一，也是现代民族问题对地理学提出的新议题。

本篇分两章分别论述华侨华人地理和跨界民族地理，两章章节结构仍然遵循全书的地理与历史分析框架。

第六十四章回顾了华侨华人的空间分布及其形成演变，并详细说明了当代华侨华人的空间分布及其分布特征，以及华侨华人文化地理的基本问题——唐人街的形成、空间分布、文化特征等。

第六十五章在诸多民族学家努力的基础上，给出了中国跨界民族的空间分布，并按中国跨界民族分区详细论述了每个跨界民族区的民族构成、民族人口分布、民族跨界形成史及其现代分布空间的地理特征等问题。

第六十四章　华侨华人地理

华侨华人是中华民族向外扩展生存空间而形成的。其空间格局是在鸦片战争之后、第二次世界大战前的100年间奠定的。当代华侨华人分布于全球各大洲（南极洲除外），尤其集中分布于亚洲。华侨华人创造了独特的生存空间景观——唐人街。华侨华人主要来源于广东、福建、广西、海南、浙江、山东、云南等省区（尤其是前两个省区）。

第一节　华侨华人的涵义、分布演变与源地

一、华侨华人的涵义

华侨（或称“旅外华侨”），指定居外国的中国公民；华人（或称“外籍华人”），指华侨或其后裔中已加入、取得所在国国籍者。二者在法律身份上有着本质的区别。

“华侨”一词出现于19世纪末，涵义定型于20世纪初。1883年，郑观应在其《禀北洋通商大臣李傅相为招商局与怡和、太古订立合同》中使用了“华侨”一词；19世纪末、20世纪初，经章炳麟、孙中山等同盟会人士的广泛使用，“华侨”成为“海外爱国华人”的代名词，而许多海外中国人也始以“华侨”自谓。在西方，“华侨”一词在英文中通常为“The Overseas Chinese”，直译为“漂洋过海的中国人”，其含义是“中国旅居者”。关于华侨的身份认定，我国历史上曾经采取不同的政策。1909年，清政府颁布中国国籍条例及国籍条例实施细则，按照血统原则，所有移居外国的中国人或者于侨居国出生的中国人后裔（即土生华人），无论其是否取得所在国国籍，均视为华侨。这一国籍政策为中华民国政府所沿袭，直到1955年万隆会议始，我国政府先后与印度尼西亚、新加坡、马来西亚、泰国、缅甸、尼泊尔等亚洲国家达成解决双重国籍问题的协议。我国1980年通过的国籍法明确规定，凡定居外国而尚未取得外国国籍的中国公民（包括其后裔），称作华侨；而我国政府派往外国的公务人员、留学生、考务人员和出国访问、考察、讲学、探亲的居民，以及台湾、香港、澳门的中国居民和经常出入国境的我国边境居民，均不能称作华侨。

至于“华人”一词，早在中国古时就常被用作华侨的称呼，但基于国籍身份的定义，则是在第二次世界大战后才出现的。与之相关的名称，还有“华裔”（基于血统关系，如在北美）和“华族”（基于种族背景，如在新加坡）。在英文中，“华人”通常译为“Chinese Abroad”。

据史书记载，早在两千多年前的秦、汉时期，中国人就已经通过陆路和海路与中亚、西亚、东南亚以及东北亚发生了联系和交往。汉代有人沿丝绸之路移居中亚、南亚和西亚。唐代，中国商贾居留海外，由行商转为住贾者渐多；唐末，一些人为躲避战乱，纷纷外迁。在大食（今伊朗）、阿拉伯、爪哇和苏门答腊岛等地，均可见到移居海外的中国人，这些人可以视为古代出国华侨的前驱。宋代，经济重心南移，南方人口增

多，加上航海技术的进步和海外贸易的发展，许多失去土地或者无地耕种的农民漂洋过海谋生，部分进出南洋从事贸易的商人、水手也定居下来，形成初具规模的移民群体。宋末元初，有不少遗老遗少南下，逃入安南（今越南），占城（今越南河静省横、山关至平顺省潘郎、潘星地区）等地，出现了中国历史上第一次海外移民浪潮。此后，随着商业资本主义经济的发展，农业的垦殖和港口的兴建，中国移居南洋者陆续增多。明代中后期，形成中国人向海外移民的第二次浪潮。从鸦片战争到新中国成立的100余年间，是海外华侨社会从初步形成到基本形成的阶段。这一时期里，中国东南沿海及边境地区的贫苦群众先后有1000多万人迁往外国侨居，足迹远远超出东南亚，遍及世界各地。从中华人民共和国成立至今，是华侨出国史上一个特殊时期。在这一时期里，海外华侨的生存、发展环境发生了重大变化，华侨社会开始向华侨华人社会转变。华侨华人聚居区也几乎遍及全球各大洲的各个国家，尤其是近百年来中国移民罕至的拉丁美洲、非洲和中东各地，现已经出现了数以万计的华侨华人聚居区。

二、华侨华人空间分布演变

华侨华人在世界五大洲的分布，其空间基本格局是在鸦片战争之后、第二次世界大战前的100年间奠定的。随着时间的推移，生存、发展环境的变化，华侨华人对居留地也不断进行调整。他们之中有的在当地安家立业，有的在所在国内迁移，有的返回祖国，也有的辗转到第三国发展。特别是第二次世界大战后，华侨华人到第三国谋生的再次移民现象日益突出，对海外华侨华人的空间结构产生了极为深刻的影响。

二战以前海外华侨空间分布，根据1939年7月编印的民国政府第一次海外侨民调查统计资料进行整理的机密文件《南洋华侨调查》（第一辑）（台《宏观报》，1994），有如下详情记载：

> 1922年海外华侨人数是7 133 910人，1925年海外华侨人数是8 677 000，1937年海外华侨人口是7 838 891。具体分布情况为：墨西哥华侨为25 000人，其中有27%登记为侨民。苏联华侨为251 500人，其中13.5%，计33 998人登记为侨民。美国华侨人口是74 954人，2.3%计1710人登记为侨民。英属殖民地新加坡、马六甲和槟城，华侨人口为663 518人，其中1.2%，10 428人登记为侨民。在荷属东印度（今印尼），华侨人口为1 232 650人，其中0.5%，6198人登记为侨民。法国华侨为17 000人，其中有11人，0.05%登记为侨民。泰国华侨为2 500 000人，越南华侨381 417人（限于当地政策没有人参加登记）。

二战以后，华侨华人再移民主要源于东南亚地区。20世纪50年代末至60年代中期，东南亚一些国家和地区，曾先后发生反华、排华事件，约有50万华侨被迫由侨居地返回中国定居（林金枝，1993）。1975年中南半岛一些国家，又实行反华、排华的政策，大量华侨华人流离失所，家破人亡。从1979年起，大批华侨华人难民被迫返回中国或辗转迁往世界各地，形成历史上时间最长、人数最多的华侨华人再移民。这场迁移涉及人口逾100万，除28万人返回祖国外，主要流落或移民北美、西欧和大洋洲各国，其中迁至北美的约50万，前往西欧的约40万，到大洋洲定居的也大约10万人。据统计（王望波，庄国土，2011），越南华侨华人在1951年时曾有150万之众，但到了1986年后只剩下约70万人，在30多年的时间里减少了60%左右。另外，在韩国、朝鲜、蒙古国，以及马达加斯加和古巴，也都不同程度地存在着因人口迁移而导致华侨华人人口减少的现象。与此相反，在北美、西欧和澳大利亚的一些发达资本主义国家，华侨华人人口却大量地增加。1931年美国华侨华人只有7.4万人，但在战后的1950年便迅速上升到11.76万人，此后以每10年翻一番的速度增长，至2001年，已有人口243万。1947年，澳大利亚只有华侨华人0.9万多人，但到2001年已有60多万。1939年，欧洲仅有1.7万华侨华人，2001年便已超过145万人（国务院侨办侨务干部学校，2005）。撇开这些地区同期人口自然增长和大陆新移民数字外，它们成为华侨华人再移民的目的地是显而易见的。在南美地区，如巴西、委内瑞拉，接收华侨华人再移民人口的数量也很可观。

三、华侨华人源地

华侨华人主要来自于祖国大陆的广东、福建、广西、海南、浙江、山东、云南等省区，其中广东与福建两省的海外侨胞最多，人数分别是2000万和1264万。随着社会发展的演变与文化的递进演化，传统意义上的侨乡也发生着新的激变。2008年底，中国国际广播电视台（CRI：China Radio International）派出一批年轻的记者深入广州、深圳、福清、晋江、温州、厦门、青岛等著名侨乡，行程20 000km，历时一年左右，完成了我国华侨华人源地调查研究工作（乔卫，包涛，2010）。

第二节　当代华侨华人空间分布及其特征

一、空间分布格局

截至2008年，海外华人华侨共有4543万人（王望波，庄国土，2011）（含新移民1039万，其中亚洲400万，美洲350万，欧洲170万，大洋洲69万，非洲50万），分布于161个国家和地区。对各国华侨华人数量排序，目前华侨华人最多的前9个国家依次是印度尼西亚、泰国、马来西亚、新加坡、美国、缅甸、菲律宾、越南和加拿大。各大洲华侨华人分布状况如下：

亚　洲　在38个国家和地区中，有华侨华人3548万（王望波，庄国土，2011），占全球华侨华人总数的78.10%。分布最集中的地区为东南亚，其中印度尼西亚1000万，泰国逾700万，马来西亚645万，新加坡360万，菲律宾150万，缅甸250万，越南140万，柬埔寨70万，老挝28万，上述9个国家有华侨华人3243万，占了全球华侨华人总数的73.58%。此外，日本、韩国、文莱、印度华侨人口也有一定规模。

美　洲　分布在美洲34个国家的华侨华人有630万（王望波，庄国土，2011），占全球华侨华人总数的13.87%。其中美国400万，加拿大近130万，委内瑞拉18万，秘鲁10万，巴拿马10万，阿根廷10万，哥斯达黎加、墨西哥各有约6万。

欧　洲　欧洲33个国家中，有华侨华人215万（王望波，庄国土，2011），占全球华侨华人总数的4.73%。其中英国、法国各60万，意大利26万，俄罗斯20万，德国15万，荷兰12万。

大洋洲 在大洋洲14个国家有华侨华人95万（王望波，庄国土，2011），占全球华侨华人总数的2.09%。其中澳大利亚华侨华人最多，有67万人；新西兰次之，有15万人。

非 洲 与其他地区相比，非洲华侨华人数量最少。该地区42个国家中，有华侨华人55万（王望波，庄国土，2011），占全球华侨华人总数的1.21%。其中，以南非最多，有20万，尼日利亚次之，有5万，毛里求斯与马达加斯加各4万。

二战后华侨华人的再移民有其本身的特点。从空间分布来看，他们大多数由东南亚、南亚和非洲地区迁移到北美、西欧、大洋洲以及南美一些国家；从社会环境来看，是由动乱地区迁往安定地区；从经济发展水平来看，则是由贫困落后的发展中国家迁至生活富裕的发达国家。

二、空间分布特点

纵观华侨华人发展的进程，近30年来人口绝对数量迅速增长，分布状况发生显著变化。总结发现，当代华侨华人的空间格局有以下明显的特点：

1. 世界分布广泛，集中集聚而居

主要表现在：

（1）集中于东南亚与美洲的部分国家和地区（表64-1）。其中，整个美洲地区华人华侨约有630万（新移民350万），北美洲约有530万（新移民275万），拉丁美洲约有100万（新移民75万）（王望波，庄国土，2011）。

表64-1 东南亚华侨华人分布及在当地人口中所占比例（2007年）

国别	人数/万人	在当地人口中所占比例/%	新移民人数/万人
印度尼西亚	1000	4.1	10
泰国	700	11.0	35～40
马来西亚	645	23.7	10～15
新加坡	360	77.0	35
缅甸	250	4.5	100～110
菲律宾	150	1.6	20
越南	140	1.67	10～15
柬埔寨	70	5.0	20～25
老挝	28	4.8	13
文莱	5.6	15.0	—
总计	3348.6	5.96	153～283

资料来源：王望波，庄国土，2011。

（2）集中居住于各国的城镇地区（王望波，庄国土，2011）。总体而言，大约有7～9成的华侨、华人人口定居于各国的城镇地区。从群体绝对数来看，华侨华人最多的是新加坡，人数超过了250万；华侨华人人口逾50万的城市，有越南的胡志明市、印度尼西亚的雅加达、泰国的曼谷、菲律宾的马尼拉和马来西亚的吉隆坡等市；华侨华人人口在10～50万之间的城市，有马来西亚的槟榔屿、马六甲、怡保，印度尼西亚的泗水、万隆、棉兰、坤甸，菲律宾的宿务，缅甸的仰光，美国的旧金山、洛杉矶、纽约、休斯敦、华盛

顿，加拿大的温哥华、多伦多，法国的巴黎和澳大利亚的悉尼、墨尔本等城市。

（3）集中居住于城市中的唐人街（国务院侨办侨务干部学校，2005）。华侨华人在城市中聚居的某一区域，称为“唐人街”或“华埠”、“中国城”（China Town）。据统计，全世界著名的华人街区有68处（吴景明，2009）之多（详见本章第三节）。

各地唐人街华侨华人人数不尽相同，小者数千人，中者数万人，大者数十万人；地域面积也大小不等，有集中于城市的一个角落、由一条主要大街构成或数条街段组成的，如北美、西欧、澳大利亚的唐人街；也有涵括整个都市中心商业区的，如东南亚国家的城市马尼拉、曼谷、胡志明市、雅加达、新加坡和槟榔屿的唐人街。

2. 我国主要分布区域在沿海沿边

据乔卫、包涛（2010）统计数据显示，2007年底，海外4000多万华侨华人中，粤籍的约有2000万，闽籍的约有1260万，琼籍的约有300万，桂籍的约有300万，浙籍的约有145万，鲁籍的约有120万，滇籍的约有50万。由此可见，海外华人华侨主要来自中国东部沿海、沿边一带，尤其以沿海粤、闽两省最多。

3. 新华侨华人集聚分布于发达国家

据资料显示（王望波，庄国土，2011），20世纪70年代以来，约有400万华侨华人定居发达国家。主要分布在美国（约165万）、加拿大（约70万）、澳大利亚（约40万）、日本（约32万）和欧洲（约70多万）。发达国家的移民激增。1980年以前，美国华侨华人仅占世界华侨华人总数的4%，但2007年达到了12%，日本增长至80多万人左右，韩国华侨华人已经超过60万人，澳大利亚从10余万增长至70万人。

第三节　世界唐人街空间分布格局

一、唐人街空间分布

华侨华人在国外城市中聚居的某一区域，称为“唐人街”或“华埠”、“中国城”（China Town）（吴美，黄运基，2004）。唐人街居民，在与所在国家保持友好关系的同时，也极力保持着古老的价值观和传统的生活方式，让祖辈丰富多彩的中华文化习俗永不凋谢。各地唐人街都是一个朝气蓬勃的移民聚集区。如今，唐人街既是一个经济社会实体和生活社区，同时也形成为一个移民机构，它为中国移民提供了从大社会难以得到的种种方便和机会，并且帮助移民在不丧失民族性和凝聚力的情况下，在社会上奋斗发展（吴景明，2009）。据不完全统计，目前全世界有70余处著名的华人街区。其中，著名的唐人街有：越南胡志明市的堤岸区，泰国曼谷的三聘街，菲律宾马尼拉的王彬街，新加坡的牛车水，马来西亚吉隆坡的茨厂街、马六甲的中国街，日本横滨的中华街、长崎的新地中、神户的南京町。此外，英国的伦敦、利物浦、曼彻斯特，法国里斯班、西摩尼亚，毛里求斯的路易港，巴西的圣保罗，巴拉圭的东方市（桥头），秘鲁的利马，巴拿马的巴拿马市，古巴的哈瓦那，墨西哥的墨西哥城，加拿大的温哥华、维多利亚、多伦多、渥太华、蒙特利尔，以及美国的旧金山、奥克兰、洛杉矶、蒙特利尔公园市、华盛顿、西雅图、波特兰、纽约、费城、波士顿、休斯敦、檀香山等地，都有唐人街、华埠、中国城。详见表64-2。

表 64-2　世界著名华人街区

亚洲	**所属国家**	波士顿唐人街	美国
新加坡唐人街	新加坡	洛杉矶唐人街	美国
胡志明唐人街	越南	奥克兰唐人街	美国
马六甲唐人街	马来西亚	曼哈顿唐人街	美国
槟城唐人街	马来西亚	费城唐人街	美国
吉隆坡唐人街	马来西亚	西雅图唐人街	美国
横滨中华街	日本	华盛顿唐人街	美国
神户中华街	日本	沙加缅度乐居镇唐人街	美国
长崎新地中华街	日本	浓特兰大唐人街	美国
曼谷唐人街	泰国	檀香山唐人街	美国
普吉唐人街	泰国	圣盖博古中国城	美国
马尼拉唐人街	菲律宾	蒙特利尔公园市唐人街	美国
万象唐人街	老挝	芝加哥唐人街	美国
仁川中国城	韩国	皇后区法拉盛唐人街	美国
仰光唐人街	缅甸	布鲁克林唐人街	美国
博卡拉唐人街	尼泊尔	多伦多唐人街	加拿大
加尔各答唐人街	印度	温尼伯唐人街	加拿大
欧洲	**所属国家**	蒙特利尔唐人街	加拿大
伦敦唐人街	英国	渥太华唐人街	加拿大
伯明翰唐人街	英国	维多利亚唐人街	加拿大
利物浦唐人街	英国	列治文唐人街	加拿大
格拉斯哥唐人街	英国	埃德蒙顿唐人街	加拿大
曼彻斯特唐人街	英国	**大洋洲**	**所属国家**
阿姆斯特丹唐人街	荷兰	墨尔本唐人街	澳大利亚
鹿特丹唐人街	荷兰	布里斯本唐人街	澳大利亚
马德里唐人街	西班牙	帕斯唐人街	澳大利亚
巴塞罗那唐人街	西班牙	悉尼唐人街	澳大利亚
莫斯科华人区	俄罗斯	奥克兰唐人街	新西兰
圣彼得堡华人区	俄罗斯	**南美洲**	**所属国家**
里斯班唐人街	法国	圣保罗唐人街	巴西
西摩尼亚唐人街	法国	巴拿马市唐人街	巴拿马
巴黎 13 区唐人街	法国	东方市（桥头）唐人街	巴拉圭
雅典唐人街	希腊	墨西哥城唐人街	墨西哥
安特卫普唐人街	比利时	哈瓦那唐人街	古巴
里斯本唐人街	葡萄牙	利马唐人街	秘鲁
科隆中国城	德国	布宜诺斯艾利斯唐人街	阿根廷
罗马唐人街	意大利	圣保罗唐人街	巴西
都柏林唐人街	爱尔兰	**非洲**	**所属国家**
北美洲	**所属国家**	罗安达唐人街	安哥拉
纽约唐人街	美国	约翰利斯堡唐人街	南非
圣弗朗西斯科（旧金山）唐人街	美国	路易港唐人街	毛里求斯
休斯敦唐人街	美国		

资料来源：吴景明，2009：1-3。有修改。

二、亚洲唐人街

提及亚洲“唐人街”，给人的印象似乎都是狭窄的街道，拥挤的小店铺，脏乱差的环境。然而，现在的唐人街则是车水马龙，一派繁荣的景象。众多唐人街的发展见证了华人的奋斗历程，同时也为保留和传播中国文化发挥着积极的作用。

1. 以和为贵，因和而兴——日本横滨中华街

横滨中华街是世界上最大的唐人街，又被誉为中国名菜饭馆街。此地有百余间中餐馆，主要分为广东、江苏、上海和四川等菜系，被称为“食的天堂”，日本人常扶老携幼来此饱食游览。这里的广东菜以清淡可口为人称道，叉烧包、烧菜很受欢迎；对于“吃鱼族”的日本人来说，他们很喜欢上海菜，上海饭馆的菜谱以鱼类为多；四川的麻婆豆腐成为横滨家喻户晓的“四川料理”了……总之，您不用花巨款就能吃遍“中国”。据说，这里附近日本人的乡下朋友，被请到中华街吃顿饭，可视为是最高招待之一。享受美食的同时还可以感受中国的文化，一举两得。现在到日本来的华人越来越多，但发展最好的华人社区还是独此一处。其中的原因，与中华街独特的历史背景以及地理位置有关，然而在这些“天时”、“地利”背后，“人和”才是最重要的因素。中国人讲究“以和为贵”，心平气和才能交流；因为交流、互相之间才能够了解，因为了解才能团结、合作，才能够共同发展。

2. 受惠于郑和的唐人街——马来西亚马六甲唐人街

顾名思义，马六甲海峡正是因为地处马来西亚岛南岸的古代名城马六甲而得名。马六甲作为马来西亚历史最为悠久的古城，华人在城市现代化的进程中也起到了推波助澜的作用。马六甲城内以传统建筑最具特色，包括很多中国式的住宅。古代修建的街道，至今依然保存完好。街道曲折狭窄，屋宇参差多样，很多住房的墙上镶着图案精美的瓷砖，瑞狮门扣，镶龙嵌凤，处处显示出马六甲这个历史古都的独特风味和意蕴。和其他地区一样，华人在城市的发展过程中也逐渐形成了一片属于自己的地域。

唐宋以来，中国沿海地区手工业和商业日益繁荣，到海外的中国人日益增多，大多数人愿意聚地而居，以便互相照应。他们在聚居地摆摊设店，经营小餐馆、客栈、杂货铺，以“唐山客”自称，唐人街也就因此得名。真正唐人街的出现是在明代，这和郑和七次下西洋有着密切的关系。从1405—1433年，郑和先后七次出使西洋，加强了中国和西洋各地的联系，扩大了国际贸易。对“唐人”产生巨大而深远的影响，则是人们没有想到的。郑和七下西洋为唐人街的海外贸易提供了中国货的品牌，这为唐人街形成奠定了坚实的物质基础。郑和将带来的商品与当地人交易，中国的丝绸、瓷器等格外受到当地人的欢迎。这种交易虽然是以物易物，但正是他的“物”，成了中国货的代名词，因为郑和带的都是真正的高级中国货，产生了品牌效应。就拿马六甲来说，通过直接从中国进货，使得马六甲很快成为东南亚重要的经济、商业、贸易中心。马六甲的唐人街当时十分兴隆。

如今，这里仍然保持着中国浓郁传统特色，目前的马六甲唐人街已成为马六甲市的

一个著名的旅游景点，不但中国人喜欢在那里闲逛、品尝小吃，而且外国人也喜欢在这古色古香的环境中喝酒，感受远古。

3. 传说众多的牛车水——新加坡唐人街

新加坡，一个城市国家，国名原意为“狮城”。新加坡的唐人街也有个与动物有关的名称叫做牛车水，这里少说也有上百年的历史，是当年最繁忙的地区。这里有最纯正的东方色彩，唐人南移的辛酸史浇灌了这片土地，新加坡华人的发展史就是从这里开始的。说到牛车水，其地域范围自然不小，含括了大坡、桥南路、新桥路、沙莪巷、史密斯路、登婆路、宾塔街及摩士街。当地建筑天福宫是最能代表华人风貌的。旅居于牛车水的华人对于中国的传统节日格外重视，400多个年货摊位摆满了五花八门的过节美食、琳琅满目的工艺品、东北的木耳、河北的红枣、北京的糖葫芦；各种中草药、滋补品，令人左顾右盼应接不暇。到牛车水逛年货市场，是新加坡人过春节的“必修科目”，也是一种精神大于物质的通体享受。是的，他们寻找的是先民遗留下的一丝气味，一种感觉。那种感觉早已深深地刻进了当地华人的骨子里，一代一代传下去。

牛车水有一个特殊的地方叫“原貌馆”。顾名思义，这个地方的所有建筑都是依据当年勇为先驱的华人“拓荒者”来到这里安营扎寨时的原貌所修建。来到这里，你仿佛穿越了时光隧道。支撑起这里的不仅是一块块简单的砖瓦，一根根空灵的椽柱，最为重要的是还有那些早就被浇灌于其中的先民的注视，祖宗的灵魂。

经过多年的风雨沧桑，南洋的文化习俗已经和中国的传统文明杂糅一体，简言之，这里既是华人的新加坡世界，也是新加坡的华人家园。

4. 浓郁的潮汕风情——泰国曼谷唐人街

曼谷作为泰国的首都，是其政治、经济、文化中心，也被誉为“佛教之都”。泰国人称曼谷为“军贴”，意思是“天使之城”。在这座“天使之城”里，自然会落下华人纷繁而复杂的脚印。随着岁月的流逝，这些坚实的足迹终于在曼谷踏出了自己的一片天空。

今日的曼谷唐人街，作为曼谷城区最为繁华的商业区之一，在东南亚华人社区的地位非同凡响。论及东南亚各地唐人街的规模和繁华程度，曼谷唐人街堪称魁首。这条富有华夏风采的唐人街，长约两千米，由三聘街、耀华力路、石龙军路三条大街以及许多街巷连接而成。作为老曼谷街区之一，已经有近200年的历史了，其房屋建筑大多富有古韵，商业异常繁荣，经营者几乎都是华侨华人，尤其在东南部地区以潮州人居多。早期生活在曼谷的华人，大都集中在耀华力路一带，久而久之，那里便发展为华人自己的地界。

徜徉于曼谷唐人街的街头，身体的每一个毛孔都能感受到浓郁的潮汕风情，潮州话在这里通行无阻。作为一个庞杂的商业区，遍布街区的是数以千计的各种商号，悬挂着醒目的中文招牌，经营着来自中国和当地生产的各种商品。食品店、酒店、鞋店、工艺店……比比皆是。但是最多的是金店，门面虽不大，却装饰得富丽堂皇。据说，曼谷70%的金店皆分布在唐人街。此外，还有出售华文书报的书店、报摊，也有潮州戏院、国语影院等。在这里不光可以观赏华语电影或潮州戏，夜总会还有歌星演唱华语歌曲，以解当地华人华侨思乡之情。

泰国素有“自由之国”、“微笑之邦”的美誉。泰国人民性情温和有礼，富有慈悲胸怀，除与笃信佛教有关外，亦深受中华文化的影响。泰国政府的施政，使得泰中民族之间相处极为融洽。而曼谷唐人街作为见证中泰两国人民友谊的标志，依然发挥着它巨大的作用。

5. 历史长河里的精华与积淀——菲律宾马尼拉唐人街

在缤纷璀璨的东南亚岛国中有一颗格外引人注目的靓丽明珠——“椰子之国”菲律宾。早在公元3世纪左右，菲律宾就同中国友好往来。丝绸之路作为中国古代外交的象征，其名号自然是名扬寰宇。

马尼拉唐人街，这条略显古旧的街道，有着完全不同于菲律宾本土所特有的东南亚热带气息的中国风。不宽的街道利用率很高，商店一家挨着一家，小金店里播放着邓丽君的老歌，让人仿佛回到了遥远的年代。这里最为引人注目的是商铺独特的建筑——骑楼。是与西方古代传统文化相结合演变而成的建筑形式，特别适合亚热带气候，其商业实用性非常突出。

唐人街口竖立着华侨王彬的铜像，还有一段可歌可泣的悲壮历史。王彬是华侨印刷工，在参加菲律宾人民反抗西班牙的殖民统治中立下了汗马功劳。因此，菲律宾人民以及这里的华人华侨一直纪念他。

如今马尼拉已经成为亚洲重要的旅游城市之一。每周有300多次班机从马尼拉通往世界各地，但两轮马车依然是马尼拉唐人街颇具特色的交通方式，不时出现在拥挤的街巷里。外国游客到此，总要在王彬街至唐人街一带乘坐马车。

6. 湄公河畔，新的开始——老挝万象唐人街

万象是老挝人民民主共和国的首都，位于湄公河中游北岸的河谷平原上，是世界上少有的位于边境的首都。万象唐人街给人印象最深的是，从街头到巷尾都充斥着各色餐馆。这里除了来自中国大江南北的菜系以外，还有日本寿司、韩国料理等国际特色菜系。随着世界各地游客的纷至沓来，不同胃口的需求使得这里好不热闹，正逐渐向异国风味相互映照、相互掺杂的国际性美食街演变。

万象市内拥有70余年悠久历史的最大华人学校——寮都公学。在校学生有1000余人。除华人子弟外，不少寮共高干和驻万象外交官也送子女到该校读书，堪称一所“国际学校”，中国“国家汉语国际推广领导小组办公室”曾经派出一批中国教师前去授课。

现在老挝华侨华人约有28万人，他们主要聚居在老挝中南部城市，万象、沙湾那吉、巴色等大城市，且以粤闽籍居多。云南祖籍的华侨华人则分布在丰沙里、华潘、川塘等上寮地区。

7. 用饮食来传播文化——韩国仁川中华街

仁川是一座位于首尔以西的港口城市，这里的中华街虽然仅是一个小社区，但里面却有40余家中式餐馆和商店，经营者也以韩国人居多，华人经营者只占30%。

自1884年华侨居住在仁川开始，中国菜馆相继出现。其中，炸酱面（也称为“炒酱面”），原来只是将炒好的中国大酱盖在面条上，而华侨在上面放了蔬菜和肉，又在春酱里加了焦糖，做出了又香又好吃、符合韩国人品味的炸酱面。炸酱面清淡而不腻，受到唐人街游客的青睐。中国的传统文化，历经几代，已经变得非常淡薄，但中华料理依然正宗，人们仍能从中感受到一份浓浓的中国气息。

8. 不同寻常的起步——印度加尔各答唐人街

加尔各答是印度最大的城市，也是印度的主要港口。气候终年炎热，年降水量1 000多毫米，它同时是印度现代文学和艺术思想的诞生地。在印度的华人总数不过8000人，他们大多聚居于第一大都会加尔各答市的塔坝镇，这就是加尔各答的唐人街。这个小镇方圆有10km^2，居住在此的华侨华人以经营中餐馆、美容美发店、镶牙店、皮革店为主，逐渐形成了华侨华人的社交生活圈。皮革往昔成为著名品牌，备受欢迎，而今已经不似往日红火，代之而起的中国菜已经成为金字招牌。另外，加尔各答唐人街还有一份中文报纸《印度商报》，成为华裔获取市场资源和重温母语的唯一信息渠道。中国的农历新年是塔坝镇最热闹的节日，此时此刻，辛苦一年的华侨华人无不沉浸在欢欣愉悦的怡人气氛中。

三、美洲唐人街

美洲的华人街区数量较多，集中沿海分布，北多南少。就国家分布而言，唐人街重点分布在美国与加拿大两个发达国家。

1. 最美丽的唐人街——美国旧金山唐人街

在世界上哪条唐人街享有最高的知名度？——圣弗郎西斯科（旧金山）唐人街。的确，无论从哪个方面去衡量，位于美国西海岸的旧金山唐人街，都是世界各地唐人街中最美丽、最引人注目的华人家园。

旧金山唐人街坐落在雄伟繁忙金融商业区的一角，是个老区，店屋都比较低矮。整个社区遍布着各色大小商铺。经营范围自普通生活用品至奇珍异宝，应有尽有。传统的中国餐饮、建筑、穿着在这里被完整地保存着，世界各地游客可在这里尽情地触摸和享受多姿多彩的中国文化。旧金山唐人街的标志建筑为Portsmouth广场，兴建于1839年。唐人街最引人注目的地方就是坐落在Grant Avenue之上的唐人街大门口。这是由Clayton Lee设计，始建于1970年的建筑物。

旧金山唐人街的入口处在布什大街上格兰特街的南端。唐人街长宽约1km，大门是一座巨大的牌楼，它以耀眼夺目的琉璃瓦为盖顶，周身缠绕着几条轻舞飞扬的中国龙——展现了浓郁的中国风味。在这里，常驻唐人街的中国文化中心经常会举办华裔美国人的各种展览，也会为外来游客安排唐人街历史游、唐人街美食游。

2. 旧貌换新颜的洛杉矶唐人街

洛杉矶唐人街已经走过了一个世纪的风雨历程，现如今，那里正发生着剧烈的变化：年复一年经营着的店铺、维系了百年的传统正在渐渐消失，取而代之的是新兴的唐人街。

在唐人街和洛杉矶市政府交界的地方，有一座二层的红楼，这是建于1890年的砖楼，现在已经成为记载洛杉矶华人历史的“华美博物馆”。洛杉矶的唐人街能有今天这样的规模，这座楼就是整个坐标轴的原点。华美博物馆所在的普埃布罗公园一带，不仅是洛杉矶唐人街的发源地，而且也是洛杉矶整座城市的起源，要回顾洛杉矶的发展，离不开这座古楼，当然也离不开唐人街。

过去的唐人街给人的印象是脏乱不堪，经过洛杉矶市政府和唐人街管理小组的联合整顿，今天的唐人街早已旧貌换新颜。

3. 虽无虎踞，却有龙盘——芝加哥唐人街

芝加哥号称“风之城”，是全美第三大城市。芝加哥市永活大街入口处建有一座中国式大牌楼，雕梁画栋，色彩鲜艳，正面刻着孙中山手书的“天下为公”，背面刻有“礼义廉耻”，成为芝加哥华埠的标志建筑，游人到此必拍照留念。芝加哥唐人街的房子与美国其他地区的比较起来，略显古旧，因为这条唐人街有着悠久的历史。

在芝加哥唐人街上，有一座气势宏伟的九龙壁。这座九龙壁的意义非同小可，这是世界上位居第三座的九龙壁。毛主席有句诗：“虎踞龙盘今胜昔，天翻地覆慨而慷”。芝加哥唐人街虽无虎踞，却有龙盘，这种风云流散的气概的确使人为之振奋。今天，芝加哥唐人街上的每一位华人在用自己稳重的脚步和辛勤的汗水缔造一个坚实的未来。

4. 一座城市六条唐人街——多伦多唐人街群

多伦多容纳了六条唐人街，形成了一个结结实实的唐人街群，但规模大小不一。最为主要的一条唐人街是地处多伦多市 Spadina 和 Dundas 街的交汇处。

多伦多的华裔社区形成于 20 世纪初，历史并不是很悠久。华裔社区到 1935 年趋于成熟，当时在四条街的范围内有 300 家华人开办的洗衣店。时至今日，多伦多的华裔人口已超过 40 万，成为最大的有色族裔群体。

多伦多的第二大唐人街位于 Broadview 和 Gerrard 交汇处，其余四条位于郊区，经过近年的发展也已具有相当的规模。每年 6 月，多伦多都会举办一个特殊的节日——龙舟节。紧张刺激的龙舟赛已成为多伦多夏季的一项文娱盛事，成为一项不可泯灭的传统，每年都能成为吸引成千上万市民和游客观看，蔚为大观。

5. 多元文化汇聚的重镇——渥太华唐人街

渥太华是加拿大的首都和政治文化中心。其独特的文化个性、优美的街道风光、闲适的生活情趣，令人印象深刻。

渥太华原来的旧唐人街是指阿尔伯特街一带的华人商场，规模十分小，只包括几间小型的餐馆、杂货店及一些零售商店，基本没有任何中国特点和华人风情，于上个世纪 70 年代已逐渐没落，终于湮没在摩天大厦中。与此同时，原有的旧唐人街商户带领他们的家人向西南迁移，进入当时的市中心地带，但始终只能游走主流社会的边缘。他们依靠经营家庭式小生意以维持生计。

市政府根据现实局面调整政策，于 1980 年把该区定为重新发展区，并拨出 200 万元作为资助。今日的渥太华唐人街，已然是一个多元化文化汇聚之地，更成为渥太华一个重要的饮食和旅游观光点。

6. 华人创业的新大陆——圣保罗唐人街

巴西的圣保罗唐人街指的是市中心的25街。作为巴西全国最大的批发及百货集散地，它形成于20世纪60年代至80年代中晚期，华人凭借勤劳与智慧，逐渐拓展出自己的一片天地。有资料显示，25街现有店铺3000余家，华人店家达数百家。由此，25街有“圣保罗唐人街”之谓。25街华商的入驻和崛起，带动了其他华侨的第三产业在此区域的创建和发展。25街华商的致富，也激励了华侨亲家乡、爱祖国的如火热情。

7. 离中国最远的唐人街——布宜诺斯艾利斯唐人街

布宜诺斯艾利斯唐人街共占3个街区，长约300m。这条街及与之相交的3条街道，集中了大约上百家华侨华人经营的商店、饭馆、美发厅等服务业商家。此外，还有牙医、咖啡馆等。每逢周末，居住在首都及周围地区的华侨华人、其他亚洲侨民以及阿根廷本地人，会纷纷到这里采购、观光。

作为布宜诺斯艾利斯市唯一的一条唐人街，自然是一个展现中国魅力文化的独特窗口。每到春节等中国传统节日，这里举行舞龙舞狮、庙会集市，出售各种只有春节才会出现的用品和食物。2006年，贝尔格拉诺区政府决定将这条街列入旅游景区之一。

8. 美洲大陆上的“小广州”——墨西哥城唐人街

墨西哥的华人聚居区在墨西哥城的唐人街，早在16世纪末，墨西哥城就有唐人街的雏形。因该地华侨华人大多来自中国广东的台山、新会、开平、恩平等地，故有“小广州”之称。

唐人街整个街区面积不大，但却充斥着各式中国特色的楼宇以及各种中式杂货铺和百货店，如国货大楼、龙城餐馆等。每天吸引着无数在异域寻找乡情的华侨华人和充满新鲜感的墨西哥人。

四、欧洲唐人街

1. 雾都里渲染中国红——伦敦唐人街

伦敦，作为英国首都，也是一座接纳世界各民族聚居的城市。其中，中国文化是其中一道不可或缺的靓丽风景线。在旅英的16万华人中，有一半生活在伦敦。在伦敦，有一处华人文化气息最为浓厚的地方，那就是伦敦唐人街。

伦敦唐人街，也称中国城，是整个欧洲规模最大的华人社区。徜徉于伦敦唐人街，沉浸于现代生活节拍和规律的人们，乍一来到这里仍然可以在闹市茶寮中，嗅到异于他处的文化气息，一种属于中国传统文化所特有的内秀精神和气质。

1985年，伦敦政府正式承认“伦敦华埠”为唐人街社区。伦敦唐人街在它百年的历程中成了一代又一代旅英华人的精神家园，抚慰了不少华人游子梦魂的乡愁。

2. 想要了解中国就来这里——巴黎13区唐人街

华人来到这个国度已经有100多年了。目前，在法国的华人约有50万，主要集中在：巴黎13区唐人街、美丽城唐人街、巴黎3区和4区的温州街。巴黎的华人区各有各的特色，但是只要谈起唐人街脑子里首先蹦出来的必定是13区唐人街。

巴黎13区的唐人街主要集中在由绍瓦西、伊夫利和马赛纳三条大街构成的一个三角区域。走在13区，悬着方块字标志的中国餐馆、大商小铺遍布街道两旁，这里行人如织，生气勃勃。眼见熟悉又陌生的容貌，听着标准和不标准的普通话，感觉真像回到了国内。

3. 友谊地久天长——莫斯科华人区

莫斯科是俄罗斯首都，全国最大城市，最大铁路枢纽，全国政治、文化和经济、交通中心。20世纪90年代，华人区在莫斯科的大型批发市场周围发展起来。其中最大的要数伊兹梅洛沃市场旁的华人区。这里被称为“友谊线”。如今，在莫斯科的很多地方都能感觉到汉语的存在：当地有许多中餐馆和商店采用汉字招牌；有华人自己办的报纸杂志等出版物；最多的还是听到的“中国话”。

改革开放以后，中俄间的一个热门词汇就是“倒儿爷”，这是一个专门从事将中国日用商品携带到莫斯科等地进行销售的群体，大批廉价中国商品也不断出现在莫斯科的市场和街头摊点，很受欢迎。在莫斯科的许多商场、超市，甚至旅游纪念品商店里中国商品几乎随处可见，“中国制造”依然是受人关注的焦点。

4. 爱琴海畔的华人在成长——希腊雅典唐人街

华人在雅典这座爱琴海畔城市的足迹却新鲜得很——40余年前才有了第一批华人移民。如今，希腊华人的总数已近2万，大部分集中于雅典。现在站在雅典的市中心，很容易就能看见黑头发、黄皮肤的中国面孔。

在希腊的华人华侨主要经营的是服装、鞋帽等进出品贸易。目前，希腊华人的服装批发行业已扩展到200余家，这些店铺大多集中在雅典中心地带的奥贸尼亚地区。该区域也顺理成章地成为雅典的唐人街。

随着中国餐馆、中国食品超市、华人理发店和华人制衣工厂的先后落户，使得该地区周边的几条主要干道，已渐渐发展到相当规模。

5. 老街如今改姓“唐”——西班牙马德里唐人街

鲁迅的至理名言：“地上根本没有路，走的人多了，就成了路。”这句话被居于西班牙马德里的华人鲜活地证明了。马德里现在的唐人街，原来是马德里城里的一个老街USERA。十几年前，那里还处在“阡陌螺旋，榛莽未除”的年代，老一辈华人迫于生活的压力，成为了这条老街的第一批拓荒者。随后他们把这条老街开发得越来越像样，时至今日，这里已经被他们开发成一条唐人街。

据当地政府的官方统计，这里移民的人数已经达到了5万之多。而细分人口的比重，南美人最多，其次是摩洛哥人、华人、吉卜赛人等。最近几年，这种状况又在悄然发生着变化，随着华人移民大量涌入，华人的数量越来越多——目前老区的华人已接近1万，大商小铺、各色工厂累计已达200多家。

6. 有名无实的唐人街——意大利罗马唐人街

意大利首都罗马市内居住着近 1 万华人移民。他们大多聚居在位于市中心的维多里奥广场附近，规模十分庞大，光是商店就有 600 余家。时下，位于罗马市中心的广场周围，黑头发、黑眼睛、黄皮肤的华人随处可见，中国店铺鳞次栉比，店名大都用大大的汉字写就，店员开口皆是南腔北调的汉语，中国风味浓郁得无可附加。维多里奥广场一带越来越浓烈的“中国味道”，对那些未能挤入这一“商圈”的华人而言具有极强的吸引力。

这里虽然还没有“唐人街”的正式头衔，但丝毫不能打消华人华侨们在此创业的积极性，因为这里唐人街的精神意义早已超过了它存在的物质意义。

五、大洋洲唐人街

1. 西式典雅和中式内敛的完美结合——澳大利亚墨尔本唐人街

墨尔本是澳大利亚第二大城市，是素有“花园之州”美誉的维多利亚的首府，也是澳大利亚的工业重镇。墨尔本以深厚的文化气息、时装、美食、娱乐及体育活动而著称。

墨尔本唐人街位于当地著名的 Little Bourke 街。长约 900m，宽约 6m，跨越五条与之垂直的大街。放眼望去，这里的店铺都高悬中文招牌，在整座城市西式风味很浓的典雅气氛中脱显出一抹浓郁的东方意味。

与美国的旧金山相对应，墨尔本有着另一个鲜为人知的名字——新金山。1853 年澳大利亚发现黄金的消息传入中国，一群又一群满怀淘金梦的“拓荒者”便相继离乡背井，来到墨尔本市郊巴拉拉特的素维伦金山淘金。岁月沉淀，光阴荏苒，他们中有一部分人便定居了下来，定居的地方自然就成为现在的墨尔本唐人街。

2. 蜿蜒辗转的“中国龙”——澳大利亚悉尼唐人街

在澳大利亚悉尼生活、工作过的华人，大抵认同这么一句话：随便站在哪个路口，放眼望去，视力所及范围之内，必定会出现一个以上的中国人。悉尼，这座风景极其秀丽的城市，是世界各国通往澳大利亚的门户，亦是世界著名的大都会。在悉尼 360 万人口中，华人竟有 30 多万，占了将近 1/10，其人口数量充分说明，中国人在悉尼是规模庞大的一个社会群体，而他们中的大部分生活在唐人街。

其实，悉尼唐人街已远远超出了“街”的概念，澳大利亚政府称其为“中国城”。它的标志性建筑是街上最高的建筑物——“山顶台”，站在楼顶，可将悉尼美景尽收眼底。坐落在市中心最为繁华地段的唐人街紧邻悉尼的达令港。唐人街的主街是德信街，其他还有周边地区的沙瑟街、乔治街、高宝街和利物浦街。如今，悉尼唐人街已经成为旅澳华人一定会去的地方。

六、最年轻的唐人街——南非约翰内斯堡唐人街

华人街区几乎遍及全球各大洲的各个国家，尤其是近百年来中国移民罕至的非洲，也出现了一些华人街区。其中，最著名的就是南非约翰内斯堡唐人街。

与旧金山、曼哈顿等地的著名唐人街相比，南非的这条唐人街自然显得非常年轻。它位于布鲁玛湖附近的西罗町大街，2005 年底被正式注册成为约翰内斯堡的唐人街。这是非洲第一条正式经官方注册的唐人街。这条街总长 610m，共有 80 余家店铺，除了少数几家来自中国香港、台湾地区的商人经营的店铺外，其余均来自中国大陆的商人开设。虽没有大都市的唐人街那般繁华喧闹，但各家店铺倒也门庭若市，并不显冷清。

随着华人对当地经济发展做出的贡献越来越鲜明，他们的社会地位也迅速提升。当地政府对西罗町唐人街的发展日益重视。为此，政府专门组织人员和管委会共同商讨唐人街发展的宏伟蓝图，一起计划怎么能将这片区域开发得更好。

总之，华侨华人是中华民族在海外的延伸的有机组成部分，是我国大发展的“独特机遇”，是同世界各国友好交往与合作交流的重要桥梁，也是促进世界和平与发展的重要力量。随着华侨华人的大量产生和国际影响的扩大，有关华侨、华人历史和现状的研究越来越受到中外学者和政界的重视。学习侨史、掌握侨情、了解华侨华人概况，对祖国和平与发展具有重要的意义。

参考文献

国务院侨办侨务干部学校. 2005. 华侨华人概述. 北京：九州出版社.

林金枝. 1993. 战后海外华侨华人社会的变化及其特点. 华侨大学学报：社会科学版，11（3）：1-10.

乔卫，包涛. 2010. 中国侨乡侨情调查. 北京：中国广播电视大学出版社.

王望波，庄国土. 2011. 2009 年海外华侨华人概述. 北京：世界知识出版社.

王望波，庄国土. 2010. 2008 年海外华侨华人概述. 北京：世界知识出版社.

吴景明. 2009. 世界著名华人街区——唐人街. 长春：吉林人民出版社.

吴美，黄运基. 2004. 唐人街. 广州：花城出版社：2004.

第六十五章　跨界民族地理

中国是个多民族国家，陆疆绵延 2 万余千米，邻国众多且交往频繁、历史悠久且疆界变动较大，促使我国成为世界上跨界民族的主要集中区之一，也成为我国民族学、人类学、历史学、语言学、文化学、民族地理学等跨学科研究的重要领域之一。国内学术界对跨界民族及其相关问题的研究始于 20 世纪 80 年代，是伴随着第三次世界民族主义浪潮兴起，特别是 20 世纪 90 年代初中国启动沿边开放政策后，国际国内范围内的跨界民族问题日渐突出而逐渐成为学界关注的焦点。我国关于跨界民族及其相关问题的研究虽然起步较晚，但成果丰硕，呈现蓬勃发展之势，其成果在维护我国边疆安全稳定与民族团结和谐方面做出了重大贡献。对跨界民族及其相关问题的系统研究，将会对我国民族学、民族地理学理论建设与发展、民族政策制定与实施以及边疆民族地区和谐稳定发展，具有重要的促进作用和产生深远的影响。

第一节　跨界民族及其类型

一、跨界民族的基本概念

对于跨界民族的基本概念，至今尚未有被学术界公认的权威界定或系统阐述。目前，国内学术界在对跨界民族研究的过程中产生了一些与其意义相近的术语，如“跨境民族”、“跨国民族”（丁延松，2005）、“跨国界民族”（王清华，彭朝荣，2008）等。关于跨界民族的意义，较早对跨界民族进行研究的王建民认为，“跨界民族是指由于长期的历史发展而形成的，分别在两个或多个现代国家中居住的同一民族。所谓‘界’是指国界。”他进一步指出：“近年来，有人也经常在各种场合使用‘跨境民族’一词，境即指国境线，跨境即跨界。不过，在使用中似乎‘界’（Border）较‘境’（Area）更确切些，因为境是指区域，讲‘跨’区域，不如说‘跨’一条边界线更清楚。”最后他又表示，“当然，从实际内涵上来看，我们认为这两个概念基本上没有什么区别。”（金春子，王建民，1994）基于以上论述，刘稚（2004）对跨界民族进行了较为详细的阐述，指出“跨界民族就是指历史上形成的而现在分布在两个或两个以上国家并在相关国家交界地区毗邻而居的同一民族。”构成跨界民族应当包括三个基本要素：一是历史上形成的原生形态民族；二是同一民族的人们居住在两个或两个以上的相邻国家；三是民族传统聚居地被国界分隔但相互毗邻。分布地域是否跨国相连成片是区分跨界民族和跨国移民族群的主要标志。在此概念中蕴涵着跨界民族的特点：跨界民族的历史整体性。它有着两层含义，一是现在的跨界民族在历史时期并非是跨国界的；二是尽管现在的跨界民族分属于不同国家，受到不同的政治制度、文化制度的影响，但是由于历史文化的继承性，又使得跨界民族在文化上和民族情感认同上仍具有相通性。跨界民族聚集地的地域毗邻性，即跨界民族在地理空间上的连续性。因此，本书采用“跨界民族”概念来研究在地理空间上连续的、传统分布地被政治疆界隔开的跨界民族。

二、跨界民族问题的产生

跨界民族问题主要包括跨界民族概念及内涵、跨界民族研究两大方面。后者又包括跨界民族问题的产生及研究现状。我国“跨界民族”研究，是基于20世纪80年代第三次世界民族主义兴起及90年代我国进行沿边开放政策的背景下，1986年最早由中央民族大学陈永龄（1986）提出。经过近30年的系统研究，我国跨界民族在历史变迁、语言文化、民俗风情、社会经济等方面取得丰硕的成果，并得出影响跨界民族问题的因素，包括政治、经济、文化、民族心理、宗教信仰、泛民族主义等的结论（李学保，2011）。在这些因素中，跨界民族认同与国家认同的失衡——国家政治“区隔力”与传统民族文化“感召力”的相互作用是跨界民族问题产生的前提；跨界民族区域的经济发展相对滞后（与国界另一侧的同族以及国内其他地区相比较），是其产生的心理认知基础；泛民族主义和外部势力的影响是跨界民族问题激化的外部条件；跨界民族谋求分离、独立的政治欲望，或因跨国民族的政治联合运动而滋长的跨界民族主义，刺激外部政治势力的渗透和介入，导致边界战争、跨界民族区域大规模骚乱或政治性群体性事件，是其最突出的表现（李学保，2011）。因此，除已有的研究领域外，还需对边疆安全与民族和谐稳定等新时期跨界民族问题给予关注并进行系统研究。

三、跨界民族的类型及基本特征

民族类型划分是跨界民族研究必须考虑的问题。根据已有学者对国内外跨界民族类型的研究，得出三种分类形式。一是从边界的地理性质来看，跨界民族可分为陆界跨界民族和海域跨界民族；二是从跨界的国家数量看，可分为双边跨界民族和多边跨界民族；三是从跨界民族的构成看，可分为三类：单边主体跨界民族、双边主体跨界民族、非主体跨界民族（张兴堂，2004）。由于我国陆疆长达2万余千米，接壤邻国数多达10余个，境内民族由汉族为主体民族（根据人口数界定）和55个少数民族组成，跨界民族近30个，因此，我国及其与邻国的跨界民族类型按政治地位来划分更具科学性，其类型可分为如下三类：①至少在一国为主体民族，在其他国家为非主体民族的跨界民族（也称“单边主体跨界民族”）。即此类跨界民族是指分属不同国家的同一民族在某个或某些国家是主体民族，在其他国家是非主体民族的跨界民族。这一类型的跨界民族由于作为主体民族的一方往往建有独立的民族国家，对分布在其他国家非主体的同一民族具有一定的吸引力，易于导致分布在相邻国家的同一民族在他国的分离倾向。②在各国都是主体民族的跨界民族（也称“双边主体跨界民族”）。即此类跨界民族是指原来具有共同地域的同一民族，后来被国家疆界分隔，虽然分属于不同国家，但在相关各国都是主体民族或多数民族。这一类跨界民族的发展前景多数是统一，少数是分解。③在所有国家都是少数民族的跨界民族（也称“非主体跨界民族”）。此类跨界民族是指在两个或两个以上相邻国家都不是主体民族的同一民族群体。在这一类型的跨界民族中，由于各自逐渐接受了所在国家的主体民族的影响，彼此之间的同一性不断减少，差异性不断扩大，民族意识逐渐淡化，主要趋势是分解，即由原来的一个民族，逐渐分化为不同国家的数个民族（刘稚，2004）。清晰明了的、科学的跨界民族类型及其特征，为促进我国民族和谐发展奠定了坚实的理论基础。

四、中国跨界民族的划分

根据跨界民族的涵义、类型及本书对民族地理分区的构想，可把我国跨界民族分为：东北跨界民族、北部跨界民族、西北跨界民族和西南跨界民族（图 65-1）。

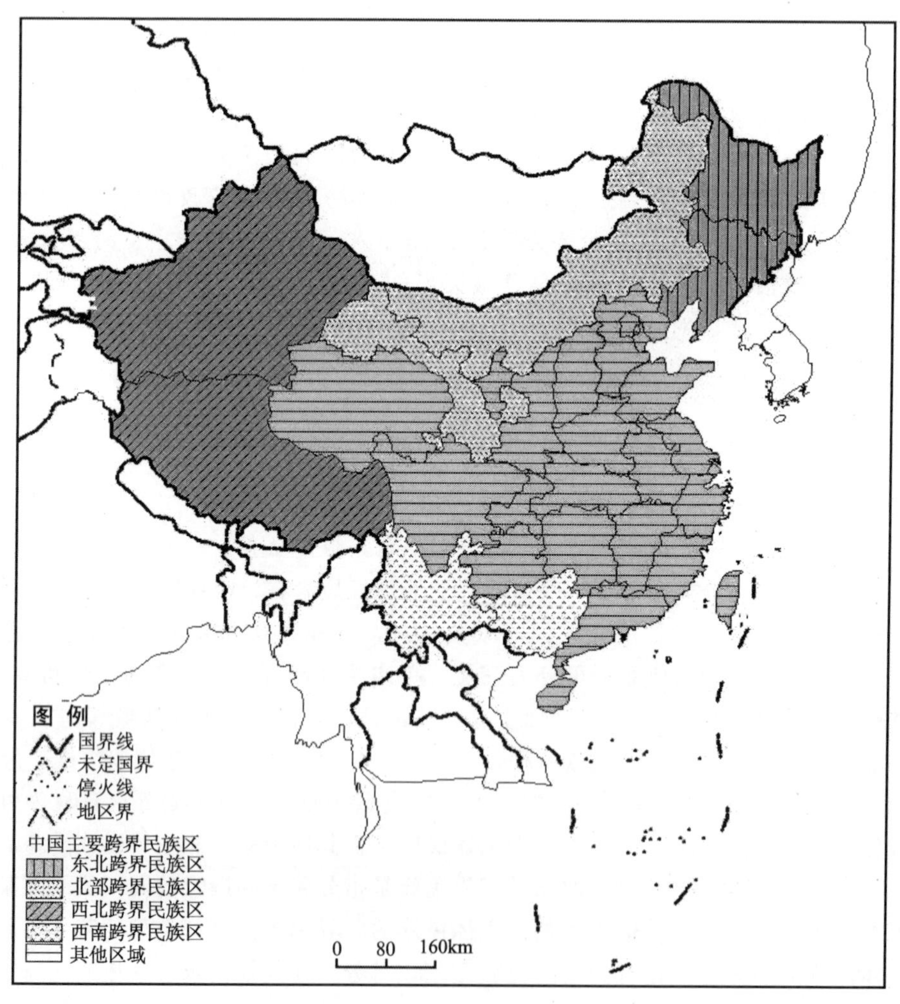

图 65-1　中国跨界民族示意图

第二节　东北跨界民族

东北跨界民族包括朝鲜族和赫哲族（图 65-2）。

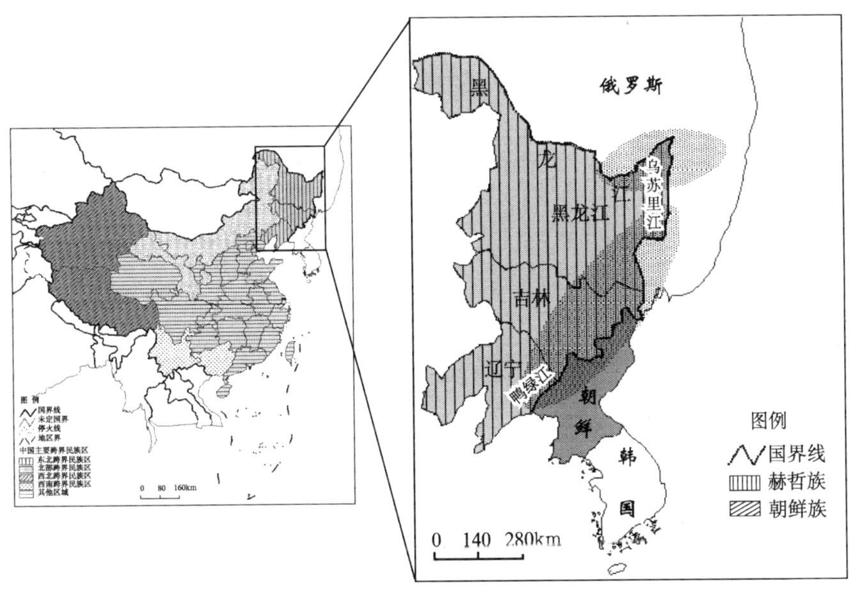

图 65-2　东北跨界民族示意图

朝鲜族是跨中国、朝鲜、俄罗斯而居的跨界民族（金春子，王建民，1994）。分布在中国境内的朝鲜族总人口数为 1 830 929 人（国务院人口普查办公室，国家统计局，2012），主要分布于吉林、黑龙江和辽宁三省。其中，吉林省延边朝鲜族自治州是主要聚集区，该区在地理空间上与朝鲜相连。朝鲜族作为东北跨界民族组成民族之一，其形成原因有：17 世纪末至 19 世纪末为由于战争和自然灾害导致的自发迁移时期；19 世纪初至 20 世纪 40 年代以前由于日本入侵朝鲜半岛和东北区引起的政治迁移时期。

赫哲族是跨中、俄两国而居的跨界民族（金春子，王建民，1994）。分布在中国境内的赫哲族人口总数为 5 354 人（国务院人口普查办公室，国家统计局，2012），主要分布在黑龙江下游，大部分集中居住于中国黑龙江省的同江市以及乌苏里江流域和松花江下游区的北温带季风气候的三江平原地区。该区位于中国与俄罗斯接壤地带。赫哲族形成跨界民族主要由于 1858 年的《中俄瑷珲条约》和 1860 年的《中俄北京条约》割去我国黑龙江以北、乌苏里江以东的大片领土，而致使赫哲族成为跨中国、俄罗斯两国居住的跨界民族（金春子，王建民，1994）。

第三节　北部跨界民族

北部跨界民族主要包括蒙古族和鄂温克族两个民族（图 65-3）。分布区主要气候类型属于冬季寒冷漫长、夏季炎热短促的温带大陆性气候。

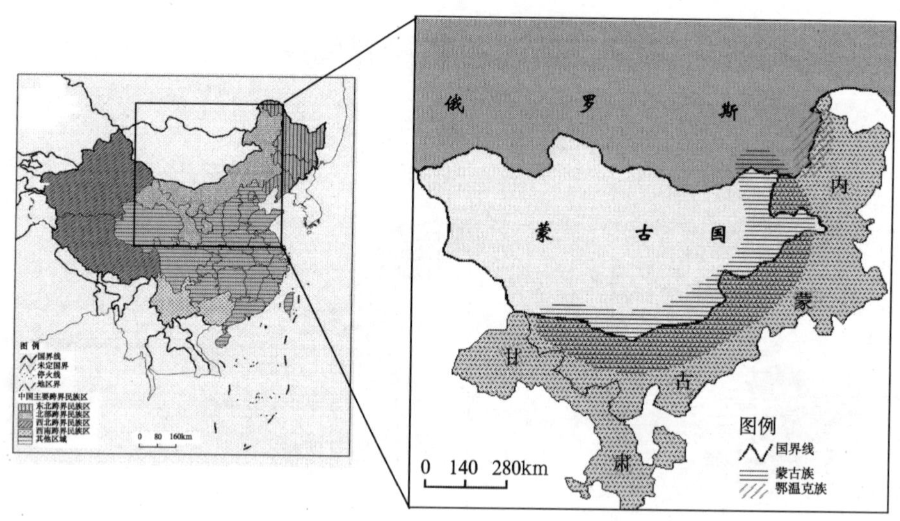

图 65-3 北部跨界民族示意图

鄂温克族主要是跨中国、俄罗斯两国居住的跨界民族（金春子，王建民，1994）。分布在中国境内的鄂温克族的总人口为 30 875 人（国务院人口普查办公室，国家统计局，2012），主要聚集分布于内蒙古自治区的呼伦贝尔市的呼伦贝尔草原，部分分布于黑龙江的大小兴安岭区。此区域地势南高北低，地貌类型复杂多样，河网密集。

蒙古族是跨中国、蒙古国、俄罗斯联邦而居住的跨界民族（金春子，王建民，1994）。分布在中国境内的蒙古族总数为 5 981 840 人（国务院人口普查办公室，国家统计局，2012），主要分布在内蒙古自治区。中、蒙两国的跨界民族是伴随 1924 年蒙古人民共和国的成立和 1949 年的中、蒙建立外交关系而形成的。

第四节 西北跨界民族

西北跨界民族包括门巴族、藏族、回族、维吾尔族、塔塔尔族、俄罗斯族、乌孜别克族、塔吉克族、柯尔克孜族和哈萨克族（图 65-4）。

门巴族是跨中国、不丹、印度而居的跨界民族（金春子，王建民，1994）。分布在中国境内的门巴族人口总数为 10 561 人（国务院人口普查办公室，国家统计局，2012），主要集中居住在西藏东南部。门巴族居住区气候和植被呈垂直分布，复杂多样，从高山寒带植被到山地亚热带植物都有分布。不丹的主要居民自称为主巴，通常又被称作菩提亚人，是西藏移民融合当地土著之后逐渐发展而成的一个与中国门巴族有关的民族；印度将门巴人称为“纠摩”或“秋摩”。

藏族是主要分布在中国青藏高原及周围部分地区的少数民族。由于藏族在历史上的迁徙和与周围印度、尼泊尔、不丹等国交往频繁，再加之这些地区居住着一些与藏族在文化上和民族特点上差异不大的民族，故可以视其为与藏族属于同一或亲缘关系极为相近的跨界民族（金春子，王建民，1994）。分布在中国境内的藏族人口数为 6 282 187 人（国务院人口普查办公室，国家统计局，2012）。中国境内的藏族大部分主要居住在平均

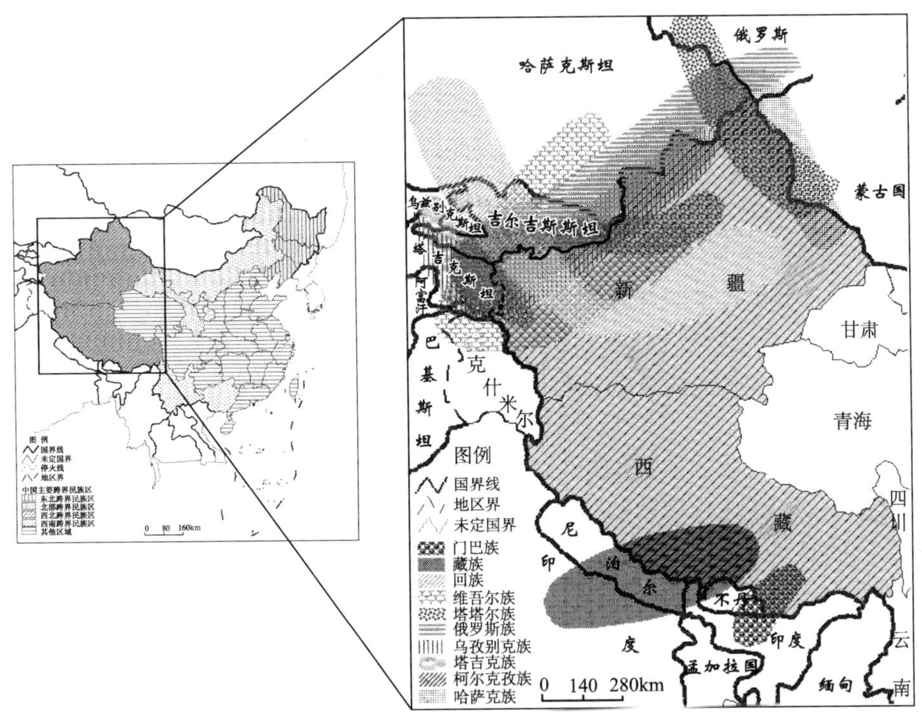

图 65-4 西北跨界民族示意图

海拔 4000m 以上的青藏高原上，大部分地区空气稀薄，日照充足，辐射量大。在印度、尼泊尔等国的菩提亚人是中国西藏的移民后裔；而在南亚诸国中，也将分布在各自国内的、会说藏语的、保持着西藏文化部分特点的居民称为菩提亚人。与此同时，也有观点认为中国与印度、尼泊尔等国之间不存在跨界藏族，仅仅只是存在一个特殊的跨界藏族族群，这就是 1959 年后西藏上层叛乱期间逃往印度的达赖集团及其组织的所谓流亡政府，现聚居在印度北部靠近中国一侧的达兰萨拉，构成了中国与相关国家间特殊的跨界民族（李学保，2011）。

回族是中国分布最广的少数民族之一，同时也是跨中国、吉尔吉斯斯坦、哈萨克斯坦、乌兹别克斯坦等国的跨界民族（金春子，王建民，1994）。分布在中国境内的回族人口数为 10 586 087 人（国务院人口普查办公室，国家统计局，2012），主要分部在黄土高原、云贵高原、华北平原和中原地区。中国回族最大的聚居区是宁夏回族自治区，该区域属于温带大陆性半干旱气候，温差较大。回族是由中国国内及国外的多种民族成分在长期历史发展中形成的民族。居住在中亚境内的回族是 19 世纪下半叶我国西北回族起义失败后迁入俄国（今吉尔吉斯斯坦、哈萨克斯坦、乌兹别克斯坦）境内的回族后裔。

维吾尔族是分布于中国、哈萨克斯坦、乌兹别克斯坦、吉尔吉斯斯坦、阿富汗、巴基斯坦等国的跨界民族（金春子，王建民，1994），也是中国的少数民族之一。分布在中国境内的维吾尔族人口数为 10 069 346 人（国务院人口普查办公室，国家统计局，2012）。中国维吾尔族主要聚居的新疆维吾尔自治区属于典型的温带大陆性气候，冬季严寒，夏季炎热，降水量少，新疆南部地区多为沙漠，人们主要聚居在其中的绿洲地区。18 世纪中叶至 20 世纪初，由于经商等原因部分维吾尔族从中国喀什迁徙到中亚楚河流域与费尔干纳一带；1881 年《中俄伊犁条约》的签订，割让部分领土给俄国，致使居住在这些地区的维吾尔族成为俄国臣民；民国时也有部分维吾尔族因为经商和躲避军阀迫害前往中亚地区；1962 年伊犁塔城边民非法越境时期，部分维吾尔族越境进入中亚地区。

塔塔尔族是跨中国、俄罗斯、哈萨克斯坦、吉尔吉斯斯坦、乌兹别克斯坦、塔吉克斯坦、蒙古国等国的跨界民族（金春子，王建民，1994）。分布在中国境内的塔塔尔族人口总数为 3 556 人（国务院人口普查办公室，国家统计局，2012），主要分布在新疆的伊犁哈萨克自治州、乌鲁木齐、昌吉回族自治州等地。中国塔塔尔族居住在具有典型温带大陆性气候的河谷地区。19 世纪以来由于俄国严重的农奴制度使得鞑靼人（俄国对塔塔尔族的称呼）失去土地被迫迁移，与此同时沙皇政府沉重的兵役制度也使得很多鞑靼人跨过伏尔加河迁入中国新疆；19 世纪后半期由于中俄不平等条约的签订，中国新疆通商大门的打开，鞑靼人随之进入中国开始从事商贸及教育等工作；20 世纪 30 年代第一次世界大战爆发，为了逃避种种灾难，这个时期成为鞑靼人迁入新疆人数最多的时期。鞑靼人迁入新疆之后居住并长期定居下来，以后逐渐发展成为中国的塔塔尔族。

俄罗斯族是跨中国、俄罗斯、哈萨克斯坦、吉尔吉斯斯坦、塔吉克斯坦、乌兹别克斯坦等国而居的跨界民族（金春子，王建民，1994），其中以俄罗斯分布最多，是俄罗斯最大的民族。俄罗斯族也广泛分布在独联体其他各国和波罗的海三国。分布在中国境内的俄罗斯族总人口为 15 393 人（国务院人口普查办公室，国家统计局，2012），主要分布在新疆维吾尔自治区和内蒙古自治区，其中，新疆占绝大多数，主要聚居于新疆天山以北地区。少量分布在黑龙江省和北京市等地区。俄罗斯人是由东斯拉夫人的一个分支发展而来的。15 世纪末到 16 世纪初，俄罗斯人建立俄罗斯中央集权制国家，随后进行领土扩张，并与被征服地区的当地居民广泛接触，形成俄罗斯现代民族。之后，随着经济的发展、沙皇暴政、战争等原因，俄罗斯人也分布于其他国家或陆续向周围其他地区迁移。

乌孜别克族是跨中国、乌兹别克斯坦、哈萨克斯坦、吉尔吉斯斯坦、塔吉克斯坦、阿富汗等国居住的跨界民族（金春子，王建民，1994），是中亚人数最多的民族，乌兹别克斯坦分布最多。分布在中国境内的乌孜别克族总人口有 10 569 人（国务院人口普查办公室，国家统计局，2012），主要分布在新疆维吾尔自治区。“乌孜别克”这一名称是由从锡尔河以北金帐汗国境内的乌兹别克人带来的，他们南下与中亚河中地区的原有居民融合，形成了乌孜别克族。随后，由于战争带来的领土分割及人口迁移、商业贸易活动等原因，乌孜别克人也在其他地区发展起来。

塔吉克族是跨中国、塔吉克斯坦、吉尔吉斯斯坦、乌兹别克斯坦、阿富汗等国居住的跨界民族（金春子，王建民，1994），是塔吉克斯坦共和国的主体民族，在阿富汗境内也有大量分布。分布在中国境内的塔吉克族总人数为 51 069 人（国务院人口普查办公室，国家统计局，2012），多数分布在新疆维吾尔自治区，主要是帕米尔高原，少数分布在塔里木盆地。在中亚塔吉克人是从欧亚草原迁徙过来的先民与中亚地区的原居民结合，逐步形成塔吉克族。分为山区塔吉克和平原塔吉克，山区塔吉克大多分布在帕米尔高原及附近一带，平原塔吉克族主要分布在中亚平原地区。其间，塔吉克族所在的部分地区成为沙皇俄国的殖民地，大片领土被俄罗斯人侵吞。阿富汗的塔吉克人在形成过程中吸收了中亚很多古老民族，以后，也有一些中亚塔吉克人由于各种原因，迁居到阿富汗境内定居。

柯尔克孜族是跨中国、吉尔吉斯斯坦、哈萨克斯坦、塔吉克斯坦、阿富汗等国居住的跨界民族（金春子，王建民，1994），在吉尔吉斯斯坦共和国人数分布最多，是该国的主体民族。在中亚地区吉尔吉斯斯坦等国，柯尔克孜被称为“吉尔吉斯”。中亚吉尔吉斯人居住地区属于大陆性气候，多山地，牧草茂盛；阿富汗吉尔吉斯人居住的地区海拔较高，属于大陆性山地气候。分布在中国境内的柯尔克孜族总人数为 186 708 人（国务院人口普查办公室，国家统计局，2012），主要分布在新疆维吾尔自治区，处于帕米尔高原和天山支脉的崇山峻岭之中，属于大陆性山地气候。柯尔克孜族的发源地有南西伯利亚西部的叶尼塞河上游地区说，还有 10 世纪后中亚草原形成说。后因战争等原因导致柯尔克孜人所在地区被分割或迁移到其他地区。

哈萨克族是跨中国、哈萨克斯坦、乌兹别克斯坦、吉尔吉斯斯坦、塔吉克斯坦和蒙古、俄罗斯等国居住的跨界民族（金春子，王建民，1994），主要分布在哈萨克斯坦共和国，是哈萨克斯坦共和国的主体民族。分布在中国境内的哈萨克族人数为 1 462 588 人（国务院人口普查办公室，国家统计局，2012），主要聚居在新疆维吾尔自治区，少量分布在青海和甘肃。哈萨克族是由中亚和西伯利亚西南地区的古代游牧民发展而来。15 世纪，原蒙古帝国的乌兹别克汗国的部分牧民逃到楚河、塔里木河地区，成为哈萨克人，哈萨克汗国由此建立并发展起来。随着哈萨克人游牧向其他地区迁移，沙俄侵占等原因，致使哈萨克人广泛分布在中亚及周边地区。

第五节　西南跨界民族

西南跨界民族（含华南跨界民族）数占全国的近一半。

西南跨界民族主要包括傣族、彝族、哈尼族、景颇族、傈僳族、拉祜族、佤族、德昂族、怒族、布朗族（含克木人）、独龙族、壮族、布依族、苗族、瑶族、京族 16 个民族（图 65-5）。

傣（中国）、泰（越南、老挝的称呼）、掸（缅甸的称呼）、泐（泰国的称呼）均源于百越族系。傣族是跨越中、泰、越、缅、老五国的跨界民族（金春子，王建民，1994）。分布在中国境内的傣族总人口为 1 261 311 人（国务院人口普查办公室，国家统计局，2012），主要集中分布于云南省西双版纳傣族自治州和德宏傣族景颇族自治州及耿马、元江、新平等自治县。地处 25°N 以南的云贵高原西部，属于高温多雨的热带及亚热带季风雨林气候（郝时远，2002）。特殊的气候，造就了与气候相适应的干栏式建筑和以水稻种植为主的农业活动。傣族成为跨界民族主要是受古代战争或局部部落兴衰导致民族迁移和 19 世纪末英、法入侵中国西南地区致使国土变更导致的国家分界线与傣族的自然分界线不重叠而产生的（金春子，王建民，1994）。其中，后者是促成傣族成为现在五国跨界民族的重要因素。

彝族是跨中国、老挝、越南三国的跨界民族（金春子，王建民，1994）。分布在中

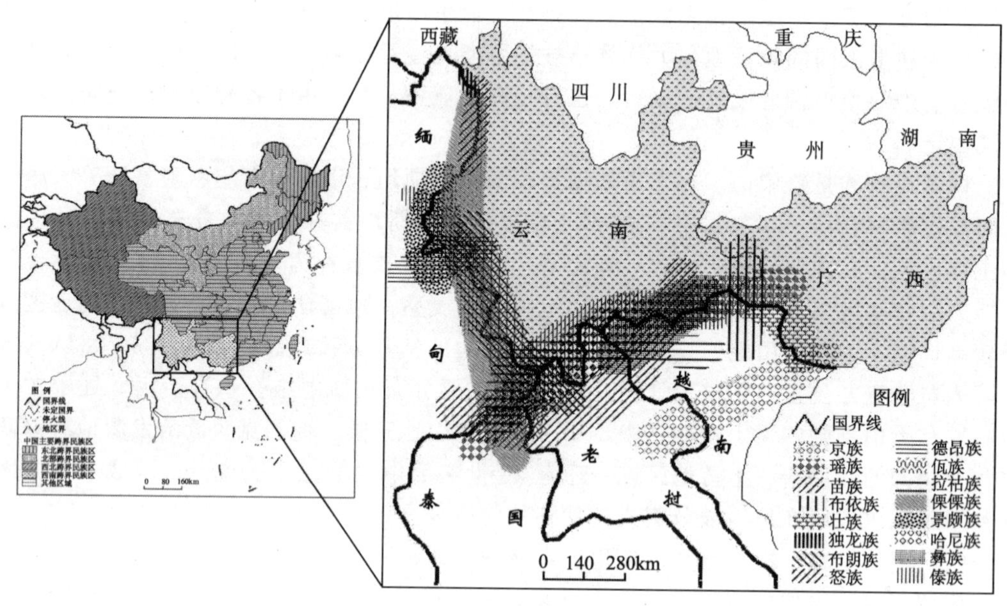

图 65-5 西南跨界民族示意图

国境内的彝族（越南和老挝称为“倮倮族”）人口总数为 8 714 393 人（国务院人口普查办公室，国家统计局，2012），主要分布于中国西南地区，世居于云贵高原和青藏高原的东南边缘山地地带，此分布格局受到其族源——氐羌族群的发展影响。由于彝族的分布地域范围相对较广，所以其分布地区类型复杂，坝区、山区、高寒区均有分布。

哈尼族是跨中国、越南、老挝、缅甸、泰国五国而居的民族（金春子，王建民，1994）。分布在中国境内的哈尼族总人口为 1 660 932 人（国务院人口普查办公室，国家统计局，2012），主要分布于云南省红河-元江流域以西的亚热带季风气候区。哈尼族在老挝、泰国被称为卡戈、依戈、戈；在缅甸被称为高族或依高族。云南的哈尼族人在其生产过程中，利用居住地的地貌和气候条件开创了人与自然协调共生的农业生态系统——哈尼梯田，对世界农业可持续发展具有重要借鉴和指导意义。

景颇族是与缅甸的克钦族、印度的兴颇人一道是跨界而居的同一民族（金春子，王建民，1994）。中国境内的景颇族总人口数为 147 828 人（国务院人口普查办公室，国家统计局，2012），主要集中分布于云南省德宏傣族景颇族自治州。中国景颇族和缅甸克钦族，多居住在海拔 1500～2000m 的热带和亚热带高原山区，与汉族、傣族、阿昌族等民族杂居。

傈僳族是跨中国、缅甸、泰国而居的跨界民族（金春子，王建民，1994）。分布在中国境内的傈僳族总人口为 702 839 人（国务院人口普查办公室，国家统计局，2012），主要分布于云南省怒江傈僳族自治州。傈僳族属于唐朝时“乌蛮”集团之一的后裔，大多分布在“三江并流区”流域的河谷、山地上，气候类型为亚热带气候（明庆忠，2007）。“三江并流区”位于云南省滇西北，该区域山体海拔较高，再加之“纵向岭谷区”的通道效应，使得来自南海和印度洋的暖湿气流可以沿河谷北上（何大明，吴绍洪，彭华等，2005）。所以，怒江流域傈僳族的居住区立体气候十分显著。

拉祜族是跨中国、缅甸、泰国、老挝、越南五国居住的少数民族之一（金春子，王建民，1994）。分布在中国境内的拉祜族有485 966人（国务院人口普查办公室，国家统计局，2012），主要分布于滇西南的普洱和临沧两个地区。该区域为亚热带、热带湿润季风气候区，以农耕为主，部分地区还保留着刀耕火种的山地农耕业。中国的拉祜族，在泰国称为"么瑟"，老挝称其为"么舍"、"卡归"。

佤（拉佤）族是跨中国、缅甸、泰国、老挝而居的跨界民族（金春子，王建民，1994）。分布在中国境内的佤族总人口为429 709人（国务院人口普查办公室，国家统计局，2012），主要聚居于云南的沧源和西盟两县。佤（拉佤）族主要居住在约1000～2000m的热带、亚热带山区，气候温暖湿润，河流发育，以流水地貌为主。佤族的先民（"濮"的一支），自古就生活于滇西南迄缅甸北部边境地区。历史时期，佤族的分布地域较广，在公元7世纪以前，就因其向外扩展而迁移至泰国北部。泰国佤族现在的分布状况，源于11世纪左右泰族的崛起，使得原居住于阿佤山以北及以南的佤族一部分集中于阿佤山，另一部分留在原地。元代时分布在镇康及其以南的生蒲，就我国而言主要是佤族的先民。

德昂族是跨中、缅而居的跨界民族（金春子，王建民，1994）。分布在中国境内的德昂族总人口为20 556人，其中云南为20 188人（国务院人口普查办公室，国家统计局，2012），主要居住在德宏傣族景颇族自治州的潞西、梁河、盈江、瑞丽等县市，临沧市的镇康、耿马、永德等县及保山市隆阳区（黄广成，2012）。我国德昂族大多与景颇、傈僳、佤、汉等民族交错杂居于热带、亚热带季雨林山区，形成垂直立体分布格局。如海拔2000m以上为傈僳族居住分布区，景颇族居住地区不超过2000m，汉族和德昂族居住地比景颇族稍低一些，傣族和少量汉族则居住在1500m以下的地区（王铁志，2004）。德昂族成为中缅跨界民族的原因有：①民族迁徙。民族迁移主要发生于元代以后，元中期后麓川（今陇川）的"金齿百夷"崛起，使得原居住于该区的蒲人（德昂族先民）被迫迁移，一部分迁至缅甸山区。同时，明朝的"三征麓川"，迫使一部分蒲人移居今缅甸北掸邦一带。新中国成立后，由于1958年的生产大跃进及"文化大革命"也促使中国境内的德昂族外迁至缅甸。②边界变动也是造成德昂族上述分布格局的一个重要因素。历史上的中外边界始终处于变动之中，甚至出现界限模糊、不分明的情况，德昂族作为生活在祖国西南边疆的一个少数民族，就在边界的不断变动中，成为了一个跨界民族。在近代帝国主义国家蚕食中国边疆领土的过程中，帝国主义国家对部分中国领土的占据也使得原本生活在中国国土的一部分德昂族成为境外民族（王铁志，2004）。

怒族是跨中国和缅甸的跨界民族之一（金春子，王建民，1994）。分布在中国境内的怒族总人口数37 523人（国务院人口普查办公室，国家统计局，2012），主要聚居于云南省怒江傈僳族自治州的泸水、福贡、贡山三县。怒族大多居住在亚热带山地季风气候的怒江沿岸及高黎贡山1500～2000m的台地上，多与傈僳族形成杂居聚落格局。怒族形成中缅跨界民族是在17世纪中期之后，由于傈僳族和白族"勒墨人"迁入怒江地区而促使大批怒族迁往高黎贡山以西地区。同时，居住于贡山的怒族部分北迁进入西藏察隅县，进入察隅地区的怒族有一部分南迁，并进入到缅甸的北部。

布朗族是跨中、老（老挝）、缅三国的跨界民族（金春子，王建民，1994）。分布在中国境内的布朗族人口总数为 119 639 人（国务院人口普查办公室，国家统计局，2012），主要居住于滇西和滇西南澜沧江中下游两岸海拔 1500～2300m 的山地地带，气候属于有明显干湿季的亚热带山地气候，属于典型的山地跨界民族。主要分布在西双版纳的勐海县、景洪市，临沧市的双江、耿马、永德、云县、镇康，普洱市的澜沧、墨江以及保山市的施甸、昌宁等县和自治县。

独龙族是跨中、缅而居的民族（金春子，王建民，1994）。分布在中国境内的独龙族有 6930 人（国务院人口普查办公室，国家统计局，2012），居住于滇西横断高山峡谷地区，与怒、傈僳、纳西、白、汉等族杂居于独龙河谷及贡山北部。该区域属于亚热带季风气候。居住于独龙江河谷的独龙族自认为其先民是从东边的丽江、剑川、兰坪逐渐迁移到怒江贡山一带，后再迁至独龙江河谷区。在独龙江流域的独龙族继续西迁，分布到今缅甸的迪子江、迪不勒江、骆驼江等流域。近代以来，英国强迫中国政府放弃对缅甸的宗主权，并划定边界，将独龙族地区划入缅甸境内，使得独龙族成为跨界民族。

中国的壮族和越南的岱（侬）族是中越边界地区，分布最广、数量最多的跨界民族（金春子，王建民，1994），他们同属于古代的百越族群。分布在中国境内的壮族有16 926 381人（国务院人口普查办公室，国家统计局，2012），主要分布在中国的广西壮族自治区。中国的壮族、越南的岱（侬）族主要位于河谷纵横的低山岩溶丘陵区，气候为亚热带或热带季风气候，夏长而热湿，冬短而暖干。因此，主要从事稻作农业。

中国的布依族和越南的都依、布那、热那族是中越边境地区的跨界民族（金春子，王建民，1994）。分布在中国境内的布依族为 2 870 034 人（国务院人口普查办公室，国家统计局，2012），集中分布于红水河流域的贵州黔南、黔西南地区，少量分布于云南的南盘江流域和广西地区，位于海拔 400～1600m 的丘陵、山地地区。在布依族居住区，既有地理空间连续的成片聚居区，又有与汉、苗、瑶、侗等族交错杂居的空间格局。由于逃避灾荒与谋生需求，使得一部分布依族人陆续从贵州、云南迁往越南，成为跨境而居的民族。

中国的苗族和越南、老挝、泰国、缅甸的蒙族是跨中、越、老、泰、缅五国而居、地域空间分布较广、人口较多的一个跨界民族（金春子，王建民，1994）。分布在中国境内的苗族共有 9 426 007 人（国务院人口普查办公室，国家统计局，2012），主要位于中国西南边境上的亚热带季风气候的广西壮族自治区、云南省和贵州省。苗族历史有三次大规模的迁移：①300 多年前，部分杨、江、陆等姓苗族开始从贵州迁入到越南北部，然后再向西南方向迁移；②200 多年前，金、李、黄、周等姓的部分苗族分两路迁往越南；③距今 100～140 年，1 万多苗族迁到越南。东南亚国家的苗、蒙族主要是由中国迁入的，先迁到越南，再迁到东南亚的其他国家。因此，形成现今苗族跨五国而居的分布格局。

瑶族跨中国、越南、老挝、泰国和缅甸五国而居，是一个居住国家较多、地域分布较广的跨界民族（金春子，王建民，1994）。分布在中国境内的瑶族共有 2 796 003 人（国务院人口普查办公室，国家统计局，2012），主要分布于广西、湖南、云南、广东、贵州等省区。中国瑶族多居住于山区，位于海拔 1000～2000m 左右的南亚热带和中亚热带湿润的山地地区。东南亚地区的瑶族分布，主要是由中国南方各省曾经多时期、多次向外迁移而形成。

京族是跨中（京族）、越（越族）、老（越族）三国而居的跨界民族（金春子，王建民，1994）。分布在中国境内的京族总人口数为 28 199 人（国务院人口普查办公室，国家统计局，2012）。中国的京族是自 15 世纪以来陆续从越南迁入，并聚居于广西沿海山心、巫头、澫尾三海岛，以渔业为主的民族。

参 考 文 献

丁延松. 2005."跨界民族"概念辨析. 西北第二民族学院学报，17（4）：19-23.

国务院人口普查办公室，国家统计局. 2012. 中国 2010 年人口普查资料（上册）. 北京：中国统计出版社：202，205，208，211，214，217，220，223，229，232，241，244，247，250，253.

郝时远. 2002. 中国少数民族分布图集. 北京：中国地图出版社.

何大明，吴绍洪，彭华，等. 2005. 纵向岭谷区生态系统变化及西南跨境生态安全研究. 地球科学进展，20（3）：338-344.

黄广成. 2012. 从中缅德昂（崩龙）族看跨界民族及其研究中的一些问题. 东南亚南亚研究，28（2）：68-73.

金春子，王建民. 1994. 中国跨界民族. 北京：民族出版社：1，2，30，43，46，53，64，79，91，114，125，138，146，155，167，179，193-195，197，215，225，256，268，282，295，305，317，328，350，364，374，389-396，406.

李学保. 2011. 国内学术界关于跨界民族问题研究中的分歧与思考. 中南民族大学学报：人文社会科学版，31（5）：49-53.

刘稚. 2004. 跨界民族的类型、属性及其发展趋势. 云南社会科学，22（5）：89-93.

明庆忠. 2007. 三江并流区地貌与环境效应. 北京：科学出版社：5.

王铁志. 2004. 德昂族经济发展和社会变迁. 北京：中央民族大学博士学位论文.

王清华，彭朝荣. 2008."跨国界民族"概念与内涵的界定. 云南社会科学，26（4）：19-23.

张兴堂. 2004. 跨界民族与我国周边外交. 北京：中央民族大学博士学位论文.

第八篇　民族地理分区与民族地区发展

民族地理分区和民族地区发展均是民族地理学研究核心而兼具理论及实践意义的内容。本篇分两章详细论述了这两个基本问题。

民族地理分区是民族地理研究的基础和核心问题，第六十六章民族地理分区，选取省域的分区研究尺度，遵循“从定性到定量的综合集成法”的指导方法，选取了区域民族地理相关的若干定性或定量要素（定量要素为地形起伏度、民族人口总量分布、民族人口比重分布、民族人口种类分布，定性要素为重要地理界线、经济类型、社会文化圈、历史行政建制、民族源地、集中分布区），将全国分为六个民族地理区：东北民族区、北部民族区、西北民族区、西南民族区、东南民族区和中部民族区。并对每个民族区从地理基础、民族构成及其空间分布、区域性民族社会文化特征等方面进行了详细论述。

第六十七章民族地区科学发展，系统论述了民族地区的自然、社会、区位等地理特征，并用经济发展水平、社会发展水平、发展成本、发展潜力等指标体系，测度了民族地区与全国和东部地区发展的差距，对推进国家区域协调发展战略具有一定理论及实践意义。

第六十六章　民族地理分区

第一节　民族地理分区的意义、方法和方案

一、民族地理分区意义

任何民族的繁衍生息离不开一定的地理空间。民族的发源、迁徙和扩散都有其特定的地域选择，其影响因素是多方面的：就民族自身而言，民族的性格、民族的习俗和民族的文化传承等内在需求都可成为民族主动选择迁徙和扩散地的原因；就区域自然环境而言，区域的宜居性，区域的自然要素组合方式等也影响民族的源地、流动和分布格局；就社会环境而言，政治格局、战乱、区域开发等因素也同时作用于民族源起和发展的每一个阶段。民族地理分区是对民族发展本身和民族自然地理环境和社会人文环境的综合研究；民族地理分区旨在揭示同一地理区内，民族与历史演变规律的融合、民族对地理要素组合的选择以及民族同社会文化之间的相互作用等方面的共同特征和不同地理区间这些方面所存在的区域差异，是地理学区域研究理论的一部分；同时，民族地理分区研究的实体对象是地理空间及地理空间内的民族，这也是对我国著名地理学家吴传钧院士“人地关系地域系统”理论在研究和解决民族问题实践中的科学运用，并在一定程度上对该理论的深化和发展具有探索意义。民族地理分区除普遍的理论意义外，还有着深刻的现实意义：民族地理区的划分是对区域民族同其他要素组合情况的宏观归纳，是制定民族区域政策、民族区域发展规划的重要基础；民族地理区间的差距研究，是实现区域发展均衡，促进各民族地理区间协调发展的战略要求；民族地理区的划分可以客观认识我国的民族集中和扩散状况，有助于维系民族关系稳定、维护国家的边疆安全。

二、民族地理分区方法

研究中考虑到数据的可获取性及民族地理区界线的模糊性，遂选取省域的分区研究尺度。遵循“从定性到定量的综合集成法”的指导方法（钱学森等，1990），分区中选取了区域民族地理相关的若干定性或定量要素进行分区研究（表 66-1）。具体分区中，以重要地理界线为分区骨架，兼顾各地理区内的其他要素，以定性结合定量的方式确定边界省区的分区归属。为了保持明确的地理界线，实际分区中主要采用了相关省域的行政区划界线。

表 66-1　民族地理分区的主要要素及要素内容

要素指标		要素内容
定量要素	地形起伏度	以全国 31 个省区的 RDLS 值为基准，评估各省区的地形起伏度，并进行分类
	民族人口总量分布	以全国各省区的少数民族人口总量为基础，研究少数民族人口总量的省域空间分布，并划出全国范围内各省区在人口总量分布中所处的类型区
	民族人口比重分布	以全国各省区的少数民族人口比重为基础，研究少数民族人口比重的省域空间分布，并划出全国范围内各省区在人口比重分布中所处的类型区
	民族人口种类分布	以全国各省区的少数民族人口种类数为基础，研究少数民族人口种类的省域空间分布，并划出全国范围内各省区在人口比重种类分布中所处的类型区
定性要素	重要地理界线	参照全国重要的地理界线，将全国划分为若干地理单元
	经济类型	以游牧、狩猎、农耕和渔业四种不同的经济类型，划分出全国的经济类型圈，确定各种圈层间的地理界线
	社会文化圈	根据既有研究成果，划分文化圈、宗教圈的地理界线
	历史行政建制	根据历代的行政建制，确定分裂、统一时期的国家边疆界线
	民族源地、集中分布区	根据文献资料，确定少数民族的源地、集中分布区大致界线

注：本表未包括港、澳、台资料。

三、民族地理分区方案

民族地理分区研究方案将全国划分为六个民族地理分区（图 66-1），即东北民族

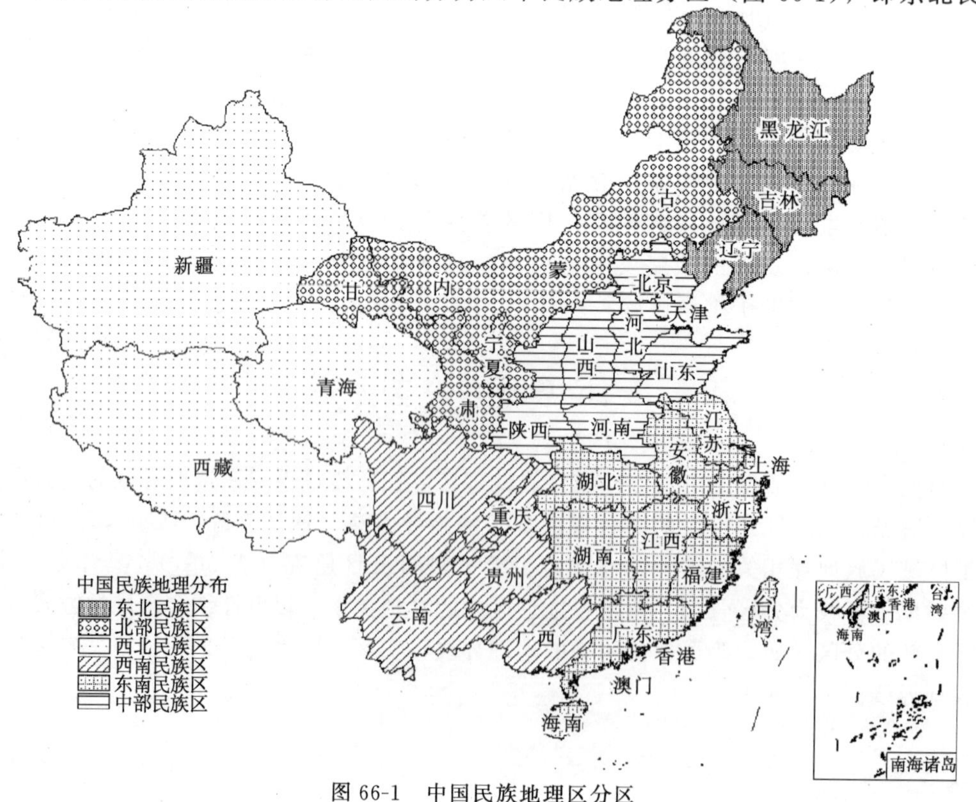

图 66-1　中国民族地理区分区

区、北部民族区、西北民族区、西南民族区、东南民族区和中部民族区。其中，东北民族区包括黑龙江、吉林和辽宁 3 省；北部民族区包括内蒙古、甘肃和宁夏 3 省区；西北民族区包括新疆、青海和西藏 3 省区；西南民族区包括云南、贵州、广西、四川和重庆 5 省份；东南民族区包括湖北、湖南、安徽、江苏、上海、江西、浙江、广东、福建、海南和台湾 11 个省份；中部民族区包括陕西、山西、河南、河北、北京、天津和山东 7 省份。

第二节　东北民族区

一、民族的地理基础

东北民族区地处我国东北部，约 118°～135°E 与 38°～53°N 之间，含黑龙江、吉林、辽宁 3 省。全区国土面积约 78.8 万 km^2，约占我国陆域国土面积的 8.2%。该民族区东临朝鲜，北与俄罗斯相毗邻，西接内蒙古自治区，南部与河北省相连，并含有渤海部分海岸线。在《中国生态地理区域系统》（郑度，2008）中，东北民族区主要涉及：寒温带湿润地区的ⅠA1 大兴安岭北段山地落叶针叶林区、中温带湿润地区的ⅡA1 三江平原湿地区、ⅡA2 小兴安岭长白山地针叶林区、ⅡA3 松辽平原东部山前台地针阔叶混交林区、中温带半湿润地区的ⅡB1 松辽平原中部森林草原区、暖温带湿润地区的ⅢA1 辽东胶东低山丘陵落叶阔叶林、人工植被区、暖温带半湿润地区的ⅢB3 华北山地落叶阔叶林区。该民族区内的生态区主要为寒温带湿润、中温带湿润或半湿润地区，孕育有丰富的耕地、森林、矿产资源，湿地广布并有多年冻土分布，同时该区也是我国重要的商品粮生产基地。

经济发展方面，2012 年，区内实现生产总值约 50 477 亿元，占国内生产总值的 8.76%，区内各省平均生产总值约 16 826 亿元，低于全国平均水平。社会发展方面，区内城镇居民可支配收入合约 20 719 元/人，低于全国平均水平的 24 565 元/人；农民纯收入合约 8 867 元/人，高于全国平均水平的 7 917 元/人。综合来看，该区经济、社会发展水平略低于全国平均水平（中华人民共和国国家统计局，2013）。

二、民族的空间结构

新石器时代中晚期，本区内以辽河流域燕山南北地带为重心的区域形成了八大区域文化之一的北方文化区。在本区南部，锦州市与山海关之间存在一西南—东北走向的走廊，即辽西走廊，是沟通山海关内外的重要通道，同时也是民族聚集与融合的重要走廊地带。该区是满、朝鲜、赫哲、蒙古、达斡尔、鄂温克、锡伯和鄂伦春等民族的发源地。

该区民族聚居区有地市级、县区级、乡镇级和村级民族聚居区。其中，有少数民族自治州 1 个（吉林省的延边朝鲜族自治州），自治县（旗）12 个，民族乡镇 178 个。民族人口分布上，据 2010 年的“六普”资料统计，除汉族外，区内少数民族人口约 1 020 万人，约占本地区人口总数的 9.32%，占全国少数民族人口总数约 9.17%。区内少数民族人口分布状况如图 66-2 所示。

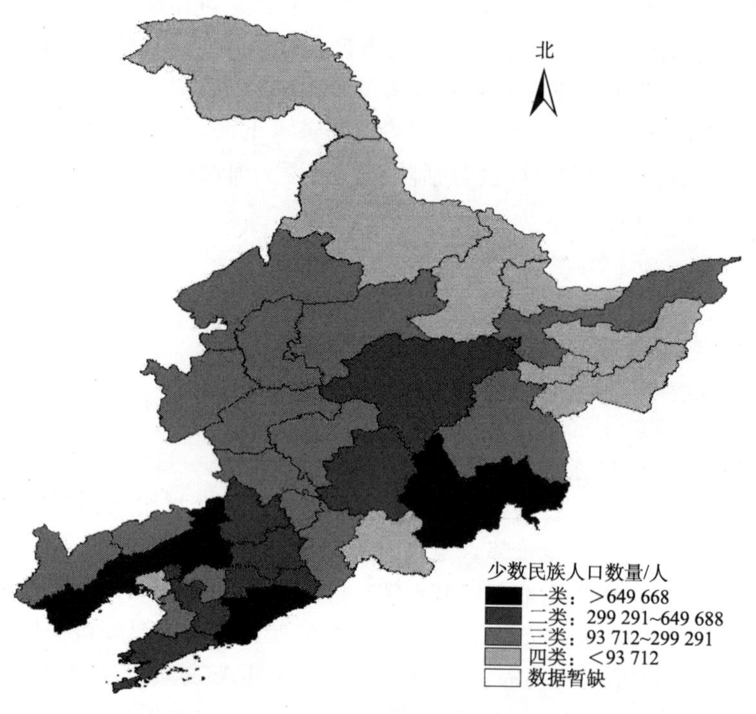

图 66-2　东北民族区少数民族人口数量分布

在民族人口构成状况层面上，从少数民族人口数量和各少数民族占该民族总人口比重来看：①区内少数民族人口数量分布较多的依次有满族、朝鲜族、蒙古族、回族和锡伯族五个民族，其人口数量均在 10 万人以上；区内少数民族人口数量分布较少的民族依次有德昂族、保安族、乌孜别克族、独龙族和珞巴族等 17 个民族，其人口数量均在 100 人以下。②区内各少数民族比重分布较高的民族依次为朝鲜族、锡伯族、赫哲族、满族和鄂伦春族五个民族，其比重均在 49%以上；人口比重分布较少的民族依次有东乡族、拉祜族、毛南族、哈尼族和布朗族等 14 个民族，其比重不足万分之五。

民族的人口城镇化率上，区内少数民族 2010 年的人口城镇化率为 47.09%，高于全国少数民族城镇化率的 33.26%，但低于区内人口城镇化率的 57.67%（国务院人口普查办公室，国家统计局，2012）。

三、民族的区域特征

该区少数民族分布较多，民族使用的文字以汉字为主，兼有朝鲜文、锡伯文等其他文字；民族使用的语言类型除汉语外，以阿尔泰语系的满-通古斯语族为主，兼有南岛语系印度尼西亚语族和阿尔泰语系蒙古语族等其他语族的语言类型。根据 2012 年《联合国教科文组织世界濒危语言图鉴》(*UNESCO Interactive Atlas of the World's Languages in Danger* 2012)，该民族区内有垂危和濒危民族语言的存在，亟待完善少数民族语言安全的相关保护和传承措施。

该区是朝鲜族、蒙古族、满族、锡伯族、赫哲族、达斡尔族、鄂温克族和鄂伦春族等民族的文化核心区。受气候、地貌、植被等因素影响，区内发源、世居和聚居的少数民族在民族特征上也具有一定程度的一致性：生产方式上，区内发源、世居或聚居的民族，大都经历了一个漫长的渔猎经济期，这种渔猎经济的生产方式，深刻影响着区内民族的服饰、饮食以及习俗禁忌等方面的内涵。民居上，受气候影响，区内少数民族的民居建筑都注重防寒保暖的效果，如朝鲜族房屋内以火炕取暖、满族的“口袋房”便于聚暖、赫哲族的“地窨子”、达斡尔族的“弯子炕”等。服饰上，受气候因素和生产方式因素影响，区内民族的传统服饰一般都注重防寒保暖，其原料则以兽皮为主，如赫哲族用鱼皮和兽皮制衣，达斡尔族的狍皮袍，鄂伦春族的服饰多用射猎而来的动物的皮缝制等。饮食上，受区内光热、水热组合等自然条件和渔猎类型的经济条件影响，多以大米、小麦等为主食，兼食鱼类和肉类，如朝鲜族以大米饭为主食，满族喜吃粘食，赫哲族除鱼之外，还有瘦肉和小米，鄂伦春族的传统的食物主要是野兽肉和鱼等。宗教上，区内民族多信奉萨满教或喇嘛教，也多有原始的自然崇拜。综合而言，东北民族区所具有的民族区域特点为：民族多发源于山林，以从事传统的渔猎活动为主，民族对气候寒冷、森林茂密、河网密集、动植物资源丰富的自然环境具有较高的适应性。

第三节　北部民族区

一、民族的地理基础

北部民族区地处我国北部，约 92°～126°E 与 32°～53°N 之间，含内蒙古、宁夏和甘肃 3 省区。全区国土面积约 156 万 km^2，占我国陆域国土面积约 16.21%。该民族区自东北起顺时针方向依次与我国黑龙江、吉林、辽宁、河北、山西、陕西、四川、青海和新疆 9 省区相邻；北部同蒙古国和俄罗斯相接壤。在《中国生态地理区域系统》（郑度，2008）中，北部民族区主要涉及：寒温带湿润地区的ⅠA1 大兴安岭北段山地落叶针叶林区、中温带半湿润地区的ⅡB1 松辽平原中部森林草原区、ⅡB2 大兴安岭中段山地草原森林区、ⅡB3 大兴安岭北段西侧森林草原区、中温带半干旱地区的ⅡC1 西辽河平原草原区、ⅡC2 大兴安岭南段草原区、ⅡC3 内蒙古东部草原区、ⅡC4 呼伦贝尔平原草原区、中温带干旱地区的ⅡD1 鄂尔多斯及内蒙古高原西部荒漠草原区、ⅡD2 阿拉善与河西走廊荒漠区、暖温带半湿润地区的ⅢB4 汾渭盆地落叶阔叶林、人工植被区、暖温带半干旱地区的ⅢC1 黄土高原中北部草原区。该民族区内的生态区多为中温带和暖温带的干旱、半干旱地区，区内温带草原分布较广，草场资源丰富，也是我国重要的畜产品和粮食生产基地。

2012 年，区内实现生产总值约 23 872 亿元，约占国内生产总值的 4.14%，区内各省平均生产总值 7 957 亿元，低于全国平均水平。社会发展方面，区内城镇居民可支配收入合约 20 591 元/人，低于全国平均水平的 24 565 元/人；农民纯收入合约5 795 元/人，低于全国平均水平的 7 917 元/人（国务院人口普查办公室，国家统计局，2012）。综合来看，该区经济、社会发展水平低于全国平均水平。

二、民族的空间结构

新石器时代中晚期，以本区西南部为重心形成了八大区域文化之一的黄河上游西部文化区。同时，该区东南部为我国重要的农牧交错地带，历来是少数民族同汉族之间文明冲突与融合的重要地带。该区是蒙古族、达斡尔族、鄂温克族、东乡族、裕固族、锡伯族、羌族、彝族、哈尼族、拉祜族、普米族等民族的发源地。

该区民族聚居区有自治区、地市级、县区级、乡镇级和村级民族聚居区。其中，有少数民族自治区 2 个，分别为内蒙古自治区和宁夏回族自治区，自治州 19 个、自治县（旗）129 个，民族乡镇 48 个，民族村数目从略（下同）。民族人口分布上，据 2010 年的“六普”资料统计，除汉族外，区内少数民族人口约 577 万人，约占本地区人口总数的 11.2%，占全国少数民族人口总数约 5.18%。区内少数民族人口分布如图 66-3 所示。

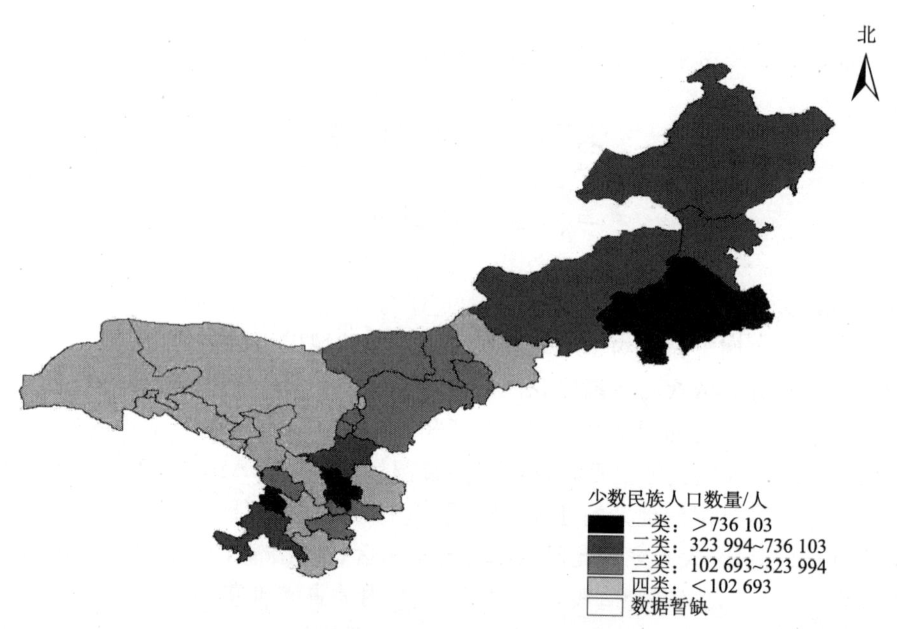

图 66-3　北部民族区少数民族人口数量分布

在民族人口构成状况层面上，从少数民族人口数量和各少数民族占该民族总人口比重来看：①区内少数民族人口数量分布较多的依次有蒙古族、回族、藏族、东乡族和满族五个民族，其人口数量均在 45 万人以上；区内百人以下的少数民族依次有珞巴族、德昂族、普米族、基诺族和阿昌族等 13 个民族。②区内各少数民族比重分布较高的民族依次为保安族、撒拉族、裕固族、东乡族和鄂温克族五个民族，其比重超过 80%；人口比重不足万分之五的少数民族依次有傣族、布朗族、侗族、哈尼族和珞巴族等 18 个民族。

民族的人口城镇化率上，区内少数民族 2010 年的人口城镇化率为 37.41%，高于全国少数民族城镇化率的 33.26%，但低于区内人口城镇化率的 45.48%。

三、民族的区域特征

该区少数民族分布较多，民族使用的文字以汉字为主，兼有蒙古文、藏文等其他文字；民族使用的语言类型除汉语外，以阿尔泰语系蒙古语族为主，兼有汉藏语系藏缅语族藏语、阿尔泰语系满-通古斯语族满语支等其他语言类型。根据2012年《联合国教科文组织世界濒危语言图鉴》，该民族区内有濒危民族语言的存在，其语言的濒危与该区域历史时期的民族融合程度较高密切相关。

该区是蒙古族、达斡尔族、鄂温克族、鄂伦春族、俄罗斯族、东乡族、撒拉族、保安族、裕固族和藏族等民族的文化核心区。生产方式上，随寒暑逐水草而居，以畜牧畋渔为业，传统游牧经济是其生产方式的主要特点，以蒙古族为最主要的表现，同时又兼有游牧与农耕并举、游牧与渔猎并举的生产方式。民居上，区内最具代表性的民居是蒙古族的蒙古包，是游牧生产方式的产物，也是人类活动对自然环境适应的表现。服饰上，适应以游牧为主生产方式的蒙古靴、蒙古袍，具有适应长期的畜牧劳动和游牧生活的特点。宗教上，主要有喇嘛教、伊斯兰教、藏传佛教、萨满教等，具有不同宗教过渡、融合的特色。饮食上，以奶和肉食为主（如牧区的蒙古族），同时也兼食鱼、肉，或者面食，饮食文化具有明显的兼容性。北部民族区的民族区域特点表现为：生产方式以游牧活动为主，同时也存游牧与农耕或渔猎并举的生产方式，民族对广袤草原以及草原-森林、草原-平原过渡的自然环境表现出较高的适应性。

第四节　西北民族区

一、民族的地理基础

西北民族区地处我国西北部，约73°～103°E与26°～49N之间，含新疆、青海和西藏3省区。全区国土面积约352万km^2，占我国陆域国土面积约36.67%。该民族区自东北起顺时针方向依次与我国甘肃、四川和云南3省相邻；自东北起逆时针方向依次与蒙古、俄罗斯、哈萨克斯坦、吉尔吉斯斯坦、塔吉克斯坦和阿富汗等多个国家接壤。在《中国生态地理区域系统》（郑度，2008）中，西北民族区主要涉及：中温带干旱地区的ⅡD3准噶尔盆地荒漠区、ⅡD4阿尔泰山地草原、针叶林区、ⅡD5天山山地荒漠、草原、针叶林区、暖温带干旱地区的ⅢD1塔里木盆地荒漠区、高原亚寒带半湿润地区的HⅠB1果洛那曲高原山地高寒灌丛草甸区、高原亚寒带半干旱地区的HⅠC1青南高原宽谷高寒草甸草原区、HⅠC2羌塘高原湖盆高寒草原区、高原亚寒带干旱地区的HⅠD1昆仑高山高原高寒荒漠区、高原温带湿润/半湿润地区的HⅡA/B1川西藏东高山深谷针叶林区、高原温带半干旱地区的HⅡC1祁连青东高山盆地针叶林、草原区、HⅡC2藏南高山谷地灌丛草原区、高原温带干旱地区的HⅡD1柴达木盆地荒漠区、HⅡD2昆仑山北翼山地荒漠区、HⅡD3阿里山地荒漠区、中亚热带湿润地区的ⅤA6东喜马拉雅南翼山地季雨林、常绿阔叶林区。该民族区内的生态区多为中温带、高原亚寒带、温带的干旱和半干旱地区，区内地貌多表现为高原、山地和盆地，高寒冻土、干旱荒漠广布，区域资源的开发利用极为困难，工业生产与人类活动主要集中分布于绿洲地区。

2012年，区内实现生产总值约10 100亿元，占国内生产总值的1.75%，区内各省平均生产总值3 367亿元，远低于全国平均水平。社会发展方面，区内城镇居民可支配收入合约17 854元/人，低于全国平均水平的24 565元/人；农民纯收入合约6 131元/人，低于全国平均水平的7 917元/人。综合来看，该区经济、社会发展水平低于全国平均水平。

二、民族的空间结构

新石器时代中晚期，以本区东部地区为重心形成了八大区域文化之一的黄河上游西部文化区。同时，该区的东北部是民族走廊中“西北走廊”的相关地带，东南部是民族走廊中“藏彝走廊”的相关地带。该区是达斡尔族、东乡族、撒拉族、保安族、维吾尔族、哈萨克族、柯尔克孜族、塔吉克族、乌孜别克族、塔塔尔族、藏族、门巴族、珞巴族、羌族、彝族、哈尼族、拉祜族、景颇族、普米族等民族的发源地。

该区民族聚居区有自治区、地市级、县区级、乡镇级和村级民族聚居区。其中，有少数民族自治区2个，分别为新疆维吾尔自治区和西藏自治区，自治州11个、自治县（旗）13个，民族乡镇76个。民族人口分布上，据2010年的“六普”资料统计，除汉族外，区内少数民族人口约1 838万人，约占本地区人口总数的60.39%，占全国少数民族人口总数约16.51%（国务院人口普查办公室，国家统计局，2012）。区内少数民族人口分布如图66-4所示。

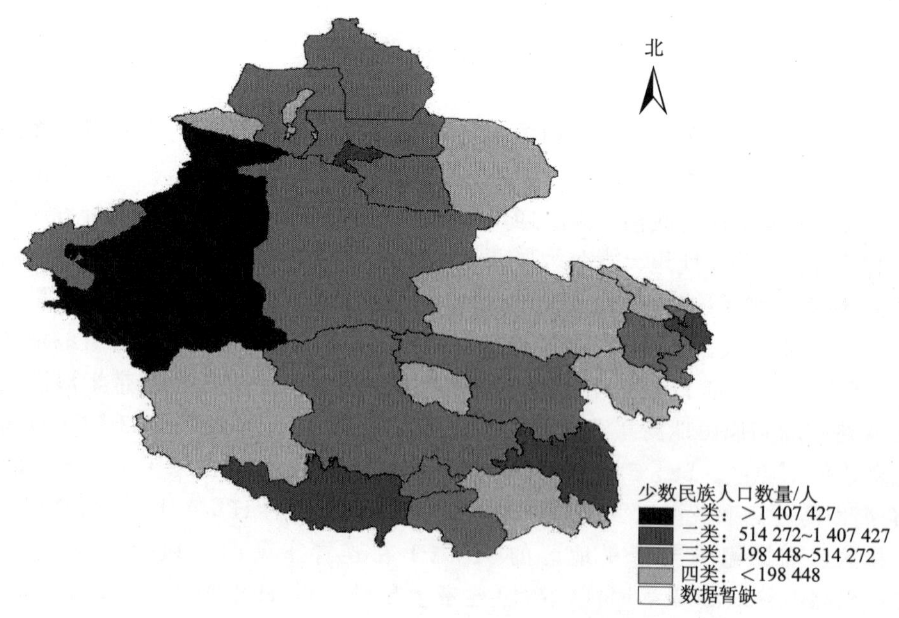

图66-4　西北民族区少数民族人口数量分布

在民族人口构成状况层面上，从少数民族人口数量和各少数民族占该民族总人口比重来看：①区内少数民族人口数量分布较多的依次有维吾尔族、藏族、回族、哈萨克族和蒙古族五个民族，其人口数量均在25万人以上；区内少数民族人口数量分布较少的民族依次有德昂族、基诺族、阿昌族、鄂伦春族和布朗族等约17个民族，其人口数量均在百人以下。②区内各少数民族比重分布较高的民族依次为维吾尔族、柯尔克孜族、哈萨克族、乌孜别克族和珞巴族等八个民族，其比重均在90%以上；人口比重分布较少的民族依次有哈尼族、傣族、阿昌族、拉祜族和德昂族等20个民族，其比重不足万分之五。

民族的人口城镇化率上，区内少数民族2010年的人口城镇化率为24.14%，低于全国少数民族城镇化率的33.26%，也低于区内人口城镇化率的41.17%（国务院人口普查办公室，国家统计局，2012）。

三、民族的区域特征

该区少数民族分布较多，民族使用的文字以汉字为主，兼有维吾尔文、蒙古文、哈萨克文和藏文等其他文字；民族使用的语言类型除汉语外，还有阿尔泰语系突厥语族西匈语、汉藏语系藏缅语族藏语、阿尔泰语系蒙古语族等其他语言类型。根据2012年《联合国教科文组织世界濒危语言图鉴》，该民族区内的语言危险等级以不安全、危险、濒危和垂危三个等级为主，民族语言危机较为严重主要为边境地区，若不加保护，该区少数民族的语言安全状况必将进一步恶化。

该区是蒙古族、维吾尔族、哈萨克族、柯尔克孜族、塔吉克族、土族、撒拉族、藏族、门巴族和珞巴族等民族的文化核心区。生产方式上，受自然条件限制，区内的生产方式主要有两种：藏区以畜牧业为主，新疆则多绿洲农业，同时在天山北麓也有从事牧猎的民族。民居上，总的特点是注重防寒隔热，在藏区寒冷气候条件下有适合畜牧的毡房，也有碉楼等建筑；在干旱的塔里木、准噶尔盆地周边，则以平顶房为主。服饰上，既有适合畜牧的“肥腰、长袖、大襟”特色的藏服，也有适合牧猎的“袷袢”等服饰。宗教上，区内民族多有宗教信仰，主要为藏传佛教和伊斯兰教两种，信仰藏传佛教的主要有藏族和门巴族；而信仰伊斯兰教的则主要有维吾尔族、哈萨克族、柯尔克孜族、塔吉克族和撒拉族等民族。饮食上，藏区的饮食以酥油茶、青稞和糌粑等为日常主食，新疆的民族则多以面食为主，马肉，牛肉、羊肉等。丧俗上，受宗教信仰的影响，区内的丧葬形式主要天葬和土葬等。西北民族区的民族区域特点表现为：生产方式以畜牧和绿洲农业为主，民族对高原、沙漠、戈壁等极端自然环境表现出较高的适应性，民族都有信仰坚定的精神信仰。

第五节　西南民族区

一、民族的地理基础

西南民族区地处我国西南部，约97°～112°E与21°～34°N之间，含重庆、四川、贵州、云南和广西 5 省份。全区国土面积约 134 万 km^2，占我国陆域国土面积约 13.98%。该民族区自西部起顺时针方向依次与我国西藏、青海、甘肃、陕西、湖北、湖南和广东 7 省份相邻；西南与老挝、缅甸和越南相接壤。在《中国生态地理区域系统》（郑度，2008）中，西南民族区的区划类型主要涉及：中亚热带湿润地区的ⅤA3 湘黔高原山地常绿阔叶林区、ⅤA4 四川盆地常绿阔叶林、人工植被区、ⅤA5 云南高原常绿阔叶林、松林区、ⅤA6 东喜马拉雅南翼山地季雨林、常绿阔叶林区、南亚热带湿润地区的ⅥA2 闽粤桂低山平原常绿阔叶林、人工植被区、ⅥA3 滇中南亚高山谷地常绿阔叶林、松林区、边缘热带湿润地区的ⅦA3 西双版纳山地季雨林、雨林区。该民族区内的生态区多为中亚热带、南亚热带、边缘热带的湿润地区，以山地高原地貌为主，喀斯特地貌发育显著，降水丰沛，森林植被广布。

2012 年，区内实现生产总值约 65 479 亿元，占国内生产总值的 11.36%，区内各省平均生产总值 13 096 亿元，低于全国平均水平。社会发展方面，区内城镇居民可支配收入合约 20 863 元/人，低于全国平均水平的 24 565 元/人；农民纯收入合约 6 143 元/人，低于全国平均水平的 7 917 元/人。综合来看，该区经济、社会发展水平低于全国平均水平。

二、民族的空间结构

新石器时代中晚期，本区内形成了以四川盆地成都平原为重心的长江上游西南文化区。同时，该区西北部与西北民族区相接，是“藏彝民族走廊”的核心地带。该区是羌族、白族、傣族、傈僳族、佤族、拉祜族、纳西族、景颇族、布朗族、阿昌族、普米族、怒族、独龙族、基诺族、水族、壮族、仫佬族、毛南族、京族、土家族、黎族等民族的发源地。

该区民族聚居区有地市级、县区级、乡镇级和村级民族聚居区。其中，民族自治区 1 个（广西壮族自治区），民族自治州 14 个，自治县（旗）60 个，民族乡镇 570 个。民族人口分布上，据 2010 年的六普资料统计，区内少数民族人口约 5 109 万人，约占本地区人口总数的 21.7%，占全国少数民族人口总数约 45.89%。区内少数民族人口分布状况如图 66-5 所示。

在民族人口构成状况层面上，从少数民族人口数量和各少数民族占该民族总人口比重来看：①区内少数民族人口数量分布较多的依次有壮族、彝族、苗族、土家族和布依族五个民族，其人口数量均在 260 万人以上；区内少数民族人口数量分布较少的民族依次有塔吉克族、乌孜别克族、塔塔尔族、鄂伦春族和裕固族 5 个民族，其人口数量均在百人以下。②区内各少数民族比重分布较高的民族依次有基诺族、普米族、德昂族、哈尼族和纳西族等个 23 民族，其比重均在 90%以上；人口比重分布较少的民族依次有塔吉克族、维吾尔族和柯尔克孜族 3 个民族，其比重不足 0.1%。

民族的人口城镇化率上，区内少数民族 2010 年的人口城镇化率为 25.41%，低于全国少数民族城镇化率的 33.26%，也低于区内人口城镇化率的 39.76%。

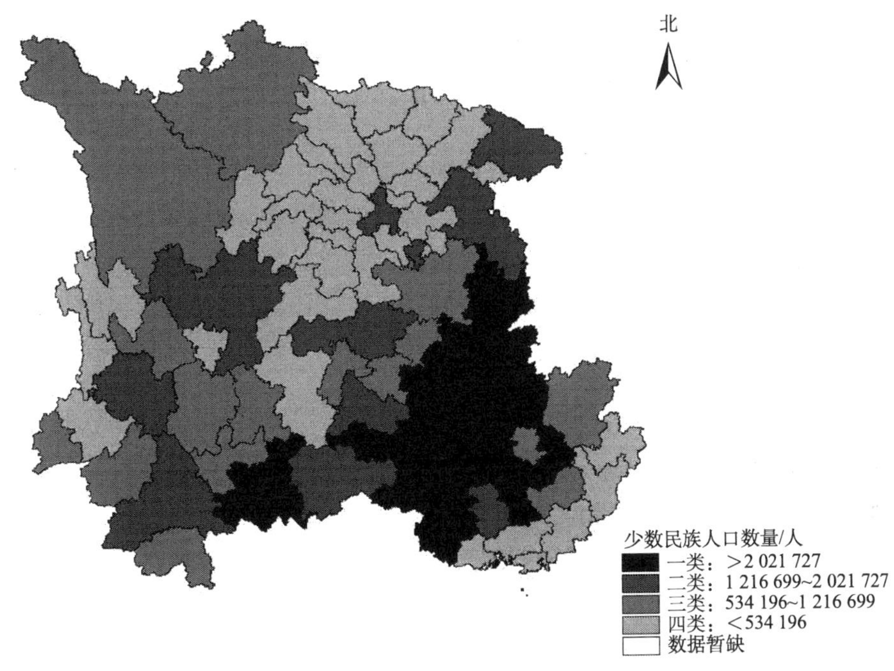

图 66-5　西南民族区少数民族人口数量分布

三、民族的区域特征

该区少数民族分布较多，民族使用的文字以汉字为主，其他为壮文、苗文、彝文、布依文等文字；民族使用的语言类型除汉语外，主要有汉藏语系壮侗语族壮傣语、汉藏语系藏缅语族彝语、汉藏语系壮侗语族苗语、汉藏语系藏缅语族土家语、汉藏语系壮侗语族壮傣语等其他语言类型。根据 2012 年《联合国教科文组织世界濒危语言图鉴》，该民族区是我国少数民族语言危险等级最高和濒危语言种类最多的地区。这一状况形成的原因，一方面是该区少数民族种类多且人数较少的少数民族所占比例很大，另一方面该区多样的的自然、经济和社会状况也不断影响着民族语言的传承与发展。

该区是藏族、彝族、白族、哈尼族、傣族、傈僳族、佤族、拉祜族、纳西族、景颇族、壮族、瑶族、布朗族、阿昌族、怒族、德昂族、独龙族、基诺族、苗族、仫佬族、毛南族、京族、普米族、布依族、侗族、羌族和土家族等民族的文化核心区。受自然地理环境影响，区内各民族在生产方式上表现出多元化特点，且同一民族在生产方式也不尽相同。农业是区内民族主要的生产方式，此外也有以畜牧业为主的民族，亦有以渔猎为传统生产方式的民族。民居上，区内各民族随生存环境的不同，在高原、山地、河谷、坝子等各类自然地理条件下，形成了各种小区域的民居特色，如傣族的干栏式建筑、傈僳族的木楞房等，即使同一民族，由于聚居地的不同，其民居特色也有明显差别。区内民族的服饰多样，仅彝族来说，其服饰就不下 200 种，傣族的服饰在区内不同的聚居环境下也表现不一，甚至有少数的民族没有形成全民族统一的服饰。区内民族的宗教信仰更是多样，这里也是一个本土宗教的佛道并存、本土宗教与外来教派（主要有伊斯兰教、基督教等）共处的地区，除此外，区内有的少数民族至今还保留着自然崇拜的原始信仰。区内饮食文化多样，仅主食而言，区内民族除以稻米为主食较多外，小麦、玉米、荞麦、土豆等皆有生产和食用。在地理环境多样性的孕育下，西南民族区在各民族的发展融合下将本区演化成我国少数民族文化多样性特色最鲜明的区域。西南民族大区的民族区域特点为：区域民族以多样性为特点，表现在民族种类、语言文字、生产方式、民居建筑、宗教信仰以及饮食文化等诸多方面。自然环境的整体性、分异性以及人地性规律对本区内各民族的影响最为明显，而区内各民族在长期的生产、生活中也以多样的民族文化与之相适应。

第六节　中部民族区

一、民族的地理基础

中部民族区地处我国中部地区，约 105°～122°E 与 31°～42°N 之间，含北京、天津、河北、山西、山东、河南和陕西 7 省市。全区国土面积约 86.8 万 km^2，占我国陆域国土面积约 9.04%。该民族区自东北起逆时针方向依次与我国辽宁、内蒙古、宁夏、甘肃、四川、重庆、湖北、安徽和江苏 9 省份相邻；东部临渤海和黄海海域。在《中国生态地理区域系统》（郑度，2008）中，中部民族区的区划类型主要为：暖温带湿润地区的ⅢA1 辽东胶东低山丘陵落叶阔叶林、人工植被区、暖温带半湿润地区的ⅢB1 鲁中低山丘陵落叶阔叶林、人工植被区、ⅢB2 华北平原人工植被区、ⅢB3 华北山地落叶阔叶林区、ⅢB4 汾渭盆地落叶阔叶林、人工植被区、暖温带半干旱地区的ⅢC1 黄土高原中北部草原区、北亚热带湿润地区的ⅣA1 长江中下游平原与大别山地常绿落叶阔叶混交林、人工植被区、ⅣA2 秦巴山地常绿落叶阔叶混交林区。该民族区内的生态区多为暖温带湿润、半湿润、半干旱地区和北亚热带湿润地区，平原、丘陵、高原兼备，黄土广布，植被以温带落叶阔叶林为主。

2010 年，区内实现生产总值约 163 527 亿元，占国内生产总值的 28.36%，区内各省平均生产总值 23 361 亿元，高于全国平均水平。社会发展方面，区内城镇居民可支配收入合约 23 941 元/人，略低于全国平均水平的 24 565 元/人；农民纯收入合约 8 072 元/人，略高于全国平均水平的 7 917 元/人。综合来看，该区经济、社会发展水平与全国平均水平大致相当。

二、民族的空间结构

新石器时代中晚期，该区内形成了以豫西、晋南、关中为重心的黄河中游文化区，以山东为重心的黄河下游东方文化区和以甘青地区为重心的黄河上游西部文化区三个区域文化区。该区的北部与北部民族区相接的地区是我国重要的农牧交错地带，也是“中原文化”向北部各民族扩散的重要过渡地带。该区是回族、俄罗斯族、彝族、哈尼族、拉祜族、侗族、高山族、汉族等民族的发源地。

该区民族聚居区有县区级、乡镇级和村级民族聚居区。其中，有少数民族自治县（旗）6个，民族乡89个。民族人口分布上，据2010年的“六普”资料统计，区内少数民族人口约626万人，约占本地区人口总数的1.7%，占全国少数民族人口总数约5.62%。区内少数民族人口分布如图66-6所示。

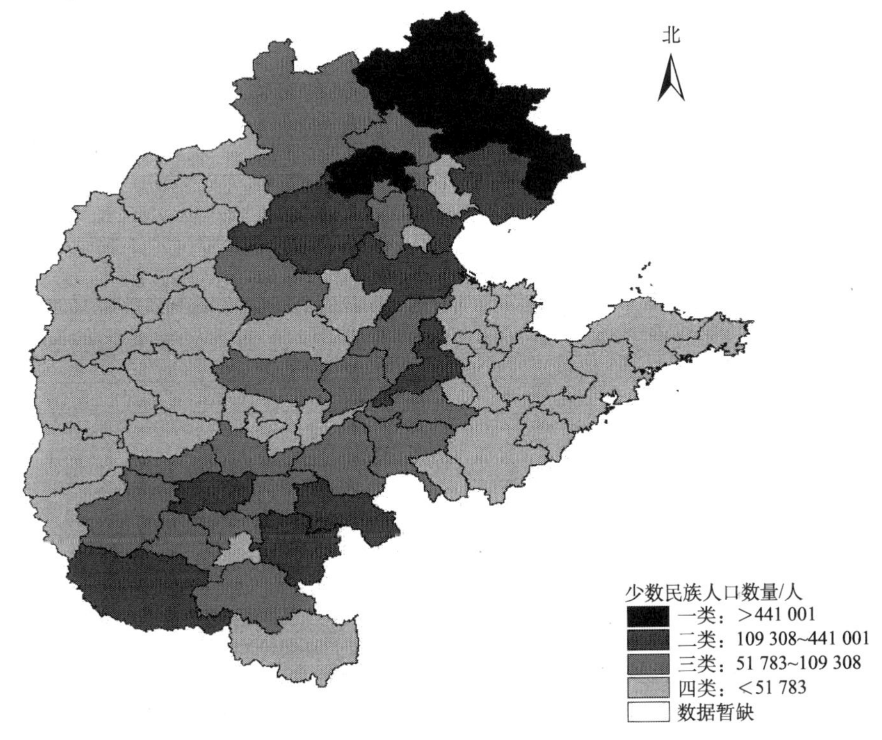

图 66-6　中部民族区少数民族人口数量分布

在民族人口构成状况层面上，从少数民族人口数量和各少数民族占该民族总人口比重来看：①区内少数民族人口数量分布较多的依次有满族、回族、蒙古族和朝鲜族4个民族，其人口数量均在10万人以上；区内少数民族人口数量分布较少的民族依次有珞巴族、保安族、塔塔尔族、基诺族和德昂族5个民族，其人口数量均在100人以下。②区内各少数民族比重分布较高的民族依次为高山族、满族和回族3个民族，其比重均在25%以上；人口比重分布较少的民族依次有东乡族、塔塔尔族、维吾尔族、柯尔克孜族和保安族等24个民族，其比重不足0.5%。

民族的人口城镇化率上，区内少数民族2010年的人口城镇化率为60.9%，高于全国少数民族城镇化率的33.26%，也高于区内人口城镇化率的48.13%。

三、民族的区域特征

该区少数民族分布较少，民族使用的文字以汉字为主，兼有蒙古文等其他文字；民族使用的语言类型除汉语外，兼有阿尔泰语系满-通古斯语族满语、阿尔泰语系蒙古语、阿尔泰语系蒙古语等少数民族语言类型。该区内少数民族分布较少，根据2012年《联合国教科文组织世界濒危语言图鉴》，区内鲜有少数民族语言濒危。

该区是汉族和蒙古族的民族文化核心区。本区的民族构成主要以汉民族为主，在生产方式上，这一区域是我国农业文明的发源地，其农业发展在历史上的很长一段时期内都处世界领先水平，农业是区内民族最为传统的生产方式。在民居及其构成上，区内传统民居主要由两个部分构成：华北平原上的民族以砖木结构为主的平房，最具代表性的院落为“四合院”；陕北黄土高原地区的民族，充分利用黄土的直立性（垂直节理），创造性地以“窑洞”为住房，形成了极具特色的黄土建筑文化；这些民居都有坐北朝南、注重采光等特点。区内汉族的传统服饰为汉服，已具4000多年历史，且在这一历史时期中，汉服也随着民族融合的不断加强而日趋成熟。区内民族的文化信仰以儒家思想、佛教、道教为主，秉中庸为正统，也是中华民族的主流信仰。饮食上，区内的民族以小麦为主食，以茶和酒为传统饮料，并在数千年的繁衍生息中创造了面食文化、茶文化和酒文化等璀璨于世的民族饮食文化。中部民族区所具有的民族区域特点为：民族多发源于平原地区，以从事传统的农耕活动为主，民族对宜耕宜居的平原环境具有较高的适应性，民族文化的继承与发展比较完善，具有极强的包容性。

第七节　东南民族区

一、民族的地理基础

东南民族区地处我国东南地区，约108°～124°E与3°～35°N之间，含上海、江苏、浙江、安徽、福建、江西、湖北、湖南、广东、海南和台湾省（因数据暂缺，后文中所述均未包括台湾省）11省市。全区国土面积约122万km^2，占我国陆域国土面积约12.71%。该民族区自东北起逆时针依次与我国山东、河南、陕西、重庆、贵州和广西六省份相邻，东部及南部临东海、南海及台湾岛以东海域。在《中国生态地理区域系统》中（郑度，2008），东南民族区多属：北亚热带湿润地区的ⅣA1长江中下游平原与大别山地常绿落叶阔叶混交林、人工植被区、ⅣA2秦巴山地常绿落叶阔叶混交林区、中亚热带湿润地区的ⅤA1江南丘陵盆地常绿阔叶林、人工植被区、ⅤA2浙闽与南岭山地常绿阔叶林区、ⅤA3湘黔高原山地常绿阔叶林区、南亚热带湿润地区的ⅥA1台湾中北部山地平原常绿阔叶林、人工植被区、ⅥA2闽粤桂低山平原常绿阔叶林、人工植被区、边缘热带的ⅦA1台湾南部山地平原季雨林、雨林区、ⅦA2琼雷山地丘陵半常绿季雨林区、中热带湿润地区的ⅧA1琼南与东、中、西沙诸岛季雨林、雨林区、赤道热带湿润地区的ⅨA1南沙群岛区。该民族区内的生态区多为热带湿润地区，降水丰富，河网密布，农业、海洋资源丰富。

2012年，区内实现生产总值约263 096亿元，占国内生产总值的45.63%，区内各省平均生产总值23 918亿元，高于全国平均水平。社会发展方面，区内城镇居民可支配收入合约27 685元/人，高于全国平均水平的24 565元/人；农民纯收入合约9 520元/人，高于全国平均水平的7 917元/人。综合来看，该区经济、社会发展水平高于全国平均水平。

二、民族的空间结构

新石器时代中晚期，该区内形成了以两湖平原为重心的长江中游文化区，以太湖地区为重心的长江下游东南文化区和以两广地区为重心的南方文化区三大区域文化区。同时，该区内部或西南边缘地带，也是民族走廊中“南岭走廊”的核心区域。该区是回族、傣族、布依族、侗族、水族、仡佬族、壮族、瑶族、土家族、黎族、畲族等民族的发源地。

该区民族聚居区有地市级、县区级、乡镇级和村级民族聚居区。其中，少数民族自治州 2 个、自治县（旗）19 个，民族乡 171 个。民族人口分布上，据 2010 年的“六普”资料统计，除汉族外，区内少数民族人口约 1 571 万人，约占本地区人口总数的 2.95%，占全国少数民族人口总数约 14.11%。区内少数民族人口分布如图 66-7 所示。

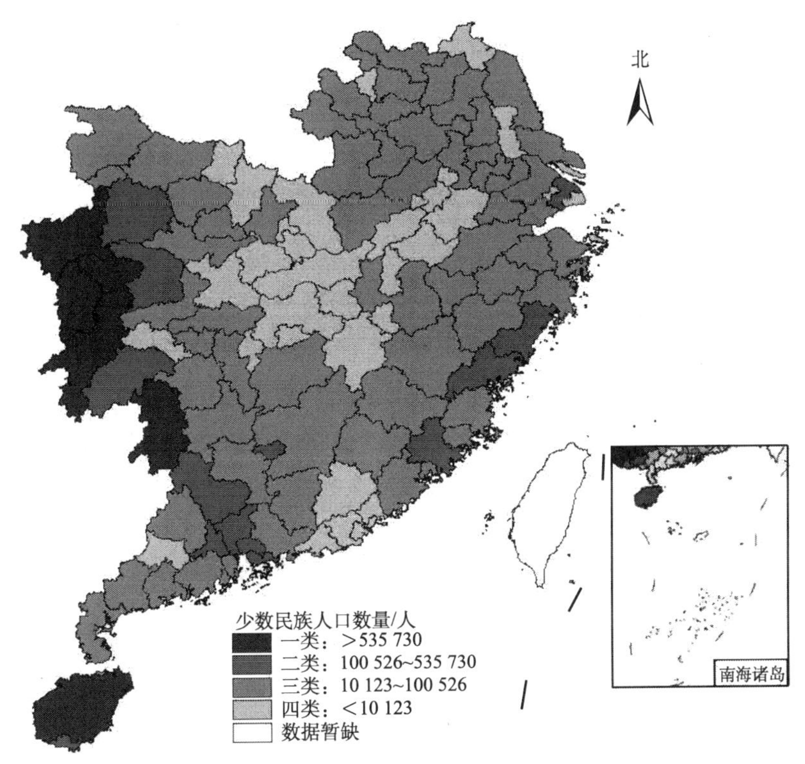

图 66-7　东南民族区少数民族人口数量分布

在民族人口构成状况层面上，从少数民族人口数量和各少数民族占该民族总人口比重来看：①区内少数民族人口数量分布较多的依次有土家族、苗族、黎族、壮族、侗族和瑶族 6 个民族，其人口数量均在 100 万人以上；区内少数民族人口数量分布较少的民族依次有珞巴族、保安族、塔塔尔族和基诺族 4 个民族，其人口数量均在 200 人以下。②区内各少数民族比重分布较高的民族依次为畲族、黎族和土家族 3 个民族，其比重均在 60%以上；人口比重分布较少的民族依次有维吾尔族、东乡族、藏族、柯尔克孜族和保安族等10个民族，其比重不足1%。

民族的人口城镇化率上，区内少数民族2010年的人口城镇化率为42.45%，高于全国少数民族城镇化率的33.26%，但低于区内人口城镇化率的55.88%。

三、民族的区域特征

该区的少数民族使用的文字以汉字为主，其他有苗文、黎文、壮文、侗文等文字；民族使用的语言类型除汉语外，主要有汉藏语系壮侗语族苗语、汉藏语系壮侗语族侗水语、汉藏语系壮侗语族壮傣语、汉藏语系苗瑶语族瑶语、汉藏语系藏缅语族土家语、汉藏语系壮侗语族黎语等其他少数民族语言类型。根据2012年《联合国教科文组织世界濒危语言图鉴》，区内少数民族语言的濒危状况较为严重的地区，主要聚集在台湾省、湖北、湖南、福建和海南几个省份，其中台湾省少数民族语言濒危状况最为严重，部分少数民族语言已经灭绝。

该区是苗族、侗族、瑶族、土家族、畲族、黎族和高山族等民族的文化核心区。生产方式上，区内民族多从事农业生产活动，兼有捕鱼、狩猎和采集等其他生产活动。因其较好的光热水组合条件，区内的稻米总产量和单位面积产量都很高；丰沛的降水所形成的密集河网和漫长的海岸线，又为区内渔业发展提供了便利；在本区形成了我国的“鱼米之乡”。区内的民族民居特点以“干栏式”为代表，在各不同区域，“干栏式”民居的形式又表现得多样化，如瑶族有砖瓦干栏式结构民居、竹木干栏式结构民居和木质结构的吊脚楼民居等。区内民族服饰表现多样，服饰色彩上多以青、紫、蓝、白、浅蓝等冷色调构成。宗教信仰上，区内民族多不具有统一的宗教形式和派别，而更多地表现为对自然的、图腾的和祖先的崇拜等原始宗教形式。区内民族的饮食以稻米为主食，兼食多种杂粮和海鲜。东南民族区的区域民族特征表现为：以农业生产活动为主，稻米种植和传统渔业具有代表性；宗教形式原始，建筑风格以较为统一的“干栏式”民居为主；区内民族对热带、亚热带的湿润气候，山地、平原的组合地貌等自然环境的适应性较为明显。

参 考 文 献

国务院人口普查办公室，国家统计局. 2012. 中国2010年人口普查资料. 北京：中国统计出版社.

钱学森，于景元，戴汝为. 1990. 一个科学新领域——开放的复杂巨系统（包括社会系统）及其方法论. 自然杂志，13（1）：3-10.

郑度. 2008. 中国生态地理区域系统研究. 北京：商务印书馆.

中华人民共和国国家统计局. 2013. 中国统计年鉴. 北京：中国统计出版社.

第六十七章　民族地区科学发展

我国近60年来取得了举世瞩目的发展成就，尤其是自1978年实施改革开放政策的30多年来，中国大地发生了翻天覆地的变化，综合国力显著增强，经济持续、较快、健康发展，社会明显进步。但在取得巨大成就的同时，我国东西部地区特别是民族自治区与全国和东部地区之间的差距（经济发展差距、社会发展差距和发展成本差距）亦在不断加大。这个在发展中产生的严峻问题，势必深远地影响着我国在21世纪乃至更长远的未来的科学发展。从一定意义上说，东西部地区的发展差距就是东部地区和民族地区的发展差距，这种差距问题不仅是经济问题、政治问题和民族问题（曹海英，2010），也体现在自然条件、自然资源和区域承载力等方面（刘卫东等，2010），而决定我国区域发展差距因素既有自然地理结构和自然资源等，又有历史基础、区位（自然的和历史的）、科学技术创新和制度创新等。尽管改革开放以来，西部民族地区的经济也在快速发展，但由于发展基础和增长速度的差异，西部民族地区和全国及东部地区的发展差距仍处于扩大的态势（郑长德，2009）。

继党的十六届三中全会首次提出了“坚持以人为本，树立全面、协调、可持续的发展观”之后，党的十七大报告对“科学发展观”（胡锦涛，2007）进行了全面而系统的阐释，指出科学发展观，第一要义是发展，核心是以人为本，基本要求是全面协调可持续，根本方法是统筹兼顾。科学发展观是在我国进入新世纪新阶段区域发展所呈现的诸如经济发展的结构性矛盾和粗放型增长方式尚未根本改变、自主创新能力不强、收入分配差距持续拉大、城乡差距和区域差距（尤其是东西发展差距）依然显著等一系列新的阶段性特征而提出的。科学发展观强调“自然、经济、社会”的整体协调，揭示“发展、协调、持续”的系统本质，反映“动力、质量、公平”的有机统一，创建“和谐、稳定、安全”的人文环境（牛文元，2010）。对实现我国不同区域内“人口-资源-环境-生态”的协调可持续发展和区域间（特别是东西部地区之间）的协调可持续发展，具有重要的理论指导意义。

本书重点研讨的民族地区，指少数民族集中分布的内蒙古自治区、宁夏回族自治区、新疆维吾尔自治区、西藏自治区和广西壮族自治区5个自治区。

第一节　民族地区概况

一、地理位置

我国幅员辽阔，领土东西跨经度有60多度，东西距离约5200km，南北跨越的纬度近50度，南北距离约为5500km。在960万km^2的陆域领土上，5个民族自治区所处位置整体上介于北纬20°54′～53°23′，东经73°25′～126°04′之间（图67-1），陆域最北端为内蒙古的额尔古纳河流域，最南部是广西南端的北部湾，西至新疆的帕米尔高原，东至内蒙古东部的石头山附近。

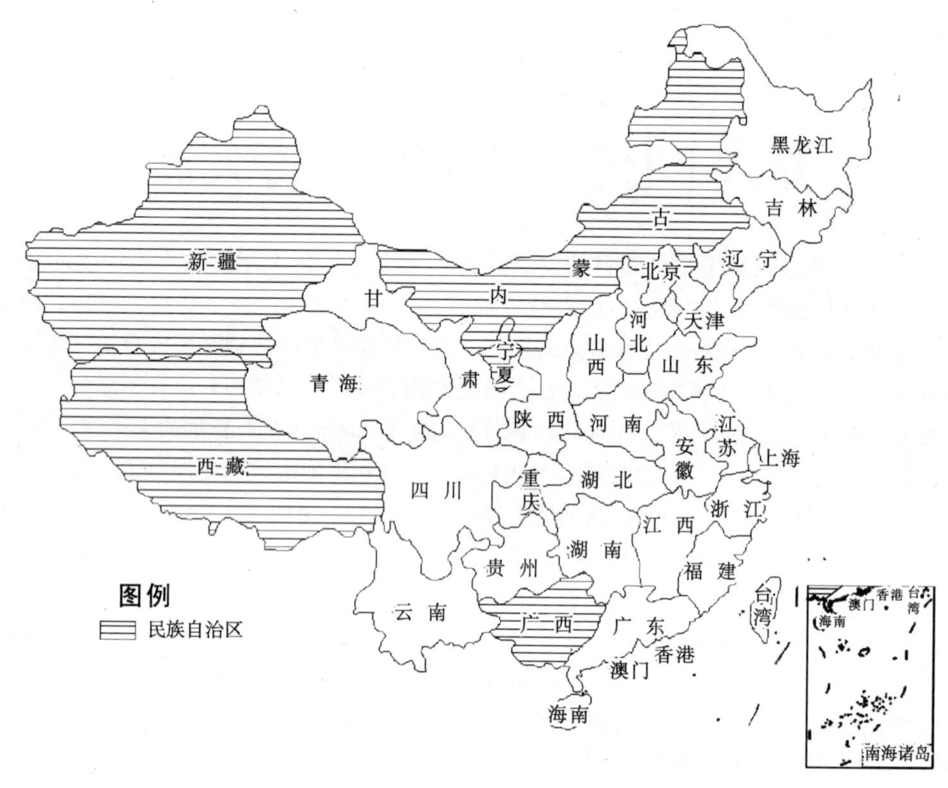

图 67-1 民族自治区地理位置示意图

5 个民族自治区多处在我国内陆的边缘地带，国境线漫长，全区陆地国境线长约 14 437km，大陆海岸线长 1595km。与之接壤的邻国有俄罗斯、蒙古国、哈萨克斯坦、吉尔吉斯斯坦、塔吉克斯坦、阿富汗、巴基斯坦、印度、尼泊尔、不丹、缅甸、老挝和越南。在全国位置来看，5 个民族自治区主要分布在我国的北部及北部边疆地区、西部和西南边疆地区以及南部边疆地区。国内与民族自治区相邻的省份有黑龙江、吉林、辽宁、河北、山西、陕西、甘肃、青海、四川、云南、贵州、湖南、广东和海南岛 14 个。

根据郑度等（2008）的《中国生态地理区域系统》方案，民族自治区由北而南分属于中温带（Ⅱ)、暖温带（Ⅲ)、高原亚寒带（HⅠ)、高原温带（HⅡ)、中亚热带（Ⅴ)、南亚热带（Ⅵ）6 个温度带；湿润、半湿润、半干旱、干旱 4 个干湿地区；西辽河平原草原区（ⅡC1)，大兴安岭南段草原区（ⅡC2)，内蒙古东部草原区（ⅡC3)，呼伦贝尔平原草原区（ⅡC4)，鄂尔多斯及内蒙古高原西部荒漠草原区（ⅡD1)，阿拉善与河西走廊荒漠区（ⅡD2)，准噶尔盆地荒漠区（ⅡD3)，阿尔泰山地草原、针叶林区（ⅡD4)，天山山地荒漠、草原、针叶林区（ⅡD5)，黄土高原中北部草原区（ⅢC1)，塔里木盆地荒漠区（ⅢD1)，东喜马拉雅南翼山地季雨林、常绿阔叶林区（ⅤA6)，滇中南亚高山谷地常绿阔叶林、松林区（ⅥA3)，果洛那曲高原山地高寒灌丛草甸区（HⅠB1)，青南高原宽谷高寒草甸草原区（HⅠC1)，羌塘高原湖盆高寒草原区（HⅠC2)，昆仑高山高原高寒荒漠区（HⅠD1)，川西藏东高山深谷针叶林区（HⅡA/B1)，藏南高山谷地灌丛草原区（HⅡC2)，柴达木盆地荒漠区（HⅡD1)，昆仑北翼山地荒漠区（HⅡD2)，阿里山地荒漠区（HⅡD3）22 个自然区。

二、自然地理环境

1. 地貌

民族自治区绝大部分位于我国三大地势阶梯的第一级阶梯和第二级阶梯上，平均海拔较高，地貌形态复杂多样。其中，西藏自治区平均海拔在4000 m以上，是青藏高原的主体部分，素有“世界屋脊”之称，其境内海拔在7000 m以上的高峰有50多座，其中8000m以上的有11座，被称为除南极、北极以外的“地球第三极”，地貌类型以山地、高原和盆地为主。我国的青藏高原、黄土高原和内蒙古高原，绝大部分分布在民族自治区。民族自治区还分布着准噶尔盆地、塔里木盆地、吐鲁番盆地等盆地。我国的塔克拉玛干沙漠也位于民族自治区，面积约33万km^2，是我国最大、世界第二大的流动沙漠。同时，也有为数不少的河谷平原、流水侵蚀丘陵，如宁夏平原。此外，还因不同自然力和地表物质影响作用，发育出流水地貌（如“三江峡谷”、西藏大峡谷等“V”形或“U”形河谷）、冰川冻土地貌（如阿尔泰山、天山、喜马拉雅山等高山上的现代冰川）、风沙地貌（如塔克拉玛干沙漠的风蚀柱、风蚀蘑菇、雅丹地貌、各型沙动沙丘等）、黄土地貌（如黄土高原）、喀斯特地貌（如广西喀斯特）等特殊地形地貌类型，其特征和景观也十分典型。

民族自治区也是我国主要山脉的分布地。分布着阿尔泰山、天山、昆仑山、喀喇昆仑山、喜马拉雅山脉和唐古拉山脉、还有大兴安岭、阴山、贺兰山等山脉。这些主要的山脉造就民族自治区独特的地貌形态。民族自治区还分布有火山群，如内蒙古东部地区是我国火山集中分布的地区之一，大致分为五个群：大兴安岭中段火山群、阿巴嘎火山群、达来诺尔火山群、乌兰哈达火山群、岱海火山群。独特的地形地貌，在为民族自治区提供多样生物资源的同时，也为民族自治区农业、经济发展等带来了一定的困难。

2. 气候

民族自治区众多的山脉既是江河的发源地和分水岭，也是地理上的重要界线，它奠定了民族自治区的气候分布格局。民族自治区因地域广袤、地形地貌类型多样，尤其是青藏高原的阻隔作用，导致气候的时空差异极大。但总体而言，与东部地区濒临海洋，以季风气候为主的气候类型相比，民族自治区（除广西外）大部分地区远离海洋、高山阻挡，表现为以大陆性气候为主，干旱少雨，气候干燥，但区际间的差异较大。降水量较多的地区为广西壮族自治区，因广西壮族自治区地处低纬地带，北回归线横贯中南部，濒临海洋，年降水量为1080～2760 mm，大部分地区在1300～2000 mm之间，而降水量较少的新疆维吾尔自治区年平均降水量为150 mm左右，不仅如此，同一地区的不同地方，降水量差异也较大。民族自治区的最高气温和最低气温均出现在新疆维吾尔自治区，其最冷月（1月），平均气温在准噶尔盆地为零下20℃以下，该盆地北缘的富蕴县绝对最低气温曾达到零下50.15℃，是全国最冷的地区之一。最热月（7月），平均气温在号称“火洲”的吐鲁番为33℃以上，绝对最高气温曾达至49.6℃，居全国之冠。

民族自治区还有一些独特的气候类型，如西藏自治区因海拔高，呈现出独特的高原气候，其总的气候特点是：日照时间长，辐射强烈；气温较低，温差大；干湿分明，多夜雨；冬春干燥，多大风；气压低，氧气含量少。这些不同的气候类型与气候资源为民族自治区农业生产提供了多样化的基础，但同时也为农业发展带来了一定的约束和限制。因势利导，提高气候资源的利用效率，利用优势资源，扬长避短发展特色农（牧）业，是民族自治区社会经济发展的战略选择。

3. 水文

民族自治区特别是西藏、新疆，河流纵横，是大江大河的源头。雅鲁藏布江、怒江、塔里木河、额尔齐斯河、伊犁河等主要河流均发源于西藏自治区和新疆维吾尔自治区。亚洲著名的印度河、布拉马普特拉河、湄公河、萨尔温江、伊洛瓦底江等河流的上源都分布在这里。其中，新疆的塔里木河是我国最长的内陆河，终端流入罗布泊，额尔齐斯河是我国属于北冰洋水系的唯一河流。源自西藏自治区的森格藏布-印度河、雅鲁藏布江-布拉马普特拉河、独龙江-伊洛瓦底江、怒江-萨尔温江最终流入印度洋，澜沧江-湄公河流入太平洋。

民族自治区还拥有众多的湖泊。湖泊众多，星罗棋布，主要分布在西藏自治区、内蒙古自治区和新疆维吾尔自治区。西藏自治区是我国第二大湖区，亦为世界海拔最高的大湖区。著名的有世界海拔最高的纳木错、色林错、扎日南木错等湖，其中纳木错为我国第二大咸水湖。内蒙古自治区湖泊群众多，全区有1000余个湖泊，以呼伦湖、贝尔湖最大。新疆维吾尔自治区的著名湖泊有天池、博斯腾湖、艾丁湖等。其中艾丁湖海拔−154.31m，为我国陆地最低点，博斯腾湖为我国内陆最大的淡水湖，面积达1000km^2。

4. 土壤和植被

由于民族自治区各地成土母质和成土条件的不同，土壤和植被分布既受纬度地带性规律的支配，也受垂直分异规律的影响。在这种纬度地带性和垂直地带性双重规律的综合作用下，发育并形成了高山寒漠土、亚高山草原土、高山草甸土和亚高山草甸土、黑垆土、灰钙土和灰漠土、山地草甸土、山地黄壤、红壤、赤红壤、暗棕壤、棕色石灰土、红色石灰土、黑色石灰土、紫色土、河流冲积土、滨海沙土等多种土壤类型。不同的民族自治区，所拥有的土壤类型不尽相同。在土壤和气候的作用下，形成了特征明显的植被类型，且区域分异十分明显。新疆维吾尔自治区阿尔泰山、天山等高山深处分别有绵延呈带状分布的西伯利亚落叶松和雪岭云杉、云杉等山地针叶林；塔里木河等大河下游沿岸生长着胡杨林与灰杨等为主的阔叶林。西藏植被类型复杂多样，有热带雨林、亚热带常绿阔叶林和常绿针阔叶混交林、温带针阔叶混交林、寒温带针叶林；内蒙古东部大兴安岭拥有丰富的森林植物及草甸、沼泽与水生植物。中部阴山山脉及西部贺兰山兼有森林、草原植物和草甸、沼泽植物。此外，还分布着草原植被和亚热带植被，如：草原植被（草甸草原、干草原、荒漠草原）是宁夏自然植被的主体；广西壮族自治区分布着亚热带落叶阔叶林、亚热带针叶阔叶混交林、亚热带针叶林等。

丰富多样的土壤植被类型及地带分异规律一方面蕴涵了各种各样的生态景观和生物资源，为农牧区及其相关产业和旅游业的发展提供了物质基础，另一方面要求在民族自治区生态环境建设中必须尊重这种自然规律。

三、自 然 资 源

1. 水资源

民族自治区为我国主要大江大河的发源地，水资源赋存有一定的优势。2008年民族自治区的水资源总量为8079.6亿m^3，占全国水资源总量的29.45%。其中地表水资源量为7896.6亿m^3，占全国地表水资源量的29.94%，地下水资源量为2335.9亿m^3，占全国地下水资源量的28.76%，人均水资源量除内蒙古自治区和宁夏回族自治区低于全国平均水平外，其他三个自治区都高于全国平均水平（中华人民共和国国家统计局，2009）。

由于受气候、地形等条件的影响，水资源的地区分布不均。在民族自治区中，水资源量最丰富的是西藏自治区，其次为广西壮族自治区。西藏自治区水资源总量占全国水资源总量的16.62%，人均水资源量为全国人均水资源量的77倍，是全国人均水资源量最多的地区。西藏自治区的水资源主要来源于地表水资源、地下水资源、冰川水资源和大气降水，这四大水源为西藏自治区提供了非常充足的水资源。而宁夏回族自治区水资源总量为民族自治区中最少的，仅占全国水资源总量的0.03%，全国人均水资源量为宁夏回族自治区人均水资源量的14倍。宁夏回族自治区位居内陆，受季风影响较弱，属温带大陆性半干旱气候，干旱少雨，多年平均年降水量为183.4～677.0 mm。与宁夏回族自治区情况类似的，还有内蒙古自治区。面对水资源总量短缺的情况，节水是关键。

2. 土地资源

民族自治区的土地资源在绝对数量上非常丰富。据统计（中华人民共和国国家统计局，2009），2008年民族自治区的土地调查面积为4 301 600km^2，占全国土地调查面积的45.25%，其中新疆维吾尔自治区是全国土地调查面积最大的地区，面积为1 664 900km^2，占全国土地调查面积的17.51%。在各类土地资源中，民族自治区农用地面积为2 579 610km^2，占全国农用地面积39.27%；园地为10 130km^2，占全国园地面积的8.59%；民族自治区还是我国草地的主要分布地区，草地面积为1 841 440km^2，占全国牧草地的70.33%，主要分布于西藏、新疆、内蒙古三个自治区，其中内蒙古天然草场辽阔，总面积位居全国五大草原之首，是我国重要的畜牧业生产基地；民族自治区的林业用地为815 150km^2，占全国林业用地面积的28.61%，其中森林面积为494 854km^2，占全国森林面积的28.29%，其中内蒙古的森林面积最大，为205 067km^2，占全国的11.72%，居全国第一位，内蒙古自治区是国家重要的森林基地之一，森林覆盖率达17.70%，森林总蓄积量1 101 531 500m^3，居全国第五位，而西藏自治区的森林总蓄积量为全国第1位；民族自治区的耕地面积为169 580km^2，占全国总耕地面积的13.93%，其中内蒙古的耕地资源最为丰富，耕地面积居全国第四位，占全国总耕地面积的5.87%。

由于多方面的条件限制，民族自治区有部分土地资源难以利用或不能利用。民族自治区的草地资源虽然很丰富，但部分地区的草地质量等级相对偏低，属于二、三等地，甚至为不适宜放牧的草地。民族自治区分布在贺兰山地、横断山区、天山山地、阿尔泰山等地区的林地，由于山高谷深、位置偏远、交通不便、人口密度较低，因此所分布的林地等级低，立地条件差，一旦被砍伐破坏难以恢复。民族自治区是我国沙漠、戈壁的主要分布地区，分布有我国最大的塔克拉玛干沙漠以及古尔班通古特沙漠、巴丹吉林沙漠、库姆塔格沙漠、腾格里沙漠、乌兰布和沙漠、毛乌素沙地等，这些土地基本属于难以利用的土地。

3. 生物资源

民族自治区幅员辽阔，环境多样，整个地区山脉纵横，地形错综复杂，有高原、高山、草原、盆地、丘陵等多样性地貌，有江河、湖泊、森林、湿地、草甸、荒漠等多样性景观，还拥有寒温性、温性、半湿润、半干旱、干旱等多种气候。这些多样性的地理环境和多变的气候，使这一地区的野生动物资源极为丰富，且开发潜力较大。野生动植物数量多，药用植物较为丰富，天然药物如雪莲、贝母、甘草、麻黄、罗布麻、肉苁蓉等，质量上乘，具有独特的品质和优良的特性。此外还有独具风格的藏药，如大黄、胡黄连、党参、虫草等。其中，西藏自治区大中型野生动物数量居全国第一位。同时民族自治区有一些珍稀的动植物，如双峰骆驼、野驴等。民族自治区被列入国家一、二、三类保护的兽类和鸟类、野生植物种类繁多。国家一级重点保护的野生动物有滇金丝猴、虎、野牦牛、藏羚羊、赤斑羚、羚牛、黑颈鹤、棕尾虹雉、蟒、黑鹳、中华秋沙鸭、金钱豹等；国家二级重点保护动物有盘羊、岩羊、麝类、马鹿、藏雪鸡、藏马鸡、墨脱缺翅虫、马鹿、岩羊、蓝马鸟、红腹锦鸡等；列入国家一、二、三类野生植物主要有四合木、胡桃、裸果木、羽叶丁香、野大豆、黄芪、金花茶、银杉、桫椤、擎天树等植物。

丰富的生物资源，为民族自治区提供了很高的经济价值、生态价值、社会价值。长期以来，它们不仅源源不断地给民族自治区提供食物、药物、工业原料、遗传基质等，而且对保持生态平衡和生态系统稳定性也起重要的作用。但是，由于栖息地破坏、乱捕滥猎，过度开发等原因，使这一地区的野生动物栖息地遭到了破坏、资源数量急剧下降、某些珍稀动物濒危或灭绝、生态系统平衡失调、自然灾害频繁发生。为了改变这种现状，国家已经在民族自治区逐渐建立各类自然保护区，同时不断进行未来民族自治区野生动物资源可持续发展战略和对策的探索。截至 2008 年，民族自治区共有自然保护区 357 个，国家级自然保护区 62 个，占全国国家级自然保护区的 20.46%。保护区面积分布广泛，为 786 600km^2，占全国自然保护区面积的 52.52%，其中国家级自然保护区面积为 553 300km^2。民族自治区中，内蒙古自治区的保护区数量最多，西藏自治区的自然保护区面积最大。

4. 矿产资源

民族自治区的矿产资源十分丰富。从矿产资源方面来看，目前已知的矿产资源种类，民族自治区基本上都有。其中，锰矿、铬矿、铅矿、锌矿、高岭土等矿产资源的储量丰富。截至 2008 年，民族自治区锰矿的储量为 89 878 200t，占全国锰矿储量的 38.34%，其中广西壮族自治区的锰矿储量最高，位居全国第一；铬矿的储量为 4 418 400t，占全国铬矿储量的 76.56%，其中西藏、内蒙古的铬矿储量位居全国第一和第二；铅矿的储量为 3 604 000t，占全国铅矿储量的 26.51%，其中内蒙古的铅矿储量位于全国第一；锌矿的储量为 10 389 100t，占全国锌矿储量的 24.26%，其中内蒙古的锌矿储量位于全国第二；高岭土的储量为 182 785 800t，占全国高岭土储量的 28.48%，其中广西的高岭土储量位于全国第二。民族自治区中，广西有色金属矿尤为丰富，是全国十大有色金属矿产区之一，素有“有色金属之乡”之称。

民族自治区虽然矿产资源丰富，但有些矿床的品位低，不能直接利用。还有些矿产的组分复杂利用困难，比如西藏、内蒙古、新疆等地的铬铁矿多属于由硬铬尖晶石组成的难溶的铬铁矿，冶炼难度极大。在民族自治区矿产资源开发的同时，许多资源目前还不能被及时开发利用或者利用的效率很低。

5. 能源资源

民族自治区蕴涵着丰富的能源资源，特别是石油、天然气和煤炭资源。民族自治区石油储量为 51 792 万 t，占全国石油储量的 17.92%，其中新疆的石油储量位居全国第二；天然气储量为 13 184.69 亿m^3，占全国天然气储量的 38.72%，其中新疆的天然气储量位居全国第一；煤炭储量为 1.003 亿万 t，占全国煤炭储量的 30.75%，其中内蒙古的煤炭储量位居全国第二。民族自治区中，新疆石油、天然气、煤等蕴藏丰富，油气勘探开发潜力巨大，远景十分可观，湖盐资源异常丰富，品质优良，开采方便。内蒙古储量在 100 亿 t 以上的特大型煤田有 5 处，大部分煤田地质构造简单，厚度大，埋藏浅，煤层稳定，易于露天开采，而且煤种质量优良，种类齐全。

虽然民族自治区有着较为丰富的能源资源，但由于受地形地貌、气候等方面的影响，能源开采存在一定程度上的困难，如分布于高原地区、埋藏较深的能源资源很难被利用而且开采成本过高。当然，随着科学技术的进步，民族自治区的能源可利用量和利用效率一定会越来越高。

6. 旅游资源

民族自治区的旅游资源丰富多彩，自然景观奇特，气候生态多样，拥有自然风光旅游资源和人文旅游资源等多种旅游资源。有雪域、高山、草原、沙漠、湖泊、森林、岩溶（喀斯特）、民俗、古迹等奇观构成独特的旅游胜景。主要的旅游胜地有雅砻国家级风景名胜区、珠峰自然保护区、藏北羌塘自然保护区、藏东南雅鲁藏布大峡谷自然保护区、贺兰山自然保护区、六盘山自然保护区、沙湖旅游区、沙波头自然保护区、喀纳斯自然保护区、巴青布鲁克天鹅自然保护区、天山天池、博斯腾湖、赛里木湖、西藏羊八井温泉、桂林漓江、桂平西山、左江花山、北海银滩等。名胜古迹，如内蒙古呼和浩特市的五塔寺、大召、昭君墓、席力图召、乌素图召、白塔，包头市的五当召，伊金霍洛旗的成吉思汗陵园，西藏拉萨大昭寺、布达拉宫、罗布林卡世界文化遗产，新疆古迹与丝绸之路有关，如高昌故城、交河故城、拜城克孜尔和柏孜里克千佛洞、楼兰遗址等，广西兴安灵渠、柳州柳侯祠、桂林城、三江侗族建筑程阳桥、马胖鼓楼等，宁夏西夏王陵、须弥山石窟、青铜峡 108 古塔、同心清真寺等。

四、区位条件

区位条件是指一个地区与周围诸社会经济事物关系的总和，包括位置关系、地域分工关系、地缘政治关系、地缘经济关系以及交通、信息关系等。民族自治区从地理区位来看，远离国家的经济、政治核心区，与中原地区和东部沿海地区相比，自然环境比较恶劣，土地边际生产力总体上比较低，同时，民族自治区是我国的陆地边疆，邻国较多，总体上看具有边缘性、边际性和邻边性的特点（郑长德，2009）。民族自治区的这些特点，一方面限制了它的发展，另一方面对其发展来说也是一种机遇。

1. 内蒙古的区位条件

内蒙古自治区北部与俄罗斯、蒙古国交界，边境线约 4240km，其中中蒙段 3200km，占我国与蒙古国边境线 4600km 的 70%；中俄段 1040km，占我国与俄罗斯边境线 4300km 的 24%；全区陆地边境线约占全国陆域边境线总长的 1/5，对发展边境贸易有很好的优势（郑长德，2009）。内蒙古自治区是“欧亚大陆桥”的桥头堡，拥有航空、水运、铁路、公路等多种运输途径与俄蒙互联互通，口岸资源丰富，全区现有口岸 18 个，其中，对俄开放的有 6 个，对蒙古国开放的口岸有 10 个，还有 2 个国际航空港——满洲里口岸和二连口岸是自治区最大的两个口岸（郑长德，2009）。满洲里口岸是我国最大的综合型陆路口岸，是东北地区通往俄罗斯和东欧各国的重要交通枢纽。二连浩特口岸是我国通往蒙古国的最大口岸。从国内看，内蒙古横跨“三北”，与国内八省区相邻，是东北经济区和环渤海经济带的资源腹地，也是向北开放，实施“走出去”发展战略的主要通道。由此可见，内蒙古自治区的区位优势较为明显。

2. 广西的区位条件

广西壮族自治区具有沿海、沿边、沿江三位一体的特殊地理区位优势，面向东南亚，背靠国内广阔腹地，南临北部湾，东接粤、港、澳，处于华南经济圈、西南经济圈和东盟经济圈的结合部，是西南地区与东盟和世界贸易的重要门户，是我国唯一与东盟陆地接壤并具有海上通道的省区。因此，在中国—东盟合作框架下的次区域合作中，广西既是中国参加大湄公河次区域合作的两个省区（云南、广西）之一，又是南宁—新加坡经济走廊的一极，还是中越两国共建“两廊一圈”的重要组成部分，是中国与东盟国家开展泛北部湾经济合作的重要核心区。因此，广西在多区域经济合作中具有重要的地位和作用。该区拥有约 1020km 的边境线，海岸线 1595km，是我国西南最便捷的出海通道（郑长德，2009）。广西铁路网络将海洋和内陆连接起来，成为粤港澳西进的门户、川黔滇鄂南下出海的动脉，南宁经友谊关的准轨铁路可以直达东盟国家前沿——越南首都河内。广西已经拥有南宁吴圩机场、桂林两江机场、北海福成机场 3 个国际机场，南宁、桂林已经开通到东南亚主要国家重点城市如新加坡、吉隆坡、雅加达、胡志明市、曼谷等的定期飞机航线航班。广西正努力打造成为连接多区域的国际通道，成为中国与东盟国家的区域性的现代化综合交通枢纽。

3. 西藏的区位条件

西藏自治区位于中国西南边疆，分别与印度、不丹、尼泊尔和缅甸等国接壤，边境线全长近 4000km，与这些国家有密切的社会文化联系，有利于西藏自治区边境贸易的发展（郑长德，2009）。在信息建设方面，西藏的通信事业进入了卫星、光缆、程控交换的全新时代，建成了以拉萨为中心，连接全国，通达世界，集光缆、卫星传输、程控交换、卫星通信、数字通信、移动通信、邮政通信于一体，达到当代较先进水平的通信网络。在区域内部形成了突破行政区划界限的中部、东部、西部三大经济区，中部经济区以拉萨市、日喀则地区、山南地区、林芝地区、那曲地区为主；东部经济区以昌都地区为主，昌都位于西藏东北部，北、东、南三面与青海省、四川省、云南省接壤，具有承东启西，连接东南的地域优势。该经济区拥有国道 3 条、区道 3 条、县道 2 条，“三横四纵”的交通网络，为藏东经济区打入“成渝经济圈”和打造“大香格里拉”品牌创下良好的地缘优势和交通优势（郑长德，2009）。西部经济区以阿里地区为主，阿里处于西藏自治区西部，距离西藏经济中心较远，成为一个独立的经济区。由于阿里国土面积较大，拥有较好的边境优势，北与新疆相连，南与尼泊尔、印度及克什米尔地区接壤。因此，藏西经济区要打破经济“洼地”的制约，必须打通西部战略通道，积极与新疆和周边邻国开展贸易往来，发挥好资源优势和比较优势。加强三大经济区间的合作，将会有助于西藏经济的快速发展。

4. 宁夏的区位条件

相对于五个民族自治区而言，宁夏回族自治区的区位优势不是很明显，其位于中国的内陆地区，北与内蒙古相连，东邻陕西，大部分地区与甘肃相接。就区内来说，宁北、宁中交通便利、通达性较好，与外界在物质、资金、信息、技术、人才等方面的交流与贸易畅通，为这些区域的经济发展起到良好的带动作用。而宁南山区北、西、东三面环山与沙漠，形成了一个“半封半闭”势态，只有南部的黄土丘陵区自古就与中原农耕文化有一定联系，但宁南山区南部处于黄土高原边缘，地表崎岖破碎，交通极不方便，使其相对处在一个“边际”的地理区位，远离全国政治、经济的核心区。目前在建的“黄河金岸”是宁夏沿黄河分布的银川、石嘴山、吴忠、中卫 4 个地级市，以及平罗、青铜峡、灵武、贺兰、永宁、中宁，这 10 个城市以 43％的国土面积，集中了宁夏全区 57％的人口、80％的城镇、90％的城镇人口，创造了宁夏 90％以上的 GDP 和财政收入，已初具城市带雏形。交通方面，银川机场有民航班机可直达北京、西安、太原、兰州、包头等数十个城市。包兰铁路穿越本区，纵贯银川新城市区南北，东接华北重镇包头，与京包铁路相连；西接西北古城兰州，和兰新、兰青、陇海三条铁路衔接（郑长德，2009）。宁夏境内有 6 条国道，以银川汽车站为中心有近 30 条长途汽车线路，可通达全区各行署、市县所在地和陕西、内蒙古、甘肃部分地区。主要干线通往固原、吴忠、永宁、灵武、中卫、大武口及内蒙古的巴音浩特、乌兰矿，陕西的定边和甘肃的平凉等几十个地方。此外，固原、吴忠、石嘴山汽车站还有 30 余条中途线路通向区内外各地，各县汽车站均有开往乡村的短途车。这些交通网络的建设加强了宁夏与其他地区的联系，有利于宁夏自身的发展。

5. 新疆的区位条件

新疆是中国面积最大、国界线最长、交界邻国最多的省区。自古以来，新疆就同中亚、西亚、南亚各国有着频繁而密切的经济、文化联系，是中国西部对外开放的重要门户。从东北到西南分别与蒙古国、俄罗斯、哈萨克斯坦、吉尔吉斯斯斯坦、塔吉克斯坦、阿富汗、巴基斯坦、印度相邻。同时，新疆地处亚洲大陆中心，历来是亚欧大陆陆上通道的枢纽，地缘优势突出。众多的邻国，漫长的国界线以及与周边地区经济文化的联系，致使新疆对外开放口岸较多，目前，新疆共拥有17个国家一级口岸，独揽了向西开放的全部通道，包括通过阿拉山口、霍尔果斯口岸和红其拉甫口岸的三条国际大通道，以及计划中的直通吉尔吉斯斯坦和乌兹别克斯坦的国际大通道。此外，在国际区域经济合作方面，新疆也有条件借鉴已有的成功经验，开展跨国合作开发。如霍尔果斯口岸的开发区、塔城的边境经济合作区已具备此种基础，额尔齐斯河、伊犁河跨流域综合开发也大有潜力。众多的对外开放口岸散布在漫长的边境线及其延伸区内，是中国面向周边地区直接贸易的通道，也使得地处中国内陆地区的新疆一跃成为中国向西开放的前沿。新疆区内交通网络建设也很发达，到2005年末，全疆所有的地（州、市）县（市）已通柏油路，99.7%的乡镇通公路，90%的行政村通汽车，形成了以乌鲁木齐为中心，以国道主干线为主骨架，环绕准噶尔、塔里木盆地，穿越古尔班通古特、塔克拉玛干沙漠，横贯天山，辐射地、州、市、县、乡各城镇村和工矿区、经济开发区、农牧团场、开放口岸，东联甘肃、青海，南接西藏，西出中亚、西亚各国，通达全疆的干支线公路运输网络（郑长德，2009）。在航空方面，目前区内拥有机场16个，乌鲁木齐机场是全国五大门户机场之一，开通国际国内航线69条，发达的铁路网络承担着新疆与内地和中亚地区的客货集散运输。区内发达的交通网络，使得新疆同国内国外联系大为加强，区位优势明显。

第二节　民族地区的经济发展水平及其与全国和东部地区的差距

一、总量GDP及其差距

据《中国统计年鉴》（中华人民共和国国家统计局，1999～2009）数据计算分析，民族自治区1998年至2008年的总量GDP从4531亿元增长到14 388亿元，增加了9857亿元，年均增长12.25%，占全国总量GDP[①]的比重[②]从5.50%上升到5.74%。同期东部地区的总量GDP从42 286亿元增长到134 910亿元，增加了92 621亿元，年均增长12.30%，占全国总量GDP的比重从51.27%上升到53.84%。这一时期，全国的总量GDP增长速度为年均增长11.75%。对比看出，民族自治区的增长速度高于全国，低于东部地区。从总量GDP的极差看，民族自治区中最低的西藏与东部地区中最高的广东之间的极差由1998年的7827亿元扩大到2008年的25 619亿元差距呈进一步扩大的趋势。

二、人均GDP及其差距

据《中国统计年鉴》（中华人民共和国国家统计局，1999～2009）数据计算分析，民族自治区1998年至2008年的人均GDP从4745元增长到14 016元，增加了9271元，

① 全国的值为各省区汇总，下同。

② 比重为占全国的百分比，下同。

年均增长 11.44%，与全国人均 GDP 的比重从 0.70 上升到 0.87。同期东部地区的人均 GDP 从 10 088 元增长到 28 126 元，增加了 18 038 元，年均增长 10.80%，与全国人均 GDP 的比值从 1.49 上升到 1.75。这一时期，全国的人均 GDP 增长速度为年均增长 9.06%。对比看出，民族自治区的增长速度高于全国和东部地区。从民族自治区与全国和东部地区人均 GDP 差距的变化情况看，1998 年民族自治区人均 GDP 从低于全国 2020 元缓慢扩大到 2003 年的 2723 元后又降低到 2008 年的 2093 元，差距变化状态呈先扩大后缩小的倒 U 型，且有进一步缩小趋势；从低于东部地区 5344 元迅速扩大到 2008 年的 14 110 元，扩大了 8766 元；从人均 GDP 的极差看，民族自治区中最低的西藏与东部地区中最高的上海之间极差的由 1998 年的 20 424 元扩大到 2008 年的 48 960 元，差距呈进一步扩大的趋势。

三、地均 GDP 及其差距

据《中国统计年鉴》（中华人民共和国国家统计局，1999～2009）数据分析，民族自治区 1998 年至 2008 年的地均 GDP 从 103 500 元/km^2 增长到 328 500 元/km^2，增加了 225 000 元/km^2，年均增长 12.24%。同期东部地区的地均 GDP 从 4 586 100 元/km^2 增长到 14 631 100 元/km^2，增加了 10 045 000 元/km^2，年均增长 12.30%。这一时期，全国的地均 GDP 增长速度为年均增长 9.75%。对比看出民族自治区的增长速度高于全国，低于东部地区。从地均 GDP 的极差看，民族自治区中最低的西藏与东部地区中最高的上海之间由 1998 年的 58 161 500 元/km^2 扩大到 2008 年的 174 778 200 元/km^2，差距呈进一步扩大趋势。

四、产业结构演进及其差距

据《中国统计年鉴》（中华人民共和国国家统计局，1999～2009）数据计算分析，民族自治区 1998 年至 2008 年的产业结构演进系数从 3.5206 上升到 6.8258，上升了 3.3052，年均增长 6.84%。同期东部地区的产业结构演进系数从 7.4616 上升到 15.4324，上升了 7.9708，年均增长 7.54%。这一时期，全国产业结构演进速度为年均增长 5.61%。对比看出民族自治区的产业结构演进速度高于全国，低于东部地区。从产业结构演进系数的极差看，1998 年民族自治区中最低的西藏与东部地区中最高的上海之间的极差为 44.0666，2008 年民族自治区中最低的广西与东部地区中最高的上海之间的极差为 133.5011，差距呈进一步扩大的趋势。

五、制造业增加值及其差距

据《中国统计年鉴》（中华人民共和国国家统计局，2001～2007）数据计算分析，民族自治区 2000 年至 2006 年的制造业增加值从 545.76 亿元增长到 1393.1 亿元，增加了 847.37 亿元，年均增长 16.90%，占全国制造业增加值的比重从 3.18%上升到 3.55%。同期东部地区的制造业增加值从 10 685 亿元增长到 24 807 亿元，增加了14 122亿元，年均增长15.07%，占全国制造业增加值的比重从62.16%上升到63.14%。这一时期，全国的制造业增加值增长速度为年均增长14.77%。对比看出民族自治区的增长速度高于全国和东部地区。从制造业增加值的极差看，民族自治区中最低的西藏与东部地区中最高的广东之间的极差由2000年的2200.6亿元扩大到2006年的5580.8亿元，差距呈进一步扩大的趋势。

第三节 民族地区的社会发展水平及其与全国和东部地区的差距

一、中国发展指数及其差距

民族自治区的中国发展指数[①]由2004年的71.96上升到2007年的76.74，2007年的中国发展指数是2004年的1.07倍，年平均增长率为2.17%。同期，东部地区的中国发展指数由2004年的78.95上升到2007年的83.12，2007年的中国发展指数是2004年的1.05倍，年平均增长率为1.73%。这一时期，中国的发展指数由2004年的73.12上升到2007年的77.79，2007年的中国发展指数是2004年的1.06倍，年平均增长率为2.09%。数据对比显示，民族自治区的人文社会综合水平一直保持稳定的增长，且其增长速度高于东部地区和全国平均水平。从中国发展指数的极差看，民族自治区中最低的西藏与东部地区中最高的北京之间的极差由2004年的28.08扩大到2007年的31.46，差距呈进一步扩大的趋势。

二、综合现代化水平指数及其差距

民族自治区的综合现代化水平指数由2001年的29上升到2006年的31，2006年的综合现代化水平指数是2001年的1.07倍，年平均增长率为1.34%（中国现代化战略研究课题组，中国科学院现代化研究中心，2009）。同期，东部地区的综合现代化水平指数由2001年的37上升到2006年的43，2006年的综合现代化水平指数是2001年的1.16倍，年平均增长率为3.05%。这一时期，全国的综合现代化水平指数由2001年的32上升到2006年的38，2006年的综合现代化水平指数是2001年的1.19倍，年平均增长率为3.50%。数据对比显示，虽然民族自治区的综合现代化水平指数一直保持稳定的增长，但其增长速度低于东部地区和全国平均水平。从综合现代化水平指数的极差看，民族自治区中最低的西藏与东部地区中最高的北京之间的极差由2001年的42扩大到2006年的50，差距呈进一步扩大的趋势。

三、人均收入及其差距

民族自治区的人均收入[②]由1998年的4291元上升到2008年的7936元，2008年的人

---

① 中国调查与数据中心（NSRCRUC）公布。http：//www.nsrcruc.org/

② 据中华人民共和国国家统计局（1999-2009）数据；人均收入以2002年为基年进行可比价计算。

均收入是1998年的1.85倍，年平均增长率为6.34%。同期，东部地区的人均收入由1998年的5145元上升到2008年的10573元，2008年的人均收入是1998年的2.06倍，年平均增长率为7.47%。这一时期，全国的人均收入由1998年的4374元上升到2008年的8721元，2008年的人均收入是1998年的1.99倍，年平均增长率为7.14%。数据对比显示，虽然民族自治区的收入水平一直保持稳定的增长，但其增长速度低于东部地区和全国平均水平。从人均收入的极差看，民族自治区中最低的西藏与东部地区中最高的上海之间的极差由1998年的4161元扩大到2008年的14，024元，差距呈进一步的扩大趋势。

四、人口城镇化率及其差距

据《中国统计年鉴》（中华人民共和国国家统计局，1999～2009）数据计算分析，民族自治区的人口城镇化率由1998年的31.88%上升到2008年的41.63%，2008年的人口城镇化率是1998年的1.31倍，年平均增长率为2.70%。同期，东部地区的人口城镇化率由1998年的40.11%上升到2008年的55.89%，2008年的人口城镇化率是1998年的1.39倍，年平均增长率为3.37%。这一时期，全国的人口城镇化率由1998年的33.26%上升到2008年的45.68%，2008年的人口城镇化率是1998年的1.37倍，年平均增长率为3.22%。数据对比显示，虽然民族自治区的人口城镇化率一直保持稳定的增长，但其增长速度低于东部地区和全国平均水平。从人口城镇化率的极差看，民族自治区中最低的西藏与东部地区中最高的上海之间的极差由1998年的55.12%扩大到2008年的65.99%，差距呈进一步扩大的趋势。

五、恩格尔系数及其差距

据《中国统计年鉴》（中华人民共和国国家统计局，1999～2009）数据，民族自治区的恩格尔系数由1998年的51.81%下降到2008年的43.93%，2008年的恩格尔系数是1998年的85%，年平均下降率为1.64%。同期，东部地区的恩格尔系数由1998年的47.12%下降到2008年的38.71%，2008年的恩格尔系数是1998年的82%，年平均下降率为1.95%。这一时期，全国的恩格尔系数由1998年的50.45%下降到2008年的41.03%，2008年的恩格尔系数是1998年的81%，年平均下降率为2.05%。数据对比显示，虽然民族自治区的恩格尔系数一直保持稳定的递减，但其递减速度低于东部地区和全国。从恩格尔系数的极差看，民族自治区中最高的西藏与东部地区中最低的北京之间的极差由1998年的24.56%缩小到2008年的12.53%，差距呈逐渐缩小的趋势。

第四节　民族地区的发展成本及其与全国和东部地区的差距

一、用水总量及其差距

据《中国统计年鉴》（中华人民共和国国家统计局，1999～2009）数据计算分析，民族自治区1998年至2008年的用水总量从997.91亿m^3增长到1125.8亿m^3，增加了

127.9亿 m^3，年均增长1.21%，占全国用水总量的比重从18.35%上升到19.06%。同期东部地区的用水总量从1942.6亿 m^3 增长到2073.5亿 m^3，增加了130.9亿 m^3，年均增长0.65%，但占全国用水总量的比重从35.74%下降到35.09%。这一时期，全国的用水总量增长速度为年均增长0.84%。对比看出民族自治区的用水总量增长速度高于全国和东部地区。从民族自治区与东部地区用水总量的极差看，民族自治区中用水总量最低的西藏与东部最高地区广东之间的极差由1998年的426.92亿 m^3 扩大到2008年的520.79亿 m^3，增加了93.87亿 m^3，年均增长2.01%，与之对应的占全国用水总量的比重从7.86%扩大到8.81%，差距呈进一步扩大的趋势。

二、工业用水量及其差距

据《中国统计年鉴》（中华人民共和国国家统计局，1999～2009）数据计算分析，民族自治区1998年至2008年的工业用水量从74.91亿 m^3 增长到86.59亿 m^3，增加了11.68亿 m^3，年均增长1.46%，占全国工业用水量的比重从6.64%下降到6.19%。同期东部地区的工业用水量从523.61亿 m^3 增长到626.44亿 m^3，增加了102.83亿 m^3，年均增长1.81%，占全国工业用水量的比重从36.13%上升到44.84%。这一时期，全国的工业用水量增长速度为年均增长2.18%。对比看出民族自治区的工业用水量增长速度低于全国和东部地区。从民族自治区与东部地区工业用水量的极差来看，民族自治区中工业用水量最低的西藏与东部地区最高的江苏之间的极差由1998年的144.62亿 m^3 扩大到2008年的208.08亿 m^3，增加了63.46亿 m^3，年均增长3.71%，与之对应的占全国工业用水量的比重极差从12.84%扩大到14.90%，差距呈进一步扩大的趋势。

三、能源消费总量及其差距

据《中国统计年鉴》（中华人民共和国国家统计局，1999～2009）数据计算分析，民族自治区1998年至2008年的能源消费总量从9085万t标煤增长到37 256万t标煤，增加了28 171万t标煤，年均增长15.16%，占全国能源消费总量的比重从6.88%上升到9.63%。同期东部地区的能源消费总量从57 961万t标煤增长到163 137万t标煤，增加了105 176万t标煤，年均增长10.90%，但占全国能源消费总量的比重从43.85%下降到42.21%。这一时期，全国的能源消费总量增长速度为年均增长8.04%。对比看出民族自治区的能源消费总量增长速度高于全国和东部地区。从民族自治区与东部地区能源消费总量的极差来看，民族自治区中能源消费总量最低的西藏与东部地区中能源消费总量最高的山东之间的极差由1998年的11 914万t标煤扩大到2008年的33 913万t标煤，增加了21 999万t标煤，年均增长11.03%，与之对应的占全国能源消费总量的比重极差从9.01%缩小到8.77%，差距呈现波动变化的态势。

四、碳排放总量及其差距

据《中国统计年鉴》（中华人民共和国国家统计局，1999～2009）数据计算分析，民族自治区 1998～2008 年的碳排放总量从 26 214 万吨增长到 80 219 万 t，增加了 54 005万 t，年均增长 11.83％，占全国碳排放总量的比重从 7.61％上升到 10.08％。同期东部地区的碳排放总量从 12 377 万 t 增长到 31 152 万 t，增加了 18 774 万 t，年均增长 9.67％，占全国碳排放总量的比重从 35.92％上升到 39.14％。这一时期，全国的碳排放总量增长速度为年均增长 8.75％。对比看出民族自治区的碳排放总量增长速度高于全国和东部地区。从民族自治区与东部地区碳排放总量的极差来看，民族自治区中碳排放总量最低的西藏与东部地区碳排放总量最高的地区之间的极差从 1998 年的 24 363 万 t 扩大到 2008 年的 79 029 万 t，增加了 54 666 万 t，年均增长 12.49％，与之对应的占全国碳排放总量的比重极差由从 7.07％扩大到 9.93％，差距呈进一步扩大趋势。

五、工业废水排放量及其差距

据《中国统计年鉴》（中华人民共和国国家统计局，1999-2009）数据计算分析，民族自治区 1998 年至 2008 年的工业废水排放量从 14.258 亿 m^3 增长到 27.9159 亿 m^3，增加了 13.6579 亿 m^3，年均增长 6.95％，占全国工业废水排放量的比重从 7.11％上升到 11.56％。同期东部地区的工业废水排放量从 85.7845 亿 m^3 增长到 118.609 亿 m^3，增加了 33.0764 亿 m^3，年均增长 3.31％，占全国工业废水排放量的比重从 42.76％上升到 49.19％。这一时期，全国的工业废水排放量增长速度为年均增长 1.88％。对比看出民族自治区的工业废水排放量增长速度高于全国和东部地区。从民族自治区与东部地区工业废水排放量的极差来看，民族自治区中工业废水排放量最低的西藏与东部地区中工业废水排放量最高的江苏之间的极差由 1998 年的 19.6031 亿 m^3 扩大到 2008 年的 25.9075 亿 m^3，增加了 6.3044 亿 m^3，年均增长 2.83％，与之对应的占全国工业废水排放量的比重极差由从 9.77％扩大到 10.72％，差距呈进一步扩大的趋势。

六、工业废气排放量及其差距

据《中国统计年鉴》（中华人民共和国国家统计局，1999-2009）数据计算分析，民族自治区 1998 年至 2008 年的工业废气排放量从 11 499 亿 m^3 增长到 42 403 亿 m^3，增加了 30 904 亿 m^3，年均增长 13.94％，占全国工业废气排放量的比重从 9.50％上升到 10.49％。同期东部地区的工业废气排放量从 49 390 亿 m^3 增长到 165 700 亿 m^3，增加了 116 310 亿 m^3，年均增长 12.87％，占全国工业废气排放量的比重从 40.75％上升到 41.04％。这一时期，全国的工业废气排放量增长速度为年均增长 12.79％。对比看出民族自治区的工业废气排放量增长速度高于全国和东部地区。从民族自治区与东部地区工业废气排放量的极差看，民族自治区中工业废气排放量最低的西藏与东部最高地区河北之间的极差由 1998 年的 9494 亿 m^3 扩大到 2008 年的 37 545 亿 m^3，增加了 28 051 亿 m^3，年均增长率为 14.74％，与之对应占全国工业废气排放量的比重由从 7.83％扩大到 9.3％，差距呈进一步扩大趋势。

七、总量生态足迹及其差距

据《中国统计年鉴》（中华人民共和国国家统计局，1999-2009）数据计算分析，民族自治区 1998 年至 2008 年的总量生态足迹从 125 735 392hm^2 增长到 267 205 746hm^2，增加了 141 470 354hm^2，年均增长 7.83%，占全国总量生态足迹的比重从 11.64%上升到 14.99%。同期东部地区的总量生态足迹从 354 835 271hm^2 增长到 578 898 466hm^2，增加了 224 063 195hm^2，年均增长 5.02%，但占全国总量生态足迹的比重从 32.85%下降到 32.42%。这一时期，全国的总量生态足迹增长速度为年均增长 5.13%。对比看出民族自治区的总量生态足迹增长速度高于全国和东部地区。从民族自治区与东部地区总量生态足迹的极差看，民族自治区中总量生态足迹最低的西藏与东部地区最高的山东之间的极差由 1998 年的 73 474 206hm^2 扩大到 2008 年的 141 530 170hm^2，增加了 68 055 964hm^2，年均增长 6.78%，与之对应占全国总量生态足迹的比重由从 6.80%扩大到 7.94%，，差距呈进一步扩大的趋势。

八、水量盈亏及其差距

据《中国统计年鉴》（中华人民共和国国家统计局，2005-2009）数据计算分析，民族自治区 2004 年至 2008 年的水量盈余从 6495.8 亿 m^3 增长到 6947.8 亿 m^3，增加了 452 亿 m^3，年均增长 0.67%。同期东部地区的水量盈余从 1482.8 亿 m^3 增长到 3396.4 亿 m^3，增加了 1913.6 亿 m^3，年均增长 8.64%。这一时期，全国的水量盈余增长速度为年均增长 0.39%。对比看出民族自治区的水量盈余增长速度高于全国和东部地区。从民族自治区与东部地区水量盈亏的极差看，民族自治区中水量盈余最多的西藏与东部地区亏损最多的上海之间的极差由 2004 年的 4960.7 亿 m^3 降到 2008 年的 4706.7 亿 m^3，下降了 254 亿 m^3，年均下降 0.05%，这主要是由于东部地区节水得到一定成效。

第五节　民族地区的发展潜力及其与全国和东部地区的差距

一、资源环境基础及其差距

民族自治区的资源环境基础明显低于东部地区水平和全国平均水平（张雷，2006）。据《中国统计年鉴》（中华人民共和国国家统计局，2005-2009）数据计算分析，2004 年至 2008 年间，从资源环境基础的变化情况看，5 年中，民族自治区、东部地区均有不同程度的上升趋势；从区域差距的变化状况看，民族自治区与东部地区的差距呈现一定程度的下降趋势。

民族自治区的资源环境基础从 2004 年的 4.0881 上升到 2008 年的 4.1263，上升率为 0.23%；东部地区的资源环境基础从 2004 年的 12.4901 上升到 2008 年的 12.8806，上升率为 0.77%。从资源环境基础的评价值来看，民族自治区之所以低于东部地区，其主要是由于五个民族自治区的国土面积较大，资源密度不如东部地区集中，且荒漠、戈壁等国土面积所占比例较大。尽管各民族自治区的资源环境基础在5年间有所上升，但其资源环境基础的评价值不容乐观。截至2008年，西藏、宁夏和内蒙古自治区的资源环境基础评价值分别仅有3.9245、6.4186、6.0738，远低于全国平均水平。

民族自治区与东部地区资源环境基础的差距从2004年的8.4020上升至2008年的8.7543，上升率为1.03%；民族自治区中资源环境基础最低的自治区与东部地区中资源环境基础最高的省区的极差从2004年的31.9566下降至2008年的31.7683，下降率为0.15%。由此可见，民族自治区与全国的东部地区的差距还是较大，这些差距呈现缩小趋势，但是我们必须客观对待民族自治区的资源环境基础状况。

二、生态承载力及其差距

据《中国统计年鉴》（中华人民共和国国家统计局，2005～2009）数据计算分析，2004年至2008年间，民族自治区的生态承载力低于东部地区生态承载力水平。从资源环境基础的变化情况看，5年来，民族自治区、东部地区和全国均有不同程度的上升趋势；从区域差距的变化状况看，民族自治区与东部地区的差距呈现一定程度的下降趋势。

民族自治区的生态承载力之变化，从2004年的83 851 880hm^2上升到2008年的120 243 751hm^2，上升率为9.43%；东部地区生态承载力从2004年的233 256 441hm^2上升到2008年的269 443 752hm^2，上升率为3.67%。从生态承载力的评价值来看，民族自治区之所以低于东部地区，其主要是由于五个民族自治区尽管整体国土面积较大，但有效国土面积所占比例不高，荒漠、戈壁等土地类型比例较大，严重地制约了民族自治区生态承载力。尽管各民族自治区的生态承载力在5年间有所上升，但在西部大开发的格局下，其生态承载力评价值不容乐观。

民族自治区与东部地区生态承载力的差距，从2004年的149 404 561hm^2下降至2008年的149 200 001hm^2，下降率为0.03%；民族自治区中生态承载力最低的自治区与东部地区中生态承载力最高的省份的极差从2004年的63 883 013.14hm^2上升至2008年的73 650 797.66hm^2，上升率为3.62%。由此可见，民族自治区与全国和东部地区的差距还是较大，而其极差也呈增大趋势。

三、人地关系协调状况及其差距

据《中国统计年鉴》（中华人民共和国国家统计局，2005～2009）数据计算分析，2004年至2008年间，民族自治区的人地关系演进系数明显低于东部地区水平。从人地关系演进系数的变化情况看，5年来，民族自治区、东部地区均有不同程度的上升趋势；从区域差距的变化状况看，民族自治区与东部地区的差距呈现一定程度的上升趋势。

民族自治区的人地关系演进系数从2004年的0.0053上升到2008年的0.0060，上升率为3.28%；东部地区的人地关系演进系数从2004年的1.7162上升到2008年的1.9167，上升率为2.80%。从人地关系演进系数的评价值来看，民族自治区之所以低于东部地区，其主要是由于五个民族自治区的国土面积较大，经济、人口密度不如东部地区集中，尽管各民族自治区的人地关系演进系数低于东部省区，但其人地关系演进系数5年来的增高幅度要大于东部省区。这一方面体现了西部大开发战略对西部特别是民族自治区的开发促进，另一方面也反映出民族自治区人地关系正逐步走向紧张，所以，我们在民族自治区的开发中，必须经济效益、生态效益与环境效益并重，做到区域又快又好地发展。

第六节　民族地区与全国和东部地区发展差距调控的路径

面对西部民族自治区与全国和东部地区发展差距较大且有逐渐扩大的趋势，如何对其进行科学调控以实现民族自治区与全国和东部地区协调发展，是一项重大而艰巨的任务。从以上对民族自治区与全国和东部地区发展差距的时空演变分析及其结果来看，影响“发展差距”较大的因素是多方面的，且在这些诸多的影响因素中并不是每个因素都是可以调控的。基于此，在同时综合区域间差距及其调控的可控与不可控因素的集成分析后，得出民族自治区与全国和东部地区发展差距调控的几种可能路径。

一、调控发展水平差距的路径

区域发展过程中，经济发展水平及其差距是衡量区域发展水平的重要指标，这一指标是客观存在且受市场规律制约的。同样，由于经济发展水平的客观性，在进行区域发展差距的科学调控中，很难在短时期内促使区域间的经济发展差距的缩小。同时，区域发展中的经济发展是区域社会发展的带动因素，社会发展水平与经济发展水平有很高的正相关性，说明区域社会发展水平对其经济发展水平具有一定的反作用。与经济发展水平相比较，社会发展水平则有相对较好的可控性，即可通过政府调控、财政补偿、区域补偿等政府或政策手段进行调控。因此，在对民族自治区与全国和东部地区发展差距的调控中，应以“社会发展”的区域均衡调控为主，逐步带动经济发展的区域均衡。

二、调控发展潜力差距的路径

资源环境状况即区域资源环境潜力在区域发展中也扮演着重要的角色，区域发展离不开区域内资源环境基础的支持，资源环境潜力也是区域发展水平的重要方面。然而，并非所有资源环境状况较好的地区其经济社会发展水平都很高。资源环境状况作为区域发展的客观物质基础，它有着一定范围的辐射性，一个区域的资源环境可以同时与其他多个区域共享，包括资源环境所创造的经济效益和环境服务效益，因此区域资源环境状况是基础，但区域的发展水平还取决于区域对其资源环境的利用方式和程度。基于以上考虑，在对民族自治区与全国和东部地区发展差距的调控中，一方面可以自治区对自身与相邻区域资源环境的利用方面入手，通过资源环境资本化获得利益；另一方面也是短期内可调控的方面，即通过对区域资源环境所创造的环境服务效益，进行区域间的生态补偿，以保护区域资源环境与缩减区域发展差距。

三、调控发展成本差距的路径

区域发展中存在各种各样的发展成本，包括显性的发展成本和隐性的发展成本。显性发展成本如区域发展中的用水量、能源消耗、生态足迹消耗等；隐性发展成本则包括区域发展的地貌成本、政治稳定要素成本、市场体制完善成本等。民族自治区所处的地理位置多为高原、山地、荒漠等地貌成本较高的区域，且包括了我国大部分的陆域国境线和部分海域国境线。在民族自治区的发展中，这些因素一方面加大了发展成本，另一方面也为国家的边疆安定做出了巨大贡献，为全国及东部地区的发展提供了稳定的生态环境、政治环境。在民族自治区与全国和东部地区发展差距的调控中，不仅要看到区域发展的显性成本，更应该关注到区域发展的隐性成本，并制定科学合理的区域政策，有助于民族自治区与全国及东部地区在不失公平的条件下缩小区域发展差距。

参 考 文 献

曹海英. 2010. 中国西部民族地区新型工业化——价值取向・实现机制・发展路径. 北京：中国经济出版社.

胡锦涛. 2007. 高举中国特色社会主义伟大旗帜，为夺取全面建设小康社会新胜利而奋斗——在中国共产党第十七次全国代表大会上的报告（2007 年 10 月 15 日）. 北京：人民出版社.

刘卫东，金凤君，陆大道，等. 2010. 2009 中国区域发展报告——西部开发的走向. 北京：商务印书馆.

牛文元. 2010. 中国科学发展报告 2009. 北京：科学出版社.

张雷. 2006. 中国区域发展的资源环境基础研究. 北京：科学出版社.

郑长德. 2009. 中国西部民族地区的经济发展. 北京：科学出版社.

郑度，等. 2008. 中国生态地理区域系统方案研究. 北京：商务印书馆.

中国科学院地理研究所. 1959. 中国综合自然区划（草案）. 北京：科学出版社.

中国现代化战略研究课题组，中国科学院现代化研究中心. 2009. 中国现代化报告 2009. 北京：北京大学出版社.

中华人民共和国国家统计局. 1999～2009. 中国统计年鉴. 北京：中国统计出版社.

附　录

附录Ⅰ　中国的语言系属表

<table>
<tr><th>语系</th><th>语族</th><th>语支</th><th>语种</th></tr>
<tr><td rowspan="9">汉藏语系</td><td></td><td></td><td>汉语</td></tr>
<tr><td rowspan="5">藏缅语族</td><td>藏语支</td><td>藏语、门巴语、白马语、仓洛语</td></tr>
<tr><td>彝语支</td><td>彝语、傈僳语、拉祜语、哈尼语、基诺语、纳西语、堂郎语、末昂语、桑孔语、毕苏语、卡卓语、柔若语、怒苏语、土家语、白语、撒都语</td></tr>
<tr><td>景颇语支</td><td>景颇语、独龙语、格曼语、达让语、阿侬语、义都语、崩尼-博嘎尔语、苏龙语、崩如语</td></tr>
<tr><td>缅语支</td><td>阿昌语、载瓦语、浪速语、仙岛语、波拉语、勒期语</td></tr>
<tr><td>羌语支</td><td>羌语、普米语、嘉戎语（嘉绒语）、木雅语、尔龚语、尔苏语、纳木依语、史兴语、扎坝语（扎巴语）、贵琼语、拉坞语、却域语</td></tr>
<tr><td>侗台语族</td><td></td><td>壮语、布依语、傣语、临高语、标话、侗语、水语、仫佬语、毛南语、莫语、佯僙语、拉珈语、茶洞语、黎语、村语、仡佬语、布央语、普标语、拉基语、布干语（布赓语）、木佬语、蔡家话</td></tr>
<tr><td>苗瑶语族</td><td></td><td>苗语、布努语、巴哼语、炯奈语、勉语、畲语、巴那语、优诺语</td></tr>
<tr><td rowspan="3">阿尔泰语系</td><td>突厥语族</td><td></td><td>维吾尔语、哈萨克语、柯尔克孜语、乌孜别克语、塔塔尔语、撒拉语、西部裕固语、图瓦语、土尔克语</td></tr>
<tr><td>蒙古语族</td><td></td><td>蒙古语、土族语、达斡尔语、东乡语、保安语、东部裕固语、康家语</td></tr>
<tr><td>满-通古斯语族</td><td></td><td>满语、锡伯语、鄂温克语、鄂伦春语、赫哲语、朝鲜语</td></tr>
<tr><td>南岛语系</td><td></td><td></td><td>阿美语、排湾语、布农语、泰耶尔语、赛夏语、巴则海语、邵语、鲁凯语、邹语、噶玛兰语、赛德克语、卑南语、雅美语、沙阿鲁阿语、卡那卡那富语、回辉语</td></tr>
<tr><td>南亚语系</td><td></td><td></td><td>佤语、德昂语、布朗语、克木语、克蔑语、京语、莽语、布兴语、俫语、布芒语</td></tr>
<tr><td>印欧语系</td><td></td><td></td><td>塔吉克语、俄罗斯语</td></tr>
<tr><td>混合语</td><td></td><td></td><td>五屯话、唐汪话、诶话、扎话、倒话</td></tr>
</table>

资料来源：除俄罗斯语、撒都语、优诺语、布芒语外，均参考孙宏开，胡增益，黄行，等．2007. 中国的语言. 北京：商务印书馆；俄罗斯语参考《中国大百科全书》(中国大百科全书出版社，2009) 第2版卷6页54；撒都语、优诺语、布芒语为新发现语种，分别参考：白碧波，许鲜明，杨艳．2012. 撒都语研究．北京：民族出版社；毛宗武，李云兵．2007. 优诺语研究．北京：民族出版社；刀洁．2007．布芒语研究．北京：民族出版社．

附录Ⅱ　中国民族主要术语译名

中文	英文	中文	英文
中华民族	Chinese Nation	拉祜族	ethnic Lahu
少数民族	ethnic minorities	傈僳族	ethnic Lisu
阿昌族	ethnic Achang	珞巴族	ethnic Lhoba (Lhopa)
白族	ethnic Bai	满族	ethnic Manchu
保安族	ethnic Bonan (Bao' an)	毛南族	ethnic Maonan
布朗族	ethnic Blang	门巴族	Ethnic Moinba (Monpa, Monba)
布依族	ethnic Bouyei	苗族	ethnic Miao
朝鲜族	ethnic Korean	仫佬族	ethnic Mulam (Mulao)
达斡尔族	ethnic Daur (Daghur)	蒙古族	ethnic Mongolian (Mongol)
傣族	ethnic Dai	纳西族	ethnic Nakhi
德昂族	ethnic De' ang	怒族	ethnic Nu
东乡族	ethnic Santa (Dongxiang)	普米族	ethnic Pumi
侗族	ethnic Dong	羌族	ethnic Qiang
独龙族	ethnic Drung	撒拉族	ethnic Salar
俄罗斯族	ethnic Russian	畲族	ethnic She
鄂温克族	ethnic Ewenki (Evenks, Khamnigan)	水族	ethnic Shui
鄂伦春族	ethnic Oroqen (Orochen)	塔吉克族	ethnic Tajik
高山族	ethnics Gaoshan	塔塔尔族	ethnic Tatar
仡佬族	ethnic Gelao	土族	ethnic Monguor
哈尼族	ethnic Hani	土家族	ethnic Tujia (Bizika)
哈萨克族	ethnic Kazak (Kazakh, Kazakhi)	佤族	ethnic Va
汉族	ethnic Han	维吾尔族	ethnic Uyghur (Uygyr)
赫哲族	ethnic Hezhen (Nanai, Goldi)	乌孜别克族	ethnic Ozbek (Uzbek)
回族	ethnic Hui	锡伯族	ethnic Xibe
基诺族	ethnic Jino	瑶族	ethnic Yao
景颇族	ethnic Jingpo	彝族	ethnic Yi
京族	ethnic Jing (Gin)	裕固族	ethnic Yugur
柯尔克孜族	ethnic Kirgiz (Khalkhas, Kyrgyz, Kirghiz)	藏族	ethnic Tibetan
黎族	ethnic Li	壮族	ethnic Zhuang

附录Ⅲ 濒危语言

一、语言濒危等级与世界语言濒危情况

1993年，联合国教科文组织（UNESCO：United Nations Educational，Scientific，and Cultural Organization）设立了“濒危语言红皮书”项目（The Red Book of Languages in Danger of Disappearing），作为其有关保护无形文化遗产讨论的一部分，以记录濒危语言的数量和状况。2003年3月，在巴黎召开的濒危语言国际专家会议通过了专家组提交的《语言活力与语言濒危》（*Language Vitality and Endangerment*）报告，在该报告成为UNESCO关于保护和抢救濒危语言的纲领性文件。在该报告及相关会议基础上，2009年发布了《联合国教科文组织世界濒危语言图谱》（*UNESCO Map of the World's Language in Danger*），共有濒危语言2511种。该图谱将濒危语言分为五个等级：不安全（Unsafe）、危险（Definitely endangered）、濒危（Severely endangered）、垂危（Critically endangered）、灭绝（Extinct：extinct since the 1950s）。2007年，Christopher Moseley出版了《世界濒危语言百科全书》（*Encyclopedia of the World's Endangered Languages*），详细记录了这些濒危语言的分布及使用情况。2012年，《联合国教科文组织世界濒危语言图鉴》（*UNESCO Interactive Atlas of the World's Languages in Danger*）发布，共收录濒危语言2473种，濒危语言同样分为五个等级，其使用情况如附表Ⅲ-1所示。

附表Ⅲ-1 语言濒危等级与使用情况

濒危等级	语言使用的代际情况
安全（Safe）	所有年龄段的人都在使用，代际交流没有障碍
不安全（Vulnerable）	大多孩子使用，但在某些特定场合已不再使用
危险（Definitely endangered）	明确的要灭绝的：在家中孩子已不再作为母语学习
濒危（Severely endangered）	严重濒临灭绝的：仅有爷爷一辈及更老一辈使用，父母一辈可能能理解，但并不与孩子及同辈交流使用
垂危（Critically endangered）	极度濒临灭绝的：仅有爷爷一辈及更老一辈使用，而且他们很少使用
灭绝（Extinct）	20世纪50年代以来已没有人在使用

在目前世界约6000多种语言中，大约有43%（2012年为2473种）的语言处于濒危。其中灭绝的占4%，垂危的占10%，濒危的占9%，危险的占11%，不安全的占10%。

二、世界濒危语言的分布情况

在目前的2473种濒危语言中（2012年），其分布如附表Ⅲ-2所示。其中，印度、美国、巴西、印度尼西亚、中国、墨西哥、俄罗斯、澳大利亚、巴布亚新几内亚、加拿大（按濒危语言种类数量降序）等国家或地区是濒危语言最多的地区，附表Ⅲ-3为这

些国家或地区濒危语言种类及不同等级濒危语言的数量结构。

附表Ⅲ-2 世界濒危语言不同濒危等级数量结构及使用人口情况

濒危等级	使用人口				总计
	0～9999	10 000～99 999	>100 000	无数据	
不安全	339	150	105	6	600
危险	408	150	60	28	646
濒危	430	48	11	38	527
垂危	511	15	0	51	577
灭绝	221	1	0	9	231
总计	1909	364	176	132	2581

附表Ⅲ-3 世界濒危语言种类较多的国家或地区及其不同等级濒危语言的数量结构（种）

国家或地区	总计	不安全	危险	濒危	垂危	灭绝
印度	197	81	63	6	42	5
美国	191	11	25	35	74	54
巴西	190	97	17	19	45	12
印度尼西亚	146	59	30	19	31	12
中国	144	41	50	20	25	9
墨西哥	143	52	38	32	21	0
俄罗斯	131	20	49	29	22	15
澳大利亚	108	17	13	30	42	6
巴布亚新几内亚	98	23	15	30	20	10
加拿大	87	24	14	16	31	2

三、中国濒危语言及其分布

中国是世界濒危语言较多的国家之一，据 2012《联合国教科文组织世界濒危语言图鉴》，中国共有濒危语言 144 种，其不同等级濒危语言的数量结构如附表Ⅲ-3 所示。中国不同等级濒危语言集中分布的地区主要是：西南地区、中国台湾、东北边疆、西北边疆及甘青宁交界的藏彝走廊北部地区；其中，已灭绝语言主要集中分布在中国台湾，集中分布了中国 9 种已灭绝语言的 8 种。

数据来源及资料使用说明：

（1）语言濒危等级情况参考：UNESCO Ad Hoc Expert Group on Endangered Languages. Language Vitality and Endangerment. Document submitted to the International Expert Meeting on UNESCO Programme Safeguarding of Endangered Languages Paris，10-12 March，2003（见：http：//www. unesco. org/culture/ich/doc/src/00120-EN. pdf 或 http：//www. unesco. org/new/fileadmin/MULTIMEDIA/HQ/CI/CI/pdf/unesco _ language _ vitaly _ and _ endangerment _ methodological _ guideline. pdf）。其中，表 1、

2、3资料均来源于：http：//www. unesco. org/culture/languages-atlas/ index. php? hl=en&page=atlasmap。各种濒危语言详情见 Moseley C. 2007. Encyclopedia of The World' s Endangered Languages. New York：Routledge.

（2）世界濒危语言分布见 http：//www. unesco. org/ culture/ languages-atlas/index. Php? hl = en&page =atlasmap。其中，各国各等级数量结构为依据该报告电子地图“Map of endangered languages by country”查询获得。

（3）关于濒危语言数量的说明：UNESCO 中国濒危语言共 144 种，已多于《中国的语言》（孙宏开等．商务印书馆，2007）所收录、介绍的 129 种，原因主要有四。其一，部分新发现的语种《中国的语言》一书并未收录，比如嘉绒语、优诺语、布芒语、布赓语、艾努语、撒都语等；其二，UNESCO 的濒危语言语种中部分在《中国的语言》中是方言，如仡佬语的方言、达斡尔语的方言、土族语的方言、门巴语的方言、土家语的方言等，这部分语种与方言的差别是数量结构差距的主要原因；其三，UNESCO 的濒危语言中收录了部分极特殊的语种（即《中国的语言》中的混合语），如澳门土语（Patua，Macanese，Macao Portuguese）。

（4）统计、查询时间为 2012 年 7 月 2 日。

附录Ⅳ　中国的跨界民族

民族	所跨国家及类型
朝鲜族	中朝之间单边主体型、由朝鲜迁入型跨界民族
赫哲族	中俄之间非主体跨界民族，在俄称为那乃族
蒙古族	中蒙之间单边主体型、划界型跨界民族，中俄之间非主体跨界民族
鄂温克族	中俄之间非主体型跨界民族，在俄称为埃文克族
鄂伦春族	中俄之间非主体型跨界民族
维吾尔族	中哈之间、中吉之间和中阿之间非主体型跨界民族
哈萨克族	中蒙之间、中哈之间和中吉之间非主体型跨界民族
柯尔克孜族	中哈之间、中吉之间和中阿之间非主体型跨界民族
塔吉克族	中吉之间非主体型、中阿之间非主体型和中塔之间主体型跨界民族
乌孜别克族	中哈之间、中吉之间、中塔之间和中阿之间的非主体型跨界民族
俄罗斯族	中俄之间单边主体型、中哈之间非主体型、中吉之间非主体型和中塔之间非主体型跨界民族
塔塔尔族	中哈之间单边主体型、中俄之间、中吉之间、中乌之间、中塔之间、中蒙之间非主体型民族
回族	中吉之间、中哈之间、中乌之间等单边主体型民族
藏族	中印之间、中尼之间和中不之间的非主体型跨界民族
门巴族	中印之间非主体型、中不之间的主体型跨界民族
珞巴族	中印之间非主体型跨界民族
彝族	中越之间和中老之间非主体型跨界民族，在国外称倮倮族
哈尼族	中越之间、中缅之间和中老之间跨界民族，在老挝称卡戈族，在缅称为高族
傣族	中越之间、中缅之间和中老之间非主体型跨界民族，在越、缅和老称泰、掸族

续表

民族	所跨国家及类型
傈僳族	中缅之间非主体型跨界民族
佤族	中缅之间和中老之间非主体型跨界民族，在国外有称其为拉佤、雷拉族
拉祜族	中缅之间、中老之间和中越之间非主体型跨界民族，在国外称么舍族
景颇族	中缅之间非主体型跨界民族，在缅称克钦族
布朗族	中缅之间和中老之间非主体型跨界民族
阿昌族	中缅之间非主体型跨界民族
怒族	中缅之间非主体型跨界民族
德昂族	中缅之间非主体型跨界民族，在缅称崩龙族
独龙族	中缅之间非主体型跨界民族
苗族	中越之间、中缅之间和中老之间非主体型跨界民族，在越称为赫蒙族
布依族	中越之间非主体型跨界民族
壮族	中越之间非主体型跨界民族，在越南称岱、侬族
瑶族	中越之间、中缅之间和中老之间非主体型跨界民族
京族	中越之间主体型跨界民族，在越称京族

说明：①跨界民族的类型可以从不同角度进行划分。第一，按地理界线划分为陆界民族和海界民族；第二，按所跨国家数量划分为双边跨界民族和多边跨界民族；第三，按跨民族构成划分为单边主体跨界民族、双边主体跨界民族和非主体跨界民族；第四，按成因划分的迁徙跨界民族、划界跨界民族等；第五，按语言、信仰、生存方式、分布区域等划分的跨界民族。本表按第三种标准划分，兼顾第四种划分标准。②表中缩略语为：中：中国；俄：俄罗斯；哈：哈萨克斯坦；吉：吉尔吉斯斯坦；乌：乌兹别克斯坦；塔：塔吉克斯坦；蒙：蒙古国；越：越南；缅：缅甸；老：老挝；朝：朝鲜；阿：阿富汗；不：不丹；尼：尼泊尔；印：印度。